ZHONGHUACHENGYUCIDIAN

中华成语词典

光明日报出版社

总目录

前　　言

成语是语言词汇的重要组成部分。它虽然是由词组合而成，但由于它的固定性和在使用中的特殊性，语言学家一直把它作为词汇中的特别成员。成语的产生和形成往往含有民族特色的出典或故事。它经过实践的千锤百炼，可以言简意赅而又往往形象生动地表达特定的复杂意义。它最能反映民族语言的特点，千百年来始终受到语言使用者的喜爱，被人们视为民族语言的瑰宝，乃至我们已出版的各种类型的成语词典竟有百种之多。这充分反映了广大群众学习和运用成语的热情。

成语既然广泛为人们使用，它也不断地在发展变化，就必然会在读音、词形和语义等方面产生各种分歧，也就需要进行必要的规范。这就是我们编写这本词典并冠以“规范”二字的想法。比如“叶公好龙”“安步当车”中，“叶”读 yè 或 shè，“车”读 chē 或 jū，就可能有人读得不同。“怙恶不悛”中的“怙”误读为 gū，“悛”误读为 jùn 也不少见。“好高骛远”中是“务”还是“骛”或“鹜”，“莫名其妙”中是“名”还是“明”，经常写法不同。“空穴来风”是表示说的话有根据，还是没有根据（不同词典注释的也不同）。“哀兵必胜”，一些词典不管敌我强弱都解释为被侵略一方的军队必定能打胜仗，是这样吗？喻指过时的事物是“明日黄花”还是“昨日黄花”？“七月流火”是天要凉了，还是天热得不行？我军今晚“倾巢而出”，用得对不对？我们还可以不费力气举出成语运用中的许多分歧或混乱现象，表明现代汉语中成语的规范问题是一个不可忽视的课题。

什么是成语，现代汉语中有多少成语？对这个看似很一般问题的不同回答，表现出人们对成语本质的不同认识，以致估量汉语成语的多少差别很大。反映在成语词典收词上，词条最多的有两万，一本收词从严的成语词典，还收了 18000 多条。人们会问，汉语中有这么多成语吗？这就涉及什么是成语的问题。对成语的看法众说纷纭，我们这里无法一一讨论。如果我们把“因地制宜”看作成语，人们仿制的“因人制宜”“因事制宜”“因时制宜”……这些算不算成语？“南柯一梦”是成语，根据这个故事衍生出的“蚂蚁缘槐”（有成语词典把它列为条目，主要根据毛泽东“蚂蚁缘槐夸大国”诗句）算成语吗？按照我们收录词条的想法，只收现代的，不收现代不用的古代成语；既然成语是固定词组，就不收随意组成的貌似成语的一般词组；既然成语含义深厚，一般就不应收那些缺乏引申意义，字面浅白的固定词组。这样，现代汉语中的成语，可能不会超过五六千条，如果再去掉一些比较生僻的成语，如“引锥刺股”“匕鬯不惊”“囊萤积雪”等，可能也就五千条左右。我们收成语条目大致也就以此为限。

末了我们要说，编写成语词典自然意在帮助读者学习，以便正确使用成语。“成语之妙，在于运用”。这是已故著名语言学家吕叔湘先生针对成语使用太滥，常常写错用错有感而发的话。先生晚年在一篇《关于成语》的短文中谆谆告诫我们，“文章似乎以尽量少用或不用为宜”，因为成语运用不好，容易弄巧成拙。他在文章中随手举出手边的一本杂志，指出“瑕不掩瑜”错写作“瑕不掩玉”，“风花雪月”错写作“风花秋月”。吕先生借此说明，成语之妙在于运用，但“运用”就需要认真学习，没有学习好就随便使用成语，往往容易出错。因为成语一般文言色彩较浓，而含义又通常不能从字面望文生义。据说一次外事活动中，翻译把“胸有成竹”译为“肚子里有一根竹棍子”，把外宾吓了一跳。这也许就是望文生义闹出的笑话。所以我们殷切地希望读者一定要在准确掌握的基础上去使用成语。这也正是我们愿意看到的实际结果。

《中华成语词典》编委会

凡 例

一、条 目

1．本词典收现代汉语中常用成语，不收生僻艰深或带方言性的成语。

2．酌收部分非四字格成语以及同谚语、格言不易区分的固定词组，如“不敢越雷池一步”“换汤不换药”“迅雷不及掩耳”“恭敬不如从命”等。

3．条目一律使用规范字形。为使条目字形同手写体一致，便于学生学习，条目字用楷体。

4．条目分正条和副条。通用词形作正条并释义，不大通用或不合规范的词形放在释义后的“提示”中说明。对其中一部分还被人使用的，作为副条出条，不释义，只注“见××××”或“通常写作××××”。

5．正条和副条，在本词典索引中均列出，便于读者查阅。

6．条目后用汉语拼音字母注音，并按注音的字母顺序排列。首字声韵调相同的，按笔画由少到多排列；笔画数相同的，按第一笔笔形顺序排列，余类推。有异读的按《普通话异读词审音表》注音，未经审定的异读字，按从俗从众的原则注音。

二、释 义

1．对成语中难懂或易引起误解的字、词，单独先行注释。如“怙恶不悛”中的“怙”“悛”，“揠苗助长”中的“揠”。

2．解释成语的整体含义时，先解释字面的意义（如字面意义浅显明白，可不解释），再解释深层次的引申或比喻等意义。

3．成语的特殊色彩，如褒贬、委婉、戏谑、嘲讽和自谦等，均用适当方式注明。

4．某些成语在使用中，有语境或上下文搭配特殊要求的，也用括号注明，以利读者正确使用。

三、例　　句

1. 成语释义后，引用古代例句，意在说明该成语在古代存在的情况，不在追溯源流。有些成语，古今形式有所差异，也不一一加以说明。对例句的时间性没有特别要求。例句中难懂的字、词，适当加注。为了帮助读者深入理解成语的意义，有时也介绍成语典故。

2. 古代例句的出处，均注明时代、作者和书名（包括卷数、回数），读者熟悉的，如《论语》《红楼梦》《三国演义》及常见史书等，不注时代和作者名，只注书名。

3. 古代例句后，出示现代汉语例句，意在帮助读者加深对语义的理解和掌握正确用法。例句前用“▷”，例句中用“～”代替该成语。如有两个例句，中间用“|”隔开。

四、提　　示

1. “提示”是为了引起读者对易出现错误或不规范现象注意而设立的，用“☛”形表示。

2. 提示的内容：

①读音：如“刚愎自用”的提示：“愎”不读 fù；“好大喜功”的“好”提示：这里不读 hǎo。

②字形：如“按部就班”的提示：“部”不要错写作“步”；“不寒而栗”的提示：“栗”不要错写作“慄”。

③意义：如“纸上谈兵”的提示：“兵”不要理解成“士兵”“军队”“兵器”。

④运用：如“同日而语”的提示：常用在否定句或反问句中，与“不可”“不能”“岂能”等词语搭配。“倾巢而出”的提示：用于敌人或坏人，不能用于自己和朋友。

3. 词形的规范，分三种情况：

①我们认为错误的或不规范的成语，在正条提示：“不要写作××××”。如“画地为牢”的提示：不要写作“划地为牢”。“明日黄花”的提示：不要写作“昨日黄花”。不出副条。

②我们认为不规范但有人用的成语，我们在正条提示：“不宜写作××××”。这一类又有两种情况。一种不出副条，如“混淆视听”的提示：不宜写作“淆乱视听”，不出“淆乱视听”条。一种出副条，如“翻江倒海”条提示：不宜写作“翻江搅海”，另出“翻江搅海”条，注明见“翻江倒海”，不释义。

③我们认为需要引导使用的成语，正条不提示，副条注音，不释义，并写明“通常写作××××”。如“滴水穿石”条提示：通常写作“水滴石穿”。“傲雪斗霜”

条提示：通常写作“傲雪凌霜”。

另外，两条成语意义相同，形式略有区别，用“参看”表示。如：“百年树人”条提示：参看“十年树木，百年树人”。

成语条目首字拼音索引

本索引将所收入的全部成语首字按汉语拼音字母顺序排列。同音字按笔画由少到多排列；笔画相同的按第一笔笔形横(一)、竖(丨)、撇(丿)、点(丶)、折(乛)的顺序排列；第一笔笔形相同的按第二笔笔形的顺序排列，依此类推。

字右边号码是词典正文页码。

成语条目首字部首笔画索引

1.本索引采用《汉字统一部首表》所规定的部首立部。根据国家语言文字工作委员会、中华人民共和国新闻出版署1997年发布的《现代汉语通用字笔顺规范》,适当调整了个别部首的顺序。为了促进规范化和方便读者查检,部首的变形大多加括号单立;对所属字量极少,与主部首笔画数全等者,不单立,只加括号附列在主部之后。部首按笔画数由少到多顺序排列;同画数的,按起笔笔形一(横)丨(竖)丿(撇)丶(点)㇆(折)顺序排列;第一笔相同的,按第二笔;依次类推。

2.本索引按照“据形归部”的原则对所收的字归部。采用先上后下,先左后右,先外后内的方法提取部首。分不清部首的字,按起笔笔形分别归入一丨丿丶㇆部。

3.本检字表对同一部首的字,按除去部首笔画以外的笔画数由少到多顺序排列。同画数的字,按《现代汉语通用字笔顺规范》规定的整个字形的起笔笔形一丨丿丶㇆的顺序排列;第一笔相同的,按第二笔;依次类推。

4.字右边的号码是词典正文的页码。部首上的数字为《汉字统一部首表》对该部首的编序号,凡本词典未收录的部首,本索引中不列。

24 右阝部

25 刀部

(25) ⺈部

(25) 刂部

26 力部

27 厶部

28 又部

29 廴部

30 干部

31 土部

(31) 士部

32 工部

33 艹部

2—6画

61 飞部

62 马部

63 纟部

3—6画

7画以上

(63) 糸部

66 王部

(66) 玉部

67 无(旡)部

68 韦部

69 木部

2—6画

(80)
曰部

81
贝部

82
水部

(82)
氵部

3—6 画

7 画以上

(82)
氺部

A

【哀兵必胜】āibīngbìshèng 哀：悲愤。对立的双方实力相当，而悲愤的军队一定胜利。《老子》第六十九章："故抗兵(举兵)相若，哀者胜矣。"▷～，侵略者必将遭到可耻的失败。☛"哀"在这里表悲愤、悲壮义，不要理解为悲痛、悲哀。

【哀鸿遍地】āihóngbiàndì 通常写作"哀鸿遍野"。

【哀鸿遍野】āihóngbiànyě 哀鸿：悲鸣的大雁。哀鸣的大雁遍布原野。比喻到处都是流离失所、啼饥号寒的灾民。《诗经·小雅·鸿雁》："鸿雁于飞，哀鸣嗷嗷(áo，哀鸣声)。"清·汤斌《睢沐二邑秋灾情形疏》："今春卖儿卖女者，有售无受，以故哀鸿遍野，硕鼠兴歌。"▷历史上，每逢黄河决口，黄泛区～，一片凄凉。

【唉声叹气】āishēngtànqì 唉：叹息的声音。因伤感、烦闷或悲痛而发出叹息的声音。▷为什么整天～，打不起精神？☛"唉"不宜写作"嗳"。

【爱不释手】àibùshìshǒu 释：放下。喜爱得舍不得放手。南朝·梁·萧统《陶渊明集序》："余爱嗜其文，不能释手。"▷我刚给小孙子买回来一个电动玩具，他马上就～地玩起来了。

【爱莫能助】àimònéngzhù 爱：同情，怜悯。莫：没有什么。虽然同情，但无力帮助。《诗经·大雅·烝(zhēng)民》："维仲山甫举之，爱莫助之。"明·冯梦龙《警世通言》卷三："荆公开言道：子瞻左迁黄州，乃圣上主意，老夫爱莫能助。"▷他的遭遇值得同情，但我实在～。

【爱屋及乌】àiwūjíwū 乌：乌鸦。及：到，涉及。因喜爱一个人，连带喜爱他房屋上的乌鸦。比喻因为爱某人而对与某人有关的人或事物也产生好感。《尚书大传·牧誓·大战》："爱人者，兼其屋上之乌。"《孔丛子·连丛子下》："此乃陛下爱屋及乌，惠下之道。"▷小王的男朋友是足球队员，～，她也爱看足球比赛了。☛"乌"不要写作"鸟"。

【安邦定国】ānbāngdìngguó 安：定。使国家安定。元·无名氏《五代史平话·周史》："我这剑要卖与烈士，大则安邦定国，小则御侮捍身。"▷我们没有～的雄才大略，只求能多做点对国家有益的具体事情。☛"邦"左边是"丰"，不要写作"手"。

【安步当车】ānbùdàngchē 安：安稳，不慌不忙。步：步行。安安稳稳地步行，权且当作乘车。指人能够安守贫贱生活。《战国策·齐策四》："晚食以当肉，安步以当车，无罪以当贵。"▷反正路也不远，咱们索性～吧！☛这里"当"不读 dāng，"车"不读 jū。

【安分守己】ānfènshǒujǐ 分：本分。安于本分。宋·袁文《瓮牖(yǒu)闲评》卷八："安分守己，恬于进取。"▷老人一辈子～，从不惹是生非。☛"分"这里不读 fēn。

【安家落户】ānjiāluòhù 指到一个新地

方安置家庭，长期定居。也指动植物在另一地区存活繁衍。▷他的祖先早在宋代就来这里～了｜南美的植物也在我国～了。

【安居乐业】ānjūlèyè 居：住处。业：职业。安于自己的住处（不愿迁徙），乐于从事自己的职业。现指安定地生活，愉快地工作。《汉书·货殖传》："各安其居而乐其业。"▷国家繁荣昌盛，人民～。

【安民告示】ānmíngàoshì 告示：布告。原指官府发布的安定民心的布告。现比喻预先把会议要商量的问题或要办的事情告诉有关人员的通知。▷开会要事先通知，像发布～一样，让与会者早做准备。

【安贫乐道】ānpínlèdào 道：指理想、道德等。安于清贫的生活，乐于恪守道义。《后汉书·韦彪传》："安贫乐道，恬于进趣（进取）。"▷封建社会里，知识分子能够做到～，也是值得称道的。

【安贫守道】ānpínshǒudào 道：指理想、道德等。安于清贫的生活，恪守自己所遵奉的道德观念。▷陶渊明一生～，不愿为五斗米折腰。

【安然无恙】ānránwúyàng 恙：疾病。平安无事，没有疾病、灾祸。明·冯梦龙《醒世恒言》卷二十九："按院照旧供职，陆公安然无恙。"▷大坝经受住了洪水的考验，～地度过了汛期。

【安如磐石】ānrúpánshí 磐石：大石。安稳如同磐石一样。形容十分安定稳固。《荀子·富国》："为名者否，为利者否，为忿者否。则国安于磐石，寿于旗翼（星宿名）。"▷一个伟大的国家～地屹立在世界的东方。

【安如泰山】ānrútàishān 安稳得如同泰山一样。形容非常稳固，不可动摇。汉·枚乘《上书谏吴王》："变所欲为，易于反掌，安于泰山。"▷我军阵地～，敌人怎样也攻不破。

【安若磐石】ānruòpánshí 通常写作"安如磐石"。

【安身立命】ānshēnlìmìng 安身：得以存身。立命：指修身养性以立天命。现指生活有着落，精神有寄托，能够在社会立足。宋·释道原《景德传灯录》卷十："汝向什么处安身立命？"▷尽管环境不太好，条件艰苦，但总算有了个安定的工作，可以～了。

【安土重迁】āntǔzhòngqiān 重：看重。重迁：把迁居看得很重。指安于本乡本土，不愿轻易迁居到别的地方去。《汉书·元帝纪》："安土重迁，黎民之性。"▷为了做好搬迁工作，一定要帮助当地居民克服～的思想。

【安营下寨】ānyíngxiàzhài 见"安营扎寨"。

【安营扎寨】ānyíngzhāzhài 指军队安置营寨，驻扎下来。也借指建立临时的劳动或工作基地。元·无名氏《隔江斗智》第二折："如今在柴桑渡口安营扎寨，其意非小。"▷为寻找宝藏，勘探队员们克服了千难万险，在深山老林里～。☛㊀"安"不要写作"按"。㊁不宜写作"安营下寨"。

【安之若素】ānzhīruòsù 素：昔，往常。指对待困难、危险或特殊情况，心态安然，像往常一样。清·陈确《书蔡伯蜚（fēi）便面》："贫贱患难，疾病死丧，皆安之若素。"▷扎根边疆以后，生活虽然艰苦，他却～，毫无怨言。

【鞍马劳顿】ānmǎláodùn 劳顿：劳累。

指长途骑马或连续作战而劳累疲乏。比喻因长途旅行而疲惫劳累。元·杨显之《潇湘雨》第四折："我一路上鞍马劳顿，我权且歇息。"▷你远道而来，～，要好好休息一下。

【鞍前马后】ānqiánmǎhòu 跑在马前，跟在马后。指跟随别人出征作战。比喻奔忙于他人左右，为他效劳。▷这个坏蛋虽然多年来～追随那个土匪头子，但最终还是死于他的枪下。

【按兵不动】ànbīngbùdòng 按：止。使军队驻扎下来暂不行动。借指接受任务却不执行。《吕氏春秋·召类》："赵简子按兵而不动。"▷接受了任务，就要立即行动，决不该～，观望迟疑。☛"按"不要错写作"安"。

【按部就班】ànbùjiùbān 部、班：门类，次序。原指按照一定的门类，依照一定的次序安排文章的结构，组织词句。后指办事按照一定的规矩，遵循一定的程序。晋·陆机《文赋》："选义按部，考辞就班。"清·文康《儿女英雄传》第四十回："他那个儿子只按部就班的，也就作到公卿。"▷生产必须根据操作规程，～，一道工序连接一道工序地进行。☛"部"不要写作"步"。

【按迹循踪】ànjìxúnzōng 循：顺着。按照一定的线索和踪迹去寻求。《红楼梦》第一回："其间离合悲欢，兴衰际遇，俱是按迹循踪，不敢稍加穿凿。"▷公安人员深入群众，～，终于查清了案情。☛不要写作"按迹寻踪"。

【按图索骥】àntúsuǒjì 索：寻找。骥：好马。按照图像寻找好马。原比喻办事拘泥成法，不知变通；也比喻按照线索寻找所需求的东西。《汉书·梅福传》："察伯乐之图，求骐骥于市。"▷工具书中索引的作用就在于使人～，方便快捷地找到所需要的资料。

【暗度陈仓】àndùchéncāng 参看"明修栈道，暗度陈仓"。

【暗箭难防】ànjiànnánfáng 暗箭：暗中射出的箭。比喻暗中的攻击、陷害难以防备。元·无名氏《独角牛》第二折："明枪好躲，暗箭难防。"▷对敌人暗地里的破坏活动，我们要保持高度警惕，千万不要忘记～的道理。

【暗箭伤人】ànjiànshāngrén 暗地里放箭伤害人。比喻趁人不防备，用阴谋手段伤害别人。清·李汝珍《镜花缘》第五十八回："有暗箭伤人的强盗，有借刀杀人的强盗。"▷这个人很阴险，惯于～，要提防着点儿。

【暗送秋波】ànsòngqiūbō 秋波：秋天明净的水波。比喻美女的眼睛和目光。本指女子暗中以眉目传情，后借指献媚取宠、暗中勾搭。明·冯梦龙《桂枝儿·私窥》："眉儿来，眼儿去，暗送秋波。"▷沦陷时期，他竭力向侵略者讨好，～，甘心做敌人的走狗。

【暗无天日】ànwútiānrì 形容政治腐败，社会黑暗。清·蒲松龄《聊斋志异·老龙船户》："剖腹沉石，惨冤已甚，而木雕之有司，绝不少关痛痒，岂特粤东之暗无天日哉！"▷在那个～的时代，老百姓有冤无处伸。

【黯然伤神】ànránshāngshén 通常写作"黯然神伤"。

【黯然神伤】ànránshénshāng 黯然：沮丧的样子。形容心情沮丧，情绪低落。清·百一居士《壶天录》："女更黯然神伤，泫（xuàn）然流涕（眼泪）。"▷他重返故居，只见人去楼空，冷落凄凉，不禁～。

【黯然失色】ànránshīsè 黯然：暗淡无光的样子。失色：失掉原有的光彩。形容相比之下显得暗淡无光，大为逊色。清·冒襄《影梅庵忆语》："顿使《会真》、《长恨》等篇黯然失色矣。"▷他画的马虽然不错，但与徐悲鸿大师的相比，就显得～了。☛不要写作"黯然无色"。

【黯然销魂】ànránxiāohún 黯然：沮丧的样子。销魂：丢掉了灵魂。心情沮丧，像丢了魂一样。南朝·梁·江淹《别赋》："黯然销魂者，唯别而已矣。"▷她一想到这次分别可能是永诀，不禁悲从中来，～，潸(shān)然泪下。

【昂首阔步】ángshǒukuòbù 抬着头，迈着大步。原形容态度傲慢，瞧不起人。现多形容精神振奋，气势昂扬。▷新战士排成方阵，～地走过了检阅台。

【嗷嗷待哺】áoáodàibǔ 嗷嗷：哀号声。哺：喂养。雏鸟哀号着等待喂食。形容饥饿难忍，渴求食物。宋·穆修《上监判邢郎中书》："老幼数口，嗷嗷待哺。"▷一家老小流落街头，～。

【傲睨万物】àonìwànwù 睨：斜视。傲慢地斜着眼睛看一切事物。形容高傲自大蔑视一切。宋·黄庭坚《跋俞秀老清老诗颂》："清老往与余共学于涟水，其傲睨万物，滑稽以玩世，白首不衰。"▷这个人自以为了不起，～，也太狂妄自大了。☛"睨"不读 ní。

【傲雪斗霜】àoxuědòushuāng 通常写作"傲雪凌霜"。

【傲雪凌霜】àoxuělíngshuāng 凌：欺凌。指松、柏、梅等不畏寒冷，藐视霜雪。比喻身处逆境，无所畏惧，毫不屈服。宋·韩玉《临江仙》词："自古佳人多薄命，枉教傲雪凌霜。"▷他身处逆境，依然～，坚持自己的信仰和追求。

B

【八面玲珑】bāmiànlínglóng 原指窗户多而敞亮，后形容人处世圆滑，各方面都不得罪。清·曾朴《孽海花》第七回："原来宝廷的为人，是八面玲珑，却十分落拓。"▷他是个～谁也不得罪的滑头人物。

【八面威风】bāmiànwēifēng 形容威风十足，令人敬畏。元·李文蔚《蒋神灵应》第四折："方显这大将军八面威风。"▷那时候，他还只是个小小的县官，出门也是前呼后拥，真是～，神气得很哪。

【八仙过海，各显其能】bāxiānguòhǎi，gèxiǎnqínéng 通常写作"八仙过海，各显神通"。

【八仙过海，各显神通】bāxiānguòhǎi，gèxiǎnshéntōng 八仙：民间传说中道家的八个仙人：汉钟离、张果老、韩湘子、李铁拐、吕洞宾、曹国舅、蓝采和、何仙姑。据说八仙过海不用船，各凭各的法术。比喻各有各的办法，各显各的本领。清·李海观《歧路灯》第六十九回："我如今与舍弟分开，这弟兄们是八仙过海，各显神通。"▷大家和灰的和灰，砌墙的砌墙，真是"～"，没几天的工夫，一间漂亮的新房建成了。

【拔本塞源】báběnsèyuán 本：树根。源：水源。拔掉树根，堵住水源。比喻从根本上消除，使不再滋生。《左传·昭公九年》："伯父若裂冠毁冕，拔本塞原，专弃谋主，虽戎狄其何有余一人？"▷我们对于制假贩假的丑恶现象，应该～，彻底铲除。☛"塞"这里不读 sāi。

【拔苗助长】bámiáozhùzhǎng 把禾苗拔起，让它快快长高。比喻违反事物发展的规律，急于求成，反而坏事。《孟子·公孙丑上》："宋人有闵（mǐn，担心）其苗之不长而揠（yà，拔）之者。芒芒然归，谓其人曰：'今日病（疲倦）矣，予助苗长矣！'其子趋而往视之，苗则槁（gǎo，干枯）矣。"▷教育孩子应循序渐进，不要急于求成，～。☛多用于口语。

【跋山涉水】báshānshèshuǐ 跋：翻山越岭。涉：趟水过河。形容旅途艰苦。《左传·襄公二十八年》："跋涉山川，蒙犯霜露。"▷为了帮助老区人民脱贫致富，县长～，走访了许多山区干部和群众。

【白璧微瑕】báibìwēixiá 璧：扁平圆形、中间有孔的玉。瑕：玉上的毛病。洁白的璧玉上有些小毛病，比喻人或事物还有小缺点。南朝·梁·萧统《陶渊明集序》："白璧微瑕者，惟在《闲情》一赋。"▷这部作品个别地方还有缺点，～，这是在所难免的。

【白璧无瑕】báibìwúxiá 璧：扁平圆形、中间有孔的玉。瑕：玉上的毛病。洁白的璧玉上没有任何毛病，比喻完美无缺。清·名教中人《好逑传》第七回："虽以小姐白璧无瑕，何畏乎青蝇，然青蝇日集亦可憎恨耳。"▷这篇文章，清新自然，语句优美生动，简直是～，很难挑出毛病来。

【白驹过隙】báijūguòxì 驹：少壮的马。阳光像白马在缝隙间一闪而过。比喻时光过得飞快。《庄子·知北游》:“人生天地之间,若白驹之过郤(同‘隙’),忽然而已。”《三国演义》第一百零七回:“人生如白驹过隙,似此迁延岁月,何日恢复中原乎?”▷时间如～,瞬息即逝,我们必须珍惜。

【白日做梦】báirìzuòmèng 比喻妄想实现根本不可能实现的事情。▷只要是个注重实际的人,就不可能～欺骗自己。

【白手起家】báishǒuqǐjiā 白手:空手。指在一无所有的条件下创建起一番事业。▷几个农民～,建成了一座具有相当规模的农机厂。

【白头偕老】báitóuxiélǎo 偕:共同。指夫妻共同生活到老。明·陆采《怀香记·奉诏班师》:“我与你母亲白头偕老,富贵双全。”▷祝新婚夫妇和睦恩爱,～。☛“偕”不读 jiē。

【百步穿杨】bǎibùchuānyáng 能在百步的距离射穿指定的杨柳叶。形容射技或枪法很高明。《战国策·西周策》:“楚有养由基者,善射,去柳叶者百步而射之,百发百中。”宋·胡继宗《书言故事·射艺类》:“奖射者曰:有百步穿杨之巧。”▷特警队员个个都是神枪手,能～,弹无虚发。

【百尺竿头,更进一步】 bǎichǐgān-tóu,gèngjìnyībù 百尺竿头:百尺高竿的顶端,指极高处。原为佛教用语,比喻道行修养所达到的极高境界。比喻学问、成就等达到很高程度后,还要继续努力。宋·朱熹《答巩仲至书》:“聊复言之,恐或可以少助百尺竿头更进一步之势也。”▷希望你～,创作出更多更好的作品。

【百川归海】bǎichuānguīhǎi 很多江河都流入大海。比喻众多分散的事物汇聚到一处,也比喻大势所趋或众望所归。汉·刘安《淮南子·泛论训》:“百川异源而皆归于海。”▷各路义军如～,都归到闯王旗下,中原大地将全部属于闯王|人心思治,如～。

【百读不厌】bǎidúbùyàn 反复阅读也不厌倦。形容诗文含义精深,引人入胜。清·施补华《岘佣说诗》:“‘秦时明月’一首,‘黄河远上’一首……皆边塞名作;意态绝健,音节高亮,情思悱恻,百读不厌也。”▷朱自清的散文意境清新,用语洗炼,令人～。

【百发百中】bǎifābǎizhòng 形容射箭技艺高明,每射必中目标。比喻对情况的预计总正确或计策必然成功。《战国策·西周策》:“楚有养由基者,善射;去柳叶者百步而射之,百发百中。”明·西周生《醒世姻缘传》第八十五回:“童奶奶的锦囊,素日是百发百中,休得这一遭使不得了。”▷离靶子那么远,他举起手枪射击,～|将军身经百战,料敌如神,～。☛“中”这里不读 zhōng。

【百废待兴】bǎifèidàixīng 许多被废置的事等着人们去兴办。▷在～的年代,国家必须加紧培养人才。

【百废俱兴】bǎifèijùxīng 俱:都。所有被废置的事都兴办起来。宋·范仲淹《岳阳楼记》:“越明年,政通人和,百废具(俱)兴。”▷仅仅十年,我们的国家已是～,一片兴旺景象了。☛“俱”不要写作“具”。

【百感交集】bǎigǎnjiāojí 各种感想交织在一起。形容感慨万千。宋·陈亮《祭喻夏卿文》:“百感交集,微我有咎。”▷这一对患难的朋友,谁也想不到会在这儿见面,他们～,一时什么话也说不出来。

【百结鹑衣】bǎijiéchúnyī 通常写作“鹑衣百结”。

【百孔千疮】bǎikǒngqiānchuāng 到处都是窟窿和疮口，比喻事物残破缺漏或损坏严重。唐·韩愈《与孟尚书书》：“汉氏以来，群儒区区修补，百孔千疮，随乱随失。”▷古刹年久失修，现已～，须立即修复。

【百口莫辩】bǎikǒumòbiàn 即使有许多嘴也没法辩解。宋·刘过《建康狱中上吴居父》：“困一身于囹圄（língyǔ，牢狱）之中，不胜涂炭；被五木于拘挛之下，正值冰霜……虽有百口而莫辨其辜。”▷尽管他没有干这件事，但当对方拿出“证据”，一口咬定是他干的时候，他陷入了～的困境。☛“辩”不要写作“辨”。

【百年大计】bǎiniándàjì 大计：重大的谋略或计划。指关系到长远利益的计划或措施。晚清·梁启超《论民族竞争之大势》：“数月之间，其权力已深入巩固，而百年大计于此定矣！”▷这项工程是～，关系子孙后代，一定要保证质量。

【百年树人】bǎiniánshùrén 参看“十年树木，百年树人”。

【百年偕老】bǎiniánxiélǎo 指夫妻共同生活一直到老。金·元好问《烛影摇红》词：“百年偕老，五福齐眉。”▷衷心祝愿新婚夫妇和和美美，～。☛“偕”不读jiē。

【百思不得其解】bǎisībùdéqíjiě 通常写作“百思不解”。

【百思不解】bǎisībùjiě 百般思索还是不能理解。清·无名氏《葛仙翁全传》第五回：“百思不解，午夜踌躇。”▷一位知心朋友，近来竟去信不回，电话不接，真令人～。

【百闻不如一见】bǎiwénbùrúyījiàn 听别人说一百遍不如自己看一次。表示听别人说的远不如亲眼看到的真实可靠。《汉书·赵充国传》：“百闻不如一见，兵难隃（yáo，通‘遥’）度（duó），臣愿驰至金城，图上方略。”▷～，我这次到漓江一游，才知道“桂林山水甲天下”确实名不虚传。

【百无聊赖】bǎiwúliáolài 聊赖：依靠，寄托。指生活空虚，精神上没有依托。汉·焦延寿《易林》卷十五：“身无寥（通‘聊’）赖，困穷乞粮。”清·丁叔雅《将归岭南留别》诗：“百无聊赖过零丁，遥睇（dì，斜眼看）中原一发青。”▷刚从紧张的工作岗位上退下来的那段日子，真有点～的感觉。

【百依百顺】bǎiyībǎishùn 一切都顺从对方。明·凌濛初《初刻拍案惊奇》卷十三：“做爷娘的百依百顺，没一事违拗了他。”▷奶奶对孙子～，把他惯坏了。

【百战不殆】bǎizhànbùdài 殆：危险。多次作战从未失败。形容每战必胜。《孙子·谋攻》：“知彼知己，百战不殆。”▷部队平时从严从难刻苦训练，上战场才能～。

【百折不挠】bǎizhébùnáo 挠：屈服。不管遭受多少挫折都不屈服。形容意志坚强。汉·蔡邕《太尉乔公碑》：“其性庄，疾华尚朴，有百折而不挠、临大节而不可夺之风。”▷攀登科学高峰，要有坚定不移的决心，～的勇气。☛“挠”不读ráo。

【百足之虫，死而不僵】bǎizúzhīchóng，sǐérbùjiāng 百足：一名马陆，节肢动物，长约一寸，全身有二十节，每节有足1—2对，切断后仍能蠕动。僵：肢体挺直，不能活动。比喻有势力的人或群体虽已衰亡，但其残余势力或影响依然存在。三国·魏·曹冏(jiǒng)《六代论》："故语曰'百足之虫，至死不僵'，以扶之者众也。"▷这个邪教组织虽然被取缔了，但是，～，至今仍然有少数顽固分子在暗中活动。

【班门弄斧】bānménnòngfǔ 班：鲁班，即公输班，古代巧匠。在鲁班门前摆弄斧头。比喻在行家面前卖弄本领。宋·欧阳修《与梅圣俞书》："昨在真定，有诗七八首，今录去。班门弄斧，可笑可笑！"▷让我在书法大师面前谈书法艺术，这不是～吗？

【斑驳陆离】bānbólùlí 斑驳：色彩错杂的样子。陆离：色彩绚丽的样子。形容色彩纷繁杂乱。战国·楚·屈原《离骚》："纷总总其离合兮，斑陆离其上下。"清·朱彝(yí)尊《竹垞(chá)诗话·下》："骨董斑驳陆离，即而视之，一钱不值。"▷阳春三月，映山红又开放在这～的山坡上，显得更加鲜艳。☛"斑"不要写作"班"。

【板上钉钉】bǎnshàngdìngdīng 比喻事情已经确定，不容变更，或说了话算数。▷～，咱们就按这个价儿成交｜～，说到做到，这件事我一定办好。

【半壁江山】bànbìjiāngshān 半壁：半边。指残存的或丧失的部分国土。清·钱彩《说岳全传》第六十五回："我那岳伯父拼身舍命与金人厮杀，才保全得半壁江山。"▷他们把南朝的～弄得一塌糊涂，最后导致土崩瓦解。

【半斤八两】bànjīnbāliǎng 旧制 1 市斤等于 16 两，半斤等于 8 两，半斤、八两轻重相等。比喻彼此相当，不分上下。《水浒传》第一百零七回："众将看他两个本事，都是半斤八两的，打扮也差不多。"▷我看你们两个的水平是～，就别再赛了。

【半路出家】bànlùchūjiā 出家：指脱离家庭去当和尚、道士或尼姑。比喻中途改行。《西游记》第四十九回："八戒道：'我的儿，你真个有些灵感，怎么就晓得我是半路出家的？'"▷别看他是个～的木匠，手艺还挺不错呢！

【半途而废】bàntúérfèi 废：停止。走到半路就停止不走了。原指全力以赴，直到半途力尽而止。后比喻做事有始无终。《礼记·中庸》："君子遵道而行，半涂(同'途')而废，吾弗能已矣。"▷做事要一鼓作气干到底，即使有困难，也不能～。

【半推半就】bàntuībànjiù 推：推辞，拒绝。就：依从，接受。形容心里愿意接受却假装不同意的样子。明·凌濛初《二刻拍案惊奇》卷二十八："李方哥半推半就的接了。程朝奉正是会家不忙，见接了银子，晓得有了机关。"▷钱局长先是装模作样地批评对方不该行贿，但后来还是～地收下了。

【傍人门户】bàngrénménhù 傍：依靠。依靠别人的门庭。比喻依赖别人，不能自立。《红楼梦》第一百零九回："邢姑娘是妈妈知道的，如今在这里也很苦。娶了去，虽说咱们穷，究竟比他傍人门户好多着呢。"▷做学问不能～，必须有自己独到的见解。☛㊀"傍"不读páng。㊁不要写作"傍门依户"。

【包藏祸心】bāocánghuòxīn 暗藏害人的坏心眼。《左传·昭公元年》："小国无罪，恃实其罪。将恃大国之安靖己，而无乃包藏祸心以图之。"▷有的人是无知，情有可原；有的人却是～，罪不可恕。

【包罗万象】bāoluówànxiàng 包罗：包

容。万象：各种事物或景象。形容内容丰富，应有尽有，无所不包。《黄帝宅经》卷上："包罗万象，举一千从。"▷这个商场的商品很全，可以说～，无所不有。

【褒善贬恶】bāoshànbiǎnè 褒：赞扬。贬：批评。表扬好的，批评坏的。宋·邵博《闻见后录》："君子为小人所胜所抑者，不过禄位耳。惟有三四寸竹管子，向口角头褒善贬恶，使善人贵，恶人贱，善人生，恶人死。"▷对历史人物要坚持～，作出正确的评价。☛"褒"不读 bǎo。"恶"这里不读 wù。

【饱经沧桑】bǎojīngcāngsāng 沧桑："沧海变桑田"的缩略，比喻世事的巨大变化。形容经历过许多世事变迁。▷这位世纪老人经历了几个时代，可说是～，阅历丰富。

【饱经风霜】bǎojīngfēngshuāng 风霜：比喻艰难困苦的境遇。形容经历过长期艰难困苦的磨炼。清·孔尚任《桃花扇》第二十一出："鸡皮瘦损，看饱经霜雪，丝鬓如银。"▷二叔艰苦生活了大半辈子，～，晚年终于过上了幸福生活。

【饱食终日，无所用心】bǎoshízhōngrì，wúsuǒyòngxīn 吃饱了饭，整天什么事也不思考。比喻没事可干，或什么事也不干。《论语·阳货》："饱食终日，无所用心，难矣哉！"▷～，只能使年轻的生命黯淡无光。

【报仇雪耻】bàochóuxuěchǐ 通常写作"报仇雪恨"。

【报仇雪恨】bàochóuxuěhèn 雪：洗刷掉。报冤仇，洗怨恨。元·关汉卿《鲁斋郎》第三折："他将了俺的媳妇，不敢向鲁斋郎报仇雪恨。"▷南霸天作恶多端，今天，人们～的日子终于到来了。

【抱残守缺】bàocánshǒuquē 抱住残缺的东西不放。形容思想保守，不肯接受新事物。清·江藩《汉学师承记·顾炎武》："二君以瑰异之质，负经世之才，……岂若抱残守缺之俗儒，寻章摘句之世士也哉。"▷在创作上，我们要积极创新，不能～或停滞不前。

【抱残守阙】bàocánshǒuquē 通常写作"抱残守缺"。

【抱恨终天】bàohènzhōngtiān 恨：遗憾。终天：终生。终生带着遗憾。《三国演义》第四十一回："今老母已丧，抱恨终天，身虽在彼，誓不为设一谋。"▷你可要想清楚，这关键的一步走错了，将～。

【抱头鼠窜】bàotóushǔcuàn 窜：逃匿。抱着头像老鼠一样地逃窜。形容仓皇逃走的狼狈相。宋·苏轼《代侯公说项羽辞》："智穷辞屈，抱头鼠窜，颠狈而归，仅以身免。"▷这股匪徒被打得七零八落，～。

【抱薪救火】bàoxīnjiùhuǒ 抱着柴草救火。比喻用错误的方法消除祸患，只会使祸患加重。《战国策·魏策三》："以地事秦，譬犹抱薪而救火也。薪不尽，则火不止。"▷对这些侵略者采取退让政策，无异于～，只能助长其更大的贪欲和野心。☛不宜写作"抱薪趋火""负薪救火"。

【抱薪趋火】bàoxīnqūhuǒ 见"抱薪救火"。

【暴虎冯河】bàohǔpínghé 暴虎：不用车(徒手)猎虎。冯河：不用舟过河。徒手打虎，趟水过河。比喻有勇无谋，冒险蛮干。《论语·述而》："暴虎冯河，死而无悔者，吾不与也。"▷解救人质，绝不能～；我们要动脑筋，多设计几种方案，既要保证人质的安全，还要力争生擒恐怖分子。☛㊀“冯”这里不读 féng。㊁不要写作“暴虎凭河”。

【暴戾恣睢】bàolìzìsuī 暴戾：凶狠残暴。恣睢：任意胡为。形容凶恶残暴，任意横行。《史记·伯夷列传》：“盗跖(zhì)日杀不辜，肝人之肉，暴戾恣睢，聚党数千人横行天下。”▷这个歹徒靠着黑社会势力，～，民愤很大。☛㊀“戾”不读 lèi。㊁“睢”不要写作“雎”，不读 jū。㊂不要写作“暴厉恣睢”。

【暴殄天物】bàotiǎntiānwù 暴：残害。殄：灭绝。残害灭绝自然界的万物。也指任意糟踏财物。《尚书·武成》：“今商王受(纣)无道，暴殄天物，害虐烝民。”《红楼梦》第五十六回：“既有许多值钱的东西，任人作践了，也似乎暴殄天物。”▷肆意捕杀野生动物，这种～、破坏生态平衡的行为必须制止｜两个人吃一顿饭，倒掉了这么多饭菜，真是～哇！☛“殄”不读 zhēn。

【杯弓蛇影】bēigōngshéyǐng 比喻疑神疑鬼，自相惊扰。汉·应劭《风俗通·怪神》记载：杜宣夏至日赴饮，见酒杯中有蛇，但碍于礼节，只得把酒饮下。酒后腹痛，治疗无效。后来得知壁上有悬弓照影在杯中，像蛇一样，病于是痊愈。▷敌人受了游击队突如其来的一次沉重打击，简直就～。炮楼前的草丛有点动静，就赶紧开枪。

【杯盘狼藉】bēipánlángjí 狼藉：杂乱的样子。形容宴饮后桌上杯盘杂乱。《史记·滑稽列传》：“履舄(xì，鞋)交错，杯盘狼藉。”▷桌上～，显然他们走得很匆忙，也没顾上收拾碗筷。☛“藉”这里不读 jiè，也不要写作“籍”。

【杯水车薪】bēishuǐchēxīn 用一杯水去灭一车柴草的火。比喻无济于事。《孟子·告子上》：“今之为仁者，犹以一杯水救一车薪之火也。”▷用有限的物资，去救助日益增多的难民，真可谓～，解决不了问题。

【卑躬屈膝】bēigōngqūxī 弯腰下跪。形容没有骨气，谄媚讨好的丑态。宋·魏了翁《江陵州丛兰精舍记》：“公卿大臣皆卑躬屈膝。”▷清末的一些官员在侵略者面前～毫无民族气节。☛不要写作“卑躬曲节”。

【悲欢离合】bēihuānlíhé 指人生中悲哀与欢乐，离散与团聚的各种遭遇。宋·苏轼《水调歌头·丙辰中秋兼怀子由》词：“人有悲欢离合，月有阴晴圆缺，此事古难全。”▷老人一生经历了无数坎坷，种种～说也说不完。

【悲天悯人】bēitiānmǐnrén 天：天命，这里指时世。哀叹时世的艰辛，同情民众的困苦。多表示对社会腐败和人民疾苦的悲愤和不平。清·黄宗羲《朱人远墓志铭》：“人远悲天悯人之怀，岂为一己之不遇乎！”▷他每当谈到时局的动荡和人民的疾苦，常常流露出一种～的神情。☛不宜写作“忧天悯人”。

【悲喜交集】bēixǐjiāojí 悲痛和喜悦的感情一起涌上心头。《晋书·王廙(yì)传》：“闻问之日，悲喜交集。”▷大嫂紧紧抱住失踪数月的儿子，热泪横流，～。

【悲喜交加】bēixǐjiāojiā 通常写作“悲喜交集”。

【背道而驰】bèidàoérchí 背：背向。朝着相反的方向奔驰。比喻方向和目标完全相反。宋·叶适《水心文集·别集》：“又变于俗而趋于利，故其势不得不背道而驰，则君子哀之可也。”▷敌人的企图，完全与历史发展规律～，是绝对不能实现的。

【背井离乡】bèijǐnglíxiāng 背：离开。井：古代指人口聚居的地方。指远离家乡，流落异地。元·马致远《汉宫秋》第三折：“背井离乡，卧雪眠霜。”▷他小时候被一场突如其来的自然灾害逼得～，来到北大荒。

【背水一战】bèishuǐyīzhàn 指前临大敌，背靠江河，没有任何出路，只有决一死战才能生存。比喻在绝境中为寻求出路而拼死一战。《史记·淮阴侯列传》记载：韩信攻赵，在井陉(xíng)口背水列阵，以前临大敌，后无退路的处境激励将士拼死求胜，结果大破赵军。▷敌人已经弹尽粮绝，企图～，拼死挣扎。

【背信弃义】bèixìnqìyì 不守信用，不讲道义。汉·桓宽《盐铁论·未通》：“为斯君者亦病矣，反以身劳民，民犹背恩弃义而远流亡，避上公之事。”▷他们～，撕毁合同，撤走专家，使我们的事业受到很大损失。

【倍道兼进】bèidàojiānjìn 通常写作“倍道兼行”。

【倍道兼行】bèidàojiānxíng 倍、兼：加倍。一天走两天的路程。指急速赶路。《孙子·军争》：“卷甲而趋，日夜不处，倍道兼行，百里而争利，则擒三将军。”▷我军～，一夜就挺进一百多里，抢占了有利地形。

【奔走呼号】bēnzǒuhūháo 奔走：快跑。东奔西走，呼喊号叫。形容为寻求支持而到处呼吁。清·吴趼人《痛史》第十七回：“一时奔走呼号，哭声遍野，扶老携幼，弃业抛家，都往内地乱蹿。”▷孙中山先生为了推翻清王朝，曾～，筹集资金，准备起义。☛“号”这里不读 hào。

【奔走相告】bēnzǒuxiānggào 奔跑着互相转告(多指好消息)。宋·张孝祥《寿芝颂代揔(同‘总’)得居士上郑漕》：“诏下之日，淮民欢呼，奔走相告，自州达之县，自县达之田里，自田里达之穷岩幽谷。”▷听到海河得到根治的喜讯，两岸人民含着热泪，～。

【本末倒置】běnmòdàozhì 本：树根。末：树梢。置：放置。树根和树梢颠倒放置。比喻颠倒事物的主次轻重。宋·朱熹《答吕伯恭》：“昨所献疑，本末倒置之病，明者已先悟其失。”▷在工作中要善于抓住主要矛盾，不要主次不分，更不要～。

【本性难移】běnxìngnányí 本性：本来的性质或个性。移：改。本来的性质或个性难于改变。元·尚仲贤《柳毅传书》楔子：“想他每无恩义，本性难移，着我向野田衰草残红里。”▷常言道，江山易改，～，看来老头子的急脾气这辈子是改不了了。

【笨鸟先飞】bènniǎoxiānfēi 比喻能力差的人做事比别人提前行动(多用作谦辞)。元·关汉卿《状元堂陈母教子》第一折：“我似那灵禽在后，你这等坌(同‘笨’)鸟先飞。”▷我干活儿不灵巧，只有～，早早动手，才能按时完成任务。☛不宜写作“笨雀先飞”。

【笨嘴笨舌】bènzuǐbènshé 通常写作“笨嘴拙舌”。

【笨嘴拙腮】bènzuǐzhuōsāi 见“笨嘴拙舌”。

【笨嘴拙舌】bènzuǐzhuōshé 指表达能力很差，没有口才。▷我这个人～的，不会说，不会道。☛不宜写作"笨嘴拙腮"。

【逼上梁山】bīshàngliángshān 《水浒传》里有许多好汉被逼上梁山泊造反的故事（如林冲、鲁智深等）。后用来比喻被迫进行反抗或被迫做某件事情。▷封建社会里有许多农民，被～，走上了武装起义的道路。

【比比皆是】bǐbǐjiēshì 比比：处处，到处。到处都是。《战国策·秦策一》："犯白刃，蹈煨（wēi，热）炭，断死于前者，比比是也。"宋·包拯《请救济江淮饥民疏》："连岁亢旱，民食艰阻，流亡者比比皆是。"▷市场里小摊～，一个挨着一个。☛不宜写作"比比皆然"。

【比肩继踵】bǐjiānjìzhǒng 比：挨着。踵：脚跟。肩靠着肩，脚挨着脚。形容人多拥挤。《晏子春秋·杂下》："齐之临淄（zī）三百闾（lǘ），张袂成阴，挥汗成雨，比肩继踵而在，何为无人？"▷王府井步行街行人如潮，～，热闹非凡。

【比肩接踵】bǐjiānjiēzhǒng 通常写作"比肩继踵"。

【比翼齐飞】bǐyìqífēi 通常写作"比翼双飞"。

【比翼双飞】bǐyìshuāngfēi 比：挨着。两只鸟翅膀挨着翅膀一起飞行。比喻夫妻，朝夕相伴，形影不离或在事业上并肩前进（多用作祝词）。晋·陆机《拟西北有高楼》诗："思驾归鸿羽，比翼双飞翰。"▷祝愿新婚夫妇在共同的事业上～。

【笔墨官司】bǐmòguānsi 指用文章进行的争辩。▷为一些鸡毛蒜皮的事大打～，浪费精力和时间，实在是没有意义。

【笔下生花】bǐxiàshēnghuā 比喻才思敏捷，文章写得绚丽多彩。▷读得多，心中有数；写得多，～。☛㊀不宜写作"笔头生花"。㊁参看"梦笔生花"。

【笔走龙蛇】bǐzǒulóngshé 形容书法洒脱雄健。宋·高登《送元太》诗："胸中翻锦绣，笔下走龙蛇。"▷他写得一手好字，书法作品如～。

【必恭必敬】bìgōngbìjìng 通常写作"毕恭毕敬"。

【毕恭毕敬】bìgōngbìjìng 对人十分恭敬有礼。清·钱泳《履园丛话·朱文正公逸事》："朱文正公相业巍巍，莫不称为正人君子。待人接物，必恭必敬。"▷他整了整衣服，然后迅速挺直了身子，～地叫了一声"爷爷"。

【毕其功于一役】bìqígōngyúyīyì 毕：完成。功：功效，效果。一役：指一次行动。一次做完了本来要分几次才能做成的事。▷这是两个不同性质的任务，想要～，是根本不可能的。

【闭关锁国】bìguānsuǒguó 封闭关口，封锁国门。比喻同外界隔绝，不与外国往来。▷我们不搞～，而实行对外开放政策，取得了举世瞩目的成就。

【闭关自守】bìguānzìshǒu 封锁关口，守住自己的小天地，不和别国交往。比喻保守、封闭，拒绝外界影响。隋·卢思道《北齐兴亡论》："三秦勍（qíng，强大）敌，闭关自守。"▷从前我们厂～，不跟兄弟厂交流，结果远远落在人家后面。

【闭门造车】bìménzàochē 原指因规格相同，关起门来造出的车子也能合辙。现指只凭主观办事而不问是否符合客观实际。宋·朱熹《中庸或问》卷三："古语所谓'闭门造车，出门合辙'，盖言其法之同也。"▷文艺工作者不深入社会，深入生活，～是创作不出人民群众所喜闻乐见的好作品的。

【闭目塞听】bìmùsètīng 塞：堵塞。闭上眼睛，堵住耳朵。形容不接触外界事物，脱离实际。汉·王充《论衡·自纪》："闭明塞聪，爱精自保。"▷一个～、同外界根本隔绝的人，是难以开拓前进的。☛"塞"这里不读 sāi。

【闭月羞花】bìyuèxiūhuā 使月亮躲藏，使鲜花羞愧。形容女子貌美。宋·古杭才人《错立身》第二折："看了这妇人……有沉鱼落雁之容，闭月羞花之貌。"▷相传乔公有二女：大乔和小乔，都有沉鱼落雁的芳容，～的美貌。☛不要写作"蔽月羞花"。

【敝帚千金】bìzhǒuqiānjīn 见"敝帚自珍"。

【敝帚自珍】bìzhǒuzìzhēn 敝帚：破旧的扫帚。自家的破扫帚也特别珍爱。比喻自己的东西虽然不好，也非常珍贵。宋·陆游《八十三吟》："枯桐已爨（cuàn）宁求识，弊帚当捐却自珍。"▷这些书虽已破旧，但～，我一直保存至今。☛不宜写作"敝帚千金"。

【筚路蓝缕】bìlùlánlǚ 筚路：柴车（用竹木编制的车）。蓝缕：衣服破烂的样子。驾着柴车，穿着破衣服（去开辟山林）。形容创业的艰苦。《左传·宣公十二年》："筚路蓝缕，以启山林。"▷当年，工人们～战胜各种困难，创建了这规模巨大的高产油田。

【壁垒森严】bìlěisēnyán 壁垒：古时军营周围防御用的建筑物。指防守十分严密。也指界限分明。▷我军早已～，敌军偷袭必将碰得头破血流。

【避实就虚】bìshíjiùxū 避开敌人的实力，去攻击敌人力量薄弱的地方。指办事先找容易的突破。也指谈论问题时只谈皮毛，回避要害。汉·刘安《淮南子·要略》："避实就虚，若驱群羊。"▷你的检查～，在群众中是很难通过的。

【避重就轻】bìzhòngjiùqīng 避开繁重的任务，而拣轻松的任务。也指回避主要问题，只谈无关紧要的小事。《唐六典·工部尚书》："不得隐巧补拙，避重就轻。"《红楼梦》第一百零二回："恐将来弄出大祸，所以借了一件失察的事情参的，倒是避重就轻的意思，也未可知。"▷既然交代，就要谈要害问题，不能老是这样躲躲闪闪，～。

【鞭长不及】biānchángbùjí 通常写作"鞭长莫及"。

【鞭长莫及】biānchángmòjí 及：达到。原指鞭子再长，也不该打到马肚子上。后比喻力所不及。《左传·宣公十五年》："虽鞭之长，不及马腹。"清·昭梿《啸亭续录·魏柏乡相公》："滇、黔、蜀、粤地方边远，今将满兵遽撤，恐一旦有变，有鞭长莫及之虞。"▷我军突然攻击县城，敌人主力远在千里之外，要救援也是～，无能为力。

【鞭辟入里】biānpìrùlǐ 指深刻剖析，进入最里层。形容言论或文章说理透彻。宋·程颢《师训》："学只要鞭辟近里，著己而已。"▷巴尔扎克小说中的描写形象生动，议论～。

【变本加厉】biànběnjiālì 本：原来的。厉：猛烈。指比原来的更加发展，后多形容情况较前更加严重（含贬义）。南朝·梁·萧统《文选·序》："盖踵其事而增华，变其本而加厉，物既有之，文亦宜然。"▷盗版者不仅没有收敛，反而～，我们必须加大打击力度。☛"厉"不要错写作"利""历""励"。

【变幻莫测】biànhuànmòcè　变化多端，令人无法捉摸。《封神演义》第四十四回："吾'红水阵'内夺壬癸之精，藏天乙之妙，变幻莫测。"▷政治风云～，股民们观望犹豫，不敢大量买入。

【变幻无常】biànhuànwúcháng　常：规律。经常变化，没有规律可循。《庄子·天下》："芴漠(hūmò，寂静)无形，变化无常。"明·蔡羽《辽阳海神传》："气候悉如江南二三月，琪花宝树，仙音法曲，变幻无常，耳目应接不暇。"▷那里的天气～，时而晴，时而阴；时而风，时而雨。

【标新立异】biāoxīnlìyì　标：表明，揭示。异：与众不同。提出新的与众不同的见解。清·褚人获《隋唐演义》第三十一回："但今作者，止取体艳句娇，标新立异而已，原没甚骨力规则。"▷他在诗歌创作中，不因袭前人，而力求在艺术风格上～。

【表里如一】biǎolǐrúyī　外表与内部一致。比喻言行与思想完全一致(含褒义)。宋·朱熹《朱子全书·论语》："行之以忠者，是事事要着实，故某集注云：'以忠，则表里如一。'"▷他待人诚恳，～，心里怎么想，嘴上就怎么说。

【别出机杼】biéchūjīzhù　别：另外。机杼：织布机，比喻诗文的构思和布局。比喻诗文的构思、布局等很独特，不落俗套。《魏书·祖莹传》："文章须自出机杼，成一家风骨。"▷这本诗集虽不是大家名作，但每每～，新颖脱俗，称得上是上乘佳作。☛"杼"不读yǔ。

【别出心裁】biéchūxīncái　别：另外。心裁：心中的考虑、判断。指另出新意，与众不同。明·李贽《水浒全书发凡》："别出新裁，不依旧样。"▷小说的结尾一反通常的"大团圆"结局，～，不落俗套。

【别具匠心】biéjùjiàngxīn　匠心：工匠般的巧妙构思。具有与众不同的巧妙构思。清·陈廷焯《白雨斋词话》："《蕃锦集》运用成语，别具匠心。"▷这幢楼既富于民族传统特色，又和周围环境浑然一体，设计者真是～。☛"具"不要错写作"俱"。

【别具一格】biéjùyīgé　另有一种风格。指有独特的风格。▷历代画竹子的人很多，但郑板桥画的竹子～，极富个性｜这是一座～的公园。

【别具只眼】biéjùzhīyǎn　具有独到的眼力和见解。宋·杨万里《送彭元忠县丞北归》诗："近来别具一只眼，要踏唐人最上关。"▷做为一个鉴赏家，应该～，见到别人见不到的地方。

【别开生面】biékāishēngmiàn　生面：新的面貌。另外开创新的局面。清·赵翼《瓯北诗话·苏东坡诗》："以文为诗，自昌黎始，至东坡益大放厥词，别开生面，成一代之大观。"▷作者～地用烘托手法让罗敷一出场就以她那惊人的美貌吸引读者。☛不要写作"另开生面"。

【别无长物】biéwúchángwù　长物：多余的物品。再也没有多余的东西了，形容极其清贫。明·凌濛初《二刻拍案惊奇》卷三十九："其家乃是个贫人，房内止有一张大几，四下一看，别无长物。"▷他们除双手外～，到了赤贫的境地。☛"长"这里不读zhǎng。

【别有洞天】biéyǒudòngtiān　通常写作"别有天地"。

【别有天地】biéyǒutiāndì　天地：这里指境界。指另有一种境界，常形容风景等引人入胜。唐·李白《山中问答》诗："桃花流水窅(yǎo,深远)然去,别有天地非人间。”▷出了山谷,眼前便是小桥流水,竹篱茅舍,真是～。

【别有用心】biéyǒuyòngxīn 用心:居心,企图。指言论、行动另有企图(含贬义)。清·吴趼人《二十年目睹之怪现状》第九十九回:“王太尊也是说他办事可靠,那里知道他是别有用心的呢!”▷对上级吹吹拍拍的人常常是～的。

【宾至如归】bīnzhìrúguī 宾客来到这里就像回到家里一样。形容招待周到热情而使客人感到温暖。《左传·襄公三十一年》:“宾至如归,无宁菑(同“灾”)患?不畏盗寇,而亦不患燥湿。”▷所有来到这家旅馆住宿的客人,都有～的感觉。

【彬彬有礼】bīnbīnyǒulǐ 彬彬:文雅而质朴的样子。形容文雅而有礼貌。清·李汝珍《镜花缘》第八十三回:“唤出他两个儿子,兄前弟后,彬彬有礼。”▷进来的是一位举止文雅,～的小伙子。

【冰冻三尺,非一日之寒】bīngdòngsānchǐ,fēiyīrìzhīhán 比喻某种现象是长期积累的结果,而不是短期内形成的。明·兰陵笑笑生《金瓶梅》第九十二回:“冰厚三尺,非一日之寒。”▷～,他们之间的矛盾,不是一下子就能解决的。

【冰清玉洁】bīngqīngyùjié 像冰一样纯净,玉一样纯洁。比喻品质高尚、纯洁。汉·司马迁《与挚伯陵书》:“伏唯伯陵材能绝人,高上其志,以善厥身,冰清玉洁。”▷她那～的一生堪为后人楷模。

【冰炭不相容】bīngtànbùxiāngróng 冰和炭性质不同,不能互相容纳。比喻两种对立的事物不能并存。宋·朱熹《朱子全书·治道一·用人》:“盖君子小人,如冰炭之不相容,薰(xūn,香草)莸(yóu,臭草)之不相如。”▷俗话说～,我跟要两面派的人实在无法共事。

【冰消瓦解】bīngxiāowǎjiě 像冰一样消融,像瓦一样分解。比喻事物消释或崩溃。《隋书·杨素传》:“公以深谋,出其不意,雾廓云除,冰消瓦解。”明·冯梦龙《醒世恒言》卷十三:“韩夫人喜不自胜,将一天愁闷,已冰消瓦解了。”▷经过他这一番解释,我心中的疑团～了|在我军强大的攻势下,敌人的防线顷刻之间～了。

【兵不血刃】bīngbùxuèrèn 兵:武器。血:指沾血。兵刃上没有沾血,指未经战斗就取得了胜利。《荀子·议兵》:“兵不血刃,远迩来服。”▷守城的残敌,一枪没放就弃城而逃了,我军～就拿下了这座古城。☛㊀“兵”不能理解为“兵士”。“血”用作动词。㊁不要写作“兵无血刃”。

【兵不厌诈】bīngbùyànzhà 兵:用兵。指用兵时,不排斥用欺诈方式迷惑敌人。《三国演义》第五十九回:“兵不厌诈,可诈许之;然后用反间计,令韩、马相疑,则一鼓可破也。”▷作战不能光靠勇敢,还要有计谋。古人说“～”,咱们这回就来个声东击西,克敌制胜。☛“兵”不能理解为“兵士”。

【兵贵神速】bīngguìshénsù 兵:用兵。用兵贵在行动特别迅速。《三国志·郭嘉传》:“兵贵神速。今千里袭人,辎重多,难以趣利,且彼闻之,必为备;不如留辎重,轻兵兼道以出,掩其不意。”▷～,我们必须日夜兼程,抢在敌增援部队前面占领西王庄。☛“兵”不能理解为“兵士”。

【兵荒马乱】bīnghuāngmǎluàn 荒:荒

乱。形容战时社会动荡不安的景象。元·无名氏《梧桐叶》第四折："那兵荒马乱，定然遭驱被掳。"▷"九·一八"事变后，～，我们全家逃难到关内。

【屏气敛息】bǐngqìliǎnxī　屏：抑止。敛：收住。气、息：呼吸时出入的气。指由于心情过于紧张或注意力过于集中而暂时止住了呼吸。清·李宝嘉《官场现形记》第三十八回："太太道：'不用你费心，我自己会收的。'瞿耐庵道：'太太说得是，说得是。'连连屏气敛息，不敢作声。"▷主人一到，仆人个个～，谁也不敢吭声。☛"屏"这里不读 píng。

【屏声息气】bǐngshēngxīqì　通常写作"屏气敛息"。

【并驾齐驱】bìngjiàqíqū　并驾：几匹马并排拉一辆车。驱：快跑。几匹马并排拉车，一齐快跑。比喻不分先后，齐头并进；也比喻地位相当，不分高下。南朝·梁·刘勰（xié）《文心雕龙·附会》："是以驷牡异力，而六辔如琴；并驾齐驱，而一毂（gǔ，车轮中间连接辐条的圆木）统辐（辐条）。"▷这篇作品可以跟历史上所有伤逝悼亡的名篇～，不分上下。

【并行不悖】bìngxíngbùbèi　悖：违反，冲突。同时进行，不相冲突。宋·朱熹《朱子语类》卷四十二："问：二条在学者，则当并行不悖否？"▷自由与纪律，民主与集中应当是～、相辅相成的。

【病入膏肓】bìngrùgāohuāng　膏肓：古人称心尖脂肪为膏，心脏与膈膜之间为肓，是药力达不到的地方。形容病情严重，不可救药；也比喻事情严重到无可挽救的程度。《左传·成公十年》："疾不可为也。在肓之上，膏之下，攻之不可，达之不及，药不至焉，不可为也。"宋·王谠（dǎng）《唐语林》卷五："请足下多服续命之散，数加益智之丸，无令病入膏肓，坐亲斧锧也。"▷大家反复说明利害，但她毫不悔悟，这才知道她中歪理邪说的毒太深，已～了。☛"肓"不要写作"盲"；也不读 máng。

【拨乱反正】bōluànfǎnzhèng　拨：指治理。乱：混乱。反：返回。正：正常。治理混乱的局面，使恢复正常秩序。《汉书·武帝纪赞》："高祖拨乱反正，文景务在养民。"▷这个小厂子多年来管理混乱，歪风邪气猖獗，必须首先整顿领导班子，才能达到～的目的。☛不宜写作"拨乱返正"。

【波澜壮阔】bōlánzhuàngkuò　波澜：大波浪。比喻规模宏伟，声势浩大雄壮。晚清·梁启超《论中国学术思想变迁之大势》："专凭西汉博士说以释经义者间出，逮廖氏而波澜壮阔极矣。"▷改革开放的洪流～，势不可挡。

【博采众长】bócǎizhòngcháng　广泛采纳众人的长处及各方面的优点。▷我们发展经济，进行现代化建设，要～，善于吸收一切国家和民族的先进经验和优秀文化成果。

【博大精深】bódàjīngshēn　形容思想和学识广博高深。明·姜世昌《〈逸周书〉序》："其博大精深之旨，非晚世学者所及。"▷对～的理论体系，要全面深入领会并掌握其精神实质。

【博古通今】bógǔtōngjīn　博：广博。通：通晓。对古代和现代的事情全都通晓。形容学识渊博。宋·曾巩《左右常侍制》："惟尔之博古通今，必能补朕之阙（同"缺"）。"▷那些～、学贯中西的大师们，为我国科技和文化的发展作出了巨大贡献。

【博闻强记】bówénqiángjì 强：努力。广泛地学习，努力牢记所学知识。《史记·孟子荀卿列传》："淳于髡（kūn），齐人也，博闻强记，学无所主。"▷据说建安诗人王粲～，过目不忘，是一般人难以相比的。☛"强"这里旧读 qiǎng。

【博闻强志】bówénqiángzhì 通常写作"博闻强记"。

【博闻强识】bówénqiángzhì 通常写作"博闻强记"。

【补偏救弊】bǔpiānjiùbì 补救偏差，消除弊端。《元史·世祖本纪》："故内立督省，以总宏纲，外设总司，以平庶政，仍以兴利除害之事，补偏救弊之方，随诏以颁。"▷我们厂由于管理不善，至今没走出低谷，强化管理、～是当务之急。

【捕风捉影】bǔfēngzhuōyǐng 比喻说话做事只以似是而非的迹象作为根据，没有真凭实据。宋·朱熹《朱子全书·学一·为学之方》："若悠悠地，似做不做，如捕风捉影，有甚长进！"▷你的推测完全是～，毫无事实根据。☛不宜写作"捕风系影"。

【不白之冤】bùbáizhīyuān 白：弄清楚。得不到辩白、难以洗雪的冤屈。明·冯梦龙《东周列国志》第四十二回："咺（xuǎn，人名）之逃，非贪生怕死，实欲为太叔伸不白之冤耳。"▷在那些年月里，许多人蒙受了～，无辜被关进监牢，有的甚至含恨而死。

【不卑不亢】bùbēibùkàng 卑：低下。亢：高傲。对人既不低三下四，也不高傲自大。形容态度自然，言行得体。清·查慎行《得谈未庵沙河书却寄》："不卑亦不抗（同'亢'），斟酌具至理。"▷谈判桌上她那～的态度，给人们留下了深刻的印象。

【不辨菽麦】bùbiànshūmài 菽：豆类。分不清豆子和麦子。形容缺乏实际知识。《左传·成公十八年》："周子有兄而无慧，不能辨菽麦，故不可立。"▷为改变学生～的状况，应引导他们向社会学习，增加实际知识。

【不耻下问】bùchǐxiàwèn 不耻：不以……为耻。不以向不如自己的人请教为耻。《论语·公冶长》："敏而好学，不耻下问。"▷王老师～，虚心向学生学习，令人钦佩。

【不打自招】bùdǎzìzhāo 没有用刑就自行招供了。比喻无意中说出自己的过失或坏事。明·冯梦龙《警世通言》卷十三："押司和押司娘不打自招，双双的问成死罪，偿了大孙押司之命。"《西游记》第十七回："也是个不打自招的怪物，他忽然说出……夜来得了一件锦襕佛衣，要以此为寿，做一大宴。"▷犯罪嫌疑人在无意之中～地说出了作案时的某些细节。

【不登大雅之堂】bùdēngdàyǎzhītáng 不能进入高雅的厅堂。形容粗俗低劣（有时作谦辞）。清·文康《儿女英雄传》缘起首回："这部评话原是不登大雅之堂的一种小说。"▷我这只是一首～的顺口溜而已。

【不动声色】bùdòngshēngsè 言谈和神色跟平常一样，看不出变化。形容沉着镇静。宋·欧阳修《相州昼锦堂记》："垂绅正笏（hù），不动声色，而措天下于泰山之安。"▷不管我怎样再三说明，他都～，弄不清他究竟是什么态度。

【不分皂白】bùfēnzàobái 皂：黑色。比喻不分是非曲直。《水浒传》第一百一十二回:"本是也要来混战,怕黑旋风不分皂白,见的便砍,因此不敢近前。"▷～,鲁莽行事,定会铸成大错。

【不敢越雷池一步】bùgǎnyuèléichíyībù 雷池:古水名,在今安徽省望江县。指做事不敢超越一定的界限。晋·庾亮《报温峤书》:"吾忧西陲,过于历阳,足下无过雷池一步也。"意思是要温峤坚守原地,不要越过雷池,移师京都。▷我们总这样墨守成规,做什么事都～,怎么能有突破创新呢?

【不攻自破】bùgōngzìpò 破:破灭。没有受到攻击,自己就破灭了。多指不正确的理论、观点等不用批驳,自己就站不住脚。《旧唐书·礼仪志》:"是有都立庙之言,不攻而自破矣。"明·冯梦龙《东周列国志》第七十六回:"郢都无主,不攻自破。"▷在事实面前,谣言～|官兵不团结、纪律涣散的军队,上阵作战肯定会～。

【不共戴天】bùgòngdàitiān 戴:顶。不能共同在一个天底下生活。形容仇恨极深,誓不两立。宋·罗大经《鹤林玉露》卷八:"我国家之与金虏,盖百世不共戴天之仇也。"▷两个民族之间并没有～的仇恨,矛盾和分歧可以通过谈判的方式逐步消除。

【不苟言笑】bùgǒuyánxiào 苟:随便。不随便说笑。形容态度庄重严肃。清·吴趼人《二十年目睹之怪现状》第四十三回:"那做房官的,我看见他,都是气象尊严,不苟言笑的。"▷他的态度总是那样严肃,～,让人不敢接近。

【不寒而栗】bùhánérlì 栗:发抖。天不冷身体却发抖。形容非常害怕。《史记·酷吏列传》:"是日皆报杀四百余人。其后郡中不寒而栗。"▷他一想到自己干的坏事会被别人揭发,顿时～,内心恐惧万分。☛"栗"不要错写作"慄"。

【不即不离】bùjíbùlí 即:接近。离:离开。指待人既不接近,也不疏远。清·文康《儿女英雄传》第二十九回:"到了夫妻之间,便合她论房帏资格,自己居右,处得来天然合拍,不即不离。"▷经过多次沟通,他俩终于消除了误会,彻底改变了以往那种～的状况。☛"即"不读 jì,也不要写作"既"。

【不加可否】bùjiākěfǒu 通常写作"不置可否"。

【不见经传】bùjiànjīngzhuàn 经:经书。传:解释经文的著作。经传上没有记载。后指某种说法缺乏根据,没有来历;或形容人或事物不出名。清·顾炎武《日知录·尧冢灵台》:"惟尧之巡狩,不见经传。"▷他在我们厂原本是个～的普通技术人员,想不到却在技术改造中干出了了不起的大事情。☛"传"这里不读 chuán。

【不经之谈】bùjīngzhītán 不经:不合常理。指荒唐的、没有根据的话。晋·羊祜《诫子书》:"无传不经之谈,无听毁誉之语。"▷这种～,你怎么能信呢?

【不胫而走】bùjìngérzǒu 胫:小腿。没有腿却能跑。比喻事物没有宣传、推行,就流行开来。清·赵翼《瓯北诗话·白香山诗》:"文人学士既叹为不可及,妇人女子亦喜闻而乐诵之。是以不胫而走,传遍天下。"▷这本优秀著作刚出版,人们就纷纷购买,主要内容很快一传十,十传百地～。

【不拘小节】bùjūxiǎojié 拘:拘泥。小节:与原则无关的琐事。(注重大事)不拘泥于琐事。后多指不注意生活小事(多含贬义)。《隋书·杨崇伟》:"素少落拓,有大志,不拘小节。"▷这个同志工作很不错,就是有些～,影响不好。

【不拘一格】bùjūyīgé 不局限于一种规格或形式。清·龚自珍《己亥杂诗》:"我劝天公重抖擞,不拘一格降人才。"▷科学普及读物可以多种多样,～,只要通俗易懂就会受欢迎。

【不绝如缕】bùjuérúlǚ 绝:断。缕:细线。指似断未断,像一根细线那样地连着。形容情势非常危急;也形容声音幽微不断。唐·柳宗元《寄许京兆孟容书》:"以是嗣续之重,不绝如缕。"宋·苏轼《前赤壁赋》:"余音嫋嫋,不绝如缕。"▷他躺在病床上,气息～,看来康复的希望很渺茫了|那悠扬的笛声从远处传来,在田野间,在苍茫的月色中～。

【不刊之论】bùkānzhīlùn 刊:削除,修改。古人把字写在竹简上,错了就削除。指不可改动的或不可磨灭的言论。形容言论精当,无懈可击。宋·郭若虚《图画见闻志·论曹吴体法》:"况唐室已上,未立曹、吴,岂显释寡要之谈,乱爰宾不刊之论。"▷"创业难,守业更难",这可称是～。☛"刊"不要理解为刊登、刊载。

【不堪回首】bùkānhuíshǒu 堪:能忍受,忍心。回首:回头,引申为回忆。不忍心去回忆往事(多指不好的事情)。南唐·李煜《虞美人》词:"春花秋月何时了,往事知多少!小楼昨夜又东风,故国不堪回首月明中。"▷那年孩子闯了大祸,闹了个家破人亡,让人～。

【不亢不卑】bùkàngbùbēi 通常写作"不卑不亢"。

【不可告人】bùkěgàorén 无法或不能告诉别人(有时含贬义)。清·陈梦雷《绝交书》:"其于不可告人之隐,犹未忍宣之于众也。"▷她被一种～的痛苦压得心头剧痛|他怀着～的罪恶目的,邮走了这封匿名信。

【不可救药】bùkějiùyào 药:用药治疗。病重到无法用药来救治的程度。比喻人或事态已经坏到无可挽救的地步。《诗经·大雅·板》:"匪我言耄,尔用忧谑。多将熇熇(hèhè,火势炽烈),不可救药。"▷这个单位的领导班子,已经彻底变质烂掉,～,需要重新组建。

【不可理喻】bùkělǐyù 喻:使明白。不能用道理让他明白。形容固执、不通情达理。清·吴趼人《痛史》第十一回:"知道这等人,就如猪狗一般的,不可以理喻。"▷无论你怎么说,他都听不进去,总是坚持己见,简直～。

【不可思议】bùkěsīyì 佛教指神秘奥妙到不能理解的境界。现指不可想像,无法理解。北朝·魏·杨衒之《洛阳伽蓝(qiélán,寺庙)记·城内永宁寺》:"佛事精妙,不可思议。"▷两千多年前,秦兵马俑就达到了那么高的科学和艺术水平,真让人～。

【不可同日而语】bùkětóngrìéryǔ 不可放在同一时间内谈论。形容差别很大,不能相提并论。《战国策·赵策二》:"夫破人之与破于人也,臣人之与臣于人也,岂可同日而言之哉?"▷老百姓的生活水平,今昔对比～。

【不可一世】bùkěyīshì 可:赞许,认可。一世:一个世代的人。指自以为超出同时代的人。形容自命不凡,狂妄到极点。宋·罗大经《鹤林玉露·荆公见濂溪》:"荆公少年，不可一世士，独怀刺候濂溪三及门而三辞焉。”▷他一向自命不凡，经常摆出～的架势，指责这个，批评那个。

【不稂不莠】bùlángbùyǒu 稂和莠都是混在禾苗中的野草。原意是田里没有野草。后指既不像稂，又不像莠。比喻人不成材、没出息。《诗经·小雅·大田》：“既坚既好，不稂不莠。”《红楼梦》第八十四回：“第一要他自己学好才好；不然，不稂不莠的，反倒耽误了人家的女孩儿，岂不可惜？”▷一定要把孩子教育好，否则～的，怎么为国家出力？☛“稂”不读 liáng，不要写作“郎”。“莠”不读 xiù，不要写作“秀”。

【不劳而获】bùláoérhuò 自己不劳动而取得(别人的)劳动成果。《孔子家语·入官》：“所求于迩(ěr，近)，故不劳而得也。”清·盛大士《溪山卧游录》：“学问断无不劳而获之理。”▷这些反动统治者，一直过着～、穷奢极欲的生活。

【不了了之】bùliǎoliǎozhī 了：了结。事情没有处理完就放在一边不管，就算了结。明·高濂《遵生八笺》：“或问吾人处世，思前虑后，有许多勾当，未免为虑，奈何？心斋先生曰：‘何不以不了了之？’”▷这件事追查了半年，仍没有结果，只得～。

【不伦不类】bùlúnbùlèi 伦：类。不像这类，也不像那类。形容不像样子或不三不四。清·文康《儿女英雄传》第十五回：“只见屋里也有几件硬木的木器，也有几件簇新的陈设，只是摆得不伦不类。”▷好端端的一个书店，却设了几处卖化妆品、保健品的摊位，真是～。

【不落窠臼】bùluòkējiù 窠臼：老套子，旧格式。比喻文学作品等不落俗套，有独特风格。《红楼梦》第七十六回：“这‘凸’‘凹’二字，历来用的人最少，如今直用作轩馆之名，更觉新鲜，不落窠臼。”▷他设计的家具，别具一格，～。☛㊀“窠”不要写作“巢”，也不读 cháo。㊁不宜写作“不袭窠臼”。

【不毛之地】bùmáozhīdì 不毛：不生长庄稼、草木。指极其荒凉贫瘠的地方。《公羊传·宣公十二年》：“君如矜此丧人，锡(赐)之不毛之地。”▷自从开渠引水以后，从前的～就成了肥沃的良田。

【不名一钱】bùmíngyīqián 名：占有。没有一个钱。形容极端贫困。汉·王充《论衡·骨相》：“通(人名)有盗铸钱之罪，景帝考验，通亡，寄死人家，不名一钱。”▷我那时～，连肚子都填不饱，哪里有心买书呢？

【不谋而合】bùmóuérhé 谋：商量。事前没有商量而彼此的意见或做法完全相同。晋·干宝《搜神记》卷二：“二人之言，不谋而合。”▷会前我们并没有研究，可是会上发言观点相同，真是～。

【不平而鸣】bùpíngérmíng 见“不平则鸣”。

【不平则鸣】bùpíngzémíng 鸣：指发出声音。受到不公正的待遇，就会发出不满或反抗的呼声。唐·韩愈《送孟东野序》：“大凡物不得其平则鸣。”宋·黄干《升铭》：“凡物之理，不平则鸣。”▷～，人们有意见总要说的，压是压不住的。

【不期而然】bùqīérrán 期：期望。然：这样。指并不期望这样而竟然这样。清·吴趼人《〈糊涂世界〉序》：“名山大川之间，赤县神州之外，无远勿届，不期而然。”▷他的关节炎原来很严重，在东北生活了几年，却～地见好了。

【不期而遇】bùqīéryù 期：约定日期。没有约定而意外相遇。梁·简文帝《湘宫寺智蒨法师墓志铭》："不期而遇，襄水之阳。"明·凌濛初《初刻拍案惊奇》卷八："急忙里无个缘便，心中想道：'只要邀仁兄一见，便可用小力送还。今日不期而遇，天使然也。'"▷刚到洛杉矶就和最要好的老同学～，太高兴了。☛不宜写作"不期而会"。

【不求甚解】bùqiúshènjiě 原指读书只要领会要旨，不必在字句上下功夫。现指学习不深入，只停留在一知半解上。晋·陶渊明《五柳先生传》："好读书，不求甚解。"▷学习任何知识，都要刻苦钻研，深入领会，不可浅尝辄止，～。

【不容置喙】bùróngzhìhuì 喙：原指鸟兽的嘴，这里借指人的嘴。置喙：插嘴。不容许人插嘴说话。▷本来想提点意见，没想到他竟然～，我只好算了。

【不容置疑】bùróngzhìyí 不容许怀疑。形容非常真实可靠。宋·陆游《严州乌龙广济庙碑》："盖其灵响暴著，亦有不容置疑者矣。"▷科学技术总要不断发展，这是～的。

【不入虎穴，焉得虎子】bùrùhǔxué，yāndéhǔzǐ 穴：巢穴，洞。焉：怎么。不进入老虎的洞穴，怎么能捉到小老虎。比喻不亲身经历险境就不能获得成功；也比喻不大胆实践，就得不到真知。唐·释皎然《诗式·取境》："夫不入虎穴，焉得虎子？取境之时，须至难、至险，始见奇句。"▷"～"，要想研究野生动物，就得深入原始森林。☛㊀"穴"不读 xuè。㊁不宜写作"不入虎穴，不得虎子"。

【不塞不流，不止不行】bùsèbùliú，bùzhǐbùxíng 指不破除旧的，就不能建立新的。唐·韩愈《原道》："不塞不流，不止不行。"▷"～"，必须破除旧观念，新风尚才能树立起来。☛"塞"这里不读 sāi。

【不甚了了】bùshènliǎoliǎo 了了：明白、了解。不很明白，不大了解。清·文康《儿女英雄传》第三十九回："凡是老爷的寿礼以及合家寄各人的东西，老爷自己却不甚了了。"▷他俩之间究竟有什么矛盾，我～，但总觉得他们相处得不怎么融洽。

【不识时务】bùshíshíwù 时务：当前的重大事情或客观形势。认不清当前的形势或时代潮流。《后汉书·张霸传》："时皇后兄虎贲（bēn，武士）中郎将邓骘（zhì），当朝贵盛，闻霸名行，欲与为交，霸逡巡（有顾虑）不答，众人笑其不识时务。"▷在社会发生变革的时候，～就会走错路。

【不速之客】bùsùzhīkè 速：邀请。不请自来的客人。《周易·需》："有不速之客三人来。"▷我邀请的客人还没到齐，他这位～却早早就来。

【不同凡响】bùtóngfánxiǎng 响：声响，指音乐。不同于普通的音乐。形容人或事物不平凡。▷这首交响乐有力地体现出大无畏的斗争精神，反映了作曲家～的艺术功力｜这位画家诗、书、画都立意高远，～。

【不袭窠臼】bùxíkējiù 见"不落窠臼"。

【不屑一顾】bùxièyīgù 不值得一看。表示异常轻视，看不起。明·方孝孺《送吏部员外郎龚彦佐序》："夫禄之以天下而系马千驷，常人思以其身易之而不可得，而伊尹（人名）不屑一顾视焉。"▷他要求很高，连那么好的毛料都～，何况是混纺的呢。

【不修边幅】bùxiūbiānfú 边幅:衣服的边缘。引申指人的衣着、仪表。修:修饰。不注意衣着、仪表的整饰。北齐·颜之推《颜氏家训·序致》:“肆欲轻言,不修边幅。”▷有些搞艺术的人往往～,也许是生活习惯或专心于事业,顾不得生活小节吧!

【不学无术】bùxuéwúshù 既没有学问,也没有本领。北周·庾信《答赵王启》:“信(庾信自称)不学无术,本分泥沉。”▷在现代化的社会里,～、没有专长的人是很难有发展机会的。

【不言而喻】bùyánéryù 喻:明白。用不着说就可以明白。《孟子·尽心上》:“君子所性,仁义礼智根于心,其生色也,睟(suì,颜色纯正)然见于面,盎于背,施于四体,四体不言而喻。”▷边远山区人民的生活都有很大改善,平原、水乡人民生活的提高就～了。

【不厌其详】bùyànqíxiáng 不嫌详细,指越详细越好。宋·朱熹《答刘公度》:“讲学不厌其详。”▷张老师反复细致、～地给学生讲述每条定律推导的过程,学生们都认真地听着。

【不一而足】bùyīérzú 足:满足。不是一事一物可以满足的。后指类似的事物很多,不能一一列举。《公羊传·文公九年》:“许夷狄者,不一而足也。”宋·陆游《桥南书院记》:“清流美竹,秀木芳草,可玩而可乐者,不一而足。”▷为了陷害忠良,他竟捏造种种罪名,什么“投敌叛国”等等,～。

【不遗余力】bùyíyúlì 遗:留。把所有的力量都使出来,毫不保留。《战国策·赵策三》:“秦之攻我也,不遗余力矣,必以倦而归也。”▷他在任何岗位上都是～地工作,年年都被评为先进。

【不以为然】bùyǐwéirán 然:对。不认为是对的,表示不同意。宋·王明清《挥麈(zhǔ)后录》卷四:“宣和初,徽宗有意征辽,蔡元长、郑达夫不以为然。”▷他听了老冯的话,觉得有点言过其实,就～地笑了笑,摇了摇头走了。

【不亦乐乎】bùyìlèhū 难道不快乐吗?后用在“得”“个”“得个”之后,表示达到极点。《论语·学而》:“有朋自远方来,不亦乐乎?”明·冯梦龙《醒世恒言》卷十六:“好酒好食,只顾教搬来,吃得个不亦乐乎。”▷他们家来了许多客人,上午一家人忙得～。

【不翼而飞】bùyìérfēi 不翼:没有长翅膀。没有长翅膀,竟然飞走了。比喻东西突然不见或消息迅速传开。清·吴趼人《近十年之怪现状》:“紫旒摇头带笑道:‘不见得,倘有甚靠不住,兄弟的一万金就不翼而飞了。’”▷门被撬开了,放在抽屉里的那一百五十元钱也～了|发放奖金的实施方案还没最后确定,消息却早已～了。

【不远千里】bùyuǎnqiānlǐ 不远:不以……为远。不以千里为远。形容不怕路途遥远。《孟子·梁惠王上》:“不远千里而来,亦将有以利吾国乎?”▷你～来帮助我们搞建设,令人十分感动。

【不约而同】bùyuēértóng 事先没有商量却说出相同的话或做出相同的事。宋·王楙《野客丛书·随笔议论》:“观以前杂说,不约而同者,十居二三。”▷老师问:“咱们做游戏好吗?”孩子们～地说:“好!”

【不择手段】bùzéshǒuduàn 指为了达到目的,什么手段都使得出来(含贬义)。

晚清·梁启超《袁世凯之解剖》:"为目的而不择手段,虽目的甚正,犹且不可。"▷贪官污吏为搜刮钱财而千方百计、~地残害百姓。

【不置可否】bùzhìkěfǒu 不说可以,也不说不可以。指不表明自己的态度。清·吴敬梓《儒林外史》第六回:"那两位舅爷王德、王仁,坐着就像泥塑木雕的一般,总不置一个可否。"▷听了他的话,小王只是淡淡一笑,~。

【不自量力】bùzìliànglì 不能正确估量自己的实力。指过高地估计自己,做力所不及的事情。宋·范仲淹《上吕相公书》:"是则系国家之安危,生民之性命,某岂可不自量力。"▷凭你的体力怎么能抬动二百多斤大米?真是~!

【不足挂齿】bùzúguàchǐ 不值得挂在嘴边。形容不值得提起。《水浒传》第八十七回:"宋江答道:'无能小将,何足挂齿。'"▷区区小事,~,何必老挂在心上。

【不足为怪】bùzúwéiguài 通常写作"不足为奇"。

【不足为据】bùzúwéijù 不能作为凭证或根据。宋·朱熹《答陈同甫》:"此皆卑陋之说,不足援以为据。"▷要证明你的话是对的,这点东西~,必须拿出强有力的证据。

【不足为凭】bùzúwéipíng 通常写作"不足为据"。

【不足为奇】bùzúwéiqí 不值得奇怪。多指事物很平常,没有什么特别的。宋·毕仲游《祭范德孺文》:"人乐其大而忘其私,不然则公不足为奇。"▷孩子会弹电子琴,这在我们幼儿园是~的。

【不足为训】bùzúwéixùn 不能当做典范或准则。明·胡应麟《诗薮·续编·一》:"君诗如风螭巨鲸,步骤虽奇,不足为训。"▷他的话也只是个人意见,~,咱们还是应该以文件为准。

【步步为营】bùbùwéiyíng 军队每向前一步就建立一个营垒。比喻做事谨慎,稳扎稳打。《三国演义》第七十一回:"可激劝士卒,拔寨前进,步步为营,诱渊来战而擒之。"▷本学期数学教学内容十分重要,一定要稳扎稳打,~,每章每节都让学生掌握好。

【步履维艰】bùlǚwéijiān 步履:行走。维:古汉语助词。指行动很困难。也泛指工作开展困难。清·刘坤一《请假一月片》:"臣自上年秋间,时患腰痛,两髋(同'腿')无力,步履维艰。"▷他虽然才五十来岁,但是长期卧病在床,身体极度虚弱,走起路来摇摇晃晃的,~|前几年,他刚弃学从商,资本不雄厚,又没经验,真是困难重重,~。

【步人后尘】bùrénhòuchén 步:踏着。后尘:走路时脚后扬起的尘土。跟在别人后面走。比喻追随、模仿别人。清·吴趼人《二十年目睹之怪现状》第九十四回:"其实这件事,首先是广东办开的头,其次是湖北,此刻江南也办了,职道不过步趋他人后尘罢了。"▷文学创作贵在发挥自己的创造性,千万不可~,机械模仿。

C

【才大难用】cáidànányòng 通常写作“材大难用”。

【才高八斗】cáigāobādǒu 形容才学极高，学识出众。五代·李翰《蒙求》：“谢灵运尝云：‘天下才共有一石(dàn)，子建(即曹植)独得八斗，我得一斗，自古及今同用一斗。’”▷老先生学识渊博，～，当今谁能比得上呢。

【才疏学浅】cáishūxuéqiǎn 疏：空虚，浅薄。才能不高，学识肤浅(多用作谦词)。清·钱彩《说岳全传》第四十回：“小子才疏学浅，做不得他的业师，只好另请高才。”▷学生深知自己～，还望老前辈多多指教。

【材大难用】cáidànányòng 木料粗大，难以利用。比喻才能出众，但不被重用。唐·杜甫《古柏行》：“志士幽人莫怨嗟，古来材大难为用。”▷祖国的现代化建设急需各方面的高级人才，不会再有～的现象。

【财竭力尽】cáijiélìjìn 竭：用完。钱财和力气都已用完。形容经济极端困难。《汉书·谷永传》：“百姓财竭力尽，愁恨感天。”▷厂子经济效益下滑，困难是真的，但还没到～的地步。

【财匮力绌】cáikuìlìchù 匮：匮乏。绌：短缺。钱财缺乏，力量不足。《明史·赵炳然传》：“浙罹兵燹(xiǎn，灾)久，又当宗宪汰侈后，财匮力绌。”▷公司刚成立，～，还不能投入资金去办那么多的事情。☛“绌”不读 chū 或 zhuō、chuò。

【财运亨通】cáiyùnhēngtōng 亨通：顺利通达。运气好，财路顺利通达。清·李汝珍《镜花缘》第七十回：“谁知财运亨通，飘到长人国，那酒坛竟大获其利。”▷那年他下海经商，谁知～，发了一笔大财。

【彩凤随鸦】cǎifèngsuíyā 比喻女子嫁给了才貌都比不上自己的人。宋·祝穆《事文类聚》：“杜大中起于行伍，妾能词，有彩凤随鸦之句，杜怒曰：‘鸦且打凤。’”▷她认为自己的女儿有才有貌，虽不敢说找到理想的白马王子，但也绝不能让孩子～。

【餐风沐雨】cānfēngmùyǔ 沐：洗头发。在风中吃饭，用雨水洗头发。形容跋涉艰辛或野外生活困苦。明·张景《飞丸记·埋轮没产》：“餐风沐雨，枕寒戈边疆御戎。”▷爷爷常常给孩子们讲述当年送军粮时～、长途跋涉的艰辛经历。

【餐风宿露】cānfēngsùlù 通常写作“风餐露宿”。

【残杯冷炙】cánbēilěngzhì 杯：酒杯，这里指酒。炙：烤熟的肉。喝剩的酒，吃剩的饭菜。北齐·颜之推《颜氏家训·杂艺》：“唯不可令有称誉，见役勋贵，处之下坐，以取残杯冷炙之辱。”▷老兄姗姗来迟，只剩这些～了，如不介意，就请入座。☛“炙”不读 jiǔ，不要写作“灸”。

【残编断简】cánbiānduànjiǎn 通常写作“断编残简”。

【残兵败将】cánbīngbàijiàng 战败后

残存的官兵。明·邵璨《香囊记·败兀》："我如今连被岳家军杀败，收聚些残兵败将，济不得事，目下就要拔营回去如何？"▷攻下城池后，即刻引兵追击逃跑的～。

【残羹冷饭】cángēnglěngfàn 羹：汁状或糊状的食物。喝剩的残汤，吃剩的饭菜。明·刘基《孤儿行》诗："清晨采薪日入归，残羹冷饭难充饥。"▷那天回家很晚，只好吃些～。

【残山剩水】cánshānshèngshuǐ 指残破不全的或遭到战争摧毁的国土。宋·林景熙《霁山集·虚心堂记》："而以苍颜白发，往来残山剩水中。"▷逃到杭州的南宋小朝廷的官吏们，仍在～间吃喝玩乐。

【残垣断壁】cányuánduànbì 残缺不全的墙壁。形容房屋遭受破坏后的凄凉景象。▷这里原是一段繁华的商业街，一场大火，烧得只剩下一片～。☛不宜写作"断壁颓垣"。

【残渣余孽】cánzhāyúniè 孽：指对社会造成危害的人。借指残存下来的坏人或恶势力。▷为了保持社会的稳定局面，必须彻底清除一切丑恶势力的～。

【蚕食鲸吞】cánshíjīngtūn 像蚕吃桑叶那样逐步侵占，或像鲸鱼吞食那样一口吞食。比喻不同的侵占方式。清·薛福成《代李伯相复黎参赞书》："俄人蚕食鲸吞，贪得无已，实无异战国之强秦。"▷殖民主义者采用～的方式，侵略弱小国家。

【惨不忍睹】cǎnbùrěndǔ 悲惨得使人不忍心看下去。清·许叔平《里乘·倪公春岩》："闻甲（人名）大喘一声，其气遂绝。两人相视而笑，复解甲缚扛置床上。小人惨不忍睹。"▷当年我们村的村民遭侵略者残杀的情景真是～。

【惨不忍闻】cǎnbùrěnwén 悲惨得使人不忍心听下去。晚清·陈天华《狮子吼》第二回："或父呼子，或夫觅妻，呱呱之声，草畔溪间，比比皆是，惨不忍闻。"▷她被残杀时惨厉的叫声，真～。

【惨淡经营】cǎndànjīngyíng 惨淡：形容费尽心力。原指作画前苦心构思，安排画面。现指竭尽心力谋划并从事某件事情。唐·杜甫《丹青引·赠曹将军霸》诗："诏谓将军拂绢素，意匠惨淡经营中。"▷这个公司经几任经理十多年的～，终于发展壮大起来了。

【惨绝人寰】cǎnjuérénhuán 惨：凶恶狠毒。人寰：人世间。人世间再没有比这更凶恶狠毒的了。形容凶恶狠毒到了极点。▷当年，南京三十万无辜的中国人倒在侵略者的屠刀下，那～的景象，我们永远不会忘记。

【惨无人道】cǎnwúréndào 惨：凶恶狠毒。人道：人性。残暴到了没有人性的地步。▷殖民主义者贩卖奴隶是～的。

【沧海横流】cānghǎihéngliú 沧海：大海。海水泛滥，四处奔流。比喻局势混乱，社会动荡不安。晋·袁宏《三国名臣序赞》："沧海横流，玉石俱碎。"《晋书·王尼传》："常叹曰：'沧海横流，处处不安也。'"▷那时候，社会动荡，～，人民流离失所，无家可归。☛㊀"沧"不要写作"沦"（lún）。㊁"横"这里不读 hèng。

【沧海桑田】cānghǎisāngtián 大海变为田地，田地变为大海。比喻世事变化巨大。晋·葛洪《神仙传·王远》："接待以来，见东海三为桑田。"宋·戴复古《贺新郎·兄弟争涂田而讼，歌此词主和议》词："沧海桑田何时变，怕桑田未变人先老。"

▷昔日荒凉岛，今日富庶乡，真是～哪。

【沧海一粟】cānghǎiyīsù 粟：谷子。大海中的一粒谷子。比喻非常渺小，微不足道。宋·苏轼《前赤壁赋》："寄蜉蝣于天地，渺沧海之一粟。"▷我们学到的知识，跟先生比较不过是～，真是微乎其微。☛"粟"不要写作"栗"、"票"。

【藏锋敛锷】cángfēngliǎnè 锷：刀剑的刃。指把刀的锋芒掩藏起来。比喻锐气、才智不显露于外。清·夏敬渠《野叟曝言》第十三回："大智若愚，大勇若怯，不是要埋冤他，正深爱着他，要他藏锋敛锷，以成大器。"▷你再有本领，也应该～，谦虚谨慎，脚踏实地地干事业。

【藏垢纳污】cánggòunàwū 通常写作"藏污纳垢"。

【藏龙卧虎】cánglóngwòhǔ 比喻隐藏着非凡的人才。清·西湖香婴居士重编《济公全传》第一百六十四回："再说临安城乃藏龙卧虎之地。"▷别看这个单位小，级别也不高，却有不少人才，是个～之处。

【藏头露尾】cángtóulùwěi 把头隐蔽起来，却露出了尾巴。原指想遮掩却不能完全遮掩得住。后用来形容遮遮掩掩，不肯把实情全暴露出来。清·文康《儿女英雄传》第四十回："老爷是个走方步的人，从不曾见过这等鬼鬼祟祟、藏头露尾的玩意儿。"▷事实已经很清楚，作为当事人，你就不要～的了！☛"露"这里不读 lòu。

【藏污纳垢】cángwūnàgòu 污、垢：指脏东西。比喻容纳、包庇坏人坏事。《左传·宣公十五年》："高下在心，川泽纳污，山薮（sǒu，野草丛生的湖泽）藏疾，瑾瑜匿瑕，国君含垢，天之道也。"▷你家成了～、窝赃销赃的据点，这是在犯罪。☛"垢"不读 hòu。

【藏形匿影】cángxíngnìyǐng 隐匿形迹，不露踪影。《邓析子·无厚篇》："为君者，藏形匿影，群下无私。"▷自那次分别之后，他就～，一点音信也没有了。

【操之过急】cāozhīguòjí 操：从事。做事或处理问题过于急躁。《汉书·五行志中之下》："遂要崤阸（ài，险要），以败秦师，匹马觭轮（qīlún，一辆车）无反者，操之急矣。"▷思想工作是长期的、复杂的，要持之以恒，细致耐心，不能～。

【草草了事】cǎocǎoliǎoshì 匆忙草率地了结事情。《红楼梦》第一百一十回："终是银钱吝啬，谁肯踊跃，不过草草了事。"▷这件重要的事情，你要认真去办，不能～。

【草菅人命】cǎojiānrénmìng 菅：野草。把人命看作野草一样。指任意残害人命。《汉书·贾谊传》："其视杀人，若艾（yì，通'刈'，割）草菅然。"明·凌濛初《初刻拍案惊奇》卷十一："为官做吏的人，千万不要草菅人命，视同儿戏。"▷当年那帮～、无恶不作的土匪就是在这儿被政府镇压的。☛"菅"不读 guǎn，不要错写作"管"。

【草木皆兵】cǎomùjiēbīng 兵：士兵。野草和树木都像是敌兵。形容极度惊恐，疑虑重重。《晋书·苻坚载记下》："坚与苻融登城而望王师，见部阵齐整，将士精锐；又北望八公山上，草木皆类人形，顾谓融曰：'此亦勍（劲）敌也，何谓少乎！'"清·吴趼人《二十年目睹之怪现状》第五十九回："这一大大家都是惊疑不定，草木皆兵；迨及到了晚上，仍然毫无动静。"▷敌人从那次惨败以后就提心吊胆，～，只要有一点动静就四处逃窜。

【侧目而视】cèmùérshì　斜着眼睛看，不敢正面看人。形容敬畏或又怕又恨。《战国策·秦策一》："（苏秦）妻侧目而视，倾耳而听。"▷那时，酷吏们横行无忌，百姓只能～，不敢直言。

【恻隐之心】cèyǐnzhīxīn　同情怜悯的心情。《孟子·告子上》："恻隐之心，人皆有之。"▷路见不平，出力相救，实出～。我不能接受你的酬谢。

【参差不齐】cēncībùqí　长短、高低很不一致。《汉书·扬雄传》："仲尼以来，国君将相，卿士名臣，参差不齐。"▷由于干旱少雨，庄稼长得～｜同一个班级毕业的同学，他们的水平也是～的。☛"参差"不读 cānchā。

【层出不穷】céngchūbùqióng　层出：重复出现。一次又一次地出现，没有穷尽。清·纪昀《阅微草堂笔记·槐西杂志二》："天下之势，辗转相胜；天下之巧，层出不穷。"▷这些年来高科技领域的发明创造～。

【层峦叠嶂】céngluándiézhàng　层：重叠。峦：小而尖的山。嶂：像屏障一样直立的山。山峰重重叠叠，连绵起伏。宋·陆九渊《与王谦仲书》："方丈檐间，层峦叠嶂，奔腾飞动。"▷西山深处，～，奇峰突兀。

【曾几何时】céngjǐhéshí　几何：多少。才过了多少时间。指时间并不长。宋·杨万里《答福师张子仪尚书》："曾几何时，而平易近民之声，中和乐职之颂，已与风俱驰，与川争流。"▷前两天他俩还吵得不可开交。～，他们又和好如初了。☛"曾"这里不读 zēng。

【曾经沧海】céngjīngcānghǎi　沧海：大海。曾经过大海。比喻见过大世面，见识广，阅历深。唐·元稹《离思》诗："曾经沧海难为水，除却巫山不是云。"▷这件事，对于～的他来说，不过是小菜一碟。

【差强人意】chāqiángrényì　差：稍微。大体上还能使人满意。《周书·李贤传》："太祖喜曰：'李万岁（人名）所言，差强人意。'"▷那几篇文章写得都不怎么样，只有这一篇还算～。☛㊀"差"这里不读 chà，chāi。㊁不要理解为不如人意。

【差之毫厘，谬以千里】chāzhīháolí，miùyǐqiānlǐ　指开始相差虽小，但造成的错误却很大。强调不能有丝毫差错。《礼记·经解》："差若毫厘，缪（通'谬'）以千里。"▷科学的计算必须精确，不然，会～，造成不可估量的损失。☛㊀"差"这里不读 chà。㊁"谬"不读 niù，不要写作"缪"。

【插翅难飞】chāchìnánfēi　即使插上翅膀也难以飞出去。比喻被围或受困而无法摆脱。清·夏敬渠《野叟曝言》第七十一回："又全寻思：这样围墙，插翅难飞！"▷城池已被严密包围，敌人～。

【插翅难逃】chāchìnántáo　通常写作"插翅难飞"。

【插科打诨】chākēdǎhùn　科：古代戏曲术语，指动作。诨：开玩笑的话。用滑稽的语言和动作引人发笑。清·李渔《闲情偶寄·词曲下·科诨》："插科打诨，填词之末技也。"▷人家在说正事，你别老是～，乱开玩笑。

【茶余饭后】cháyúfànhòu　指茶饭之后的一段空闲时间。▷每天～可以稍事休息，看报、散步、聊聊天。

【茶余酒后】cháyújiǔhòu　通常写作"茶余饭后"。

【察言观色】cháyánguānsè 观察别人的话语和脸色来揣摩别人的心意。《论语·颜渊》："夫达也者，质直而好义，察言而观色，虑以下人。"▷他很善于～，琢磨别人的心意来决定自己的言行。

【姹紫嫣红】chàzǐyānhóng 姹：美丽。嫣：娇艳。形容各种各色的花朵美丽、娇艳。明·汤显祖《牡丹亭·惊梦》："原来姹紫嫣红开遍，似这般都付与断井颓垣。"▷昆明世博会上展出的花卉品种繁多，～，美不胜收。

【豺狼成性】cháilángchéngxìng 像豺狼那样凶残形成习性。唐·骆宾王《代徐敬业传檄天下文》："加以虺蜴（huǐyì，毒蛇）为心，豺狼成性，近狎（xiá，玩弄）邪僻，残害忠良。"▷那片海域有一股～的海盗，每逢商船经过，必遭抢劫。

【豺狼当道】cháilángdāngdào 豺狼守在道路中间。比喻坏人当权得势。汉·荀悦《汉纪·平帝纪》："豺狼当道，安问狐狸！"▷过去～，横行乡里，老百姓没有好日子过。☛"当"这里不读 dǎng，不要写作"挡"。

【谗言佞语】chányánnìngyǔ 毁谤中伤和谄媚奉承的话。元·施惠《幽闺记·文武同盟》："怨着大金主上，信谗言佞语，杀害我忠良。"▷当领导的要是只愿听～，而听不进逆耳忠言，就要犯错误了。

【馋涎欲滴】chánxiányùdī 涎：口水。馋得口水就要滴下来。形容非常想吃到某种食物；也比喻非常想得到某种东西。清·姬文《市声》第二十六回："此时听得子肃说有那样好烟，不觉馋涎欲滴。"▷孩子看到满桌的菜肴，不免～｜听说在那里打工收入高，真使人～。☛㊀"涎"不读 yán。㊁不宜写作"馋涎欲垂"、"垂涎欲滴"。

【缠绵悱恻】chánmiánfěicè 缠绵：萦绕纠缠的样子。悱恻：悲苦凄切的样子。形容悲苦凄切，难以解脱。清·王夫之《姜斋诗话》："长言永叹，以写缠绵悱恻之情，诗本教也。"▷这篇散文真切地反映了作者亡夫丧子以后～、悲痛欲绝的心情。

【谄上欺下】chǎnshàngqīxià 对上奉承，对下欺压。▷这个人一贯作风不正，好～，大家很讨厌他。

【谄谀取容】chǎnyúqǔróng 谄谀：谄媚阿谀，奉迎讨好。靠奉承讨好取得别人的欢喜。《史记·平准书》："自是之后，有腹诽之法，而公卿大夫多谄谀取容矣。"▷惯于～，讨好上司的人，必然怀有不可告人的目的。

【长此以往】chángcǐyǐwǎng 长期这样下去（多用于不好的情况）。▷你这样夜以继日地工作，短期是可以的，～，会损伤身体。☛"长"不要写作"常"。

【长风破浪】chángfēngpòlàng 见"乘风破浪"。

【长歌当哭】chánggēdàngkū 长歌：长声歌咏。放声歌咏权且当作痛哭。多指用诗文抒发心中的悲愤。《红楼梦》第八十七回："感怀触绪，聊赋四章。匪曰无故呻吟，亦长歌当哭之意耳。"▷挚友的离世，悲痛之极，～以表哀思。☛"当"这里不读 dāng。

【长江后浪推前浪】chángjiānghòulàngtuīqiánlàng 比喻世事和人才不断更新换代向前发展。元·关汉卿《单刀会》第三折："长江，几经战场，却正是后浪催前浪。"▷～，世上新人胜旧人。

【长年累月】chángniánlěiyuè 通常写

作“成年累月”。

【长篇大论】chángpiāndàlùn 冗长的文章或滔滔不绝的言论。《红楼梦》第七十九回：“原稿在那里？倒要细细的看看，长篇大论不知说的是什么。”▷谁愿意浪费宝贵时间，去听那些不着边际的～！

【长篇累牍】chángpiānlěidú 累：重叠。牍：古人写字用的木片。形容文章或著作写得很长(含贬义)。清·黄宗羲《陈令升先生传》：“高会广座，有所征引，长篇累牍，应口吟诵。”▷那些～、空洞无物的文章，看起来使人头痛。

【长驱直入】chángqūzhírù 长驱：长距离地快走。形容毫无阻挡，非常迅速地长途进军。《水浒传》第一百零七回：“自此，卢俊义等无南顾之忧，兵马长驱直入。”▷我军乘胜～，直捣敌人的老窝。

【长袖善舞】chángxiùshànwǔ 善：容易。有了长长的衣袖容易舞得优美。比喻有所凭借，事情容易成功。后多用来形容资本雄厚，有手段，善于经营。《韩非子·五蠹》：“鄙谚曰：‘长袖善舞，多钱善沽(gǔ，指经商)。’此言多资之易为工也。”▷他原是一家大酒店经理，管理有方，又攒了笔钱，自己开饭店，～，准没错儿。☛“舞”不能简化成“午”。

【长吁短叹】chángxūduǎntàn 吁：叹气。一声长一声短地不停地叹息。元·王实甫《西厢记》第一本第一折：“少可有一万声长吁短叹，五千遍捣枕捶床。”▷近来，妈妈总是愁眉不展，～，准是有什么心事。☛“吁”这里不读 yù。

【长治久安】chángzhìjiǔān 指国家长期太平、安定。宋·苏舜钦《石曼卿诗集序》：“由是弛张其务，以足其所思，故能长治久安，弊乱无由而生。”▷发展经济，提高人民生活水平，加强治安管理，对不法分子绳之以法，才能使国家～。

【常备不懈】chángbèibùxiè 备：防备。懈：松懈。经常准备着，不松懈。▷边防部队必须～，时刻准备打击一切敢于来犯之敌。

【怅然若失】chàngránruòshī 形容心情惆怅，好像丢了什么东西一样。清·蒲松龄《聊斋志异·牛成章》：“忠泣诉父名，主人怅然若失。”▷不知发生了什么事，他近来常坐着发呆，～。☛“怅”不读 cháng。

【畅所欲言】chàngsuǒyùyán 畅快地说出想说的话。清·方苞《游丰台记》：“少长不序，卧起坐立，惟所便人，畅所欲言，举酒相属(zhǔ)，向(接近)夕犹不能归。”▷没有民主的气氛，大家就不会真正～。

【超尘出俗】chāochénchūsú 超出尘世，不同凡俗。指才智德行超过一般人。明·冯梦龙《东周列国志》第四十七回：“孟明登太华山，至明星岩下，果见一人羽冠鹤氅，玉貌丹唇，飘飘然有超尘出俗之姿。”▷古典小说里描写他～，有仙风道骨，不食人间烟火。

【超尘脱俗】chāochéntuōsú 通常写作“超尘出俗”。

【超凡入圣】chāofánrùshèng 超越了普通人，进入了圣人的境界。形容道德修养达到极高的境界。宋·朱熹《朱子全书·学一》：“就此理会得透，自可超凡入圣。”▷我们的思想道德素质虽不能～，但也要达到较高的水平，因此必须大力加强社会主义精神文明建设。

【超凡脱俗】chāofántuōsú 超脱人世、

凡间；也形容极不平常，世间罕见。▷邪教教主以“救世主”自居，鼓吹自己～，有救世济人的神功｜从这些丹崖、道院、古城墙中，依稀可以看到：沧桑岁月的洗礼，领略到～的迷人韵致。

【超群出众】chāoqúnchūzhòng 通常写作“超群绝伦”。

【超群绝伦】chāoqúnjuélún 伦：同类，同辈。超出众人，无与伦比。▷他那卓越的政治头脑和组织才能是～的。

【超然不群】chāoránbùqún 高超出众，不同一般。《清史稿·吴文溥传》：“其为人有韬略，超然不群，能作苏门长啸。”▷他在大学读书期间就才华横溢、～。

【超然绝俗】chāoránjuésú 高超出众，不同凡俗。汉·班固《为第五伦荐谢夷吾疏》：“方之古贤，实有伦序，采之于今，超然绝俗，诚社稷之蓍龟（蓍：shī，蓍草；龟：龟甲。古代指占卜工具），大汉之栋甍（méng，屋脊，屋栋）。”▷他是一位文韬武略～的将军，在军内有很高的声望。

【超然物外】chāoránwùwài 指超脱于尘世之外。原指逃避现实，现多指置身事外。宋·叶梦得《石林诗话》：“渊明正以脱略世故，超然物外为适，顾区区在位者何足概其心哉？”▷你既然生活在当今现实社会生活中，就要承担一定的社会责任，不应该也不可能～。

【超然自得】chāoránzìdé 超脱世事，自己感觉舒心得意。宋·张君房《云笈七签》卷十三：“劝子将心舍烦事，超然自得烟霞志。”▷退休后，他终于摆脱了一切事务，特别感受到一种～的愉快。

【车水马龙】chēshuǐmǎlóng 车来往不断，像流水一样；马挨着马，像游动的长龙一样。形容交通繁忙，繁华热闹。南唐·李煜《望江南》词：“还似旧时游上苑，车如流水马如龙，花月正春风。”清·吴趼人《二十年目睹之怪现状》第一回：“花天酒地，闹个不休，车水马龙，日无暇晷（guǐ，指时间）。”▷双休日，来小商品批发市场的人络绎不绝，真是～，热闹非凡。

【车载斗量】chēzàidǒuliáng 用车装载，用斗来量。形容数量极多。《三国志·吴主传》裴松之注引《吴书》：“聪明特达者八九十人，如臣之比，车载斗量，不可胜数。”▷像我这样的人也算是“人才”的话，那所谓人才就可以～了。☛这里“载”不读 zǎi，“量”不读 liàng。

【彻头彻尾】chètóuchèwěi 彻：贯穿。从头到尾，完完全全（多含贬义）。宋·程颢、程颐《二程语录》卷十一：“诚者，物之终始，犹俗言彻头彻尾。”▷抗战时期，汪精卫公开投靠侵略者，成了一个～的大汉奸。☛不要写作“彻首彻尾”。

【沉默寡言】chénmòguǎyán 形容很少说话。《元史·太祖传》：“李端叉儿状貌奇异，沉默寡言，家人谓之痴。”▷他平日～，可这次讨论会上却滔滔不绝说个没完。☛不要写作“沉静寡言”。

【沉思默想】chénsīmòxiǎng 沉：深。深沉地思索，默默地考虑。《西游记》第五十九回：“樵子见行者沉思默虑，嗟叹不已。”▷经过一夜的～，他终于提出了解决这个问题的好办法。

【沉鱼落雁】chényúluòyàn 使鱼沉入水底，使雁降落平地。形容女子容貌美丽。常与“闭月羞花”连用。《庄子·齐物论》：“毛嫱，丽姬，人之所美也。鱼见之深入，鸟见之高飞，麋鹿见之决骤（迅速奔跑），四者孰知天下之正色哉？”元·戴善夫《风光好》第三折："我看此女有沉鱼落雁之容，闭月羞花之貌。"▷古典小说中的女主人公，常常被描写为～的美人。

【沉渣泛起】chénzhāfànqǐ 指沉在水里的渣滓，又漂浮起来。比喻已经消失的腐朽事物，重又出现。▷每当社会变革时期，总会有一些丑恶腐朽的事物～，兴风作浪，为害社会。

【陈陈相因】chénchénxiāngyīn 陈：陈旧。因：因袭。原指皇家粮库里的粮食，年年增加，陈粮之上再加陈粮。后比喻沿袭老一套，不图创新。《史记·平准书》："太仓之粟陈陈相因，充溢露积于外，至腐败不可食。"▷随着改革开放的浪潮，社会上那些～的旧观念、旧习俗，必然受到冲击。

【陈词滥调】chéncílàndiào 陈：陈旧。滥：浮泛。指陈旧而不切合实际的言词。▷要讲就讲些新鲜的东西，不要再重复那些～。☛不要写作"陈词烂调"。

【陈规陋习】chénguīlòuxí 陈旧的规章制度，不合理不文明的习俗。▷在农村，尤其是边远地区，破除封建迷信和～，还是一项艰巨的任务。

【晨钟暮鼓】chénzhōngmùgǔ 佛寺中，日出时击钟，日落时敲鼓，以报时间。多形容时光的流逝，也比喻令人警醒的话。宋·陆游《短歌行》诗："百年鼎鼎世共悲，晨钟暮鼓无休时。"▷先生虽辞世多年了，但他那些饱含哲理的话语，一直如～，时时警醒着我。

【称心如意】chènxīnrúyì 完全符合心愿。清·吴趼人《糊涂世界》第五回："吃的用的穿的，无一样能够称心如意。"▷咱们厂在全体职工的努力下已经走出低谷。当然，有些方面还不能使大家～，还要继续奋斗。☛㊀"称"这里不读chēng。㊁不要写作"趁心如意"。

【趁火打劫】chènhuǒdǎjié 利用人家失火的时机进行抢劫。比喻乘人之危，捞取好处。▷在地震中～的人应当依法严惩。☛不要写作"乘火打劫"。

【趁热打铁】chènrèdǎtiě 趁着铁被烧红时捶打。比喻抓住有利时机，立即去做。▷麦子熟了，天气也好，得～，赶快收割。

【称孤道寡】chēnggūdàoguǎ 孤、寡：封建帝王的自称。比喻妄自尊大，以君王自居。元·关汉卿《单刀会》第三折："俺哥哥(刘备)称孤道寡世无双，我关某匹马单刀镇荆襄。"▷窃国大盗袁世凯～，做了八十二天皇帝，就在全国人民反对声中死去了。

【称王称霸】chēngwángchēngbà 指自封为帝王或霸主。比喻以霸主自居，独断专行。宋·汪元量《湖山类稿·读史》："刘项称王称霸，关张无命无功。"▷今天的世界格局已向多极化发展，超级大国～的时代一去不复返了。

【称兄道弟】chēngxiōngdàodì 相互之间以兄弟相称。表示关系密切，感情深厚。清·李宝嘉《官场现形记》第十二回："见了同事周老爷一班人，格外显得殷勤，称兄道弟，好不热闹。"▷别看他见了你满脸堆笑，甚至～，背后却把你骂个狗血喷头。

【瞠乎其后】chēnghūqíhòu 瞠：瞪眼。乎：于。在后面干瞪眼(想赶也赶不上)。形容尽力效法他人，但远不能赶上。《庄子·田子方》："夫子奔逸绝尘，而回(颜回)瞠若乎后矣。"▷他学识渊博，造诣精深，我只能～了。☛"瞠"不读"táng"。

【瞠目结舌】chēngmùjiéshé 瞠目：瞪着眼睛。结舌：舌头不能动。瞪着眼睛说不出话来。形容极端惊讶或窘迫。清·雩园主人《夜谈随录·梨花》："因耳语其故，公子大骇，入舱隐叩细君，细君结舌瞠目。"▷在大量物证面前，犯罪嫌疑人～，无法狡辩。☛"瞠"不读 táng。

【成败得失】chéngbàidéshī 成功或失败，得到什么或失掉什么。《三国志·吴书·步骘（zhì）传》："女配太子，受礼若吊，慷忾之趋，惟笃之物，成败得失，皆如所虑，可谓守道见机，好古之士也。"▷这件事虽然没办好，没关系，～是次要的，重要的是要认真总结教训，以利再战。

【成败利钝】chéngbàilìdùn 利、钝：指刀锋利与不锋利。引申指顺利与挫折。指事业的成功或失败，顺利或挫折。三国·蜀·诸葛亮《后出师表》："臣鞠躬尽瘁，死而后已，至于成败利钝，非臣之明所能逆睹也。"▷个人的～常常要受到主客观两方面条件的制约。

【成家立业】chéngjiālìyè 指建立家庭并有了一定的职业或成就了某项事业。宋·吴自牧《梦粱录·恤贫济老》："杭城富室多是外郡寄寓之人，……四方百货，不趾而集，自此成家立业者众矣。"▷自从～以后，他才逐渐体会到持家的艰辛。

【成年累月】chéngniánlěiyuè 年复一年，月复一月。形容时间持续得很长。清·文康《儿女英雄传》第二十二回："平日没事，还在这里成年累月的闲住着。"▷初中毕业后，他回乡务农，～在地里干活，掌握了不少农业生产技术。

【成人之美】chéngrénzhīměi 美：指好事。成全或帮助别人做成好事。《论语·颜渊》："子曰：'君子成人之美，不成人之恶。小人反是。'"▷你们既然情投意合，我当然要～，促成你们的婚事。

【成事不足，败事有余】chéngshìbùzú，bàishìyǒuyú 把事情办成的能力不够，而把事情办坏的能力却有余。多形容工作能力极差或故意把事情办坏。清·李海观《歧路灯》第一百零五回："部里书办们，成事不足，坏事有余；胜之不武，不胜为笑。"▷这个人～，要是把这么重要的事交给他办，非出问题不可。

【成事不足，坏事有余】chéngshìbùzú，huàishìyǒuyú 通常写作"成事不足，败事有余"。

【成也萧何，败也萧何】chéngyěxiāohé，bàiyěxiāohé 萧何：汉高祖刘邦的丞相。当初他推荐韩信任大将军，以后又设计杀死韩信。成事者是萧何，败事者也是萧何。指事情的成败好坏都是由同一个人造成的。元·无名氏《赚蒯通》第一折："这非是我成也萧何，败也萧何，做恁的（如此）反覆勾当。"▷这座楼房当年是你设计的，现在又是你制定了拆除方案，岂不是～。☛"萧"不要写作"肖"。

【成竹在胸】chéngzhúzàixiōng 通常写作"胸有成竹"。

【诚惶诚恐】chénghuángchéngkǒng 诚：确实，实在。惶、恐：惊惶恐惧。原是封建时代官员向皇帝上奏章中用的套语，表示对皇帝的敬畏。现在形容极端小心以至恐惧不安。三国·魏·曹植《上责躬应诏诗表》："臣植诚惶诚恐，顿首顿首。"▷我只不过做了自己应做的一点工作，领导却给我重奖，还号召向我学习，我怎能不～呢。

【承前启后】chéngqiánqǐhòu 指在事业、学术等领域内继承前代，开启后代。

清·薛雪《一瓢诗话》:"大凡诗中好句,左瞻右顾,承前启后,不突不纤。"▷我们研究所有三十几位中青年的科研人员,他们起着~的作用。

【承上启下】chéngshàngqǐxià 承接上面的,开启下面的。▷你们这一代是~的一代人,一定要把老一代的光荣传统接过来传下去|这段文字很有必要,在文章中起着~的作用。

【承先启后】chéngxiānqǐhòu 通常写作"承前启后"。

【城门失火,殃及池鱼】chéngménshīhuǒ,yāngjíchíyú 殃:灾祸。池:护城河。城门着了火,取护城河里的水救火,水干了,鱼也就死了。比喻因受牵连而遭殃。汉·应劭《风俗通》:"宋城门失火,人汲取池中水以沃灌之,池中空竭,鱼悉露死。"北齐·杜弼《为东魏檄梁文》:"但恐楚国亡猿,祸延林木;城门失火,殃及池鱼。"▷~,两股土匪在村子里相互拼杀,老百姓无辜受害。

【城下之盟】chéngxiàzhīméng 盟:盟约、和约。在敌军兵临城下时被迫订立的屈辱性盟约。泛指被迫签订的不平等条约。《左传·桓公十二年》:"楚伐绞(国名)……大败之,为城下之盟而还。"▷清朝末年,统治者屈服于西方列强的压力,签订了一系列丧权辱国的~。

【乘风破浪】chéngfēngpòlàng 船趁着风势破浪而进。比喻不畏艰险,奋勇前进。也形容形势发展迅猛。《宋书·宗悫(què)传》:"悫年少时,炳问其志,悫曰:'愿乘长风破万里浪。'"▷有志的青年就应该投身到生活的激流中去,~,奋勇向前|愿我们的企业~,迅速发展。☛不宜写作"长风破浪"。

【乘龙快婿】chénglóngkuàixù 对女婿的赞词。汉·刘向《列仙传》记载:相传春秋时人萧史善吹箫作凤鸣,秦穆公把女儿弄玉嫁给他,他教弄玉吹箫。后来弄玉乘凤,萧史乘龙,一起升天而去。明·汤显祖《紫钗记·回求仆马》:"待做这乘龙快婿,骐骥才郎,少的驷马高车。"▷老爷子只有一个女儿,自得了这位~,每天都是乐呵呵的。

【乘人之危】chéngrénzhīwēi 趁着别人危难之时(去要挟侵害对方)。《后汉书·盖勋传》:"谋事杀良,非忠也;乘人之危,非仁也。"清·蒲松龄《聊斋志异·神女》:"子诚敝人也!不念畴昔之义,而欲乘人之危。"▷受灾后,别人都互相关心,互相救助,你却~,大捞一把,这不是犯罪吗?

【乘虚而入】chéngxūérrù 趁着空虚而进入。宋·张君房《云笈七签》卷一百二十:"将至所居,自后垣乘虚而入,径及庭中。"▷敌人现在没有丝毫准备,我们可以~,一举歼灭他们。☛不宜写作"乘隙而入"。

【程门立雪】chéngménlìxuě 程:指南宋程颢、程颐兄弟。下大雪,仍站在程家门外,形容十分虔诚地就学师门。宋·程颢、程颐《二程语录》卷十七引《侯子雅言》:"游(酢)、杨(时)初见伊川(程颐),伊川瞑目而坐,二子侍立。既觉,顾谓曰:'贤辈尚在此乎?日既晚,且休矣。'及出门,门外之雪深一尺。"▷年轻人应该有~的精神,虚心诚恳地向一切有专长的人学习。

【惩恶劝善】chéngèquànshàn 劝:勉励,鼓励。惩办邪恶,劝勉行善。《左传·成公十四年》:"《春秋》之称,微而显,志而晦，婉而成章，尽而不汙(纡，弯曲)，惩恶而劝善，非圣人谁能修之。”▷～，弘扬高尚道德，是一切传媒肩负的重任。

【惩前毖后】chéngqiánbìhòu 惩：警戒。毖：使谨慎。指吸取过去犯错误或失败的教训，使今后更加谨慎，不致重犯。《诗经·周颂·小毖》：“予其惩而毖后患。”明·张居正《答河道自湖计河漕》：“顷丹阳浅阻，当事诸公，毕智竭力，仅克有济，惩前毖后，预为先事之图可也。”▷对犯错误的同志，要坚持“～，治病救人”的方针。

【惩一儆百】chéngyījǐngbǎi 儆：警戒。惩处一个人，以警戒更多的人。清·薛福成《庸盦(ān)笔记·咸丰季年三奸伏诛》：“许彭寿纠劾(hé)各节，朕早有所闻，用特惩一儆百，期于力振颓靡。”▷对犯罪的人严厉处罚的目的是希望起到～的作用。☛“儆”不读 jìng。

【惩一警百】chéngyījǐngbǎi 通常写作“惩一儆百”。

【逞性妄为】chěngxìngwàngwéi 任性胡作非为。▷对独生子女应严格要求，一味娇惯放纵，会导致他们～，甚至走上邪路。

【吃里爬外】chīlǐpáwài 享受这一方的好处，却为另一方办事。▷你拿的是公司的工资，却成天给别人出力，这不是～吗？

【吃一堑，长一智】chīyīqiàn，zhǎngyīzhì 堑：壕沟。比喻挫折或失败。受一次挫折，长一分见识。▷挫折和失败并不可怕，～嘛。问题在于能否总结经验，吸取教训。

【嗤之以鼻】chīzhīyǐbí 嗤：讥笑。用鼻子出声。表示瞧不起。清·颐琐《黄绣球》第七回：“其初，在乡自立一学校，说于乡，乡人笑之；说于市，市人非之；请于巨绅贵族，更嗤之以鼻。”▷他的发言纯属胡说八道，大家～。

【痴人说梦】chīrénshuōmèng 原指对呆傻人说梦话，他就会信以为真。后用来讥讽凭妄想说胡话。宋·释惠洪《冷斋夜话》卷九：“僧伽，龙朔(唐高宗年号)中，游江淮间，其迹甚异。有问之曰：‘汝何姓？’答曰：‘姓何。’又问：‘何国人？’答曰：‘何国人。’唐李邕(yōng)作碑，不晓其言，乃书传曰：‘大师姓何，何国人。’此正所谓对痴人说梦耳。”▷一无资金，二无能人，还说要搞什么公司，岂不是～！

【痴心妄想】chīxīnwàngxiǎng 指不切实际、不能实现的胡思乱想。明·冯梦龙《喻世明言》卷一：“大凡人不做指望，到也不在心上；一做指望，便痴心妄想，时刻难过。”▷他清廉为官了一辈子，你想贿赂他为你办事，那是～。

【魑魅魍魉】chīmèiwǎngliǎng 魑、魅、魍魉：都是传说中的鬼怪。比喻形形色色的坏人。《左传·宣公三年》：“螭魅罔两(魍魉)，莫能逢之。”▷只要法制健全并且公正执法，那些为害人民的～就不可能肆行无忌了。☛㊀“魑”不读 lí，“魅”不读 wèi。㊁“魍魉”不要错写作“罔两”。

【池鱼之殃】chíyúzhīyāng 参看“城门失火，殃及池鱼”。

【持之以恒】chízhīyǐhéng 恒：长久。长期坚持下去。清·曾国藩《家训喻纪泽》：“若能从此三事上下一番苦工，进之以猛，持之以恒，不过一二年，自尔精进而不觉。”▷知识的获得需要日积月累，学习要专心致志，～。

【持之有故】chízhīyǒugù 故：指根据。所持有的见解有它的根据。《荀子·非十二子》："然而其持之有故，其言之成理，足以欺惑愚众。"▷这篇文章虽未引经据典，但其观点还是～的。

【踟蹰不前】chíchúbùqián 通常写作"踌躇不前"。

【尺短寸长】chǐduǎncùncháng 尺比寸长，但用在更长的地方则显得短；寸比尺短，但用在更短的地方则显得长。比喻人或事物各有各的长处和短处。战国·楚·屈原《楚辞·卜居》："夫尺有所短，寸有所长，物有所不足，智有所不明，数有所不逮(到、及)，神有所不通。"宋·苏轼《定州到任谢执政启》："燕南赵北，昔称谋帅之难；尺短寸长，今以乏人而授。"▷～，各不相同，但个人只要有报效祖国之心，发挥所长，就都能作出自己的贡献。

【尺有所短，寸有所长】chǐyǒusuǒduǎn，cùnyǒusuǒcháng 通常写作"尺短寸长"。

【齿白唇红】chǐbáichúnhóng 通常写作"唇红齿白"。

【叱咤风云】chìzhàfēngyún 叱咤：怒喝。一声怒喝，能使风云变化。形容声势极大，能够左右形势。《梁书·元帝纪》："叱咤则风云兴起，鼓动则嵩、华倒拔。"明·王錂(líng)《春芜记·说剑》："只见你光闪闪手揽吴钩，昏惨惨气冲牛斗，猛可的叱咤风云，蓦地里神情抖擞。"▷读了这篇回忆录，我眼前仿佛出现了将军那～的形象。☛"咤"不读 chà。

【赤膊上阵】chìbóshàngzhèn 光着膀子上阵打仗。比喻不讲策略或不加掩饰地做某事。《三国演义》第五十九回："许褚性起，飞回阵中，卸下盔甲，……赤体提刀，翻身上马，来与马超决战。"▷犯罪分子的罪行暴露后，再也无法隐蔽，竟然～，与刑警展开枪战。

【赤地千里】chìdìqiānlǐ 赤：裸露。大片土地寸草不生。形容大灾或战乱以后一片荒凉景象。《史记·乐书》："晋国大旱，赤地千里。"▷那年，虫灾旱灾并起，我国北方～，人民流离失所。

【赤手空拳】chìshǒukōngquán 两手空空，没有武器、工具。比喻无所凭借。元·张国宾《合汗衫》第四折："可怜俺赤手空拳，望将军觑方便。"《西游记》第二回："他也没什么器械，光着个头……不僧不俗，又不像道士神仙，赤手空拳，在门外叫哩。"▷他有一身好功夫，～也能把犯罪分子制服。

【赤子之心】chìzǐzhīxīn 赤子：婴儿。比喻纯真善良的心地。《孟子·离娄下》："大人者，不失其赤子之心者也。"▷他年纪越来越大，地位越来越高，但～永远不变。

【冲锋陷阵】chōngfēngxiànzhèn 向敌人冲击，攻陷敌人的阵地。形容作战勇敢。《北齐书·崔暹传》："冲锋陷阵，大有其人，当官正色，今始见之。"▷他在战场上～，屡立战功。

【充耳不闻】chōngěrbùwén 充：堵塞。塞住耳朵听不见，形容不愿听取。《诗经·邶风·旄丘》："叔兮伯兮，褎(yòu，服饰盛美)如充耳。"汉·郑玄笺："充耳，塞耳也。言卫之诸臣，颜色褎然，如见塞耳，无闻知也。"清·李渔《奈何天·闹封》："边陲失急，可转运者充耳不闻。"▷对现实中的热点问题视而不见，对群众的呼声～，就是十足的官僚主义。

【重操旧业】chóngcāojiùyè 重新干以

前干过的事业。▷到了工地，还是～搞电焊。

【重蹈覆辙】chóngdǎofùzhé 蹈：踏上。覆：翻倒。辙：车轮压过后留下的痕迹。重又走上翻车的道路。比喻不吸取教训，重犯过去的错误。《后汉书·窦武传》："今不虑前事之失，复循覆车之轨。"▷前任领导独断专行，不走群众路线，栽了跟头。你要吸取教训，不要～。☛"覆"不要写作"复"。

【重见天日】chóngjiàntiānrì 指重新见到太阳。比喻摆脱黑暗，重见光明。《三国演义》第二十八回："周仓顿首告曰：'仓乃一粗莽之夫，失身为盗；今遇将军，如重见天日，岂忍复错过！'"▷一大批曾经被禁锢的文学作品，终于～，和广大读者见面了。

【重峦叠嶂】chóngluándiézhàng 通常写作"层峦叠嶂"。

【重温旧梦】chóngwēnjiùmèng 比喻重新经历或回忆过去美好的事情。▷你当时抛弃了她，现在又想～，再生活在一起，那就先要看人家愿不愿意了。

【重整旗鼓】chóngzhěngqígǔ 重新整顿战旗战鼓。比喻失败之后，重新积聚力量，准备再干。▷校乒乓球队以二分之差失利，但大家并不气馁，准备～，在下一届比赛中夺冠。☛"重"这里不读zhòng。

【重足而立】chóngzúérlì 脚并脚地站着，不敢移动脚步。形容非常恐惧。《史记·秦始皇本纪》："故使天下之士，倾耳而听，重足而立，拑(钳)口而不言。"▷在秦始皇的残暴统治下，人民～，敢怒不敢言。☛"重"这里不读zhòng。

【崇论宏议】chónglùnhóngyì 崇：高。宏：大。高明的见解和与众不同的议论。宋·陆九渊《与符舜功书》："下问之及，时荐其愚，非能有崇论宏议，惊世骇俗之说。"▷这篇文章，虽然算不上什么～，但总算是言之有物，自成一说。

【崇山峻岭】chóngshānjùnlǐng 高大而险峻的山岭。晋·王羲之《兰亭集序》："此地有崇山峻岭，茂林修竹。"▷远处，云雾笼罩着的～，绵延不断。

【崇洋媚外】chóngyángmèiwài 崇拜洋人，向外国人献媚讨好。▷我们应该学习外国的先进技术，这和～是两码事。

【宠辱不惊】chǒngrǔbùjīng 受到宠爱或受到污辱都不动心。形容对个人得失毫不介意。《新唐书·卢承庆传》："承庆嘉之曰：'宠辱不惊，考中上。'其能著人善类此。"▷科学工作者应该淡泊名利，～，一心一意地进行科学研究。☛不宜写作"宠辱无惊"。

【稠人广众】chóurénguǎngzhòng 指人群众多的场合。《汉书·灌夫传》："稠人广众，荐宠下辈。"▷这位同学非常腼腆，在～之中讲话，这还是第一次。☛"稠"不读zhōu。

【愁眉苦脸】chóuméikǔliǎn 皱着眉，哭丧着脸。形容愁容满面。清·吴敬梓《儒林外史》第四十七回："成老爹气的愁眉苦脸，只得自己走出去回那几个乡里人去了。"▷你整日～的，到底出了什么事，快给妈说说。☛不要写作"愁眉苦眼"。

【踌躇不前】chóuchúbùqián 踌躇：犹豫。犹豫不决，不敢前进。▷在科学研究上遇到疑难问题时，我们应当知难而进，不能～。

【踌躇满志】chóuchúmǎnzhì 踌躇：得意的样子。对自己的现状或取得的成就非常得意。《庄子·养生主》:"提刀而立,为之四顾,为之踌躇满志。"▷经过十多年精心研究,终于解决了一个大难题,怎能不使他～呢?

【丑态百出】chǒutàibǎichū 各种各样丑恶的姿态都做出来了。清·李汝珍《镜花缘》第六十六回:"(他们)得失心未免过重,以致弄的忽哭忽笑,丑态百出。"▷为了一官半职去讨好上司,～,令人作呕。☛不宜写作"丑态百露"。

【臭名昭著】chòumíngzhāozhù 昭著:显著。丑恶的名声谁都知道。▷他为了掩饰卖国罪行,竟抛出了～的"曲线救国论"。

【臭味相投】chòuwèixiāngtóu 指双方的思想、趣味十分投合(含贬义)。清·陈忱《水浒后传》第九回:"(吕志求)与这丁廉访同年,又是两治下,况且祖父一般的奸佞,臭味相投,两个最称莫逆。"▷他俩一个好赌,一个吸毒,～,来往密切。

【出尔反尔】chūěrfǎněr 尔:你。指言行前后不一,反复无常。《孟子·梁惠王下》:"出乎尔者,反乎尔者也。"清·李宝嘉《官场现形记》第五十九回:"他肯让自然极好;倘若不肯,也只好由他。我不能做出尔反尔的事。"▷既然同意我去,怎么又让他去了?你们不能～啊。

【出乖露丑】chūguāilùchǒu 乖:不合情理。在众人面前丢人现眼,露出丑相。元·无名氏《鸳鸯被》第一折:"若真个打起官司来,出乖露丑,一发不好。"▷他是老实人,不会在众人面前干出这种～的事。☛"露"这里不读 lòu。

【出口成章】chūkǒuchéngzhāng 话说出来就成为文章。形容才思敏捷或能言善辩。《三国演义》第七十九回:"人皆言子建出口成章,臣未深信。主上可召入,以才试之。"▷还是他有学问,有文采,讲话～,滔滔不绝。

【出类拔萃】chūlèibácuì 出类:超出同类。拔:高出。萃:聚生的草。形容超出同类之上。《孟子·公孙丑上》:"圣人之于民,亦类也;出于其类,拔乎其萃。"《三国志·蜀书·蒋琬传》:"琬出类拔萃,处群僚之右。"▷论学术水平,他在研究所里年轻人当中是～的。

【出没无常】chūmòwúcháng 出现和隐没没有规律。宋·王十朋《论广海二寇札子》:"海寇出没无常,尤为濒海州县之患。"▷游击队～,灵活机动地袭击敌人。☛"没"这里不读 méi。

【出其不意】chūqíbùyì 意:预料。原指作战时,在敌方意料不到时进行袭击。泛指说话做事出乎人的意料。《孙子·计篇》:"攻其无备,出其不意。此兵家之胜,不可先传也。"▷正当他滔滔不绝地发表长篇大论时,我们～地向他提了几个问题,弄得他一时无法答对。☛不宜写作"乘其不意"。

【出奇制胜】chūqízhìshèng 用奇兵奇计战胜敌人。也指用对方意想不到的手段,取得成功。《孙子·势篇》:"凡战者,以正合,以奇胜。故善出奇者,无穷如天地,不竭如江河。"唐·陆贽《论替换李楚琳状》:"况楚琳卒武凡材……非有陷坚殪(yì,杀)敌之雄,出奇制胜之略。"▷要取得以少胜多,以弱胜强的战果,没有～的策略是不可能的。

【出人头地】chūréntóudì 超出一般人,高人一等。宋·欧阳修《与梅圣俞书》:"读轼(苏轼)书,不觉汗出。快哉,快哉!老夫当避路,放他出一头地也。"明·冯梦龙《醒世恒言》卷十七:“又因儿子不肖,越把女儿值钱,要择个出人头地的赘入家来,付托家事。”▷这孩子天资聪明,有志气,只要好好培养,将来定能～。

【出神入化】chūshénrùhuà 化:化境,极高的境界。超出于神妙,进入化境。形容技艺达到了绝妙的境地。清·金圣叹批《西厢记》第二本第二折:“真正出神入化之笔。”▷这位画家不管是画虾还是画马,都画得栩栩如生,～。

【出生入死】chūshēngrùsǐ 原指从出生到死去,后形容冒着生命危险。《韩非子·解老》:“人始于生而卒于死。始之谓出,卒之谓入,故曰:‘出生入死。’”宋·孙光宪《北梦琐言逸文》卷二:“我与你累年战斗,出生入死。”▷做地下工作时,他多次～,与敌人周旋。

【出言不逊】chūyánbùxùn 逊:谦恭。说话傲慢无礼,不客气。《三国志·魏书·张郃(hé)传》:“图(郭图)惭,又更谮(zèn,说坏话诬陷)郃曰:‘郃快军败,出言不逊。’郃惧,乃归太祖。”▷这人向来高傲自大,～,所以群众关系不好。☛“逊”不读 sūn。

【初出茅庐】chūchūmáolú 茅庐:茅草屋。比喻刚步入社会或刚参加工作。《三国志·蜀书·诸葛亮传》记载:东汉末年,诸葛亮隐居南阳,住在茅草屋里。刘备三顾茅庐,请他出山。他感念刘备的诚意,接受邀请,就任军师。首战,用计火攻博望坡,大败曹军。有人赞颂诸葛亮说:“博望相持用火攻,指挥如意笑谈中,直须惊破曹公胆,初出茅庐第一功。”指他初出茅庐就打了胜仗。▷你～,要谦虚谨慎,诚心诚意地向同事们学习。

【初露锋芒】chūlùfēngmáng 锋芒:刀剑的尖端。比喻初次显露出才能和锐气。▷他在上初中时就～,曾取得全省数学竞赛的一等奖。☛“露”这里不读 lòu。

【初生牛犊不怕虎】 chūshēngniúdúbùpàhǔ 刚生下的小牛不怕老虎(因为不知道老虎的厉害)。比喻刚步入社会的青年敢作敢为。《庄子·知北游》:“汝瞳焉如新生之犊而无求其故。”明·许仲琳《封神演义》第七十三回:“天禅年方十七岁,正所谓‘初生之犊不怕虎’,催开战马,摇枪冲杀过来。”▷这些年轻人～,敢于承担尖端的科研项目。

【除暴安良】chúbàoānliáng 铲除强暴势力,安抚善良百姓。清·李汝珍《镜花缘》第六十回:“剑客行为莫不至公无私,倘心存偏袒,未有不遭恶报;至除暴安良,尤为切要。”▷梁山泊好汉们一心想杀富济贫,～。

【除恶务尽】chúèwùjìn 恶:指坏人坏事。务:全力以赴。对于坏人坏事,必须彻底将其清除干净。《尚书·泰誓下》:“树德务滋,除恶务本(本:根本)。”清·夏敬渠《野叟曝言》第七十一回:“唐以屡赦而成藩镇之祸,蔓草难图,除恶务尽。”▷在打击刑事犯罪的斗争中,我们要做到～,不让任何一个犯罪分子漏网。☛“恶”这里不读 wù。

【除旧布新】chújiùbùxīn 革除旧的,建立新的。《左传·昭公十七年》:“彗(彗星),所以除旧布新也。”《晋书·杜轸(zhěn)传》:“今大军来征,必除旧布新,明府宜避之,此全福之道也。”▷这个企业管理混乱、落后,必须进行一次～的改革。

【锄暴安良】chúbàoānliáng 通常写作“除暴安良”。

【锄强扶弱】chúqiángfúruò 锄：铲除。铲除强暴，扶助弱者。明·凌濛初《二刻拍案惊奇》卷十二：“此等锄强扶弱的事，不是我，谁人肯做？”▷《水浒传》中描写的很多人物都是～、爱打抱不平的好汉。

【处安思危】chǔānsīwēi 通常写作“居安思危”。

【处心积虑】chǔxīnjīlǜ 处心：存心。积虑：反复思考。指千方百计地谋划（多含贬义）。《谷梁传·隐公元年》：“何甚乎郑伯？甚郑伯之处心积虑，成于杀也！”▷他千方百计、～想把别人的宝物搞到手。☛“处”这里不读 chù。

【处之泰然】chǔzhītàirán 处：居。指处于某种环境或地位。泰然：镇定自若的样子。指在任何情况下，都能镇定地对待，或毫不介意。《论语·雍也》：“贤哉回也！”朱熹注：“颜子之贫如此，而处之泰然，不以害其乐。”▷他对任何事情都能不慌不忙，～。☛“处”这里不读 chù。

【楚材晋用】chǔcáijìnyòng 楚国的人才，晋国使用。指有才能的人在本国得不到重用，而为外国所用。《左传·襄公二十六年》：“晋卿不如楚，其大夫则贤，皆卿材也。如杞、梓、皮革，自楚往也。虽楚有材，晋实用之。”清·吴趼人《二十年目睹之怪现状》第三十回：“我花了钱，教出了人，却叫外国人去用，这才是‘楚材晋用’呢。”▷要制定吸引留学生报效祖国的政策，改变～的状况。

【楚楚动人】chǔchǔdòngrén 楚楚：姿态娇柔秀美。姿容娇柔秀美，能打动人。清·徐瑶《太恨生传》：“女虽支离憔悴，而委婉之态，楚楚动人。”▷这姑娘长得十分俊俏，～。

【触禁犯忌】chùjìnfànjì 触犯禁令或忌讳。宋·张君房《云笈七签》卷四十：“夫立功德者，不得触禁犯忌，当与身神相和。”▷近几年来，加强了管理，全厂～的人确实越来越少了。

【触景伤情】chùjǐngshāngqíng 受某种景物的触动而引发感伤情绪。明·凌濛初《初刻拍案惊奇》卷二十五：“司户自此赴任襄阳，一路上鸟啼花落，触景伤情，只是想着盼奴。”▷面对百花凋谢的景象，她～，不免为自己不幸的身世而悲伤。

【触景生情】chùjǐngshēngqíng 看到某种景物而激发出某种感情。清·萧山湘灵子《轩亭冤》：“陌头芳草，岭外鹧鸪，触景生情，不免生怀家之感。”▷在那山川秀美的地方，人们～，写出了许多赞美祖国，歌颂大自然的诗文。☛不宜写作“即景生情”。

【触类旁通】chùlèipángtōng 旁：其他。通：通晓。指接触并掌握了某一事物的规律，就能推知同类的其他事物。《周易·系辞上》：“引而伸之，触类而长之，天下之能事毕矣。”清·陈确《示友帖》：“使吾辈举事，能事事如此，便是圣贤一路上人，要当触类旁通耳。”▷对一门知识，只要理解深入，～，便可应用自如。

【触目皆是】chùmùjiēshì 触目：眼睛所看到的。眼睛所看到的都是如此。形容某种东西极多。唐·朱敬则《五等论》：“故魏太祖（曹操）曰：‘若使无孤，天下几人称帝，几人称王？’明窃号谥者触目皆是。”▷今年水果大丰收，农贸市场上，单是苹果摊，就～，价钱自然也很便宜。

【触目惊心】chùmùjīngxīn 眼睛看到的

情景使人感到震惊。形容事态极其严重。明·王世贞《鸣凤记》第九出："李大人闻言兴慨，触目惊心。"▷"爱惜生命、远离毒品"展览会上的那些展品使人～。☛不要写作"怵目惊心"。

【川流不息】chuānliúbùxī 川：河流。像河水那样流淌，永不停息。多比喻行人、车辆等接连不断。《论语·子罕》："子在川上曰：'逝者如斯夫！不舍昼夜。'"清·吴敬梓《儒林外史》第二十七回："两个丫头川流不息的在家前屋后的走。"▷高速公路上的大小汽车，从早到晚来来往往，～。☛"川"不要写作"穿"。

【穿红着绿】chuānhóngzhuólǜ 身上穿着红的、绿的。形容衣着艳丽。《红楼梦》第三回："台阶上坐着几个穿红着绿的丫头。"▷哎，你今天这样～的，有什么喜事啊！☛"着"这里不读 zháo。

【穿云裂石】chuānyúnlièshí 穿入云天，震裂石头。形容乐器声或歌声高亢嘹亮。宋·苏轼《李委吹笛引》："既奏新曲，又快作数弄，嘹然有穿云裂石之声。"▷他那高亢激越、～的歌声，震撼着参加晚会的每一个人。

【穿凿附会】chuānzáofùhuì 生拉硬扯地强作解释，把毫无关系的事强拉在一起。宋·洪迈《容斋续笔·义理之说无穷》："经典义理之说，最为无穷，以故解释传疏，自汉至今，不可概举，至有一字而数说者。……用是知好奇者欲穿凿附会，固各有说云。"▷～地分析古典诗文往往误导读者，使读者产生错误的理解和认识。☛"凿"统读 záo，不读 zuò。

【穿针引线】chuānzhēnyǐnxiàn 比喻在男女之间进行牵线撮合；也指使双方建立联系。明·周楫《西湖二集》第十二回："万乞吴二娘怎生做个方便，到黄府亲见小姐询其下落，做个穿针引线之人。"▷物资交流大会对物资的生产与消费起着～的作用。☛不要写作"牵针引线"。

【传宗接代】chuánzōngjiēdài 传接宗族，延续后代。清·李宝嘉《官场现形记》第四十九回："自己辛苦了一辈子，挣了这分大家私，死下来又没有个传宗接代的人，不知当初要留着这些钱何用！"▷要搞好计划生育工作，首先就要破除～的封建观念。☛不要写作"传种接代"。

【串通一气】chuàntōngyīqì 暗里勾结在一起。《红楼梦》第四十六回："鸳鸯听了，便红了脸，说道：'怪道，你们串通一气来算计我。'"▷两个团伙～，狼狈为奸，干了很多坏事。

【创巨痛深】chuāngjùtòngshēn 创伤很大、痛苦很深。形容受到的损害和打击非常严重。《礼记·三年问》："创巨者其日久，痛甚者其愈迟。"南朝·宋·刘义庆《世说新语·纰漏》："臣父遭遇无道，创巨痛深，无以仰答明诏。"▷他受了那么多年的冤屈，现在虽然平反了，但～，至今还心有余悸。☛"创"这里不读 chuàng。

【窗明几净】chuāngmíngjījìng 窗户很明亮，几案很干净。形容房间明亮整洁。清·曾朴《孽海花》第三十五回："他那边固然窗明几净，比我这里清雅。"▷书房里陈设简单，但～，朴素整洁。☛"几"这里不读 jǐ。

【床头金尽】chuángtóujīnjìn 身边的钱财已经用尽。形容贫困不堪。唐·张籍《行路难》诗："君不见床头黄金尽，壮士无颜色。"元·亢文苑《一枝花·为玉叶儿作》："江海扁舟，床头金尽，壮志难酬。"▷

流落在此,～,举目无亲,他已经走投无路了。

【吹灰之力】 chuīhuīzhīlì 形容极小的力气(多用于否定句)。《西游记》第四十四回:“若是我两个引进你,乃吹灰之力。”清·刘鹗《老残游记》第十七回:“若替他办那事,自不费吹灰之力。”▷对你来说,办这样的小事不费～,你就答应了吧!

【吹毛求疵】chuīmáoqiúcī 疵:缺点,毛病。吹开皮上的毛,寻找小毛病。比喻故意挑剔。《韩非子·大体》:“不吹毛而求小疵,不洗垢而察难知。”《汉书·刘胜传》:“今或无罪,为臣下所侵辱,有司吹毛求疵,笞服其臣,使(告发)其君,多自以侵冤。”▷这个人自己不好好工作,对别人却总是～。☛不要写作“吹毛索疵”。

【炊金馔玉】chuījīnzhuànyù 炊:烧火做饭。馔:安排酒食。形容宴饮豪华,生活奢侈。唐·骆宾王《帝京篇》诗:“平台戚里带崇墉,炊金馔玉待鸣钟。”▷那些贪官污吏,～,挥金如土,必须严惩。

【垂死挣扎】chuísǐzhēngzhá 垂:接近。临死时做最后挣扎(多含贬义)。▷被打倒的敌人不甘心他们的灭亡,必然要做～,我们必须警惕。

【垂头丧气】chuítóusàngqì 形容情绪低落,精神沮丧。唐·韩愈《送穷文》:“主人于是垂头丧气,上手称谢。”▷事情没有办成,几个人～地回来了。☛“丧”这里不读 sāng。

【垂涎三尺】chuíxiánsānchǐ 涎:口水。垂下的口水有三尺长。形容嘴馋,也形容特别羡慕、渴望得到。▷看到人家新买的摩托,便～,恨不得自己也有一辆。☛“涎”不读 yán。

【垂涎欲滴】chuíxiányùdī 涎:口水。馋得口水都要流出来了。形容贪吃或贪得。▷那个时代,外国列强看到我国大好河山,就～。☛“涎”不读 yán。

【捶胸顿足】chuíxiōngdùnzú 用拳头捶打胸膛,用脚跺地。形容非常悲痛或悔恨。《三国演义》第五十六回:“孔明说罢,触动玄德衷肠,真个捶胸顿足,放声大哭。”▷一听说儿子在外面吸毒,她～,哭得死去活来。

【捶骨沥髓】chuígǔlìsuǐ 捶:敲打。沥:液体一滴一滴地落下。把骨头敲碎,使骨髓一滴一滴地流出。形容压榨和剥削的残酷。宋·陆九渊《与宋漕》:“贪吏并缘,侵欲无艺,槌(捶)骨沥髓,民不聊生。”▷奴隶主对奴隶的剥削,～,残酷之极。☛“髓”不读 suí。

【椎心泣血】chuíxīnqìxuè 椎:击打。捶打胸脯,哭干眼泪,流出血来。形容极度悲痛。汉·李陵《答苏武书》:“何图志未立而怨已成,计未从而骨肉受刑,此陵所以仰天椎心而泣血也。”唐·李商隐《祭裴氏姊文》:“椎心泣血,孰知所诉!”▷听到儿子车祸身亡的消息,老冯～,悲痛欲绝。☛“椎”这里不读 zhuī,“血”不读 xiě。

【春风得意】chūnfēngdéyì 在春风吹拂中扬扬自得。原形容进士及第后得意的心情。现多形容功成名就时高兴的样子。唐·孟郊《登科后》诗:“春风得意马蹄疾,一日看尽长安花。”▷他大学毕业,又找到了满意的工作,真是～。

【春风风人】chūnfēngfēngrén 风人:吹人。和煦的春风吹拂人。比喻给人以春风般的教育和帮助。汉·刘向《说苑·

贵德》:“吾不能以春风风人,吾不能以夏雨雨人,吾穷必矣!”▷教师应该~,让学生在良好的环境中成长。☛第二个“风”旧读 fèng,今读 fēng。

【春风化雨】chūnfēnghuàyǔ　化雨:滋养万物的雨。使万物复苏滋长的风和雨。比喻潜移默化的良好教育。《孟子·尽心上》:“君子之所以教者五,有如时雨化之者。”清·文康《儿女英雄传》第三十七回:“骥儿承老夫子的春风化雨,遂令小子成名,不惟身受者心感终身,即愚夫妇也铭佩无既。”▷我们对青年学生要言传身教,循循善诱,才能收到~的教育效果。

【春风满面】chūnfēngmǎnmiàn　春风:比喻喜悦的表情。形容喜悦和善的面容。元·无名氏《九世同居》第四折:“春风满面乐陶陶,一声长笑海山高。”▷小李今天~,有什么喜事快说出来,让我们也高兴高兴!

【春寒料峭】chūnhánliàoqiào　料峭:微寒。形容早春天气乍暖还寒。宋·释普济《五灯会元》卷十九:“春寒料峭,冻杀年少。”▷虽已立春,但积雪没有融尽,户外还是~。

【春华秋实】chūnhuáqiūshí　春天开花,秋天结果。比喻劳作获得结果。也比喻文采和操行、学问和操行的关系。北齐·颜之推《颜氏家训·勉学》:“夫学者,犹种树也,春玩其华,秋登其实。讲论文章,春华也;修身利行,秋实也。”▷他淡泊名利,专心作学问,至今已出版了四本专著,真是~,硕果累累。☛“华”不读 huā。

【春兰秋菊】chunlánqiūjú　春大的兰花,秋天的菊花。比喻不同时期或不同领域中各有所长的人物。战国·楚·屈原《九歌·礼魂》:“春兰兮秋菊,长无绝兮终古。”洪兴祖补注:“古语云,春兰秋菊,各一时之秀也。”▷他们夫妇二人真是~,在科学研究的不同领域里,都取得了举世瞩目的成就。

【春梦无痕】chūnmèngwúhén　比喻世事多变,像春夜的美梦一样,时过境迁,不会留下一点痕迹。宋·苏轼《正月二十日与潘郭二生出郊寻春》诗:“人似秋鸿来有信,事如春梦了无痕。”▷想当初,灯红酒绿,享受不尽;而如今,为阶下囚,~。

【春秋鼎盛】chūnqiūdǐngshèng　春秋:指年龄。鼎盛:正盛。指正在年富力强的时期。汉·贾谊《新书·宗首》:“天子春秋鼎盛。”▷先生才智过人,~,正是为科学事业献身的黄金时期。

【春色满园】chūnsèmǎnyuán　春天的景色布满全园。比喻一片兴旺景象。宋·叶绍翁《靖逸小藁·游小园不值》诗:“应怜屐(jī)齿印苍苔,小叩柴扉久不开。春色满园关不住,一枝红杏出墙来。”▷我国文艺舞台欣欣向荣,~。

【春蚓秋蛇】chūnyǐnqiūshé　春天的蚯蚓,秋天的蛇。像蚯蚓和蛇的行迹那样弯曲。比喻字迹拙劣,没有章法。《晋书·王羲之传》:“(萧)子云近出,擅名江表,然仅得成书,无丈夫之气,行行若萦春蚓,字字如绾秋蛇。”宋·苏轼《和孔密州五绝·和流杯石上草书小诗》:“蜂腰鹤膝嘲希逸,春蚓秋蛇病子云。”▷小时候,爱写字,但没人正确指导,字迹如~一般。

【椿萱并茂】chūnxuānbìngmào　椿:传说中的一种长寿树,比喻父亲。萱:古代指种在北堂使人忘忧的萱草,比喻母亲。椿树和萱草都很茂盛,比喻父母都健在。

明·程登吉等《幼学琼林·祖孙父子》："父母俱存，谓之椿萱并茂。"▷我年过六十，身体尚好，但更值得庆幸的是父母年近九十，～。

【唇齿相依】chúnchǐxiāngyī 嘴唇和牙齿互相依存。比喻关系极为密切。《三国志·魏书·鲍勋传》："王师屡征而未有所克者，盖以吴、蜀唇齿相依，凭阻山水，有难拔之势故也。"▷咱们两国，山水相连，～。

【唇红齿白】chúnhóngchǐbái 嘴唇鲜红，牙齿雪白。形容相貌俊美。清·吴趼人《二十年目睹之怪现状》第九十六回："和尚抬起头，知县把他仔细一端详，只见他生得一张白净面孔，一双乌溜溜的色眼，倒也唇红齿白。"▷那少年出落得眉清目秀，～。

【唇焦舌敝】chúnjiāoshébì 焦：干燥。舌敝：指舌头疲敝。形容说话过多，口干舌燥。清·岭南羽衣女士《东欧女豪杰》第二回："自此，那个合群大会也期满散了，菲亚又往各处村落，逢人说项，唇焦舌敝，语不离宗，一连跑了一个来月。"▷大家你一言我一语直说得～，也没能说动他。

【唇枪舌剑】chúnqiāngshéjiàn 嘴唇像枪，舌头似剑。形容辩论时言词锋利，用语尖刻。元·高文秀《渑池会》第一折："凭着我唇枪舌剑定江山，见(现)如今河清海宴，黎庶宽安。"▷会上，双方～，互不相让，充满了火药味。

【唇亡齿寒】chúnwángchǐhán 亡：失去。嘴唇没有了，牙齿就会寒冷。比喻两者相互依存，利害相关。《左传·僖公五年》："虢(guó)，虞之表也；虢亡，虞必从之……谚所谓'辅(颊骨)车(牙床)相依，唇亡齿寒'者，其虞、虢之谓也。"▷我们两国～，利害与共，你们有难，我们怎能坐视不救？

【鹑衣百结】chúnyībǎijié 鹑衣：鹌鹑尾秃，用以比喻破烂的衣服。百结：指用很多碎布连缀而成的衣服。比喻衣衫破烂，生活困苦。《荀子·大略》："子夏贫，衣若县(悬)鹑。"唐·白行简《李娃传》："裘有百结，褴褛如县(同'悬')鹑。"宋·赵蕃《大雪》诗："鹑衣百结不蔽膝，恋恋谁怜范叔贫。"▷他永远忘不了过去饥寒交迫、～的贫困生活。

【蠢蠢欲动】chǔnchǔnyùdòng 蠢蠢：虫子蠕动的样子。比喻敌人准备进攻或坏人准备进行破坏活动。南朝·宋·刘敬叔《异苑》卷一："掘得一黑物，无有首尾，形如数百斛舡(同'船')，长数十丈，蠢蠢而动。"明·张岱《陶安梦忆》："蚁附蜂屯，蠢蠢欲动。"▷公安人员在侦查中，发现两个犯罪团伙正在暗中勾结，～。

【绰绰有余】chuòchuòyǒuyú 绰绰：宽绰。形容人力、财物等很宽裕，用不完。《诗经·小雅·角弓》："此令兄弟，绰绰有裕。"明·凌濛初《二刻拍案惊奇》卷十七："这寓所起先原是两人同住的，今去了魏撰之，房舍尽有，就安寓那闻俊卿主仆三人，还绰绰有余。"▷买一条毛毯，带上五百元，～。☛"绰"不读 zhuō、zhuó。

【绰约多姿】chuòyuēduōzī 绰约：体态柔美的样子。形容女子体态柔美，姿态动人。《庄子·逍遥游》："肌肤若冰雪，绰约若处子。"唐·蒋防《霍小玉传》："年可四十余，绰约多姿，谈笑甚媚。"▷这位舞蹈演员不仅～，而且舞技精熟，赢得掌声不断。

【词不达意】cíbùdáyì 说话或写文章不能确切地表达出所要表达的意思。宋·

释惠洪《高安城隍庙记》:“盖五百年而书功烈者,词不达意,余尝叹息之。”▷他作诗写文好用华丽的词藻,但往往～。

【词穷理尽】cíqiónglǐjìn 见“理屈词穷”。

【词穷理绝】cíqiónglǐjué 见“理屈词穷”。

【辞不达意】cíbùdáyì 通常写作“词不达意”。

【此唱彼和】cǐchàngbǐhè 这里唱,那里应和,彼此相互呼应。▷他们俩心心相应,～,好一对恩爱夫妻!☛“和”这里不读 hé。

【此地无银三百两】cǐdìwúyínsānbǎiliǎng 比喻要掩盖事实,却无意中更加暴露。民间故事:有人把银子埋在地下,并在地面留字“此地无银三百两”。隔壁王二偷走银子,也留字“隔壁王二不曾偷”。▷你刚才说你不认识他,现在又说他脸上没有痣,这不是～吗?

【此起彼伏】cǐqǐbǐfú 这里起来,那里又隐伏下去,形容接连不断。▷掌声和欢呼声～,响彻大厅。

【此起彼落】cǐqǐbǐluò 通常写作“此起彼伏”。

【此一时彼一时】cǐyīshíbǐyīshí 现在是一种情况,那时又是一种情况。形容时势不同,情况也随之改变。元·王实甫《西厢记》第五本第二折:“此一时,彼一时,佳人才思,俺莺莺世间无二。”▷～,如今哪能和年轻的时候比呀?

【刺刺不休】cìcìbùxiū 刺刺:形容话多。说话多得没完没了。唐·韩愈《送殷员外序》:“丁宁顾婢子,语刺刺不能休。”清·袁枚《续子不语》:“呓语相寒温,或笑或泣,刺刺不休。”▷她说话总是这样～,从来不管别人爱不爱听。☛“刺”不要写作“剌”,不读 là。

【从长计议】cóngchángjìyì 放长时间商量,指不急于作出决定。元·李行道《灰阑记》楔子:“且待女孩儿到来,慢慢的与他从长计议,有何不可?”▷这个问题解决起来复杂得很,好在不急,可以～。

【从谏如流】cóngjiànrúliú 谏:规劝。接受下级的意见,像流水一样顺畅。汉·班彪《王命论》:“从谏如顺流,趣(同‘趋’)时如响赴。”唐·韩愈《诤臣论》:“使四方后代,知朝廷有直言骨鲠之臣,天子有不僭赏、从谏如流之美。”▷当领导的如果不能虚心听取群众意见,没有～的精神,是不可能得到群众支持的。

【从井救人】cóngjǐngjiùrén 从:跟随。跟着跳下井去救落井的人。原比喻做好事不讲究方式方法,不但好事做不成,反而危害了自己。现多指冒着极大的危险去帮助或援救别人。《论语·雍也》:“仁者虽告之曰‘井有仁(同‘人’)焉’,其从之也?”▷战士～,跳入冰河救出落水的儿童,这种舍己救人的精神值得大家学习。☛“从”旧读 cōng。

【从容不迫】cóngróngbùpò 沉着镇定,不慌不忙。宋·朱熹《朱子全书·论语·学而》:“只是说行得自然如此,无那牵强底意思,便是从容不迫。”▷他无论处理什么事情,哪怕是在危急关头,也总是那样～,镇定自若。☛“从”旧读 cōng。

【从善如流】cóngshànrúliú 接受正确的意见,像流水一样顺畅自然。《左传·成公八年》:“君子曰:从善如流,宜哉!”《晋书·祖逖传》:“好学不倦,从善如流。”▷我们校长最大的优点是能虚心听取方方面面的意见,做到～。

【从心所欲】cóngxīnsuǒyù 通常写作“随心所欲”。

【从一而终】cóngyīérzhōng 本指妇女从属于一个丈夫而终其身。也比喻忠臣不事二主。《周易·恒》:“妇人贞吉,从一而终也。”清·文康《儿女英雄传》第二十七回:“同一个人,怎的女子就该从一而终,男子便许大妻小妾?”▷宣扬“～”的思想,是对妇女的严重束缚。

【粗茶淡饭】cūchádànfàn 粗糙清淡的饭食。形容生活俭朴清苦。宋·杨万里《得小儿寿俊家书》诗:“径须父子早归田,粗茶淡饭终残年。”▷在艰苦的年月,即使是～,也吃得津津有味。

【粗心大意】cūxīndàyì 指做事不认真,马马虎虎。清·文康《儿女英雄传》第五回:“俄延了半晌,忽然灵机一动,心中悟将过来:‘这是我粗心大意!我若不进去,他怎得出来?’”▷我～,把菜炒焦了。

【粗衣粝食】cūyīlìshí 粝:糙米。指穿粗布衣服,吃粗劣的饭食。形容生活清贫。唐·李颀《分柑子歌示诸小》:“粗衣粝食尽须一,何况异味兼时新。”▷我要求不高,回乡之后,～就满足了。

【粗枝大叶】cūzhīdàyè 本形容简略或概括,后多形容草率,不认真细致。宋·朱熹《朱子语类》卷七十八:“《书序》不是孔安国做,汉文粗枝大叶,今《书序》细腻,只似六朝时文字。”▷没有时间了,我只好～地跟你说一说了|工作要认真细致,不能～。

【粗制滥造】cūzhìlànzào 滥:多而不加节制。指马虎草率地制造产品或做事情。▷这些作品胡编一气,～,没有一点价值。☛“滥”不要错写作“乱”。

【促膝谈心】cùxītánxīn 促:靠近。膝与膝靠近坐着谈心。唐·田颖《揽云台记》:“即有友人,不过十余知音之侣,来则促膝谈心。”▷姐妹两个～,互诉离别之情。

【摧枯拉朽】cuīkūlāxiǔ 摧毁枯草,折断朽木。比喻迅速摧毁腐朽的事物。《汉书·异姓诸侯王表》:“镌金石者难为功,摧枯拉朽者易为力。”《晋书·甘卓传》:“将军之举武昌,若摧枯拉朽,何所顾虑乎?”▷我军渡江之后,以～之势,迅速占领了许多城市。

【摧眉折腰】cuīméizhéyāo 摧眉:低眉,低头。折:弯。低头弯腰,形容阿谀奉承的媚态。唐·李白《梦游天姥吟留别》诗:“安能摧眉折腰事权贵,使我不得开心颜。”▷这个人在上级面前总是那样～,吹吹拍拍,实在讨厌。

【存而不论】cúnérbùlùn 把问题存留下来,不加讨论。《庄子·齐物论》:“六合之外,圣人存而不论;六合之内,圣人论而不议。”▷对于这个问题,大家的意见分歧很大,一时难以统一,只好暂时～。

【存亡绝续】cúnwángjuéxù 存:生存。亡:灭亡。绝:断绝。续:继续。或者继续生存或者灭亡。形容局势到了危急关头。晚清·梁启超《新中国未来记》:“这六十年中,算是中国存亡绝续的大关头。”▷一个民族处在～的关头,一定要紧密地团结起来共同对敌。

【寸步不离】cùnbùbùlí 一小步也不离开。形容关系非常密切。《水浒全传》第二回:“高俅自此遭际端王,每日跟随,寸步不离。”▷老太太把小孙子看作心肝宝贝,一天到晚～。

【寸步难行】cùnbùnánxíng 寸步:指很短的距离。形容行走困难;也比喻陷入困境，摆脱不开。元·白朴《东墙记》第二折："听了他凄凉惨切，好教我寸步难行。"▷下班时间，这条大街堵车厉害，有时简直让人～｜如果严重脱离群众，工作可就～了。

【寸步难移】cùnbùnányí 通常写作"寸步难行"。

【寸草不留】cùncǎobùliú 连一根小草也不留下。比喻烧杀抢掳净尽。《水浒传》第八十八回："若不如此，吾引大兵一到，寸草不留。"▷日军残酷地推行～的"三光政策"，充分暴露了他们的法西斯反动本性。

【寸草春晖】cùncǎochūnhuī 寸草：小草。春晖：春天的阳光。小草报答不了春天阳光的恩惠。比喻儿女报答不尽父母的养育之恩。唐·孟郊《游子吟》："谁言寸草心，报得三春晖。"▷～，孝敬老人是中华民族的传统美德。

【寸长尺短】cùnchángchǐduǎn 通常写作"尺短寸长"。

【寸阴若岁】cùnyīnruòsuì 岁：年。太阳的阴影移动一寸就好像过了一年一样。形容思念心切。《北史·韩禽传》："诏曰：班师凯入，诚知非远，相思之甚，寸阴若岁。"▷那时我才十七岁，初出远门，整天想家，简直是～。

【蹉跎岁月】cuōtuósuìyuè 蹉跎：光阴白白地过去。指虚度光阴。明·张凤翼《灌园记·君后授衣》："倘我不能报复而死，埋没了龙家豹韬，枉蹉跎岁月，一死鸿毛。"▷刚上完初中，就待在家里。～，一事无成。

【厝火积薪】cuòhuǒjīxīn 厝：放置。薪：柴草。把火置于堆积的柴草之下。比喻潜藏着极大的危险。《汉书·贾谊传》："夫抱火厝之积薪之下而寝其上，火未及燃，因谓之安。方今之势，何以异此！"▷小煤窑乱开滥采，既破坏地貌又浪费资源，这无异于～，迟早会受到大自然的惩罚。

【措手不及】cuòshǒubùjí 措手：着手处理。动手处理已经来不及了。元·无名氏《杏林庄》第二折："务要杀他个措手不及，片甲不归也呵！"▷星期日上午我正在家睡觉，突然一下子来了几个同学，弄得我～。

【措置乖方】cuòzhìguāifāng 措置：安排处置。乖：违背。方：法度。指安排处置失当。《清史稿·王茂荫传》："其措置乖方，人言藉藉，而无敢为皇上言者，或虑无实据也。"▷遇到特殊情况，一定要三思而行，稍有不慎，～，定会带来麻烦。

【措置有方】cuòzhìyǒufāng 安排处置有条理，符合准则。明·凌濛初《初刻拍案惊奇》卷十二："女子见他措置有方，只道投著好人，亦且此身无主，放心随他去。"▷由于他经验丰富，～，就把接待来宾的任务交给了他。

【错落有致】cuòluòyǒuzhì 错落：交错纷杂。有致：有情趣。形容虽然交错纷杂、参差不齐，却很有情趣。清·张集馨《道咸宦海见闻录》："遍山皆青皮古松，不下数百株，太湖石亦高低错落有致……真蓬莱仙境也。"▷苏州园林的布局特别讲究，虚实配合，～。

【错综复杂】cuòzōngfùzá 关系纵横交错。形容情况复杂，头绪纷乱。▷两个案件纠缠在一起，～，要侦查清楚，还需要一段时间。

D

【答非所问】dáfēisuǒwèn 回答的话不是所问的。清·文康《儿女英雄传》第三十八回："老爷正觉得他答非所问，程相公那里就打听说：'什么叫作希罕儿？'"▷我问的是组织整顿情况，你说了一大堆生产、供销情况，真是～。☛"答"这里不读dā。

【打抱不平】dǎbàobùpíng 挺身而出，支持、帮助受欺压的人。《红楼梦》第四十五回："昨日还打平儿呢，亏你伸的出手来！……气的我只要替平儿打抱不平。"▷梁山好汉们个个都～，见仗势欺人的，从不袖手旁观。

【打草惊蛇】dǎcǎojīngshé 打草时惊动了伏在草里的蛇。原比喻惩治甲，以警告乙。后多比喻做事不机密，而惊动对方。唐·段成式《酉阳杂俎》记载：王鲁作当涂县令时，搜刮民财。一次有人控告主簿（县令手下的小官）接受贿赂，王鲁判决时说："汝虽打草，吾已蛇惊。"（意思是说，你虽告的是主簿贪赃，但我也受到了警告）▷对这伙贩毒分子，现在只是监控，不要～，等他们出现在交货现场时，再一网打尽。

【打躬作揖】dǎgōngzuòyī 打躬：弯腰行礼。作揖：拱手行礼。旧时的一种礼节，表示恭敬。清·吴敬梓《儒林外史》第十六回："老二回来了。穿的恁厚厚敦敦的棉袄，又在外边学得恁知礼，会打躬作揖。"▷那些汉奸绅士们，见到敌人就～，整个儿一副奴才嘴脸。☛"躬"不要错写作"恭"。

【打家劫舍】dǎjiājiéshè 打、劫：掠夺。指成群结伙进入人家抢夺财物。明·冯梦龙《喻世明言》卷二十："有一强人，姓杨名广，绰号'镇山虎'，聚集五七百小喽啰，占据南林村，打家劫舍，杀人放火，百姓遭殃。"▷这些军阀纯粹是一群～、无恶不作的强盗。

【打落水狗】dǎluòshuǐgǒu 落水狗：比喻已受重创（chuāng）的敌人或坏人。指对失败了的凶恶敌人或坏人，绝不姑息，而要彻底消灭。鲁迅《论"费厄泼赖"应该缓行》："至于'打落水狗'，则并不如此简单，当看狗之怎样，以及如何落水而定……总之，倘是咬人之狗，我觉得都在可打之列。"▷学习鲁迅先生痛～的彻底革命精神。

【打退堂鼓】dǎtuìtánggǔ 退堂：古代官吏审案完毕从大堂退出，退堂时击鼓（表示审案已毕）。比喻做事中途退出。元·关汉卿《窦娥冤》第二折："左右，打散堂鼓，将马来，回私宅去也。"▷工作再困难，也不能～，而要坚持到底。

【大才小用】dàcáixiǎoyòng 通常写作"大材小用"。

【大材小用】dàcáixiǎoyòng 大材料用在小处，比喻用人不当。宋·陆游《送辛幼安殿撰造朝》诗："大材小用古所叹，管仲萧何实流亚。"▷让那些专家学者去从事简单的体力劳动，不是～吗？

【大处落笔】dàchùluòbǐ 通常写作"大

处落墨”。

【大处落墨】dàchùluòmò 绘画或写文章在主要的地方下笔。比喻做事要从大处着眼，抓住关键。清·李宝嘉《官场现形记》第二十回：“你老哥也算得会用的了，真正阔手笔！看你不出，倒是个大处落墨的！”▷处理问题要～，不必纠缠一些枝节问题。

【大吹大擂】dàchuīdàléi 吹：吹喇叭。擂：擂鼓。热热闹闹地奏乐。比喻大肆宣扬吹嘘（含贬义）。元·王实甫《丽春堂》第四折：“赐你黄金千两，香酒百瓶，就在这丽春堂大吹大擂，做一个喜庆的宴席。”▷宣传工作要实事求是，讲求实效，不能总是～，虚张声势。☛“擂”这里不读 lèi。

【大醇小疵】dàchúnxiǎocī 醇：酒味纯正。疵：毛病。指大体上完好，而略有缺陷。唐·韩愈《读荀》：“荀与扬，大醇而小疵。”▷这部小说虽然个别情节安排欠妥，但也不过是～，仍不失为一部较优秀的作品。

【大打出手】dàdǎchūshǒu 打出手：戏曲里主要人物同几个对手互相投掷、接踢兵器的一种武打特技。形容打人逞凶或殴打争斗。▷两个流氓团伙，为了争地盘而～，死伤多人。

【大刀阔斧】dàdāokuòfǔ 斧：古代的兵器。原形容军队声势浩大。现多比喻办事果断，有魄力。《水浒全传》第三十四回：“秦明辞了知府，飞身上马，摆开队伍，催趱军兵，大刀阔斧，径奔清风寨来。”▷局里的人都很赞赏老局长那遇事果断，～的工作作风。

【大敌当前】dàdídāngqián 强大的敌人就在面前。形容面临严重形势。清·刘鹗《老残游记续集遗稿》第一回：“大敌当前，全无准备，取败之道，不待智者而决矣。”▷～，全国人民必须加强团结，一致对敌。

【大动干戈】dàdònggāngē 干：盾牌，防御性武器。戈：武器。指发动战争。现多比喻大张旗鼓地去做事。《论语·季氏》：“邦分崩离析，而不能守也；而谋动干戈于邦内。”清·李汝珍《镜花缘》第三十五回：“刚才唐兄说国王必是暂缓吉期，哪知全出意料之外，并且大动干戈，用兵征剿。”▷区区小事，何必～！

【大而无当】dàérwúdàng 原指大的没有边儿，后指大而不合实用。《庄子·逍遥游》：“大而无当，往而不返。”▷这间小屋仅十平米，放上 29 英吋彩电真是～。☛“当”这里不读 dāng。

【大放厥词】dàfàngjuécí 厥：其，他的。原指写出大量美好的词章。现指大发谬论。唐·韩愈《祭柳子厚文》：“玉佩琼琚，大放厥词。”▷这个自称“救世主”的“神功”大师，在报告会上～，胡说“银河系将出现大碰撞，人类将面临大劫难”。☛不要写作“大放厥辞”。

【大腹便便】dàfùpiánpián 便便：肥胖的样子。肚子又肥又大（含贬义）。《后汉书·边韶传》：“边孝先，腹便便，懒读书，但欲眠。”金·王若虚《贫士叹》诗：“争（怎）知只使冗且愚，大腹便便饱粱肉。”▷这些人饱食终日，无所事事，个个～，脑满肠肥。☛“便便”这里不读 biànbiàn。

【大公无私】dàgōngwúsī 公平正直，没有私心。汉·马融《忠经·天地神明》：“忠者中也，至公无私。”清·龚自珍《论私》：“且今之大公无私者，有杨、墨之贤耶？”▷

他那～的高贵品德，实在让人感动。

【大功告成】dàgōnggàochéng 功：事业。指重大的工程任务或事业宣告完成。清·文康《儿女英雄传》第三十三回："这件事可就算大功告成了。"▷这座大坝的主体工程已于去年年底～了。☛不宜写作"大工告成"。

【大海捞针】dàhǎilāozhēn 在大海里捞针，比喻很难办到或找到。清·吴趼人《二十年目睹之怪现状》第一百零七回："要打听前任巡检太爷家眷的下落，那真是大海捞针一般，问了半天，没有人知道。"▷要在这一千多万人口的大城市里找到他，那真是～，谈何容易。☛"捞"不读 láo。

【大旱望云霓】dàhànwàngyúnní 云霓：指虹，古人认为虹的出现预示着下雨。大旱之时渴望下雨。比喻殷切盼望被解救出困境。《孟子·梁惠王下》："民望之，若大旱之望云霓也。"▷敌占区的百姓盼望我军的心情，如～。

【大旱云霓】dàhànyúnní 通常写作"大旱望云霓"。

【大惑不解】dàhuòbùjiě 惑：迷惑。对某事感到怀疑，不能理解。宋·陆游《与赵都大启》："伏念某下愚无知，大惑不解。"▷当他看到"大变活人"的魔术表演时，表现出～的神情。

【大家闺秀】dàjiāguīxiù 指出身名门望族或富贵人家的女子（多指未出嫁的）。南朝·宋·刘义庆《世说新语·贤媛》："顾家妇清心玉映，自是闺房之秀。"清·文康《儿女英雄传》第八回："姑娘既是位大家闺秀，怎生来得到此？"▷她那高雅的举止，颇有～的风范。

【大惊失色】dàjīngshīsè 失色：变了脸色。形容极度惊恐。《西游记》第五十四回："女王闻言，大惊失色。"▷当听到公司破产的消息时，他～，不知怎么办才好。☛"色"这里不读 shǎi。

【大惊小怪】dàjīngxiǎoguài 形容对本来不值得惊奇的事情过分惊奇。宋·朱熹《答林择之书》："要须把此事来做一平常事看，朴实头做将去，久之自然见效，不必如此大惊小怪，起模画样也。"▷在别人眼里是司空见惯的事，他却往往～地呼叫起来。

【大快人心】dàkuàirénxīn 快：痛快。形容使人们的心里特别痛快。明·许三阶《节侠记·诛佞》："李秦授这厮，今日圣旨杀他，大快人心。"▷公安机关铲除了这个犯罪团伙，真是～。

【大快人意】dàkuàirényì 通常写作"大快人心"。

【大名鼎鼎】dàmíngdǐngdǐng 鼎鼎：显赫。名声很大。清·李宝嘉《官场现形记》第二十四回："像他这样大名鼎鼎，还怕有不晓得的？"▷这位就是～的诺贝尔奖金得主物理学家李政道。☛"鼎"的上边是"目"，不是"日"。

【大谬不然】dàmiùbùrán 谬：错误。然：这样。大错特错，完全不是这样。汉·司马迁《报任少卿书》："日夜思竭其不肖之材力，务一心营职，以求亲媚于主上。而事乃有大谬不然者夫。"▷有些自称"神医"的人，说他的药可以包治百病，其实～，这完全是骗人的鬼话。

【大逆不道】dànìbùdào 逆：叛逆。旧指犯上作乱等重大罪行。现指严重违背常理，不合正道。《汉书·宣帝纪》："（杨恽）不悔过，怨望，大逆不道，要斩。"▷他坚决反对父母包办的婚姻，从封建礼教的观点看这是～的。☛不宜写作“大逆无道”。

【大气磅礴】dàqìpángbó 磅礴：盛大的样子。形容气势盛大雄浑。▷朗诵苏东坡《满江红·赤壁怀古》时，一定要把那～的气势表现出来。☛“磅”这里不读bàng。

【大器晚成】dàqìwǎnchéng 贵重的器物要经过长时期才能制成。比喻卓越的人才要经过长期的磨炼，所以取得成就较晚。《老子》第四十一章：“大方无隅，大器晚成。”▷他的大哥四十岁才读完博士学位，现在刚出版第一部学术专著，真可谓～啊！

【大千世界】dàqiānshìjiè 佛经称，以须弥山为中心，以铁围山为外部，为一小世界，它的一千倍叫小千世界，小千世界的一千倍叫中千世界，中千世界的一千倍叫大千世界。现泛指广阔无垠的世界。宋·释道原《景德传灯录·希运禅师》：“长老身材勿量大，笠子太小生。师云：‘虽然如此，大千世界总在里许。’”▷听说非洲还有人吃泥，真是～无奇不有。

【大巧若拙】dàqiǎoruòzhuō 若：如，像。拙：笨。真正灵巧的人，表面上好像很笨拙。《老子》第四十五章：“大直若屈，大巧若拙，大辩若讷（nè，说话迟钝）。”▷郭师傅虽然像个粗笨的汉子，但干起钳工活儿来却灵巧得很，大家称赞他～。

【大权旁落】dàquánpángluò 大权落到了别人手里。宋·高斯得《论对奏札》：“遂使众臣争衡，大权旁落，养成积轻之势。”▷汉献帝软弱无能，致使～，自己成了傀儡。☛“落”这里不读lào。

【大杀风景】dàshāfēngjǐng 杀：削减。大大损坏了美好的景致。比喻令人扫兴。唐·李商隐《杂纂》把“花间喝道”“清泉濯足”“花下晒裈（kūn，裤子）”等称为“杀风景”的事。▷一场雷阵雨，游园的人们到处躲避，一下子兴致全无，实在是～。

【大煞风景】dàshāfēngjǐng 通常写作“大杀风景”。

【大声疾呼】dàshēngjíhū 疾：又急又猛。提高声音急促地呼喊。指呼吁别人帮助或唤起人们注意、警觉。清·杨豫成《劝戒词》：“以命博钱愚可痛，身亡家破两无用。大声疾呼为尔醒此不醒之恶梦！”▷刚躺下，忽听有人～：“起火了！”我赶紧下床|现在已到了～注意节约用水的时候了。

【大失所望】dàshīsuǒwàng 原来寄予的希望完全落空。宋·王楙（mào）《野客丛书》卷一：“浩之出，不唯一事无立，而丧师辱国，殆有甚焉。朝野于是大失所望。”▷大家都以为她稳拿百米冠军，不料仅获得了第三名，真让人～。

【大势所趋】dàshìsuǒqū 趋：趋向。整个局势发展的趋向。宋·陈亮《上孝宗皇帝第三书》：“天下大势之所趋，非人力之所能移也。”▷当今世界，和平和发展是～，人心所向。

【大势已去】dàshìyǐqù 指整个局势已经无可挽救。宋·李新《武侯论》：“先主失荆州，天下之大势已去矣。”▷项羽被围垓下，四面楚歌，自知～。☛“势”不要错写作“事”。

【大是大非】dàshìdàfēi 指带有原则性、根本性的是非问题。▷在坚持祖国统一还是搞分裂这样的～面前，我们历来旗帜鲜明，毫不含糊。

【大手大脚】dàshǒudàjiǎo 形容对财物使用没有节制。《红楼梦》第五十一回:“成年家大手大脚的,替太太不知背地里赔垫了多少东西。”▷这孩子花钱不懂得精打细算,总是～的。

【大书特书】dàshūtèshū 书:写。大写特写。唐·韩愈《答元侍御书》:“而足下年尚强,嗣德有继,将大书特书,屡书不一书而已也。”▷林则徐查禁鸦片、反抗侵略的事迹,值得～。

【大庭广众】dàtíngguǎngzhòng 庭:厅堂。广:多。指人多的公共场合。《新唐书·张行成传》:“左右文武诚无将相材,奚用大庭广众与之量校,损万乘之尊,与臣下争功哉?”▷小李在～之中这样羞辱他,你想,他能忍受得了吗?☛不要写作“大厅广众”。

【大同小异】dàtóngxiǎoyì 大部分相同,小部分略有差异。北魏·杨衒之《洛阳伽蓝(qiélán,寺庙)记·凝圆寺》:“西胡风俗,大同小异,不能具录。”▷这两份教改方案～,都没有多少创见。

【大喜过望】dàxǐguòwàng 过:超过。结果超过了原来所期望的,因而感到特别高兴。《史记·黥(qíng)布列传》:“上方踞床洗,召布入见,布大怒,悔来,欲自杀。出就舍,帐御饮食从官,如汉王居,布又大喜过望。”▷失散了多年的兄弟,现在居然又团聚了,怎能不让他～呢?

【大显身手】dàxiǎnshēnshǒu 身手:本领。充分显示自己的本领。▷我省射击健儿在全国射击锦标赛上～,获得了五项冠军,三项亚军。

【大显神通】dàxiǎnshéntōng 神通:佛教用语,指无所不能的力量,泛指高超的本领。充分显示出高超的本领。《西游记》第八十九回:“他三人辞了师父,在城外大显神通。”▷在全国大学生运动会上,我校代表队～,获得了男女总分第一名。

【大相径庭】dàxiāngjìngtíng 径:门外的小道。庭:厅堂前的院子。原指从门外的小路到门内的庭院还有一段距离。后比喻相差很远,大不相同。《庄子·逍遥游》:“大有径庭,不近人情焉。”明·何良俊《四友斋丛说》:“其与但为风云月露之形者大相径庭。”▷两人的发言,因立足点不同,观点～。☛“相”这里不读xiàng。

【大言不惭】dàyánbùcán 说大话而不感到羞愧。《论语·宪问》“其言之不怍(zuò,惭愧),则为之也难”,朱熹《集注》:“大言不惭,则无必为之志,而不自度其能否矣。”▷明明是公款出国旅游,他却在会上～地侈谈什么出国工作考察的必要性,也不脸红。

【大义凛然】dàyìlǐnrán 凛然:态度威严、令人敬畏的样子。形容一身正气、不可侵犯的气概。清·吴趼人《痛史》第二十二回:“回想起文丞相(文天祥)和谢先生(谢枋得),一般的大义凛然,使宋室虽亡,犹有余荣。”▷多少坚贞不屈的中华儿女,在敌人的屠刀下,～,壮烈牺牲!☛“凛”不读bǐng。

【大义灭亲】dàyìmièqīn 大义:大道理。为了维护正义,对犯了罪的亲人不徇私情,使之受到法律制裁。《左传·隐公四年》记载:卫国大夫石碏(què)的儿子石厚跟公子州吁合谋杀死桓公,为此,石碏把儿子石厚杀掉了。《左传》称赞石碏是“大义灭亲”。▷这位检察长一向秉公办事,不徇私情,曾～,将犯法的亲侄子推上法庭，受到了群众的称赞。

【大有可为】dàyǒukěwéi 事情很值得去做，很有发展前途。▷新兴的电子产业在我国前景看好，～|你毕业以后到基层去施展才华，必定～。

【大有作为】dàyǒuzuòwéi 指能充分发挥才干，作出很大成绩。明·李贽《续藏书》："若我二祖乃万世大有作为之君。"▷在农村，普及科技知识，提高农民科学文化素质的工作是～的。

【大张旗鼓】dàzhāngqígǔ 张：展开。大规模地展开军旗擂响战鼓。比喻声势和规模很大。明·张岱《石匮书后集·王汉传》："遂入汴，大张旗鼓，为疑兵，追贼至朱仙镇，连战皆克。"▷对这样助人为乐的好人好事，就应该～地宣传。

【大张挞伐】dàzhāngtàfá 张：从事，进行。挞伐：讨伐。大规模地讨伐，比喻猛烈声讨。清·林则徐《林文忠公政书》："是该夷自外生成，有心寻衅，既已大张挞伐，何难再示兵威？"▷对于这些蛊惑人心的谬论，我们就是要动员全社会～，让它们没有市场。☛"挞"不读 dá。

【大智如愚】dàzhìrúyú 通常写作"大智若愚"。

【大智若愚】dàzhìruòyú 若：像。指真正的聪明，表面上好像很愚笨。宋·苏轼《贺欧阳少师致仕启》："大勇若怯，大智如愚。"明·李贽《李中溪先生告文》："盖众川合流，务欲以成其大；土石并砌，务欲以实其坚。是故大智若愚焉耳。"▷有才智、有修养的人往往不露锋芒，表面上像是很糊涂，其实是～，可不简单呢！

【呆若木鸡】dāiruòmùjī 痴呆得像木头制作的鸡一样。形容发愣的样子。《庄子·达生》记载：有人为齐王驯养斗鸡，训练四十天以后，听到别的鸡鸣叫，不为所动，像只木头鸡一样，别的鸡见到它就跑，没有敢应战的。清·吴趼人《二十年目睹之怪现状》第四十五回："我提到案下问时，那罗荣统呆似木鸡，一句话也说不出来。"▷你在想什么？我喊你几声，你怎么～，毫无反应呢？

【待价而沽】dàijiàérgū 沽：卖。等待好价格出售。比喻等待有人重用才肯出来做事。宋·杨时《龟山集》："待价而沽，顾连城而莫售。"▷这样的待遇你不愿应聘，还要继续～吗？

【待人接物】dàirénjiēwù 接物：办事。指跟他人交际、相处。明·陶宗仪《辍耕录·先辈谦让》："右二事可见前辈诸老谦恭退抑，汲引后进，待人接物者如此。"▷我们的老所长～谦虚和蔼，乐于助人，深受群众拥戴。

【戴罪立功】dàizuìlìgōng 身负罪责建立功劳。清·刘坤一《致杨厚庵制军》："来函深自咎责，亟思戴罪立功，从前躁气浮情，亦知深自敛抑。"▷在这次抗洪救灾中，我要～，重新做人。☛"戴"不要错写作"带""代"。

【单刀直入】dāndāozhírù 单刀：短柄长刀。用单刀径直刺入。原指认定目标，勇猛前进。现比喻直截了当，不绕弯子。明·汤显祖《南柯记·禅请》："则许你单刀直入，都怎生被箭逃虚？"▷刑警队长～，追问交货地点，一下子打乱了毒贩子的思路，使他不得不乖乖地交代。

【单枪匹马】dānqiāngpǐmǎ 一枝枪，一匹马。泛指单独行动。五代·汪遵《乌江》诗："兵散弓残挫虎威，单枪匹马突重围。"▷完成这项任务我～是不行的，一定要有人协助。

【殚精竭虑】dānjīngjiélǜ 殚、竭：尽。指用尽精力，费尽心思。《清史稿·陈奂传》："奂尝言大毛公训诂传言简意赅，遂殚精竭虑专攻《毛传》。"▷这位老学者，晚年～，终于完成了百万字的专著。

【殚精竭思】dānjīngjiésī 通常写作"殚精竭虑"。

【箪食壶浆】dānshíhújiāng 箪：古代盛饭的竹制圆形器皿。浆：古代一种稍带酸味的饮料。百姓用箪盛着饭、用壶盛着浆来犒劳军队。形容军队深得民心，受到百姓欢迎。《孟子·梁惠王下》："箪食壶浆以迎王师。"▷当地群众～，来欢迎队伍。☛"食"旧读 sì，今读 shí。

【箪食瓢饮】dānshípiáoyǐn 箪：古代盛饭的竹制圆形器皿。饮：水。一箪饭，一瓢水。指简朴的饮食。《论语·雍也》："一箪食，一瓢饮，在陋巷，人不堪其忧，回（颜回）也不改其乐。"唐·韩愈《与李翱书》："而又有箪食瓢饮，足以不死。"▷朱自清先生宁肯过～的清贫生活，也不吃"嗟来之食"，表现了中国人民的骨气。☛"食"旧读 sì，今读 shí。

【胆大如斗】dǎndàrúdǒu 形容胆量极大。唐·陆龟蒙《早秋吴体寄袭美》诗："虽然诗胆大如斗，争（怎）奈愁肠牵似绳。"元·关汉卿《单刀会》第二折："有一个赵子龙胆大如斗。"▷为了完成探险任务，他～，什么危险都不怕。

【胆大妄为】dǎndàwàngwéi 毫无顾忌地胡作非为。清·曾朴《孽海花》第十回："这种人要在敝国，是早已明正典刑，那里容他们如此胆大妄为呢！"▷这个县工商局长目无国法，～，多次收受贿赂。

【胆小如鼠】dǎnxiǎorúshǔ 形容胆量很小。清·曾朴《孽海花》第二十四回："就怕海军提督胆小如鼠，到弄得画虎不成反类狗耳！"▷别看他平日里凶神恶煞的样子，实际上～，一遇坏人，惟恐躲避不及。

【胆战心惊】dǎnzhànxīnjīng 战：抖。形容非常害怕。明·冯梦龙《醒世恒言》卷二十九："家人们见了这个威势，一个个胆战心惊。"▷敌人在我军的包围圈里，整天～，惶惶不可终日。

【胆颤心惊】dǎnzhànxīnjīng 通常写作"胆战心惊"。

【淡妆浓抹】dànzhuāngnóngmǒ 妆：妆饰。抹：涂抹。指素雅或浓艳两种不同的打扮。宋·苏轼《饮湖上初晴后雨》诗："欲把西湖比西子，淡妆浓抹总相宜。"▷这姑娘长得匀称，皮肤洁白细腻，～都楚楚动人。☛不宜写作"浓抹淡妆"。

【弹尽粮绝】dànjìnliángjué 弹药用光了，粮食吃完了。形容处境极其艰难。▷敌人被围在碉堡里，～，已经走投无路了。☛㊀"弹"这里不读 tán。㊁不宜写作"弹尽援绝"。

【弹丸之地】dànwánzhīdì 弹丸：用弹弓发射的弹子。像弹丸那么小的地方，比喻极其狭小。《战国策·赵策三》："此弹丸之地，犹不予也，令秦来年复攻，王得无割其内而媾（gòu，讲和）乎？"▷这个山口虽是～，却是敌人退兵要道，一定要坚守住。☛"弹"这里不读 tán。

【弹无虚发】dànwúxūfā 射出的子弹没有一颗不击中目标的，弹弹中的。晚清·章太炎《书十九路军御日本事》："俟其近，乃以机关枪扫射之，弹无虚发。"▷我军突击队员～，百发百中。

【当断不断】dāngduànbùduàn 应该决

断而不决断，形容犹豫不决。《史记·齐悼惠王世家》："当断不断，反受其乱。"▷这么好的机会一定要抓住，如果～，以后可就后悔莫及了。

【当机立断】dāngjīlìduàn 当：面对。机：时机。断：决断。面对适当的时机，立即决断。清·朱琦《读王子寿论史诗广其义五首》诗："汉高落落英雄姿，当机立断不复疑。"▷经多次警告，走私船仍飞速向公海逃窜，缉私队长～，发出了立刻把它击沉的命令。☛不宜写作"应机立断"。

【当局者迷，旁观者清】dāngjúzhěmí，pángguānzhěqīng 本指下棋的人容易迷惑，看棋的人反而清楚。比喻当事人往往不能客观地判断是非真伪，局外人却看得很清楚。《旧唐书·元行冲传》："当局称迷，旁观见审。"清·文康《儿女英雄传》第二十六回："从来'当局者迷，旁观者清'；姐姐细想，这宝砚雕弓，岂不是天生地设的两桩红定。"▷都说～，你陷在这件事里太深了，也难怪你一下子看不清这件事的严重危害性。

【当仁不让】dāngrénbùràng 当：面对。仁：符合正义的事。面对应该做的事，就应勇敢承担，决不推让。《论语·卫灵公》："当仁不让于师。"▷他作为销售部经理，～地主持了这个展销会。

【当头棒喝】dāngtóubànghè 棒：用棒子打。喝：大声喝斥。佛教用语，指用迎头棒打并大声喝斥的方法使人领悟教义。后比喻促人猛醒的警告。清·梁章钜《归田琐记·楹联剩话》："仁人之言，亦积无限阴功，便是当头棒喝矣。"▷我苦口婆心地劝你戒烟，你就是恶习难改；这回查出患了肺气肿，可说是～，你总该彻底清醒了吧！

【当务之急】dāngwùzhījí 务：专力从事，致力。指当前急需办理的急事。宋·朱熹《朱子语类》卷六十："人人各有当务之急。"▷目前，其他事情可以暂缓，～是把灾民的食宿问题安排好。☛"当"这里不读 dàng。

【当之无愧】dāngzhīwúkuì 当：承受。指承受某种荣誉或称号，毫不惭愧。宋·魏庆之《诗人玉屑·中兴诸贤·曾景建》："惟文公（朱熹）当之无愧，若他人则拟非其伦。"▷他搞了好几项工艺改造，被誉为技术革新能手，的确是～的。

【党同伐异】dǎngtóngfáyì 跟自己意见相同的人结为一伙，打击、排斥跟自己意见不同的人。《后汉书·党锢传序》："至有石渠分争之论，党同伐异之说。"▷在组织内部，要搞五湖四海，团结绝大多数，反对～，拉帮结伙。☛不宜写作"伐异党同"。

【荡气回肠】dàngqìhuícháng 使心气激荡，肝肠回旋。形容文章、乐曲等感人肺腑。▷他的表演，具有～的艺术魅力，令人久久不能忘怀。

【荡然无存】dàngránwúcún 荡然：消失干净的样子。形容全部消失或完全毁坏。清·顾炎武《日知录·娶妻不娶同姓》："唐人最重谱牒，而五代以后，则荡然无存。"▷敌人整天轰炸，这里的车站、桥梁甚至房屋均已～了。

【刀耕火种】dāogēnghuǒzhòng 把草烧成灰作肥料，用刀挖坑下种，是一种最原始的耕作方法。宋·许观《东斋记事》："每欲布种时，则先伐其林木，纵火焚之，俟其成灰，即布种其间。……盖史书所言刀耕火种也。"▷这种～的耕作方式，五十年代初部分少数民族地区，仍然可以见到。☛㊀“种”这里不读 zhǒng。㊁不宜写作“刀耕火耨”。

【刀光剑影】dāoguāngjiànyǐng 刀的闪光和剑的影子。形容激烈搏杀的场面或隐含杀机的气氛。▷在这个股票交易大厅里，既看不见～，也没有浓烈的硝烟。但确确实实地进行着一场激烈的商战。☛不宜写作“刀光血影”。

【刀光血影】dāoguāngxuèyǐng 通常写作“刀光剑影”。

【刀山火海】dāoshānhuǒhǎi 比喻极其危险的境地。▷为了摘掉我国贫油的帽子，石油工人～也敢闯。

【蹈常袭故】dǎochángxígù 蹈：这里指遵循。袭：因袭。遵循常规，因袭旧法。宋·钱时《两汉笔记》：“蹈常袭故，安于卑陋，如之何其可革也？”▷经济体制改革中，如果～，抱着计划经济的老皇历不放，就会被淘汰。

【倒背如流】dàobèirúliú 把诗文倒着背诵，能像流水般顺畅。形容背书极熟练流畅。▷我爷爷平生最爱读《诗经》，篇篇烂熟于心，～。

【倒行逆施】dàoxíngnìshī 倒行：颠倒行事。逆施：朝反方向做。指做事违反常理或违背时代发展方向。《史记·伍子胥传》：“吾日莫（同‘暮’）途远，吾故倒行而逆施之。”▷他们这种卖国求荣、～的行径，激起了广大人民的无比愤慨。☛“倒”这里不读 dǎo。

【道不拾遗】dàobùshíyí 通常写作“路不拾遗”。

【道高一尺，魔高一丈】dàogāoyīchǐ，-mógāoyīzhàng 佛教用语。佛法升高一尺，妨碍修行的魔障升高一丈，因此必须警惕外界的诱惑。现比喻在取得一定成就后，还会面临更多的困难；也比喻两种势力交替消长。明·凌濛初《初刻拍案惊奇》卷三十六：“道高一尺，魔高一丈。冤业随身，终须还账。”▷困难总是有的，我们也总能想出克服它的办法，这叫～。

【道貌岸然】dàomàoànrán 道貌：严肃正经的外貌。岸然：严肃的样子。形容神态严肃高傲（多含贬义）。清·吴趼人《二十年目睹之怪现状》第一百零四回：“（承辉）因看见端普道貌岸然，不敢造次。”▷～的外表，掩盖不了他那丑恶卑劣的灵魂。

【道听途说】dàotīngtúshuō 道、途：道路。从路上听来的话又在路上传播。指没有根据、辗转听到的话。《论语·阳货》：“道听而塗（通‘途’）说，德之弃也。”《汉书·艺文志》：“小说家者流，盖出于稗（bài）官。街谈巷语，道听塗（通‘途’）说者之所造也。”▷不要信那些～的小道消息。

【得不偿失】débùchángshī 得到的补偿不了损失的。宋·苏轼《和子由除日见寄》诗：“感时嗟事变，所得不偿失。”▷开荒造田能多打点粮食，却破坏了自然生态平衡，容易引起灾害，这实在是～。

【得寸进尺】décùnjìnchǐ 得到一寸，又想再得到一尺。比喻贪得无厌。清·平步青《霞外攟（jùn，拾取）屑·彭尚书奏折》：“泰西各国乃得乘隙窜入，要挟百端，请求万亿……得寸进尺，得尺进丈。”▷我们给了你们这么多优惠条件，你们再～的话，这笔买卖就很难谈下去了。

【得道多助，失道寡助】dédàoduōzhù，shīdàoguǎzhù 道：真理，正义。拥有真理、合乎正义的必然得到广泛的支持；

违背真理、非正义的必然陷于孤立。《孟子·公孙丑下》："得道者多助，失道者寡助。"▷～，谋求和平的正义事业必然会取得全世界人民的支持。

【得过且过】déguòqiěguò 只要勉强过得去，就这样过下去。原指过一天算一天，现也指对工作敷衍塞责。清·彭养鸥《黑籍冤魂》第一回："吃烟人的脾气，总是得过且过，那一个是真心肯戒?"▷她很要强，从不愿意～地混日子，总想干出一番自己的事业｜做事马马虎虎、～，人家怎么会器重你呢?

【得陇望蜀】délǒngwàngshǔ 比喻贪得无厌，不知满足。《后汉书·岑彭传》记载：后汉光武帝指示岑彭平陇（今甘肃）后领兵南下攻蜀（今四川），并说："人苦不知足，既平陇，复望蜀。"唐·李白《古风五十九首》诗："物苦不知足，得陇又望蜀。"▷咱们在最困难的时候，得到了不少救援物资，不能～，再伸手要了。

【得天独厚】détiāndúhòu 天：指天然的条件。独占优厚的天然条件。清·洪亮吉《三月十五日在舍间看牡丹》诗："得天独厚开盈尺，与月同圆到十分。"▷这孩子身材高，体质好，打篮球有～的条件。

【得心应手】déxīnyìngshǒu 心里怎么想，手就能怎么做。形容运用自如。宋·沈括《梦溪笔谈·书画》："余家所藏摩诘画《袁安卧雪图》，有雪中芭蕉，此乃得心应手，意到便成。"▷他是二十几年的老钳工，干起活来自然～。☛"应"这里不读 yīng。

【得意忘形】déyìwàngxíng 因高兴而忘乎所以，失去常态。元·鲜于必仁《折桂令·画》曲："手挂掌坳，得意忘形。"▷在全国电视片评奖中，他仅获得二等奖，就～了。

【得鱼忘筌】déyúwàngquán 筌：捕鱼用的竹器。捕得了鱼而忘了筌。比喻成功以后就忘记了赖以成功的人或事物。《庄子·外物》："筌者所以在鱼，得鱼而忘筌。"▷自己一出了名，便～，就连老师也不放在眼里了。

【德才兼备】décáijiānbèi 品德和才能都具备。《元史·臧梦解传》："乃举梦解，才德兼备。"▷要选拔～的人到领导岗位上来。

【德高望重】dégāowàngzhòng 望：声望。品德高尚，声誉卓著。明·归有光《震川集·上总制书》："伏惟君侯德高望重，谋深虑渊。"▷他们聘请了三位～的老专家担任这项工程的技术顾问。

【灯红酒绿】dēnghóngjiǔlǜ 灯光和酒色红绿相映。形容寻欢作乐的奢靡生活。清·李宝嘉《官场现形记》第十四回："十二只船统通可以望见，灯红酒绿，甚是好看。"▷李科长终于没有抵挡住那～的诱惑，被拖下水，成了贪污犯。

【登峰造极】dēngfēngzàojí 造：到达。极：顶点。登上顶峰，达到最高点。比喻达到最高境地。南朝·宋·刘义庆《世说新语·文学》："不知便可登峰造极不（否）？然陶练之功，尚不可诬。"▷他在物理学研究领域成就卓著，已属～，获得了诺贝尔物理学奖。☛不宜写作"造极登峰"。

【登高自卑】dēnggāozìbēi 卑：低。登高一定要从低处起步。比喻做事情要循序渐进，由浅入深。《礼记·中庸》："君子之道，辟（同'譬'）如行远必自迩（ěr，近），辟如登高必自卑。"▷做学问要遵循

～的规律，不要希望一蹴而就。

【登堂入室】dēngtángrùshì 登上厅堂进入内室。比喻学识、技能等由浅入深，达到更高的境界。《论语·先进》："由（子路）也升堂矣，未入于室也。"宋·吴垌《五总志》："如徐师川、余荀龙、洪玉父昆弟，欧阳元老，皆黄（庭坚）门登堂入室者，实自足以名家。"▷对于电脑知识，我不过略知一二，还远谈不上～。

【等而下之】děngérxiàzhī 等：等级。下：下降。由这一等级再逐级往下。形容逐渐下降或降低。宋·刘昌诗《芦浦笔记·四明寺》："是天童（寺）岁收谷三万五千斛，育王（寺）三万斛，且分布诸库，以罔民利。等而下之，要皆有足食之道。"▷上次的原料是二等，这批更是～，这能保证产品的质量吗？

【等量齐观】děngliàngqíguān 等：同等。量：估计，衡量。齐：同样。同等估计，同样看待。指对有差异的事物同等看待。清·况周颐《蕙风词话》卷三："或带烟月而益韵，托雨露而成润，意境可以稍变，然而乌可等量齐观也。"▷虽然都是大米，但这种是绿色食品，跟那种不能～。☛"量"这里不读 liáng。

【等米下锅】děngmǐxiàguō 等着米来了下锅做饭。形容家贫或情势极窘迫。也比喻不主动积极地去解决问题而只是消极被动地等待。清·吴敬梓《儒林外史》第十六回："那知他有钱的人只想便宜，岂但不肯多出钱，照时值估价，还有少几两，分明知道我等米下锅，要杀我的巧。"▷那时我家穷得吃了上顿没下顿，整天过着～的日子｜我们厂的原材料用完了，如果不积极想办法，坐在办公室里～，那就保不准哪天要停工了。

【等闲视之】děngxiánshìzhī 等闲：平常。按平常的事情看待（多用于否定句）。《三国演义》第九十五回："汝勿以等闲视之，失吾大事。"▷建筑工程的监理工作非常重要，和工程质量密切相关，决不能～。

【低三下四】dīsānxiàsì 形容社会地位低下，也形容卑贱奉迎的样子。清·吴敬梓《儒林外史》第四十回："我常州姓沈的，不是什么低三下四的人家！"▷他一贯对上级～，对下级趾高气扬，这种恶劣作风不知从哪儿学来的！

【低声下气】dīshēngxiàqì 压低声音，降低语调。形容说话时恭顺小心。宋·朱熹《童蒙须知》："凡为人子弟，须是常低声下气，语言详缓，不可高言喧闹，浮言戏笑。"▷看见老奶奶在气头上，她～地说："您先消消火，我去批评他们。"

【堤溃蚁穴】dīkuìyǐxué 溃：决口。堤防因蚂蚁洞而决口。比喻小问题可能酿成大灾难。汉·扬雄《幽州箴》："堤溃蚁穴，器漏箴（同'针'）芒。"▷不要忽略小问题，须知～，要把问题消灭在萌芽状态。☛"堤"不读 tí。"蚁"不读 yì。"穴"不读 xuè。

【滴水穿石】dīshuǐchuānshí 通常写作"水滴石穿"。

【涤瑕荡秽】díxiádànghuì 涤、荡：清洗，除掉。瑕：玉上的斑点。秽：污浊。清洗掉污浊的东西。比喻洗涤积弊，清除恶习。汉·班固《东都赋》："于是百姓涤瑕荡秽而镜至清。"▷"禁毒"和"扫黄"都是对全社会～的工作，应当齐抓共管，一点也不能放松。

【砥柱中流】dǐzhùzhōngliú 通常写作"中流砥柱"。

【地大物博】dìdàwùbó 地域广阔，物产丰富。清·李宝嘉《官场现形记》第二十九回："又因江南地大物博，差使很多，大非别省可比。"▷我国～，这是发展经济的有利条件。

【地动山摇】dìdòngshānyáo 大地震动，高山摇晃。形容战斗激烈或声势浩大。宋·欧阳修《论修河第一状》："臣恐地动山摇，灾祸自此而始。"《西游记》第四回："这场斗，真个是地动山摇，好杀也！"▷这场恶战直杀得～，尸横遍野。

【地覆天翻】dìfùtiānfān 通常写作"天翻地覆"。

【地广人稀】dìguǎngrénxī 地域辽阔，人口稀少。《史记·货殖列传》："楚、越之地，地广人希(同'稀')。"▷我国西部～，大有开发价值。

【地久天长】dìjiǔtiāncháng 通常写作"天长地久"。

【地旷人稀】dìkuàngrénxī 通常写作"地广人稀"。

【地老天荒】dìlǎotiānhuāng 通常写作"天荒地老"。

【地利人和】dìlìrénhé 地利：地理优势。人和：人事和谐，得人心。表示地理条件优越和人心很齐。《孟子·公孙丑下》："天时不如地利，地利不如人和。"《晋书·孙楚传》："帝王之兴，莫不借地利人和以建功业。"▷主队凭着～的优势，打败了强劲的对手，夺得了冠军。

【地主之谊】dìzhǔzhīyì 地主：当地的主人。当地主人的情谊。清·吴趼人《二十年目睹之怪现状》第三十八回："你二位来了，我还不曾稍尽地主之谊，却反扰了你二位几遭。"▷几位老友来访，我当然要尽～，款待各位。☛"谊"不读 yí。

【颠倒黑白】diāndǎohēibái 把黑说成白，白说成黑。形容颠倒事实，混淆是非。清·彭养鸥《黑籍冤魂》第七回："他本是几十年的老烟鬼……终日终夜，只是躺在烟铺上，公事大小，一概不问，任着幕宾胥吏，颠倒黑白。"▷～，造谣中伤，是这些无赖们惯用的伎俩。☛"倒"这里不读 dào。

【颠沛流离】diānpèiliúlí 颠沛：跌倒，比喻穷困潦倒。流离：流浪离散。形容生活艰难，流落异乡，无处安身。宋·楼钥《上蒋参政书》："颠沛流离，而叫呼攀援于门下。"▷老人总忘不了过去那段～、饱受煎熬的生活。☛"沛"字的右边不要写作"市"。

【颠扑不破】diānpūbùpò 颠：跌倒。扑：敲打。无论怎样摔打都不会破裂。比喻理论或学说不会被推翻。宋·朱熹《答张钦夫(其一)》："须如此而言，方是颠扑不破。"▷学无止境，这是一条～的真理。

【颠三倒四】diānsāndǎosì 形容说话办事没有次序，没有条理。明·许仲琳《封神演义》第四十四回："连拜了三四日，就把(姜)子牙拜的颠三倒四，坐卧不安。"▷这位老太太～，东拉西扯地说了半天，我还是不明白她来北京干什么。

【点金成铁】diǎnjīnchéngtiě 点：点化，指僧道用法术使物变化。黄金点化成铁。比喻把好文章改坏。宋·释道原《景德传灯录》卷十八："点金成铁，未之前闻。至理一言，敢希垂示。"▷这位编辑不会点铁成金，却常常～，把别人的好文章改得乱七八糟。

【点石成金】diǎnshíchéngjīn 通常写作"点铁成金"。

【点铁成金】diǎntiěchéngjīn 把铁点化成黄金。比喻把很一般的文章改好。宋·黄庭坚《答洪驹父书》:“古之能为文章者,真能陶冶万物,虽取古人之陈言入于翰墨,如灵丹一粒,点铁成金也。”▷有的编辑有～的本领,那些写得平庸无奇的文章,经他一改动,便成了一篇生动活泼的佳作。

【刁钻古怪】diāozuāngǔguài 刁钻:奸诈狡猾。形容人的行为狡诈怪僻;也形容稀奇古怪而又别扭。《红楼梦》第二十七回:“他素昔眼空心大,是个头等刁钻古怪的丫头。”又三十七回:“诗题也别过于新巧了。你看古人中,那里有那些刁钻古怪的题目和那极险的韵哟?”▷这个人～,别人很难跟他处得融洽|起了个～的名字,叫什么“乙乙斋”。

【雕虫小技】diāochóngxiǎojì 虫:鸟虫书,秦代的一种字体,笔画像虫鸟形状。雕刻鸟虫书纤细难工,被认为是小技艺。比喻微不足道的技能;也比喻雕章琢句,追求文字技巧。唐·李白《与韩荆州朝宗书》:“恐雕虫小技,不合大人。”▷以前,有些人把随笔创作看成是～,实在是一种偏见。☛不要写作“雕虫小艺”。

【雕梁画栋】diāoliánghuàdòng 雕:用彩画装饰。用彩画装饰的梁和栋,形容富丽华贵的建筑物。元·郑廷玉《看钱奴》第三折:“这里是雕梁画栋圣祠堂。”▷走进院子,四周房舍～,显得富丽堂皇。

【调兵遣将】diàobīngqiǎnjiàng 调动兵马,派遣将领。泛指安排人力。《水浒全传》第六十七回:“写书教太师知道,早早调兵遣将,剿除贼寇报仇。”▷工程总指挥正～,力争在雨季到来之前,完成主体工程。

【调虎离山】diàohǔlíshān 设法使老虎离开深山。比喻用计使对方离开原地,以便乘机行事。明·许仲琳《封神演义》第八十八回:“子牙公须是亲自用调虎离山计,一战成功。”▷我军虚张声势佯攻县城,目的是～,围城打援,敌人果然中计。☛“调”这里不读 tiáo。

【掉以轻心】diàoyǐqīngxīn 轻心:轻视之心。指轻视,不在意。唐·柳宗元《答韦中立论师道书》:“故吾每为文章,未尝敢以轻心掉之。”清·刘坤一《覆陈防营改操饷项支绌折》:“职守攸关,断不敢掉以轻心,稍存大意。”▷对大坝工程的每一个环节都不能～,留下纰漏。

【喋喋不休】diédiébùxiū 喋喋:说话多的样子。说起话来没完没了(含贬义)。清·蒲松龄《聊斋志异·鸲鹆(qúyù,八哥)》:“浴已,飞檐间,梳翎抖羽,尚与王喋喋不休。”▷她见到了我,就～地说起了当时的情况。

【叠床架屋】diéchuángjiàwū 床上放床,屋上架屋。比喻重复累赘。清·袁枚《随园诗话补遗》卷六:“咏桃源诗,古来最多,意义俱被说过,作者往往有叠床架屋之病,最难出色。”▷要精简那些～的机构,提高工作效率。☛“叠”不要错写作“迭”。

【丁是丁,卯是卯】dīngshìdīng,mǎoshìmǎo 丁:榫(sǔn)头。卯:卯眼。榫头是榫头,卯眼是卯眼,榫卯相合,一丝不差。比喻对待事情非常认真,毫不含糊。《红楼梦》第四十三回:“我看你利害,明儿有了事,我也‘丁是丁,卯是卯’的,你也别抱怨。”▷李师傅干起活来～,从来没出过差错。

【顶礼膜拜】dǐnglǐmóbài 顶礼：跪伏在地，用头顶着所崇敬的人的脚。膜拜：两手放在额上，长跪而拜。两者都是佛教徒最隆重的跪拜礼节。现比喻极其崇拜。清·吴趼人《痛史》第二十回："这句话传扬开去，一时哄动了吉州百姓，扶老携幼，都来顶礼膜拜。"▷对什么大仙、大师之类的人物～，是迷信、愚昧的表现，肯定要吃亏上当的。

【顶天立地】dǐngtiānlìdì 头顶着天，脚踏着地。形容雄伟高大，气概非凡。宋·释普济《五灯会元》卷二十："汝等诸人个个顶天立地。"▷先生是国家的栋梁，是～的柱石，可要保重身体啊。

【鼎鼎大名】dǐngdǐngdàmíng 通常写作"大名鼎鼎"。

【鼎足之势】dǐngzúzhīshì 鼎：古代炊具，多为三足两耳。比喻三方对峙的局势。晋·孙楚《为石仲容与孙皓书》："自谓三分鼎足之势，可与泰山共相终始。"▷三大电器公司实力相当，在市场上形成了～。☛"鼎"上边是"目"，不是"日"。

【定国安邦】dìngguó'ānbāng 通常写作"安邦定国"。

【丢盔弃甲】diūkuīqìjiǎ 通常写作"丢盔卸甲"。

【丢盔卸甲】diūkuīxièjiǎ 盔、甲：古代作战时保护头部和身体的头盔和铠甲。丢掉了盔，抛弃了甲。形容打败仗的狼狈相。元·孔文卿《东窗事犯》第一折："唬得禁军八百万丢盔卸甲。"▷这一仗，打得侵略者～，狼狈逃窜。

【丢三落四】diūsānlàsì 形容因记忆力不好或马虎而忘事。《红楼梦》第六十七回："俗语说的'夯雀儿先飞'，省的临时丢三落四的不齐全，令人笑话。"▷出门前把要带的东西全带上，别～的。☛"落"这里不读 luò。

【丢卒保车】diūzúbǎojū 卒、车：都是中国象棋棋子的名称。指让对方吃掉卒子以保住车的着儿。比喻必要时牺牲次要的，以保住主要的。▷对主动浮出水面的次要犯罪嫌疑人，警方严密监控而不立即逮捕，绝不让他们～的阴谋得逞。

【东奔西走】dōngbēnxīzǒu 形容到处奔忙。明·冯梦龙《喻世明言》卷二十六："二人计较已定，却去东奔西走。"▷这几天，小赵～，正急着联系工作单位呢。

【东窗事发】dōngchuāngshìfā 比喻阴谋败露或罪行被揭发。元·刘一清《钱塘遗事·东窗事发》记载：宋朝秦桧曾和他老婆王氏在东窗下密谋杀害岳飞。秦桧死后，王氏请方士做法事，方士看见秦桧在阴司受刑，秦桧对方士说："可烦传语夫人，东窗事发矣。"▷这些坏事，总有～大白天下的时候。

【东窗事犯】dōngchuāngshìfàn 通常写作"东窗事发"。

【东鳞西爪】dōnglínxīzhǎo 原指画龙时龙体被云挡住，东画一片龙鳞，西画一只龙爪，看不到龙的全貌。比喻事物零碎，不完整。清·龚自珍《识（zhì，附记）某大令集尾》："东云一鳞焉，西云一爪焉，使后世求之而皆在，或皆不在。"▷小时，只是～地学了几招拳术，现在早忘了。

【东山再起】dōngshānzàiqǐ 比喻失势或失败后重新得势。《晋书·谢安传》记载：东晋时谢安退职后在东山隐居，以后又出山担任要职。清·文康《儿女英雄传》第三十九回："想起来，还有东山再起之日，也未可知。"▷这次比赛我们失败了，但我们有信心～，重新打入甲级队。

【东施效颦】dōngshīxiàopín 效：仿照。颦：皱眉。比喻生硬模仿，效果适得其反。《庄子·天运》记载：美女西施因病经常捂着胸口，皱着眉头。邻居丑女（后人叫她“东施”）看见了，觉得西施的病态很美，也模仿起来，结果反而更丑。▷女孩子着装，最忌讳～，刻意模仿。

【动人心弦】dòngrénxīnxián 激动人心；非常动人。▷香港回归政权交接仪式隆重举行，这是个～的时刻。

【动辄得咎】dòngzhédéjiù 辄：就。咎：责备。一动就受到责难或获罪。唐·韩愈《进学解》：“跋前踬后（跋：踩踏；踬：跌倒。比喻进退两难），动辄得咎。”▷我在这个单位～，看来，我是呆不下去了。

【栋梁之材】dòngliángzhīcái 能做房梁的木材。比喻能承担重任的人。唐·韩愈《为人求荐书》：“伯乐遇之而不顾，然后知其非栋梁之材。”▷这个小伙子既有事业心，又有才干，将来一定能成为～。

【洞察其奸】dòngcháqíjiān 洞：透彻。指能清晰透彻地察觉对方的奸诈行为。清·李汝珍《镜花缘》第十二回：“倘明哲君子，洞察其奸。”▷他对这类诈骗行为了解很透，只要对方一出手，他就能～。

【洞察秋毫】dòngcháqiūháo 通常写作“明察秋毫”。

【洞如观火】dòngrúguānhuǒ 见“洞若观火”。

【洞若观火】dòngruòguānhuǒ 洞：透彻。看事物看得特别清楚，就像看火一样。清·张泰来《江西诗社宗派图录·吕本中》：“公所作《宋论》第四十篇，审时度势，洞若观火。”▷他理论水平高，实践经验丰富，对国内外形势～。

【洞烛其奸】dòngzhúqíjiān 通常写作“洞察其奸”。

【斗转星移】dǒuzhuǎnxīngyí 斗：北斗星。北斗转向，众星移位。表示时序变迁，岁月流逝。元·白仁甫《墙头马上》第一折：“莫疑迟，等的那斗转星移。”▷～，三十年的岁月过去了，儿时的嬉戏场面，记忆犹新。

【豆蔻年华】dòukòuniánhuá 豆蔻：多年生草本植物，开淡黄色的花。年华：时光。豆蔻开花的时光，比喻少女十三四岁的时候。唐·杜牧《赠别》诗：“娉娉袅袅（体态优美）十三余，豆蔻梢头二月初。”▷花丛旁，围着一群～的少女，看她们那活泼可爱的样子，真让人羡慕。☛“蔻”下半部不要写成“冠”。

【独出心裁】dúchūxīncái 心裁：内心的谋划。原指诗文的构思有独到之处。后泛指见解与众不同。清·李汝珍《镜花缘》第十八回：“到了魏时，王弼注释《周易》，撇了象占旧解，独出心裁，畅言义理。”▷这篇论文～，很有见地，获得专家评审组的一致好评。☛“裁”不要写作“栽”。

【独当一面】dúdāngyīmiàn 指单独承担一个方面的任务。《旧唐书·张浚传》：“相公握禁兵，拥大旆（pèi，旗子），独当一面。”▷经过几年的锻炼，小刘进步很快，工作上可以～了。☛“当”这里不读dàng。

【独断独行】dúduàndúxíng 通常写作“独断专行”。

【独断专行】dúduànzhuānxíng 断：决断。办事专断，不考虑别人的意见。清·李宝嘉《官场现形记》第十二回：“你在他手下办事，只可以独断专行；倘若都要请教过他再做，那是一百年也不会成功的。”▷他遇事不跟别人商量，总爱～，大家很有意见。

【独夫民贼】dúfūmínzéi 独夫：指众叛亲离的统治者。民贼：残害人民的人。指反动政权的头子。《尚书·泰誓下》：“独夫受（纣），洪惟作威，乃汝世仇。”《孟子·告子下》：“今之所谓良臣，古之所谓民贼也。”晚清·谭嗣同《仁学·二》：“独夫民贼，固甚乐三纲之名。”▷袁世凯是窃夺革命果实，又恢复封建帝制的～。☛不宜写作“民贼独夫”。

【独具慧眼】dújùhuìyǎn 具有独特的敏锐的眼力。▷这位数学大师～，把这位当时没什么名气的青年调到数学研究所工作，使他取得了举世瞩目的成就。☛“慧”不要错写作“惠”。

【独具匠心】dújùjiàngxīn 匠心：工匠般的巧思。具有独特的灵巧构思（多指艺术创作）。▷这座古塔的结构～，造型气势恢弘，是世界著名的古迹。

【独具只眼】dújùzhīyǎn 通常写作“独具慧眼”。

【独木难支】dúmùnánzhī 支：支撑。一根木头难以支撑（将要倒塌的大厦）。比喻一个人难以维持衰败局面或支撑全局。明·许仲琳《封神演义》第九十三回：“屡欲思报此恨，为独木难支，不能向前。”▷厂子陷入经济困境，其他负责人都走了，他深感～。

【独辟蹊径】dúpìxījìng 辟：开辟。蹊径：途径。独自开辟新路。比喻独创新方法、新思路。清·叶燮《原诗·外篇上》：“抹倒体裁、声调、气象、格力诸说，独辟蹊径。”▷这篇论文～，观点新颖，读来令人耳目一新。

【独善其身】dúshànqíshēn 独自保持好个人的节操、品格。现也指只顾自己不关心外界的事。《孟子·尽心上》：“穷则独善其身，达则兼善天下。”▷作为国家干部，～是不行的，要担负起社会责任。

【独树一帜】dúshùyīzhì 单独树立一面旗帜。比喻自创一家。清·袁枚《随园诗话》：“欧公（欧阳修）学韩（韩愈）文，而所作文全不似韩，此八家中所以独树一帜也。”▷学术会上宣读的论文不少，但是大多观点雷同，只有他这一篇新颖奇特，算是～了。☛不要写作“独竖一帜”。

【独占鳌头】dúzhànáotóu 据说古代宫殿门前的石阶上刻有鳌（传说中的大海龟），状元及第时，立在殿阶上迎榜，所以把中状元称作“独占鳌头”。后比喻夺得第一名或取得首位。元·无名氏《陈州粜米》楔子：“殿前曾献升平策，独占鳌头第一名。”▷在全国女子乒乓球联赛中，我省～，夺得了冠军。☛不宜写作“鳌头独占”。

【睹物伤情】dǔwùshāngqíng 见到有关的东西便触动伤感之情。清·李汝珍《镜花缘》第五十七回：“文隐看了，不觉睹物伤情，一时触动自己心事，更自凄怆不已。”▷流年似水，旧友云散，每当我看到他们的赠言，不免～。

【睹物思人】dǔwùsīrén 睹：看见。指看见永别或久别的人所留下的物品就引起对他的思念。唐·裴广《传奇·曾季衡》：“望异日睹物思人，无以幽冥为隔。”▷～，面对小李生前经常使用的物品，不由自主地流下了眼泪。

【度日如年】dùrìrúnián 过一天就像过一年一样。形容日子难熬。宋·柳永《中吕调·戚氏》词："孤馆度日如年。风露渐变，悄悄至更阑。"▷西藏实行民主改革后，百万农奴～的苦日子一去不复返了。☛"度"不要写作"渡"。

【短兵相接】duǎnbīngxiāngjiē 使用短刀、短剑等兵器互相搏斗。比喻面对面进行尖锐的斗争。《宋书·刘铄传》："遂登尸以陵城，短兵相接。"▷那时候，我军不仅在战场上，也在谈判桌上跟敌人进行着～的斗争，迫使他们在停战协议书上签了字。

【短小精悍】duǎnxiǎojīnghàn 身材短小，精明强干。也形容文章或话语简短而犀利。《史记·游侠列传》："解（郭解）为人短小精悍。"▷这篇杂文～，分析精辟。☛不要写作"短小精干"。

【断壁残垣】duànbìcányuán 通常写作"残垣断壁"。

【断壁颓垣】duànbìtuíyuán 见"残垣断壁"。

【断编残简】duànbiāncánjiǎn 断、残：残缺不全。编、简：指书籍。指残缺不全的书籍和文章。宋·黄庭坚《读书呈几复》诗："身入群经作蠹鱼，断编残简伴闲居。"▷这些刚刚出土的～，都具有很高的学术价值。

【断章取义】duànzhāngqǔyì 章：诗文中的段落。指孤立摘引文章或谈话中自己所需要的某些片段。宋·陆九渊《与傅圣谟书》："观今人用其语者，皆是断章取义，难以商榷。"▷摘取文章里的只言片语，掐头去尾，～，加以歪曲，然后大加批判，这种做法实在卑劣。

【对簿公堂】duìbùgōngtáng 对簿：依据诉状核对事实。公堂：指法庭。在法庭上对质。▷如果你执意否认你侵犯我公司的经营权，那就只好～了。

【对答如流】duìdárúliú 回答得像流水一样顺畅。形容思维敏捷，口才好。《陈书·戚衮传》："衮精采自若，对答如流。"▷在公司招聘会上，应聘人小郑～，应付自如，总经理非常满意。☛不宜写作"对应如流"。

【对牛弹琴】duìniútánqín 比喻对不懂道理的人讲道理。现也用以讥讽讲话写文章不看对象。清·李汝珍《镜花缘》第九十回："对牛弹琴，牛不入耳，骂的很好，咱们一总再算账！"▷同这帮顽固的匪徒讲积德行善，这不是～吗？

【对症下药】duìzhèngxiàyào 针对患者的病症开药方。比喻针对问题症结所在，做有效处理。宋·朱熹《朱子语类》卷四十二："克己复礼，便是捉得病根，对症下药。"▷老所长找小刘谈心，～，使他心情舒畅地投入工作。

【顿开茅塞】dùnkāimáosè 通常写作"茅塞顿开"。

【多才多艺】duōcáiduōyì 具有多种才能，掌握多种技艺。清·吴趼人《二十年目睹之怪现状》第三十七回："我暗想此公也算得多才多艺了。"▷他的表哥～，吹拉弹唱，赋诗绘画，样样在行。☛"才"不要错写作"材"。

【多愁善感】duōchóushàngǎn 善：容易。经常发愁，容易动感情。▷她从小寄人篱下，养成了～的性格，常常独自掉眼泪。

【多此一举】duōcǐyījǔ 举：举动。指做没有必要的事情。清·李海观《歧路灯》第四回："寅兄盛情，多此一举。"▷他已经在飞机上吃过饭了，你又忙着张罗这么多吃的，真是～。

【多多益善】duōduōyìshàn 参看“韩信将兵，多多益善”。

【多谋善断】duōmóushànduàn 形容既善于多方谋划，又善于判断。▷元帅是一位～的著名军事家，当年率兵打仗，无往不胜。☛不要写作“好谋善断”。

【多难兴邦】duōnànxīngbāng 邦：国家。国家遭受多种灾难，可以使国家兴旺富强起来。晋·刘琨《劝进表》：“多难以固邦国。”唐·陆贽《论叙迁幸之由状》：“多难兴邦者，涉庶事之艰而知敕慎也。”▷～，灾难将更加激励我们团结奋斗，发愤图强。☛“难”这里不读 nán。

【多如牛毛】duōrúniúmáo 形容极多。《北史·文苑传序》：“学者（指学习的人）如牛毛，成者如麟角。”（麟角，极言其少）。▷他当总务主任，每天鸡毛蒜皮的事～。

【多事之秋】duōshìzhīqiū 事：变故。秋：指时期。发生事变多的一段时间。形容动荡不安的局面。唐·崔致远《前宣州当涂县令王翱摄扬子县令》：“况逢多事之秋，而乃有令患风。”▷二战以后，局部战争不断，世界仍处于～。

【多行不义必自毙】duōxíngbùyìbìzìbì 行：干。毙：倒下。多干坏事，必定自取灭亡。《左传·隐公元年》：“多行不义必自毙，子姑待之。”▷～，猖狂一时、罪恶累累的法西斯分子终于被送上了历史的审判台。

【咄咄逼人】duōduōbīrén 咄咄：拟声词，表示斥责或惊诧。形容气势很盛，使人惊惧。晋·卫铄《与释某书》：“卫有一弟子王逸少，甚能学卫真书，咄咄逼人。”宋·朱熹《答方宾生书》：“时论咄咄逼人，一身利害不足言，政恐坑焚之祸，遂及吾党耳。”▷这小伙子年少气盛，讲起话来～。☛“咄”不读 chū 或 duó。

【咄咄怪事】duōduōguàishì 咄咄：拟声词，表示感叹或惊诧。使人难以理解、感到惊讶的事情。宋·杨万里《明发栖隐寺》诗：“如何今晨天地间，咄咄怪事满眼前。”▷假冒伪劣产品屡禁不绝，岂非～！☛“咄”不读 chū 或 duó。

【度德量力】duódéliànglì 度：衡量。正确评价自己的德行和能力。《左传·隐公十一年》：“度德而处之，量力而行之。”《三国志·蜀书·诸葛亮传》：“孤不度德量力，欲信（伸）大义于天下。”▷办什么事都要～，不能盲目自信，没有金刚钻就别揽瓷器活儿。☛“度”这里不读 dù。

E

【阿世媚俗】ēshìmèisú 阿:迎合。媚:取媚。迎合社会上流行的歪风邪气,讨好世俗。▷我们反对那种对群众的意见不加分析,随声附和,甚至～,不坚持正确方向的做法。☛“阿”这里不读 ā。

【阿谀逢迎】ēyúféngyíng 通常写作“阿谀奉承”。

【阿谀奉承】ēyúfèngchéng 阿谀:迎合别人。迎合奉承别人。明·东鲁古狂生《醉醒石》第八回:“况且是个小人,在人前不过一味阿谀奉承。”▷过去的官场上盛行为升官发财对上级～的恶劣风气。☛“阿”这里不读 ā。

【婀娜多姿】ēnuóduōzī 婀娜:轻盈柔美的样子。形容体态轻盈优美。▷这位舞蹈家的表演,真是～,优美动人。☛“婀娜”不读 ěnuǒ、ānà。

【讹言谎语】éyánhuǎngyǔ 讹:不真实的。骗人的假话。元·无名氏《冤家债主》第三折:“俺孩儿也不曾讹言谎语,又不曾方头不律。”▷那些惯于以～欺骗别人的人,绝没有好下场。

【额手称庆】éshǒuchēngqìng 把手举到额头上表示庆幸。明·冯梦龙《东周列国志》第三十七回:“文公至绛,国人无不额手称庆。”▷他们都顺利地通过初试,大家不免～,祝贺一番。

【额手称颂】éshǒuchēngsòng 通常写作“额手称庆”。

【扼腕长叹】èwànchángtàn 一只手握住另一只手的腕子,并长声叹息,表示惋惜、愤慨等感情。《晋书·刘琨传》:“臣所以泣血宵吟,扼腕长叹者也。”▷许多人～,为起义没有取得胜利而惋惜。☛“腕”不读 wǎn。

【恶贯满盈】èguànmǎnyíng 恶贯:指一连串罪恶。盈:满。比喻罪大恶极,到了末日了。《尚书·泰誓上》“商罪贯盈,天命诛之”,唐·孔颖达疏:“纣(商纣王)之为恶,如物在绳索之贯,一以贯之,其恶贯已满矣。”▷这个大汉奸～,终于受到应有的惩处。☛“恶”这里不读 wù。

【恶语伤人】èyǔshāngrén 用恶毒的话伤害别人。元·王实甫《西厢记》第三本第二折:“别人行,甜言蜜语三冬暖;我跟前,恶语伤人六月寒。”▷有话好好说嘛,哪能动不动就～呢!☛“恶”这里不读 ě、wù。

【饿虎扑食】èhǔpūshí 比喻向前扑的动作迅速而凶猛,就像饿虎抓捕食物一样。明·许仲琳《封神演义》第十二回:“(哪吒)提起手中乾坤圈,把敖光后心一圈,打了个饿虎扑食,跌倒在地。”▷这个歹徒急红了眼,～般地扑向那个皮箱。

【饿殍遍野】èpiǎobiànyě 饿殍:饿死的人。饿死的人到处都是。《孟子·梁惠王上》:“涂(同‘途’)有饿莩(同‘殍’)而不知发(发放粮食)。”《三国演义》第十三回:“是岁大荒,百姓皆食枣菜,饿殍遍野。”▷明代末年,陕北大旱,～,景象十分凄惨。☛㊀“殍”不读 fú、piáo。㊁不宜写作“饿莩载道”。

【恩将仇报】ēnjiāngchóubào 用仇恨回报恩德。明·冯梦龙《醒世恒言》卷三十："亏这官人救了性命，今反恩将仇报，天理何在！"▷以前人家那样关心照顾你，你今天却～，太不应该了。

【恩同父母】ēntóngfùmǔ 恩情深重如同自己的父母一样。唐·陈子昂《为张著作谢父官表》："伏维神皇陛下，恩同父母。"▷乡亲们对这个孤儿百般关怀、呵护，真是～。

【恩同再造】ēntóngzàizào 恩惠之大如同给了第二次生命。表示对重大恩惠的感激。清·李汝珍《镜花缘》第二十五回："倘出此关，不啻（chì，但、只；不啻：像……一样）恩同再造。"▷如果大夫能治好我这十几年的肝炎，那真是～。

【恩威并行】ēnwēibìngxíng 通常写作"恩威并用"。

【恩威并用】ēnwēibìngyòng 并：一起。恩德、威力一起施行。宋·周密《齐东野语·文庄论安丙矫诏》："为朝廷计，宜先赦其矫诏之罪，然后赏其斩曦之功，则恩威并用，折冲万里之外矣。"▷曹操作为一个政治家，很懂得赏功罚罪、～的作用。

【恩重如山】ēnzhòngrúshān 恩情像高山那样重。《红楼梦》第一百一十八回："林姑娘待我，也是太太们知道的，实在恩重如山，无以可报。"▷地震中，张大夫冒着生命危险抢救我，他对我真是～。

【儿女情长】érnǚqíngcháng 儿女：指青年男女。指把爱情或家人之间的感情看得过重（常与"英雄气短"连用）。明·许自昌《水浒记》："人常说道儿女情长，英雄气短。宋公明为人倒是反这两句话，故此担阁了嫂嫂。"▷应该把工作放在首位，不能因为～影响工作。

【尔虞我诈】ěryúwǒzhà 尔：你。虞：欺诈。你欺骗我，我欺骗你。《左传·宣公十五年》："我无尔诈，尔无我虞。"▷过去官场上～的风气盛行。☛不宜写作"尔诈我虞"。

【尔诈我虞】ěrzhàwǒyú 见"尔虞我诈"。

【耳鬓厮磨】ěrbìnsīmó 鬓：鬓角，耳朵前面的头发。厮：相互。磨：摩擦。两人的耳朵和鬓发互相接触。形容相处十分亲密（多指小孩）。《红楼梦》第七十二回："咱们从小儿耳鬓厮磨，你不曾拿我当外人待。"▷他们从小到大，一直在一起，～，从来没吵过架。☛"厮"不要错写作"撕""斯"。

【耳聪目明】ěrcōngmùmíng 耳朵听得清楚，眼睛看得分明。形容头脑清楚，眼光敏锐。《周易·鼎》："巽（xūn）而耳目聪明。"汉·焦延寿《焦氏易林·需》："重瞳四乳，耳聪目明，普为仁表，圣作元辅。"▷他快七十的人了，还这么～，反应灵敏。

【耳目一新】ěrmùyīxīn 耳目：指见闻。指听到的看到的都完全变了，令人感到新鲜。唐·白居易《修香山寺记》："关塞之气色，龙潭之景象，香山之泉石，石楼之风月，与往来者耳目一时而新。"▷二十年后重返校园，学校面貌变化巨大，使人～。

【耳濡目染】ěrrúmùrǎn 濡：沾湿。染：沾染。经常听到、看到，不知不觉地受到影响。唐·韩愈《清河郡公房公墓碣铭》："目擩（同'濡'）耳染，不学以能。"▷小王的父亲是位画家，他从小～，也就喜欢画画儿了。

【耳熟能详】ěrshúnéngxiáng 详：详细地说出来。耳朵听多了，熟悉了，能详尽地复述出来。宋·欧阳修《泷（shuāng）冈阡表》："其平居教他子弟，常用此语，吾耳熟焉，故能详也。"▷孩子们对《狼和小羊》的故事，已经～了。☛"熟"这里不读 shóu。

【耳提面命】ěrtímiànmìng 不仅当面指点，而且提着耳朵叮嘱。形容热心恳切教导。《诗经·大雅·抑》："匪面命之，言提其耳（匪：不仅。言：古汉语助词，无义）。"元·张养浩《三事忠告》："大抵常人之情，服其所遵，而信其所畏。非是者，虽耳提面命，则亦不足以发其良心。"▷学习要靠自觉，要主动，否则即使是老师整天～，也不会有好效果。

【耳闻目睹】ěrwénmùdǔ 亲耳听见，亲眼看到。宋·释普济《五灯会元》卷十九："卓拄杖曰：'唯有这个不迁。'掷拄杖曰：'一众耳闻目睹。'"▷这次下乡，～了农村出现的新气象，深受鼓舞。☛不宜写作"耳闻目击"。

【二者必居其一】èrzhěbìjūqíyī 居：处于。一定属于两种情况之中的一种。《孟子·公孙丑下》："前日之不受是，则今日之受非也；今日之受是，则前日之不受非也。夫子必居一于此矣。"▷是战是降，～，没有第三条道路可走。

F

【发奋图强】fāfèntúqiáng 通常写作“发愤图强”。

【发奋忘食】fāfènwàngshí 通常写作“发愤忘食”。

【发愤图强】fāfèntúqiáng 发愤：因感到不满足而下决心努力。图：谋求。决心努力谋求富强或上进。▷中国人民团结一心～，把贫穷落后的祖国建设成为初步繁荣昌盛的国家。☛不宜写作“奋发图强”。

【发愤忘食】fāfènwàngshí 发愤：因感到不满足而下决心努力。勤奋努力，以致忘了吃饭。形容非常勤奋。《论语·述而》：“发愤忘食，乐以忘忧，不知老之将至云尔！”▷青年研究人员～，刻苦钻研，决心攀登科学高峰。☛“发”这里不读fà。

【发号施令】fāhàoshīlìng 发布命令。汉·刘安《淮南子·本经训》：“发号施令，天下莫不从风。”▷各级领导干部决不能满足于在机关里、会议上～，一定要深入实际调查研究。☛不要写作“发号布令”。

【发人深思】fārénshēnsī 见“发人深省”。

【发人深省】fārénshēnxǐng 发：启发。省：省察、思考。启发人深思。唐·杜甫《游龙门奉先寺》诗：“欲觉闻晨钟，令人发深省。”▷老校长的话虽然不多，但～，催人奋进。☛㊀“省”这里不读shěng，不要写作“醒”。㊁不宜写作“发人深思”。

【发扬光大】fāyángguāngdà 光大：使显赫盛大。发展、提倡，使日益盛大。孙中山《民族主义第六讲》：“把仁爱恢复起来，再去发扬光大，便是中国固有的精神。”▷我们要～爱国主义的光荣传统。

【罚不当罪】fábùdāngzuì 当：相称。惩罚与罪行不相称，多指惩罚过重。《荀子·正论》：“夫德不称位，能不称官，赏不当功，罚不当罪，不祥莫大焉。”▷他是从犯，如果与主犯判一样的刑，那就～了。☛“当”这里不读dàng。

【罚不责众】fábùzézhòng 指某种行为应该受到惩罚，但很多人都那样干，就不好采取责罚的办法。清·李汝珍《镜花缘》第四回：“况罚不责众，如果主意都不承旨，谅那世主亦难遽将群芳尽废。”▷你以为～，怀着侥幸心理明知故犯，现在后悔也晚了。☛“罚”不要错写作“法”。

【法不徇情】fǎbùxùnqíng 徇：曲从。法律不曲从私情。《三国演义》第七十二回：“居家为父子，受事为君臣，法不徇情，尔宜深戒。”▷我们必须坚持法律面前人人平等的原则，要公正执法，真正做到～。

【发短心长】fàduǎnxīncháng 指头发稀少的老年人，见多识广，考虑深远。《左传·昭公三年》：“彼其发短而心甚长，其或寝处我矣。”唐·李端《赠康洽》诗：“汉家尚壮今则老，发短心长知奈何！”▷老师傅～，有宝贵经验，我们应该尊重他的意见。☛“发”这里不读 fā。

【发指目裂】fàzhǐmùliè 见“发指眦裂”。

【发指眦裂】fàzhǐzìliè 眦：眼角。头发竖起，眼角都要瞪裂了。形容极端愤怒。《史记·项羽本纪》：“哙（樊哙）瞋目视项王（项羽），头发上指，目眦尽裂。”▷二百多妇女、儿童被杀。看到这一惨绝人寰的场面，我们～，义愤填膺。☛㊀“发”这里不读 fā。㊁不宜写作“发指目裂”。

【幡然改图】fānrángǎitú 幡然：迅速而彻底的样子。图：打算。迅速完全改变过来，另作打算。《孟子·万章上》：“汤三使往聘之（伊尹），既而幡然改曰……”▷他本想留在城市机关里工作，当他得知西部边疆急需技术人才时，就～，决心到边疆工作。

【幡然悔悟】fānránhuǐwù 幡然：迅速而彻底的样子。很快彻底悔改醒悟过来。▷受骗上当的群众，在事实教育下，～，决心批判这些歪理邪说。

【翻江倒海】fānjiāngdǎohǎi 比喻力量或气势非常强大。清·钱彩《说岳全传》第三十四回：“声若翻江，势若倒海，遇着他的刀，分作两段；挡着他的枪，戳个窟窿。”▷我军冲锋陷阵，势如～，不可阻挡。☛㊀“倒”这里不读 dào。㊁不宜写作“翻江搅海”。

【翻江搅海】fānjiāngjiǎohǎi 见“翻江倒海”。

【翻然改图】fānrángǎitú 通常写作“幡然改图”。

【翻然改途】fānrángǎitú 通常写作“幡然改图”。

【翻然悔悟】fānránhuǐwù 通常写作“幡然悔悟”。

【翻手为云，覆手为雨】fānshǒuwéiyún，fùshǒuwéiyǔ 翻手：掌心向上。覆手：掌心向下。比喻玩弄手段，反复无常。唐·杜甫《贫交行》：“翻手作云覆手雨，纷纷轻薄何须数。”宋·张抡《阮郎归·咏夏十首》词：“翻云覆雨百千般，几时心地闲？”▷这个人说话不算数，～，和他打交道要特别注意。☛“覆”不要错写作“复”。

【翻天覆地】fāntiānfùdì 天地变换。形容变化特别巨大而彻底。也形容闹得很凶。《红楼梦》第一百零五回：“那时一屋子人，拉这个，扯那个，正闹得翻天覆地。”▷半个世纪以来，中国发生了～的变化，这是有目共睹的｜兄弟俩为争遗产，把家闹得个～。☛“覆”不要错写作“复”。

【翻云覆雨】fānyúnfùyǔ 参看“翻手为云，覆手为雨”。

【凡夫俗子】fánfūsúzǐ 佛教指未入佛门的人。泛指普通人。《红楼梦》第一百零九回：“瞧我这凡夫俗子，不能交通神明，所以梦都没有一个儿。”▷许多发明创造，都来源于～之手。

【繁文缛节】fánwénrùjié 文：仪式。节：礼节。缛：繁多。繁多而不必要的礼仪。比喻琐碎繁多的手续、事项。唐·元稹《王永太常博士制》：“朕明年有事于南郊，谒清宫，朝太庙，繁文缛礼，予心懵然。”▷要移风易俗，破除迷信，废除过去婚丧嫁娶中的一些～｜为了方便群众办事，机关主动简化手续，取消了一些～，得到群众的好评。

【反败为胜】fǎnbàiwéishèng 反：翻过来。扭转失败成为胜利。《三国演义》第十六回：“使反败为胜，虽古之名将，何以加兹！”▷在比分落后于对手的情况下，他沉着冷静，一分一分地追，最终～，荣获冠军。

【反唇相讥】fǎnchúnxiāngjī 反唇：指回嘴、反驳。讥：讽刺。指受到指责不服气，反过来讽刺对方。汉·贾谊《陈政事疏》："妇姑不相说(同'悦')，则反唇而相稽(计较)。"▷听了对方的指责，他马上～说，我哪能比上你这大英雄？☛"相"这里不读 xiàng。

【反复无常】fǎnfùwúcháng 颠过来，倒过去，变化不定。宋·陈亮《与范东叔龙图书》："时事反复无常。"▷《三国演义》中的吕布～，今天投向这方，明天投向那方，结果还是被曹操所杀。☛不要写作"翻复无常"。

【反戈一击】fǎngēyījī 戈：古代兵器。掉转兵器，向自己原来的营垒进攻。▷鲁迅先生来自封建家庭，他～，成为反封建的旗手。

【反躬自问】fǎngōngzìwèn 躬：身。反躬：反过身来。回过头来问自己(有什么不对的地方)。▷～，我对这件事重视不够，有一定的责任。

【反躬自省】fǎngōngzìxǐng 反躬：反过身来。省：检查。回过头来检查自己。宋·朱熹《答王晋辅》："自今以往，更愿反躬自省，以择乎二者之间，察其孰缓孰急，以为先后。"▷不要光指责别人，应当～，首先检查自己。☛"省"这里不读 shěng，不要错写作"醒"。

【反客为主】fǎnkèwéizhǔ 指变客人的地位为主人的地位。比喻变被动为主动。《三国演义》第七十一回："此乃反客为主之法。"▷那天我们去参加小王的婚礼，看他家忙不过来，我们也就～，帮他们端茶送糖，招待宾客。

【反目成仇】fǎnmùchéngchóu 反目：翻脸。翻脸成为仇人。《红楼梦》第五十七回："娶一个天仙来，也不过三夜五夜，也就撂在脖子后头了。甚至于怜新弃旧，反目成仇的，多着呢。"▷两家因儿女亲事破裂而～，闹得互不往来了。

【反璞归真】fǎnpúguīzhēn 通常写作"返璞归真"。

【反朴归真】fǎnpǔguīzhēn 通常写作"返璞归真"。

【反求诸己】fǎnqiúzhūjǐ 诸："之于"的合音词。反过来要求自己。指从本身寻找原因，追究责任。《孟子·离娄上》："行有不得者，皆反求诸已，其身正而天下归之。"▷工作中出现问题，不能把责任都推给客观和别人，而要～，先检查自身主观的原因。☛不宜写作"反求诸身"。

【反手可得】fǎnshǒukědé 翻转手掌就可以得到。形容极容易办到。《荀子·非相》："诛旦公，定楚国，如反手尔。"《三国演义》第五十一回："我等费了许多军马，用了许多钱粮，目下南郡反手可得。"▷你需要的资料本来是～，但你错过时机，只好等下次了。

【返老还童】fǎnlǎohuántóng 使老年人回到儿童时代。指改变衰老，恢复青春。元·无名氏《沁园春》词："涤尽凡心，洗开道眼，反老还童鬓似鸦。"▷随着生活改善和医学水平的提高，很多老年人～，似乎越活越年轻了。☛不要写作"反老还童"。

【返璞归真】fǎnpúguīzhēn 璞：没有琢磨过的玉。真：指事物本来的状态。返回到原来的状态。《战国策·齐策四》："归真反璞，则终身不辱也。"清·洪仁玕《英杰归真》："上帝基督化人，超凡入圣，返璞归真。"▷他厌倦官场生涯，企盼回到乡间，过几年～的生活。

【犯而不校】fànérbùjiào 犯：触犯。校：计较。别人侵犯了自己，也不计较。《论语·泰伯》："有若无，实若虚，犯而不校。"▷《水浒传》中的林冲，逆来顺受，～。但由于高俅的步步迫害，最后还是走上了反抗的道路。☛"校"这里不读 xiào。

【犯上作乱】fànshàngzuòluàn 犯：冒犯。上：指等级、地位高的人。作乱：闹乱子。违抗长辈或地位高的人，做出悖逆、闹乱子的事。《论语·学而》："其为人也孝弟，而好犯上者，鲜矣；不好犯上，而好作乱者，未之有也。"清·孔尚任《桃花扇》第三十四出："那黄得功一介武夫，还知报效；俺们倒肯犯上作乱不成？"▷历代农民起义，都被统治阶级诬为～而遭到残酷镇压。

【方枘圆凿】fāngruìyuánzáo 枘：榫头。凿：榫眼。方榫头，圆榫眼，比喻双方不能相容。《史记·孟子荀卿列传》"持方枘欲内（同'纳'）圜（同'圆'）凿，其能入乎？"唐·司马贞《索隐》："谓战国之时，仲尼、孟轲以仁义干世主，犹方枘圜凿然。"▷他俩是～，无法合作，不如拆开，重新安排。☛"枘"不读 nà。"凿"不读 zuò。

【方兴未艾】fāngxīngwèiài 方：正在。兴：兴盛。艾：停止。事情正在发展，一时不会终止。形容事物正处于兴旺阶段。宋·陆佃《太学案问》："大学之道，方兴未艾也。"▷中国女子足球运动～，只要进一步大力支持，一定大有希望。

【方兴未已】fāngxīngwèiyǐ 通常写作"方兴未艾"。

【方正不阿】fāngzhèngbùē 阿：阿谀。正直无邪，决不曲从。《明史·王徽传》："有方正不阿者，即以为不肖，而朝夕谗谤之，日加浸润，未免改疑。"▷人民法官在办案过程中，要～，决不能徇情枉法。☛㊀"阿"这里不读 ā。㊁不要写作"方正不苟"。

【防不胜防】fángbùshèngfáng 胜：尽。做了多方面的防备，还是防备不过来。清·吴趼人《二十年目睹之怪现状》第四十七回："这种小人，真是防不胜防。"▷唇枪舌剑并不可怕，口蜜腹剑却让人～。

【防患未然】fánghuànwèirán 患：祸患。未然：未成为事实。指在灾害或事故发生前就采取了预防措施。《周易·既济》："君子以思患而豫（预）防之。"唐·陆贽《论两河及淮西利害状》："非止排难于变切，亦将防患于未然。"▷平日里必须加强消防安全工作，做到～。

【防患于未然】fánghuànyúwèirán 通常写作"防患未然"。

【防微杜渐】fángwēidùjiàn 微：微小，指事物出现的苗头。杜：堵塞。渐：指事物逐渐发展的过程。在坏事物刚露头时就加以制止，不让它继续发展。《宋书·吴喜传》："且欲防微杜渐，忧在未萌。"▷对于孩子的毛病，家长一定要～，不能任其发展。

【放荡不羁】fàngdàngbùjī 放荡：任性而为，不受约束。羁：约束。行为放纵，没有约束。《晋书·王长文传》："少以才学知名，而放荡不羁，州府辟命皆不就。"▷在集体生活中，应该克服那种～，只顾自己不考虑别人的不良作风。☛不要写作"放浪不羁""放纵不羁"。

【放虎归山】fànghǔguīshān 比喻放纵坏人，留下后患。《三国志·蜀书·刘巴传》裴松之注引《零陵先贤传》："若使备（刘备）讨张鲁，是放虎于山林也。"明·冯梦龙《东周列国志》第四十五回："咄！孺子不知事如此！武夫千辛万苦，方获此囚，乃坏于妇人之片言耶！放虎归山，异日悔之晚矣！"▷如果让这个罪大恶极的家伙逃走了，可就等于～，后果严重了！

【放浪形骸】fànglàngxínghái 放浪：放纵。形骸：躯体。指行为放纵，不受世俗观念约束。晋·王羲之《兰亭集序》："或因寄所托，放浪形骸之外。"▷久住北京城里，今天到了海边儿，不免～，要拥抱大海，拥抱大自然。

【放任自流】fàngrènzìliú 放手不管，听任自由发展。▷对于中小学生中少数人吸烟问题，要采取果断措施加以制止，不能～。

【放下屠刀，立地成佛】fàngxiàtúdāo，lìdìchéngfó 屠刀：宰杀牲畜的刀。立地：立即。原为佛教劝人改恶从善的话。比喻作恶的人，一旦决心改过自新，很快就会成为好人。宋·释普济《五灯会元》卷十九："广额正是个杀人不眨眼的汉，飏下屠刀，立地成佛。"宋·朱熹《朱子语类》卷三十："今不必问过之大小，怒之深浅，只不迁不贰，是甚力量，便见工夫，佛家所谓放下屠刀，立地成佛。"▷这位敌军长，早已～，做了准备起义的许多工作。

【放之四海而皆准】fàngzhīsìhǎiérjiēzhǔn 四海：泛指一切地方。准：准则。放在任何地方都可以成为准则。《礼记·祭义》："夫孝……推而放诸东海而准，推而放诸西海而准，推而放诸南海而准，推而放诸北海而准。"▷马列主义的基本理论是～的真理。

【飞短流长】fēiduǎnliúcháng 飞、流：指散布。短、长：指是非。指播弄是非，传播谣言。清·蒲松龄《聊斋志异·封三娘》："妾来当须秘密，造言生事者飞短流长，所不堪受。"▷对那些通过～来毁坏他人名誉的人，应追究法律责任。

【飞蛾扑火】fēiépūhuǒ 通常写作"飞蛾投火"。

【飞蛾投火】fēiétóuhuǒ 比喻自取灭亡。元·无名氏《谢金吾》第三折："我已曾着人拿住杨景、焦赞两个，正是飞蛾投火，不怕他不死在手里。"▷境外敌对势力派遣特务破坏我国四化大业，那是～，必将彻底失败。

【飞黄腾达】fēihuángténgdá 飞黄：古代传说中的神马名。腾达：升腾。比喻官职或地位上升很快。唐·韩愈《符读书城南》诗："飞黄腾踏去，不能顾蟾蜍。"元·无名氏《刘弘嫁婢》第三折："李春郎飞黄腾达，赖长者恩荣德化。"▷靠逢迎拍马而爬上去的人，也可能一时～，但终究不会长久。☛不要写作"飞黄腾踏"。

【飞禽走兽】fēiqínzǒushòu 走：跑。能飞的鸟和会跑的兽，泛指鸟兽。汉·王延寿《鲁灵光殿赋》："飞禽走兽，因木生姿。"▷这个国家级的自然保护区是野生动物的乐园，上百种～在这里栖息。

【飞沙走石】fēishāzǒushí 沙子飞扬，石头翻滚。形容风力狂暴迅猛。唐·任华《怀素上人草书歌》："飞沙走石满穹塞，万里飕飕西北风。"▷顿时，狂风大作，～，黄尘蔽日。☛不宜写作"扬沙走石"。

【飞檐走壁】fēiyánzǒubì 飞越房檐，在墙壁上奔跑。古典小说中形容武艺高强的人上房越脊，行走如飞。《水浒传》第四十六回："杨雄却认得这人，姓时名迁……只一地里做些飞檐走壁，跳篱骗马的勾当。”▷他练武功二十多年，自称身体灵巧轻便，可以～。

【飞扬跋扈】fēiyángbáhù 飞扬：放纵。跋扈：强横。骄横放肆。《北齐书·神武纪下》：“景专制河南十四年矣，常有飞扬跋扈志，顾我能养，岂为汝驾御也！”▷那时，这个“南霸天”～，欺压百姓，是有名的地头蛇。

【飞灾横祸】fēizāihènghuò 横：意外的。意外的突然而来的灾祸。《红楼梦》第九十回：“自己年纪可也不小了，家中又碰见这飞灾横祸，不知何日了局。”▷婚礼进行中，大厅屋顶突然垮塌，～，喜事顷刻变成惨剧。☛“横”这里不读héng。

【非分之想】fēifènzhīxiǎng 超出本分的想法。▷应该脚踏实地，努力工作，不该有～。☛“分”这里不读 fēn。

【非同小可】fēitóngxiǎokě 小可：一般。不同于一般。形容事情重要或情况严重。元·孟汉卿《魔合罗》第三折：“萧令史，我与你说，人命事关天关地，非同小可。”▷这件事情涉及到全体职工的切身利益，～，咱们一定要高度重视，不能马虎。

【肥马轻裘】féimǎqīngqiú 裘：毛皮的衣服。乘着肥马驾的车，穿着又轻又暖的皮袍。形容奢侈的生活。《论语·雍也》：“赤之适齐也，乘肥马，衣轻裘。”元·不忽木《点绛唇·辞朝》套曲：“草衣木食，胜如肥马轻裘。”▷那个时代，少数人～，花天酒地，而大多数人却食不果腹，衣不蔽体。

【匪夷所思】fěiyísuǒsī 匪：不是。夷：平常。不是依据常理所能想象的。形容思想、言行等非常离奇。《周易·涣》：“涣有丘，匪夷所思。”▷这件事情的结局实在意料不到，真是～。

【悱恻缠绵】fěicèchánmián 通常写作“缠绵悱恻”。

【斐然成章】fěiránchéngzhāng 斐然：富有文采的样子。章：章法。富有文采，合乎章法。《论语·公冶长》：“吾党之小子狂简，斐然成章，不知所以裁之。”▷老师夸他的作文～，富有诗意。

【吠形吠声】fèixíngfèishēng 吠：狗叫。指一条狗看见人便叫，其他狗听到声音也跟着叫。比喻盲目附和。后汉·王符《潜夫论·贤难》：“谚曰：‘一犬吠形，百犬吠声。’”▷他们中的绝大多数，并不了解事件的真相，只是～，跟着别人后面跑而已。

【肺腑之言】fèifǔzhīyán 肺腑：指内心。发自内心的话。元·郑德辉《翰林风月》第二折：“小生别无所告，只索将这肺腑之言，实诉与小娘子。”▷这番话虽不中听，确是我的～，请你考虑考虑，千万不要当作耳旁风。☛“肺”右半是“巿”，不要写作“市”。

【废寝忘食】fèiqǐnwàngshí 顾不上睡觉，忘掉了吃饭。形容非常专心努力。北齐·颜之推《颜氏家训·勉学》：“元帝在江、荆间，复所爱习，召置学生，亲为教授，废寝忘食，以夜继朝。”▷这位数学家为攻克世界数学难题而～。

【沸反盈天】fèifǎnyíngtiān 反：翻滚。盈：充满。声音像沸腾的水一样翻滚，充满天空。形容人声喧闹，乱成一团。清·李宝嘉《活地狱》第三十四回：“里面听见沸反盈天的声响，许多家人小子都赶将出来……将沈七揿在地下，饱打一顿。”▷一群上访告状的人闯进办公室，把办公室闹得～。

【沸沸扬扬】fèifèiyángyáng 像开了锅的水一样翻滚升腾。比喻人声喧闹，议论纷纷。《水浒传》第十八回："后来听得沸沸扬扬地说道：'黄泥冈上一夥贩枣子的客人把蒙汗药麻翻了人，劫了生辰纲去。'"▷会场里，～乱成一团，几百人在那里说什么的都有。

【费尽心机】fèijìnxīnjī 心机：心思。挖空心思，想尽办法。宋·朱熹《与杨子直书》："而近年一种议论，乃欲周旋于二者之间，回互委曲，费尽心机。"▷三个人～，用了两天时间反复研究，也没有想出一条好计策来。

【分崩离析】fēnbēnglíxī 崩：塌裂。析：分开。形容国家、集团等分裂、瓦解。《论语·季氏》："邦分崩离析，而不能守也。"▷敌人争权夺利，矛盾重重，实际上已经～。

【分道扬镳】fēndàoyángbiāo 镳：马嚼子。扬镳：扯动马嚼子，驱马前进。指分路而行。比喻因目标各不相同而各做各的事。《魏书·拓跋志传》："洛阳，我之丰、沛，自应分路扬镳。自今以后，可分路而行。"清·查慎行《酬别许旸谷》诗："或模汉魏或唐宋，分道扬镳胡不广？"▷尽管他俩从小在一起长大，又是多年同学，但终因理想志趣不同，彼此～。☛不要写作"分道扬镖"。

【分门别类】fēnménbiélèi 门：类。根据事物的特征分成不同的门类。明·朱国祯《涌幢小品·志录集》："《夷坚志》原四百二十卷，今行者五十一卷，盖病其烦芜而芟之，分门别类，非全帙(zhì)也。"▷在他办公室里，各种文件、资料、报刊都～地摆得整整齐齐的。☛不宜写作"分别门类"。

【分秒必争】fēnmiǎobìzhēng 一分一秒也要抓紧。▷一搞起实验来，他就全身心投入，～。

【分庭抗礼】fēntíngkànglǐ 抗：对等。原指古时宾主见面，分别站在院子东西两边，行对等的礼。现比喻平起平坐或相互对立。《庄子·渔父》："万乘(shèng)之主，千乘之君，见夫子未尝不分庭伉(通'抗')礼，夫子犹有倨敖之容。"▷他成了企业家，完全可以和那些大老板们～，一争高下了。☛"抗"不要错写作"伉"。

【纷至沓来】fēnzhìtàlái 纷：众多。沓：多而重复。接连不断地到来。宋·朱熹《答何叔京(其六)》："夫其心俨然肃然，常若有所事，则虽事物纷至而沓来，岂足以乱吾之知思。"▷这种产品适销对路，物美价廉，刚打入市场，订货的客户就～。☛"沓"不要错写作"杳"(yǎo)。

【焚膏继晷】féngāojìguǐ 膏：油脂，借指灯、烛。晷：日影，借指白天。点燃灯烛接替日光照明。形容夜以继日地用功读书或努力工作。唐·韩愈《进学解》："焚膏油以继晷，恒兀兀(wùwù，勤奋不息的样子)以穷年。"▷这位一代宗师，数十年如一日，～，著作等身。☛"晷"不读jiū。

【焚琴煮鹤】fénqínzhǔhè 把琴当柴烧了，把鹤当野味煮着吃了。比喻糟踏高雅美好的事物，使人不可理喻。明·冯梦龙《醒世恒言》卷三："焚琴煮鹤从来有，惜玉怜香几个知。"▷乱砍滥伐，捕杀保护动物，这是～，使生态环境遭到严重破坏。

【粉墨登场】fěnmòdēngchǎng 粉墨：

化妆品，指化妆。化妆后上台演出。现比喻经过打扮登上政治舞台（含贬义）。清·梁绍壬《京师梨园》："其间粉墨登场，丹青变相，铜琶铁板，大江东去高调凌云。"▷这个大独裁者，经过一番策划以后，又以一个"民选总统"的面目～了。

【粉身碎骨】fěnshēnsuìgǔ 全身粉碎而死。多比喻为达目的不惜牺牲生命。宋·苏轼《叶嘉传》："可以利生，虽粉身碎骨，臣不辞也。"▷为了祖国的独立，人民的幸福，我～也在所不惜。

【粉饰太平】fěnshìtàipíng 粉饰：粉刷装饰，掩盖污点。掩盖真相，把社会装扮成太平的景象。宋·蔡絛（tāo）《铁围山丛谈》："当是时，方粉饰太平，务复古礼制。"▷敌人企图用～、欺骗民众的办法来稳定局面，维持其反动统治。

【奋不顾身】fènbùgùshēn 奋勇向前，不考虑个人安危。汉·司马迁《报任少卿书》："常思奋不顾身以徇国家之急。"▷英雄～，用胸膛堵住敌人地堡的枪眼，献出了自己宝贵的生命，为胜利铺平了道路。

【奋发图强】fènfātúqiáng 见"发愤图强"。

【奋袂而起】fènmèiérqǐ 奋：用力挥动。袂：袖子。一挥袖子站起来。形容愤怒或激动。明·冯梦龙《东周列国志》第五十五回："庄王方进午膳，闻申舟见杀，投箸于席，奋袂而起。"▷两人越争吵越激烈，最后小王～，说："咱们法庭上见！"

【奋起直追】fènqǐzhízhuī 通常写作"急起直追"。

【愤世嫉俗】fènshìjísú 愤、嫉：愤恨。憎恨不合理的社会现象和习俗。清·吴趼人《痛史》第十六回："谁知他并不是个渔者出身，也是个清流高士，因为愤世嫉俗，托渔而隐的。"▷他～，用自己的笔深刻揭露了那个社会的黑暗和残酷。☛"嫉"不要错写作"疾"。

【丰功伟绩】fēnggōngwěijì 丰：大。伟大的功勋、业绩。宋·包拯《天章阁对策》："睿谋神断，丰功伟绩，历选明辟，未之前闻。"▷不论是战争年代还是和平时期，我军都为人民建立了～。☛"绩"不要错写作"迹"。

【丰衣足食】fēngyīzúshí 穿的吃的都很丰富、充足。形容生活富裕。五代·王定保《唐摭言》卷十五："堂头官人，丰衣足食，所往无不克。"▷二十年来，中国人民的生活水平大大提高，过上了～的生活。

【丰姿绰约】fēngzīchuòyuē 丰姿：美好的姿态。绰约：形容身段柔美。形容女子的身段姿态柔美动人。清·李斗《扬州画舫录·新城北录下》："李文益丰姿绰约，冰雪聪明。"▷这位女歌唱家不仅歌喉婉转，而且～，拥有大批听众。☛"绰"这里不读 chāo。

【风餐露宿】fēngcānlùsù 在风里吃饭，在露天里睡觉。形容旅途或野外生活的艰辛。宋·苏轼《游山呈通判承议写寄参寥师》："遇胜即徜徉，风餐兼露宿"。▷地质勘探队的同志们长期工作在野外，～，非常辛苦。☛"餐"不要错写作"飱""歺"。

【风尘仆仆】fēngchénpúpú 风尘：比喻旅途的辛苦。仆仆：劳累的样子。形容旅途奔波劳累。清·吴趼人《痛史》第八回："三人拣了一家客店住下。一路上风尘仆仆，到了此时，不免早些歇息。"▷为了调查这件案子，他走了大半个中国，今天才～地回到北京。☛不要写作"风尘扑扑""风尘朴朴"。

【风驰电掣】fēngchídiànchè 驰:奔跑。掣:一闪而过。形容像刮风闪电那样迅速。唐·王颙(yōng)《怀素上人草书歌》:"忽作风驰如电掣,更点飞花兼散雪。"▷火车从他身边驰过,～般地消失在夜幕中。☛"掣"不读 zhì。

【风吹草动】fēngchuīcǎodòng 比喻出现变动的细微先兆。《敦煌变文集·伍子胥变文》:"偷踪窃道,饮气吞声,风吹草动,即便藏形。"▷土匪遭受这次打击之后,整日心惊胆战,一有～,就藏进深山不敢出来。

【风刀霜剑】fēngdāoshuāngjiàn 寒风像尖刀,严霜似利剑。形容非常寒冷。也比喻人情险恶或环境恶劣。《红楼梦》第二十七回:"一年三百六十日,风刀霜剑严相逼,明媚鲜妍能几时,一朝漂泊难寻觅。"▷在那～的年代,他们躲到一个边远的小山城去,还是整天提心吊胆,怕被发现。

【风度翩翩】fēngdùpiānpiān 翩翩:洒脱的样子。形容行为举止洒脱优美(多指青年男性)。▷走进来的是一位身材修长、～的小伙子。

【风和日丽】fēnghérìlì 和:暖和。丽:明亮。微风和煦,阳光明媚。清·龚炜《重过金山》:"今日复过金山,风和日丽,欲一登览。"▷今天是星期日,～,各景区游人纷至沓来,热闹非凡。

【风和日暖】fēnghérìnuǎn 微风和煦,阳光温暖。宋·王楙(mào)《野客丛书》:"牡丹开时,正风和日暖,又安得有月冷风清之气象邪!"▷阳春三月,～。

【风花雪月】fēnghuāxuěyuè 原指文学作品里经常描写的四种自然景物。现多比喻堆砌词藻,感情不健康的诗文。唐·郑谷《府中寓止寄赵大谏》:"雪风花月好,中夜便招延。"宋·周行己《与佛月大师书》:"昔齐己号诗僧也,不过风花雪月巧句,而于格又颇俗。"▷这个无聊文人,从前是靠给上海滩上的小报写些～、秘闻轶事的短文谋生的。

【风华正茂】fēnghuázhèngmào 风:风采。华:才华。风采动人,才华横溢。形容年轻有为。▷当时,很多有志青年,为了祖国的独立和富强,在～的时候就英勇献身了。

【风卷残云】fēngjuǎncányún 大风把零散稀疏的云卷去。比喻把剩余的东西一扫而光。唐·戎昱《霁雪》诗:"风卷残云暮雪晴,江烟洗尽柳条轻。"元·郑德辉《三战吕布》第三折:"斩上将汤浇瑞雪,杀敌兵风卷残云。"▷我军以～之势,歼灭盘踞在南方的残敌。

【风流倜傥】fēngliútìtǎng 风流:风雅潇洒。倜傥:洒脱不凡。形容人潇洒有才华。明·许三阶《节侠记·私仰》:"散财结客,侠比三河,风流倜傥,名倾六辅。"▷虽然过去二十多年了,当年他那～、年轻有为的形象仍然历历在目。

【风流云散】fēngliúyúnsàn 像风一样流失,像云一样飘散。比喻原来常相聚的朋友已四散到各地。清·沈复《浮生六记·闲情记趣》:"今则天各一方,风流云散,兼之玉碎香埋,不堪回首矣。"▷儿时的伙伴,如今～,不知他们现在的情况怎样。

【风马牛不相及】fēngmǎniúbùxiāngjí 风:雌雄相诱。及:遇到。指即使雌雄相诱,马和牛也不会凑到一起。比喻事物彼此毫不相干。《左传·僖公四年》："君处北海，寡人处南海。唯是风马牛不相及也。"▷有人错误地认为，地震和气候是～的两回事，没有什么必然的联系。

【风靡一时】fēngmǐyīshí 风靡：顺风而倒。形容事物极为盛行，像风吹倒草木一样。汉·刘向《说苑·贵德》："上之变下，犹风之靡草也。"▷尖高跟女鞋在～之后，很快又被蜂糕底女鞋所取代了。☛"靡"不读 mí、fēi。

【风平浪静】fēngpínglàngjìng 没有风浪，比喻平静无事。元·郑廷玉《楚昭王》第三折："今日风平浪静，撑着这船，慢慢地打鱼去来。"▷江面上～，寂静无声｜现在形势表面看来～，但我们仍不能放松警惕。

【风起云涌】fēngqǐyúnyǒng 像大风刮起，像云彩涌聚。比喻事物发展迅猛，声势浩大。《史记·太史公自序》："秦失其政，而陈涉发迹，诸侯作难，风起云蒸，卒亡秦族。"清·吴趼人《致曾少卿书》："当此人心齐一，风起云涌之势，必能达其目的，公其图之。"▷二次大战以后，民族独立运动～。

【风声鹤唳】fēngshēnghèlì 唳：鹤叫。刮风声和鹤鸣声。听到风声、鹤鸣声，以为是追兵已到。形容惊慌疑惧。《晋书·谢玄传》："闻风声鹤唳，皆以为王师已至。"▷侵略军被我游击队打得如惊弓之鸟，成天～，草木皆兵，龟缩在炮楼里不敢出来。☛"唳"不读 lèi。

【风调雨顺】fēngtiáoyǔshùn 风雨调和适时，形容年景好。《旧唐书·礼仪志》引《六韬》："武王伐纣，雪深丈余……既而克殷，风调雨顺。"▷入春以来，一直～，今年可望又是一个丰收年。

【风行一时】fēngxíngyīshí 风行：像风一样流行。形容在一个时期内非常盛行。清·曾朴《孽海花》第三回："不是弟妄下雌黄，只怕唐兄印行的《不息斋稿》，虽然风行一时，决不能望《五丁阁稿》的项背哩！"▷曾经～的超短裙，现在已被中长裙所替代了。

【风言风语】fēngyánfēngyǔ 指私下议论或暗中散布的话。元·无名氏《度柳翠》第一折："我那里听你那风言风语？"▷为了宣传《婚姻法》，她在乡剧团里排练新戏，对一些人的～根本不予理睬。

【风雨交加】fēngyǔjiāojiā 交加：（两种事物）同时出现。又是刮风，又是下雨。多比喻几种灾难同时到来。清·梁章钜《除夕元旦两诗》："冬至前后，则连日阴曀（yì，阴暗），风雨交加，逾月不止。"▷三十年代，军阀混战，黄河泛滥成灾，真是～，百姓生活在水深火热之中。

【风雨飘摇】fēngyǔpiāoyáo 飘摇：摇摆不定。在风吹雨打之中摇摆不定。比喻局势动荡不安。《诗经·豳风·鸱鸮》："予室翘翘（危险的样子），风雨所漂（同'飘'）摇。"宋·范成大《送文处厚归蜀类试》："死生契阔心如铁，风雨飘摇鬓欲丝。"▷鸦片战争以后，外国列强入侵和国内革命运动，使清王朝陷入～的危机之中。

【风雨如晦】fēngyǔrúhuì 晦：黑夜。风雨交加犹如黑夜一样。比喻社会黑暗。《诗经·郑风·风雨》："风雨如晦，鸡鸣不已。"▷二十世纪初，中国危机四伏、～。

【风雨同舟】fēngyǔtóngzhōu 在狂风暴雨中同乘一条船前进。比喻共同渡过难关。《孙子·九地》："夫吴人与越人相恶也，当其同舟而济，遇风，其相救也如左右手。”▷在激烈的市场竞争中，我们～，团结奋斗，终于求得了发展。

【风云变幻】fēngyúnbiànhuàn 风和云变化不定。比喻局势变化迅速，动荡不安。明·冯梦龙《喻世明言》卷十八：“荣枯贵贱如转丸，风云变幻诚多端。”▷那年月，军阀混战，国内局势～，社会动荡不安。

【风云际会】fēngyúnjìhuì 像风云遇合。比喻遇到好机会得以施展才能。唐·秦韬玉《仙掌》诗：“为余势负天工背，索取风云际会身。”明·许仲琳《封神演义》第十八回：“闲居渭水垂竿待，只等风云际会缘。”▷待到有朝一日～时，同学们都是可以成就一番事业的。

【风云人物】fēngyúnrénwù 指在社会上很活跃很有影响的人。▷南非的曼德拉反对种族主义的斗争业绩传遍全球，是当今世界的一位～。

【风烛残年】fēngzhúcánnián 风烛：在风中摇曳的蜡烛。残年：晚年。比喻随时可能死亡的晚年。清·俞万春《荡寇志》第七十六回：“老夫风烛残年，倘不能见，九泉之下，也兀自欢喜。”▷多年来，他一直热心地照料着这位～的老人。

【风烛之年】fēngzhúzhīnián 通常写作“风烛残年”。

【封官许愿】fēngguānxǔyuàn 指以名利、地位诱使别人替自己效力。▷某些腐败分子凭借手中的权力，常以～等手段，大搞索贿受贿活动。

【烽火连天】fēnghuǒliántiān 烽火：古时边防报警时点燃的烟火。形容战火遍地燃烧。明·汤显祖《牡丹亭·移镇》：“你星霜满鬓当戎虏，似这烽火连天各路衢。”▷那时，祖国大地～，人民反抗侵略的斗争风起云涌。

【锋芒毕露】fēngmángbìlù 锋芒：刀剑的尖端。比喻人的才能完全显露出来；也比喻爱逞强显能，好表现自己。▷你的学问让我十分佩服，但是在同事面前有些～，今后最好注意点。☛“露”这里不读 lòu。

【锋芒所向】fēngmángsuǒxiàng 锋芒：刀剑的尖端。比喻斗争的指向。▷五四新文化运动的～，是帝国主义、封建主义的文化。

【逢场作戏】féngchǎngzuòxì 原指艺人遇到合适的场地就开始表演。后比喻遇到一定场合，偶尔应酬，凑凑热闹。宋·苏轼《南歌子十七首》词：“借君拍板与门槌，我也逢场作戏莫相疑。”▷我对下国际象棋并不感兴趣，只不过是为了交个朋友～而已。☛不宜写作“当场作戏”。

【逢人说项】féngrénshuōxiàng 比喻到处说某人或某事的好处。唐·李绰《尚书故实》记载：杨敬之赏识项斯的才华，曾写诗赠给他，说：“平生不解藏人善，到处逢人说项斯。”项斯因此科举得中。▷为了他的工作安排，我～，费了不少口舌。

【逢凶化吉】féngxiōnghuàjí 遇到灾祸能转化为吉祥、顺利。清·褚人获《坚瓠集·甲二·巧对》：“遇凶徒，见吉星，逢凶化吉。”▷这次事故真危险，但托您的福，总算～了。

【凤凰于飞】fènghuángyúfēi 于：古汉语助词，无义。凤和凰相伴飞翔。比喻夫妻相亲相爱。《诗经·大雅·卷阿》：“凤凰于飞，翙翙（huìhuì，鸟飞声）其羽。”▷在新婚宴会上，大家真诚祝愿新人～，百年和好。

【凤毛麟角】fèngmáolínjiǎo 凤凰的毛，麒麟的角。比喻极为罕见而珍贵的人或事物。明·汪廷讷《种玉记·尚王》："驸马是凤毛麟角，公主是玉叶金枝。"▷封建社会里，真正做到清正廉洁，不贪污受贿的官吏，有如～。☛"麟"不要错写作"鳞"；"角"不要写作"甲"或"爪"。

【奉公守法】fènggōngshǒufǎ 奉行公事，遵守法纪。元·关汉卿《裴度还带》楔子："韩公平昔奉公守法，廉干公谨。"▷人民的公务员应该～，热情服务。

【奉若神明】fèngruòshénmíng 信奉某些人或事物像信奉神仙一样。形容极端崇拜。晋·司马彪《续汉书·张让》："(司马)直字叔异，洁白美须髯，容貌俨然，乡里奉之如神。"▷说来也怪，像这样一个无知小人，经过一番自我吹嘘之后，竟有人把他～了。

【奉为圭臬】fèngwéiguīniè 圭臬：古代根据日影测定节气和时间的天文仪器。比喻以某种言论、学说作为准则。清·钱泳《履园丛话·书学·总论》："三公者，余俱尝亲炙，奉为圭臬，何敢妄生议论。"▷老师不应要求学生把自己的话～，这样会束缚学生的思想。

【奉为楷模】fèngwéikǎimó 把某些人尊奉为榜样。▷广大的公务员应把全心全意为人民服务的好公仆～。

【夫唱妇随】fūchàngfùsuí 丈夫说什么，妻子都附和。后用来形容夫妻相处和谐一致。《关尹子·三极》："天下之理，夫者倡(同'唱')，妇者随。"▷四十多年来，这对夫妻互敬互爱，～，生活非常美满。☛"唱"不要错写作"倡"。

【夫贵妻荣】fūguìqīróng 丈夫地位高，妻子也随之荣耀。《魏书·宗室传》："诏曰：夫贵于朝，妻荣于室。"▷我们应当反对～这一类特权现象在我们社会生活中出现。

【敷衍塞责】fūyǎnsèzé 做事不负责任，应付搪塞。清·张集馨《道咸宦海见闻录》："委勘几及年余，始克竣事，半属敷衍塞责。"▷我这篇文章，草草写成，～而已，实在拿不出手。☛"塞"不读 sài。

【扶老携幼】fúlǎoxiéyòu 携：携带。扶着老人，领着孩子。形容群众结队而行；也指帮助老人，照顾孩子。《战国策·齐策四》："未至百里，民扶老携幼，迎君道中。"▷剧团下乡演出，乡亲们～，天没黑就赶来看戏｜春运期间，车站服务人员～，迎来送往，非常热情。

【扶弱抑强】fúruòyìqiáng 抑：压制。帮助弱小的，打击强暴的。▷起义军每到一地都救济穷苦百姓，铲除贪官恶霸，～，深受农民欢迎。

【扶危济困】fúwēijìkùn 扶助处境危急的人，救济生活困难的人。元·高文秀《渑池会》第四折："丞相原来有济国安邦之策，扶危救困之忧。"▷应该大力提倡助人为乐、～的良好风尚。☛"济"这里不读 jǐ。

【扶摇直上】fúyáozhíshàng 扶摇：盘旋而上的风。乘着旋风快速上升。比喻名声、地位上升很快。《庄子·逍遥游》："抟扶摇而上者九万里。"▷那时的中国，社会动荡，物价～，人民苦不堪言。

【拂袖而去】fúxiùérqù 拂：甩。一甩衣袖就走了。形容气愤或不满意。宋·释道原《景德传灯录》卷十二："(思明和尚)白曰：'别无好物人事，从许州买得一口江西剃刀来献和尚。'……师云：'侍者收取。'明拂袖而去。"▷他的话还没说完，只见老五"啪"地拍了一下桌子，站起来～。

【浮光掠影】fúguānglüèyǐng 像水面上的反光和一掠而过的影子，一晃就消失。比喻观察不细致，印象不深刻。清·李汝珍《镜花缘》第十八回："学问从实地上用功，议论自然确有根据；若浮光掠影，中无成见，自然随波逐流，无所适从。"▷这本小说，我只是～地翻了翻，印象不深。☛不要写作"浮光略影"。

【浮想联翩】fúxiǎngliánpiān 浮想：脑中浮现的联想。联翩：鸟飞的样子，比喻接连不断。脑中浮现的想象或感想接连不断涌现出来。▷接到海外老友的来信，不禁回忆起多年前的往事，～，激动不已。

【抚今追昔】fǔjīnzhuīxī 抚：抚摩，这里指接触。面对着眼前的事物而追念过去。清·平步青《霞外攟屑》卷五："吾道洵堪千古，抚今追昔，能无黯然。"▷这里曾是一片废墟，现在成为美丽整洁的居民小区。～，使人感慨万千。☛不宜写作"抚今思昔"。

【俯拾即是】fǔshíjíshì 俯：低下。只要弯下身子去捡，到处都是。形容多而且易得。唐·司空图《诗品·自然》："俯拾即是，不取诸邻。"▷这种药材在我们山区到处都有，～。☛"即"不要错写作"既"。

【俯首帖耳】fǔshǒutiēěr 俯首：低头。帖耳：耷拉着耳朵。形容非常驯服、恭顺（含贬义）。唐·韩愈《应科目时与人书》："若俛（同'俯'）首帖耳，摇尾而乞怜者，非我之志也。"▷马五爷一到，那个小流氓立刻～，不再耀武扬威了。☛不宜写作"垂首帖耳"。

【俯仰无愧】fǔyǎngwúkuì 俯仰：低头与抬头。低头无愧于地，抬头无愧于天。形容襟怀坦白，心地纯正。《孟子·尽心上》："仰不愧于天，俯不怍于人。"宋·陆游《贺辛给事启》："洗鄙夫患失之风，增善类敢言之气，俯仰无愧，进退两高。"▷做事公正无私，全心为民，就可～了。

【釜底抽薪】fǔdǐchōuxīn 釜：锅。薪：柴火。从锅底下抽去柴火。比喻从根本上解决问题。清·吴敬梓《儒林外史》第五回："如今有个道理，是'釜底抽薪'之法。"▷～，才是解决制假造假的根本办法。

【釜底游鱼】fǔdǐyóuyú 在锅底游的鱼。比喻处境极危险的人。《后汉书·张纲传》："若鱼游釜中，喘息须臾间耳！"清·洪楝园《惊黄钟·宫叹》："他扼住东山不放松，和战都无用。好似釜底游鱼，日暮途穷。"▷敌人已陷入我们重重包围之中，成为～，挣扎不了几天了。

【辅车相依】fǔchēxiāngyī 辅：颊骨。车：牙床。颊骨和牙床紧紧挨在一起。比喻两者关系密切，互相依存。《左传·僖公五年》："谚所谓'辅车相依，唇亡齿寒'者，其虞（国名）、虢（国名）之谓也。"▷我们两国～，唇亡齿寒，加强合作是很重要的。

【付之东流】fùzhīdōngliú 把东西交给向东流去的水。比喻希望落空，或前功尽弃。唐·高适《封丘县作》诗："生事应须南亩田，世情付与东流水。"明·宋应星《野议·风俗议》："其不得也，则数年心力膏血付之东流。"▷那时候，纵然有远大的志向，有报国的热情，都将～，根本无法实现。

【付之一炬】fùzhīyījù 付之：给它。一炬：一把火。指烧光了。宋·苏轼《鲜于子骏见遗吴道子画》诗:“不须更用博麻缕,付与一炬随飞烟。”明·沈德符《尚衣失珠袍》:“偶私攘过多,难逃大罪,则故称遗漏,付之一炬,以失误上闻,不过薄责而已。”▷收藏了几十年的名画,这回～,使他非常痛心。

【付之一笑】fùzhīyīxiào 付之:给他。指用一笑来对待,表示不值得理会。宋·朱熹《与王漕书》:“亦意高明见其迂阔,不过付之一笑而已。”▷当听到那些恶意中伤的话时,他只是～。

【负荆请罪】fùjīngqǐngzuì 背着荆条向别人赔罪,请对方责罚自己。表示主动认错,请求责罚。《史记·廉颇蔺相如列传》记载:赵国的蔺相如因功拜为上卿,后来居上。大将军廉颇不服,处处与蔺作对。而蔺为了国家大局步步退让。后来廉知道自己错了,就赤着上身,背着荆条,亲到蔺家请罪。唐·李白《上安州李长史书》:“一忤容色,终身厚颜,敢昧负荆,请罪门下。”▷我是真心实意向你认错,听取你的批评,也算是～吧!

【负薪救火】fùxīnjiùhuǒ 见“抱薪救火”。

【负隅顽抗】fùyúwánkàng 负:依靠。隅:山水弯曲处。背靠险要的地势顽固抵抗。比喻依仗某种条件顽固抵抗(含贬义)。《孟子·尽心下》:“有众逐虎。虎负嵎(yú,山势弯曲的地方),莫之敢撄(yīng,触犯)。”▷经过几天几夜的激战,守敌死伤过半,只有少数还在～。☞“隅”不读 ǒu 或 yù。

【附庸风雅】fùyōngfēngyǎ 附庸:依附。风雅:本指《诗经》中的《风》和《大雅》《小雅》,后泛指文化。指缺乏文化修养的人依附于文化人,装出自己很有修养的样子。清·吴趼人《情变》第八回:“那班盐商,明明是咸腌货色,却偏要附庸风雅,在扬州盖造了不少的花园。”▷他购买古籍,收藏名作,不过是～,从来没有见他认真阅读过。

【赴汤蹈火】fùtāngdǎohuǒ 赴:去、到。汤:开水。蹈:踏,踩。比喻不畏艰险,奋勇向前。《三国志·魏书·刘表传》裴松之注引《傅子》:“今策名委质,唯将军所命,虽赴汤蹈火,死无辞也。”▷为了祖国统一,我们～,在所不辞。

【傅粉施朱】fùfěnshīzhū 傅、施:搽,抹。粉、朱:指白粉、胭脂等化妆品。涂脂抹粉。比喻美化丑恶的事物。战国·楚·宋玉《登徒子好色赋》:“著粉则太白,施朱则太赤。”南朝·梁·费昶《行路难二首》诗:“蛾眉偃月徒自妍,傅粉施朱欲谁为?”▷他为自己～,企图掩盖其害人者的本来面目。

【富贵不能淫】fùguìbùnéngyín 金钱、地位也不能扰乱心志常(与“贫贱不能移”连用)。《孟子·滕文公下》:“富贵不能淫,贫贱不能移,威武不能屈。”▷面对敌人的金钱诱惑,他丝毫不为所动,表现了他～的高贵品质。

【富贵荣华】fùguìrónghuá 见“荣华富贵”。

【腹背受敌】fùbèishòudí 前面、后面都受到敌人的攻击。《魏书·崔浩传》:“(刘)裕西入函谷,则进退路穷,腹背受敌。”▷我们采取灵活机动的战术,使敌人～,处处挨打,陷入被动。

【腹诽心谤】fùfěixīnbàng 腹、心:指内心。诽、谤:说人坏话。嘴里不说,心怀不满。《史记·魏其武安侯列传》:“灌夫日夜招聚天下豪杰壮士与论议,腹诽而心谤。”▷他们几位对领导有意见，又不敢直说，总在那里～。

【覆巢无完卵】fùcháowúwánluǎn 翻倒的鸟窝之下没有完好的鸟蛋。比喻整体被毁，个体不能幸免。南朝·宋·刘义庆《世说新语·言语》记载：曹操派人抓孔融，孔融要求把自己两个孩子留下来。他的孩子对他说：“大人岂见覆巢之下，复有完卵乎？”▷～，我军捣毁了敌司令部，那些残兵败将还能有多大的战斗力！☛“覆”不要错写作“复”。

【覆水难收】fùshuǐnánshōu 倒在地上的水不能收回。原指夫妻关系破裂，难以弥合；现也比喻事情已成定局，无法挽回。相传姜子牙、朱买臣都用覆水难收来回答前妻复婚的要求。宋·王楙(mào)《野客丛书·心坚石穿覆水难收》：“姜太公妻马氏不堪其贫而去。及太公既贵，再来；太公取一壶水倾于地，令妻收之，乃语之曰：‘若言离更合，覆水定难收。’”▷人家既然决定离婚，那就～了，你就不用费心撮合了。☛“覆”不要错写作“复”。

G

【改朝换代】gǎicháohuàndài 旧的朝代被新的朝代替代。泛指政权更替；也指时代发生了巨大变化。▷在历史上，农民起义总是被地主阶级利用，当作～的工具|真是～了，妇女不再受歧视，顶起了半边天。

【改恶从善】gǎiècóngshàn 改掉坏的，向好的方面转变。明·王守仁《告谕安义等县渔户》："务益兴行礼让，讲信修睦，以为改恶从善者之倡。"▷对于放下武器的敌人，我们要给他们～、重新做人的机会。

【改恶向善】gǎièxiàngshàn 通常写作"改恶从善"。

【改过自新】gǎiguòzìxīn 自新：自己重新做人。改正过错，重新做人。《史记·吴王濞(bì)列传》："文帝弗忍，因赐几杖，德至厚，当改过自新。"▷犯了错误的人，只要能真正认识错误，下决心～，我们就要欢迎他的。

【改换门庭】gǎihuànméntíng 改变门第出身，借以提高社会地位。清·石玉昆《三侠五义》第二回："如今何不延师教训三弟，倘上天怜念，得个一官半职，一来改换门庭，二来省受那赃官污吏的闷气，你道好也不好。"▷旧时不少出身寒微的人，年轻时发愤读书，指望将来能进入官场，～。

【改天换地】gǎitiānhuàndì 指从根本上改造自然、改造社会。▷我国人民正在进行四化建设，这是～的伟大事业。

【改头换面】gǎitóuhuànmiàn 变换一副面孔。比喻形式变了而内容不变(含贬义)。唐·寒山《诗三百三首(其二一三)》："改头换面孔，不离旧时人。"▷有的企业为了推销产品，不惜采用～的手法，通过变换商标来欺骗顾客。

【改弦更张】gǎixiángēngzhāng 更：更换。张：给乐器上弦。改换琴弦，重新安上，使声音和谐。比喻彻底改变方针或方法。汉·董仲舒《贤良策》："窃譬之琴瑟不调，甚者必解而更张之，乃可鼓也。"《魏书·高谦之传》："且琴瑟不韵，知音改弦更张。"▷为了保护工人身体健康，厂领导决心～，把原来打算建办公楼的钱用来改建无氟电镀工艺车间。☛"更"这里不读 gèng。

【改弦易张】gǎixiányìzhāng 通常写作"改弦更张"。

【改弦易辙】gǎixiányìzhé 通常写作"改辕易辙"。

【改邪归正】gǎixiéguīzhèng 从邪路上回到正路上来。元·无名氏《七国春秋平话》卷一："望大王改邪归正，就有道而去无道，则邦国之幸。"▷这些罪犯在政策感召下，决心～，重新做人。

【改辕易辙】gǎiyuányìzhé 辕：车前部驾牲畜的木杆，这里借指车。辙：车轮在地下辗出的痕迹，这里借指道路。换车走新路。比喻完全改变做法、态度。清·吕留良《与某书》："将令弟改辕易辙以就孟举乎？"▷形势发展很快，如果我们不转变观念，不及时～，适应市场经济的需要，必然成为时代的落伍者。

【盖棺论定】gàiguānlùndìng 盖棺：指人死后。人死后，他的功过是非的结论才能确定下来。宋·王十朋《张阁学挽词二首》："盖棺公论定，盛德合丰碑。"▷老马生前干过一些好事，也做了不少错事，～，他是功大于过。

【盖世无双】gàishìwúshuāng 盖世：超过当代。指才能、技艺当代第一，没有人可比。清·钱彩《说岳全传》第九回："那岳飞人间少有，盖世无双，文武全才，真乃国家之栋梁。"▷你技术水平再高，也不能说是～。

【概莫能外】gàimònéngwài 概：全部，无例外。一概不能除外。指都在所指范围以内。▷在法律面前人人平等，任何人都应该依法办事，～。

【干云蔽日】gānyúnbìrì 干：冒犯，触及。高入云层，挡住阳光。形容树木高大，枝繁叶茂。《后汉书·丁鸿传》："干云蔽日之木，起于葱青。"▷公路两旁高大的钻天杨，枝叶合抱奋力向上，真有～的气势。☛"干"这里不读 gàn。

【甘拜下风】gānbàixiàfēng 甘：情愿。下风：风向的下方。指真心钦佩别人，承认自己不如对方。清·李汝珍《镜花缘》第五十二回："如此议论，才见读书人自有卓见，真是家学渊源，妹子甘拜下风。"▷下中国象棋，我不比你差，但下国际象棋，我～。

【甘瓜苦蒂】gānguākǔdì 蒂：瓜果同枝茎相连的部分。甜的瓜，苦的把儿。比喻美好事物也有缺点，不可能十全十美。汉·无名氏《古诗》："甘瓜抱苦蒂，美枣生刺棘。"▷他在事业上有成就，但～，家庭生活却不够美满。☛不宜写作"瓜甜蒂苦"。

【甘贫守分】gānpínshǒufèn 甘：情愿。甘心过清贫生活，坚守自己的本分。明·无名氏《吴起敌秦》："止不过闭户读书，甘贫守分，中心无愧。"▷封建社会里，知识分子真正做到不追求名利地位，～，也是不容易的。☛"分"这里不读 fēn，不要写作"份"。

【甘贫守志】gānpínshǒuzhì 甘：情愿。甘心过清贫生活，坚守志向不变。元·无名氏《举案齐眉》第四折："梁鸿甘贫守志，孟光举案齐眉。"▷晋代大诗人陶渊明不受名利地位诱惑，辞官不做，～，过着清贫的生活。

【甘死如饴】gānsǐrúyí 通常写作"甘之如饴"。

【甘心情愿】gānxīnqíngyuàn 通常写作"心甘情愿"。

【甘之如饴】gānzhīrúyí 饴：麦芽糖。认为它甜，就像吃饴糖一样。指甘愿承受艰难困苦或作出牺牲。宋·真德秀《送周天骥序》："非义之富贵，远之如垢污；不幸而贱贫，甘之如饴蜜。"▷搞农业科技推普工作，经常奔波于田间地头，日晒雨淋，工作很艰苦，他却～，越干越有劲。

【肝肠寸断】gānchángcùnduàn 肝和肠一寸一寸地断裂。形容内心痛苦到了极点。《战国策·燕策三》："吾要且死，子肠亦且寸绝。"清·李汝珍《镜花缘》第三十四回："万种凄凉，肝肠寸断。"▷当我得知父亲去世的噩耗时，悲痛欲绝，～。

【肝胆相照】gāndǎnxiāngzhào 肝胆：比喻真诚的心。比喻双方以诚心相待。宋·文天祥《与陈察院文龙书》："所恃知己，肝胆相照，临书不惮倾倒。"▷同志们相处,应该真心相待,～,搞好团结。

【肝胆照人】gāndǎnzhàorén 比喻对人心地坦白,忠诚无私。清·徐熊飞《义士行》诗:"汪君意气何嶙峋,肝胆照人久更真。"▷我的这位老同学对人忠诚坦直,～,绝对值得信赖。

【肝脑涂地】gānnǎotúdì 肝脏、脑浆流了一地。形容惨死;也表示为尽忠报效而牺牲。《汉书·蒯通传》:"今刘、项分争,使人肝脑涂地,流离中野,不可胜数。"汉·陈琳《为袁绍檄豫州文》:"乃忠臣肝脑涂地之秋,烈士立功之会也。"▷革命烈士英勇奋斗,奉献出青春热血,～在所不辞。

【赶尽杀绝】gǎnjìnshājué 驱除干净,彻底消灭。泛指残忍凶狠,不留余地。清·夏敬渠《野叟曝言》第四十二回:"一路断杀将去,成百整千的人马,都被他赶尽杀绝。"▷窃夺了胜利果实的袁世凯,对革命者采取了～的手段,妄图维护自己的统治。

【敢怒而不敢言】 gǎnnùérbùgǎnyán 内心愤怒,然而不敢说出来。《水浒传》第三回:"李忠见鲁达凶猛,敢怒而不敢言。"▷反动独裁者对百姓采取压制手段,人们可能一时～,但这样的局面绝不会长久。

【敢作敢为】gǎnzuògǎnwéi 指做事有胆量,不怕风险。明·王士性《广志绎·江南诸省》:"英雄大略之主,敢作敢为之事,意到即行。"▷青年应该～,敢于向一切不利于社会前进的旧传统习俗挑战。

【感恩戴德】gǎnēndàidé 戴:尊敬,推崇。感激别人的恩德。元·苏天爵《元朝名臣事略·枢密赵文正公》:"今闻其父已死,诚立之为王,遣送还国,世子必感恩戴德,愿修臣职。"▷包拯公正执法,惩恶扬善,百姓～。☛"戴"不要写错作"载""带"。

【感恩图报】gǎnēntúbào 图:谋求。感激别人给予的恩惠,谋求回报对方。明·张居正《答蓟(jì)镇巡抚周乐轩书》:"两河官军,感恩图报,当有激于衷矣。"▷我帮助你,决非要你～,只是为了帮你渡过难关罢了。

【感激涕零】gǎnjītìlíng 涕:眼泪。零:落。因感激而落泪。形容非常感激。宋·黄庭坚《谢黔州安置表》:"罪深责薄,感激涕零。"▷在他绝望的时候,遇到这位先生伸出援助之手,他～,再三道谢。☛不要写作"感激流涕"。

【感今怀昔】gǎnjīnhuáixī 有感于眼前的事物,从而引起对往事的怀念。晋·潘岳《为诸妇祭庾新妇文》:"伏膺饮泪,感今怀昔。"▷回到母校,童年的生活又浮现在眼前,～,更觉得时间珍贵。

【感慨万端】gǎnkǎiwànduān 感慨:有所感触而慨叹。感慨很多。形容心情复杂,百感交集。▷多年后,故友相逢,谈起这些年各自的经历,不禁～。

【感慨系之】gǎnkǎixìzhī 系:联系。之:指当时触及的情景。联系当时情景,引起无限感慨。形容对当时的情景感触很深。晋·王羲之《兰亭集序》:"情随事迁,感慨系之矣!"▷当他看到这座古代皇家园林遗址,想到当年的景象,不禁～。

【感人肺腑】gǎnrénfèifǔ 肺腑:指内心。使人内心受到感动。唐·刘禹锡《唐故相国李公集纪》:"今考其文至论事疏,感人肺肝。"清·李宝嘉《官场现形记》第十八回:"又想起刚才相待的情形,竟是感深肺腑。"▷这场英雄事迹报告真实生动，～。

【感同身受】gǎntóngshēnshòu 内心很感激，就像自己亲身受到（恩惠）一样。多用于代人向对方表示感谢。清·孙龙尾《轰天雷》第二回："北山在京，万事求二兄代为照顾，感同身受。"▷校方对我外甥的关心照顾，我～，深表谢意。

【刚愎自用】gāngbìzìyòng 刚愎：固执。自用：自以为是。固执己见、自以为是，听不进别人的意见。明·沈德符《万历野获编·大计部院互讦（jié，揭发）》："各堂上官不从臣言，而都御史高明，刚愎自用。"▷领导干部处理问题，既不要跟着群众跑，也不要～，谁的话也听不进。☛"愎"不读 fù。

【刚柔相济】gāngróuxiāngjì 刚柔两种手段交替使用、相互配合。汉·王粲《为刘荆州与袁尚书》："金木水火以刚柔相济，然后克得其和，能为民用。"▷这位青年演员的表演，有刚有柔，～，恰到好处。

【刚正不阿】gāngzhèngbùē 刚正：刚强正直。阿：迎合，曲从。指坚持原则，作风正派，不迁就歪风邪气，不向压力屈服。清·蒲松龄《聊斋志异·一官员》："济南同知吴公，刚正不阿。"▷这位检察官既不为金钱美女所动，又不屈从于压力，在歪风邪气面前～。☛"阿"这里不读 ā。

【纲举目张】gāngjǔmùzhāng 纲：网上的大绳。目：网眼。提起网上的大绳，网眼就都张开了。比喻抓住事物的关键，就可以带动其他。汉·郑玄《诗谱序》："此诗之大纲也，举一纲而万目张，解一卷而众篇明。"宋·张洪、齐原（xī）《朱子读书法·四·虚心涵泳》："乍看极是繁碎，久之纯熟贯通，纲举目张，有自然省力处。"▷抓工作要做到抓住重点，带动一般，这样才能～。

【高不可攀】gāobùkěpān 高得无法攀登。形容难以到达。清·李汝珍《镜花缘》第九回："此树高不可攀，何能摘他？"清·翁方纲《石洲诗话》卷四："盖元祐诸贤，皆才气横溢，而一时独有此一种，见者遂以为高不可攀耳。"▷珠穆朗玛峰是世界最高峰，但在登山队员眼里并不是～的｜世界先进水平并非～，只要我们努力，一定能赶上和超过。

【高才捷足】gāocáijiézú 指才能高超，办事敏捷。《史记·淮阴侯列传》："秦失其鹿，天下共逐之，于是高材疾足者先得焉。"清·吕留良《复高君鸿书》："皆为高材捷足所取，甚难为计。"▷他属于那种思维敏捷，办事效率高，～类型的人｜这年轻人参加工作不久，又聪明又肯干，大家都夸他～，是个好苗子。

【高材捷足】gāocáijiézú 通常写作"高才捷足"。

【高风亮节】gāofēngliàngjié 亮：指纯洁。高尚的风格，坚贞的节操。明·茅维《苏园翁》："又道先生高风亮节，非折简所能招。"▷这位老作家一生热爱祖国，坚守气节，做到富贵不能淫，威武不能屈，这种～实在令人钦佩。

【高高在上】gāogāozàishàng 原指处于极高地位；现指不深入实际，脱离群众。《诗经·周颂·敬之》："无曰高高在上，陟降厥士，日监在兹。"▷我们的公务员是人民的公仆，而不是～的官老爷。

【高歌猛进】gāogēměngjìn 高声歌唱，勇猛向前。形容在前进道路上意气风发，斗志昂扬。▷我国人民正在向着强国富民的方向～。

【高官厚禄】gāoguānhòulù 高贵的官位，丰厚的薪俸。《孔丛子·公仪》："今徒以高官厚禄钓饵君子，无信用之意。"▷献身科学事业的学者，追求的既不是万贯家财，也不是～。☛不宜写作"高位厚禄"。

【高朋满座】gāopéngmǎnzuò 高贵的朋友坐满了席位。形容客人很多。唐·王勃《秋日登洪府滕王阁饯别序》："十旬休假，胜友如云；千里逢迎，高朋满座。"▷每逢假日，他家客厅里总是～，非常热闹。

【高情远致】gāoqíngyuǎnzhì 高雅的情操，不同凡响的志趣。南朝·宋·刘义庆《世说新语·品藻》："高情远致，弟子蚤（通'早'）已服膺。"▷为人应该有追求，有抱负，有～。

【高山景行】gāoshānjǐngxíng 景行：大路。比喻道德高尚，行为光明正大。《诗经·小雅·车舝》："高山仰止，景行行止。"三国·魏·曹丕《与钟大理书》："虽德非君子，义无诗人，高山景行，私所仰慕。"▷张老师～，为人正派、刚直，大家都十分敬仰他。☛"行"这里不读 háng。

【高山流水】gāoshānliúshuǐ 比喻知音朋友；也比喻乐曲美妙动听。《吕氏春秋·本味》记载：俞伯牙善于弹琴，钟子期善于欣赏。一次伯牙弹奏描写高山的曲调，子期听后说："善哉乎鼓琴，巍巍乎若太（同'泰'）山！"伯牙弹奏描写流水的曲调，子期听后说："善哉乎鼓琴，汤汤（shāng）乎若流水！"后钟子期死，伯牙摔琴绝弦，终身不再弹琴。▷这两位艺术家相交几十年，情谊深厚，有如～，成为艺术界广为传颂的一段佳话。☛不宜写作"流水高山"。

【高山仰止，景行行止】gāoshānyǎngzhǐ，jǐngxíngxíngzhǐ 通常写作"高山景行"。

【高视阔步】gāoshìkuòbù 高视：眼睛向上看。阔步：步子迈得很大。形容气概不凡或神情傲慢。唐·卢思道《劳生论》："始则亡魂褫（chǐ，夺取）魄，若牛兄之遇兽，心战色沮，似叶公之见龙；俄而抵（zhǐ，拍击）掌扬眉，高视阔步。"▷咱们代表队入场的时候，要挺胸抬头，～，队列整齐|他在上级面前唯唯诺诺，在群众面前却～，傲气十足。

【高抬贵手】gāotáiguìshǒu 客套话，用于恳求饶恕或通融。宋·邵雍《谢宁寺丞惠希夷罇》诗："能斟时事高抬手，善酌人情略拨头。"▷那个犯罪分子不住地求饶说："请大爷～，放我一马。"

【高谈阔论】gāotánkuòlùn 指不着边际地大发议论（含贬义）。宋·高斯得《转对奏札》："夫所谓空言者，谓其高谈阔论，远于事情。"▷实实在在做成几件好事，远比～对人民有益得多。

【高屋建瓴】gāowūjiànlíng 建：倾倒。瓴：水瓶。在高大的屋顶上倾倒瓶水。形容居高临下，不可阻挡的气势。《史记·高祖本纪》："（秦中）地势便利，其以下兵于诸侯，譬犹居高屋之上建瓴水也。"▷我军以～不可阻挡之势，迅速摧毁了敌军工事。

【高瞻远瞩】gāozhānyuǎnzhǔ 瞻：远望。瞩：注视。站在高处向远方看，形容目光远大，有预见性。清·夏敬渠《野叟曝言》第二回："遂把这些粉白黛绿，莺声燕语，都付之不见不闻，一路高瞻远瞩，要领略湖山真景。"▷只有～，着眼长远，才能作出正确决策。☛"瞩"这里不读 shǔ，也不要错写作"属"。

【高枕无忧】gāozhěnwúyōu 把枕头垫高睡大觉，毫无忧虑。形容平安无事，无须顾虑。《战国策·魏策一》："为大王计，莫如事秦，事秦则楚、韩必不敢动；无楚、韩之患，则大王高枕而卧，国必无忧矣。"《旧五代史·高季兴传》："且游猎旬日不回，中外之情，其何以堪？吾高枕无忧矣！"▷今年汛期时间长，上游雨水大，绝不能以为大堤修整一次就可以～了。

【高自标置】gāozìbiāozhì 标：标明品第。置：置放。把自己放在很高的位置上。形容对自己估价过高。《晋书·刘惔传》："温（桓温）曰：'第一复谁？'惔曰：'故在我辈。'其高自标置如此。"▷一个人的功劳不能～，要由群众来评价。

【膏肓之疾】gāohuāngzhījí 膏肓：古人把心尖脂肪叫膏，心脏与横膈膜之间叫肓，认为"膏肓"是药力达不到的地方。指难以治愈的危重疾病。比喻致命的缺点和问题。《晋书·孙楚传》："夫疗膏肓之疾者，必进苦口之药。"▷这家工厂遇到前所未有的困难，效益不好，但并不是～，是可以通过改革来解决的。☛"肓"不要写作"盲"，也不读 máng。

【膏粱子弟】gāoliángzǐdì 膏粱：肥肉和细粮，泛指美味。指富家子弟（含贬义）。宋·司马光《资治通鉴·齐明帝建武三年》："李冲对曰：'未审上古以来，张官列位，为膏粱子弟乎？为致治乎？'"▷他虽然出身于富有家庭，但却没有～那种好逸恶劳的坏作风。☛"粱"不要错写作"梁"。

【槁木死灰】gǎomùsǐhuī 枯死的树木和冷却的灰烬。比喻毫无生气，极端消沉。《庄子·齐物论》："形固可使如槁木，而心固可使如死灰乎？"宋·陈淳《北溪文集·答西蜀史杜诸友》："理未明，识未精，终日兀坐，是乃槁木死灰，其将何用？"▷孩子被狼叼走以后，她竟变得～一般，成天痴痴呆呆的。☛"槁"不要写作"稿"。

【割鸡焉用牛刀】gējīyānyòngniúdāo 割：宰杀。焉：怎能。杀鸡怎能用得着宰牛的刀。比喻事情不大，不必大材小用、小题大做。《论语·阳货》："夫子莞（wǎn）尔（微笑的样子）笑曰'割鸡焉用牛刀？'"▷这点小故障，派个技术员去就可排除，～，何必要总工亲自出马。

【歌功颂德】gēgōngsòngdé 颂扬功绩和恩德（今多用于贬义）。《史记·周本纪》："民皆歌乐之，颂其德。"宋·王灼《再次韵晁子兴》诗："歌功颂德今时事，侧听诸公出正音。"▷封建社会里，即使是一些伟大的诗人、作家，也难免写一些～的作品，作为自己谋求地位的敲门砖。

【歌舞升平】gēwǔshēngpíng 升平：太平。唱歌跳舞，一片太平景象。形容盛世景象，多指粉饰太平。元·陆文圭《词源·跋》："淳祐、景定间，王邸侯馆，歌舞升平，居生处乐，不知老之将至。"▷天宝年间，唐王朝表面上繁荣兴旺，一片～，其实却在酝酿着一场大动乱。

【革故鼎新】gégùdǐngxīn 除掉旧的，建立新的。原指封建王朝的更迭或重大变化。现泛指各方面的除旧更新。《周易·杂卦》："革，去故也；鼎，取新也。"唐·张说《故开府仪同三司上柱国赐扬州刺史大都督梁国文真公姚崇神道碑》："夫以革故鼎新，大来小往，得丧而不形于色，进退而不失其正者，鲜矣。"▷经过一系列的～之后，我国市场经济体系已经基本形成了。☛不宜写作"鼎新革故"。

【格高意远】gégāoyìyuǎn 指文章的格

调高雅，含意深远。宋·王禹偁《送丁谓序》："去年得富春生孙何文数十篇，格高意远，大得六经旨趣。"▷这是一篇不可多得的～的好文章，值得反复阅读。

【格格不入】gégébùrù 格格：阻碍，隔阂。形容彼此不协调，不相容。清·袁枚《寄房师邓逊斋先生》："以前辈之典型，合后来之花样，自然格格不入。"▷思想守旧，习惯于在旧体制下生活的人，难免跟新体制、新观点～。

【格杀勿论】géshāwùlùn 格杀：击杀。论：论罪。指把拒捕、行凶或违反禁令的人当场打死，不以杀人论罪。清·林则徐《恭报抵粤日期折》："倘敢逞凶拒捕，格杀勿论。"▷武装起义的群众不顾"～"的威胁，奋力冲向敌人指挥部。

【格物穷理】géwùqiónglǐ 格：推究。穷：穷尽。深入研究事物的原理。清·黄宗羲《余姚县重修儒学记》："或求之格物穷理，或求之人生以上。"▷达尔文在掌握大量实际资料的基础上，悉心研究，～，提出了物种起源学说。

【隔岸观火】géànguānhuǒ 隔着河岸看着别的人家着火。比喻对别人的灾难冷眼旁观。▷人在危难中最需要帮助，你却采取～的态度，太不应该了！

【隔皮断货】gépíduànhuò 隔着封皮就能判断货物的好坏。比喻通过外部现象推测内部情况。清·李海观《歧路灯》第八回："不是为他中了举，便说深远。只是那光景儿，我就估出来六七分。兄弟隔皮断货是最有眼色的。"▷这对夫妻近来情绪不大对劲，～，恐怕是闹矛盾了。

【隔墙有耳】géqiángyǒuěr 隔着墙有人偷听，比喻秘密的谈话也可能泄露。《管子·君臣下》："古者有二言：'墙有耳，伏寇在侧'。墙有耳者，微谋外泄之谓也。"明·冯梦龙《新灌园·还簪定盟》："我把衷肠说与伊，隔墙有耳须当避。"▷你们在屋里谈话要小声点儿，～，别让外人听见。

【隔靴搔痒】géxuēsāoyǎng 隔着靴子挠痒痒。比喻说话、写文章不中肯，没有抓住问题的关键。宋·严羽《沧浪诗话·诗法》："意贵透彻，不可隔靴搔痒。"▷这篇作文虽有一千多字，但不切题，没有击中要害，有～的毛病。

【个中三昧】gèzhōngsānmèi 个中：其中。三昧：精要、诀窍。指其中的精要或诀窍。▷他虽年过花甲，却如此容光焕发，这～，连他自己一下也说不清。☛"昧"不要错写作"味"。

【各奔前程】gèbènqiánchéng 各人走各人的路。比喻各自按不同目标发展。明·凌濛初《二刻拍案惊奇》卷三十："后来工部建言，触忤了圣旨，钦降为四川泸州州判；万户开了边上参将，各奔前程去了。"▷他们虽然是亲兄弟，但有各自的追求。抗战开始便～：弟弟奔赴延安，哥哥到了西南大后方。

【各持己见】gèchíjǐjiàn 各人都坚持自己的观点。清·黄钧宰《金壶浪墨·堪舆》："言人人殊，甚至徒毁其师，子讥其父，各持己见，彼此相非。"▷研讨会上，他们～，没有取得共识。

【各得其所】gèdéqísuǒ 所：处所，位置。每个人或事物都得到恰当的位置。《论语·子罕》："吾自卫反(返)鲁，然后乐正，《雅》《颂》各得其所。"▷机构撤销后，原来的工作人员都得到了适当安排，～，大家都很满意。

【各个击破】gègèjīpò 各个：一个一个。

逐个攻破,逐个解决。▷对于大兵团的敌人,我们采取切割包围,～,最后全歼的战术。

【各尽其能】gèjìnqínéng 通常写作“各尽所能”。

【各尽所能】gèjìnsuǒnéng 各人都把自己的才能全部施展出来。《后汉书·曹褒传》:“汉遭秦余,礼坏乐崩,且因循故事,未可观省,有知其说者,各尽所能。”▷我们既要充分发挥整体功能,每个人也要～,做好本职工作。

【各抒己见】gèshūjǐjiàn 各人抒发各人的见解。清·梁章钜《归田琐记·年羹尧》:“令将军、督抚、提镇各抒己见入奏。”▷我们要充分讨论,望大家～,最后形成共识,使计划订得更周详,更完备。

【各行其是】gèxíngqíshì 是:正确。各人按照自己认为正确的去做(多含贬义)。明·凌濛初《二刻拍案惊奇》卷九:“自古贞姬守节,侠女怜才。两者俱贤,各行其是。”▷我们要保持思想、行动一致,反对～,步调不统一。☛不宜写作“各行其事”。

【各有千秋】gèyǒuqiānqiū 千秋:千年,泛指久远。各有各的流传久远的价值。指各有特色,各有长处。清·赵翼《吴縠人祭酒枉过草堂邀稚存味辛同集》诗:“名流各有千秋在,肯与前人作替人?”▷这两部长篇小说虽然反映的基本上是同一内容,但人物塑造、结构安排等方面却～。

【各执己见】gèzhíjǐjiàn 通常写作“各持己见”。

【各执一词】gèzhíyīcí 双方各坚持一种说法,不能统一。明·冯梦龙《醒世恒言》卷二十九:“两下各执一词,难以定招。”▷由于两位主要领导～,争论不休,所以奖金分配方案至今不能最后确定。

【各自为政】gèzìwéizhèng 为政:处理政事,做主。各自按照自己的主张行事,彼此互不配合。《三国志·吴书·胡综传》:“诸将专威于外,各自为政,莫或同心。”▷各职能部门都要主动协作,扭转过去存在的～的不良现象。

【根深柢固】gēnshēndǐgù 通常写作“根深蒂固”。

【根深蒂固】gēnshēndìgù 比喻基础稳固。唐·李鼎祚《周易集解·否》:“根深蒂固,若山之坚,若地之厚者也。”▷几千年来男尊女卑观念在人们头脑里～。

【根深叶茂】gēnshēnyèmào 树根扎得深,枝叶才能茂盛。比喻基础深厚而牢固,事业就会繁荣兴旺。汉·徐干《中论·贵验》:“根深而枝叶茂,行久而名誉远。”宋·欧阳修《会圣宫颂》:“故其兢兢勤勤,不忘前人,是以根深而叶茂,德厚而流光。”▷这所有着百年历史的大学犹如一株～的参天大树。

【根朽枝枯】gēnxiǔzhīkū 树根腐烂了,枝叶必然枯死。比喻事物的根基腐朽了,事物也就不存在了。宋·张君房《云笈七签》卷五十六:“圣人喻引树为证也。此气是人之根本,根本若绝,则藏腑筋脉如枝叶,根朽枝枯,亦以明矣。”▷努力提高产品的质量,以适应市场的需求,是企业的根本。根本没有抓好,势必～,影响企业的各项工作。

【根壮叶茂】gēnzhuàngyèmào 通常写作“根深叶茂”。

【亘古未有】gèngǔwèiyǒu 亘古:整个古代。自古以来,从未有过。形容事物的出现是空前的。清·平步青《霞外捃

(jùn,取)屑·茹韵香先生》:“太青晚作《嘉莲》诗,七言今体至四百余首,亘古未有。”▷目前我国国民经济正以～的高速度持续发展。☛“亘”不读 héng。

【更仆难数】gēngpúnánshǔ 更:换。数:说。原指换了几个傧相,要说的话还说不完。后用以形容人或事物很多,数不胜数。明·徐宏祖《徐霞客游记·粤西游日记》:“西五里,直抵五峰南,则乱峰尖叠,什佰为伍,横变侧移,殆更仆难数。”▷乘船溯流而上,沿江山峰连绵不断,～,且千姿百态,使人应接不暇。☛“数”这里不读 shù。“更”这里不读 gèng。

【更深夜静】gēngshēnyèjìng 更:旧时夜间计时单位,约两小时为一更。夜深了一片寂静。宋·释道原《景德传灯录》卷四:“更深夜静,共伊商量。”▷已经是～了,同学们都入睡了。☛“更”这里不读 gèng、jīng。

【耿耿于怀】gěnggěngyúhuái 耿耿:形容有心事。心里老想着某事,始终不忘。宋·文天祥《贺前人正》:“雪立于门外,耿耿于怀。”▷那件不愉快的事已经过去一年多了,忘了吧,何必至今还～呢!

【绠短汲深】gěngduǎnjíshēn 绠:汲水用的绳子。汲:从下往上提水。汲水的绳子短却要从深井里汲水。比喻能力有限,而任务很重(多用作谦词)。《庄子·至乐》:“昔者管子有言,丘甚善之,曰:‘褚(口袋)小者不可以怀大,绠短者不可以汲深。’”▷毕业班的辅导和教学工作要求很高,我能力有限,缺乏经验,～,恐怕难以胜任。

【更上一层楼】gèngshàngyīcénglóu 更:再、又。比喻再提高一步。唐·王之涣《登鹳(guàn)雀楼》诗:“欲穷千里目,更上一层楼。”▷形势发展很快,要求越来越高,我们要～,适应新的要求。

【工力悉敌】gōnglìxīdí 工力:功夫、力量。悉:全部。敌:对等。双方的功夫、力量完全相当,不分上下。宋·计有功《唐诗纪事》卷三:“及闻其评,曰:‘二诗工力悉敌。’”▷这位年轻演员的表演跟老演员相比,毫不逊色,可以说是～。

【工欲善其事,必先利其器】gōngyùshànqíshì,bìxiānlìqíqì 工匠要做好他的工作,一定先使他的工具锐利好用。比喻要把事做好,先要具备必要的设备或条件。《论语·卫灵公》:“子曰:‘工欲善其事,必先利其器。居是邦也,事其大夫之贤者,友其士之仁者。’”▷我们应该懂得～的道理,没有现代化的信息设备和计算手段,就无法完成这项尖端课题的研究任务。

【公报私仇】gōngbàosīchóu 借公事,报私仇。明·冯梦龙《警世通言》卷三:“惟有东坡心中不服。心下明知荆公为改诗触犯,公报私仇。”▷我曾几次给他提意见,他就～,以支援基层为名,把我派到偏远的作业点去工作。

【公而忘私】gōngérwàngsī 为了公事而不顾私事。汉·贾谊《治安策》:“故化成俗定,则为人臣者主耳(而)忘身,国耳忘家,公耳忘私,利不苟就,害不苟去,唯义所在。”▷在建设市场经济的今天,更要弘扬～、无私奉献的精神,反对“一切向钱看”的坏风气。

【公事公办】gōngshìgōngbàn 公家的事要按公家确定的原则、制度办理。清·李宝嘉《官场现形记》第三十三回:“藩台见人家不来打点,他便有心公事公办,先从余荩臣下手。”▷公务员应该～，绝不能违背原则徇私情，损害国家和集体的利益。

【公诸同好】gōngzhūtónghào 诸：相当于“之于”。指把自己喜爱的东西拿出来，让有相同爱好的人欣赏。清·赵翼《瓯北诗话·小引》：“爰就鄙见所及，略为标准，以公诸同好焉。”▷听说他收藏邮票几十年，希望他～，让大家都能欣赏欣赏。☛“好”这里不读 hǎo。

【功败垂成】gōngbàichuíchéng 功：功绩、成就。垂：接近。事情在快要成功的时候却遭到失败。《晋书·谢安传论》：“庙算有遗，良图不果，降龄何促，功败垂成。”▷岳飞率领宋兵抗金取得节节胜利的时候，却被奸臣陷害致死，使抗金斗争～。

【功成不居】gōngchéngbùjū 功：功绩、成就。居：占有。建功立业，而不归功于自己。《老子》第二章：“是以圣人处无为之事……为而不恃，功成而弗居。”▷这位老将军南征北战，战功显赫，但他从不骄傲自满，而是～，平易近人。

【功成名就】gōngchéngmíngjiù 功：功绩、成就。就：达到。功业建立了，名声也有了。元·范子安《竹叶舟》第二折：“你则说做官的功成名就，我则说出家的延年益寿。”▷虽然荣获国家科技一等奖，但他并没有因～而止步不前。

【功成名遂】gōngchéngmíngsuì 通常写作“功成名就”。

【功成身退】gōngchéngshēntuì 功：功绩、成就。功业建成却脱身引退。《老子》第九章：“功遂身退，天之道。”▷很多封建王朝的开国功臣都～，隐居山林，因为他们怕得到“狡兔死，走狗烹”的下场。

【功到自然成】gōngdàozìránchéng 功：功夫。功夫用到了，自然就成功。指下了足够的功夫，事情自然就能办成。《西游记》第三十六回：“师父不必挂念，少要心焦，且自放心前进，还你个‘功到自然成’。”▷小李坚持每天练琴四小时，从不间断，～，半年后演奏水平有了很大提高。

【功高望重】gōnggāowàngzhòng 功：功绩、成就。功劳大，名望高。明·孙梅锡《琴心记·相如受绁》：“将军不必怨怅，你功高望重，不久自明。”▷在完璧归赵以后，蔺相如并没有因为自己～而居功自傲。

【功亏一篑】gōngkuīyīkuì 功：成效、功效。亏：缺少。篑：装土的筐。比喻做事情只差最后一点而没有做完（含有惋惜的意味）。《尚书·旅獒（áo）》：“为山九仞，功亏一篑。”▷要完成任何一件事情，都必须坚持到底，以免～。☛“篑”不读 guì。

【攻城略地】gōngchénglüèdì 略：夺取。攻打城池，夺取地盘。《史记·萧相国世家》：“臣等身被坚执锐，多者百余战，少者数十合，攻城略地，大小各有差。”▷北洋军阀统治时期，各派军阀你争我夺，～，百姓遭受极大的灾难。☛不宜写作“掠地攻城”。

【攻其不备】gōngqíbùbèi 在对方没有防备的时候进行突袭。《孙子·计篇》：“攻其无备，出其不意。”▷我军神速出击，～，在敌人还来不及组织反抗时，就把它歼灭。

【攻守同盟】gōngshǒutóngméng 攻守：进攻和防守。同盟：缔结条约或盟约而形成的集体或团体。原指国家间为协调行动,联合攻守而订立的盟约。现多指人们为相互包庇所作的约定(含贬义)。清·曾朴《孽海花》第十八回:"伊藤博文到津,何太真受了北洋之命,与彼立了攻守同盟的条约。"▷这个腐败分子和行贿人相互勾结,订立了～,企图蒙混过关。

【攻无不克】gōngwúbùkè 只要进攻,没有攻克不了的。常与"战无不胜"连用,形容战斗力极强。宋·辛弃疾《美芹十论》:"有不攻矣、攻之而无不克。"▷我军是一支～、战无不胜的钢铁部队。

【供不应求】gōngbùyìngqiú 供应不能满足需求。▷这种新产品一投入市场,就～。☛"供"这里不读 gòng。

【恭敬不如从命】gōngjìngbùrúcóngmìng 对别人恭敬,不如顺从别人的意见。多为受人款待、接受馈赠时的客气话。宋·释赞宁《笋谱》下:"恭敬不如从命,受训莫如从顺。"▷人家真心请你去,再推辞就不好了,～,还是接受邀请吧!

【躬逢其盛】gōngféngqíshèng 躬:亲自。亲身经历了某一盛况或盛世。明·归有光《隆庆元年浙江程策四道》:"兹者明诏采取遗事,诸生幸得躬逢其盛。"▷今天举行隆重的校庆大典,我能～,深感荣幸。

【躬体力行】gōngtǐlìxíng 通常写作"身体力行"。

【觥筹交错】gōngchóujiāocuò 觥:古代酒器。筹:行酒令计数用的竹、木签。酒杯和酒筹杂乱地放在一起。形容喝酒时的热闹、欢乐场面。宋·欧阳修《醉翁亭记》:"觥筹交错,起坐而喧哗者,众宾欢也。"▷在这篇小说里,作者形象生动地描绘出这批"蛀虫"大吃大喝,在酒楼上～,喧哗狂笑的丑行。☛"觥"不读 guāng。

【拱肩缩背】gǒngjiānsuōbèi 耸肩弯背,形容怕冷或衰老的样子。《红楼梦》第五十一回:"只有他穿着那几件旧衣裳,越发显的拱肩缩背。"▷寒风吹来,他那衰老的身体更支持不住了,只见他～,瑟瑟发抖。

【拱手听命】gǒngshǒutīngmìng 拱手:双手合抱放在胸前,表示恭敬。形容顺从地听从对方的命令。明·无名氏《杨家将演义》第二十四回:"臣有一计,可使萧后拱手听命。"▷中国人民是富有反抗精神的,从未～于列强。

【共为唇齿】gòngwéichúnchǐ 相互形成唇齿的关系。比喻关系密切,相互依存。《三国志·蜀书·邓芝传》:"蜀有重险之固,吴有三江之阻,合此二长,共为唇齿,进可并兼天下,退可鼎足而立。"▷《红楼梦》里贾、史、王、薛四大家族～,一荣俱荣,一损俱损。

【勾魂摄魄】gōuhúnshèpò 勾:招引。摄:吸收。原指勾取灵魂离开肉体。现形容事物具有强烈的吸引力,使人心神摇荡不能自制。清·彭养鸥《黑籍冤魂》第十五回:"那仆人一听,乡音入耳,已是关心;更兼那燕语莺声,勾魂摄魄,要走哪里走得过去?"▷利用美色～,拉干部下水,是犯罪分子惯用的伎俩。

【钩深致远】gōushēnzhìyuǎn 钩深:钩取深处的事物。致远:招致远处的事物。指探求深奥而广泛的事理。《周易·系辞上》:"探赜(zé,深奥)索隐,钩深致远,以定天下之吉凶。"▷教授多年来不断地探索研究,～,终于解开了古文字之谜。

【钩心斗角】gōuxīndòujiǎo 形容宫殿建筑结构精巧。后比喻用尽心机,明争暗斗。唐·杜牧《阿房宫赋》:“廊腰缦迴,檐牙高啄,各抱地势,钩心斗角。”▷妯娌之间～,弄得兄弟们也难相处。☛“钩”不要写作“勾”。

【苟合取容】gǒuhéqǔróng 无原则地附和,以取得别人的喜欢。汉·司马迁《报任少卿书》:“苟合取容,无所短长之效。”▷你一味～,讨好老板,最终也未必有好结果。

【苟且偷生】gǒuqiětōushēng 苟且:只顾眼前,过一天算一天。偷生:苟且地活着。得过且过将就地活着。宋·王令《与杜子长书》:“受寒饿死,惧辱先人后,以故苟且偷生。”▷那种在敌人脚下～的生活,他真是一天也过不下去了。

【苟延残喘】gǒuyáncánchuǎn 苟延:勉强延续。残喘:临死前仅存的喘息。比喻勉强维持生存。《京本通俗小说·拗相公》:“老汉幸年高,得以苟延残喘;倘若少壮,也不在人世了。”▷敌人继续玩弄谈判、战争两手,企图～,伺机反扑。☛不要写作“苟延残息”。

【狗吠非主】gǒufèifēizhǔ 狗见到来的不是主人就叫。比喻奴才忠于自己的主子。《战国策·齐策六》:“跖(zhí,人名)之狗吠尧,非贵跖而贱尧也,狗固吠其非主也。”▷大太监李莲英～,跟着他的主子慈禧大骂维新党,骂变法派。

【狗急跳墙】gǒujítiàoqiáng 比喻无路可走时不顾一切地采取极端行动。《红楼梦》第二十七回:“今儿我听了他的短儿,人急造反,狗急跳墙,不但生事,而且我还没趣。”▷我们一方面加紧缩小包围圈,强化劝降攻势,同时也要警惕敌人～,拼死突围。

【狗尾续貂】gǒuwěixùdiāo 貂:哺乳动物,皮毛很珍贵。貂尾不够用,便把狗尾巴拿来代替貂尾。原指封官太多太滥;后比喻拿不好的东西补接在好东西后面,前后不相称。多用于文艺作品,也用作谦词。《晋书·赵王伦传》:“貂不足,狗尾续。”▷读了书稿,有些想法,写了上面这些话,算是～,放在后面吧。

【狗血淋头】gǒuxuèlíntóu 通常写作“狗血喷头”。

【狗血喷头】gǒuxuèpēntóu 迷信的人认为用狗血喷在妖人的头上可以除掉不祥。比喻骂得很凶,就像用狗血喷在对方头上一样。清·吴敬梓《儒林外史》第三回:“(范进)被胡屠户一口啐在脸上,骂了一个狗血喷头。”▷别人开导你,你不但不感谢,反而把别人骂得～,真是岂有此理!☛“喷”这里不读 pèn。

【狗仗人势】gǒuzhàngrénshì 比喻奴才倚仗主人的势力欺压人。《红楼梦》第七十四回:“你就狗仗人势,天天作耗,在我们跟前逞脸。”▷京剧《打渔杀家》中的教师爷是一个～的典型人物。

【狗彘不如】gǒuzhìbùrú 彘:猪。连猪狗都不如。形容人品极其低劣。《荀子·荣辱》:“人也,忧忘其身,内忘其亲,上忘其君,则是人也,而曾狗彘之不若也。”▷大汉奸汪精卫等人,卖国求荣,拜倒在敌寇脚下,真是卑劣无耻,～。

【狗彘不若】gǒuzhìbùruò 通常写作“狗彘不如”。

【狗彘不食】gǒuzhìbùshí 彘:猪。连猪狗都不吃他的肉。形容人的品质极其卑劣。宋·王明清《玉照新志》卷五:“士大夫为官爵所钓,用心至是,可谓狗彘不食其余矣。”▷秦桧之流是遗臭万年、～的奸臣。

【沽名钓誉】gūmíngdiàoyù 沽:买。指用某种手段谋取名誉。金·张建《高陵县张公去思碑》:“非若沽名钓誉之徒,内有所不足,急于人闻,而专苛责督察,以祈当世之知。”▷新闻报道一定要建立在实事求是的基础上,力求杜绝假报道、有偿报导,否则就会让~的人钻空子。☛“钓”不要错写作“钩”,不读 gōu。

【孤雏腐鼠】gūchúfǔshǔ 孤单的幼鸟,腐烂的老鼠。比喻微小低贱不值得怜惜的人或物。《后汉书·窦宪传》:“国家弃宪如孤雏腐鼠耳!”▷过去,每当水旱成灾时,封建统治者把广大灾民的生命看作~,根本不放在心上。

【孤儿寡妇】gūérguǎfù 通常写作“孤儿寡母”。

【孤儿寡母】gūérguǎmǔ 死了父亲的孩子和死了丈夫的妇人。指没有依靠的妇幼。《晋书·石勒载记》:“欺他孤儿寡妇,狐媚以取天下也。”▷丈夫早去世了,她一个人带着孩子,~的,日子过得真不容易啊!

【孤芳自赏】gūfāngzìshǎng 孤芳:一枝独秀的香花。自赏:自己欣赏自己。比喻自命清高,自我欣赏。宋·张孝祥《念奴娇·过洞庭》词:“应念岭表经年,孤芳自赏,肝胆皆冰雪。”▷小冯写了几篇文章,得了一次奖,就觉得了不起,~起来。

【孤高自许】gūgāozìxǔ 孤高:高傲。许:赞扬。孤僻高傲,自我赞许。《红楼梦》第五回:“那宝钗却又行为豁达,随分从时,不比黛玉孤高自许,目无下尘,故深得下人之心。”▷她是一位~、不肯随波逐流的人物。

【孤家寡人】gūjiāguǎrén 孤家、寡人都是帝王的自称,后用来比喻孤单无援,脱离群众的人。清·吴趼人《二十年目睹之怪现状》第六十五回:“云岫的一妻一妾,也为这件事,连吓带痛的死了;到了今日,云岫竟变了个孤家寡人了。”▷当领导的脱离群众,成了~,工作就寸步难行了。

【孤苦伶仃】gūkǔlíngdīng 伶仃:孤独,没有依靠。孤独困苦,无依无靠。形容生活困苦,无人照顾。明·汤显祖《还魂记·诘病》:“偏则必是红颜薄命,眼见的孤苦伶仃。”▷父母牺牲以后,是乡亲们把我由一名~的孩子培养成对社会有用的人。☛“伶仃”不要错写作“零仃”。

【孤陋寡闻】gūlòuguǎwén 孤、寡:少。陋:浅薄。学识浅薄,见闻狭隘。《礼记·学记》:“独学而无友,则孤陋而寡闻。”▷这几年身体一直不好,很少出门,对单位里的事难免~。

【孤身只影】gūshēnzhīyǐng 只:单独的。指孤单单一个人。元·关汉卿《窦娥冤》第三折:“可怜我孤身只影无亲眷,则落的吞声忍气空嗟怨。”▷你~出远门,人地生疏,要多多保重。☛“只”这里不读 zhǐ。

【孤掌难鸣】gūzhǎngnánmíng 一个手掌拍不出声音来。比喻势单力薄,办不成事。元·宫大用《七里滩》第三折:“虽然你心明圣,若不是云台上英雄并力,你独自个孤掌难鸣。”▷你所以感到~,就是因为你没有充分调动大家的积极性。

【孤注一掷】gūzhùyīzhì 孤注:把所有的钱都投作赌注。掷:指掷色(shǎi)子。指赌钱的人输急了,把所有的钱都押上,作最后一搏。比喻在危急时用尽所有的力量作最后一次冒险(含贬义)。宋·辛弃疾《九议》："于是乎'为国生事'之说起焉，'孤注一掷'之喻出焉。"▷敌人～，把仅有的一支预备队也拉上来企图突围，结果也是无济于事。

【姑妄听之】gūwàngtīngzhī 妄：随意。姑且随便听一听，表示不一定就相信。《庄子·齐物论》："予尝为女(汝)妄言之，女(汝)以妄听之。"▷我对这个问题认识不一定对，现在说出来，你～。

【姑妄言之】gūwàngyánzhī 姑且随便说一说，表示不一定正确。《庄子·齐物论》："予尝为女(同'汝')妄言之，女(同'汝')以妄听之。"▷如何解决这个难题，我发表以上这点意见，～，供大家参考。

【姑息养奸】gūxīyǎngjiān 姑息：过分宽容。由于过分宽容，助长了坏人坏事。清·昭梿《啸亭杂录·徐中丞》："深文伤和，姑息养奸，戒之哉！"▷对于那些敢于以身试法的犯罪分子，绝不能～，一定要严加惩办。

【辜恩背义】gūēnbèiyì 辜负别人对自己的恩德和情义。宋·乐史《绿珠传》："今为此传，非徒述美丽，窒祸源，且欲惩戒辜恩背义之类。"▷你完全忘记了乡亲们对你的恩情，这种～的行为是不会有好结果的。

【古道热肠】gǔdàorècháng 古道：指传说中上古社会淳朴敦厚的民风。热肠：热心肠。形容待人热情、真诚。清·李宝嘉《官场现形记》第四十四回："几个人当中，毕竟是老头子秦梅士古道热肠。"▷老先生～，经常在社区里帮助解决家庭纠纷。☛不宜写作"热肠古道"。

【古色古香】gǔsègǔxiāng 指古器物上的色彩和气味。形容古朴雅致的色彩或情调。清·黄丕烈《士礼居藏书题跋记·麈(zhǔ)史》："是书虽非毛氏所云何元朗本及伊舅氏仲木本，然古色古香溢于楮墨，想不在二本下也。"▷客厅正中墙上是一幅山水画，两侧是名人书法作品，多宝格上摆放着唐三彩和其他陶瓷器，整个客厅布置得～。☛㊀"色"这里不读shǎi。㊁不宜写作"古香古色"。

【古往今来】gǔwǎngjīnlái 从古代到现在。晋·潘岳《西征赋》："古往今来，邈矣悠哉！"▷～，任何事业的成功都离不开群众。☛不宜写作"今来古往"。

【古为今用】gǔwéijīnyòng 指批判继承古代文化遗产，为现代服务。▷我们研究历史的目的，是～，为现实服务。☛"为"这里不读wèi。

【古香古色】gǔxiānggǔsè 见"古色古香"。

【谷贱伤农】gǔjiànshāngnóng 粮价过低损害农民的利益。《新五代史·周书·冯道传》："谷贵饿农，谷贱伤农，此常理也。"▷国家用保护价收购粮食，就是为了保护农民的利益，以免～。

【骨颤肉惊】gǔchànròujīng 形容极度惊恐害怕。《三国演义》第七十七回："王甫在麦城中，骨颤肉惊。"▷这个特务分子正在庆幸自己终于逃上了一只渔船，突然发现那两个渔民原来是化装的武警，立刻吓得～。

【骨鲠在喉】gǔgěngzàihóu 骨鲠：鱼刺。鱼刺卡在喉咙里。比喻心里有话，不说出来不痛快(常与"不吐不快"连用)。清·袁枚《小仓山房尺牍·与金匮令》："如骨鲠在喉，必吐之而后快。"▷有意见你就直说出来，否则，如～，你就不怕把你憋死？

【骨肉分离】gǔròufēnlí 比喻家人分

散，不能团聚。明·冯梦龙《警世通言》卷三十："害得我骨肉分离，死无葬身之地，我好苦也！我好恨也！"▷军阀混战的年月，我一家五口，～，受尽苦难。

【骨肉离散】gǔròulísàn 通常写作"骨肉分离"。

【骨肉团圆】gǔròutuányuán 比喻家人团聚。清·李汝珍《镜花缘》第五十六回："哥哥嫂嫂此番幸遇唐伯伯，我们方能骨肉团圆。"▷经过千辛万苦，他从台湾回到大陆，见到分别五十年的亲人，圆了～的梦。

【骨肉相残】gǔròuxiāngcán 比喻家人自相残杀。南朝·宋·刘义庆《世说新语·政事》："仲弓曰：'盗杀财主，何如骨肉相残？'"▷古代宫廷内～的事屡见不鲜。

【骨肉相连】gǔròuxiānglián 骨头和肉相互连接。比喻关系密不可分。《北齐书·杨愔（yīn）传》："臣与陛下骨肉相连。"▷尽管她口气硬，说是儿子成家了，再也不管了，但～，又无时无刻不牵肠挂肚。

【骨瘦如柴】gǔshòurúchái 形容人极其消瘦。《京本通俗小说·拗相公》："延及岁余，奄奄待尽，骨瘦如柴，支枕而坐。"▷这多年的疾病把他折磨得～，二十来岁的小伙子体重只剩下八十来斤了。

【蛊惑人心】gǔhuòrénxīn 蛊惑：毒害，迷惑。毒害迷惑人们的思想，使人们上当受骗。《元史·刑法志》："诸阴阳家者流，辄为人燃灯祭星，蛊惑人心者，禁之。"▷邪教用歪理邪说～，不知害了多少人。

【固步自封】gùbùzìfēng 通常写作"故步自封"。

【固若金汤】gùruòjīntāng 金：指金城，比喻坚固的城墙。汤：指汤池，流淌着沸水的护城河。形容城池坚固，不易攻破。《汉书·蒯通传》："皆为金城汤池，不可攻也。"▷守敌吹嘘他们的工事～，但在我军强大攻击下，很快就崩溃了。

【固执己见】gùzhíjǐjiàn 顽固坚持自己的看法。《宋史·陈宓（mì）传》："固执己见，动失人心。"▷应该多听听别人的意见，特别是不同的见解，不要～。

【故步自封】gùbùzìfēng 故步：原来走的步子。自封：自己束缚自己。比喻安于现状不求进取。▷刚刚取得一点成果，就骄傲自大，～，这是要不得的。

【故伎重演】gùjìchóngyǎn 故伎：老伎俩，旧花招。指重新施展旧花招老伎俩。▷霸权主义者又～，一面高喊"缓和"，一面提出什么"人权高于主权"，为对外侵略制造新的借口。

【故弄玄虚】gùnòngxuánxū 故意玩花招迷惑人，让人觉得摸不着深浅。▷邪教的头目为了达到骗人的目的，～，散布谎言。

【故态复萌】gùtàifùméng 萌：萌发。老样子或旧毛病又重现了。明·梅鼎祚《玉合记·嗣音》："不欺师父，韩郎遣信到此，不觉故态复萌，情缘难断。"▷改正错误必须痛下决心，从思想深处挖掘根源，否则还可能～。

【顾此失彼】gùcǐshībǐ 顾了这个，丢掉了那个。形容不能兼顾。明·朱之瑜《答奥村德辉书九首》："精力日衰，记性日拙，事多遗忘，顾此失彼。"▷游击队和县民兵大队密切配合，打得侵略军～，狼狈不堪。

【顾名思义】gùmíngsīyì 顾：看。看到名称就联想到它的意义。南朝·宋·刘义庆《世说新语·排调》:"桓曰:'王主簿可顾名思义?'"▷基础课,～,是学科的基础知识和基本理论的课程。

【顾盼自雄】gùpànzìxióng 顾盼:向左右前后看。自雄:自以为了不起。形容得意扬扬,自命不凡。清·纪昀《阅微草堂笔记·姑妄听之》:"少年恃其刚悍,顾盼自雄,视乡党如无物。"▷新霸权主义者凭借武力,～,认为可以横行天下。

【顾全大局】gùquándàjú 顾全整体利益。清·刘坤一《书牍·复黎召民》:"讵有以按结分拨之款,而偏枯南洋,挪移别用,尚得为顾全大局秉公办事者!"▷要～,把国家和人民的利益放在首位。

【顾影自怜】gùyǐngzìlián 顾:回头看。怜:爱。看着自己的影子,自己怜爱自己。形容孤独失意;也形容自我欣赏。清·梦麟《哀歌行》:"烛短夜寒,予心之酸;男儿低头,顾影自怜。"▷林黛玉总感到寂寞孤独,常常～,自叹命薄。

【顾左右而言他】gùzuǒyòuéryántā 看看两边的人而谈论其他的事情。形容无法或不愿回答,而谈别的问题的神态。《孟子·梁惠王下》:"曰:'四境之内不治,则如之何?'王顾左右而言他。"▷在记者招待会上,这位官员被问得无法回答,只好～,结果引得哄堂大笑。

【瓜剖豆分】guāpōudòufēn 剖:破开。像瓜被切开,像豆子从豆荚里分裂出来。比喻国土被分割。南朝·宋·鲍照《芜城赋》:"出入三代,五百余载,竟瓜剖而豆分。"▷鸦片战争以后,中国逐步沦为半封建半殖民地社会,大好河山被列强～。

【瓜熟蒂落】guāshúdìluò 蒂:瓜果跟枝茎相连的部分。瓜成熟了,蒂就自然脱落。比喻条件成熟了,事情自然成功。宋·张君房《云笈七签·元气论》:"体地法天,负阴抱阳,喻瓜熟蒂落。"▷他俩相识时间不长,彼此之间了解不够,应该多相处一段时间,待到～再结婚也不晚。☛不要写作"蒂落瓜熟"。

【瓜田李下】guātiánlǐxià 经过瓜田的时候不弯腰提鞋,以免别人误会是偷瓜;经过李子树下的时候,不抬手整理帽子,以免别人误会是偷李子。比喻容易引起嫌疑的场合。《乐府诗集·相和歌辞·君子行》:"君子防未然,不处嫌疑间。瓜田不纳履,李下不正冠。"《北齐书·袁聿修传》:"今日仰过,有异常行,瓜田李下,古人所慎。"▷仓库管理员不在,我可不敢进去,～,免得引起怀疑。

【刮垢磨光】guāgòumóguāng 刮除污垢,磨出光亮。比喻勤学苦练,发愤读书。唐·韩愈《进学解》:"爬罗剔抉,刮垢磨光,盖有幸而获选,孰云多而不扬?"▷青年时期,是学习的黄金阶段,应该刻苦学习,～,不断打牢基础。

【刮目相看】guāmùxiāngkàn 刮:擦拭。指去掉旧印象,用新眼光去看待。《三国志·吴书·吕蒙传》注引《江表传》:"士别三日,即更刮目相待。"▷小张痛下改过的决心以后,变化也很明显,大家都说,对他应该～才对。

【寡不敌众】guǎbùdízhòng 人少的一方抵挡不住人多的一方。《孟子·梁惠王上》:"寡固不可以敌众,弱固不可以敌强。"▷他和三个人对打,一开始还可以招架,但时间一长,终因～,只好败下阵来。

【寡见少闻】guǎjiànshǎowén 见闻很少。形容学识浅薄,见识不广。汉·王褒

《四子讲德论》："俚人不识，寡见鲜闻。"▷他平时看书不多，又不常出门，自然～了。☛"少"这里不读 shào。

【寡廉鲜耻】guǎliánxiǎnchǐ 不廉洁，不知耻。《史记·司马相如列传》："寡廉鲜耻，而俗不长厚也。"▷汪精卫之流卖国求荣，～。☛"鲜"这里不读 xiān。

【寡闻少见】guǎwénshǎojiàn 通常写作"寡见少闻"。

【挂羊头，卖狗肉】guàyángtóu，màigǒuròu 指打着好招牌，推销低劣货色。比喻名实不相副。宋·释惟白《续传灯录》卷三十一："悬羊头，卖狗肉，知它有甚凭据。"▷抗战时期，一些汉奸～，打着"曲线救国"的旗号，干着卖国投降的勾当。

【挂一漏万】guàyīlòuwàn 挂：列举。漏：遗漏。形容列举不全面，遗漏较多（多用作谦词）。宋·王柏《复天台陈司户》："某血气既衰，学问枯落，记魄不强，挂一漏万。"▷这里是最近收集到的有关资料。限于个人水平，难免～，望方家指正。

【怪诞不经】guàidànbùjīng 通常写作"荒诞不经"。

【关山迢递】guānshāntiáodì 关山：关隘和山岭。迢递：遥远的样子。形容关山阻隔，路途遥远。明·王世贞《鸣凤记》第八出："贤弟！无限别情，不胜凄怆，关山迢递，后会难期。"▷过去认为是～、很难到达的地方，现在有了现代化交通工具，来去非常方便。

【观过知仁】guānguòzhīrén 过：过错。仁：通"人"。观察他犯的过错，就可以了解他的为人。《论语·里仁》："人之过也，各于其党（类）。观过，斯知仁（通'人'）矣。"▷通过对他所犯错误的分析，也可了解他的为人，这就是古人说的～的道理。

【观者如堵】guānzhěrúdǔ 堵：墙壁。观看的人像围墙一样。形容观众极多。《礼记·射义》："孔子射于矍相之圃，盖观者如堵墙。"▷在武术表演场上，～，不时发出热烈的掌声。

【官报私仇】guānbàosīchóu 通常写作"公报私仇"。

【官逼民反】guānbīmínfǎn 指官吏压迫百姓，使百姓不得不奋起反抗。清·李宝嘉《官场现形记》第二十八回："广西事情一半亦是官逼民反。"▷北宋末年，朝廷腐败黑暗，人民无法生活，只好起来造反，正是～，不得不反。

【官官相护】guānguānxiānghù 官吏间相互庇护。明·冯梦龙《醒世恒言》卷二十："就准下来，他们官官相护，必不自翻招，反受一场苦楚。"▷过去，政治腐败，～，老百姓有冤也无处申诉。

【官情纸薄】guānqíngzhǐbó 官场上的人情像纸一样薄。明·孙仁孺《东郭记·顽夫廉》："官情纸薄，更谁人风霜谊高。"▷他在官场上混了几十年，看透了～的丑恶现实。☛"薄"这里不读 báo。

【官样文章】guānyàngwénzhāng 原指向皇帝进呈的堂皇而典雅的应制文章。比喻徒具形式，充满套话或虚应故事的文章或讲话。清·李宝嘉《官场现形记》第十八回："下来之后，便是同寅接风，僚属贺喜。过年之时，另有一番忙碌。官样文章，不必细述。"▷群众不愿看那些套话连篇的～，而爱读实事求是、言之有物的好文章。

【冠冕堂皇】guānmiǎntánghuáng 冠冕：古代皇帝、官员戴的帽子。堂皇：庄严而有气派。形容表面上很庄严很有气派的样子(含讥讽、嘲笑的意味)。清·吴趼人《二十年目睹之怪现状》第八十四回:“他自己也就把那回身就抱的旖旎风情藏起来,换一副冠冕堂皇的面目了。”▷那个～大讲反腐败,背地里却贪污受贿的家伙,终于被揭露出来了。☛“冠”这里不读 guàn。

【鳏寡孤独】guānguǎgūdú 鳏:没有妻子或妻子死亡的男人。寡:死了丈夫的女人。孤:死了父亲的孩子。独:没有儿女的老人。泛指无依无靠、生活艰难的人。《礼记·礼运》:“大道之行也。天下为公……使老有所终,壮有所用,幼有所长,矜(同‘鳏’)寡孤独废疾者,皆有所养。”▷村长非常关心村里的～,经常嘘寒问暖,及时解决他们的具体困难。

【管窥蠡测】guǎnkuīlícè 蠡:水瓢。从竹管孔里往外窥视,用水瓢测量海水。比喻眼光狭窄,见识短浅。《汉书·东方朔传》:“以筦(同‘管’)窥天,以蠡测海。”明·胡应麟《诗薮·唐下》:“唐以来选诗不下数十家,皆管窥蠡测,刊落靡芜。”▷下面这些材料,由于范围所限,～,难免有不全面的地方,仅供参考。

【管窥之见】guǎnkuīzhījiàn 从竹管的孔中窥视到的。比喻不全面、不高明的见解(多用作谦词)。《魏书·魏收传》:“仰恃皇造宿眷之隆,敢陈愚昧管窥之见。”▷我对这个问题没有什么研究,谈的仅是～,希望大家批评指正。

【管中窥豹】guǎnzhōngkuībào 指从竹管的小孔中看豹,仅看到豹身上一块斑纹。比喻所看见的只是事物的一小部分。与“略见一斑”、“可见一斑”连用时,比喻从所看到的一小部分可以推测全貌。南朝·宋·刘义庆《世说新语·方正》:“此郎亦管中窥豹,时见一斑。”▷这次仅仅是进行抽样调查,可说是～,材料反映的情况不很全面|这块田里稻瘟病相当严重,～,可见一斑;必须尽快采取措施防治大面积稻瘟病。

【贯朽粟腐】guànxiǔsùfǔ 贯:古代穿铜钱的绳子。粟:小米,泛指粮食。穿钱的绳子朽断,粮食腐烂。形容钱粮积累过多,富有之极。宋·陆九渊《问汉文武之治》:“承文帝富庶之后,贯朽粟腐,愤然欲犁匈奴之庭,以刷前世之耻。”▷《红楼梦》中的贾家～,是一个典型封建官僚大家族。

【光彩夺目】guāngcǎiduómù 光泽和颜色鲜艳耀眼。宋·张邦基《墨庄漫录》:“廊庑间悬琉璃灯,光彩夺目。”▷装饰一新的天安门城楼～。

【光风霁月】guāngfēngjìyuè 光风:指雨后天晴时的风。霁月:雨后天晴时的月亮。形容雨过天晴时明净清新的景象。比喻政治清明。也比喻胸襟开阔,心地坦荡。宋·陈亮《贺周丞相启》:“长江大河,足以流转墨客;光风霁月,足以荡漾英雄。”宋·黄庭坚《濂溪诗序》:“春陵周茂叔,人品甚高,胸中洒落,如光风霁月。”▷雨后初晴,空气显得格外清新,微风从湖面掠过,带来丝丝凉意,月亮升起在东方,好一派～的景象|听完这段话,可以看到她是何等的～,令人钦佩!

【光怪陆离】guāngguàilùlí 光怪:神奇怪异。陆离:色彩繁杂。形容色彩、形状多种多样。清·孙嘉淦《南游记》:“有若神龙,其首不见而爪舒鳞跃,光怪陆离。”▷在中国的“北极”漠河,一年当中有一天可以看到“极光”,那是一种～的奇景。

【光明磊落】guāngmínglěiluò 形容心

怀坦诚，正大光明。宋·朱熹《朱子语类·易十》："譬如人，光明磊落底便是好人，昏昧迷暗底便是不好人。"▷和人相处，一定要～，绝不能言行不一，背后搞小动作。☛不要写作"磊落光明"。

【光明正大】guāngmíngzhèngdà 形容心怀坦白，言行正派。宋·朱熹《朱子语类·易九》："圣人所说底话，光明正大，须是先理会光明正大底纲领条目。"▷做人应该～，不要搞阴谋诡计。

【光前裕后】guāngqiányùhòu 光前：给前人增光。裕后：给后人造福。形容功绩伟大。元·宫大用《范张鸡黍》第三折："似这般光前裕后，一灵儿可也知不？"▷建设伟大的祖国，是～的事业。

【光天化日】guāngtiānhuàrì 光天：阳光照耀的天空。化日：指太平日子。原形容太平盛世；后比喻大家都能清清楚楚看得见的场合。《西游记》第三回："来来往往，人都在光天化日之下。"▷这伙歹徒真是嚣张之极，竟然在～之下行凶，非严惩不足以平民愤。

【光阴似箭】guāngyīnsìjiàn 形容时间过得很快。唐·韦庄《关河道中》诗："但见时光流似箭，岂知天道曲如弓。"元·刘处玄《踏云行》："去岁周亭，今年重到，光阴似箭催人老。"▷～，他埋头于课题研究，一晃五年过去了，终于完成了这项研究。

【光宗耀祖】guāngzōngyàozǔ 使宗族增光，使祖先荣耀。《红楼梦》第三十三回："你说教训儿子是光宗耀祖，当日你父亲怎么教训你来着！"▷家长往往希望自己的孩子成名成家，～，这是完全可以理解的事。

【广开言路】guǎngkāiyánlù 拓宽下级或群众提意见或建议的途径。宋·包拯《孝肃包公奏议·论台官言事》："遵守先训，广开言路，虚怀以待，犯颜必容。"▷提倡民主，～。

【广陵绝响】guǎnglíngjuéxiǎng 广陵：指古琴曲《广陵散》。绝响：失传的乐曲。比喻学问或技艺失传，后继无人。清·曾朴《孽海花》第二回："那时候，世叔潘八瀛先生，中了一个探花，从此以后，状元鼎甲，广陵散绝响于苏州。"▷近些年来，有些近乎～的剧种，又重新焕发生机，蓬勃绽放于文艺的百花园中。

【广种薄收】guǎngzhòngbóshōu 大面积播种，而单位面积产量很低。▷去年，由于重播种轻管理，结果～，产量有所下降，今后要大力扭转这种现象。

【归根到底】guīgēndàodǐ 归结到根本上。常用作总结概括用语。▷我们的事业之所以发展迅速，成就伟大，～，是由于充分发挥了人民群众的力量。

【归心似箭】guīxīnsìjiàn 形容回家心切。清·李汝珍《镜花缘》第四十九回："穿过松林，渡过小溪，过了水月村，越过镜花岭，真是归心似箭。"▷接到母亲病危的电报以后，他～，恨不得一步跨进家门。

【归之若水】guīzhīruòshuǐ 归：归附。归附如同流水汇入大海。比喻人心所向，大势所趋。《晏子春秋·内篇问上》："德行教训，加于诸侯；慈爱利泽，加于百姓。故海内归之若流水。"▷明末起义军领袖李自成提出了"迎闯王，不纳粮"的口号，深得民心，各支造反队伍～。

【龟年鹤寿】guīniánhèshòu 通常写作"鹤寿龟年"。

【规行矩步】guīxíngjǔbù 规、矩：圆规和曲尺。比喻举动合乎规矩、法度；也比喻墨守成规，不知变通。晋·潘尼《释奠颂》："二学儒官，搢绅先生之徒，垂缨佩玉，规行矩步者，皆端委而陪于堂下，以待执事之命。"▷多年来，他严格要求自己，～，从来没有做过违章的事｜要提倡敢想、敢干的精神，反对～，敢于冲破旧框框的束缚。☛不宜写作"规行矩止"。

【诡计多端】guǐjìduōduān 狡诈的计谋多种多样。《三国演义》第一百一十七回："（姜）维诡计多端，诈取雍州。"▷这个叛徒虽然～，善于伪装，但最终还是逃脱不了被严惩的下场。

【鬼斧神工】guǐfǔshéngōng 指鬼神所造，不是人力所为。形容技巧高超奇妙。明·袁宏道《时新修玉泉寺》诗："鬼斧神工仍七日，直教重勒玉泉碑。"▷六百多平方米的寺庙大殿，无一根房梁，可谓～，精妙绝伦。

【鬼鬼祟祟】guǐguǐsuìsuì 形容行为偷偷摸摸，怕叫人发现。《红楼梦》第二十四回："明儿你闲了，只管来找我，别和他们鬼鬼祟祟的。"▷你这两天～的，干了些什么见不得人的事？☛"祟"不要写作"崇"，也不读 chóng。

【鬼计多端】guǐjìduōduān 通常写作"诡计多端"。

【鬼哭狼嚎】guǐkūlángháo 形容哭声凄厉刺耳。▷我军一阵机枪扫射，打得侵略军～，死伤过半。☛不宜写作"鬼哭神号"。

【鬼迷心窍】guǐmíxīnqiào 被鬼怪迷惑住心窍。指受迷惑，犯胡涂。▷我是一时～，才上了骗子的当。

【鬼神莫测】guǐshénmòcè 鬼神也预料不到。形容极其奇特奥妙。元·无名氏《马陵道》第四折："真个军师妙算，鬼神莫测。"▷你别以为干这种坏事～，我们总有办法查出来的。

【鬼使神差】guǐshǐshénchāi 使、差：派遣，支使。好像鬼神在支使一样，不由自主地做某事或发生了某事。明·高明《琵琶记·张大公扫墓遇使》："原来他也只是无奈，恁地好似鬼使神差。"▷本来他只想出去随便走走，后来不知怎地，～似的迈进了公园的大门。☛"差"这里不读 chā。

【鬼头鬼脑】guǐtóuguǐnǎo 形容行动诡秘，不正派。明·凌濛初《二刻拍案惊奇》卷二十："巢氏有兄弟巢大郎，是一个鬼头鬼脑的人，奉承得姊夫、姊姊好。"▷那小子～的，是不是想偷东西呀？

【鬼蜮伎俩】guǐyùjìliǎng 鬼蜮：暗中害人的鬼怪。伎俩：花招、手段。比喻用心险恶、暗中害人的手段。《诗经·小雅·何人斯》："为鬼为蜮，则不可得。"清·梁章钜《浪迹丛谈·鸦片》："盖匪徒之畏法，不如其骛利，揆其鬼蜮伎俩，法令亦有时而穷。"▷这个歹徒的～早已被人们看破，落得个以损人开始，害己告终。☛"俩"不要写作"两"。

【贵耳贱目】guìěrjiànmù 贵：重视。贱：轻视。重视耳朵听到的而轻视亲眼看到的。形容轻信传闻。汉·张衡《东京赋》："若客所谓末学肤受，贵耳而贱目者也。"▷他一向作风扎实，注重调查研究，反对～，主观武断。

【贵古贱今】guìgǔjiànjīn 重视古代，瞧不起当代。南朝·宋·范晔《狱中与诸甥侄书以自序》："自古体大而思精，未有此也，恐世人不能尽之，多贵古贱今，所以称情狂言耳。"▷研究历史的目的，是为现实服务，而不应该～，认为古代的一切都好。

【贵贱无常】guìjiànwúcháng 富贵贫贱不是永恒不变的。宋·王楙（mào）《野客丛书·鶡（hé）冠子》：“‘贵贱无常，物使之然。’皆出于是。”▷《红楼梦》中贾府的没落是必然的。～，荣华富贵很可能变为一贫如洗。

【贵人多忘事】guìrénduōwàngshì 原形容地位高的人对人傲慢，不念旧交。现常用以讽刺人健忘。《红楼梦》第四回：“你老是贵人多忘事了，那里还记得我们？”▷你真是～，昨天让你把那本书带来，怎么就不记得了。☛不宜写作“贵人多忘”。

【贵远鄙近】guìyuǎnbǐjìn 通常写作“贵远贱近”。

【贵远贱近】guìyuǎnjiànjìn 重视久远的，轻视当前的。三国·魏·曹丕《典论·论文》：“常人贵远贱近，向声背实，又患闇（暗）于己见，谓己为贤。”▷不能认为越古就越值得重视。～是片面的，不正确的，具体问题要具体分析。

【滚瓜烂熟】gǔnguālànshú 像从瓜藤上滚落下来的熟透了的瓜。形容读书、背诵流利纯熟。清·吴敬梓《儒林外史》第十一回：“十一二岁就讲书、读文章，先把一部王守溪的稿子读的滚瓜烂熟。”▷如果不下水实践，即使把“游泳教程”背得～，也是学不会游泳的。

【国而忘家】guóérwàngjiā 为了国事而忘掉个人的小家。《汉书·贾谊传》：“则为人臣者，主耳（而）忘身，国耳忘家，公耳忘私，利不苟就，害不苟去，唯义所在。”▷南宋爱国将领岳飞，公而忘私，～，真是难能可贵。

【国计民生】guójìmínshēng 国家经济和人民生活。《明史·王家屏传》：“天灾物怪，罔彻宸聪；国计民生，莫关圣虑。”▷计划生育是关乎～，关乎国家未来的大事。

【国将不国】guójiāngbùguó 国家将要不成为国家。指面临亡国的危险。清·曾朴《孽海花》第三十二回：“国将不国，这才是糊涂到底呢！”▷清朝末年，政府腐败，列强入侵，面临～的危机。

【国破家亡】guópòjiāwáng 国家灭亡，家庭破败。晋·刘琨《答卢谌书》：“国破家亡，亲友雕（同‘凋’）残。”▷面对强敌的入侵，如果不奋起抵抗，后果就只能是～。

【国色天香】guósètiānxiāng 原形容色香俱佳的牡丹花；后也形容女子容貌极美丽。唐·李正封《咏牡丹》诗：“天香夜染衣，国色朝酣酒。”元·贯云石《斗鹌鹑·佳偶》：“国色天香，冰肌玉骨。”▷景山公园的牡丹园里，～，争奇斗妍，香气扑鼻，沁人心脾。

【国士无双】guóshìwúshuāng 国内独一无二的杰出人才。《史记·淮阴侯列传》：“诸将易得耳。至如信（韩信）者，国士无双。”▷越是狂妄自大，甚至自诩～，越说明无知。

【国泰民安】guótàimínān 社会安定，人民生活幸福。宋·吴自牧《梦粱录·山川神》：“诏命学士院撰青词，以祈国泰民安。”▷国家统一，社会稳定，～，始终是人民群众的理想和愿望。

【果如所料】guǒrúsuǒliào 指事物的发展果然和预料相符合。宋·胡仔《苕溪渔隐丛话前集·梅圣俞》：“始，上怒未已，两府窃议曰：‘必重贬介，则彦博不安；彦博去，即吾属递迁矣。'既而，果如所料。"▷诸葛亮事前料到司马懿用兵谨慎，不肯贸然行动，所以摆下"空城计"。～，司马大军不敢进入空城，退兵离去。

【裹足不进】guǒzúbùjìn 通常写作"裹足不前"。

【裹足不前】guǒzúbùqián 裹住脚不前进。形容因害怕或有顾虑而不继续前进。《三国演义》第十六回："天下智谋之士，闻而自疑，将裹足不前，主公谁与定天下乎？"▷在工作中遇到难题，不能～，更不能后退，要千方百计解决它。

【过关斩将】guòguānzhǎnjiàng 比喻渡过重重难关，创造业绩。《三国演义》第二十七回记载：关羽单枪匹马护送刘备的甘、糜二夫人，通过曹操的五个关口，斩杀六个将领。▷我女子游泳队在奥运会上～，终于夺得金牌。

【过河拆桥】guòhéchāiqiáo 比喻达到目的后，就把帮助过自己的一方一脚踢开。元·康进之《李逵负荆》第三折："你休得顺水推船，偏不许我过河拆桥。"▷当年我帮你办起了饭店，现在生意红火了，你就要甩开我，这不是～吗？

【过街老鼠】guòjiēlǎoshǔ 比喻人人痛恨、厌恶的人（常与"人人喊打"连用）。明·方汝浩《禅真逸史》第四回："前村后舍，人人怨恶，故取他一个绰号，叫做过街老鼠。"▷这妇女虐待公婆的事张扬开，她在村里就成了～，人人唾骂。

【过目不忘】guòmùbùwàng 看一遍就能记住不忘。形容记忆力极强。《晋书·苻融传》："耳闻则诵，过目不忘。"▷他取得优异的成绩，不只是因为聪明，～，更因为是刻苦努力。

【过目成诵】guòmùchéngsòng 诵：背。看一遍就能够背诵下来。形容人的记忆力极强。宋·高似孙《讳略》卷七："梁昭明太子，读书数行俱下，过目皆成诵。"▷她记忆力极好，很多古典诗词曲，都能做到～，经久不忘。

【过甚其词】guòshènqící 过甚：过分。词：言词。话说得过分。▷他介绍的情况完全符合实际情况，并没有～的地方。

【过盛必衰】guòshèngbìshuāi 过分兴盛必定会向衰弱转化。宋·辛弃疾《论荆襄上流为东南重地》："厥今夷狄，物夥（多）地大，德不足，力有余，过盛必衰，一失其御，必将豪杰并起，四分五裂。"▷唐朝天宝年爆发安史之乱，国家一下子从繁荣的顶点跌落下来。这就是古人所说的～吧。

【过屠门而大嚼】guòtúménérdàjué 屠门：肉铺。嚼：咀（jǔ）嚼。经过肉铺的时候，空着嘴使劲咀嚼。比喻愿望不能实现，只能用不切实际的办法来自我安慰。三国·魏·曹植《与吴季重书》："过屠门而大嚼，虽不得肉，贵且快意。"▷有时想到各国去游历一番，而实际又办不到；只好到北京的世界公园去走走，～，以此自慰。

【过眼烟云】guòyǎnyānyún 通常写作"过眼云烟"。

【过眼云烟】guòyǎnyúnyān 从眼前飘过的雾气和浮云。比喻身外之物或很快就消失的事物。《红楼梦》第一百一十八回:“论起荣华富贵,原不过是过眼云烟。”▷他视个人的名利地位如～,毫不留意。

【过犹不及】guòyóubùjí 过:超过。犹:犹如。不及:不足。指做得过分和做得不够一样都不好。《论语·先进》:“子贡问:‘师与商也孰贤?’子曰:‘师也过,商也不及。’曰:‘然则师愈与?’子曰:‘过犹不及。’”▷～,艺术夸张过分和夸张不到位一样,都不会有好效果。

H

【海底捞针】hǎidǐlāozhēn 通常写作“大海捞针”。

【海枯石烂】hǎikūshílàn 枯：枯干。烂：腐烂。直到海水枯干，石头腐烂。形容经历的时间极长。常用作誓言，表示永不变心。元·王实甫《西厢记》第五本第三折：“这天高地厚情，直到海枯石烂时。”▷他对恋人发誓：～，永不变心。

【海阔天空】hǎikuòtiānkōng 空：空旷。形容天地的广阔。也比喻议论、想象没有节制，漫无边际。清·丘逢甲《凤凰台放歌》：“我来登台揽八极，海阔天空足寒色。”▷文章说古道今，～，饶有风趣。

【海内存知己，天涯若比邻】hǎinèicúnzhījǐ，tiānyáruòbǐlín 海内：指国境内。天涯：天边。比邻：近邻。指四海之内都有知心朋友，虽然相距甚远，却像近邻一样心连心。唐·王勃《杜少府之任蜀州》诗：“城阙(quē)辅三秦，风烟望五津。与君离别意，同是宦游人。海内存知己，天涯若比邻。无为在歧路，儿女共沾巾。”▷～，我们两国虽然距离遥远，但两国人民的心是连在一起的。

【海市蜃楼】hǎishìshènlóu 蜃：大蛤蜊(géli，贝类动物)。古人传说蜃能吐气形成楼台城郭或自然景观，实际上是光线在大气中折射而形成的奇异幻景，常发生在夏季的海边或沙漠地带。比喻虚幻的事物。《隋唐遗事》：“此海市蜃楼比耳，岂长久耶？”▷把我们的城市建设成新兴的旅游城市，这个目标一定能实现，这决不是什么～。☛不宜写作“蜃楼海市”。“蜃”不读 chén。

【海誓山盟】hǎishìshānméng 誓言和盟约像大海和高山一样永恒不变。多用来表示男女间深情相爱，坚贞不渝。宋·辛弃疾《南乡子》词：“别泪没些些，海誓山盟总是赊。”▷从前的～，他已经忘得干干净净，终于抛弃了她。

【海外奇谈】hǎiwàiqítán 海外：国外。外国的奇异传说。泛指毫无根据的、稀奇古怪的谈论或传说。明·沈德符《万历野获编·补遗·台省·台疏讥谑》：“瑞为牍。令兵马司申之于给事钟宇淳。宇淳批其牍尾曰：‘海外奇谈。’”▷你说的这件事儿，纯粹是无中生有，～。

【海晏河清】hǎiyànhéqīng 通常写作“河清海晏”。

【骇人听闻】hàiréntīngwén 骇：震惊。使人听了感到震惊(多指社会发生的坏事)。清·林则徐《林文忠公政书·附审办回民丁灿庭京控案片》：“是该处七哨汉民之凶横惨毒，实属骇人听闻。”▷上周在休斯顿发生了一起～的枪杀案。☛不宜写作“骇人视听”。

【害群之马】hàiqúnzhīmǎ 危害马群的劣马。比喻危害集体的人。宋·刘安世《应诏言事》：“若小得志，则复结朋党，恣其毁誉，如害群之马，岂宜轻议哉！”▷此人是一个～，怎么能得到人们的支持呢？

【酣畅淋漓】hānchànglínlí 酣畅：畅快。淋漓：饱满畅快的样子。形容文艺作品感情抒发得很充分。▷这首诗～地抒发了对大自然的强烈热爱。☛不宜写作“淋漓酣畅”。

【憨态可掬】hāntàikějū 掬：用手捧。天真而略显傻气的神态可用手捧住。形容憨态完全表露于外，令人喜爱。清·蒲松龄《聊斋志异·种梨》：“乡人愦愦(kuì，胡涂)，憨状可掬，其见笑于市人，有以哉。”▷王师傅看着眼前这个～的青年，高兴地对我说：“是个朴实的好小伙儿，我收下这个徒弟了。”

【邯郸学步】hándānxuébù 《庄子·秋水》记载：战国时，燕国有人到赵国都城邯郸去，见那里人走路姿势很美，就跟着学起来。结果不但没学会邯郸人的步法，连自己原来的走法也忘掉了，只好爬着回去。比喻生硬地模仿别人不成，反而失掉原来的技能。▷初学写作，不能生搬硬套名家作品，～不利于写作能力的提高。

【含垢忍辱】hángòurěnrǔ 垢：指耻辱。忍受耻辱。唐·陈子昂《谢衣表》：“未雪国耻，所以含垢忍辱，图死阙(quē)庭。”▷这篇文章细微地描述了她身为下等丫环～的痛苦心情。

【含糊其词】hánhúqící 含糊：不清晰，不明确。指有意把话说得不清楚，不明确。宋·袁燮《侍御史赠通仪大夫汪公墓志铭》：“是非予夺，多含糊其辞。”▷他一辈子小心谨慎，怕负责任，说话总是模棱两可，～。

【含糊其辞】hánhúqící 通常写作“含糊其词”。

【含情脉脉】hánqíngmòmò 脉脉：无言地用眼神表达心意。指内心饱含温情，默默地用眼神表达。多形容女性对意中人无限深情。唐·李德裕《二芳丛赋》：“一则含情脉脉，如有思而不得，类西施之容冶。”▷她有时～，有时又冷若冰霜，真让人难以捉摸。☛“脉”这里不读mài。

【含沙射影】hánshāshèyǐng 比喻暗中诽谤。晋·干宝《搜神记》记载：传说水中有一种叫蜮的怪物，看到人的影子就会口含沙子向人射去，使被射中的人得病。南朝·宋·鲍照《代苦热行》诗：“含沙射流影，吹蛊(gǔ)病行晖。”▷有什么意见应该直截了当提出来，为什么要～呢？

【含辛茹苦】hánxīnrúkǔ 辛：辣。茹：吃。比喻受尽辛苦。宋·苏轼《中和胜相院记》：“茹苦含辛，更百千万亿生而后成。”晚清·梁启超《袁世凯之解剖》：“吾民于万无可忍之中，犹含辛茹苦以忍之。”▷妈妈～，好不容易才把他抚养成人。

【含饴弄孙】hányínòngsūn 饴：麦芽糖。弄：哄逗。嘴里含着糖哄逗小孙子。形容老年人闲适的天伦之乐。汉·刘珍等《东观汉记·明德马皇后传》：“穰(ráng，丰盛)岁之后，惟子之志。吾但当含饴弄孙，不能复知政事。”▷他退休以后在家～，这也是一种乐趣。

【含英咀华】hányīngjǔhuá 咀：咀嚼。英、华：花。嘴里含着花朵细细咀嚼。比喻琢磨、领会诗文的精华。唐·韩愈《进学解》：“沉浸醲(nóng，浓厚)郁，含英咀华；作为文章，其书满家。”▷读唐诗要～，细细品味，才能领略其诗情画意。☛“咀”不读zǔ。

【韩信将兵，多多益善】hánxìnjiàngbīng，duōduōyìshàn 将：统率。韩信率兵，越多越好。比喻事物或人越多越好。

《史记·淮阴侯列传》:“上问曰:‘如我能将几何?’信曰:‘陛下不过能将十万。’上曰:‘于君何如?’曰:‘臣多多而益善耳。’”▷我国的科学技术人员不是多,而是少,这样的人才是～。

【汗流浃背】hànliújiābèi 浃:湿透。汗流得使背上的衣服都湿透了。原形容极度惶恐、惭愧或紧张;现常形容汗太多。《后汉书·献帝伏皇后纪》:“(曹)操出,顾左右,汗流浃背。”▷为了找这本书,我翻箱倒柜折腾半天,弄得～。☛“浃”不要错写作“夹”。

【汗马功劳】hànmǎgōngláo 汗马:使马累出汗。借指战功,泛指在工作中创出的业绩。元·王实甫《丽堂春》第四折:“将俺丞相汗马功劳一旦忘了,贬在济南府闲住。”▷他在我们厂的发展中立下了～,职工们是不会忘记的。

【汗牛充栋】hànniúchōngdòng 汗牛:使牛累出汗。栋:房梁,借指房屋。用牛运书,牛要累出汗来;用屋子放书,要堆满屋子。形容藏书或著书极多。宋·陆九渊《与林叔虎书》:“又有徒党传习,日不暇给,又其书汗牛充栋。”▷几十年来,他爱书如命,收藏的书籍已～。

【汗颜无地】hànyánwúdì 汗颜:脸上出汗。形容羞愧难当,无地自容。▷我在认识到自己错误后,深觉～,羞愧难当。

【撼天震地】hàntiānzhèndì 撼:摇动,震动。形容声音响亮或声势浩大。清·曾朴《孽海花》第二十三回:“一语未了,不提防西边树林里,陡起一阵撼天震地的狂风。”▷不想清明刚过,就来这么一场暴雨,雷声～。

【沆瀣一气】hàngxièyīqì 比喻臭味相投的人结合在一起。宋·钱易《南部新书》记载:唐时主考官崔沆,录取了一个叫崔瀣的人。有人开玩笑说“座主门生,沆瀣一气”。▷境外反动势力和国内黑社会～,暗地里大搞阴谋破坏活动,我们必须提高警惕。☛“沆”不读háng。

【毫发不爽】háofàbùshuǎng 通常写作“毫厘不爽”。

【毫厘不爽】háolíbùshuǎng 毫、厘:都是微小的计量单位。爽:差错。形容一点差错也没有。明·冯梦龙《喻世明言》卷三十二:“须合幽明古今而观之,方知毫厘不爽。”▷王师傅技术高超,～地车出了这个精密的工件。

【毫无二致】háowúèrzhì 二致:两样。丝毫也没有两样。形容完全一样。清·李宝嘉《官场现形记》第二十九回:“佘道台见了(王小四子)这副神气,更觉得同花小红一式一样,毫无二致。”▷这姑娘长得真像她妈,尤其那双眼睛,更是～。

【好好先生】hǎohǎoxiānsheng 指不分是非,不敢得罪人的人。元·无名氏《双调水仙子·冬》曲:“只不如胡卢蹄每日相逐趁,到能够吃肥羊饮巨觥(gōng,酒杯),得便宜是好好先生。”▷大事要坚持原则,不能只求一团和气,当个～。

【好景不长】hǎojǐngbùcháng 好的光景不长存。▷结婚以后,两个人生活很幸福。然而～,一场大水冲坏了新房。☛“长”不要错写作“常”。

【好事多磨】hǎoshìduōmó 做成一件好事往往要遇到许多挫折。宋·晁端礼《安公子》词:“是即是,从来好事多磨难。”▷房款交齐了,但钥匙却迟迟拿不到手,这真是～啊。☛“磨”这里不读mò。

【好大喜功】hàodàxǐgōng 指不顾客观形势，一心喜欢做大事，立大功。宋·朱熹《郑公艺圃折衷》："秦始皇、汉武帝、唐太宗欲抚夷狄，是皆好大喜功，穷兵黩武之过。"▷做工作必须量力而行，稳扎稳打，决不能急躁冒进，～。☛"好"这里不读 hǎo。

【好高骛远】hàogāowùyuǎn 骛：追求。喜好过高的，追求过远的。形容喜好和追求的都不切实际。清·曾朴《孽海花》第二十五回："珏斋尤其生就一付绝顶聪明的头脑，带些好高骛远的性情。"▷学习任何知识都不能～，要循序渐进。☛"好"这里不读 hǎo。"骛"不要错写作"鹜"、"务"。

【好为人师】hàowéirénshī 喜欢做别人的老师。形容不谦逊，喜欢以教育者自居。《孟子·离娄上》："人之患在好为人师。"▷有的人总爱在别人面前摆出有学问的架子，～，夸夸其谈。☛"好"这里不读 hǎo。"为"不读 wèi。

【好行小惠】hàoxíngxiǎohuì 喜欢给人一点小恩小惠（含贬义）。《晋书·殷仲堪传》："及在州，纲目不举，而好行小惠，夷夏颇安附之。"▷此人待人处事～，吹吹拍拍，作风不正。☛㊀"好"这里不读 hǎo。㊁不要写作"好行小慧"。

【好逸恶劳】hàoyìwùláo 喜好安逸，厌恶劳动。形容非常懒散。晋·嵇康《难自然好学论》："夫民之性，好安而恶危，好逸而恶劳。"▷鲁迅笔下的孔乙己，穷愁潦倒，备受折磨，却又～。☛"好"这里不读 hǎo。"恶"不读 è。

【浩然之气】hàoránzhīqì 博大的正气或精神。《孟子·公孙丑上》："我善养吾浩然之气。"明·汤显祖《牡丹亭·言怀》："贫薄把人灰，且养就这浩然之气。"▷政法干部应当公正廉洁，执法严明，一身～。

【浩如烟海】hàorúyānhǎi 浩：广大、众多。烟海：烟雾弥漫的大海。比喻书籍、资料等多得难以计算。宋·司马光《进〈资治通鉴〉表》："遍阅旧史，旁采小说，简牍盈积，浩如烟海。"▷创作历史小说首先要在～的素材中选择合适的题材。

【皓首穷经】hàoshǒuqióngjīng 皓首：白头。经：经书。指钻研经书，一直到老。形容一生勤奋苦学、研究。宋·徐子平《珞璐子三命消息赋注》："古人为道者，皓首穷经，专心致志，惟恐失于妙道。"▷老教授～，诲人不倦，培养了一大批优秀的人才。

【何必当初】hébìdāngchū 当初为什么要那样呢。表示追悔或愤懑的感情（常与"早知今日"或"既有今日"连用）。《红楼梦》第二十八回："黛玉听说，回头就走。宝玉在身后面叹道：'既有今日，何必当初！'"▷真没想到夫妻两人竟会闹到分手地步。唉，早知今日，～！

【何乐不为】hélèbùwéi 通常写作"何乐而不为"。

【何乐而不为】hélèérbùwéi 原意是为什么有正当的娱乐而不去从事呢；现多表示很应该或很乐意去做。清·李汝珍《镜花缘》第三十六回："况又发给工钱饭食，那些小民何乐而不为？"▷退休以后做点力所能及的工作，于国于己都有好处，～呢？

【何去何从】héqùhécóng 去：离开。从：跟从。离开哪里，依从什么。常指在重大问题上采取什么态度。战国·楚·屈原《卜居》："此孰吉孰凶，何去何从？"▷

在大是大非问题上不可盲从，～，你要自己选择。

【何足挂齿】hézúguàchǐ 足：值得。挂齿：挂在齿间，即提到。哪里值得一提。表示不值得一提。元·关汉卿《裴度还带》第二折："真所谓井底之蛙耳，何足挂齿也。"▷请不要客气，这是我应该做的，区区小事，～。

【和而不同】héérbùtóng 和：互相协调。同：苟同。互相协调而不随便苟同。《论语·子路》："君子和而不同，小人同而不和。"▷他为人处事很有原则性，总是～，既讲团结，又坚持自己的正确意见。

【和风细雨】héfēngxìyǔ 温和的风，细微的雨。比喻做事方式和缓，态度温和。宋·张先《八宝装》："正不寒不暖，和风细雨，困人天气。"▷开展批评与自我批评要从团结的愿望出发，用～的态度达到治病救人的目的。

【和盘托出】hépántuōchū 和：连带。连盘子一起托出来。比喻全部说出，毫无保留。明·冯梦龙《警世通言》卷二："田氏将庄子所著《南华真经》及《老子道德》五千言，和盘托出，献与王孙。"▷她向大姐无保留地～了自己的心事。☛"和"不要错写作"合"。

【和颜悦色】héyányuèsè 温和的面容，喜悦的表情。形容和蔼可亲。汉·荀爽《女诫》："昏定晨省，夜卧早起，和颜悦色，事如依恃，正身洁行，称为顺妇。"▷她对学生总是～，从来不发脾气。

【和衷共济】hézhōnggòngjì 和衷：指同心。共济：共同渡河。比喻同心协力，共渡难关。清·吴趼人《近十年之怪现状》第三回："若要办理得善，头一着先要诸大股东和衷共济，以外的事自然就都好商量了。"▷在那艰苦的年月，两国人民～，战胜了侵略者，取得了保家卫国的胜利。

【河清海晏】héqīnghǎiyàn 河：黄河。晏：平静。黄河水清了，大海平静了。比喻天下太平。唐·郑锡《日中有王字赋》："河清海晏，时和岁丰。"▷这些年来政通人和，～，群众生活日益改善。

【涸泽而渔】hézééryú 通常写作"竭泽而渔"。

【涸辙之鲋】hézhézhīfù 涸：水干枯。鲋：鲫鱼。干枯车辙里的鲫鱼。比喻处于困境急待救援的人。《庄子·外物》："周（庄周）昨来，有中道而呼者。周顾视车辙中，有鲋鱼焉。周问之曰：'鲋鱼来！子何为者邪？'对曰：'我，东海之波臣也，君岂有斗升之水而活我哉？'"▷有的国家灾荒、战乱连年不断，老百姓如～，深陷绝境，急需人道主义救援。

【赫赫有名】hèhèyǒumíng 形容名声显赫。清·吴趼人《二十年目睹之怪现状》第三十七回："还有一个胡公寿，是松江人，诗、书、画都好，也是赫赫有名的。"▷陶渊明是我国历史上～的田园诗人。

【鹤发童颜】hèfàtóngyán 像鹤那样洁白的头发，像儿童那样红润的脸色。形容老人气色好，有精神。唐·田颖《梦游罗浮》诗："自言非神亦非仙，鹤发童颜古无比。"▷这位老人～，精力旺盛，干起活来像壮年人一样。☛"发"这里不读 fā。

【鹤立鸡群】hèlìjīqún 鹤站在鸡群之中。比喻一个人的才能或容貌等在周围人群中显得很突出。元·无名氏《举案齐眉》第二折："父亲啊，休错认做蛙鸣井底，鹤立鸡群。"▷他的作品在同类作品中～，非常突出。

【鹤寿龟年】hèshòuguīnián 鹤、龟都是存活时间较长的动物。比喻人长寿。▷我们衷心祝愿老先生心情愉快，身体健康，～。

【黑白不分】hēibáibùfēn 比喻不辨是非、好坏、善恶。▷在分析国际问题时，一定要分辨是非，切不可～。

【黑白分明】hēibáifēnmíng 比喻是非界限很清楚。汉·董仲舒《春秋繁露·保位权》："黑白分明，然后民知所去就。"▷经过讨论，谁是谁非，都已经～了。

【黑云压城城欲摧】hēiyúnyāchéngchéngyùcuī 摧：毁坏。欲：将要。黑云压在城上，快把城压倒了。比喻敌对势力猖狂，局势极端紧张。唐·李贺《雁门太守行》："黑云压城城欲摧，甲光向日金鳞开。"▷那时，强敌压境，外援断绝，真是～。

【恨铁不成钢】hèntiěbùchénggāng 比喻怨恨寄予期望的人不成材，迫切希望他上进。《红楼梦》第九十六回："只为宝玉不上进，所以时常恨他，也不过是恨铁不成钢的意思。"▷父母对你是～，并不是嫌弃你，你以后努力就是了。

【恨之入骨】hènzhīrùgǔ 形容痛恨到了极点。晋·葛洪《抱朴子·外篇·自叙》："见侵者则恨之入骨，剧于血仇。"▷这伙流氓横行乡里，当地群众～。

【恒河沙数】hénghéshāshù 恒河：南亚大河，流经印度和孟加拉国。像恒河里的沙子那样多得无法计算。清·纪昀《阅微草堂笔记·槐西杂志三》："此恒河沙数之灶神，何人为之？"▷那时，军阀割据，战火弥漫，人民死于非命的，有如～。

【横冲直撞】héngchōngzhízhuàng 指任意冲闯，毫无顾忌。《水浒传》第一百一十三回："黑旋风李逵和鲍旭引着两个牌手，在城里横冲直撞，追杀南兵。"▷你骑摩托这么～，太危险了！

【横眉冷对】héngméilěngduì 横眉：怒目而视的样子。冷对：冷眼相对。用愤怒和蔑视的眼光对待。形容对恶势力不屈服的态度。▷不管敌人威胁利诱，还是严刑拷打，他总是～，坚强不屈。☛"横"这里不读 hèng。

【横眉怒目】héngméinùmù 通常写作"横眉竖眼"。

【横眉竖眼】héngméishùyǎn 怒视的样子。形容愤怒或强硬的神情。▷我提点意见你就这么～的，以后谁还敢说话呀！

【横七竖八】héngqīshùbā 形容纵横杂乱，毫无条理。《水浒传》第三十四回："一片瓦砾场上，横七竖八，烧死的男子、妇人，不计其数。"▷炕上～躺着十来个人。

【横生枝节】héngshēngzhījié 横：旁侧。指从主枝上旁生出枝节。比喻意外产生了枝节问题，使主要问题不能顺利解决。清·刘坤一《致荣中堂》："现在时局既定，关内外诸军似宜速裁，否则虚耗薪粮，并恐横生枝节。"▷这个问题必须迅速解决，以免～，影响完成中心任务。

【横行霸道】héngxíngbàdào 形容仗势胡作非为，蛮不讲理。《红楼梦》第九回："(贾瑞)后又助着薛蟠图些银钱酒肉，一任薛蟠横行霸道。"▷他仗着有钱有势，在城里～，胡作非为。

【横行无忌】héngxíngwújì 到处为非作歹，毫无顾忌。《三国演义》第十三回："其时李傕(jué)自为大司马，郭汜(sì)自为大将军，横行无忌，朝廷无人敢言。"

▷殖民主义者～的时代已经一去不复返了。

【横征暴敛】héngzhēngbàoliǎn 敛：征收。蛮横地征收捐税，残暴地搜刮民财。清·吴趼人《痛史》第二十四回："名目是规画钱粮，措置财赋，其实是横征暴敛，剥削脂膏。"▷反动统治者巧立名目，在治黄、导淮的幌子下～，中饱私囊。☞"横"这里不读 hèng。

【烘云托月】hōngyúntuōyuè 烘：渲染。托：衬托。国画技法，指用水墨或淡彩渲染周围的云彩衬托中间的月亮。比喻文艺创作中从侧面渲染以衬托主要事物的手法。清·金圣叹批《西厢记》第一折："先写张生者，所谓画家烘云托月之秘法。"▷作品巧妙地用～的手法，使主人公显得更加不同凡响。

【闳中肆外】hóngzhōngsìwài 闳：宏大。中：指作者的思想感情。肆：奔放。外：指文章的表现形式。作者的思想感情丰富而文笔奔放。唐·韩愈《进学解》："先生之于文，可谓闳其中而肆其外矣。"▷鲁迅杂文～，思想深刻而文笔犀利，把当时的社会揭示得淋漓尽致。

【洪福齐天】hóngfúqítiān 洪：大。齐：相等。指福分大得跟天同等。元·郑德辉《老君堂》第四折："皆因是圣天子洪福齐天，文武每（们）保社稷，皆丰稔之世也。"▷今日宾客满堂，共同祝愿老先生～，健康长寿。

【洪水猛兽】hóngshuǐměngshòu 比喻极大的祸害。晚清·梁启超《立宪法议》："吾侪（chái，同辈或同类人）之倡言民权，十年于滋矣。当道者忧之疾之畏之，如洪水猛兽。"▷封建统治者视人民革命如～，千方百计加以扼杀。

【鸿鹄之志】hónghúzhīzhì 鸿鹄：天鹅。比喻远大的志向。《吕氏春秋·士容》："夫骥骜之气，鸿鹄之志，有谕乎人心者诚也。"▷年轻人都应抱有～，并终生为之奋斗。☞"鹄"这里不读 gǔ。

【猴年马月】hóuniánmǎyuè 指不可知的年月。▷干活这么磨蹭，不得干到～？☞不宜写作"驴年马月"。

【后发制人】hòufāzhìrén 发：发动。制：制服。指让对方先动手，然后抓住对方弱点制服对方。▷中国古代不少有名的战例都是弱者先让一步，～，最后取胜的。

【后顾之忧】hòugùzhīyōu 需要回头照顾的麻烦事，多指来自后方或家庭的问题。《魏书·李冲传》："朕以仁明忠雅，委以台司之寄，使我出境无后顾之忧。"▷住房有了，孩子也有人照看，她可以专心工作，没有～了。

【后悔莫及】hòuhuǐmòjí 后悔也来不及了。清·李汝珍《镜花缘》第九十七回："挨了半日，只听他说了一句'后悔无及'，早已气断身亡。"▷三叔酒后驾车，闯了大祸，如今～。

【后会有期】hòuhuìyǒuqī 以后还有见面的日子。元·乔梦符《扬州梦》第三折："小官公事忙，后会有期也。"▷我还得赶去开会，咱们～，以后再谈吧！☞不宜写作"后会可期"。

【后继乏人】hòujìfárén 继：继承。指前人的事业缺少继承的人。▷中医～，必须加紧培养。

【后继有人】hòujìyǒurén 继：继承。指前人的事业有人继承。▷要培养一批中医中药的技术人才，使中医理论与中医医术～。

【后来居上】hòuláijūshàng 居：处在。指后来的胜过原来的，后辈胜过前辈。《史记·汲郑列传》：“陛下用群臣如积薪耳，后来者居上。”▷～，年轻人一定会超过老年人，这是社会发展规律决定的。

【后浪催前浪】hòulàngcuīqiánlàng 通常写作“后浪推前浪”。

【后浪推前浪】hòulàngtuīqiánlàng 后边的波浪推动前面的波浪。比喻新生事物取代陈旧事物；又比喻新人超越旧人。宋·刘斧《青琐高议·孙氏纪》：“我闻古人之诗曰：‘长江后浪催前浪，浮世新人换旧人。’”▷长江～，青少年选手不断涌现，推动了我国体育事业的发展。

【后起之秀】hòuqǐzhīxiù 秀：指优秀人物。后来成长起来的优秀人物(多指年轻人)。清·盛大士《溪山卧游录》卷三：“及浪游南北，与乡里阔疏，后起之秀，不乏其人。”▷我国文坛涌现出了大批～。☛不宜写作“后来之秀”。

【后生可畏】hòushēngkěwèi 后生：指年轻人。年轻人会超过老年人，他们是值得敬畏的。《论语·子罕》：“后生可畏，焉知来者之不如今也？”▷青年科学工作者获奖比例不断增加，这真是～呀！

【厚此薄彼】hòucǐbóbǐ 厚：重视。薄：轻视。重视这一方，慢待那一方。形容对人对事不同等看待。《梁书·贺琛传》：“并欲薄于此而厚于彼，此服虽降，彼服则隆。”▷王老师对学生一视同仁，在各项活动中从不～。☛“薄”这里不读 báo。

【厚颜无耻】hòuyánwúchǐ 颜：脸面。脸皮厚，不知羞耻。南朝·齐·孔稚珪(guī)《北山移文》：“岂可使芳杜厚颜，薜荔无耻。”▷他在职期间竟～地多次索贿受贿。

【呼风唤雨】hūfēnghuànyǔ 原指戏曲、小说中神仙道士刮风下雨的法术。今比喻人进行支配自然的活动或煽动性的活动。清·钱彩《说岳全传》第五十回：“只有我师父在此山中修炼，道法精通，有呼风唤雨之能，撒豆成兵之术。”▷随着科学的发展，人们一定能～，让老天听我们安排｜邪教的头目在暗地里～，蛊惑人心。

【呼朋引类】hūpéngyǐnlèi 招引气味相投的人聚集到一起来(含贬义)。宋·欧阳修《憎苍蝇赋》：“一有霑污，人皆不食，奈何引类呼朋，摇头鼓翼，聚散倏忽，往来络绎。”明·张居正《乞鉴别忠邪以定国是疏》：“呼朋引类，藉势乘权，恣其所欲为。”▷常有些不务正业的人～来这里喝酒划拳，吵吵嚷嚷。

【呼天抢地】hūtiānqiāngdì 抢地：用头撞地。形容极度悲痛。清·吴敬梓《儒林外史》第十七回：“匡超人呼天抢地，一面安排装殓。”▷她看了电报，知道母亲病故，先是呆若木鸡，一会儿又～，痛哭不已。☛“抢”这里不读 qiǎng，也不要错写作“抡”。

【呼之即来，挥之即去】hūzhījílái，huīzhījíqù 招呼他就来，挥手他就去。形容任意支使人。宋·苏轼《王仲仪真赞序》：“呼之则来，挥之则散者，唯世臣巨室为能。”▷旧时，主人对仆人是～，任意驱使奴役。

【呼之欲出】hūzhīyùchū 招呼一声他就会走出来。形容人物画得逼真或描写得活灵活现。清·毛际可《〈今世说〉序》：“昔人谓读《晋书》如拙工绘图，涂饰体貌，而殷、刘、王、谢之风韵情致，皆于《世说》中呼之欲出，盖笔墨灵隽，得其神似，所谓颊上三毛者也。”▷这篇小说中的人物描写得栩栩如生，～。

【囫囵吞枣】húlúntūnzǎo 囫囵：整个的。不加咀嚼地把枣整个儿吞下去。比喻生吞活剥，全盘接受。元·白珽《湛渊静语》记载：有人笑吃梨只嚼不咽，吃枣只咽不嚼的人说：吃梨只嚼不咽是可以的，吃枣却难了，囫囵吞枣，怎么受得了呢？▷读书时～，不求甚解，是学不好的。☛"囫囵"不要写作"浑沦""胡伦"。

【狐假虎威】hújiǎhǔwēi 假：借。狐狸借着老虎的威风（去吓唬其他野兽）。比喻倚仗别人的势力去欺压或吓唬其他人。《战国策·楚策一》："虎求百兽而食之，得狐。狐曰：'子无敢食我也。天帝令我长（zhǎng，管理）百兽，今子食我，是逆天帝命也。子以我言为不信，吾为子先行，子随我后，观百兽之见我而敢不走乎？'虎以为然，故遂与之行。兽见之皆走。虎不知兽之畏己而走也，以为畏狐也。"清·吴敬梓《儒林外史》第一回："想是翟家这奴才走下乡狐假虎威，着实恐吓了他一场。"▷当时，汉奸～，到处欺压百姓，百姓恨之入骨。

【狐朋狗党】húpénggǒudǎng 通常写作"狐群狗党"。

【狐朋狗友】húpénggǒuyǒu 比喻品行不端的朋友。《红楼梦》第十回："今儿听见有人欺负了他的兄弟，又是恼，又是气！恼的是那狐朋狗友，搬弄是非，调三窝四。"▷那孩子成天跟一帮～混在一起学不出什么好来。

【狐群狗党】húqúngǒudǎng 比喻勾结在一起的坏人。元·无名氏《气英布》第四折："咱若不是扶刘锄项，逐着那狐群狗党，兀良怎显得咱这黥面当王！"▷这个黑社会头子带着他的～在这一带干尽了坏事。

【胡思乱想】húsīluànxiǎng 毫无根据地瞎想。宋·朱熹《朱子全书·学二·存养》："无许多胡思乱想，则久久自于物欲上轻，于义理上重。"▷这是哪儿和哪儿的事啊？挨得着吗？你真能～。

【胡言乱语】húyánluànyǔ 毫无根据地乱说。明·陶宗仪《辍耕录》卷二十八："铺眉苫眼早三公，裸袖揎拳享万钟，胡言乱语成时用。"▷你可千万别相信她的～呀，她精神不太正常。

【胡作非为】húzuòfēiwéi 指置法律、道德于不顾，毫无顾忌地干坏事。清·文康《儿女英雄传》第二回："这岂不是拿着国家有用的帑（tǎng）项钱粮，来供大家的养家肥己、胡作非为么？"▷他倚仗权势～，害苦了广大无辜群众。

【虎踞龙盘】hǔjùlóngpán 通常写作"龙盘虎踞"。

【虎口拔牙】hǔkǒubáyá 比喻深入险地除掉坏人或完成某项艰巨任务。宋·弘济《一山国师语录》："苍龙头上拶（zǎn，用绳紧收）折角，猛虎口中拔得牙。"▷我军以～的决心，深入敌占区腹地，偷袭敌军指挥部。

【虎口余生】hǔkǒuyúshēng 余：剩下的。老虎嘴里幸存下来的生命。比喻从大灾大难中侥幸活下来的人。清·李汝珍《镜花缘》第四十七回："况我本是虎口余生，诸事久已看破。"▷这位老人是南京大屠杀的幸存者，真是～啊。

【虎视眈眈】hǔshìdāndān 眈眈：形容威严地注视。像老虎那样恶狠狠地盯着。《周易·颐》："虎视眈眈，其欲逐逐。"▷两人～地对视着，一场你死我活的殴斗就要开始。☛"眈"不读 chén、shěn。

不要错写作“耽”。

【虎头蛇尾】hǔtóushéwěi 老虎的脑袋，蛇的尾巴。比喻做事先紧后松或有始无终。明·冯梦龙《喻世明言》卷三十九：“大抵朝廷之事，虎头蛇尾，且暂为逃难之计。”▷既要做，就要善始善终做到底，不可～。☛不要写作“虎头鼠尾”。

【互通有无】hùtōngyǒuwú 指互相支援，互相调剂余缺。▷双方决定互相支援，～。

【户枢不蠹】hùshūbùdù 参看“流水不腐，户枢不蠹”。

【怙恶不悛】hùèbùquān 怙：依仗。悛：悔改。坚持作恶，不思悔改。《元史·周自强传》：“若能悔悟首实，则原其罪，若迷谬怙恶不悛，然后绳之以法不少贷。”▷他们都是作恶多端而又～的惯犯，必须严惩。☛“怙”不读gǔ。“悛”不读jùn。

【花好月圆】huāhǎoyuèyuán 花正好，月正圆。比喻美满幸福（多为新婚颂语）。元·石君宝《曲江池》第一折：“则合这好花休谢，明月常圆。”▷在～的幸福时刻，我俩合栽了一棵合欢树，以示纪念。

【花里胡哨】huālihúshào 形容色彩鲜艳、杂乱而不协调。也形容人浮华不实在。《西游记》第十二回：“我家是清凉瓦屋，不像这个害黄病的房子，花狸狐哨的门扇。”▷她总是打扮得～的｜不管做什么工作，都要讲究实效，不要做那些～的表面文章。☛“里”不要错写作“丽”“狸”。“胡”不要错写作“狐”。

【花拳绣腿】huāquánxiùtuǐ 动作花哨，好看而不中用的拳术。比喻动听好看但无实际用处的言行。▷搞好工作靠的是真才实学，扎实努力，搞～那一套是不行的。

【花容月貌】huāróngyuèmào 形容女子容貌如花似月。清·李汝珍《镜花缘》第一回：“内有一位星君跳舞而出，装束打扮虽似魁星，而花容月貌，却是一位美女。”▷三年没见，没想到那姑娘竟出落得如此～。☛不宜写作“花容玉貌”。

【花天酒地】huātiānjiǔdì 形容吃喝嫖赌，荒淫腐化的生活。清·李宝嘉《官场现形记》第二十七回：“到京之后，又复花天酒地，任意招摇。”▷那时候，那些达官贵人们个个过着～、灯红酒绿的奢侈生活。

【花团锦簇】huātuánjǐncù 锦：有彩色花纹的丝织品。簇：聚集。鲜花围成团，彩锦聚集在一起。形容五彩缤纷，绚丽多彩的景象。清·吴敬梓《儒林外史》第三回：“人逢喜事精神爽，那七篇文字，做的花团锦簇一般。”▷节日的长街，珠环翠绕，～，装点得漂亮极了！

【花言巧语】huāyánqiǎoyǔ 指虚假而动听的话语；也指说这种话。宋·朱熹《朱子语类》卷二十：“‘巧言’即今所谓花言巧语，如今世举子弄笔端，做文字者便是。”▷不要相信骗子的～｜有什么话就直说吧，别～的了。

【花枝招展】huāzhīzhāozhǎn 招展：摆动。指鲜艳的花枝迎风摆动。多形容妇女打扮得非常娇艳。《红楼梦》第二十七回：“满园里绣带飘摇，花枝招展。”▷节日的公园里走来了一群～的姑娘，手里拿着五颜六色的气球。

【华而不实】huáérbùshí 华：开花。实：结果实。比喻空有美丽的外表，却没有实际的内容。《国语·晋语四》：“华而不实，耻也。”▷只重搞形式，办事～，决不会收到实效。

【哗众取宠】huázhòngqǔchǒng 指用浮夸的话迎合众人，以博取赞扬和支持。《汉书·艺文志》："然惑者既失精微，而辟者又随时抑扬，违离道本，苟以哗众取宠。"▷庸俗的吹捧，只能助长作家的轻浮，产生～的作品。☛不宜写作"哗世取宠"。

【化腐朽为神奇】huàfǔxiǔwéishénqí 使腐朽的东西变成神妙奇特的东西。也指活用典故成语，赋予古语以新的意义和用法。《庄子·知北游》："臭腐复化为神奇。"▷我们对文学遗产，要批判地继承，推陈出新，～|这位作家在语言运用上，是～的巨匠。

【化干戈为玉帛】huàgāngēwéiyùbó 干、戈：古代兵器，借指战争。玉帛：玉器和丝织品。古时诸侯会盟用玉帛作为互赠的礼物，借指和平友好。变刀兵相见为玉帛交往。指变战争为和平友好。《左传·鲁僖公十五年》记载：春秋时晋国背约失信，秦穆公攻晋，并俘获了晋惠公。穆姬（晋献公之女，秦穆公夫人）说："上天降灾，使我两君匪以玉帛相见，而以兴戎。"▷国家间的争端应通过谈判和平解决，～，而不应使用武力，发动战争。

【化为乌有】huàwéiwūyǒu 乌有：原为汉朝司马相如《子虚赋》中虚构的人名，借指虚幻、没有。变得一切都没有了。宋·苏轼《章质夫送酒六壶，书至而酒不达，戏作小词问之》诗："岂意青州六从事，化为乌有一先生。"▷一场大火，家中一切都～了。

【化险为夷】huàxiǎnwéiyí 险：险阻。夷：平坦。变险阻为平坦。比喻化危险为平安。清·曾朴《孽海花》第二十七回："以后还望中堂忍辱负重，化险为夷，两公左辅右弼，折中御侮。"▷尽管他一生中一再遭受挫折，但他总能～，平安度过。

【化整为零】huàzhěngwéilíng 把一个整体分化为许多零散部分。▷我们～，分几路搜索飞机残骸。

【画饼充饥】huàbǐngchōngjī 充饥：解饿。画个饼子来解饿。比喻徒有虚名的东西于事无补；也比喻用空想来安慰自己。宋·李清照《打马赋》："说梅止渴，稍苏奔竞之心；画饼充饥，少谢腾骧之志。"▷答应而不兑现，犹如～，无济于事。☛不要写作"划饼充饥"。

【画地为牢】huàdìwéiláo 在地上画个圈作为牢狱。比喻只许在指定范围内活动。汉·司马迁《报任少卿书》："故士有画地为牢，势不可入，削木为吏，议不可对，定计于鲜也。"▷～，用许多框框束缚自己的手脚，是不利于事业发展的。☛不要写作"划地为牢"。

【画虎不成反类狗】huàhǔbùchéngfǎnlèigǒu 参看"画虎类犬"。

【画虎类狗】huàhǔlèigǒu 通常写作"画虎类犬"。

【画虎类犬】huàhǔlèiquǎn 类：类似，像。画虎不成功，反而画得像狗了。比喻生硬地模仿别人，学不到家，结果弄得不伦不类。清·李海观《歧路灯》第十一回："端福不甚聪明，恐画虎类犬。"▷佳佳跟她妈学氽丸子，说一看就会；结果～，没有氽成丸子，却做了一锅肉末汤。☛"画"不要错写作"划"。

【画龙点睛】huàlóngdiǎnjīng 点睛：将全龙画好之后用墨点出眼珠子。原指梁代画家张僧繇（yóu）作画神妙。后比喻作文或讲话时，在关键的地方用一两个精辟语句点明要旨，使内容更加生动有力。唐·张彦远《历代名画记》卷七："武帝崇饰佛寺，多命（张）僧繇画之……又金陵安乐寺四白龙，不点眼睛，每云：'点睛即飞去。'人以为妄诞，固请点之。须臾，雷电破壁，两龙乘云腾去上天，二龙未点眼者见（现）在。"▷一两句精辟的语句常常对整篇文章起着～的作用。

【画蛇添足】huàshétiānzú 比喻做了多余的事，弄巧成拙。《战国策·齐策二》："楚有祠者，赐其舍人卮（zhī）酒。舍人相谓曰：'数人饮之不足，一人饮之有余。请画地为蛇，先成者饮酒。'一人蛇先成，引酒且饮之，乃左手持卮，右手画蛇，曰：'吾能为之足。'未成，一人之蛇成，夺其卮曰：'蛇固无足，子安能为之足。'遂饮其酒。为蛇足者，终亡其酒。"▷文章写到这里，观点就已经阐述得很充分了，还偏偏加一个尾巴，～，效果反倒不好。

【怀才不遇】huáicáibùyù 满怀才能而得不到施展的机会。清·夏敬渠《野叟曝言》第一回："高曾祖考，俱是怀才不遇的秀才。"▷他毕业后出国，在国外始终～，在专业上没作出成绩。

【怀古伤今】huáigǔshāngjīn 怀念古代，哀叹当今。▷那些表现消极情绪的～的文学作品，往往会产生负面的社会效应。

【怀瑾握瑜】huáijǐnwòyú 瑾、瑜：美玉。怀里揣着瑾，手里握着瑜。比喻具有高尚纯洁的品德。战国·楚·屈原《九章·怀沙》："怀瑾握瑜兮，穷不得所示。"▷只有加强自身修养，～，才能受到别人尊敬。

【欢声雷动】huānshengléidòng 欢呼声像打雷一样响起。形容场面极其欢快、热烈。唐·令狐楚《贺赦表》："欢声雷动，喜气云腾。"▷节目演完，剧场里～，观众久久不愿离去。

【欢天喜地】huāntiānxǐdì 形容极度高兴。元·王实甫《西厢记》第二本第三折："则见他欢天喜地，谨依来命。"▷快过年了，儿女们都回来了，老两口～，成天笑得合不拢嘴。

【欢欣鼓舞】huānxīngǔwǔ 形容非常高兴振奋。宋·苏轼《上知府王龙图书》："是故莫不欢欣鼓舞之至。"▷自来水工程竣工，供水那天，全村老少～，笑逐颜开。

【缓兵之计】huǎnbīngzhījì 延缓对方军事进攻的计策。借指拖延时日，以便设法应付。《三国演义》第九十九回："孔明用缓兵之计，渐退汉中，都督何故怀疑，不早追之？"▷敌人提出停战谈判是一种～，我们不能上当受骗。

【缓不济急】huǎnbùjìjí 济：补益。缓慢的行动，无助于眼前的急需。指措施赶不上需要。清·文康《儿女英雄传》第十三回："正愁缓不济急，恰好有现任杭州织造的富周三爷，是门生的大舅子，他有托门生带京一万银子。"▷救济物品需十天才到，～，我们还得另想办法。☛"济"这里不读jǐ。

【换汤不换药】huàntāngbùhuànyào 比喻只改变形式，不改变内容。清·张南庄《何典》第三回："那郎中看了，依旧换汤弗换药的拿出两个纸包来。"▷有的不法商贩用假冒商标，以～的方法，欺骗消费者。

【涣然冰释】huànránbīngshì 涣然：消散的样子。释：消融。像冰块消融似地完全消失了。比喻疑团、误会等一下子都消除了。晋·杜预《〈春秋左氏传〉序》："涣然冰释，怡然理顺。"▷听你这么一说，我对他的误解就～了。☛"涣"不要错写作"焕""换"。

【患得患失】huàndéhuànshī 患：忧虑。未得到时，担心得不到，得到后又担心失掉。形容过分计较个人得失。《论语·阳货》："鄙夫可与事君也与哉？其未得之也，患得之；既得之，患失之。苟患失之，无所不至矣。"宋·李吕《跋晦翁游大隐屏诗》："彼世之患得患失者，睹公之诗，能无愧乎？"▷一个人整天～，怕这怕那，内心是何等沉重！

【患难与共】huànnànyǔgòng 共同承受忧患与苦难。《史记·越王句（gōu）践世家》："越王为人长颈鸟喙，可与共患难，不可与共乐。"▷在上海时，鲁迅被通缉，曾几次离家避难，许广平始终和他～。

【患难之交】huànnànzhījiāo 交：指朋友。在一起经历过忧患和苦难的朋友。明·东鲁古狂生《醉醒石》第十回："浦肫夫患难之交，今日年兄为我们看他，异日我们也代年兄看他。"▷我俩从小一起长大，战乱时又一道逃难，真是～了。

【焕然一新】huànrányīxīn 焕然：鲜明光亮的样子。形容一改旧颜，呈现出一派崭新的面貌。宋·丘崇《重修罗池庙记》："堂室门序，卑高如仪，焕然一新，观者嗟异。"▷整修后的校园～。☛"焕"不要写作"换""涣"。

【荒诞不经】huāngdànbùjīng 荒诞：荒唐离奇。经：常理。非常荒唐，不合常理。南宋·王楙（mào）《野客丛书·相如上林赋》："其夸苑囿（yòu）之大，固无荒诞不经之说，后世学者，往往读之不通。"▷给孩子讲妖魔鬼怪之类～的故事是没有好处的。☛不要写作"荒谬不经"。

【荒诞无稽】huāngdànwújī 荒诞：荒唐离奇。稽：考查。非常荒唐，无法考查，不可相信。清·岭南羽衣女士《东欧女豪杰》第三回："那个神字，原是野蛮世界拿出来哄著愚人的话，如今科学大明，这些荒诞无稽的谬说，那里还能立足呢？"▷这本书中有不少对神鬼的描写，～，不足为信。

【荒谬绝伦】huāngmiùjuélún 荒谬：极其荒唐错误。绝伦：没有可以相比的。形容荒唐错误到了极点。清·壮者《扫迷帚》第二回："其说荒谬绝伦，更可付诸一笑。"▷邪教宣扬的"地球爆炸"，全是～的骗人鬼话。

【慌不择路】huāngbùzélù 慌乱中见路就走，来不及选择。《水浒传》第三回："饥不择食，寒不择衣，慌不择路，贫不择妻。"▷敌兵～，匆匆溃退。

【黄发垂髫】huángfàchuítiáo 黄发：指老人，老年人头发由白转黄。垂髫：指儿童，古代儿童头发扎起来下垂。借指老人和儿童。晋·陶渊明《桃花源记》："男女衣著，悉如外人；黄发垂髫，并怡然自乐。"▷大年三十的晚上，他家～欢歌笑语，同乐共庆。

【黄粱美梦】huángliángměimèng 粱：小米。比喻不切实际的空想或已经破灭的幻想。唐·沈既济《枕中记》记载：卢生在邯郸旅店遇见一位道士，卢生自叹穷困，道士取出一个枕头让他枕上睡觉。这时店家正在煮小米饭。卢生在梦中娶妻、做官、生子，享尽荣华。一觉醒来，店家的饭还未熟。宋·苏轼《被命南迁，途中寄定武同僚》诗："人事千头及万头，得时何喜失时忧；只知紫绶三公贵，不觉黄粱一梦游。”▷你不脚踏实地勤奋工作，却三日两头的一会儿要开公司，一会儿要买别墅，尽在做些～。☛“粱”不要写作“梁”。

【黄梁一梦】huángliángyīmèng 通常写作“黄粱美梦”。

【惶惶不可终日】huánghuángbùkězhōngrì 惶惶：恐惧不安的样子。终：完。惊慌得一天也过不下去。形容惊慌到了极点。▷敌人已陷入内外交困、～的地步。☛“惶惶”不要写作“皇皇”。

【惶恐不安】huángkǒngbù'ān 惊慌恐惧，不能安宁。《汉书·王莽传下》：“人民正营，无所措手足。”颜师古注：“正营，惶恐不安之意也。”▷看见老父亲身受重病折磨，儿子日夜～。

【恍然大悟】huǎngrándàwù 恍然：猛然领悟的样子。形容一下子明白过来。《三国演义》第七十七回：“于是关公恍然大悟，稽首皈依而去。”▷听你这么一说，我才～，知道了事情的真相。

【恍如隔世】huǎngrúgéshì 恍：仿佛。世：古代以三十年为一世，后来叫“代”。仿佛隔绝了一个世代。形容人事、景物变迁很大。宋·陆游《剑南诗稿》卷十六：“天王广教院在蕺山东麓，予年二十余，时与老僧惠迪游，略无十日不到也。淳熙甲辰秋，观海潮上，偶系舟其门，曳杖再游，恍如隔世矣。”▷离乡二十余年，今日回来，看到家乡面貌发生了巨大变化，真是～。

【恍若隔世】huǎngruògéshì 通常写作“恍如隔世”。

【灰心丧气】huīxīnsàngqì 形容因失败或不顺利而失去信心，意志消沉。明·吕坤《呻吟语·建功立业》：“是以志趋不坚，人言是恤者，辄灰心丧气，竟不卒功。”▷不要因为这次没有考好而～，只要振作精神，吸取教训，下次获得好成绩是完全可能的。☛不宜写作“灰心丧意”。

【挥汗成雨】huīhànchéngyǔ 挥：抹掉。抹下的汗，就像下雨一样。原形容人多拥挤，现在也形容出汗多。《战国策·齐策一》：“临淄之途，车毂击，人肩摩，连衽成帷，举袂成幕，挥汗成雨。”▷我们在烈日下劳动，大家你追我赶，个个～。

【挥汗如雨】huīhànrúyǔ 通常写作“挥汗成雨”。

【挥霍无度】huīhuòwúdù 挥霍：滥用钱财。度：限度。滥花钱财，毫无节制。▷他父亲一生省吃俭用，积下一些家产，到他手上，～，弄得家徒四壁了。

【挥金如土】huījīnrútǔ 挥：挥霍。挥霍钱财就像撒土一样随便。形容花钱毫不吝惜。宋·周密《齐东野语》卷二：“挥金如土，视官爵如等闲。”▷有了点儿钱也得好好算计着过日子，可不能大手大脚、～。

【挥洒自如】huīsǎzìrú 挥笔洒墨非常自如。形容写字、作文、绘画等得心应手，流利自然。清·曾朴《孽海花》第二十五回：“家人送上一枝蘸满墨水的笔，珏斋提笔，在纸上挥洒自如的写了一百多字。”▷你要画好山水么？你胸中就得多“装”山水，作起画来才能～。

【回肠荡气】huíchángdàngqì 通常写作“荡气回肠”。

【回光返照】huíguāngfǎnzhào 原指太阳落到地平线下时，由于光线反射，天空短时发亮。比喻病人临死前神志忽然清楚或精神短暂兴奋。也比喻事物灭亡前

表面有所好转的现象。宋·释道原《景德传灯录》卷二十六:“方便呼为佛,回光返照看,身心是何物?”▷胃癌晚期了,今天,他突然表现出强烈的食欲,该不是～吧?|这次敌人疯狂进攻,不过是灭亡前的～罢了。

【回天乏术】huítiānfáshù 回天:挽回天意。比喻没有办法使艰险局势好转,或使垂危病人起死回生。▷面对已经崩溃的经济形势,这位著名经济学家也～了|对于已经昏迷数日的肝癌晚期病人,医生也是～。

【回天之力】huítiānzhīlì 回天:挽回天意。比喻挽救危亡,扭转局势的巨大力量。唐·魏征《北齐总论》:“偧阉(yān,太监)处当轴之权,婢媪(ǎo,老妇人)擅回天之力,卖官鬻狱,乱政淫刑。”▷张医生自信有～,能治好这个病人。

【回头是岸】huítóushì'àn 参看“苦海无边,回头是岸”。

【回味无穷】huíwèiwúqióng 吃过好东西后仔细品味,余味无穷。比喻事后越想越觉得意味深长。▷咱俩初次见面时的情景,至今～|小说结尾,发人深省,令人～。

【回心转意】huíxīnzhuǎnyì 改变想法和态度,不再坚持原来的主张。《京本通俗小说·错斩崔宁》:“那大王早晚被他劝转,果然回心转意。”▷只要你真正～,全家都欢迎你回来。

【悔不当初】huǐbùdāngchū 指后悔先前的抉择失误。唐·薛昭纬《谢银工》诗:“早知文字多辛苦,悔不当初学冶银。”▷赌那么一场,就把所有的积蓄输光了。早知今日,～。

【悔过自新】huǐguòzìxīn 自新:自己认识错误,重新做人。认识并改正过错,重新做人。《新唐书·冯元常传》:“剑南有光火盗,元常喻以恩信,约悔过自新,贼相率脱甲面缚。”▷他过去虽然有错,但已经～了,我们应诚恳地欢迎。

【毁家纾难】huǐjiāshūnàn 纾:缓解;消除。指拿出家产以救国难。《左传·庄公三十年》:“斗穀於菟(dòugòuwūtù,人名)为令尹,自毁其家,以纾楚国之难。”《宋史·度宗纪》:“暂当趋事赴功,毁家纾难,以赎门户之愆。”▷在国难当头的时候,有许多仁人志士舍生为国,～,爱国之心感天动地。☛“纾”不读 yú,“难”这里不读 nán。

【毁于一旦】huǐyúyīdàn 一旦:一天。指长期的成果,在很短时间内被毁掉。清·陈忱《水浒后传》第十五回:“垂成之功,岂可毁于一旦。”▷眼看着十年心血写成的手稿～,怎么叫人不痛心呢?

【毁誉参半】huǐyùcānbàn 毁:批评。誉:赞扬。指对同一事物或人,说好的说坏的各占一半。▷人们对小王的看法不一,可说是～吧。☛“参”这里不读 cēn、shēn。

【讳疾忌医】huìjíjìyī 讳:隐瞒。忌:怕。隐瞒疾病,惧怕医治。比喻掩饰缺点或错误,不愿改正。宋·朱熹《与田侍郎书》:“此须究其根源,深加保养,不可归咎求节,讳疾忌医也。”▷一个人要敢于正视错误,接受别人的批评、帮助,切不可～。

【讳莫如深】huìmòrúshēn 讳:隐瞒。原指隐讳越深越好;现指隐瞒得没有比这更深的了,即隐瞒很深,惟恐暴露。《谷梁传·庄公三十二年》:“讳莫如深,深则隐,苟有所见,莫如深也。”▷他个性孤僻，性格内向，一涉及个人生活问题就～，我们还要多关心他。

【诲人不倦】huìrénbùjuàn 诲：教导。教导别人而不知疲倦。《论语·述而》："子曰：'默而识之，学而不厌，诲人不倦，何有于我哉？'"▷王教授～，把全部精力都献给了教育事业。☛"诲"不读huǐ。

【诲淫诲盗】huìyínhuìdào 诲：诱导、引诱。原指祸由自招。现多指引诱他人干淫邪盗窃之类的坏事。《周易·系词上》："慢藏诲盗，冶容诲淫。"▷净化文化市场，必须彻底扫除～的黄色音像和书刊。

【绘声绘色】huìshēnghuìsè 绘：描绘。把人物的声音、神色都描绘出来。形容描写、叙述生动逼真。清·萧山湘灵子《轩亭冤》题词："绘声绘影样翻新，描写秋娘事事真。"▷他是讲故事的能手，每次讲起来都～，生动形象，很富有吸引力。☛"色"这里不读shǎi。

【贿货公行】huìhuògōngxíng 见"贿赂公行"。

【贿赂公行】huìlùgōngxíng 公开行贿受贿。《陈书·后主沈皇后张贵妃传》："阉（yān，太监）宦便佞之徒，内外交结，转相引进，贿赂公行，赏罚无常，纲纪瞀（mào，乱）乱矣。"▷那时候政治腐败，贪官当道，～，社会黑暗，民不聊生。☛不宜写作"贿货公行"。

【浑浑噩噩】húnhúnèè 浑浑：浑厚朴实的样子。噩噩：淳朴的样子。原形容浑厚朴质，现多形容愚昧无知或糊里糊涂。清·郑燮《范县署中寄舍弟墨第三书》："而春秋已前，皆若浑浑噩噩，荡荡平平，殊甚可笑也。"▷你整天～，不思进取，长此以往是很危险的。☛"浑"不要错写作"混""昏"。

【浑然天成】húnrántiānchéng 浑然：完整不可分割的样子。天成：天然形成。形容诗文或艺术创作完整和谐，看不出加工的痕迹。唐·韩愈《上襄阳于相公书》："阁下负超卓之奇材，蓄雄刚之俊德，浑然天成，无有畔岸。"▷苏州园林中的假山小池～，非常和谐。

【浑然一体】húnrányītǐ 浑然：完整不可分割的样子。指融合成一个不可分割的整体。明·李开先《原性堂记》："然斯道之在天下，其本形也，固浑然而一体。"▷暗门巧妙地镶嵌在墙壁上，门和墙～，使人很难看出。☛不要写作"混然一体"。

【浑水摸鱼】húnshuǐmōyú 在浑浊的水里摸鱼。比喻乘乱捞取好处。▷当时场面正乱，他认准是～的好时候，就挤进人群，乘机掏腰包。☛不宜写作"混水摸鱼"。

【魂不附体】húnbùfùtǐ 附：附着。灵魂不再依附于躯体。形容惊恐万分或心神不宁，失去常态。元·乔孟符《金钱记》第一折："一个女子也，生得十分大有颜色，使小生魂不附体。"▷在我军勇猛进攻面前，敌人吓得～，狼狈逃窜。

【魂不守舍】húnbùshǒushè 舍：指人的躯体。灵魂脱离了躯体。形容精神恍惚，神志昏乱。《红楼梦》第八十七回："（妙玉）怎奈神不守舍，一时如万马奔驰。"▷自从女儿失踪之后，她整天精神恍惚，～。☛"舍"这里不读shě。

【魂飞魄散】húnfēipòsàn 魂、魄：灵魂。灵魂离开肉体而飞散。形容极度惊恐。宋·刘宰《鸦去鹊来篇》："遂令着处听鸦鸣，魂飞魄散心如捣。"▷枪声一响，敌人便吓得～，举手投降了。☛"散"这里不读 sǎn。

【魂牵梦萦】húnqiānmèngyíng 在梦魂中还牵挂萦绕。形容思念情切，无法排遣。宋·刘过《四字令》词："思君忆君，魂牵梦萦。翠销香暖云屏，更那堪酒醒！"▷当她看到失散多年～的儿子时，不禁高兴得热泪盈眶。

【混淆黑白】hùnxiáohēibái 混淆：使界限模糊。把黑的白的搅和在一起，使人分辨不清。比喻故意制造混乱。晚清·章炳麟《致梁启超书》："盖党见纷争，混淆黑白。虽稍与立异者，犹不可保。"▷他们简直要闹到颠倒是非、～的程度，我们必须认真识别。☛"混"这里不读 hún。

【混淆视听】hùnxiáoshìtīng 混淆：使界限模糊。视听：看到的和听到的。用假象或谎言迷惑人，让别人分不清是非真假。▷这篇文章显然是在～，蛊惑人心。☛㊀"混"这里不读 hún。㊁不宜写作"淆乱视听"。

【混淆是非】hùnxiáoshìfēi 混淆：使界限模糊。是非：正确和错误。把错误的说成正确的，把正确的说成错误的，故意制造混乱。清·吴趼人《二十年目睹之怪现状》第九十八回："鱼肉乡里，倾轧善类，散布谣言，混淆是非。"▷他们抛出一个～的声明，妄图继续欺骗群众。☛"混"这里不读 hún。

【活灵活现】huólínghuóxiàn 活生生地出现在眼前。形容文章或讲话描绘得生动逼真。明·冯梦龙《醒世恒言》卷三十二："吕用之虽然爱那女色，性命为重，(明僧)说的活灵活现，怎的不怕？"▷这幅自画像画得真是～，生动逼真。

【活龙活现】huólónghuóxiàn 通常写作"活灵活现"。

【火上加油】huǒshàngjiāyóu 通常写作"火上浇油"。

【火上浇油】huǒshàngjiāoyóu 往火上倒油。比喻使人更加愤怒或使事态更加严重。元·无名氏《冻苏秦》第二折："你只该劝你那丈夫才好，你倒走上来火上浇油。"▷我心里正烦着呢，你就别再～了。

【火烧眉毛】huǒshāoméimáo 火烧到了眉毛。比喻情势危急，时间紧迫。宋·释普济《五灯会元》卷十六："问：'如何是急切一句？'师曰：'火烧眉毛。'"▷时间很紧迫，真是～呀，咱们赶快行动吧！

【火眼金睛】huǒyǎnjīnjīng 指经过修炼的眼睛。借指犀利敏锐、洞察一切的眼光。《西游记》第四十回："我老孙火眼金睛，认得好歹。"▷任何毒贩子都逃不过我们公安干警的～。

【火中取栗】huǒzhōngqǔlì 比喻替人冒险出力，自己受苦却一无所得。十七世纪法国作家拉·封登寓言《猴子和猫》中说：猴子叫猫去取炉火里烤着的栗子。栗子取出后被猴子吃了，猫不但没有吃着，还烧掉了爪子上的毛。▷你怕树上的大马蜂，叫我给你上树去摘桃子，这明明是～，我才不干呢！☛"栗"不要错写作"粟"(sù)。

【货真价实】huòzhēnjiàshí 货物地道，价钱实在。原为商业用语，现多比喻事物实在，没有虚假。清·文康《儿女英雄传》第十七回："这'喜怒哀乐'四个字，是个货真价实的生意，断假不来。"▷这个厂家的T恤衫倒是～的｜从他投靠敌人一事可以看出，他是一个～的汉奸。

【祸不单行】huòbùdānxíng 指不幸的事情常常接二连三地出现。常与"福无双至”连用。《水浒传》第三十六回：“宋江听罢，扯定两个公人，说道：‘却是苦也，正是福无双至，祸不单行。’”▷那年冬天，祖母死了，接着父亲又病了一场，真是～啊。

【祸福相倚】huòfúxiāngyǐ 倚：依存。指祸福二者互相依存，可以互相转化。《老子》第五十八章：“祸兮福之所倚，福兮祸之所伏。”《旧唐书·魏徵传》：“祸福相依，吉凶同域，唯人所召，安可不思。”▷那年，我们夫妻双双下岗，只好作点小生意。没想到买卖越做越大，生活也大大改善了，这可真应了～那句古话。

【祸国殃民】huòguóyāngmín 使国家受害，使人民遭殃。晚清·章炳麟《正学报缘起·例言》：“如去岁兖（yǎn）州之变，西报指斥疆臣，谓其祸国殃民，肉不足以啖狗彘。”▷鸦片战争以后，清政府腐败无能，不少朝廷官吏卖国求荣，～。

【祸起萧墙】huòqǐxiāoqiáng 萧墙：古代宫室内作为屏障的小墙，借指内部。比喻祸害起于内部。《论语·季氏》：“吾恐季孙之忧，不在颛臾（zhuānyú，国名），而在萧墙之内也。”晋·慕容垂《上苻坚表》：“臣才非古人，致祸起萧墙，身婴时难，归命圣朝。”▷很明显，这场兵变，是高层集团中个别人策动的，纯粹是～。☛“萧”不要错写作“肖”。

【豁达大度】huòdádàdù 豁达：性格开朗。大度：气量大。形容人胸怀开阔，度量大，能容人。晋·潘岳《西征赋》：“观夫汉高之兴也，非徒聪明神武，豁达大度而已也。”▷老王～，从不计较个人恩怨，人们都愿意跟他相处。☛“豁”这里不读 huō、huá。

【豁然贯通】huòránguàntōng 豁然：开阔或通达的样子。形容一下子明白了某个道理。宋·朱熹《大学章句》第五章：“至于用力之久，而一旦豁然贯通焉。”▷经老师扼要地点拨，我～，明白了这个理论的主旨。☛“豁”这里不读 huō、huá。

【豁然开朗】huòránkāilǎng 豁然：开阔的样子。形容由狭窄昏暗一下子变为开阔明朗；也形容一下子明白了某种道理而心情十分舒畅。晋·陶渊明《桃花源记》：“初极狭，才通人；复行数十步，豁然开朗。”▷听了你的解释，我～，弄懂了百思不解的问题。☛“豁”这里不读 huō。

J

【饥不择食】jībùzéshí 饥饿时顾不上挑选食物。比喻急需的时候顾不得选择。《水浒传》第三回:“饥不择食,寒不择衣,慌不择路,贫不择妻。”▷那时正在外地紧张地拍片。突然,灯光师病倒了,大家急得团团转,导演~,找来了当地一位电工帮忙。☛“择”这里不读 zhái。

【饥餐渴饮】jīcānkěyǐn 饿了就吃,渴了就喝。形容旅途的艰苦生活。《京本通俗小说·碾玉观音》:“四更以后,各带着随身金银物件出门。离不得饥餐渴饮,夜住晓行,迤逦来到衢(qú)州。”▷三位刑警一路上~,昼夜兼程,仅用了三天时间就把犯罪嫌疑人从广州抓了回来。☛“餐”不要错写作“歺”。

【饥肠辘辘】jīchánglùlù 辘辘:模拟车轮等转动的声音。饿得肚子里咕噜咕噜响。▷我们正在~时,几位老乡送来了大饼、鸡蛋和米汤。

【饥寒交迫】jīhánjiāopò 交迫:一齐逼迫。饥饿和寒冷一齐逼来。形容生活极其贫困。清·袁枚《续子不语》:“母呼其子曰:吾十数年来,饥寒交迫,不萌他念者,望汝成立室家,为尔父延一线也。”▷现在老百姓的生活一天比一天好,以前那种~的苦难日子一去不复返了。☛“迫”这里不读 pǎi。

【机不可失】jībùkěshī 机:时机,机遇。机遇不能失去(常与“时不再来”连用)。《宋书·蔡廓传》:“此万世一时,机不可失。”▷临行前,老局长语重心长地对我说:“小伙子,~,时不再来。要珍惜这次出国深造的机会呀!”

【机关算尽】jīguānsuànjìn 机关:周密而巧妙的计谋。形容费尽心机(含贬义)。《红楼梦》第五回:“机关算尽太聪明,反误了卿卿性命。”▷这个盗窃文物集团,虽然~,但在偷运过程中,还是露出了马脚。

【机关用尽】jīguānyòngjìn 通常写作“机关算尽”。

【鸡飞蛋打】jīfēidàndǎ 鸡飞了,蛋也打破了。比喻各方面都落空,一无所得。▷他在考试中作弊,结果~,既算零分,又被取消了考试资格。

【鸡零狗碎】jīlínggǒusuì 指琐碎的东西或事情。▷正经事情都干不完,你不要拿那些~的事情来干扰我。

【鸡毛蒜皮】jīmáosuànpí 比喻无关紧要的琐碎小事。▷他们俩为一些~的小事争吵起来了,这何必呢?

【鸡鸣狗盗】jīmínggǒudào 比喻微不足道的技能。也比喻偷偷摸摸,不干好事。《史记·孟尝君列传》记载:齐国孟尝君被扣留在秦国,秦昭王打算杀掉他。他的一个门客装做狗晚上潜入秦宫,偷出了他已献给秦王的白狐裘,献给秦王的宠姬,使孟尝君得以释放。随后,他的另一个门客深夜装鸡叫,又骗开了函谷关城门,他才脱险逃回齐国。宋·王安石《读孟尝君传》:“孟尝君特鸡鸣狗盗之雄耳,岂足以得士?”宋·罗大经《鹤林玉露》

卷七:"鲁仲连固不肯与鸡鸣狗盗者伍也,汲长孺固不肯与奴颜婢膝者齿也。"▷这个流氓头子手下养了一批～之徒,专干坏事。

【鸡犬不惊】jīquǎnbùjīng 鸡狗都没受到惊动。形容军纪严明。明·许仲琳《封神演义》第二十八回:"文王与子牙放炮起兵,一路上父老相迎,鸡犬不惊。"▷部队走到哪里,哪里～,秋毫无犯,深受广大人民群众的拥护和爱戴。

【鸡犬不宁】jīquǎnbùníng 鸡狗都得不到安宁。形容骚扰得很凶。唐·柳宗元《捕蛇者说》:"悍吏之来吾乡,叫嚣乎东西,隳(huī)突乎南北,哗然而骇者,虽鸡狗不得宁焉。"▷连日来,土匪抢劫,闹得村村～。☛不宜写作"鸡犬无宁"。

【鸡犬升天】jīquǎnshēngtiān 参看"一人得道,鸡犬升天"。

【鸡犬相闻】jīquǎnxiāngwén 鸡犬的叫声彼此都能听见。形容住处相距很近。《老子》第八十章:"鸡犬之声相闻,民至老死不相往来。"▷现在边境上两国边民来往频繁,过去那种～而长期隔绝的情况,早已不存在了。

【积非成是】jīfēichéngshì 积:积累。谬误一天天积累下去,到后来成了正确的。清·戴震《答郑丈用牧书》:"积非成是而无从知,先入为主而惑以终身。"▷有许多风俗是来源于封建迷信,久而久之,便～了。

【积毁销骨】jīhuǐxiāogǔ 积:积累。毁:诽谤。销:熔化。指诽谤的话积多了会致人于死地。《史记·张仪列传》:"众口铄(shuò,熔化)金,积毁销骨。"▷人们不是常说:～,人言可畏吗?但谎言总有一天会被戳穿的。☛不宜写作"积毁销金"。

【积劳成疾】jīláochéngjí 由于长期劳累积累下来而得了病。清·李汝珍《镜花缘》第九十六回:"文伯伯竟在剑南一病不起。及至他们兄弟赶到,延医诊治,奈积劳成疾,诸药不效,竟至去世。"▷徐老师长期埋头工作,～,但仍坚持在教学第一线,一天也不休息。

【积少成多】jīshǎochéngduō 一点一滴地积累,就会由少变多。《汉书·董仲舒传》:"聚少成多,积小致巨。"清·吴趼人《二十年目睹之怪现状》第四回:"可是数目是积少成多的。"▷这所小学发起了向灾区捐书的活动;你两本,他三本,～,最后把三千多册图书送到了灾区小朋友的手里。

【积水成渊】jīshuǐchéngyuān 水汇集起来可以成为深水潭。今比喻聚小成大。《荀子·劝学》:"积土成山,风雨兴焉;积水成渊,蛟龙生焉。"▷知识积累是一个～的过程。不断学习,不断积累,才能成为学识渊博的人。

【积微成著】jīwēichéngzhù 著:显著。不为人觉察的细微事物,积累多了,就很显著了。《荀子·大略》:"夫尽小者大,积微者箸(著),德至者色泽洽(qià,和谐),行尽而声问远。"▷好事情再小也要认真去做,只要这样长期坚持下去,就会～,作出大的贡献。

【积习成常】jīxíchéngcháng 习:习惯。常:平常的状态。指一种做法沿袭下来,成为习俗,也就变成平平常常的事了。北魏·郦道元《水经注·温水》:"暑亵(xiè,轻慢)薄日,自使人黑,积习成常,以黑为美。"▷他刚到这里时,对一些事情很不习惯,日子久了,～,也就适应了。

【积习难改】jīxínángǎi 多年积累下来的习惯很难改变。▷老韩抽烟已经有三十多年了，大家都以为～，哪知最近他一下子就戒掉了。

【积羽沉舟】jīyǔchénzhōu 沉舟：使船沉没。指羽毛虽轻，积累多了也能使船沉没。比喻积小患可以酿成大祸。《战国策·魏策一》："臣闻积羽沉舟，群轻折轴，众口铄金，故愿大王之熟计之也。"▷小错也不能放过；你应当知道～的道理，小错积多了也会对工作造成大的损害。

【积重难返】jīzhòngnánfǎn 指长期积累的弊病很难革除。清·赵翼《六朝清谈之习》："晋人虚伪之习，依然未改，且又甚焉；风气所趋，积重难返。"▷社会上的一些弊端，要及时革除，如果任其发展，很可能～。

【畸轻畸重】jīqīngjīzhòng 畸：偏。偏轻偏重。形容事物发展不均衡或采取的态度、措施有偏向，不合常理。清·黄六鸿《福惠全书》："丁与粮，无畸轻畸重之弊。"▷目前农村的科技推普工作存在着～的现象，发展很不平衡｜对学生违犯校规的处理要慎重，切忌～。☛"畸"不读qí，"重"这里不读chóng。

【激昂慷慨】jīángkāngkǎi 见"慷慨激昂"。

【激浊扬清】jīzhuóyángqīng 通常写作"扬清激浊"。

【及锋而试】jífēngérshì 及：趁。锋：指刀剑锐利。指趁士气旺盛时用兵作战。后比喻趁有利时机采取行动。清·梁章钜《楹联丛话·续四·杂缀》："磨厉以须，问天下头颅几许；及锋而试，看老夫手段如何。"▷现在，我国乒乓球运动员已经进入了最佳竞技状态，在世界杯比赛中～，定能大获全胜。

【及锋一试】jífēngyīshì 通常写作"及锋而试"。

【吉光片羽】jíguāngpiànyǔ 吉光：古代传说中的神兽名。神兽身上的一片羽毛。比喻残存的文物珍品。晋·葛洪《西京杂记》记载：汉武帝时西域进献一件贡品，是用吉光的毛皮做成的裘衣。这种裘放在水里数日不沉，放入火里烧不焦。明·王世贞《题三吴楷法》："此本乃故人子售余，为直(值)十千，因留置此，比于吉光之片羽耳。"▷保存至今的宋代善本书，都被人们视为～。

【吉人天相】jíréntiānxiàng 吉人：好人。相：帮助，保佑。好人自有苍天保佑(多用作安慰的话)。明·屠隆《彩毫记·展叟单骑》："夫人且自宽解，吉人天相，老爷必有个脱祸的日子。"▷您不必担心他这次远航，～，哪里就会遇到风暴呢？☛"相"这里不读xiāng。

【岌岌可危】jíjíkěwēi 岌岌：山高的样子；引申指危险的样子。形容局势非常危险。清·李宝嘉《文明小史》第三回："人声越发嘈杂，甚至拿砖头撞的二门冬冬的响，其势岌岌可危。"▷地震过后，这些房屋虽然没有倒塌，但也～了。

【即景生情】jíjǐngshēngqíng 见"触景生情"。

【佶屈聱牙】jíqūáoyá 佶屈：曲折。聱牙：拗口。形容文句艰涩，读起来不上口。唐·韩愈《进学解》："周《诰》(指《尚书》中的《大诰》《康诰》等)殷《盘》(指《尚书》中的《盘庚》)，佶屈聱牙。"▷这篇论文，语句艰涩，～，读起来真费劲。☛㊀"佶"不读jié。㊁不要写作"诘屈聱牙"。

【急不可待】jíbùkědài 非常紧急，不能再等待了。清·蒲松龄《聊斋志异·青娥》:“(母)逆害饮食,但思鱼羹,而近地则无,百里外始可购致。时厮骑皆被差遣,生性纯孝,急不可待,怀赀(资)独往。”▷录取通知书寄来了,他～地打开了信封,看完,高兴得跳了起来。

【急公好义】jígōnghàoyì 热心于公益事业,见义勇为。清·李宝嘉《官场现形记》第三十四回:“此次由上海捐集巨款,来晋赈济,急公好义,已堪嘉尚。”▷他是一个～的人,对社区事务非常热情。☛“好”这里不读 hǎo。

【急功近利】jígōngjìnlì 急于取得眼前的效果和利益。西汉·董仲舒《春秋繁露·对胶西王越大夫不得为仁》:“仁人者正其道,不谋其利;修其理,不急其功。”▷从事科学研究不能～,要有埋头苦干、长期坚持的思想准备。

【急流勇退】jíliúyǒngtuì 指船在湍急的水流中果断退回来。原比喻官场得意时果断地引退;今多比喻在顺境中及早抽身。宋·苏轼《赠善相程杰》诗:“火色上腾虽有数,急流勇退岂无人!”▷她获得了世界冠军称号后,有人劝她～,她却坚持训练,继续参加国际比赛。

【急起直追】jíqǐzhízhuī 马上振作起精神,径直赶上去。晚清·梁启超《饮冰室文集·说国风上》:“日本人最长于模仿性,常以不若人为耻,人之有善,则急起直追之若不及。”▷我在学习上不如李明,必须～,赶上并超过他。

【急人之困】jírénzhīkùn 指为别人有困难而着急,热心地帮助解决。《史记·魏公子列传》:“胜(赵胜)所以自附为婚姻者,以公子之高义,为能急人之困。”▷老孟最能～了,谁有困难,他都乐于帮助。

【急如星火】jírúxīnghuǒ 星火:流星的光。快得像一闪而过的流星。宋·王明清《挥麈(zhǔ)后录》卷二:“州县官吏,无却顾之心,竭泽而渔,急如星火。”▷丢失了汽车以后,他～,立即到派出所报了案。

【急于求成】jíyúqiúchéng 指不管客观实际,急于取得成效。▷我们对他要做耐心细致的思想工作,不能～。

【急中生智】jízhōngshēngzhì 智:智谋。在紧急的时候,突然想出解决困难的好办法。清·石玉昆《三侠五义》第二十三回:“不防那边树上有一樵夫正在伐柯,忽见猛虎衔一小孩。也是急中生智,将手中板斧照定虎头抛击下去,正打在虎背之上。”▷有个小伙伴掉进大水缸里了,司马光～,抱起一块石头,打破水缸,救出小伙伴。

【急转直下】jízhuǎnzhíxià 情况突然发生转折,并很快地顺势发展下去。晚清·梁启超《论各国干涉中国财政之动机》:“事变之来,急转直下,其相煎迫者未知所纪极。”▷甲方在占上风的情况下错走一步,乙方抓住不放,棋局～,甲方只得认输。☛“转”这里不读 zhuàn。

【疾恶如仇】jíèrúchóu 疾:憎恨。憎恨坏人坏事如同憎恨仇敌一样。《晋书·傅咸传》:“刚简有大节,风格峻整,识性明悟,疾恶如仇。”▷他～,勇于跟坏人坏事作斗争,受到了大家的赞誉。

【疾风暴雨】jífēngbàoyǔ 疾:猛烈。猛烈的风雨。比喻声势浩大,来势迅猛。《淮南子·兵略训》:“大寒甚暑,疾风暴雨。”▷广大农村开展了土地改革运动,其势如～。

【疾风知劲草】jífēngzhījìngcǎo 疾:迅

猛。劲：强劲有力。只有在迅猛的大风中，才能知道什么样的草最坚韧。比喻在艰苦危急的环境中，能显示出坚强不屈的品格。《宋书·顾觊(jì)之传》："疾风知劲草，严霜识贞木。"▷～，在最艰苦的石油大会战中，才真正显示出他的英雄本色。

【疾首蹙额】jíshǒucùé 疾首：头痛。蹙额：指皱眉。形容厌恶、痛恨的样子。宋·陆九渊《与徐子宜书》："良民善士，疾首蹙额，饮恨吞声，而无所控诉。"▷对于个别领导的官僚主义作风，群众无不～。

【疾言厉色】jíyánlìsè 疾：急速。说话急促，神色严厉。形容怒气冲冲。清·李宝嘉《官场现形记》第五十四回："那梅大老爷的脸色已经和平了许多，就是问话的声音也不像先前之疾言厉色了。"▷他～地质问业主："这些假药还放在柜台上出售，为什么？"

【集思广益】jísīguǎngyì 广：扩大。益：效益。汇集众人的智慧，采纳各种有益的意见。宋·许月卿《次韵陈肇芳竿赠李相士》诗："集思广益真宰相，开诚布公肝胆倾。"▷专家组召开了多次会议，～，才搞出了一个全面设计方案。

【集腋成裘】jíyèchéngqiú 腋：指狐狸腋下的毛皮。裘：皮衣。聚集狐狸腋下的毛皮就能缝制成珍贵的皮衣。比喻积少成多（含褒义）。清·文康《儿女英雄传》第三回："如今弄多少是多少，也只好是'集腋成裘'了。"▷别瞧不起这些废纸片，废塑料，～嘛，收集多了也有大用处。☛不宜写作"集腋为裘""众腋成裘"。

【嫉贤妒能】jíxiándùnéng 嫉妒德才比自己强的人。汉·荀悦《前汉纪》卷三："项羽嫉贤妒能，有功者害之，贤者疑之。"▷这个经理心胸狭窄，～，骨干纷纷离去。☛"嫉"不读jì。

【己所不欲，勿施于人】jǐsuǒbùyù，wùshīyúrén 欲：想，希望。自己不愿意的，不要强加给别人。《论语·卫灵公》："己所不欲，勿施于人。"▷你休息时，要求安静，那么，别人生病，你就不要又唱又跳，～嘛。

【济济一堂】jǐjǐyītáng 济济：形容人多。指很多有才能的人聚集在一起。清·归庄《静观楼讲义序》："今也名贤秀士，济济一堂。"▷专家学者～，共商我市发展大计。☛"济"这里不读jì，不要错写作"挤"。

【掎角之势】jǐjiǎozhīshì 掎角：指拉住腿抓住角。比喻分兵牵制或夹击敌人的阵势。《左传·襄公十四年》："譬如捕鹿，晋人角之，诸戎掎之，与晋踣(bó，使跌倒)之。"北齐·魏收《为侯景叛移梁朝文》："皆侯景叛戾，虚相陷诱，指成提挈之举，终无掎角之势。"▷三营驻守在县城西南，一营驻守在县城的东南，形成了～，完全堵住了敌人的逃路。☛"掎"不读qí，不要写作"犄"。

【戟指怒目】jǐzhǐnùmù 戟指：伸出食指中指，形如戟状，是指点人或骂人的动作。用手指指着人，睁大了眼睛。形容非常愤怒的样子。▷当把这几个恶贯满盈的罪犯押赴刑场时，一路上人们～。

【计出万全】jìchūwànquán 万全：非常周到安全。形容计谋非常周密稳妥，万无一失。清·刘鹗《老残游记》第十六回："我也没有长策，不过这种事情，其势已迫，不能计出万全的。"▷刑侦队长汇报了追捕计划，局长认为～，立刻批准了。

【计日程功】jìrìchénggōng 计：计算。

程:估量。功:成效。可以按日子来计算功效。形容进展快,成功指日可待。晚清·梁启超《中国法理学发达史论》:“法治国虽进不必骤,而得寸进尺,计日程功。”▷工程进展顺利,可以～。☛不要写作“计日成功”。

【计日而待】jìrìérdài 数着日期等待。形容已经为时不远。三国·蜀·诸葛亮《出师表》:“愿陛下亲之信之,则汉室之隆,可计日而待也。”▷他花了半年时间校稿,正式出版已～了。

【计上心来】jìshàngxīnlái 计谋涌上心头。元·马致远《汉宫秋》第一折:“眉头一皱,计上心来。”▷就在进退两难的时候,老张摸着脑门儿,～,拍一下桌子说:“大家听我的!”

【计无所出】jìwúsuǒchū 无计可施,指想不出好主意。宋·苏轼《拟侯公说项羽辞》:“汉王不怿(yì,高兴)者累日,左右计无所出。”▷李经理面临着公司倒闭的局面,～,毫无办法。

【记忆犹新】jìyìyóuxīn 过去的记忆,仍然非常清新,就像刚刚发生的一样。▷王老师给我们上第一堂课的情景,至今我们仍～。

【济寒赈贫】jìhánzhènpín 济:救济。赈:赈济。救济贫寒的人。《全相平话·乐毅图齐》:“吊(吊唁)死问孤,济寒赈贫,与百姓同甘共苦。”▷扶贫工作队总是把～的工作放在心上。☛“济”这里不读jǐ。

【济世之才】jìshìzhīcái 救助时世的才能。唐·杜甫《待严大夫诗》:“殊方又喜故人来,重镇还须济世才。”▷历史上像他这样身怀～而终生不能施展的人不少。☛“济”这里不读jǐ。

【既来之,则安之】jìláizhī,zéānzhī 既:已经。来之:使之来。安之:使之安。原意是既然已经使他们来了,就要让他们安下心来。后来指自己既然已经来了,就应该安下心来。《论语·季氏》:“夫如是,故远人不服,则修文德以来之。既来之,则安之。”元·吴昌龄《张天师》第一折:“既来之,则安之,仙子请坐,容小生递一杯酒咱。”▷～,你要安心在医院先把病治好,然后再考虑科研项目。☛“既”不要错写作“即”。

【既往不咎】jìwǎngbùjiù 既:已经。咎:责怪。指对过去做错的事情不再追究。《论语·八佾(yì)》:“成事不说(同‘悦’),遂事不谏,既往不咎。”▷你是初犯,可以～;如果再犯,就要从重处罚。

【继往开来】jìwǎngkāilái 往:过去。来:未来。指继承前人的事业,开辟未来的道路。明·王守仁《传习录》卷上:“文公精神气魄大,是他早年合下,便要继往开来。”▷初唐诗人陈子昂开创了诗歌创作新局面,是一位～的诗人。

【寄人篱下】jìrénlíxià 寄居在他人的篱笆下。比喻依附别人生活。《红楼梦》第九十回:“(薛蝌)想起邢岫烟住在贾府园中,终是寄人篱下,况且又穷,日用起居不想可知。”▷上中学时,我住在城里一个亲戚家,生活中有～之感。☛不宜写作“依人篱下”。

【加官进爵】jiāguānjìnjué 爵:爵位。旧指升官晋级。明·邵璨《香囊记·褒封》:“荫子封妻世应稀,加官进爵人争羡。”▷这个屡战屡败的将军,在这次战役中当了我军的俘虏,他～的美梦也随之破灭了。

【加人一等】jiārényīděng 加:超过。超过别人一等。形容才学出类拔萃。《旧唐书·陆象先传》："（崔）湜每谓人曰：'陆公（陆象先）加于人一等。'"▷李先生学识渊博，～。

【家长里短】jiāchánglǐduǎn 指琐细的家务事。《西游记》第七十五回："这一关了门，他再问我家长里短的事，我对不来，却不走了风，被他拿住？"▷省长下了车就到了李师傅家，问寒问暖，～地聊了起来。☛"长"这里不读 zhǎng，也不要错写作"常"。

【家常便饭】jiāchángbiànfàn 家中平常的饭食。比喻习以为常的事情。清·夏敬渠《野叟曝言》第十一回："吩咐小厮进内院去说：'就是家常便饭，收拾出来罢。'"▷偶尔打打麻将是可以的，把它当作～就很不好。

【家给人足】jiājǐrénzú 给、足：富裕充足。家家生活富裕，人人衣食丰足。《史记·商君列传》："道不拾遗，山无盗贼，家给人足。"▷现在，我们国富民强，～。☛"给"这里不读 gěi。

【家贫如洗】jiāpínrúxǐ 家里穷得像冲洗过的一样。形容一无所有，极其贫困。元·秦简夫《剪发待宾》第一折："小生幼习儒业，颇读诗书，争奈家贫如洗。"▷小时候，他～，全靠他妈妈给人当保姆供他上学。

【家破人亡】jiāpòrénwáng 家庭破败，亲人死亡。形容家庭惨遭不幸。宋·释道原《景德传灯录》卷十六："家破人亡，子归何处？"▷"九·一八"事变后，有多少百姓～啊！

【家徒四壁】jiātúsìbì 徒：仅仅。家里仅仅剩下四面墙。形容极其贫穷，一无所有。《汉书·司马相如传》："文君夜亡奔相如，相如乃与驰归成都。家徒四壁立。"▷二十年前，老孙头～，哪有钱供孩子上学？

【家弦户诵】jiāxiánhùsòng 弦：琴弦，代指用琴瑟伴奏吟唱诗歌。家家吟唱，户户朗读。形容优秀诗文深受群众喜爱。清·蒲松龄《聊斋志异·郭生》："时叶、缪诸公稿，风雅绝丽，家弦而户诵之。"▷不少优秀的唐诗宋词至今还广为流传，～。

【家学渊源】jiāxuéyuānyuán 家学：家中世代相传的学问。渊源：水源，比喻事物的根源。用来称赞别人的学问是家中世代相传的。清·李汝珍《镜花缘》第五十六回："他们二位都是家学渊源，此去定然连捷。"▷李教授出身国画世家，自幼学习国画，～。

【家喻户晓】jiāyùhùxiǎo 喻：明了。家家都明了，户户都知道。宋·楼钥《缴郑熙等免罪》："而遽有免罪之旨，不可以家喻户晓。"▷对《义务教育法》要加大宣传力度，一定要做到～。

【家贼难防】jiāzéinánfáng 指内部的坏人最难防范。宋·释惟白《续传灯录》卷三十："问：'自古至今同生同死时如何？'师曰：'家贼难防。'"▷真是～啊，没想到商业大厦盗窃案竟是内部的两名职工干的。

【嘉言善行】jiāyánshànxíng 通常写作"嘉言懿行"。

【嘉言懿行】jiāyányìxíng 嘉、懿：美好。美好的话语，高尚的行为。指能给人以教益的言行。宋·张孝祥《高侍郎夫人墓志铭》："与元祐诸公游，嘉言懿行，太夫人悉能记之。"▷先生学识渊博，品德高尚，其～给学生们留下深刻印象。

【戛然而止】jiáránérzhǐ 戛然：形容声音突然停止。声音突然停止。清·李海观《歧路灯》第十回："忽的锣鼓戛然而止，戏已煞却。"▷警笛声～，从警车上跳下来几十名武警战士，迅速地包围了大楼。☛"戛"不读 gā，不要错写作"嘎"。

【假公济私】jiǎgōngjìsī 假：借。济：使受益。假借公家的名义，谋取私人的利益。元·无名氏《陈州粜米》第一折："他假公济私，我怎肯和他干罢了也呵！"▷既然是办私事，就不应用公车，以避免～之嫌。☛"济"这里不读 jǐ。

【假手于人】jiǎshǒuyúrén 假：借。指借别人的手以达到自己的目的（含贬义）。《旧五代史·晋书·高祖记》："朕虽无德，自行敕后已是数月，至于假人于手，也合各有一件事敷奏，食禄于朝，岂当如是！"▷王允设计使吕布杀了董卓，这种～的办法用得高明。☛"假"这里不读 jià。

【假以辞色】jiǎyǐcísè 假：给予。指给对方以良好的言辞与和颜悦色的态度。清·蒲松龄《聊斋志异·仙人岛》："明珰与小生有拯命之德，愿少假以辞色。"▷他有点固执，但凭你三寸不烂之舌，～，也许能劝动他。☛"假"这里不读 jià。

【价廉物美】jiàliánwùměi 通常写作"物美价廉"。

【价值连城】jiàzhíliánchéng 价格相当于很多座城。形容某种物品价值极高，十分珍贵。《史记·廉颇蔺相如列传》记载：战国时，赵惠文王有宝玉叫和氏璧，秦昭襄王假称愿意用十五座城换取和氏璧。元·高明《琵琶记》："产得好玉，价值连城。"▷这些善本书～，要妥善保管。

【驾轻就熟】jiàqīngjiùshú 轻：指轻车。就：凭借。驾驶着轻车走熟路。比喻有经验，熟悉情况，做起事来比较容易。唐·韩愈《送石处士序》："若驷马驾轻车就熟路，而王良、造父（均为古代善于驾车的人）为之先后也。"▷调到这儿以后，我还是干我的老本行，～，该多好！

【嫁祸于人】jiàhuòyúrén 把祸害转嫁到别人身上。《南史·阮孝绪传》："己所不欲，岂可嫁祸于人？"▷老赵把文件丢失了，却～，说是别人弄丢的，这种行为太不道德了。

【嫁鸡随鸡】jiàjīsuíjī 比喻女子出嫁后，无论丈夫好坏，都要从一而终。宋·欧阳修《代鸠妇言》："人言嫁鸡逐鸡飞，安知嫁鸠被鸠逐。"《红楼梦》第八十一回："你难道没听见人说，'嫁鸡随鸡，嫁狗随狗'，那里个个都像你大姐姐做娘娘呢？"▷那种"～，嫁狗随狗"的封建意识早应涤荡干净。

【尖酸刻薄】jiānsuānkèbó 尖酸：说话带刺，使人难以接受。刻薄：冷酷无情，过分苛求。形容说话、待人不宽容不厚道。宋·陈抟《心相编》："愚鲁人说话尖酸刻薄。"▷这个人～，研究室里的人都不愿意跟他打交道。☛㊀"薄"这里不读 báo。㊁"刻"不要错写作"苛"。

【坚壁清野】jiānbìqīngyě 坚壁：加固营垒。清野：指转移居民和物资，收割已熟的谷物，使四野空无所有。这是对付优势的入侵之敌的一种策略。唐·狄仁杰《请罢百姓西戍疏勒等四镇疏》："坚壁清野，则寇无所得。"▷敌人来了，我们就来个～，使敌人吃不到粮食，喝不到水。

【坚定不移】jiāndìngbùyí 移：改变。形容立场、意志等稳定坚强，毫不动摇。宋·司马光《资治通鉴·唐纪·文宗开成五年》："陛下诚能慎择贤才以为宰相……推心委任，坚定不移，则天下何忧不理哉!"▷我们一定要～地贯彻计划生育这一基本国策。

【坚甲利兵】jiānjiǎlìbīng 甲:铠甲。兵:武器。坚固的铠甲,锐利的武器。借指优良的武器装备或装备精良的军队。《墨子·非攻》:"于此为坚甲利兵,以往攻伐无罪之国。"▷在变化莫测的国际环境中,我们仍然需要～,需要巩固的国防。

【坚忍不拔】jiānrěnbùbá 通常写作"坚韧不拔"。

【坚韧不拔】jiānrènbùbá 拔:动摇。形容意志坚强,不可动摇。宋·苏轼《晁错论》:"古之立大事者,不唯有超世之才,亦必有坚忍不拔之志。"▷在艰难困苦的环境中,他始终保持着～、乐观进取的精神。

【坚如磐石】jiānrúpánshí 磐石:大石头。形容团结、友谊等非常坚固,不可动摇。▷我们两国人民～的友谊是任何敌人也破坏不了的。☛"磐"不要错写作"盘"。

【坚贞不屈】jiānzhēnbùqū 贞:有节操。坚定而有气节,绝不屈服。▷我们要学习革命烈士在敌人面前～的高尚品格。

【间不容发】jiānbùróngfà 间:空隙。两者之间的空隙容不下一根头发。比喻离危险很近,事态非常紧急。汉·枚乘《上书谏吴王》:"其出不出,间不容发。"▷情况十分紧急,～,必须立刻决断。☛"间"这里不读 jiàn。"发"这里不读 fā。

【艰苦卓绝】jiānkǔzhuójué 卓绝:超过所有的。形容极其艰难困苦。▷经过了八年～的斗争,我们终于迎来了民族解放的曙光。

【艰难竭蹶】jiānnánjiéjué 蹶:摔倒。指艰难困苦。形容生活非常艰苦。▷战乱结束了,他一家也终于从～中挣扎了过来。

【艰难险阻】jiānnánxiǎnzǔ 险阻:阻塞险恶的地势。指地势艰险阻绝。比喻处境坎坷、艰险。宋·朱熹《朱子语类》卷三十三:"其间须有一路可通,只此便是许多艰难险阻。"▷这次沙漠探险,我们经历了不少～,终于取得了丰富的第一手资料|人生道路上,总要经历这样那样的～。

【监守自盗】jiānshǒuzìdào 监守:看管,这里指看管者。看管者偷自己所看管的财物。《明史·刑法志一》:"如监守自盗,赃至四十贯绞。"▷商场盗窃案已真相大白,竟是场内保安员～!

【兼而有之】jiānéryǒuzhī 指同时具有两个以上的事物。《墨子·法仪》:"以其兼而有之,兼而食之也。"▷如果我们要观赏奇松、怪石、云海和日出四大奇景,那么,～的黄山是最好的去处。

【兼权熟计】jiānquánshújì 兼:同时涉及几个方面。权:权衡比较。熟:表示程度深。指全面地比较衡量,深入地考虑。《荀子·不苟》:"见其可欲也,则必前后虑其可恶也者;见其可利也,则必前后虑其可害也者;而兼权之,熟计之,然后定其欲恶取舍。"▷这个设计方案,是经过全组技术人员～的,是比较成熟的。☛"熟"这里不读 shóu。

【兼容并包】jiānróngbìngbāo 容:吸纳。包:包含。把有关的各方面都吸纳包括进来。《史记·司马相如列传》:"故驰骛乎兼容并包,而勤思乎参天贰地。"▷哪家餐馆也不可能做出～全国各大菜系的菜。

【兼收并蓄】jiānshōubìngxù 蓄:储存。

把各种不同性质或内容的事物都吸纳保存下来。宋·朱熹《己酉拟上封事》："小人进则君子必退，君子亲则小人必疏，未有可以兼收并蓄而不相害者也。"▷蔡元培任校长时的北京大学，～，允许各学派代表人物登上讲台。

【兼听则明，偏听则暗】jiāntīngzémíng，piāntíngzéàn 通常写作"兼听则明，偏信则暗"。

【兼听则明，偏信则暗】jiāntīngzémíng，piānxìnzéàn 听取多方面的意见，就能明辨是非曲直；只听信一方面的话，就会糊里糊涂，是非不分。宋·司马光《资治通鉴·唐太宗贞观二年》："上（指唐太宗）问魏征曰：'人主何为而明，何为而暗？'对曰：'兼听则明，偏信则暗。'"▷"～"，多听一听各方的意见，有助于我们的正确决策。☛不宜写作"兼听则明，偏听则暗"。

【剪草除根】jiǎncǎochúgēn 通常写作"斩草除根"。

【见财起意】jiàncáiqǐyì 见到钱财而产生为非作歹的念头。《京本通俗小说·错斩崔宁》："说是一时见财起意，杀死亲夫，劫了十五贯钱，同奸夫逃走是实。"▷这个歹徒～，半路上杀死了那个到银行提款的人。

【见多识广】jiànduōshíguǎng 见到过的事多，知识面宽。清·李汝珍《镜花缘》第四十四回："多九公本是久惯江湖，见多识广，每逢谈到海外风景，竟是滔滔不绝。"▷老李不仅读过很多书，还到过许多地方，真是～，谈起各地民俗风情，如数家珍。

【见风使舵】jiànfēngshǐduò 通常写作"看风使舵"。

【见缝插针】jiànfèngchāzhēn 看见缝隙就把针插进去。比喻抓紧时机，利用一切可以利用的时间和空间。▷在北京开会期间，他～，去了一趟农科院，了解水稻研究的新成果。

【见怪不怪】jiànguàibùguài 看到奇异的事情而不以为奇怪。宋·洪迈《夷坚志·姜七家猪》："见怪不怪，其怪自坏！"▷到底是他见多识广，不管遇到什么事都～，总能给以合理的解释。

【见机行事】jiànjīxíngshì 指看准了时机立即行事；也指根据情况灵活处理。清·钱彩《说岳全传》第五十六回："元帅发令着曹宁出营，吩咐道：'须要见机行事。'"▷那里的情况千变万化，许多事不可能预先料到，你要小心谨慎，～。

【见利思义】jiànlìsīyì 看到有利可图要先想到道义。指廉洁自守，不贪非分之财。《论语·宪问》："见利思义，见危授命，久要（通'约'，穷困）不忘平生之言，亦可以为成人矣。"▷李检察长廉洁公正，～，在群众中享有很高的威望。

【见利忘义】jiànlìwàngyì 看到利益就不顾道义。《晋书·文明王皇后传》："（钟）会见利忘义，好为事端，宠过必乱，不可大任。"▷他是一个～的人，只要对他有利，什么缺德事都干得出来。以后少跟他交往。

【见猎心喜】jiànlièxīnxǐ 看见别人打猎，就引起自己打猎的兴趣。比喻只要触动他的喜好，就跃跃欲试。清·彭养鸥《黑籍冤魂》第十五回："他见主人涉足花丛，也未免见猎心喜，偷身出去，到花烟间走走。"▷他酷爱打篮球，每当看到篮球场上有打球的，总会～，不由自主地走过去。

【见钱眼开】jiànqiányǎnkāi 看见了钱财，就瞪大了眼睛。形容贪财好利。清·刘鹗《老残游记》第十八回："白公呵呵大笑道：'老哥没有送过人的钱，何以上台也会契重你？可见天下人不全是见钱眼开的哟。'"▷包工头知道他～，就投其所好，送上了一万元。

【见仁见智】jiànrénjiànzhì "仁者见仁，智者见智"的简缩。指对同一问题，由于各人观察的角度不同，见解也不相同。《周易·系辞上》："仁者见之谓之仁，知者见之谓之知（同'智'）。"清·杨豫成《劝戒词》："任人见仁见知，识大识小，开卷一一会悟之。"▷学术问题常常有～的现象，不同的见解互相切磋，互相促进，是有好处的。

【见微知著】jiànwēizhīzhù 微：不明显。著：明显。看到一点苗头，就能觉察出它的发展趋势。汉·袁康《越绝书·越绝德序外传记》："故圣人见微知著，睹始知终。"▷政治思想领域内，要做到～，把不好的倾向消灭在萌芽状态。

【见贤思齐】jiànxiánsīqí 齐：取齐，看齐。见到品德高尚的人，就想向他学习，跟他一样。《论语·里仁》："见贤思齐焉，见不贤而内自省也。"▷应当把品德高尚的人树为榜样，提倡～。

【见义勇为】jiànyìyǒngwéi 见到合乎正义的事情就勇敢地去做。《宋史·欧阳修传》："修（欧阳修）……天姿刚劲，见义勇为。"▷这位战士～，奋力抢救两名落水儿童，受到上级的嘉奖。

【见异思迁】jiànyìsīqiān 迁：改变。看到不同的事物就想变更主意。指志趣、喜好不专一。《管子·小匡》："少而习焉，其心安焉，不见异物而迁焉。"清·袁枚《小仓山房尺牍·与庆晴村都统》："名教中自有乐地，何必见异思迁。"▷他～，一年内两次改变专业，这样对学习没有任何好处。

【剑拔弩张】jiànbánǔzhāng 弩：一种利用简单机械力量射箭的弓。剑出鞘，弩张开。比喻形势非常紧张，有一触即发的态势。南朝·梁·袁昂《古今书评》："韦诞书如龙威虎振，剑拔弩张。"▷被围的两部分敌军为了争夺空投的粮食、给养，～，双方都架起了机关枪。

【剑树刀山】jiànshùdāoshān 刀剑像树和山一样并排矗立。原指佛教所说地狱中的酷刑，现比喻极其险恶的境地。宋·释普济《五灯会元》卷十五："曰：'如何是法？'师曰：'剑树刀山。'"▷这位农民起义领袖浑身是胆，面对～，毫无惧色，威风凛凛地闯了进去。

【渐入佳境】jiànrùjiājìng 佳境：美好的境界。逐渐进入美好的境界。也指兴味逐渐浓厚。《晋书·顾恺之传》："恺之每食甘蔗，恒自尾至本。人或怪之。云：'渐入佳境。'"《西游记》第八十二回："长老携着那怪，步赏花园，看不尽的奇葩异卉。行过了许多亭阁，真个是渐入佳境。"▷这部小说，看到中间儿才～，越往后看越精彩。

【鉴往知来】jiànwǎngzhīlái 鉴：借鉴。借鉴过去，就可推知未来。▷我们研究历史是要总结经验，～，正确把握社会发展方向。

【箭在弦上】jiànzàixiánshàng 箭已搭在弦上。比喻情势紧迫，不得不采取某种行动（常与"不得不发"连用）。《太平御览》引《魏书》记载：陈琳曾替袁绍写过一篇檄文，辱骂曹操的祖父和父亲。袁绍失败后，陈琳归附曹操。曹操问陈琳："君昔为本初(袁绍字本初)作檄书，但可罪孤而已，何乃上及父祖邪?"陈琳谢罪说："矢在弦上，不得不发。"▷我写这篇反驳文章也是迫不得已，～，不得不发。☛"弦"不读 xuán。

【江河日下】jiānghérìxià 江、河的水一天天地向下游流去。比喻事物日渐衰败，情况越来越糟。《宋史·王伯大传》："今天下大势如江河之决，日趋日下而不可挽。"清·李宝嘉《官场现形记》第二十九回："(佘小观)连连说道：'不瞒大帅说，现在的时势，实在是江河日下了!'"▷民族工商业在二十世纪三四十年代，～，日趋衰败。

【江郎才尽】jiāngláncáijìn 南朝文人江淹年轻时才华出众，年老文思渐衰，当时人说他"才尽"。后用以比喻文思枯竭。《梁书·江淹传》："淹少以文章显，晚节才思微退，时人皆谓之才尽。"梁·钟嵘《诗品·齐光禄江淹》："(淹)尔后为诗，不复成语，故世传江淹才尽。"▷他曾获得长篇小说一等奖。但后来没再写出好作品。难道他真的～了吗? ☛"才"不要错写作"材"。

【江山易改，本性难移】jiāngshānyìgǎi，běnxìngnányí 通常写作"江山易改，禀性难移"。

【江山易改，禀性难移】jiāngshānyìgǎi，bǐngxìngnányí 江山：借指国家政权。国家的政权容易更迭，而人的本性很难改变。明·冯梦龙《醒世恒言》卷三十五："常言道得好，江山易改，禀性难移。"▷都当了爸爸了，你还是这么贪玩，真是～!

【江心补漏】jiāngxīnbǔlòu 船到江心才修补漏洞。比喻采取补救措施已晚，无济于事。元·关汉卿《救风尘》第一折："恁时节船到江心补漏迟。"▷离全运会只有十几天了，才组织女子足球队。这样仓促上阵，不等于～吗?

【将错就错】jiāngcuòjiùcuò 将：顺着。指已经发现错了，索性顺着错误继续错下去。宋·释悟明《联灯会要·道楷禅师》："祖师已是错传，山僧已是错说，今日不免将错就错，曲为今时。"▷他订的是《儿童周报》，收到的却是《儿童报》，问邮局，营业员说是写错了。就只能～，等到明年再改过来吧。

【将功补过】jiānggōngbǔguò 将：用。用功绩弥补过失。《旧五代史·钱镠(liú)传》："既容能改之非，许降自新之路，将功补过，舍短从长。"▷虽然他犯了错误，但我们还是要热心地帮助他，给他～的机会。☛"将"这里不读 jiàng。

【将功赎罪】jiānggōngshúzuì 用功绩来抵偿罪过。《三国演义》第五十一回："望权记过，容将功赎罪。"▷只要你痛改前非，而且积极配合我们破案就可以～。☛"将"这里不读 jiàng。

【将功折过】jiānggōngzhéguò 通常写作"将功补过"。

【将计就计】jiāngjìjiùjì 指利用对方的计策反过来向对方使用计策。《水浒全传》第三十九回："只这封书上，将计就计，写一封假回书，教院长回去。"▷公安局长决定～，派小李伪装成受害人家属，去指定地点交款，以便把这几个绑架嫌疑人一网打尽。

【将心比心】jiāngxīnbǐxīn 将：用。用自己的心来比照别人的心。指设身处地替别人着想。明·汤显祖《紫钗记》第三十八出："太尉不将心比心，小子待将计就计。"▷对朋友要～，才能建立真正的友谊。

【将信将疑】jiāngxìnjiāngyí 有点相信，又有点怀疑。唐·李华《吊古战场文》："其存其没，家莫闻知；人或有言，将信将疑。"▷听到这个传闻后，他～，不敢贸然从事，就派了一个人去打探一下虚实。

【将欲取之，必先与之】jiāngyùqǔzhī，-bìxiānyǔzhī 将欲：将要。与：给。要想从他那里取得东西，一定要先给他东西。《战国策·魏策一》："将欲取之，必姑与之。"唐·刘知己《史通·宋略》："羡（徐羡之）亮（傅亮）威权震主，负芒猜忌，将欲取之，必先与之。"▷要想吸引他们来本地区投资，就要提供必要的优惠条件，～嘛。

【姜太公钓鱼，愿者上钩】jiāngtài-gōngdiàoyú，yuànzhěshànggōu 姜太公：名尚，字子牙，西周初年帮助周武王伐纣的功臣。比喻上圈套或同意做某事完全出于自愿。《武王伐纣平话》卷中："姜尚因命守时，直钩钓渭河之鱼，不用香饵之食，离水面三尺，尚自言曰：'负命者上钩来！'"明·叶良表《分金记·强徒夺节》："自古道得好：'姜太公钓鱼，愿者上钩'。不愿，怎强得他。"▷我这里就是这些工作，你要愿意来就来，完全自愿，这也叫做"～"。

【匠石运斤】jiàngshíyùnjīn 斤：斧子。比喻技艺高超。《庄子·徐无鬼》记载：楚国有个人刷墙时，小灰点溅落在鼻尖上。有个名叫"石"的木匠抡起斧子砍下去，结果灰点砍掉了，那个人的鼻子一点也没受伤。▷制作这座牙雕塔的老师傅，技艺精湛，堪称～。

【匠心别具】jiàngxīnbiéjù 通常写作"别具匠心"。

【匠心独运】jiàngxīndúyùn 匠心：工匠的巧妙构思。运：运用。独创性地运用巧妙的构思。清·平步青《霞外捃（jùn，拾取）屑·王弇州文》："文之模拟龙门（指司马迁），似有套括填写者，使人厌弃；至匠心独运之作，色韵古雅，掌故淹通，实足与荆川（指唐顺之）方驾。"▷你看公园里那一尊尊雕像，个个栩栩如生，～。

【交口称誉】jiāokǒuchēngyù 交口：大家一起说。指大家同声称赞。《元史·王利用传》："利用幼颖悟，弱冠与魏初同学，遂齐名，诸名公交口称誉之。"▷他任职以来，的确办了不少好事，受到群众～。

【交口称赞】jiāokǒuchēngzàn 通常写作"交口称誉"。

【交浅言深】jiāoqiǎnyánshēn 指对交情不深的人却推心置腹地深谈。《后汉书·崔骃（yīn）传》："骃闻，交浅而言深者，愚也。"▷他没有社会经验，对初次相见的人，～，显得过于幼稚。

【交头接耳】jiāotóujiēěr 头挨在一起，凑在耳边低声说话。元·关汉卿《单刀会》第三折："大小三军，听吾将令：甲马不许驰骤，金鼓不许乱鸣，不许交头接耳，不许语笑喧哗。"▷上课要专心听讲，不要～，有话下课再说。

【娇生惯养】jiāoshēngguànyǎng 娇：宠爱。惯：纵容。在宠爱和纵容中生长。《红楼梦》第七十七回："原是想他自幼娇生惯养的，何尝受过一日委屈。"▷这孩子从小～，受不了委屈，吃不了苦。☛"娇"不要错写作"骄"。

【娇小玲珑】jiāoxiǎolínglóng 娇嫩小

巧。清·曾朴《孽海花》第四回："衾里面，紧贴身朝外睡着个娇小玲珑的妙人儿。"▷这个女孩，身材～，像个体操运动员。

【骄兵必败】jiāobīngbìbài 骄傲轻敌的军队必定打败仗。《汉书·魏相传》："恃国家之大，矜民人之众，欲见威于敌者，谓之骄兵，兵骄者灭。"清·陈端生《再生缘》第六回："骄兵必败从来说，小视朝鲜恐损军。"▷敌军老虎团是有名的王牌部队，装备精良，气焰嚣张得很；但是，～，我们要一举消灭它，打出咱们的威风来。

【骄奢淫佚】jiāoshēyínyì 通常写作"骄奢淫逸"。

【骄奢淫逸】jiāoshēyínyì 逸：放荡。骄横奢侈，荒淫无度。《左传·隐公三年》："骄奢淫泆(通"佚""逸")，所自邪也。"▷这些人整天过着花天酒地、～的生活。

【胶柱鼓瑟】jiāozhùgǔsè 瑟：古乐器。柱：瑟上调节弦音高低的短木。用胶把柱粘住然后奏瑟。比喻拘泥固执而不知变通。《史记·廉颇蔺相如列传》："王以名使括(赵括)，若胶柱而鼓瑟耳。括徒能读其父书传，不知合变也。"▷社会在发展，理论也要随之发展。如果我们～，让理论成为死教条，那么，这样的理论是毫无用处的。

【蛟龙得水】jiāolóngdéshuǐ 蛟、龙：古代传说中的两种动物，蛟能发洪水，龙能兴云雨。传说蛟龙得水后就能兴云作雨，飞腾上天。比喻得到施展才能的机会。《管子·形势解》："蛟龙得水而神可立也。"▷老李调到设计院后，专业对口，群众关系又好，真如～，终于有了大展才华的机会。

【焦头烂额】jiāotóulàné 烧焦了头，烧烂了额。比喻处境极为窘迫狼狈。宋·陆游《戍卒说沉黎事有感》："焦头烂额知何补，弭患从来贵未形。"▷这个月，工作出现了不少问题，解决起来还很棘手，搞得我～。

【狡兔三窟】jiǎotùsānkū 窟：洞穴。狡猾的兔子有三个洞穴。比喻多准备一些藏身之处或退路，便于逃避祸害。《战国策·齐策四》："狡兔有三窟，仅得免其死耳。"▷他准备了几个处所，藏匿赃物和逃避追捕，但这个～的小伎俩，逃不过公安人员的眼睛。

【狡兔死，走狗烹】jiǎotùsǐ，zǒugǒupēng 参看"兔死狗烹"。

【矫揉造作】jiǎoróuzàozuò 矫：使弯的变成直的。揉：使直的变成弯的。造作：做作，不自然。形容故意做作，极不自然。清·李汝珍《镜花缘》第三十二回："他们原是好好妇人，却要装作男人，可谓矫揉造作。"▷这个演员的表演太～了，给人不真实的感觉。☛"矫"不要错写作"娇"，也不读 jiāo。

【矫枉过正】jiǎowǎngguòzhèng 矫：使弯的变直。枉：弯曲。指矫正弯曲的东西，超越了限度，反而又弯向另一面。比喻纠正错误和偏向却超过了限度。《隋书·酷吏传序》："汉革其风，矫枉过正。"▷做任何事情都要掌握一个"度"，不能～。☛"矫"不读 jiāo。

【脚踏实地】jiǎotàshídì 脚踩在实地上。比喻办事踏实，不浮躁。宋·邵伯温《邵氏闻见录》卷十八："君实(司马光)脚踏实地人也。"▷我们科长工作一向～，认真负责。☛"踏"这里不读 tā。

【叫苦不迭】jiàokǔbùdié 不迭：不停止。不停地叫苦。形容非常痛苦。《大宋宣和遗事》："徽宗叫苦不迭，向外榻上忽然惊觉来，吓得浑身冷汗。”▷他们一天干十几个小时的活儿，个个～。☛“迭”不是“叠”的简化字。

【叫苦连天】jiàokǔliántiān 连天：形容接连不断。形容不断地诉说痛苦。明·冯梦龙《喻世明言》卷三十六：“王恺大惊，叫苦连天。”▷工厂噪音污染、烟尘污染都很严重，附近居民～。

【教无常师】jiàowúchángshī 常：固定。教育没有固定的老师。指凡有一技之长的人都是老师。晋·潘岳《归田赋》：“教无常师，道在则是。”▷李教授常常告诫自己的学生：～，处处有学问，不应拘泥向一位老师学习。☛“教”这里不读 jiāo。

【教学相长】jiàoxuéxiāngzhǎng 指教和学相辅相成，互相促进，共同提高。《礼记·学记》：“是故学然后知不足，教然后知困。知不足，然后能自反也；知困，然后能自强也。故曰教学相长也。”▷～是我国古代教育的好传统，教和学、师和生就应该互相促进，共同提高。☛“教”这里不读 jiāo。“长”这里不读 cháng。

【皆大欢喜】jiēdàhuānxǐ 人人都非常高兴、满意。《金刚经》：“皆大欢喜，信受奉行。”▷有些部门评奖过多过滥，人人有份，～。

【接二连三】jiēèrliánsān 一个连着一个。形容接连不断。《红楼梦》第一回：“于是，接二连三，牵五挂四，将一条街烧得如火焰山一般。”▷一上午，办公室～地接到咨询电话。

【接踵而来】jiēzhǒngérlái 踵：脚后跟。接踵：后边的人的脚尖接着前边的人的脚后跟。形容一个跟着一个地来到。清·曾朴《孽海花》第二十五回：“当此内忧外患接踵而来，老夫子系天下人望，我倒可惜他多此一段闲情逸致！”▷自建立了市长接待日以来，找市长解决问题的、告状的、提建议的人～。

【接踵而至】jiēzhǒngérzhì 通常写作“接踵而来”。

【揭竿而起】jiēgānérqǐ《史记·陈涉世家》记载：秦朝末年，陈胜、吴广领导农民起义时，“斩木为兵（武器），揭（举）竿（竹竿）为旗。”后用“揭竿而起”指人民武装起义。清·李宝嘉《南亭笔记》卷七：“李长寿揭竿而起，据有城池。”▷历史上有许多农民～，走上武装反抗的道路。☛“竿”不要错写作“杆”。

【嗟来之食】jiēláizhīshí 嗟来：招呼声，相当于“喂”。指带有侮辱性的施舍。《礼记·檀弓下》记载：春秋时齐国闹饥荒，黔敖（人名）准备了食物放在路边。有一个饥饿的人走来了，黔敖对他喊：“嗟！来食！”饥饿的人说：“予唯不食嗟来之食，以至于斯也（意思是我正因为不吃‘嗟来之食’才饿成这个样子）。”终于不食而死。《后汉书·列女传》：“妾闻志士不饮盗泉之水，廉者不受嗟来之食，况拾遗求利以污其行乎！”▷那些没有气节、没有自尊的人，才会接受～。☛“嗟”不读 chà、jué。

【街谈巷议】jiētánxiàngyì 大街小巷里人们的闲谈议论。汉·张衡《西京赋》：“若其五县游丽辩论之士，街谈巷议，弹射臧否，剖析毫厘，擘肌分理。”▷精简机构分流人员的消息，成为～的话题传开了。

【街头巷尾】jiētóuxiàngwěi 泛指大街小巷。宋·释惟白《续传灯录》卷三：“曰：‘如何是学人转身处？’师曰：‘街头巷尾。’”▷这个消息传得很快，～，议论纷纷。

【孑然一身】jiérányīshēn 孑然:孤单的样子。孤孤单单一个人。宋·李昉(fǎng)《太平广记·柳芳》引《定命录》:“柳子合无兄弟姊妹,无庄田资产,孑然一身,羁旅辛苦甚多。”▷他无亲无故,~,境况很凄凉。

【节哀顺变】jiéāishùnbiàn 节制哀伤,顺应变故。多用作慰问吊丧之辞。《礼记·檀弓下》:“丧礼,哀戚之至也;节哀,顺变也,君子念始之者也。”▷惊悉老伯逝世,十分悲痛,望保重身体,~。

【节外生枝】jiéwàishēngzhī 枝节上又长出枝杈。比喻在原有的问题之外又滋生出新问题。元·杨显之《潇湘雨》第二折:“兀的是闲言语甚意思,他怎肯道节外生枝。”▷谈判已近结束,但对方又~,有意拖延时日。☛“节”这里不读 jiē。

【节衣缩食】jiéyīsuōshí 节省穿的,缩减吃的。泛指节俭。宋·魏了翁《杜隐君希仲墓志铭》:“试有司弗合,浮湛(沉)间里,节衣缩食,以经理其生。”▷他把~积攒的五万元,都捐给了“希望工程”。

【劫富济贫】jiéfùjìpín 抢夺富人的财物来接济穷人。清·曾朴《孽海花》第三十五回:“老汉平生最喜欢劫富济贫,抑强扶弱,打抱不平。”▷封建统治者污蔑农民起义军是杀人放火的强盗,而人民群众则赞誉他们是~的好汉。

【洁身自爱】jiéshēnzìài 通常写作“洁身自好”。

【洁身自好】jiéshēnzìhào 洁身:使自身清白。自好:自爱。指珍爱自身的纯洁,不同流合污。清·方苞《四君子传·刘齐》:“自齐归,其友亦次第归,太学生虽有洁己自好者,而气概不足动人,清议遂由是消委云。”▷他虽在领导岗位上工作了几十年,但向来~,克己奉公。☛“好”这里不读 hǎo。

【结党营私】jiédǎngyíngsī 党:指小集团。结成小集团以谋取私利。清·李汝珍《镜花缘》第七回:“昔日既与叛逆结盟,究非安分之辈。今名登黄榜,将来出仕,恐不免结党营私。”▷这些权贵~,培植个人党羽,是一群作恶多端的坏人。☛不宜写作“植党营私”。

【结发夫妻】jiéfàfūqī 结发:束发,指刚成年。指刚成年就结婚的夫妻。汉·苏武《诗四首》:“结发为夫妻,恩爱两不疑。”▷他们是~,多年来始终相敬如宾,十分恩爱。☛“发”这里不读 fā。

【桀骜不驯】jiéàobùxùn 桀骜:凶暴倔强。凶暴倔强不顺从。清·文康《儿女英雄传》第十八回:“只是生成一个桀骜不驯的性子,顽劣异常。”▷这个人一向~,不管什么人劝导,他从来不听。

【桀犬吠尧】jiéquǎnfèiyáo 桀:夏朝末代暴君。尧:传说中远古时代的圣君。夏桀的狗冲着尧乱叫。比喻奴才为主子效劳,不问好坏善恶,只听从主人的命令。《战国策·齐策六》:“跖之狗吠尧,非贵跖而贱尧也,狗固吠非其主也。”▷当时有一批御用文人恶毒攻击鲁迅,遭到进步作家的痛斥,这些人只能是~,徒留骂名。

【捷足先登】jiézúxiāndēng 捷:快。比喻行动迅速的人最先达到目的。清·叶稚斐《吉庆图传奇·会赴》:“所谓秦人失鹿,捷足先登。”▷他早就看中了小李的才华,可是正要聘用时,别的公司~,已经跟小李签订了合同。☛不宜写作“疾足先得”。

【截长补短】jiéchángbǔduǎn 截:切

断。切下长的补短的。比喻以长处补短处。宋·度正《条奏便民五事》："旧城堙废之余，截长补短，可得十之五，为工约二万余工。"▷这两个小组，一组干得好而不快，另一组却快而不好。我们应该互相～，使活干得既快又好。

【截然不同】jiéránbùtóng 形容两者差别明显，毫无共同之处。清·黄宗羲《南雷文案·余姚至省下路程沿革记》："是故吾邑风气朴略，较之三吴，截然不同，无他，地使之然也。"▷这两家商店，服务态度～，一家周到热情，另一家却冷若冰霜。

【竭泽而渔】jiézééryú 竭泽：使湖泊池水枯竭。渔：捕鱼。比喻只图眼前利益，不考虑将来发展。《吕氏春秋·义赏》："竭泽而渔，岂不获得，而明年无鱼。"▷把全年的利润全都花光，而不考虑明年的科技投入，这种～的做法是错误的。☛㊀"渔"不要错写作"鱼"。㊁不宜写作"涸泽而渔"。

【解甲归田】jiějiǎguītián 甲：古代战士穿的护身装。脱下战服，回家种田。指将士退伍回乡。▷这位老战士～后，上山植树造林，绿化家乡。☛"解"这里不读 xiè，也不要错写作"卸"。

【解铃还须系铃人】 jiělínghuánxūxìlíngrén 系：结、拴。比喻出了问题还得由造成问题的人去解决。明·瞿汝稷《指月录》记载：法眼禅师问众和尚：谁能把拴在老虎脖子上的金铃解下来？众人无言答对。泰钦禅师答道："系者解得。"意思是原先把铃系上去的人能解下来。明·王錂(líng)《春芜记·忤奸》："常言道解铃须用系铃人，当初是他两个说他进去，如今依先要这两个说他出来。"▷当初，是你把她气跑的，～，要她回来，还得你去请。☛"系"这里不读 jì。

【解铃系铃】jiělíngxìlíng 参看"解铃还须系铃人"。

【解民倒悬】jiěmíndàoxuán 解：解救。倒悬：人被头朝下倒挂着，比喻处于极其困苦危急之中。指把正在受苦受难的百姓解救出来。《孟子·公孙丑上》："民之悦之，犹解倒悬也。"▷共产党领导人民推翻三座大山，～，受到人民群众的衷心拥护。

【解囊相助】jiěnángxiāngzhù 囊：口袋。打开口袋拿出钱来，帮助他人。形容慷慨助人。▷全国开展了救灾工作，各地群众纷纷～。

【解衣推食】jiěyītuīshí 推：让给别人。脱下衣服送给别人穿，让出食物给别人吃。形容慷慨助人。《陈书·华皎传》："时兵荒之后，百姓饥馑，皎解衣推食，多少必均。"▷老郭热心肠，常常～，帮助周围有困难的人。

【疥癣之疾】jièxuǎnzhījí 通常写作"癣疥之疾"。

【借刀杀人】jièdāoshārén 比喻自己不出面而利用别人去陷害人。明·汪廷讷《三祝记·造谄》："恩相明日奏(范)仲淹为环庆路经略招讨使，以平(赵)元昊，这所谓借刀杀人。"▷周瑜借蒋干之手传递一封假秘函，除掉曹操两个水军首领，巧妙地运用了～之计。

【借古讽今】jiègǔfěngjīn 假借古代的人和事，影射现实社会。▷杜牧在《阿房宫赋》中借用秦始皇修阿房宫的史实，来讽喻晚唐统治者的奢靡之风，这就是～的手法。

【借花献佛】jièhuāxiànfó 比喻拿别人

的东西做人情。元·萧德祥《杀狗劝夫》楔子："既然哥哥有酒，我们借花献佛，与哥哥上寿咱。"▷这点土特产是别人送的，我也是～，请品尝品尝吧。

【借酒浇愁】jièjiǔjiāochóu 借饮酒来排遣心中的愁闷。清·杨潮观《吟风阁杂剧·贺兰山谪仙赠带》："今日里，是借酒浇愁，还是个酒逢知己？"▷这些天来，他常常去饭馆，独自一人～，喝得酩酊大醉。

【借尸还魂】jièshīhuánhún 迷信认为人死后灵魂可以依附于他人尸体而复活。现比喻已经消亡的事物假借别的名义重新出现。元·无名氏《碧桃花》第三折："谁想有这一场奇怪的事，那徐碧桃已着他借尸还魂去了。"▷有些封建迷信货色今天又打着"科技"的幌子～了。

【借题发挥】jiètífāhuī 假借一个题目来表达自己真正的意思。清·吴趼人《痛史》第七回："我触动起来，顺口骂他两句。就是你们文人说的，什么'借题发挥'的意思呢。"▷你认为公司对职工生活不关心，可以直接提出来，抓住一个灯泡没换大发雷霆，～，这不好。

【借箸代筹】jièzhùdàichóu 箸：筷子。筹：筹策，古代计算用具。指为别人出谋划策。《史记·留侯世家》记载：秦末，楚汉相争，郦食其（lìyìjī）建议刘邦立六国的后代为王，共同攻楚。刘邦吃饭的时候，张良进来了。刘邦征求张良的意见，张良认为此计不可行，说："臣请藉前箸为大王筹之（借用筷子作为筹策替大王来比划当时的形势）。"▷晚上到老友家去，他说要买所房子，我就～，给他出了个好主意。

【斤斤计较】jīnjīnjìjiào 斤斤：明察。指在小事、小利上过分计较。清·刘坤一《复吴清臣》："该镇以专阃（kǔn）大员，于一利字，斤斤计较，不胜纠缠，颇有逼人难堪之处。"▷他对个人得失过于～，因此跟大家的关系搞得很紧张。☛"较"不读 jiǎo。

【今非昔比】jīnfēixībǐ 现在不是过去所能比得上的。形容变化极大。元·关汉卿《谢天香》第四折："小官今非昔比，官守所拘，功名在念，岂敢饮酒。"▷二十年，家乡发生了巨变，真是～呀！

【今是昨非】jīnshìzuófēi 现在是对的，以前错了。晋·陶渊明《归去来辞》："实迷途其未远，觉今是而昨非。"▷在大家的感召下，他终于认识到～，决心改过自新。

【今朝有酒今朝醉】jīnzhāo yǒujiǔjīnzhāozuì 比喻只图眼前享受，不考虑以后的事。唐·权审《绝句》诗："得即高歌失即休，多悲多恨慢悠悠。今朝有酒今朝醉，明日愁来明日愁。"▷花钱过日子要有长远打算，可不能～，明日无钱明日愁哇。☛"朝"这里不读 cháo。

【金蝉脱壳】jīnchántuōqiào 金蝉：蝉的美称。蝉的幼虫变为成虫时要蜕下壳。比喻制造或利用假象，乘对方不备脱身逃走。《西游记》第二十回："这个叫做'金蝉脱壳计'，他将虎皮盖在此，他却走了。"▷在追兵逼近的时候，他想出个～的办法，造成南逃的假象，脱身向西逃跑。☛"壳"这里不读 ké。

【金城汤池】jīnchéngtāngchí 金城：像金属铸造一般的城墙。汤池：像流着沸水一样的护城河。形容城池坚固，很难攻下。《晋书·段灼传》："人心苟和，虽三里之城，五里之郭，不可攻也；人心不和，虽金城汤池，不能守也。"清·俞万春《荡寇志》第九十二回:“真是个金城汤池,一方雄镇。”▷这座城,就是用现代军事观点看,也是易守难攻的;在古代自然是座~了。

【金戈铁马】jīngētiěmǎ 金戈:古代兵器戈的美称。铁马:披有铁甲的战马。借指战争或戎马生涯;也形容威武雄壮的军队。《新五代史·唐书·李袭吉传》:“金戈铁马,蹂践于明时。”宋·辛弃疾《永遇乐·京口北固亭怀古》词:“想当年金戈铁马,气吞万里如虎。”▷这位老将军半辈子~,南征北战,立下了赫赫战功。

【金科玉律】jīnkēyùlǜ 科、律:法律条文。原指尽善尽美的法规条令;现比喻必须遵循不能变更的信条或准则。清·李海观《歧路灯》第一百零三回:“他把他家里那种种可笑规矩,看成圣贤的金科玉律。”▷不能把凡是印在书本上的都当作~,那样会束缚我们的思想。

【金口玉言】jīnkǒuyùyán 原指皇帝所说的话,后泛指不可更改的话(含讽刺意味)。明·冯梦龙《醒世恒言》卷二:“拜舞已毕,天子金口玉言,问道:‘卿是许武之弟乎?’晏、普叩头应诏。”▷我虽然是一市之长,但也不能把我的话当成什么“~”,一律照办。

【金瓯无缺】jīnōuwúquē 金瓯:金质或金属酒杯。比喻疆土、国土。喻指国家的疆土完整无缺。明·徐宏祖《徐霞客游记·黔游日记》:“但各州之地,俱半错卫屯,半沦苗孽,似非当时金瓯无缺矣。”▷清朝腐败无能,丧权辱国,割让领土,这还谈得上什么~吗? ☛“瓯”不要错写作“欧”。

【金石为开】jīnshíwéikāi 像金属、石头一样坚硬的东西都被打开了。比喻坚强的意志或真诚的心意能产生巨大的力量,改变局面。常同“精诚所至”连用。晋·葛洪《西京杂记》卷五:“至诚则金石为开。”▷公司董事长三次登门拜访李院士,精诚所至,~,李先生为诚意所感动,终于同意担任公司的总顾问。☛“为”这里不读 wèi。

【金石之交】jīnshízhījiāo 像金属、石头那样牢固的友谊。宋·邵雍《把手吟》:“金石之交,死且不朽;市井之交,自难长久。”▷他俩幼年同窗,三十多年来患难与共,可谓~。☛不宜写作“金石至交”。

【金童玉女】jīntóngyùnǚ 道教指在神仙身边服侍神仙的童男童女。元·李好古《张生煮海》第一折:“金童玉女意投机,才子佳人世罕稀。”▷在联欢晚会上,自然少不了这一对~的二重唱了。

【金屋藏娇】jīnwūcángjiāo 形容娶妻或纳妾。《汉武故事》记载:汉武帝刘彻儿时,长公主刘嫖(piáo)遍指侍女说:“与子作妇,好否?”刘彻都认为不行。最后,刘嫖指着她自己的女儿问道:“阿娇好不(否)?”刘彻笑着说:“若得阿娇作妇,当作金屋(华美的房屋)贮(储藏)之也。”清·黄小配《廿载繁华梦》第二十三回:“所以当时佘老五恋着雁翎,周庸祐也恋着雁翎,各有金屋藏娇之意。”▷这个香港老板不仅在这里经营着一家大公司,还买了一幢房子~。

【金相玉质】jīnxiàngyùzhì 相:外貌。质:本质。形容人或物外表和内在品质都十分完美。汉·王逸《离骚经章句叙》:“所谓金相玉质,百世无匹,名垂罔极,永不刊灭者也。”《周书·苏绰传》:“若刀笔之中而得志行,是则金相玉质,内外俱美,实为人宝也。”▷乐府诗《陌上桑》里描写了一位～的女子形象。☛"相"这里不读 xiāng。

【金玉良言】jīnyùliángyán 像黄金和美玉一样的好话。形容非常有益的教诲和劝诫。清·李宝嘉《官场现形记》第十一回："老哥哥教导的话，句句是金玉良言。"▷您的～，表达了对我的一片诚心，小弟永世不忘。

【金玉其外，败絮其中】jīnyùqíwài，bàixùqízhōng 外表像是华贵精美的金玉而内里却是破破烂烂的棉花。比喻表面好看，内里一团糟，内外反差很大。明·刘基《卖柑者言》："观其坐高堂，骑大马，醉醇醴而饫(yù)肥鲜者，孰不巍巍乎可畏，赫赫乎可象也？又何往而不金玉其外，败絮其中也哉？"▷有些人讲究穿戴、追求打扮，但一开口满嘴脏话，文化素质极低，真是～。

【金枝玉叶】jīnzhīyùyè 指花木美好娇嫩的枝叶。比喻帝王的子孙或出身高贵的人。唐·白居易《六帖》："金枝玉叶，帝王之子孙也。"▷我又不是什么～，没那么娇贵，这样的活儿完全干得了。

【金字招牌】jīnzìzhāopái 用金粉书写的招牌。比喻信誉卓著、名声响亮的人或团体。▷在这条著名的古文化一条街上，老字号的～随处可见｜他们打着某某公司的～，兜售假冒伪劣商品。

【津津乐道】jīnjīnlèdào 津津：饶有兴味的样子。乐道：很愿意说。形容极有兴趣地谈论。清·钱泳《履园丛话·鳌精》："世传盲词中有《白蛇传》，虽妇人女子皆知之，能津津乐道者，而不知此种事，世间竟有之。"▷当谈起电脑市场时，他～地讲起了他那一套生意经来。

【津津有味】jīnjīnyǒuwèi 津津：饶有兴味的样子。形容对某种事物很有兴趣。清·颐琐《黄绣球》第四回："将自己与黄绣球怎样发心，要怎样做事，并略略将黄绣球忽然开通的话，一直说到那日出门看会以后情形，张先生听来，觉得津津有味。"▷全班同学围坐在老人周围，～地听他讲述抓俘虏的故事。

【矜才使气】jīncáishǐqì 矜：夸耀。指仗恃自己有才能，意气用事。清·夏敬渠《野叟曝言》第十五回："奇情奇事，偏于空虚处点缀，令读者目迷五色，极口赞文章之妙。似作者有意矜才使气。"▷你很有才干，工作也有成绩，但脾气需要改一改，～不利于团结。☛"矜"不要错写作"矝""衿"。

【襟怀坦白】jīnhuáitǎnbái 指胸怀坦荡，光明磊落。清·陈文述《放牛行同前韵》诗："董君性仁慈，胸怀亦坦白。"▷一个好使小心眼的人，就谈不上～。

【紧锣密鼓】jǐnluómìgǔ 锣鼓敲打得很紧凑、急促。多比喻为做某事而紧张地进行准备。▷运动会的各项准备工作正在～地进行着。

【锦囊妙计】jǐnnángmiàojì 锦囊：用锦做成的袋子。旧小说里描写善用计谋的人常把应付事变的办法预先写好放进锦囊里，交给有关的人，以备发生紧急情况时依计行事。现比喻能应急的好办法。《三国演义》第五十四回："汝保主公入吴，当领此三个锦囊，囊中有三条妙计，依次而行。"▷出发前，经理一再嘱咐说："你们这次出差，我也没什么～，你们到那里，见机行事就行了。"☛"锦"不要错写作"绵"，也不读 mián。

【锦上添花】jǐnshàngtiānhuā 锦：有彩色花纹的丝织品。比喻使美好的事物更加美好。宋·黄庭坚《了了庵颂》："又要涪翁作颂，且图锦上添花。"▷本来这个设计方案，大家都很满意了，张总工程师又改动了一处，大家一致称赞：张总这一笔，真是～。

【锦心绣口】jǐnxīnxiùkǒu 锦、绣：精美艳丽的丝织品。比喻美丽的事物。形容文思优美，词藻华丽。唐·柳宗元《乞巧文》："骈（pián）四俪（lì）六，锦心绣口。"▷她的散文～，清新自然，为广大读者所喜爱。

【锦绣前程】jǐnxiùqiánchéng 锦绣：鲜艳华美的丝织品。比喻美好的事物。形容前途无量，十分美好。元·贾仲名《对玉梳》第四折："想着咱锦片前程，十分恩爱。"▷他一失足成千古恨，～也被自己断送了。

【锦衣玉食】jǐnyīyùshí 华丽的衣服，精美的饮食。形容奢侈豪华的生活方式。《魏书·常景传》："故绮阁金门，可安其宅，锦衣玉食，可颐其形。"▷以前他～，享受惯了；现在一下子家产荡然无存，真不知道以后的日子该怎么过。

【谨小慎微】jǐnxiǎoshènwēi 原指对细微的问题采取谨慎的态度，以防造成大错。现指待人处事过分小心，缩手缩脚。清·吕留良《戊戌房书序》："非濂洛之理不敢从，故其谨小慎微。"▷处事～，前怕狼后怕虎，是什么事也做不成的。

【谨言慎行】jǐnyánshènxíng 说话小心，行为谨慎。《礼记·缁（zī）衣》："君子道人以言，而禁人以行，故言必虑其所终，而行必稽其所敝，则民谨于言而慎于行。"明·朱国桢《涌幢小品·笃行》："八十年来识更真，深知言行切修身；谨言慎行无些过，细数吾乡有几人？"▷到了一个新工作单位，什么情况都不了解，要～，少说多看。

【尽力而为】jìnlìérwéi 竭尽全力去做。《孟子·梁惠王上》："以若所为求若所欲，尽心力而为之，后必有灾。"清·吴趼人《痛史》第八回："但我看得目下决难挽回，丞相可去尽力而为。"▷王老嘱托之事，我们一定～，把它办好。

【尽人皆知】jìnrénjiēzhī 尽：全部的，所有的。所有的人都知道。▷他抢救落水儿童的事迹，在我们乡里～。

【尽善尽美】jìnshànjìnměi 尽：达到极限。极端完美，没有一点缺陷。《大戴礼记·哀公问五义》："虽不能尽善尽美，必有所处焉。"唐·韩愈《与崔群书》："比亦有人说足下诚尽善尽美，抑犹有可疑者。"▷要求这部大型辞书达到～的程度，是不符合实际的。

【尽心竭力】jìnxīnjiélì 通常写作"尽心尽力"。

【尽心尽力】jìnxīnjìnlì 尽：全部使出。使出全部的心思，使出全部的力量。形容做事非常认真努力。《晋书·王坦之传》："且受遇先帝，绸缪（chóumóu，情意缠绵）缱绻（qiǎnquǎn，感情深厚），并志竭忠贞，尽心尽力，归诚陛下，以报先帝。"▷对工作只要做到～，也就问心无愧了。

【进锐退速】jìnruìtuìsù 锐、速：快。前进得过快，往往后退得也快。宋·陆游《上殿札子·己酉四月十二日》："若夫进锐退速，能动耳目之观听，而无至诚恻怛之心以终之。"▷这位老艺术家常常告诫他的弟子，要扎扎实实地练好基本功，不能急于求成，否则，～，效果会适得其反。

【进退两难】jìntuìliǎngnán 指既不能前

进，又不能后退，境遇非常困难。《三国演义》第六十三回："既主公在涪关进退两难之际，亮不得不去。"▷他们现在～：继续施工，没资金；停工不干，汛期就快到了。

【进退失据】jìntuìshījù 据：依据。前进或后退都失去了依据。形容进退两难。《资治通鉴·后唐·明宗天成二年》："乱兵进退失据，遂溃。"▷面对家长的礼物，张老师收也不是，不收也不好，真是～，不知如何是好了。

【进退维谷】jìntuìwéigǔ 维：古汉语助词。谷：山谷，比喻困境。无论前进还是后退都处在困境之中。形容进退两难。《诗经·大雅·桑柔》："人亦有言，进退维谷。"▷我们面临困难，敌人比我们更困难，他们已是～，支撑不了几天了。

【进退无门】jìntuìwúmén 前进或后退都无路可走。形容处境十分艰难。宋·朱熹《答刘季章》："吾道不幸，遽失此人；余子纷纷，才有毛发利害，便章皇失措，进退无门，亦何足为轩轾耶。"▷在战乱中，他失去了父母，失去了家园，陷入了～的境地。

【近火先焦】jìnhuǒxiānjiāo 靠近火的先被烧焦。比喻不及时躲避灾祸的人先遭殃。《水浒全传》第四十九回："如今朝廷有甚分晓，走了的倒没事，见(同'现')在的便吃官司。常言道：'近火先焦。'伯伯便替我们吃官司坐牢，那时又没人送饭来救你。"▷战争马上就要爆发，这一带～，咱们还是先躲一躲吧。

【近水楼台】jìnshuǐlóutái 比喻所处环境便利或条件优越而先得到利益。宋·俞文豹《清夜录》记载：范仲淹镇守钱塘时，兵官皆被推荐，独巡检苏麟当时因出差在外，没有被荐用。于是献诗云："近水楼台先得月，向阳花木易为春。"▷这里到底是离公司最近的一家超市，～，很占了公司的一些便宜。

【近在咫尺】jìnzàizhǐchǐ 咫：古代称八寸为咫。形容距离非常近。宋·苏轼《杭州谢上表》："臣猥以末技，日奉讲帷，凛然威光，近在咫尺。"▷你住的地方，离父母的家～，为什么不能经常去看看老人？

【近朱者赤，近墨者黑】jìnzhūzhěchì，-jìnmòzhěhēi 朱：朱砂，红色颜料。靠近朱砂的易染成红色，靠近黑墨的易染成黑色。比喻受好环境的熏陶可以使人变好，受坏环境的影响可以使人变坏。晋·傅玄《太子少傅箴》："夫金木无常，方圆应形，亦有隐括，习以性成，故近朱者赤，近墨者黑。"▷环境对人的影响是很大的，～，不要让孩子们跟那些不三不四的人来往。

【噤若寒蝉】jìnruòhánchán 噤：闭口不出声。寒蝉：指晚秋的蝉。形容不敢说话。宋·张守《题锁树谏图后》："尝怪士处明时，事贤主，履高位，噤如寒蝉，或至导谀(yú，献媚)以误国。"▷这个封建统治者独断专行，官员不敢进谏，个个～。☛"噤"不要错写作"禁"。

【泾渭分明】jīngwèifēnmíng 泾河水清，渭河水浊，泾河流入渭河时，清浊两股水很分明。比喻是非、好坏分明，界限清楚。明·冯梦龙《喻世明言》卷十："守得一十四岁时，他胸中渐渐泾渭分明，瞒他不得了。"▷在论证这项工程的可行性时，反对的和赞成的两种态度～。

【经年累月】jīngniánlěiyuè 累月：一月又一月。经过了一年又一年、一月又一月。形容经历的时间很长。隋·薛道衡

《豫章行》诗:"丰城双剑昔曾离,经年累月复相随。不畏将军成久别,只恐封侯心更移。"▷通过~的实践,他积累了丰富的教学经验。

【经天纬地】jīngtiānwěidì 经纬:纺织物上的纵向和横向的线,比喻治理。治理天地。比喻治理国家。多用来形容人治国的才能极大。宋·刘过《水龙吟·寄陆放翁》词:"致君事业,全如忠献,经天纬地。"▷国内外都赞誉总理有~之才。

【荆棘塞途】jīngjísāitú 荆棘:丛生的带刺灌木。塞:充满。荆棘布满道路。比喻环境艰险,障碍重重。《明遗民诗·追和采芝歌》:"山有芝也,亦可采也。荆棘塞途,何可扫也?"▷尽管~,但我们也要披荆斩棘,勇往直前。☛"棘"不要错写作"棘"。

【旌旗蔽空】jīngqíbìkōng 通常写作"旌旗蔽日"。

【旌旗蔽日】jīngqíbìrì 旌旗:各种旗子。旗帜遮住了太阳。形容仪仗或军队行进时场面盛大。《战国策·楚策一》:"于是楚王游于云梦,结驷千乘,旌旗蔽日。"唐·李观《邠宁节度飨军纪》:"进犹风趋,坐如云屯,旌旗蔽日,刃戟交光。"▷三十万大军~,鼓声震天,直奔幽州而来。

【惊弓之鸟】jīnggōngzhīniǎo 被弓箭吓怕了的鸟。比喻受过惊吓或打击后心有余悸的人。《战国策·楚策四》记载:更羸(léi)在魏王面前只用空弓虚射了一下,就有一只雁掉下来了。魏王很惊讶。更羸说,这是一只受过箭伤的雁,它所以掉下来,是因为过去的箭伤还没养好,惊吓的心还没去掉。《晋书·王鉴传》:"黩武之众易动,惊弓之鸟难安。"▷受到这次沉重打击之后,这些匪徒们成了~,都钻进山洞里不敢出来。

【惊惶失措】jīnghuángshīcuò 措:措置。惊慌害怕得不知所措。《北齐书·元晖业传》:"孝友临刑,惊惶失措,晖业神色自若。"▷场内突然起火,大家~,一时不知如何是好。

【惊魂未定】jīnghúnwèidìng 惊慌失措的心神还没有安定下来。宋·苏轼《谢量移汝州表》:"只影自怜,命寄江湖之上;惊魂未定,梦游缧绁(léixiè,牢狱)之中。"▷经历前年的那场大地震,人们至今仍~。

【惊世骇俗】jīngshìhàisú 指言行与众不同而使世俗之人大为惊异。宋·王柏《朋友服议》:"子创此服,岂不惊世骇俗,人将指为怪民矣。"▷他的见解一发表,引起了学术界一片哗然,真是~!

【惊涛骇浪】jīngtāohàilàng 凶猛得使人害怕的大风浪。也比喻凶险的环境和遭遇。宋·陆游《长风沙》诗:"江水六月无津涯,惊涛骇浪高吹花。"▷这些老船员哪个没经历过~呢?|我们的老将军经受过战争年代~的洗礼。

【惊天动地】jīngtiāndòngdì 惊动天地。形容声势或影响巨大,令人震惊。唐·白居易《李白墓》诗:"可怜荒陇穷泉骨,曾有惊天动地文。"▷他一生虽然没有作出~的大事,但是在平凡的岗位上也有杰出的贡献。

【惊心动魄】jīngxīndòngpò 形容使人感受很深震动很大。南朝·梁·钟嵘《诗品·古诗》:"文温以丽,意悲而远,惊心动魄,可谓几乎一字千金。"▷这位老船工讲述了百万雄师横渡长江时~的场面。

【兢兢业业】jīngjīngyèyè 形容谨慎小心、认真负责。《诗经·大雅·云汉》:"兢兢业业，如霆如雷。"唐·韩愈《潮州刺史谢上表》："早朝晚罢，兢兢业业，惟恐四海之内，天地之中，一物不得其所。"▷老李～，埋头苦干，几十年如一日。☛"兢"不要错写作"竞"，不读 jìng。

【精雕细刻】jīngdiāoxìkè 精密细致地雕刻。形容艺术创作细致精微；也比喻办事细致周到。▷这件牙雕真可称得上艺术精品，它是这位老艺人用三年的时间～出来的|这项设计方案是在广泛征求意见的基础上，～，反复修改而成的。

【精美绝伦】jīngměijuélún 绝伦：无与伦比。精巧美妙到无与伦比的程度。▷那一件件～的牙雕工艺品陈列在展览大厅里，参观的人们流连忘返，久久不愿离去。

【精妙绝伦】jīngmiàojuélún 通常写作"精美绝伦"。

【精疲力竭】jīngpílìjié 精神疲惫，体力用尽。清·李渔《奈何天·攒羊》："既然昼夜兼行，到了住马的时节，自然精疲力竭，好酒贪眠，与死人无异了。"▷爬到峨眉山金顶时，我们都～了。

【精疲力尽】jīngpílìjìn 通常写作"精疲力竭"。

【精卫填海】jīngwèitiánhǎi 原比喻有冤必报，现多比喻不畏艰难，奋斗不懈。《山海经·北山经》记载：炎帝的女儿淹死在东海，化为一只名叫精卫的鸟，每天从西山把树枝和石块衔来，投进东海，决心把东海填平。金·元好问《即事五首》："精卫有冤填瀚海，包胥无泪哭秦庭。"▷一百多年来，中国人民以愚公移山、～的精神浴血奋战，赶走了侵略者，推翻了反动政权的黑暗统治。

【精心励志】jīngxīnlìzhì 磨练意志，集中精力，用心从事某种工作。宋·张君房《云笈七签》卷五十九："此时若能精心励志，尚可救其一二焉。"▷十年来，他闭门谢客，～，写出了这部释读古文字的专著。☛"励"不要错写作"立"。

【精益求精】jīngyìqiújīng 已经好了，还要更加完美。清·陈森《品花宝鉴》第一回："一切人情物理，仲清不过略观大概，不求甚解；子玉则钩深索隐，精益求精。"▷对自己的专业技术，我们要有一丝不苟的～精神。

【井底之蛙】jǐngdǐzhīwā 井底下的青蛙，只能看见井口那么大的一块天。比喻见识狭隘的人。明·许仲琳《封神演义》第二十五回："井底之蛙，所见不大，萤火之光，其亮不远。"▷这个人实在是～，一点也没见识过如今外面的大世面。

【井井有条】jǐngjǐngyǒutiáo 井井：很整齐的样子。形容有条有理，丝毫不乱。宋·楼玥《周伯范墓志铭》："经理家务，井井有条。"▷上任后，他首先制定了一系列的规章制度，把工作安排得～。

【井然有序】jǐngrányǒuxù 井然：整齐不乱的样子。整齐而次序分明、条理清楚。《金史·礼志一》："珠贯其布，井然有序。"▷公路上车辆～，鱼贯而行。

【井水不犯河水】jǐngshuǐbùfànhéshuǐ 犯：侵犯，干预。比喻彼此界限分得很清楚，互不干扰。清·李宝嘉《官场现形记》第五十一回："张太太听说他自己被外国人告了，不觉大惊失色道：'我是中国人，他们是外国人，我同他井水不犯河水，他为甚么要告我呢？'"▷你搞你的小发明，我写我的诗，咱俩～，互不影响。

【井蛙之见】jǐngwāzhījiàn 井底之蛙的见解。比喻狭窄的眼光，有很大局限的见解。明·沈德符《万历野获编·杂剧院本》："予观北剧，尽有高出其上者。世人未曾遍观，逐队吠声，诧为绝唱，真井蛙之见耳。"▷我提出的看法，因受到自己阅历的局限，只是～，很可能是错误的。

【径行直遂】jìngxíngzhísuì 遂：成功。随着心愿行事而顺利地获得成功。清·程麟《此中人语·守节》："与其慕虚名而贻中冓羞，不若径行直遂之为愈也。"▷做事情要多考虑可能出现的种种复杂情况，不可能都是～、一帆风顺的。☛"遂"这里不读 suí。

【敬而远之】jìngéryuǎnzhī 表面上尊敬，但不愿接近，保持一定的距离。《论语·雍也》："子曰：敬鬼神而远之。"晋·王嘉《拾遗记·八吴》"吴主潘夫人……为江东绝色。同幽者百余人，谓夫人为神女，敬而远之。"▷这个经理高傲独断，下面的人对他只得～。

【敬老怜贫】jìnglǎoliánpín 尊敬老年人，同情穷人。明·无名氏《锁白猿》楔子："此人三辈儿奉道，平日恤孤念寡，敬老怜贫，斋僧奉道。"▷要在全社会树立～的好风尚。

【敬若神明】jìngruòshénmíng 把对方当作神明一样敬重。形容非常尊重。《左传·襄公十四年》："民奉其君，爱之如父母，仰之如日月，敬之如神明，畏之如雷霆。"▷为了工作，对领导当然应该充分尊重，但也不必不论是非，～。

【敬谢不敏】jìngxièbùmǐn 谢：推辞。不敏：不聪明，没有才干。以自己能力不够为理由恭敬地推辞。常用做拒绝做某事时的客气话。清·得硕亭《〈草珠一串〉序》："若曰凡为诗者，必须意深思远，神韵悠然，则敬谢不敏矣。"▷你们要我讲讲古代建筑，我实在没什么可讲的，只好～了。

【敬业乐群】jìngyèlèqún 专心致志于学业，乐于同朋友互相切磋。《礼记·学记》："一年视离经辨志，三年视敬业乐群。"▷我们要在学生中提倡～的好风气。

【镜花水月】jìnghuāshuǐyuè 镜中花，水中月。比喻虚幻的景象或不可捉摸的东西。清·李汝珍《镜花缘》第一回："小仙看来，即使所载竟是巾帼，设或无缘不能一见，岂非镜花水月，终虚所望么？"▷你的这些想法好是好，可惜只是一些不可能实现的～而已。

【迥然不同】jiǒngránbùtóng 迥然：形容差得很远。很明显不一样。宋·朱熹《朱子语类》："说静坐时与读书时工夫迥然不同。"▷虽然引用的都是相同的材料，但两篇文章的观点却～。☛"迥"不要错写作"迴"。

【鸠占鹊巢】jiūzhànquècháo 通常写作"鹊巢鸠占"。

【九牛二虎之力】jiǔniúèrhǔzhīlì 比喻极大的力气。清·李宝嘉《官场现形记》第二十一回："后来又费了九牛二虎之力，把个戒烟会保住，依旧做他的买卖。"▷老李费了～，才把他的妻子调来南京工作。

【九牛一毛】jiǔniúyīmáo 九条牛身上的一根毛。比喻极大数量里微不足道的一小部分。唐·王维《与魏居士书》："然才不出众，德在人下，存亡去就，如九牛一毛耳。"▷他现在是大款了，花个一两万块钱不过是～。

【九死不悔】jiǔsǐbùhuǐ 九：泛指多次。形容无论经历多少艰险，也决不动摇退缩。明·李贽《焚书·杂述·昆仑奴》:"忠臣挟忠,则扶颠持危,九死不悔;志士侠义,则临难自奋,之死靡他。"▷为了维护法律的尊严,他顶住巨大压力,～,坚持秉公执法。

【九死一生】jiǔsǐyīshēng 九:泛指多次。形容经历多次死亡的考验而活下来。元·王仲文《救孝子》第一折:"您哥哥剑洞枪林快厮杀,九死一生不当个耍。"▷这位老战士参加过不少次肉搏战,～,至今身上还留着一颗子弹。

【九霄云外】jiǔxiāoyúnwài 九霄:天空的最高处。比喻极高极远的地方。元·王实甫《西厢记》第四本第一折:"魂飞在九霄云外。"▷看到小外孙活泼可爱的样子,他先前的怒气早已消散在～了。☛"霄"不要错写作"宵"。

【久旱逢甘雨】jiǔhànfénggānyǔ 天旱已久,忽然遇到一场好雨。比喻盼望很久终于如愿以偿。宋·洪迈《容斋随笔·得意失意诗》:"旧传有诗四句,夸世人得意者云:'久旱逢甘雨,他乡遇故知,洞房花烛夜,金榜挂名时。'"▷这个小镇的百姓真像～一样,欢天喜地迎接自己的队伍到来。

【久假不归】jiǔjiǎbùguī 假:借。长久借用而不归还。《孟子·尽心上》:"久假而不归,恶知其非有也。"▷这人办什么都只图自己方便,借人家东西往往～,也不管人家急用不急用。☛"假"这里不读jià。

【久梦初醒】jiǔmèngchūxǐng 睡了很久方才醒来。比喻经过很长时间,现在刚刚明白过来。清·李海观《歧路灯》第八十六回:"王氏久梦初醒之人,极口赞成。"▷以前很长时间总不懂父亲为什么不让我去后花园。现在经李妈妈这么一说,我这才～,刚明白过来。

【酒池肉林】jiǔchíròulín 形容穷奢极欲,荒淫无度的生活;也形容很多酒肉。《史记·殷本纪》:"(殷纣王)大聚乐戏于沙丘,以酒为池,悬肉为林,使男女倮(同'裸'),相逐其间,为长夜之饮。"▷这些人,整天～,纸醉金迷,荒淫无度。

【酒酣耳热】jiǔhāněrrè 酒酣:酒喝得畅快。耳热:因喝酒而面红过耳。形容酒兴正浓。三国·魏·曹丕《与吴质书》:"每至觞酌流行,丝竹并奏,酒酣耳热,仰而赋诗。"▷趁～的时候,他提出贷款二百万元,银行副行长稀里糊涂地答应了。

【酒绿灯红】jiǔlùdēnghóng 通常写作"灯红酒绿"。

【酒囊饭袋】jiǔnángfàndài 囊:口袋。盛酒和装饭的口袋。比喻无能的人。宋·曾慥(zào)《类说》引宋·陶岳《荆湖近事》:"马氏(马殷)奢僭,诸院王子仆从烜赫,文武之道,未尝留意,时谓之酒囊饭袋。"▷这个人一点真才实学也没有,不过是个～罢了。

【酒肉朋友】jiǔròupéngyǒu 只在吃喝上交往的朋友。明·凌濛初《二刻拍案惊奇》卷二十四:"终日只是三街两市,和着酒肉朋友串哄。"▷他交的那些～,都是一些可以同享乐,不能共患难的人。

【酒色财气】jiǔsècáiqì 指嗜酒、好色、贪财、逞气(任性斗气)。明·冯梦龙《警世通言》卷十一:"李生起而视之,乃是一首词,名《西江月》,是说酒色财气四件的短处。"▷这个家伙,除了～之外,还加上一个"赌",真是五毒俱全。

【酒色之徒】jiǔsèzhītú 嗜酒好色的家伙。明·冯梦龙《醒世恒言》卷三:"以后相处的虽多,都是豪华之辈,酒色之徒,但知买笑追欢的乐意,那有怜香惜玉的真心。"▷他结交的那些不三不四的人,都是~。

【旧爱宿恩】jiùàisùēn 宿:一向有的。已往的恩爱之情。《三国志·吴书·孙皓传》:"休以旧爱宿恩,任用兴、布,不能拔进良才。"▷他俩虽已离异多年,但~仍不时萦回脑际。

【旧调重弹】jiùdiàochóngtán 通常写作"老调重弹"。

【旧恨新仇】jiùhènxīnchóu 原来积下的和新近产生的仇恨。▷你我之间没有什么~,我说你几句完全是为你好,希望不要见怪。

【旧念复萌】jiùniànfùméng 萌:发生。过去的念头又重新萌发出来。明·汪廷讷《狮吼记·摄对》:"此妇今虽放回,恐其旧念复萌,为害不小。"▷多年前,他曾一度渴望到农村过清静日子。如今退休了,~,真打算回到乡下去安度晚年了。☛"萌"不读 míng。

【咎由自取】jiùyóuzìqǔ 咎:罪过。罪过是自己招来的。清·吴趼人《二十年目睹之怪现状》第七十回:"据我看来,他实在是咎由自取。"▷他贪酒贪财又贪色,结果,糟蹋了身体,还进了监狱,这完全是~。

【救火扬沸】jiùhuǒyángfèi "抱薪救火"与"扬汤止沸"的简缩。比喻行事办法不对或采取治标不治本的措施,解决不了根本问题。《史记·酷吏列传序》:"当是之时,吏治若救火扬沸,非武健严酷,恶能胜其任而愉快乎!"唐·司马贞《索隐》:"言本弊不除,则其末难止。"▷解决这个问题,要从管理体制这个根本上下手,光靠枝枝节节动小手术,只能是~,无济于事。☛"沸"不读 fó、fú。

【救困扶危】jiùkùnfúwēi 救济困难的人,扶助陷于危难中的人。元·无名氏《来生债》第四折:"则为我救困扶危,疏财仗义。"▷我们要大力提倡~、助人为乐的精神。

【救死扶伤】jiùsǐfúshāng 扶:扶助,照料。抢救生命垂危的人,照料伤病的人。汉·司马迁《报任少卿书》:"(李陵)与单于连战十有余日,所杀过当。虏救死扶伤不给。"▷~是我们医务工作者的天职。

【救亡图存】jiùwángtúcún 拯救国家的危亡,谋求民族的生存。晚清·王无生《论小说与改良社会之关系》:"夫欲救亡图存,非仅恃一二才士所能为也。"▷他们为~,抵抗侵略,纷纷奔赴前线。

【救灾恤患】jiùzāixùhuàn 恤:救济。解除别人或别处的灾难祸患。明·冯梦龙《东周列国志》第三十九回:"今楚戍谷伐宋,生事中原,此天授我以救灾恤患之名也。"▷这次抢险赈灾中,全国人民大力发扬~、助人为乐的精神,涌现出不少动人的事迹。☛"恤"不读 xuě。

【就地取材】jiùdìqǔcái 就在原地选取所需要的材料。清·李渔《笠翁偶集·手足》:"岂有娶妻必齐之姜,就地取材,但不失立言之大意而已矣。"▷这项工程,他们~,节省了一大笔运输费。

【就事论事】jiùshìlùnshì 就:按照。按照事情本身的情况来评论事情。清·李汝珍《镜花缘》第十九回:"老夫适才所说,乃就事论事,未将全体看明,不无执著一偏。"▷我们只是~,分析这次事故的原因,没有涉及其他的问题。

【居安思危】jūānsīwēi 处在平安的时候,要考虑到可能出现的危难。《左传·襄公十一年》:"《书》曰:'居安思危。'思则有备,有备无患。"▷在和平发展时期也要～,才能永远立于不败之地。

【居高临下】jūgāolínxià 占据高处,俯视低处。形容所处的地位极其有利。清·毕沅《续资治通鉴·宋高宗绍兴十一年》:"敌居高临下,我战地不利。"▷战士们在山头上～,用机枪、冲锋枪猛扫敌人。

【居功自傲】jūgōngzìào 自以为有功劳而骄傲自大。▷这个人～、目空一切,群众关系很差。

【居心叵测】jūxīnpǒcè 居心:存心。叵:不可。安的什么心,令人揣测不透。形容内心险诈。清·林则徐《林文忠公政书·使粤奏稿》:"且其居心叵测,反复靡常。"▷这个人～,没安好心,你可得多提防点儿。☛"叵"不要写作"巨"。

【鞠躬尽瘁】jūgōngjìncuì 参看"鞠躬尽瘁,死而后已"。

【鞠躬尽瘁,死而后已】jūgōngjìncuì,-sǐérhòuyǐ 鞠躬:小心谨慎的样子。尽瘁:竭尽心力。已:停止。指小心谨慎,尽力去做,一直到死为止。三国·蜀·诸葛亮《后出师表》:"臣鞠躬尽力,死而后已。"▷中国历史上无数爱国志士的那种为国家、为民族～的高尚品格,永远值得我们学习。

【局促不安】júcùbùān 形容言行拘谨,惶恐不安的样子。清·李宝嘉《官场现形记》第十三回:"只见文老爷坐在那里,脸上红一阵,白一阵,很觉得局促不安。"▷当听到考试不及格者的名单里有自己的名字时,她～,有点儿坐不住了。

【举案齐眉】jǔànqíméi 案:古代端饭用的木盘子。形容夫妻恩爱,相互尊重。《后汉书·梁鸿传》记载:孟光给丈夫梁鸿送饭时,总是把端饭的木盘子高举到跟眉毛一般齐的位置上,以示尊敬。▷他们夫妻从小一起长大,又同窗十载,婚后～,互敬互爱,生活十分和美。

【举不胜举】jǔbùshèngjǔ 胜:尽。举也举不完,形容数量很大。▷像这样默默无闻、无私奉献的科技工作者,实在～。☛"胜"旧读 shēng。

【举目无亲】jǔmùwúqīn 举:抬起。抬起眼来看不见一个亲人。形容人地生疏,无依无靠。宋·苏轼《与康公操都官书》:"乡人之至此者绝少,举目无亲故。"▷正是在我人地生疏、～的时候,遇到这三位当地的华人,我们很快就相互熟悉了。

【举棋不定】jǔqíbùdìng 拿起棋子不知怎么走好。比喻做事犹豫不决。《左传·襄公二十五年》:"弈者举棋不定,不胜其耦(ǒu,对方)。"▷把公司发展的重点放在广州,还是放在重庆?他～,还想看一看再说。

【举世无双】jǔshìwúshuāng 举:全。整个世间没有第二个。形容无人可比。明·郭勋《英烈传》第七十回:"历年既久何曾老,举世无双莫漫夸。"▷如此精美的工艺品恐怕是～的。

【举手之劳】jǔshǒuzhīláo 一抬手就能办到。形容轻而易举,毫不费力。唐·韩愈《应科目时与人书》:"如有力者,哀其穷而运转之,盖一举手一投足之劳也。"▷把纸屑扔进垃圾箱,对每个人来说不过是～,大家都应该做到。

【举一反三】jǔyīfǎnsān 指由已知的事

物类推出有关的其他事物。《论语·述而》:“举一隅不以三隅反,则不复也。”唐·虞世南《北堂书钞·蔡邕别传》:“邕与李则游学鄗士,时在弱冠,始共读《左氏传》,通敏兼人,举一反三。”▷不能只教给学生一些知识,还要教给他们分析问题的方法,使他们能够～,灵活运用。

【举足轻重】jǔzúqīngzhòng 只要向左或向右挪动一下脚,就会影响两边的轻重。形容所处的地位十分重要,一举一动都会影响全局。《后汉书·窦融传》:“权在将军,举足左右,便有轻重。”▷她是二传手,又是队长,在队里起着～的作用。

【拒谏饰非】jùjiànshìfēi 谏:规劝。饰:遮掩。非:错误。拒绝别人的劝告,掩饰自己的错误。《荀子·成相》:“拒谏饰非,愚而上同(臣下愚昧地迎合君主的意见),国必祸。”▷这个家伙～,嫉贤妒能,这正是导致他垮台的重要原因。☛“谏”不要错写作“谏”。

【拒人于千里之外】jùrényúqiānlǐzhīwài 把人挡在千里之外,形容傲气十足,不愿跟人接近。《孟子·告子下》:“訑訑(yíyí,自满自足,不耐烦听别人意见的样子)之声音颜色距(同‘拒’)人于千里之外。”▷他总是那么一副冷冰冰的面孔,给人以～的感觉。

【据理力争】jùlǐlìzhēng 依据道理,尽力争辩或争取。清·李宝嘉《文明小史》第三十八回:“外国人呢,固然得罪不得,实在下不去的地方,也该据理力争。”▷他在法庭上以事实为依据,以法律为准绳,～,终于胜诉。

【聚精会神】jùjīnghuìshén 聚:聚集。会:会合。集中精神,专心致志。唐·独孤及《洪州大云寺铜钟铭》:“聚精会神,鸠工于其间;弘誓既达,昏疑皆破。”▷同学们都在～地听老师讲这个感人的故事。

【聚讼纷纭】jùsòngfēnyún 聚讼:集中在某个问题上争辩是非。纷纭:多而杂乱。指集中对某一问题乱纷纷地争辩,得不出一致的看法。明·胡应麟《诗薮·古体·杂言》:“‘餐秋菊之落英’,谈者穿凿附会,聚讼纷纷。”▷当时,对这部长篇小说的评价,文艺界～,成了一个争论热点。

【聚蚊成雷】jùwénchéngléi 很多蚊子聚集在一起,嗡嗡的声音像打雷一样。比喻流言纷起,为害很大。南朝·梁元帝《与武陵王书》:“聚蚊成雷,封狐千里。”▷对这些谣言,我们不能掉以轻心;～,它能起到迷惑群众、误导群众的作用。

【卷土重来】juǎntǔchónglái 卷土:卷起尘土,形容人马奔跑。卷起尘土又重新回来。比喻失败之后,又重新集结力量猛扑过来(今多含贬义)。唐·杜牧《题乌江亭》诗:“胜败兵家事不期,包羞忍耻是男儿。江东子弟多才俊,卷土重来未可知。”▷这个走私集团受到严重打击后,还千方百计地进行活动,妄图～。☛“卷”不读juàn。

【决一雌雄】juéyīcíxióng 雌雄:指胜败、高下。比一比高低,决一下胜负。《三国演义》第一百回:“吾与汝决一雌雄,汝若能胜,吾誓不为大将。”▷在网球锦标赛上,她决心与这位三届冠军得主～。☛不要写作“决以雌雄”。

【绝处逢生】juéchùféngshēng 在绝望的困境中又找到一条生路。明·冯梦龙《警世通言》卷二十五:“吉人天相,绝处逢生。恰好遇一个人从任所回来。”▷就在他破产的前夕，第二次世界大战爆发了。他总算～，石油生意越做越大。

【绝代佳人】juédàijiārén 绝代：当代绝无仅有。形容最美丽的女子。《汉书·孝武李夫人传》：“北方有佳人，绝世而独立。”唐·杜甫《佳人》诗：“绝代有佳人，幽居在空谷。”▷汉乐府《陌上桑》成功地塑造了一个聪明机智的～形象。☛不宜写作“绝色佳人”。

【绝无仅有】juéwújǐnyǒu 几乎没有，有也仅止一二。指极其少有。宋·苏轼《上神宗皇帝书》：“改过不吝，从善如流，此尧舜禹汤之所勉强而力行，秦汉以来之所绝无而仅有。”▷这种树只生长在南美热带雨林中，是地球上～的品种，非常珍贵。☛“绝”不要错写作“决”。

【君子之交淡如水】jūnzǐzhījiāodànrúshuǐ 淡：恬淡，不追名逐利。君子的交谊，恬淡得像清水一样。《庄子·山木》：“且君子之交淡若水，小人之交甘若醴（lǐ，甜酒）。”元·费唐臣《贬黄州》第三折：“我止望周人之急紧如金，君子之交淡如水。”▷今天，这么多老朋友欢聚一堂，招待各位的是清茶一杯，～嘛。

K

【开诚布公】kāichéngbùgōng　开诚：坦露诚心。布公：显示公正。指坦白无私，以诚待人。宋·魏了翁《画一榜喻将士》："今与将士，开诚布公，共图协济。"▷希望大家～，多提宝贵意见，以便改进工作。☛不要写作"开诚公布"。

【开怀畅饮】kāihuáichàngyǐn　开怀：无拘无束，心情畅快。兴致勃勃地尽情饮酒。《水浒传》第四十三回："李逵不知是计，只顾开怀畅饮，全不记宋江吩咐的言语。"▷久别重逢，老同学们在一起叙旧，～，直到深夜。

【开卷有益】kāijuànyǒuyì　卷：书。打开书来阅读，就会有益处。宋·王辟之《渑(miǎn)水燕谈录·文儒》："开卷有益，朕不以为劳也。"▷古人说～，只要认真读一些好书，总能从中获得有益的知识。☛"卷"这里不读 juǎn。

【开门见山】kāiménjiànshān　比喻说话、写文章直截了当，一开头就接触主题。宋·严羽《沧浪诗话·诗评》："太白发句，谓之开门见山。"▷写文章要～，开篇点明主题。

【开门揖盗】kāiményīdào　揖：作揖，这里指迎接。打开大门迎接强盗。比喻引进坏人，招来祸患。《三国志·吴书·吴主传》："是犹开门而揖盗，未可以为仁也。"▷清末统治者对侵略者的侵略，不但不抵抗，反而～，引狼入室。☛"揖"不读 jí。

【开天辟地】kāitiānpìdì　神话传说起初天地混沌一气，像一只鸡蛋，盘古氏开辟天地，以后才有了人类世界。后指前所未有，有史以来第一回。《隋书·音乐志中》："开天辟地，峻岳夷海。"清·黄周星《补张灵、崔莹合传》："此开天辟地第一吃紧事也。"▷我们乡里办图书馆，这是～第一回。☛"辟"这里不读 pī、bì。

【开源节流】kāiyuánjiéliú　源：水的源头。流：源头以下的部分。比喻增加收入，节约开支。《荀子·富国》："故明主必谨养其和，节其流，开其源，而时斟酌焉。"清·袁枚《答鱼门》："开源节流，量入为出。"▷单位财务管理，必须贯彻～的原则。☛"节"这里不读 jiē。

【开宗明义】kāizōngmíngyì　开宗：阐发宗旨。明义：阐明义理。原为《孝经》第一章篇名，后用来指说话、写文章一开始就把主要意思点明。▷会议一开始，主持人～，宣布了会议的目的、任务和议程。

【侃侃而谈】kǎnkǎnértán　理直气壮、从容不迫地谈话。《论语·乡党》："朝，与下大夫言，侃侃如也。"清·文康《儿女英雄传》第五回："你自然就该侃侃而谈。"▷在法庭上，这位辩护律师～，讲得有理有据，博得了不少旁听者的好评。

【看风使舵】kànfēngshǐduò　根据风向来使用船舵。比喻根据局势变化而随时改变态度。▷当时朝廷有两派政治力量：改革派和保守派。其他官僚则是～，哪派占上风，他们就投向哪一派。☛

“使”不要错写作“驶”。

【看破红尘】kànpòhóngchén 红尘：指人世间。指看穿了人间的一切，厌弃现实生活。明·李汝珍《镜花缘》第四十三回：“看这话头，他明明看破红尘，贪图仙景，任俺寻找，总不出来。”▷对于～，消极悲观的个别人，要加强正面教育，积极引导。

【康庄大道】kāngzhuāngdàdào 康庄：四通八达的路。指宽阔平坦的大路；也比喻光明美好的前途。汉·桓宽《盐铁论·国病》：“康庄驰逐，穷巷蹋鞠（tàjū，踢球）。”清·吴趼人《恨海》第五回：“原来是一条康庄大道，那逃难的人马络绎不绝。”▷农村实行联产承包制以后，农民逐步走上了劳动致富的～。

【慷慨激昂】kāngkǎijīáng 慷慨：情绪激动。激昂：精神振奋昂扬。形容精神振奋，情绪激动昂扬。唐·柳宗元《上权德舆补阙温卷决进退启》：“今将慷慨激昂，奋攘（rǎng）布衣。”▷听了他在会上～的发言，大家都非常激动。☛不宜写作“激昂慷慨”。

【慷慨解囊】kāngkǎijiěnáng 慷慨：不吝啬。解囊：解开钱袋。毫不吝啬地拿出钱来帮助别人。▷全国军民为救助灾民，个个～，踊跃捐献。

【苛捐杂税】kējuānzáshuì 苛刻、繁重的捐税。▷新政府一成立，就宣布取消一切～。

【可趁之机】kěchènzhījī 通常写作“可乘之机”。

【可乘之机】kěchéngzhījī 可以利用的机会。宋·袁燮（xiè）《论重镇》：“我有可乘之机，而犹未能以重兵压之。”▷如果我们的法律不健全，就会给坏人以～。

【可歌可泣】kěgēkěqì 值得歌颂，值得为之流泪。形容事迹英勇悲壮，令人感动。明·海瑞《方孝孺〈临麻姑仙坛记〉跋》：“国初方正学先生忠事建文，殉身靖难……追念及之，可歌可泣。”▷抗战期间，抗日军民创造了无数～的英雄业绩。

【可望不可即】kěwàngbùkějí 即：接近。可以望见，却不可接近。多形容事情一时难以实现。明·刘基《登卧龙山写怀二十八韵》：“白云在青天，可望不可即。”▷买辆小汽车，这对我来说，眼下还是件～的事。☛㊀“即”不读 jì。㊁不宜写作“可望不可及”。

【克敌制胜】kèdízhìshèng 战胜敌人，取得胜利。《水浒传》第二十回：“只今番克敌制胜，便见得先生妙法。”▷我们～的法宝是上下齐心，团结奋斗。

【克己奉公】kèjǐfènggōng 克己：克制自己。奉公：以公事为重。严格要求自己，一心为公。《后汉书·祭（zhài）遵传》：“遵为人廉约小心，克己奉公。”▷大公无私，～的公务员，才是可尊敬的。

【克勤克俭】kèqínkèjiǎn 克：能够。既能勤劳又能节俭。《乐府诗集·梁太庙乐舞辞·撤豆》：“克勤克俭，无怠无荒。”▷他老人家一辈子～，如今虽然富裕了，可生活仍然很简朴。

【刻不容缓】kèbùrónghuǎn 刻：一刻，指短暂的时间。片刻也不容耽搁。形容形势紧迫。清·李汝珍《镜花缘》第四十回：“胎前产后以及难产各症，不独刻不容缓，并且两命攸关。”▷他伤势很重，要赶快送医院，～。

【刻骨镂心】kègǔlòuxīn 通常写作“刻骨铭心”。

【刻骨铭心】kègǔmíngxīn 铭：在石头

或金属上刻。铭刻在心灵深处。形容感受极深，永志不忘。元·刘时中《端正好·上高监司》曲："万万人感恩知德，刻骨铭心，恨不得展草垂缰。"▷你对我的恩情，我～，终生不忘。

【刻舟求剑】kèzhōuqiújiàn 比喻拘泥固执，不懂得根据客观实际的变化来处理事情。《吕氏春秋·察今》记载：楚国有个人乘船渡江，剑掉在水里，便在剑落水的船帮上刻上记号，船停后，从刻记号的地方下水去找，结果自然找不到。▷我们要根据新情况，采取新办法，不能～，套用老办法。

【恪守不渝】kèshǒubùyú 恪守：严格遵守。渝：改变。指对道德、法令、协议等严格遵守，决不改变。▷对于双方签订的合同，我公司向来～。☛"恪"不读 gè 或 què。

【空谷足音】kōnggǔzúyīn 在冷清的山谷中听到人的脚步声。比喻难得的信息。《庄子·徐无鬼》："夫逃虚空者……闻人足音跫（qióng，脚步声）然而喜矣。"清·纪昀《阅微草堂笔记》卷十七："幸空谷足音，得见君子，机缘难再，千载一时，故忍耻相投。"▷多年没有联系，忽然收到他的来函，真是～，喜出望外。☛"空"这里不读 kòng。

【空空如也】kōngkōngrúyě 如：古汉语助词，加在形容词后，表示状态，相当于"……的样子"。也：语气词。空空的，什么也没有。《论语·子罕》："吾有知乎哉？无知也。有鄙夫问于我，空空如也。"▷放学后，学生们都回家了，教室里～。

【空口无凭】kōngkǒuwúpíng 只是嘴说而没有凭证。清·李宝嘉《官场现形记》第二十七回："空口无凭的话，门生也不敢朝着老师来说。"▷借款要有借条，否则～，到时候很难说清楚。

【空前绝后】kōngqiánjuéhòu 以前不曾有过，以后也不会有。形容独一无二的事物。宋·朱象贤《闻见偶录·男服从军》："古之木兰，以女为男，代父从军，……以其事空前绝后也。"▷他的这一手绝活儿，真是～，举世无双啊。

【空头支票】kōngtóuzhīpiào 因票面金额超过存款余额或透支限额而不能兑现的支票。比喻不能实现的诺言。▷你答应的倒是挺好，该不是～吧？☛"空"这里不读 kòng。

【空穴来风】kōngxuéláifēng 穴：洞穴。比喻出现传言都有一定原因或根据；现指传言没有根据。《庄子》："空门来风，桐乳致巢。"战国·楚·宋玉《风赋》："臣闻于师，枳句（zhǐgōu，枳树上弯曲的枝杈）来巢，空穴来风。"▷邪教宣传世界末日即将来临，这纯属～，完全是骗人的谎言。☛"穴"不读 xuè。

【空中楼阁】kōngzhōnglóugé 比喻脱离实际的理论、计划或凭空虚构的事物。清·曾朴《孽海花》第二十一回："但在下这部《孽海花》却不同别的小说，空中楼阁，可以随意起灭。"▷几十年坎坷的生活，使我明白了自己美好的愿望不过是脱离现实的～，根本不可能实现。

【口惠而实不至】kǒuhuìérshíbùzhì 惠：给予好处。口头上答应给人好处，实际上却不兑现。《礼记·表记》："口惠而实不至，怨菑（灾）及其身。"▷他是个～的人，答应的事常常不兑现。

【口蜜腹剑】kǒumìfùjiàn 嘴上甜言蜜语，心里狠毒阴险。宋·司马光《资治通鉴·唐纪·玄宗天宝元年》："世谓李林甫口有蜜，腹有剑。"明·王世贞《鸣凤记·南北分别》："这厮口蜜腹剑，正所谓匿怨而友者也。"▷这人一向～，嘴上说好听的，心肠却毒得很。

【口若悬河】kǒuruòxuánhé 若：好像。悬河：瀑布。说话像瀑布一样，滔滔不绝。形容能言善辩。清·吴敬梓《儒林外史》第四回："知县见他说的口若悬河，又是本朝确切典故，不由得不信。"▷他在辩论大赛上～，有力地驳倒了对方的论点，博得众人称赞。

【口是心非】kǒushìxīnfēi 嘴上说的很好，心里想的却不是那样。形容心口不一致。晋·葛洪《抱朴子·微旨》："若乃憎善好杀，口是心非，背向异辞，反戾（lì，违背）直正。"▷要提防那些～的人搞阴谋诡计。

【口诛笔伐】kǒuzhūbǐfá 诛：谴责。伐：声讨。用嘴谴责，用笔声讨。指通过语言和文字进行批判。明·汪廷讷《三祝记·同谪》："他捐廉弃耻，向权门富贵贪求，全不知口诛笔伐是诗人句，陇上墦（fán，坟墓）间识者羞。"▷对于破坏祖国统一的谬论，必须～，迎头痛击。

【扣人心弦】kòurénxīnxián 扣：敲打。形容文学作品或文艺节目等激动人心。▷这本小说情节惊险奇特，～。

【枯木逢春】kūmùféngchūn 枯槁的树木遇上了春天。比喻垂危的病人或濒于绝境的事物又获得生机。宋·释道原《景德传灯录》卷二十三："僧问：'枯木逢春时如何？'师曰：'世间希有。'"▷现在不少地方戏曲摆脱了濒于消亡的命运，又如～，在文艺百花园里绽开了绚丽的花朵。

【枯木朽株】kūmùxiǔzhū 株：露在地面的树桩。干枯的树干，腐朽的树桩。比喻老弱的人或衰败的力量。汉·邹阳《狱中上书自明》："故有人先谈，则以枯木朽株树功而不忘。"▷如今我已是～，力不从心，怎能再度出山呢？

【苦海无边，回头是岸】kǔhǎiwúbiān，huítóushìàn 佛教认为尘世就像无边的苦海，只有悟道信佛，才能摆脱痛苦。元·无名氏《月明和尚度柳翠》第一折："有呵吃些个，有呵穿些个，苦海无边，回头是岸。"后多比喻知罪悔改，才有出路。明·王渼陂《朝天曲》："传情寄恨千百番，藕断丝难断。苦海无边，回头是岸，纵风流当自反。"▷你已经认识到犯罪了，就要及时悔改，～。

【苦尽甘来】kǔjìngānlái 通常写作"苦尽甜来"。

【苦尽甜来】kǔjìntiánlái 比喻艰难困苦的日子已经过去，幸福美好的日子已经到来。《群音类选·〈金印记·婆婆夺绢〉》："贫遭富欺，不道富有贫日，贫有富时。苦尽甜来，泰生否极，只道常如是。"▷经过几年的努力，这个山村终于脱贫致富，村民的生活～。

【苦口婆心】kǔkǒupóxīn 劝说不辞烦劳，用心像老太太那样慈爱。形容再三恳切相劝。清·彭养鸥《黑籍冤魂》第二十回："虽然有那良师益友苦口婆心地规劝，却总是耳边风。"▷大家～地劝了他半天，可他似乎一点儿也听不进去，依然低头不语。

【苦心孤诣】kǔxīngūyì 苦心：费尽心思。孤诣：独到的成就。指尽心钻研或经营，达到别人达不到的地步。清·翁方纲《格调论下》："今且勿以意匠之独运者言之，且勿以苦心孤诣戛（jiā）戛独造者言之。”▷他不断探索，～，立志为新诗闯条新路。☛“诣”不读 zhǐ。

【苦雨凄风】kǔyǔqīfēng 通常写作“凄风苦雨”。

【夸大其词】kuādàqící 指说话、写文章时措词夸张，超过事实。《宋史·王祖道传》：“蔡京开边，祖道欲乘时徼富贵，诱王江酋、杨晟免等使纳土，夸大其辞。”清·吴雷发《说诗菅蒯（kuǎi）》：“遂谓题目大则诗亦大……而务夸大其词。”▷文章对成绩有～的地方，应该纠正。☛“词”不要错写作“辞”。

【夸夸其谈】kuākuāqítán 形容说话浮夸，不切实际。▷那些文臣武将，平日里～，如今面对叛乱者的进攻，却束手无策。☛不宜写作“夸夸而谈”。

【快刀斩乱麻】kuàidāozhǎnluànmá 比喻果断地采取有效措施，迅速解决纷繁复杂的问题。▷遇到这类问题就得～，不能拖泥带水。☛不宜写作“快刀斩麻”。

【快马加鞭】kuàimǎjiābiān 快马再着一鞭。比喻快上加快。明·徐畛《杀狗记·看书苦谏》：“何不快马加鞭，径赶至苍山，救取伯伯。”▷要保证在合同规定的期限内完工，看来咱们还要～。

【快人快语】kuàirénkuàiyǔ 指痛快人说痛快话。▷老张是～，有意见从来不闷在肚子里，总是当面直说。

【脍炙人口】kuàizhìrénkǒu 脍：切细了的肉或鱼。炙：烤熟的肉。美味食品人人爱吃。比喻优秀的文艺作品，人人赞美和传诵。五代·王定保《唐摭（zhí，拾取）言》卷十：“李涛，长沙人也，篇咏甚著。如‘水声长在耳，山色不离门’，又‘扫地树留影，拂床琴有声’，又‘落日长安道，秋槐满地花’，皆脍炙人口。”▷这两句诗，是唐代大诗人李白的名句，一千多年来，～，传诵至今。☛“脍”不读 huì。“炙”不要错写作“灸”，也不读 jiǔ。

【宽宏大量】kuānhóngdàliàng 形容待人宽厚，度量大。《三国演义》第二十五回：“丞相宽宏大量，何所不容？”▷尽管那个同事在背后搞了许多小动作，想整他，但他还是～，不计已往，正确处理了双方之间的矛盾。☛不宜写作“宽宏大度”。

【宽洪大量】kuānhóngdàliàng 通常写作“宽宏大量”。

【狂犬吠日】kuángquǎnfèirì 疯狗对着太阳乱叫。比喻坏人诋毁好人。▷他们恶毒攻击我们，否定我们的成就，这无异于～。

【旷日持久】kuàngrìchíjiǔ 旷：耽误。耽误时日，拖延很久。《战国策·赵策四》：“今得强赵之兵，以杜燕将，旷日持久数岁，令士大夫余子之力尽于沟垒。”▷这件事应尽快解决，这样～拖下去，对谁都不利。

【岿然不动】kuīránbùdòng 岿然：形容高峻挺立。高峻挺立毫不动摇。《西游记》第五十九回：“他见事不妙，即取扇子，望行者扇了一扇。行者岿然不动。”▷这座千年古塔在这次地震中～。

【揆情度理】kuíqíngduólǐ 揆、度：揣测，估量。指按照情理来推测、估计。清·张集馨《道咸宦海见闻录》：“我不是叫汝天天同巡抚打架拌嘴，汝总要揆情度理，巡抚言是则遵之，言不是则不遵。”▷今天是妈妈的生日，～，大哥至少也要挂个电话问候问候。☛“度”这里不读 dù。

【溃不成军】kuìbùchéngjūn 溃：溃败。

被打得七零八落,不成队伍。形容惨败。▷我军一发起总攻,敌人就～。

【困兽犹斗】kùnshòuyóudòu 被围困的野兽还要搏斗。比喻陷于绝境的失败者仍要竭力反抗(含贬义)。《左传·定公四年》:"困兽犹斗,况人乎?"▷敌人虽已身处绝境,但～,我们绝不能放松警惕。

L

【来龙去脉】láilóngqùmài 旧时迷信风水的人，把绵延起伏的山脉称为龙脉。把龙脉的起源处，即龙头，叫来龙；把龙脉的结尾处，即龙尾，叫去脉。后用“来龙去脉”比喻人、物的来历或事情的前因后果。明·吾丘瑞《运甓（pì，砖）记·牛眠指穴》：“此间前冈有块好地，来龙去脉，靠岭朝山，种种合格。”▷要制服洪水，首先要弄清洪水的～｜还没弄清案子的～，怎么能判决呢？☞“脉”这里不读 mò。

【来日方长】láirìfāngcháng 方：正。未来的日子还长。表示放眼于未来，大有可为。宋·文天祥《与洪端明云岩书》：“某到郡后，颇与郡人相安，日来四境无虞，早收中熟，觉风雨如期，晚稻也可望，惟是力绵求牧，来日方长。”▷解决这个问题还不到时候，不要急，～嘛！☞“长”这里不读 zhǎng。

【来者不拒】láizhěbùjù 凡是到这里来的人，都不拒绝。《孟子·尽心下》：“夫子之设科也，往者不追，来者不拒。”▷这所学校没有招生数额限制，求学者只要符合条件，～。

【蓝缕筚路】lánlǚbìlù 通常写作“筚路蓝缕”。

【揽权怙势】lǎnquánhùshì 揽：把持。怙：凭借，依靠。总揽大权，凭借势力（含贬义）。▷他在担任乡长期间，～，独断专行，最后走上了犯罪道路。

【滥竽充数】lànyúchōngshù 滥：不实。竽：古代一种竹制簧管乐器。指不会吹竽的人，混在乐队里以凑足人数。比喻没有本领的人混在行家里面凑数。有时也用作自谦之词。《韩非子·内储说上》：“齐宣王使人吹竽，必三百人。南郭处士请为王吹竽，宣王说（同‘悦’）之，廪食以数百人。宣王死，湣（mǐn）王立，好一一听之，处士逃。”清·文康《儿女英雄传》第三十五回：“若只靠着才气，摭些陈言，便不好滥竽充数了。”▷仪仗队员都是严格挑选出来的，不符合条件的人别想～｜我的水平和能力都不行，如果大家一定要我参加，只好～了。☞“滥”不要错写作“烂”。

【狼狈为奸】lángbèiwéijiān 狼狈：比喻彼此勾结。旧说狼狈两兽名，狈前腿短，行走要趴在狼身上，否则不能行动。坏人串通一气互相勾结干坏事。清·昭梿《王述庵书》：“惟是时承审之员，非该令平日结纳之上司，即系狼狈为奸之寅好。”▷他们几个臭味相投，～，把个好端端的企业搞得乌烟瘴气。

【狼奔豕突】lángbēnshǐtū 豕：猪。突：乱窜。像狼和猪一样狂奔乱窜。比喻坏人东奔西窜。清·伤时子《苍鹰击·诉愁》：“狗偷鼠窃盈州县，狼奔豕突干刑宪。”▷侵略者在中国大陆上～、张牙舞爪的时代已经一去不复返了。☞“奔”这里不读 bèn。

【狼吞虎咽】lángtūnhǔyàn 像狼、虎吞食食物一样。比喻吃东西又急又快。清·李宝嘉《官场现形记》第三十四回：“不上一刻工夫，狼吞虎咽，居然吃个精光。”▷看他那～的样子，恐怕早就饿得慌，有几顿没吃饭了。☛“咽”这里不读yān、yè。

【狼心狗肺】lángxīngǒufèi 比喻心肠像狼和狗那样狠毒。多指忘恩负义。明·冯梦龙《醒世恒言》卷三十：“那知这贼子恁般狼心狗肺，负义忘恩！”▷乡亲们从小把他养大，哪里知道竟成了一个～的卖国贼。

【狼烟四起】lángyānsìqǐ 狼烟：燃烧狼粪产生的烟，古代边防用以报警，借指战火。形容战争纷起，社会动荡不安。明·沈采《千金记·宵征》：“如今狼烟四起，虎斗龙争。”▷那一年，军阀混战，～，老百姓无处安身。

【狼子野心】lángzǐyěxīn 狼崽子具有难以驯化的残忍本性。比喻凶恶的人对权势或名利等非分而贪婪的欲望。《左传·宣公四年》：“谚曰‘狼子野心’，是乃狼也，其可畜乎！”▷这件事充分暴露了他们妄图推翻政府的～。

【浪迹萍踪】làngjìpíngzōng 形容人的行踪像波浪和浮萍一样漂泊不定。明·吾丘瑞《运甓（pì，砖）记·嗔鲊封还》：“远途劳顿，浪迹萍踪，何年音信相闻。”▷我的职业特点决定了我～，长年奔波在外地。

【浪子回头】làngzǐhuítóu 浪子：指不务正业到处游荡的青年。比喻做了坏事的人悔过自新，重新做人。▷虽说你儿子这些年闯了不少祸，但只要耐心教育开导，说不定～金不换呢！

【劳而无功】láoérwúgōng 付出了劳动，没有收到应有的功效。《庄子·天运》：“是犹推舟于陆也，劳而无功。”▷搞科学研究，～的事是常有的，千万不能灰心丧气｜去年修坝，不抓质量，结果今年大水一来全冲垮了，不但～，而且造成了更大的损失。☛不宜写作“徒劳无功”。

【劳苦功高】láokǔgōnggāo 吃了大苦，立下大功。《史记·项羽本纪》：“劳苦而功高如此，未有封侯之赏。”▷这些离退休职工都是我们厂～的英雄。

【劳民伤财】láomínshāngcái 既使人民劳苦，又耗费财物。指滥用人力物力。《周易·节》：“不伤财，不害民。”《西游记》第九十二回：“以后你们府县再不可供献金灯，劳民伤财也。”▷大型工程项目要先搞好调查研究，科学论证，然后再开工建设，不然就会～。

【劳师动众】láoshīdòngzhòng 通常写作“兴师动众”。

【牢不可破】láobùkěpò 非常牢固，不可摧毁。唐·韩愈《平淮西碑》：“大官臆决唱声，万口和附，并为一谈，牢不可破。”▷我们之间的友谊经过几十年的考验，是～的。

【老成持重】lǎochéngchízhòng 形容人老练成熟，办事稳重。《宋史·种师中传》：“师中老成持重，为时名将。”▷要没有～的王老在场调解，这场冲突的结果不知道会是什么样子呢！☛“重”这里不读chóng。

【老大无成】lǎodàwúchéng 年纪已老，却没有成就。清·李汝珍《镜花缘》第十回：“既不能显亲扬名，又不能兴邦定业，碌碌人世，殊愧老大无成。”▷年轻时就要发愤图强，为国家为人民建功立业，否则～，后悔莫及。

【老当益壮】lǎodāngyìzhuàng 益：更加。指年纪老了，志向更高，干劲更大。

《后汉书·马援传》:“丈夫为志,穷当益坚,老当益壮。”▷老大爷~,都六十多岁了,干起活来不比青年人差。☛不要写作“老而益壮”。

【老调重弹】lǎodiàochóngtán 重新弹起了老的曲调。比喻把陈旧的观点或理论重新搬出来。▷他这次发言,又是~,听得人耳朵都磨出茧子了。☛这里“重”不读 zhòng,“弹”不读 dàn。

【老骥伏枥】lǎojìfúlì 骥:千里马。枥:马槽。老马趴伏在槽头。常与“志在千里”连用,比喻人虽年老,仍怀雄心壮志。三国·魏·曹操《步出夏门行》诗:“老骥伏枥,志在千里;烈士暮年,壮心不已。”▷都八十岁了,还每天伏案笔耕,真是~,志在千里。

【老奸巨猾】lǎojiānjùhuá 形容非常奸诈狡猾。宋·司马光《资治通鉴·唐纪·玄宗开元二十四年》:“(李林甫)虽老奸巨猾,无能逃其术者。”▷这个偷盗团伙受一个~的刑满释放分子唆使操纵。☛“猾”不要错写作“滑”。

【老马识途】lǎomǎshítú 老马能辨认出走过的路。比喻年长有经验的人能带领大家前进。《韩非子·说林上》:“管仲、隰(xí)朋从于(齐)桓公而伐孤竹,春往冬返,迷惑失道。管仲曰:‘老马之智可用也。’乃放老马而随之,遂得道。”清·黄仲则《立秋后二日》诗:“老马识途添病骨,穷猿投树择深枝。”▷这项工作难度大,但你师傅经验丰富,~,你听他的准没错。

【老谋深算】lǎomóushēnsuàn 周密成熟的谋划,深远的打算。形容人精明老练。清·王韬《淞隐漫录·任香初》:“老谋深算,东南群吏中恐无此人。”▷有这位~的前辈给你当参谋,你还怕干不好工作?

【老牛破车】lǎoniúpòchē 比喻做事像老牛拉破车一样慢慢腾腾。▷我们应提倡雷厉风行的工作作风,绝不能像~,每天拖拖拉拉,磨洋工。

【老牛舐犊】lǎoniúshìdú 舐:舔。犊:小牛。比喻父母疼爱儿女。《后汉书·杨彪传》:“后子修(杨修)为曹操所杀。操见彪问曰:‘公何瘦之甚?’对曰:‘愧无日䃅(mìdī,人名)先见之明,犹怀老牛舐犊之爱。’操为之改容。”▷儿女都长大成人,在外地工作,但我们老两口仍然~,时时为他们操着心。☛“舐”不读 dǐ,不要写作“老牛舔犊”。

【老气横秋】lǎoqìhéngqiū 形容暮气沉沉、缺乏朝气。宋·楼钥《题杨子元琪所藏东坡古木》:“东坡笔端游戏,槎牙老气横秋。”清·张集馨《道咸宦海见闻录》:“其人老病求退,故诸事皆老气横秋,一概不办。”▷年轻人应该朝气蓬勃,而不要总是~的样子。☛“横”这里不读 hèng。

【老弱残兵】lǎoruòcánbīng 年老、体弱或有伤残的士兵。比喻年老、体弱或能力较差的人。《三国演义》第三十二回:“城中无粮,可发老弱残兵并妇人出降,彼必不为备,我即以兵继百姓之后出攻之。”▷别看我们都是些~,干起活儿来,劲头都不小。

【老生常谈】lǎoshēngchángtán 老书生经常讲的话。比喻没有新意的老话。《三国志·魏书·管辂传》:“此老生之常谭(通‘谈’)。”唐·刘知几《史通·书志》:“若乃前事已往,后来追证,课彼虚说,成此游词,多见老生常谈,徒烦翰墨者矣。”▷

讲话要有新意，不要总重复那些人们已经听腻了的～。

【老鼠过街】lǎoshǔguòjiē 参看“老鼠过街，人人喊打”。

【老鼠过街，人人喊打】lǎoshǔguòjiē，rénrénhǎndǎ 比喻害人的东西，人人痛恨。▷对于坏人坏事，我们要充分揭露，使它原形毕露，～。

【老态龙钟】lǎotàilóngzhōng 龙钟：行动不灵便的样子。形容年老体弱的样子。宋·陆游《听雨》诗：“老态龙钟疾未平，更堪俗事败幽情。”▷父亲体弱多病，还不到六十岁就显得～，生活都难于自理了。

【老有所终】lǎoyǒusuǒzhōng 老年人能有归宿的地方。《礼记·礼运》：“故人不独亲其亲，不独子其子，使老有所终，壮有所用，幼有所长，矜（guān，同‘鳏’）寡孤独、废疾者，皆有所养。”▷开办“老年公寓”，可以使身边没有子女的老人～。

【老于世故】lǎoyúshìgù 形容待人处世老练、圆滑。▷他～，善于揣摸别人的心思，从不得罪人。

【乐不可支】lèbùkězhī 乐得都支持不住了。形容高兴到了极点。汉·刘珍等《东观汉记·张堪》：“桑无附枝，麦秀两歧；张君为政，乐不可支。”▷她听说儿子得了大奖，简直～，脸上整天都挂满了笑容。

【乐不思蜀】lèbùsīshǔ 表示乐而忘返。《三国志·蜀书·后主传》裴松之注引晋·习凿齿《汉晋春秋》记载：蜀后主刘禅（shàn）投降司马昭后，被迁到洛阳，仍过着荒淫的生活。有一天，司马昭问他：“颇思蜀否？”刘禅说：“此间乐，不思蜀。”▷上有天堂，下有苏杭，你到了苏州，可不能～哇！

【乐此不疲】lècǐbùpí 乐于此事，不知疲倦。形容特别喜好某种事物而沉浸其中。《后汉书·光武帝纪下》：“帝曰：‘我自乐此，不为疲也。’”▷尽管当一名乡村教师很辛苦，他却～，一干就是三十年。

【乐而忘返】lèérwàngfǎn 高兴得忘记了返回。《晋书·苻坚载记》：“坚尝如邺，狩于西山，旬余，乐而忘返。”▷国庆期间的西山，秋高气爽，红叶满山，使人～。

【乐而忘忧】lèérwàngyōu 高兴得忘掉了忧愁。《论语·述而》：“其为人也，发愤忘食，乐以忘忧，不知老之将至云尔。”▷跟我出去散散心吧，到了夜总会，唱一唱，跳一跳，也就～了。

【乐极生悲】lèjíshēngbēi 高兴到了极点，就会发生悲哀的事情。元·秦简夫《赵礼让肥》第三折：“我又不曾乐极生悲，那里是苦尽甘来。”▷那帮人在这里是又吃又喝，又唱又跳。结果～，有两个人打了起来，其中一个还受伤进了医院。

【乐善好施】lèshànhàoshī 乐于行善，喜欢施舍。《史记·乐书论》：“闻徵（zhǐ）音，使人乐善而好施；闻羽音，使人整齐而好礼。”▷助人为乐，～，是中国人民的优良传统。☛这里“好”不读 hǎo，“乐”不读 yuè。

【乐天知命】lètiānzhīmìng 天：天意。命：命运。原指甘心顺从天意安排。现指顺其自然，安于自己的处境。《周易·系辞上》：“乐天知命，故不忧。”▷退休以后，他～，日子过得很舒心。

【雷打不动】léidǎbùdòng 形容十分坚定，绝不动摇。▷每天散步半个小时，～。

【雷厉风行】léilìfēngxíng 厉：猛烈。像

打雷那样猛烈，像刮风那样迅速。形容执行命令等严格迅速。宋·曾巩《亳(bó)州谢到任表》："昭不杀之武，则雷厉风行。"▷既然方案已经确定下来了，咱们就～，抓紧干。

【雷声大，雨点小】léishēngdà，yǔdiǎnxiǎo 比喻声势造得大，但实际行动很少。宋·释道原《景德传灯录》卷二十八："雷声甚大，雨点全无。"明·兰陵笑笑生《金瓶梅词话》第二十回："贼没廉耻的货，头里那等雷声大雨点小，打哩乱哩，及到其间，也不怎么的。"▷说是要严格管理制度，喊了几年了，～，始终没见什么大的得力举措。

【雷霆万钧】léitíngwànjūn 雷霆：迅急而猛烈的雷。钧：古代重量单位，约合当时的三十斤。形容威力极大。宋·杨万里《范公亭记》："当公伏阁以死争天下大事，雷霆万钧，不栗不折，视大吏能回天却月者，蔑如也。"▷一百多眼开山炮同时震响，那气势真叫～哪！

【泪如雨下】lèirúyǔxià 泪水像下雨一样流下来。形容极度悲伤。《敦煌变文集·搜神记》："姑忆念新妇，声彻黄天，泪下如雨。"▷每当回忆起母亲生前的情景，我就～。

【冷嘲热讽】lěngcháorèfěng 尖刻辛辣地嘲笑、讽刺。《东汉通俗演义》第二十回："郭皇后暗中窥透，当然怀疑，因此对着帝前，往往冷嘲热讽，语带蹊跷。"▷同事之间有什么意见，彼此应当推心置腹地交换；～只能加剧矛盾。☛不宜写作"冷讽热嘲"。

【冷若冰霜】lěngruòbīngshuāng 形容待人冷淡，像冰霜一样。也形容态度严厉，使人不易接近。清·刘鹗《老残游记》第二回："笑起来一双眼又秀又媚，却是不笑起来又冷若冰霜。"▷你们商店的服务员现在都很热情，很少看到～的面孔了。☛不宜写作"凛若冰霜"。

【冷言冷语】lěngyánlěngyǔ 指尖酸刻薄，具有嘲讽意味的话。明·冯梦龙《醒世恒言》卷三十七："只这冷言冷语，带讥带讪的，教人怎么当得！"▷有意见要正面提出，不要阴阳怪气的，用～伤人。

【冷眼旁观】lěngyǎnpángguān 冷眼：冷静或冷淡的眼光。用冷淡的眼光在旁边观察。宋·朱熹《答黄直卿》："冷眼旁观，手足俱露，甚可笑也。"▷这件事虽与我无关，但我～，也看出点蹊跷来了。

【离经叛道】líjīngpàndào 离、叛：背离。指背离儒家经典和道统；多比喻背离正统的学说或观点。元·费唐臣《苏子瞻风雪贬黄州》第一折："且本官志大言浮，离经畔(通'叛')道。"明·李贽《水浒全书发凡》："今世小说家杂出，多离经叛道，不可为训。"▷贯彻执行政策，在不违反原则的前提下，要结合当地的实际情况灵活掌握，这不能看作是～。

【离群索居】líqúnsuǒjū 索：孤独。离开群体孤独地生活。《礼记·檀弓上》："吾离群而索居，亦已久矣。"▷每个人都离不开社会生活，幻想脱离社会，～，那是不现实的。

【离乡背井】líxiāngbèijǐng 通常写作"背井离乡"。

【离心离德】líxīnlídé 心：指思想。德：指信念。指各人想各人的，行动不一致。《尚书·泰誓中》："受(纣)有亿兆夷人(平民)，离心离德。"▷企业的每个成员都要齐心协力，团结一致，不可～。

【礼轻人意重】lǐqīngrényìzhòng 礼物

虽然微薄，情意却是深重的。明·冯梦龙《喻世名言》卷一："就是这个冤家，虽然不值甚钱，是一个北京客人送我的，却不道礼轻人意重。"▷这是我从乡下带来的一点土产，～嘛，请收下吧。☛㊀"重"这里不读 chóng。㊁不要写作"礼轻仁义重"。

【礼尚往来】lǐshàngwǎnglái 礼：礼节。尚：注重。礼节注重有来有往。现也指你怎样对待我，我就怎样对待你。《礼记·曲礼上》："礼尚往来。往而不来，非礼也；来而不往，亦非礼也。"▷中秋节，人家送给我们礼品，～，我们也有回赠｜他写了一篇文章批评我的观点，～，我也打算写篇文章"回敬"他。☛"尚"不要错写作"上"。

【礼贤下士】lǐxiánxiàshì 礼贤：对有才德的人以礼相待。下士：指对有学问的人非常谦恭。形容身居高位的人尊重人才。《新唐书·李勉传》："礼贤下士有终始，尝引李巡、张参在幕府。后二人卒，至宴饮，乃设虚位沃馈之。"▷当今技术竞争激烈，每个领导人都要做到～，广招人才。

【李代桃僵】lǐdàitáojiāng 僵：枯干。李树代替桃树枯死。比喻兄弟互爱互助；后比喻以此代彼或代人受过。《乐府诗集·相和歌辞·鸡鸣》："桃生露井上，李树生桃傍。虫来啮桃根，李树代桃僵。树木身相代，兄弟还相忘。"明·王衡《真傀儡》："古代史书上呵，知多少李代桃僵。"▷你太忙，这项苦差事你就别管了，让我来个～算了。

【里通外国】lǐtōngwàiguó 指暗地里跟外国反动势力勾结，出卖国家和民族利益。▷经过严密的侦查，才弄清他是一个～的犯罪嫌疑人。

【里应外合】lǐyìngwàihé 里外相互接应配合。《三国演义》第五十九回："约定今夜放火，里应外合。"▷地下工作者暗地里发动工人武装暴动，保护工厂，与攻城部队～，很快就拿下这座城市。☛"应"这里不读 yīng。

【理屈词穷】lǐqūcíqióng 屈：亏。穷：尽。理由站不住脚，被驳得无话可说。《论语·先进》："是故恶夫佞者。"宋·朱熹注："子路之言，非其本意，但理屈词穷，而取辩于口以御人耳。"▷在会上，他被大家问得～，无以答对。☛不宜写作"词穷理绝"。

【理所当然】lǐsuǒdāngrán 当然：应当这样。按道理讲应当这样。明·赵弼《续东窗事犯传》："善者福而恶者祸，理所当然。"▷儿女赡养老人，这是天经地义、～的事。

【理直气壮】lǐzhíqìzhuàng 直：公正，正确。理由充分，说起话来就硬气。明·冯梦龙《喻世明言》卷三十一："便提我到阎罗殿前，我也理直气壮，不怕甚的！"▷既然我们是正确的，就应该～地跟他辩论。

【力薄才疏】lìbócáishū 力量单薄，才学疏浅（多用作谦词）。《水浒全传》第四十一回："小可不才，自小学吏。初世为人，便要结识天下好汉，奈缘力薄才疏，不能接待，以遂平生之愿。"▷主任这个职务，我～，恐怕胜任不了。

【力不从心】lìbùcóngxīn 心里想做，但力量达不到。《后汉书·西域传》："今使者大兵未能得出，如诸国力不从心，东西南北自在也。"▷早就想把自己的坎坷经历写出来，怎奈体弱多病，～。

【力排众议】lìpáizhòngyì 竭力排除各

种不同的议论，以维护自己的观点。《三国演义》第四十三回：“诸葛亮舌战群儒，鲁子敬力排众议。”▷会上他慷慨陈词，～，大会终于采纳了他的意见。

【力屈计穷】lìqūjìqióng 力量计谋都用尽了。明·吾丘瑞《运甓（pì，砖）记·平蛮奏凯》：“吾想此辈鼠窃狗偷，岂有深谋远计，连日被我战败，力屈计穷。”▷在公安人员追捕下，犯罪分子～，终于被抓获。

【力所能及】lìsuǒnéngjí 及：达到。能力所能做到的。▷给身体不好的人，尽量安排一些～的工作。

【力透纸背】lìtòuzhǐbèi 力量能穿透纸张。形容书法刚劲有力；也形容文章立意深刻。唐·颜真卿《张长史十二意笔法意记》：“当其用锋，常欲使其透过纸背，此功成之极矣。”清·赵翼《瓯北诗话·陆放翁诗》：“（古体诗）意在笔先，力透纸背。”▷他的这幅书法作品，笔势遒劲，～，可称是当代书法艺术的瑰宝｜这篇评论文章立论切中时弊，论证～。☛“背”这里不读 bēi。

【力挽狂澜】lìwǎnkuánglán 挽：挽回。澜：波浪。尽力挽回汹涌的大浪。比喻尽力挽回危急险恶的局势。唐·韩愈《进学解》：“障百川而东之，回狂澜于既倒。”元·王恽《挽李子阳》：“笔端力挽狂澜倒，袖里亲携太华来”。▷在紧急关头，他率领军队～，扭转了严峻的局势。

【力微任重】lìwēirènzhòng 能力很小而任务很重。唐·张说《让平章事表》：“若志小谋大，力微任重，岂敢顾惜微躯？”▷自从当了总务科长，他总感到～，丝毫不敢马虎。

【力学笃行】lìxuédǔxíng 笃：专心。努力学习，专心实行。宋·陆游《陆伯政山堂类稿序》：“伯政家世为儒，力学笃行，至老不少衰。”▷先生不仅才智过人，而且～，为青年人树立了良好的榜样。

【力争上游】lìzhēngshàngyóu 上游：江河接近发源地的部分。比喻努力争取先进。清·赵翼《瓯北诗抄·闲居读书作之五》：“所以才智人，不肯自弃暴；力欲争上游，性灵乃其要。”▷每个青年在工作中都应该～。

【历历在目】lìlìzàimù 历历：清楚分明的样子。非常清楚地展现在眼前。唐·杜甫《历历》诗：“历历开元事，分明在眼前。”宋·楼玥《西汉会要序》：“开卷一阅，而二百余年之事，历历在目。”▷当秋高气爽之时，远眺西山的景色，～。

【厉兵秣马】lìbīngmòmǎ 厉：同“砺”，磨。兵：兵器。秣：草料；引申指喂饲料。磨利兵器，喂饱战马。指做好战斗准备；泛指做好准备工作。《左传·僖公三十三年》：“郑穆公使视客馆，则束载（捆扎装车）厉兵秣马矣。”▷我们早已～，做好了一切准备，只要一声令下，就立刻奔赴工地。☛“厉”不要错写作“历”。

【立竿见影】lìgānjiànyǐng 在阳光下竖一根竹竿，会立刻见到影子。比喻收效极快。汉·魏伯阳《参同契·如审遭逢章》：“立竿见影，呼谷传响。”▷说药效迅速是可以的，但说～，未免有些夸张了。

【立功赎罪】lìgōngshúzuì 赎：抵销。建立功绩来抵销所犯的罪行。《旧唐书·王孝杰传》：“使未至幽州，而宏晖已立功赎罪，竟免诛。”▷对案犯要区别对待，凡是愿意检举揭发同案犯的，还可给以～的机会。

【立国安邦】lìguóānbāng 邦：国家。建立国家，安定天下。元·无名氏《捶丸记》

第一折："圣朝卿相，一个个忠君上，立国安邦，扶持万载山河壮。"▷本人既无～之志，更无～之才，只要平生能做一点于国家有益的事，也就满足了。

【立身处世】lìshēnchǔshì 立身：自立，做人。处世：与世人交往相处。指为人处世，在社会上生活。晋·无名氏《沙弥十戒法并威仪序》："夫乾坤覆载，以人为贵；立身处世，以礼仪为本。"▷刚步入社会，应特别注意～之道。☛"处"这里不读 chù。

【立锥之地】lìzhuīzhīdì 仅能插下锥子的地方。形容极小的空间。《史记·留侯世家》："今秦失德弃义，侵伐诸侯社稷，灭六国之后，使无立锥之地。"《汉书·食货志》："富者田连阡陌，贫者亡(无)立锥之地。"▷这么小小的足球场，来了上万名观众，看台上挤得简直无～。☛多用在否定句中。

【励精图治】lìjīngtúzhì 励：振作。图：谋求。振作精神，想方设法治理好国家。元·马致远《青衫泪》楔子："励精图治在勤民，宿弊都将一洗新。"▷李世民登基以后，～，开创了贞观之治的大好局面。☛"励"不要错写作"厉"。

【利害攸关】lìhàiyōuguān 攸：所。利害所关联的。指直接关系到利害关系的事物。▷环境保护，是关系国民经济可持续发展，与人民的身心健康～的大事，全民必须高度重视。

【利令智昏】lìlìngzhìhūn 智：理智。指因追求私利而使头脑发昏，失去理智。《史记·平原君虞卿列传》："鄙语曰：'利令智昏。'平原君贪冯亭邪说，使赵陷长平兵四十余万众，邯郸几亡。"▷那些～、贪赃枉法者，必将受到法律的严厉制裁。

【利欲熏心】lìyùxūnxīn 熏心：迷住心窍。名利的欲望迷住了心窍。宋·黄庭坚《赠别李次翁》诗："利欲熏心，随人翕(xī，闭合)张。"▷做买卖赚钱，可不能～，不择手段，干那些伤天害理的事。

【例行公事】lìxínggōngshì 按照惯例处理的公事。清·吴趼人《痛史》第十三回："那一种凌虐苛刻，看的同例行公事一般，哪里还知道这是不应为而为之事？"▷这次检查不能看成是～，而具有特别的意义，一定要提高认识。

【连篇累牍】liánpiānlěidú 篇：古代把写有诗文的竹简，用绳子或皮条连在一起，叫做"篇"。累：重叠，累积。牍：古代用来写字的狭长木板。一篇接一篇，一片又一片。形容文章篇幅长或篇数多。《隋书·李谔(è)传》："连篇累牍，不出月露之形；积案盈箱，唯是风云之状。"▷这个刊物的方向有问题，怎么能～地发表暴露个人隐私的文章？☛"连"不要错写作"联"。

【廉洁奉公】liánjiéfènggōng 清清白白地奉行公事。▷国家公务员，应该～，做名副其实的人民公仆。

【恋恋不舍】liànliànbùshě 非常留恋，舍不得离开。明·凌濛初《初刻拍案惊奇》卷十二："看了他后门，正在恋恋不舍，忽然隔墙丢出一片东西来。"▷走出游乐园门口好远了，小孙女还不断扭头往回看，露出～的神情。☛"舍"这里不读 shè。

【良辰美景】liángchénměijǐng 辰：时刻，时光。美好的时光，优美的景色。南朝·宋·谢灵运《拟魏太子邺中集诗序》："天下良辰、美景、赏心、乐事，四者难并。"▷中秋之夜，皓月当空，我们荡舟在西子湖上，远处青山苍翠，湖滨彩灯无数，如此～，真如人间天堂。

【良师益友】liángshīyìyǒu 能给人以教益的好老师和好朋友。清·彭养鸥《黑籍冤魂》第二十回："虽然有那良师益友，苦口婆心的规劝，却总是耳边风。"▷我今天之所以取得这么大的成绩，是同那些～的教诲和帮助分不开的。

【良药苦口】liángyàokǔkǒu 能治病的好药吃起来是苦的。比喻尖锐的批评，听着不舒服，但有益于改正缺点和错误。《三国志·吴书·孙奋传》："夫良药苦口，唯疾者能甘之；忠言逆耳，唯达者能受之。"▷大家的批评是严厉的，但～，对你改正错误是有帮助的。

【良莠不齐】liángyǒubùqí 良：指好人。莠：狗尾草，类似谷子，比喻坏人。比喻坏人和好人混杂在一起，难以辨别。清·文康《儿女英雄传》第四十回："无如众生贤愚不等，也就如五谷良莠不齐。"▷节日出入境旅客很多，～，要加强管理，严格检查。☛"莠"不读 xiù。

【梁上君子】liángshàngjūnzǐ《后汉书·陈寔(shí)传》："陈寔在乡间，平心率物，有盗夜入其家，止于梁上。寔阴见之，乃自整拂，命子孙，正色训之曰：'夫人不可不自勉。不善之人，未必本恶，习与性成耳。如梁上君子者是矣。'盗大惊，自投于地。"后用"梁上君子"比喻窃贼。▷小偷小摸的恶习不改，将来堕落成～，后悔就晚了。

【两败俱伤】liǎngbàijùshāng 败：损坏。斗争的双方都受到损伤。明·沈德符《灵岩山》："因山人争搆起见，两败俱伤。"▷这两个大商场，竞相压价抛售，结果是～。☛"俱"不要错写作"具"。

【两虎相斗】liǎnghǔxiāngdòu 参看"两虎相争，必有一伤"。

【两虎相争】liǎnghǔxiāngzhēng 参看"两虎相争，必有一伤"。

【两虎相争，必有一伤】liǎnghǔxiāngzhēng，bìyǒuyīshāng 比喻两个强者相互搏斗，结果必定有一个受伤。《战国策·秦策二》："今两虎争人而斗，小者必死，大者必伤。"明·徐元《八义记·张维评话》："我相公官至下大夫，不知为何，近日只要与上大夫赵正卿争朝，我想两虎相争，必有一伤。"▷常言道：～，这样相互斗下去，我们企业要受到损害。

【两面三刀】liǎngmiànsāndāo 指当面一套，背后一套，耍两面派手法。《红楼梦》第六十五回："嘴甜心苦，两面三刀，上头笑着，脚底下就使绊子，明是一盆火，暗是一把刀，他都占全了。"▷跟这种～的人打交道，要特别小心。

【两全其美】liǎngquánqíměi 全：成全。美：美满，满意。指使双方都获益，都满意。《西游记》第七十六回："也罢，也罢！与他个两全其美，出去便出去，还与他肚里生下一个根儿。"▷两厂合并，既扭转了他们厂难以为继的局面，又增强了你们厂的实力，盘活了国有资产，岂不是～吗？☛不要写作"两全齐美"。

【两相情愿】liǎngxiāngqíngyuàn 双方都愿意，没有一点勉强。《水浒全传》第五回："太公，你也是痴汉，既然不两相情愿，如何招赘做个女婿？"▷恋爱结婚是～的事，不能勉强。☛"相"这里不读 xiàng。

【两小无猜】liǎngxiǎowúcāi 猜：猜疑，嫌忌。幼小的男女在一起相处，天真无邪，没有一点猜疑或嫌忌。唐·李白《长干行》诗："妾发初覆额，折花门前剧；郎骑竹马来，绕床弄青梅。同居长干里，两小无嫌猜。"清·蒲松龄《聊斋志异·江城》："翁有女，小字江城，与生同甲，时皆八九岁，两小无猜，日共嬉戏。"▷小时候，她跟我青梅竹马，～。如今都长大成人，早已各自成家了。

【两袖清风】liǎngxiùqīngfēng 指除了两袖清风之外，身上一无所有。形容为官廉洁。明·吴应箕《忠烈杨琏传》："入计（地方官入京听候考核）时，只馀两袖清风，欲送其老母归楚，至不能治装以去。"▷他为官一世，～，家里一直过着清贫的生活。

【量力而行】liànglìérxíng 量：估量。行：做事。估计自己的力量的大小去做相应的事情。《左传·隐公十一年》："度德而处之，量力而行之。"▷搞经济建设，一定要～，正确估计国家、社会的承受能力。☛"量"这里不读 liáng。

【量入为出】liàngrùwéichū 量：估计。根据收入的多少来决定支出的限度。《礼记·王制》："冢宰（宰相）制（制定）国用，必于岁之杪（末），五谷皆入，然后制国用……量入以为出。"《三国志·魏书·卫觊（jì）传》："当今急务，宜君臣上下，并用筹策，计校府库，量入为出。"▷单位经费只能～，开源节流。☛"量"这里不读 liáng。"为"不读 wèi。

【量体裁衣】liàngtǐcáiyī 量：估量，依据。按照身材裁剪衣服。比喻做事要从实际出发。卧闲草堂本《儒林外史》第三十六回评语："非子长之才长于写秦汉，短于写三代，正是其量体裁衣，相题立格，有不得不如此者耳。"▷发展教育，扩大招生，也要看本地区具体条件，看菜吃饭，～，不可盲目进行。☛"量"这里不读 liáng。

【聊备一格】liáobèiyīgé 聊：姑且、暂且。姑且算作一种风格或格式。▷他创作的小说虽然不够成熟，但～还是可以的。

【聊胜于无】liáoshèngyúwú 聊：略微。比完全没有略微好一些。晋·陶潜《和刘柴桑》诗："弱女虽非男，慰情聊胜无。"▷我们资料室的书刊很少，只能说～，哪能跟人家图书馆相比呢！

【寥寥无几】liáoliáowújǐ 寥寥：稀少。数量很少，没有几个。清·李宝嘉《文明小史》第六回："动身的那一天，绅士们来送的寥寥无几。"▷餐厅很大，就餐的人却～。☛"寥"不要错写作"廖"。

【寥如晨星】liáorúchénxīng 通常写作"寥若晨星"。

【寥若晨星】liáoruòchénxīng 寥：稀少。稀少得像早晨的星星一样。唐·韩愈《华山女》诗："黄衣道士亦讲说，座下寥落如明星。"▷国内各个专业的研究者很多，但研究这项尖端学科的专家～。

【了如指掌】liǎorúzhǐzhǎng 了解得像指点着手掌上的东西给人看一样清楚。《论语·八佾（yì）》："或问禘（dì）之说。子曰：'不知也。知其说者之于天下也，其如示诸斯乎！'指其掌。"何晏集解引包咸曰："如指示掌中之物，言其易了。"清·许旭《闽中纪略》："洋洋二千余言矣，大抵首事势、次粮饷、次兵将、次间谍、次外国，聚米画沙了如指掌。"▷他对我们单位所有的事情，都～。

【了若指掌】liǎoruòzhǐzhǎng 通常写作"了如指掌"。

【料事如神】liàoshìrúshén 预料未来的

事情好像神仙一样准确。宋·杨万里《提刑徽猷检正王公墓志铭》:“公器识宏深,襟度宽博,议论设施加人数等,料事如神。”▷老李可真是~,说今天要下雨果然下起来了。

【林林总总】línlínzǒngzǒng 形容人或事物繁多。唐·柳宗元《贞符》:“惟人之初,总总而生,林林而群。”明·朱之瑜《忠孝辩》:“举天下林林总总,夫非尽人之子与?”▷在《红楼梦》~的人物中,王熙凤这个形象刻画得鲜明、生动,很有个性。

【临财苟得】líncáigǒudé 苟:随便。指见利忘义,随便贪取不义之财。《礼记·曲礼上》:“临财毋苟得,临难毋苟免。”明·凌濛初《二刻拍案惊奇》卷三十九:“似这等人,也算做穿窬(yú,翻墙而过)小人中大侠了。反比那面是背非、临财苟得、见利忘义一班峨冠博带的不同。”▷以后要注意,不要同那些见钱眼开、~的人交往。

【临渴穿井】línkěchuānjǐng 通常写作“临渴掘井”。

【临渴掘井】línkějuéjǐng 临到口渴时才去挖井。比喻事到临头才想办法。《黄帝内经·素问·四气调神大论》:“夫病已成而后药之,乱已成而后治之,譬犹渴而穿井,斗而铸锥,不亦晚乎!”明·许仲琳《封神演义》第三十五回:“一着空虚百着定,临渴掘井,悔之何及。”▷无论做什么工作,都要预先做好准备,否则,~,仓卒上阵,必然是事倍功半。

【临难不避】línnànbùbì 面临危难并不退避。明·冯梦龙《东周列国志》第四十四回:“夫料事能中,智也;尽心谋国,忠也;临难不避,勇也;杀身救国,仁也。”▷青年人应该有~、勇于拼搏的精神。☛“难”这里不读 nán。

【临难不恐】línnànbùkǒng 面临危难并不恐惧。《韩非子·说疑》:“夫见利不喜,上虽厚赏无以劝之,临难不恐,上虽严刑无以威之,此之谓不令之民也。”▷面对穷凶极恶的歹徒,他~,进行了坚决的斗争。☛“难”这里不读 nán。

【临深履薄】línshēnlǚbó 参看“如临深渊,如履薄冰”。

【临危不惧】línwēibùjù 面临危难,毫无惧色。唐·陆贽《李澄赠司空制》:“天授将材,勇而多智,临危不惧,见义必为。”▷~,方显英雄本色。

【临危受命】línwéishòumìng 在危难或紧急的关头,接受使命。▷在工厂面临经济效益严重下滑的关头,小李~,当了厂长。

【临危自计】línwēizìjì 计:谋划,打算。面临危险,只为自己打算。《旧唐书·吴溆传》:“人臣食君之禄,死君之难,临危自计,非忠也。”▷轮船触礁,虽然有些人~,乱作一团,但船长和工作人员十分冷静沉着地指挥抢救工作。

【临渊羡鱼】línyuānxiànyú 渊:深潭。羡:羡慕,希望得到。面对深渊,希望得到鱼。比喻只有愿望而不采取实际行动,是什么也得不到的。《汉书·董仲舒传》:“古人有言:‘临渊羡鱼,不如归而结网。’”▷看到别的厂子搞得红红火火,我们与其~,不如发动群众,踏踏实实地去干。

【临阵磨枪】línzhènmóqiāng 临到上阵打仗才磨枪。比喻事到临头,才做准备。《红楼梦》第七十回:“临阵磨枪也不中用,有这会子着急,天天写写念念,有多少完不了的?”▷马上要考试了,要及早复习，不然，～可就被动了。

【临阵脱逃】línzhèntuōtáo 脱：脱离，离开。临上阵时逃跑。比喻事到临头却逃避退缩。明·徐光启《疏辩》："临阵脱逃，初次即斩。"▷在困难面前，我们只能迎头而上，绝不能～。

【淋漓酣畅】línlíhānchàng 见"酣畅淋漓"。

【淋漓尽致】línlíjìnzhì 淋漓：畅快的样子。尽致：到了极点。形容谈话或文章能把事物的情态或个人的观点详尽透彻地表达出来。清·吴趼人《二十年目睹之怪现状》第九十三回："他心中把苟才恨如彻骨，没有事时，便把苟才送少奶奶给制台的话，加些材料，对同事各人淋漓尽致的说起来，大家传作新闻。"▷那本书～地写出了贪污腐败分子贪婪成性和腐化堕落的丑态。

【琳琅满目】línlángmǎnmù 琳琅：精美的玉石。眼前所看到的都是精美的玉石。比喻美好珍贵的东西随处可见。清·陆陇其《与陈蔼公书》："顷复承赐尊集，展卷一读，琳琅满目。"▷这座新建的特大型商场里，各种应时商品～。

【鳞次栉比】líncìzhìbǐ 次：次序。栉：梳子。比：排列。像鱼鳞和梳子的齿一样紧密有序地排列着。多形容建筑物密集。宋·李焘《续资治通鉴长编·真宗咸平四年》："布为方阵，四面皆然，东西鳞次，前后栉比。"▷开发区的高楼大厦～，一幢挨着一幢。☛㊀"栉"不读 jié。㊁"次"不要错写作"刺"。㊂不宜写作"栉比鳞次"。

【凛若冰霜】lǐnruòbīngshuāng 通常写作"冷若冰霜"。

【伶牙俐齿】língyálìchǐ 形容口齿伶俐，能说会道。元·萧德祥《杨氏女杀狗劝夫》第四折："一任你百样伶牙俐齿，怎知大人行，会断的正没头公事。"▷这孩子从小就～，嘴又甜，很讨人喜欢。

【灵丹妙药】língdānmiàoyào 丹：精炼而成的药。灵验而有奇效的丹药。比喻能解决问题的有效办法。元·无名氏《瘸李岳诗酒玩江亭》第二折："逍遥散澹在心中，灵丹妙药都不用，吃的是生姜大蒜辣憨葱。"▷有困难要发动大家想办法去解决，不要指望哪个人能突然拿出～来。☛不宜写作"灵丹圣药"。

【灵机一动】língjīyīdòng 灵机：灵巧的心机。形容突然想出主意或办法来。清·文康《儿女英雄传》第四回："俄延了半晌，忽然灵机一动，心中悟将过来。"▷正当大家一筹莫展时，他～，想出了一个好办法。

【玲珑剔透】línglóngtītòu 玲珑：精巧。剔透：透亮，明晰。多形容器物精巧细致；也形容人聪明伶俐，灵活敏捷。《西游记》第六十回："忽见一座玲珑剔透的牌楼，楼下栓着个辟水金睛兽。"清·文康《儿女英雄传》第二十三回："及至见了褚大娘子，又是一对玲珑剔透的新媳妇。"▷那些牙雕工艺品，～，精致极了。

【凌霜傲雪】língshuāngàoxuě 通常写作"傲雪凌霜"。

【零打碎敲】língdǎsuìqiāo 通常写作"零敲碎打"。

【零敲碎打】língqiāosuìdǎ 指以零零碎碎的方式进行。明·贾凫西《木皮词·引子》："这些话都不过是零敲碎打、信口诌成，也有书本上来的，也有庄家老说古的。"▷做任何工作，应该有总体的考虑，不能～。

【另起炉灶】lìngqǐlúzào 另外垒起炉灶。比喻重新做起或另搞一套。清·李汝珍《镜花缘》第十四回:“必至闹到出而哇之,饭粪莫辨,这才另起炉灶。”▷为了使教材适应当前经济发展的需求,要～,重新编写|他跟着老板做了九年服装生意,攒了一笔钱,决定～,单独经营。

【另辟蹊径】lìngpìxījìng 蹊、径:小路。另外开辟道路。比喻找出新途径,创出新办法。▷面对时间紧、任务重的挑战,小王开动脑筋～,创出新的工艺流程,按时保质保量完成了任务。

【另眼看待】lìngyǎnkàndài 通常写作“另眼相看”。

【另眼相看】lìngyǎnxiāngkàn 用另一种眼光看待。形容对某人格外重视或轻视。明·凌濛初《初刻拍案惊奇》卷八:“不想一见大王,查问来历,我等一实对,便把我们另眼相看,我们也不知其故。”▷由于老张为厂子做出了突出的贡献,厂领导一直对他～|对后进的同学应该积极帮助,不要～。

【令出法随】lìngchūfǎsuí 法令制定颁布后就必须执行,违反者必须依法惩办。▷以法治国,就必须～,有法必依,执法必严,违法必究。

【令人发指】lìngrénfàzhǐ 发指:头发直立起来。形容愤怒到使人的头发直立起来。《庄子·盗跖》:“盗跖闻之大怒,目如明星,发上指冠。”明·蒋一葵《土木》:“为国立君成往事,令人发指触邪冠。”▷当年日本侵略者实行“三光”政策,真是～。☛“发”这里不读 fā。

【令人神往】lìngrénshénwǎng 神往:心里向往。指人或事物使人从心里向往、思念或羡慕。明·胡应麟《少室山房笔丛》:“令著述湮没,怅望当时蹈海之风,令人神往不已。”▷经你绘声绘色的介绍,那里的风景还真有点～。

【令行禁止】lìngxíngjìnzhǐ 有令即马上执行,有禁则马上停止。形容执行法令雷厉风行。《管子·立政》:“令则行,禁则止。”《荀子·王制》:“令行禁止,王者之事毕矣。”▷我们必须做到～,政令畅通,保持全国一致。

【溜之大吉】liūzhīdàjí 溜:逃走。悄悄地离开。是对以一走了之摆脱困境的诙谐说法。清·曾朴《孽海花》第二十四回:“稚燕趁着他们扰乱的时候,也就溜之大吉。”▷宴会进行中,趁着大家举杯饮酒的时候,我们两个就～了。☛“溜”这里不读 liù。

【留有余地】liúyǒuyúdì 指说话办事不要太绝,要留下可以回旋的余地。宋·王令《寄介甫》:“终见乘桴(fú,小船)去沧海,好留余地许相依。”▷这笔合同交给你去办,态度既要坚决,又要～。

【流芳百世】liúfāngbǎishì 流芳:流传好的名声。百世:指时间久远。好的名声永远流传后世。宋·魏庆之《诗人玉屑·中兴词话·张仲宗》:“二公虽见抑于一时,而流芳百世,视秦桧犹苏合香之于蜣螂丸也。”▷烈士们的英名,刻于碑上,将～,世代传颂。

【流风遗迹】liúfēngyíjì 遗留下来的风尚和陈迹。宋·苏辙《黄州快哉亭记》:“至于长洲之滨,故城之虚,曹孟德、孙仲谋之所睥睨(pìnì,眼睛斜视,表示高傲),周瑜、陆逊之所驰骛,其流风遗迹,亦足以称快世俗。”▷苏杭一带涌现出许多名人,至今他们的～还保留在我们的生活中。

【流金铄石】liújīnshuòshí 流、铄：熔化。形容天气特别热，连金石也被熔化了。战国·楚·宋玉《招魂》："十日代出，流金铄石些。"▷南方的夏天，赤日炎炎，～，真让我这北方人受不了。

【流离颠沛】liúlídiānpèi 通常写作"颠沛流离"。

【流离失所】liúlíshīsuǒ 流离：流浪离散。亲人离散，四处流浪，没有安身的地方。《诗经·王风·葛藟(lěi)》朱熹集传："世衰民散，有去乡里家族，而流离失所者，作此诗以自叹。"▷尽管水灾是百年不遇的，但在全国人民的支援下，灾区人民迅速恢复生产重建家园，没有人～。

【流连忘返】liúliánwàngfǎn 流连：留恋。原指深深的迷恋于游玩嬉戏而忘了回去；后多形容留恋美好景物而舍不得离去。明·袁宏道《夷陵罗子华墓石铭》："遇山水佳处，乃流连忘反(同'返')。"▷仙台山景色如画，游客～。☛"返"不要错写作"反"。

【流落不偶】liúluòbùǒu 偶：遇。指漂泊困顿而得不到施展才能的机会。宋·陆游《陈长翁文集序》："得志者司诏令，垂金石，流落不偶者，娱忧纾愤，发为诗骚。"▷历史上有不少有名的诗篇是诗人在穷困潦倒、～的境遇中写成的。

【流水不腐，户枢不蠹】liúshuǐbùfǔ，-hùshūbùdù 户枢：门扇上的转轴。蠹：蛀虫，引申为蛀蚀。流动的水不会腐臭，经常转动的门轴不会被虫蛀蚀。比喻事物只有不停运动才不易受到外物的侵蚀，可以持久不坏。《吕氏春秋·数尽》："流水不腐，户枢不蝼，动也。"唐·马总《意林》引"不蝼"作"不蠹"。▷～，只要我们经常运动，就可抵御病菌的侵蚀，少得疾病。

【流水无情】liúshuǐwúqíng 流水一去不复回，毫无情意。比喻时光像流水一样不停地流来，又不停地消逝。唐·白居易《过元家履信宅》诗："落花不语空辞树，流水无情自入池。"▷～，时光易逝，你们青年人可得抓紧时间多学点本领啊！

【流言蜚语】liúyánfēiyǔ 流言蜚语：毫无根据的话。指背后散布的挑拨离间或造谣中伤的话。明·文秉《先拨志始》卷下："或巧布流言蜚语，或写匿名文书。"▷我们不应相信那些～，而要相信事实。

【流言惑众】liúyánhuòzhòng 流言：毫无根据的话。制造谣言，迷惑群众。《汉书·翟方进传》："今翟义、刘信等谋反大逆，流言惑众，欲以篡位。"▷我们要相信政府对事件的说明，绝不能让别有用心的人～的阴谋得逞。

【柳暗花明】liǔànhuāmíng 形容绿柳成阴、百花争妍的景色。后多用以比喻由逆境转入顺境。宋·陆游《游山西村》诗："山重水复疑无路，柳暗花明又一村。"▷只要我们齐心努力，企业就可能走出山重水复的困境，出现～的转机。

【六亲不认】liùqīnbùrèn 六亲：泛指亲属。形容没有情义或不讲情面。▷本来是乡亲们把他养大的，没想到他进城后腐化变质，～，忘了本｜这位经理治厂严格，在执行规章制度上是～的。

【六神无主】liùshénwúzhǔ 六神：道教称主宰心、肺、肝、肾、脾、胆六脏的神。形容心神慌乱不知所措。明·冯梦龙《醒世恒言》卷二十九："吓得知县已六神无主，还有甚心肠去吃酒。"▷这桩突如其来的事，弄得大家～，不知如何去应付。

【龙飞凤舞】lóngfēifèngwǔ 像神龙飞行，像凤凰舞蹈。形容山势雄壮奔放；也形容笔势刚健俊逸而活泼流畅。宋·苏轼《表忠观碑》："天目之山，苕(tiáo)水出焉；龙飞凤舞，萃于临安。"▷这副对联～，不知是哪位名人的手迹。

【龙眉凤目】lóngméifèngmù 形容人长相英俊，气度非凡。《水浒全传》第九回："马上那人，生得龙眉凤目，皓齿朱唇。"▷几年不见，小伙子竟出落得如此～，仪表堂堂了。

【龙盘虎踞】lóngpánhǔjù 盘：盘绕。踞：蹲。像龙盘着，像虎蹲着。形容地势险要(常指古代帝都，特指南京)。汉·刘胜《文本赋》："见其文章，或如龙盘虎踞，复似鸾集凤翔。"唐·李白《永王东巡歌十一首(其四)》诗："龙盘虎踞帝王州，帝子金陵访古丘。"▷重游南京这座～的古都，眼前是一派繁华景象，今昔对比，感慨万千。

【龙蛇飞动】lóngshéfēidòng 龙在飞舞，蛇在游动。形容笔势既强劲有力，又生动活泼。宋·苏轼《西江月·平山堂》词："十年不见老仙翁，壁上龙蛇飞动。"▷条幅上那"继往开来"四个字，笔势活泼雄浑，犹如～。

【龙潭虎穴】lóngtánhǔxué 潭：深水池。龙藏身的深池，虎居住的洞穴。比喻极其险恶的境地。清·文康《儿女英雄传》第十九回："你父亲因他不是个诗书礼乐之门，一面推辞，便要离了这龙潭虎穴。"▷地下工作者在～里，与敌人周旋，搞到了大量情报。☛"穴"不读 xuè。

【龙腾虎跃】lóngténghǔyuè 像龙一样飞腾，虎一样跳跃。形容动作矫健有力，生气勃勃。唐·严从《拟三国名臣赞序》："圣人受命，贤人受任，龙腾虎跃，风流云蒸。"▷球场上，队员们～，大展身手。

【龙吟虎啸】lóngyínhǔxiào 如龙吼叫，如虎咆啸。形容声音洪亮，气势雄壮。宋·黄庭坚《送昌上座归成都》诗："昭觉堂中有道人，龙吟虎啸随风云。"▷爬到山腰，就听见水声轰鸣，如同～，穿过一片茂密的林子，大瀑布呈现在大家眼前。

【龙争虎斗】lóngzhēnghǔdòu 形容势均力敌的双方斗争非常激烈。明·冯梦龙《东周列国志》第一回："前人田地后人收，说甚龙争虎斗。"▷奥运会上，各国运动员～，竞争非常激烈。

【笼中之鸟】lóngzhōngzhīniǎo 比喻受困而失去自由的人。《鹖(hé)冠子·世兵》："一目之罗，不可以得雀，笼中之鸟，空窥不出。"▷被拐卖的女孩儿成天被关在阴暗的小屋里，如同～，一点儿自由也没有。

【漏洞百出】lòudòngbǎichū 比喻说话不严密，做事不能自圆其说的地方很多。▷他的发言，东拉西扯，～。

【漏网之鱼】lòuwǎngzhīyú (捕鱼时)从网眼里漏出去的鱼。比喻侥幸逃脱的人。元·郑庭玉《后庭花》第二折："他两个忙忙如丧家之狗，急急似漏网之鱼。"▷要严密侦察，尽数逮捕这个盗窃团伙，不许有～。

【庐山真面目】lúshānzhēnmiànmù 比喻事情的真实情况或人的本来面目。宋·苏轼《题西林壁》诗："横看成岭侧成峰，远近高低各不同；不识庐山真面目，只缘身在此山中。"▷这人本来灵魂肮脏，却善于伪装，只有听其言而观其行，才能看清他的～。

【炉火纯青】lúhuǒchúnqīng 纯青：纯

净的蓝色。原指道家炼丹时，炉火出现纯蓝色，就算炼成了。后比喻品德修养、学业造诣、技艺等达到精湛完美的境界。清·曾朴《孽海花》第二十五回："到了现在，可已到了炉火纯青的气候，正是弟兄们各显身手的时期。"▷这位演员的演技虽已达到较高的水平，但还不能算是～。

【鲁鱼亥豕】lǔyúhàishǐ 豕：猪。把"鲁"误写作"鱼"，"亥"误写作"豕"(篆书"鲁"和"鱼"、"亥"和"豕"字形相似)。指文章、书籍在传抄、刊印过程中的文字错误。《红楼梦》第一百二十回："既是'假雨村言'，但无鲁鱼亥豕以及背谬矛盾处，乐得与二三同志酒余饭饱，雨夕灯窗，同消寂寞，又不必大人先生品题传世。"▷这本盗版书不仅装帧、版面粗制滥造，而且正文中～之处不可胜数。

【陆离斑驳】lùlíbānbó 通常写作"斑驳陆离"。

【鹿死谁手】lùsǐshuíshǒu 比喻政权或最后的胜利属于谁。《史记·淮阴侯列传》："秦失其鹿，天下共逐之。"《晋书·石勒载记》："勒因飨酒酣，笑曰：'朕若逢高皇(指汉高祖刘邦)，当北面而事之，与韩彭竞鞭而争先耳；脱遇光武(指汉光武帝刘秀)，当并驱于中原，未知鹿死谁手！"▷两个强队争夺冠军，究竟～，很难预料。

【绿林好汉】lùlínhǎohàn 绿林：指西汉末年王匡、王凤率领的以绿林山(在今湖北当阳西北)为根据地的农民起义军——绿林军。后用"绿林"或"绿林好汉"泛指啸聚山林的起义队伍。旧时也指抢劫财物的江湖盗匪。清·文康《儿女英雄传》第二十一回："(施士伦)收了无数的绿林好汉，查拿海寇。"▷历史上许多～都是一些值得称颂的英雄人物。☛"绿"这里不读 lǜ。

【碌碌无为】lùlùwúwéi 碌碌：平庸的样子。能力平庸，没有作为成就。《史记·平原君虞卿列传》："公等碌碌，所谓因人成事者也。"▷前半生已经～地过去了，他决心后半生自强不息，干一番事业。☛"为"这里不读 wèi。

【碌碌无闻】lùlùwúwén 碌碌：平庸的样子。能力平庸，没有名望。宋·秦观《李状元墓志铭》："君以诸生崛兴，名动海内，其视碌碌无闻而殁者，亦可以无憾。"▷他一生只求老老实实做个本分人，宁可～，也不愿臭名远扬。

【路不拾遗】lùbùshíyí 没有人拾取别人掉在路上的东西。形容社会风气非常好。汉·贾谊《新书》："邹国之治，路不拾遗。"▷古人所说的～夜不闭户的局面，在当时是很难实现的。

【路绝人稀】lùjuérénxī 绝：断绝，阻绝。道路不通，人烟稀少。元·无名氏《盆儿鬼》第三折："眼见得路绝人稀，不由俺唬(同'吓')的魄散魂飞。"▷你们出去旅游，走到～的地方就返回，免得发生意外。

【路人皆知】lùrénjiēzhī 参看"司马昭之心，路人皆知"。

【戮力同心】lùlìtóngxīn 戮力：并力，合力。齐心协力。《墨子·尚贤》："《汤誓》曰：'聿求元圣，与之戮力同心，以治天下。'"▷咱们人虽然不多，但是只要～，各人充分发挥自己的特长，就能把厂子办好。

【露才扬己】lùcáiyángjǐ 露：显露，炫耀。扬：宣扬。炫耀才能，宣扬自己。汉·班固《离骚序》："今若屈原，露才扬己，竞乎危国群小之间，以离（通“罹”）谗贼。”▷他是个非常有学问的人，却从来不～，大家都很敬重他。

【驴年马月】lúniánmǎyuè　见“猴年马月”。

【闾巷草野】lǘxiàngcǎoyě　闾巷：乡里。指民间乡野。《宋史·王安石传》：“在位之人才既不足，而闾巷草野之间亦少可用之才，社稷之托，封疆之守，陛下其能久以天幸为常，而无一旦之忧乎？”▷～与城市相比，少一分繁华与热闹，却多一分自然与安静。

【屡次三番】lǚcìsānfān　番：次。多次重复某一行为。清·李宝嘉《官场现形记》第三十回：“屡次三番叫差官出去问信。”▷我已经告诉过你，这个问题以后再解决，你怎么还～地来找我呀？

【屡见不鲜】lǚjiànbùxiān　多次见到并不感到新鲜希罕。《史记·郦生陆贾列传》：“一岁中往来过他客，率不过再三过，数（shuò，多次）见不鲜，无久慁（hùn，担忧）公为也。”▷这种产品几年以前还是很少的，现在可是～的了。☛“鲜”这里不读 xiǎn。

【屡教不改】lǚjiàobùgǎi　屡次教育，仍不悔改。▷犯错误的人，除了极少数～的以外，大多数是可以改正的。☛不要写作“累教不改”。

【屡试不爽】lǚshìbùshuǎng　爽：差错。屡次试验，均无差错。清·蒲松龄《聊斋志异·冷生》：“每途中逢徒步客，拱手谢曰：‘适忙，不遑下骑，勿罪。’言未已，驴已蹶然伏道上，屡试不爽。”▷科研小组研制的仪器，灵敏可靠～，不久就可投入批量生产。

【履险如夷】lǚxiǎnrúyí　履：行走。夷：平坦的土地。走在险峻的地方像在平坦的地上一样。形容勇敢无畏。汉·刘协《喻郭汜诏》：“今得东移，望远若近，视险如夷。”清·郑观应《盛世危言·狱囚》：“而从此周道坦坦，履险如夷矣。”▷杂技演员走钢丝～，观众称赞不已。

【绿肥红瘦】lǜféihóngshòu　绿叶繁茂，红花稀疏。形容暮春时节的景象。宋·李清照《如梦令》词：“知否，知否，应是绿肥红瘦。”▷正是燕舞莺啼、～的时节，我从遥远的苏州来到了可爱的首都北京。

【乱臣贼子】luànchénzéizǐ　旧指不忠不孝、犯上作乱的人。《孟子·滕文公下》：“孔子成《春秋》而乱臣贼子惧。”清·钱彩《说岳全传》第十二回：“古言：乱臣贼子，人人得而诛之。”▷那个大阴谋家还在台上的时候，我爷爷就说他是～。

【乱点鸳鸯】luàndiǎnyuānyāng　鸳鸯：比喻夫妻。指错配姻缘。现有时也借指不根据实际情况而随意安排人力。明·冯梦龙《醒世恒言》卷八题目：“乔太守乱点鸳鸯谱。”▷要根据每个人的特长安排工作，不能～，瞎指挥。

【乱七八糟】luànqībāzāo　混乱不堪，没有丝毫的条理和秩序。清·文康《儿女英雄传》第三十七回：“把山东的土产，拣用得着的，乱七八糟都给带来了。”▷屋子里～，显然是好久没有收拾了。

【掠地攻城】lüèdìgōngchéng　通常写作“攻城掠地”。

【掠人之美】lüèrénzhīměi　掠取别人的功劳或成果为自己所有。宋·王楙《野客丛书·龚张对上无隐》：“汤见上，曰：‘前奏非俗吏所及，谁为之者？’汤以宽对，不掠人之美以自耀。”▷文中引用别人的话，都加了引号，并在文后注明出处，表明未敢～。

【略高一筹】lüègāoyīchóu 通常写作“略胜一筹”。

【略见一斑】lüèjiànyībān 斑：斑纹。指从看到的某一部分，就可以大略推知全貌。清·李汝珍《镜花缘》第五十八回：“诸如此类，虽未得其皮毛，也就略见一斑了。”▷翻开本书第一页，错漏就达十处之多，全书质量如何，由此便可～。☛“斑”不要写作“班”。

【略胜一筹】lüèshèngyīchóu 筹：计数用的筹策。形容比对方略强一点。▷两个人的文化水平差不多，但从工作能力上看，小张还～。

【略识之无】lüèshízhīwú 之、无：代指很容易认识的字。指识字不多，学识浅薄。唐·白居易《与元九(稹)书》：“仆始生六七月时，乳母抱弄于书屏下。有指‘无’字、‘之’字示仆者，仆虽口未能言，心已默识。后有问此二字者，虽百十其试，而指之不差。”清·吴趼人《二十年目睹之怪现状》第九回：“最可笑的，还有一班市侩，不过略识之无，因为艳羡那些斗方名士，要跟着他学，出了钱叫人代作了来，也送去登报。”▷去年她才学文化，不过～，现在居然能写信了！

【略知皮毛】lüèzhīpímáo 略微知道一点表面的东西(多用作谦词)。清·李汝珍《镜花缘》第十七回：“才女才说学士大夫论及反切尚且瞪目无语，何况我们不过略知皮毛，岂敢乱谈，贻笑大方！”▷对这个案件，我们只是～，不能妄下结论。

【论功行赏】lùngōngxíngshǎng 论：评定。评定功劳大小，分别给予不同的奖赏。《管子·地图》：“论功劳，行赏罚，不敢蔽贤。”三国·魏·傅干《谏曹公南征》：“愚以为可且按甲寝兵，息军养士，分土定封，论功行赏。”▷我的成绩并不突出，～，应该奖励那些贡献更大的人。

【罗雀掘鼠】luóquèjuéshǔ 用网捕麻雀，挖洞捉老鼠。原指因被围缺粮，人们只好捕捉麻雀、老鼠充饥。后泛指想方设法筹集粮食。《新唐书·张巡传》：“远(许远)亦杀奴僮以哺卒，至罗雀掘鼠，煮铠弩以食。”▷明末，陕北闹饥荒，老百姓剥树皮、挖野菜，以致～，饿死不少人。☛“雀”这里不读 qiǎo、qiāo。

【荦荦大端】luòluòdàduān 荦荦：明显的的样子。端：项目。明显的或主要的项目。《史记·天官书》：“此其荦荦大者。若至委曲小变，不可胜道。”▷本文所论述的，只是～而已，至于细枝末节，则恕不面面俱到。

【洛阳纸贵】luòyángzhǐguì 称赞文章、著作写得好，人们争相传诵，风行一时，致使纸张涨价。《晋书·左思传》：“(左思作《三都赋》)于是豪贵之家竞相传写，洛阳为之纸贵。”▷这部书出版后，立刻受到广大读者热烈欢迎，畅销一时，大有～之势。

【络绎不绝】luòyìbùjué 络绎：前后相接，往来不断。形容人马车辆等来来往往，接连不断。《后汉书·东海恭王传》：“数遣使者太医令丞，方伎道术，络绎不绝。”▷每逢假日，来公园游玩的人～。☛㊀“络”这里不读 lào。㊁不要写作“骆驿不绝”。

【落花流水】luòhuāliúshuǐ 形容暮春的衰败凋残景象。后也比喻残败零乱的情景或狼狈不堪的惨状。唐·高骈《访隐者不遇》诗：“落花流水认天台，半醉闲吟独自来。”《水浒传》第四十三回：“这伙男子那里顾得冷热，好吃不好吃，酒肉到口只顾吃，正如风卷残云，落花流水，一齐上来，抢着吃了。”▷一阵冲杀，敌人被打得～，四散逃命。

【落荒而逃】luòhuāngértáo 离开战场或大路向荒野逃去。元·无名氏《小尉迟》第三折：“我诈败落荒而走，父亲必然赶将我来。”▷这个小偷被追得不顾一切地～。☛“落”这里不读 lào。

【落井下石】luòjǐngxiàshí 有人掉进井里，不仅不去救，反而往井里扔石头。比喻乘人之危，加以陷害。唐·韩愈《柳子厚墓志铭》：“一旦临小利害，仅如毛发比，反眼若不相识，落陷阱，不一引手救，反挤之，又下石焉者，皆是也。”明·李贽《续焚书·答来书》：“若说叔台从而落井下石害我，则不可。”▷别人有困难，咱们只能尽力帮助，可不能干那种乘人之危、～的缺德事。

【落落大方】luòluòdàfāng 落落：形容举止潇洒自然。言谈举止自然得体，不拘谨不造作。清·文康《儿女英雄传》第二十九回：“更兼他天生得落落大方，不似那羞手羞脚的小家气象。”▷姑娘待人接物～，显得很有教养。☛“落落”这里不读 làolào。

【落落寡合】luòluòguǎhé 落落：孤独的样子。寡：少。形容因性格孤僻或陌生等，很少和人交往。清·名教中人《好逑传》第一回：“因铁公子为人落落寡合，见事又敢作敢为，恐怕招愆，所以留在家下。”▷这个来自边远山区的学生刚进校有点儿～，不到半年，也就跟大家打成一片了。☛“落落”这里不读 làolào。

【落拓不羁】luòtuòbùjī 落拓：散漫的样子。羁：拘束。性情放浪，行为散漫，不受拘束。宋·刘斧《青琐高议》：“韩湘字清夫，文公侄也，落魄（拓）不羁，醉则高歌。”清·曾朴《孽海花》第三十一回：“可是骥东官职虽是武夫，性情却完全文士，恃才傲物，落拓不羁。”▷旧文人那种～的气派，现在已经很少看到了。

【落叶归根】luòyèguīgēn 通常写作“叶落归根”。

M

【麻痹大意】mábìdàyì 麻痹:失去警惕性。指粗心大意,失去警惕。▷司机驾车,必须精力集中,决不可～。☛"痹"不读 pí、pì,不要写作"痺"。

【麻木不仁】mámùbùrén 不仁:指肢体的某一部分失去知觉。比喻对外界事物漠不关心,反应迟钝。清·文康《儿女英雄传》第二十七回:"除了那班天日不懂、麻木不仁的姑娘外,是个女儿便有个女儿情态。"▷对于盗版行为,决不能熟视无睹,～。☛不宜写作"麻痹不仁"。

【麻雀虽小,五脏俱全】máquèsuīxiǎo,wǔzàngjùquán 比喻某一事物的规模虽小,所具有的内容却很齐全。▷别看我们厂职工不多,厂子不大,但～,机构设置却齐全得很。

【马不停蹄】mǎbùtíngtí 比喻一刻不停地持续进行。元·王实甫《丽堂春》第二折:"赢的他急难措手,打的他马不停蹄。"▷交货日期太近了,即使～地进行生产,也很难按期完成。

【马齿徒增】mǎchǐtúzēng 马齿:马的牙齿随年岁而增长,看马齿即可知马的年龄。马齿白白地增长。比喻虚度年华,没有成就(多用作谦词)。《谷梁传·僖公二年》:"荀息牵马操璧而前曰:'璧则犹是也,而马齿加长矣。'"清·王韬《淞隐漫录·阿怜阿爱》:"自妾识君,已四五年矣。娥眉易老,马齿徒增,尚未能择人而事,自拔于火坑。"▷这些年来,我是～,学术上没有取得什么成就。

【马到成功】mǎdàochénggōng 骑着战马一到就取得胜利。比喻工作非常顺利,一开始就获得成功(常与"旗开得胜"连用)。元·郑廷玉《楚昭公》第一折:"管取马到成功,奏凯回来也。"▷你这次出差,任务不同寻常,祝你旗开得胜,～。

【马革裹尸】mǎgéguǒshī 用马皮包裹尸体。指战死沙场。《后汉书·马援传》:"男儿要当死于边野,以马革裹尸还葬耳,何能卧床上在儿女子手中邪?"清·黄遵宪《聂将军歌》:"欲将马革裹尸还,万骨如山堆战垒。"▷将士们士气高昂,纷纷表示宁可～,也要守住阵地。

【马首是瞻】mǎshǒushìzhān 瞻:看。是:代词,复指"马首"。指作战时,士卒看着主帅的马头决定行动去向。比喻听从指挥或追随某人。《左传·襄公十四年》:"荀偃令曰:'鸡鸣而驾,塞井夷灶,唯余马首是瞻。'"▷十几年来,他真心实意跟随大帅,唯其～。

【买椟还珠】mǎidúhuánzhū 椟:木匣子。把木匣子买下,珠子还给人。比喻没有眼光,取舍失当。《韩非子·外储说左上》记载:有一个郑国人不识货,买下了一匣珍珠,看到匣子很华贵,便留下匣子退还了其中的珍珠。清·朱彝尊《跋李紫篔画卷》:"然郑人买椟还珠,珠因在,庸何伤。"▷有些产品的质量不怎么样,而包装却十分豪华。这不是让顾客～吗?

【买空卖空】mǎikōngmàikōng 指一种

商业投机活动。投机者根据行情的涨落，买进或卖出股票、债券、外币、商品等，买卖双方均无货款或实物进出，只根据进出之间的差价结算盈亏。《十朝圣训·大清宣宗成皇帝圣训》："复有奸商开设大和、天和、恒盛各字号，邀群结伙，买空卖空，悬拟价值，转相招引。"▷有的皮包公司～，大搞欺骗活动，我们千万别上当。

【卖儿鬻女】màiéryùnǚ 鬻：卖。指因生活所迫而出卖儿女。清·李宝嘉《官场现形记》第四十七回："破家荡产，鬻儿卖女，时有所闻。"▷那时候黄河泛滥，多少人无家可归，不得不流落他乡，有的甚至～。

【卖官鬻爵】màiguānyùjué 鬻：卖。爵：爵位。指出卖官职爵位来聚敛财富。唐·李百药《赞道赋》："直言正谏，以忠信而获罪；卖官鬻爵，以货贿而见亲。"▷这次选拔乡镇干部，采取公开招聘的办法，坚决杜绝～的丑恶现象。☛"鬻"不读zhōu。

【卖国求荣】màiguóqiúróng 出卖国家利益，以此来谋取个人的荣华富贵。清·钱彩《说岳全传》第三十三回："狗男女，你们父子卖国求荣，诈害良民，正要杀你！"▷汪精卫投靠日本帝国主义，～，成为人人唾骂的大汉奸。

【卖弄风骚】màinòngfēngsāo 形容某些女子故意显示自己的轻狂放荡以勾引挑逗男性。▷她行为放荡，好在男人面前～。

【卖身投靠】màishēntóukào 出卖自己，投奔在有权有钱人的门下。指丧失人格，做坏人、恶势力的走狗。▷抗日战争时期，他～日伪，甘心做汉奸。

【卖友求荣】màiyǒuqiúróng 出卖朋友，以此来求取自己的名利地位。▷为了自己能升官，他竟然在上司面前说自己朋友的坏话，～，品行卑劣。

【瞒天过海】mántiānguòhǎi 比喻用种种欺骗手段暗中活动。明·阮大铖《燕子笺·购幸》："我做提控最有名，瞒天过海无人问。"▷你犯了罪休想～，群众的眼睛是雪亮的。

【满城风雨】mǎnchéngfēngyǔ 城里到处刮风下雨。原指重阳节前的秋景；后比喻消息传遍各处，人们议论纷纷。宋·释惠洪《冷斋夜话》卷四："昨日清卧，闻搅林风雨声，遂起题其壁曰：'满城风雨近重阳。'忽催租人至，遂败意，只此一句奉赠。"▷这件事已经闹得议论纷纷、～了。

【满腹狐疑】mǎnfùhúyí 满肚子的猜疑。形容心里有许许多多疑惑不解的问题。《红楼梦》第一百一十六回："宝玉满腹狐疑，只得回道：'姐姐说是妃子叫我，那妃子究是何人？'"▷看到这种反常现象，她～，百思不解。

【满腹经纶】mǎnfùjīnglún 经纶：整理过的蚕丝，比喻治理国家的才能。形容人富有政治才能；也泛指有学问。明·冯惟敏《海浮山堂词稿·一》："论英雄何必老林泉？满腹经纶须大展，休负了苍生之愿。"▷先生～，学贯中西，谁不敬仰？☛"纶"这里不读guān，不要借写作"伦"。

【满面春风】mǎnmiànchūnfēng 通常写作"春风满面"。

【满目疮痍】mǎnmùchuāngyí 疮痍：创伤。形容到处都是遭受重创或重灾以后的残破景象。《清史稿·王骘（zhì）传》：

“且四川祸变相踵，荒烟百里。臣当年运粮行(xíng)间，满目疮痍。”▷新政权面临着～，百废待兴的局面。

【满园春色】mǎnyuánchūnsè 通常写作“春色满园”。

【满载而归】mǎnzàiérguī 载：装载。装得满满地回来了。形容收获很大。明·凌濛初《二刻拍案惊奇》卷二十六：“其余土产货物尺头礼仪之类甚多，真叫做满载而归。”▷参加这次会议，收集到不少材料，人人～。☛“载”这里不读 zǎi。

【满招损，谦受益】mǎnzhāosǔn，qiānshòuyì 自满会招致损失，谦虚可以得到益处。《尚书·大禹谟》：“满招损，谦受益，时乃天道。”▷即使取得了很大成绩，也不可沾沾自喜，要记住“～”这句古话。

【慢条斯理】màntiáosīlǐ 指说话做事不慌不忙，有条有理。清·金圣叹批《西厢记》第三本第二折：“写红娘从张生边来入闺中，慢条斯理，如在意如不在意。”▷张老师上课总是～的，讲得很详细，板书也一笔一画地写。

【漫不经心】mànbùjīngxīn 漫：随便。经心：在意。随随便便，毫不在意。明·朱国祯《涌幢小品·存问》：“近见使者至城外。仅主家周旋，有司漫不经心。”▷我曾提醒你别忘了带钥匙，你～地回答说不会。到底还是忘了吧！☛不宜写作“漫不经意”。

【漫山遍野】mànshānbiànyě 漫：遍布。指山上和田野里到处都是（人或物）。《三国演义》第十三回：“于是李傕在左，郭汜在右，漫山遍野涌来。”▷放眼望去，～都是竹子，一片翠绿。

【漫无边际】mànwúbiānjì 漫：广阔。非常广阔，一眼望不到边。比喻说话、写文章离题太远，没有中心。▷这篇文章下笔千言，～，中心思想不突出。

【芒刺在背】mángcìzàibèi 芒：谷类种子壳上的细刺。像芒和刺扎在背上一样。形容非常恐惧，坐立不安。《汉书·霍光传》：“宣帝始立，谒见高庙，大将军光从骖乘（cānshèng，随从人员），上内严惮之，若有芒刺在背。”▷公安人员严厉的审问，使那个家伙感到～，坐立不安。

【忙里偷闲】mánglǐtōuxián 在繁忙中抽出一点空闲时间。宋·黄庭坚《和答赵令同前韵》：“人生政自无闲暇，忙里偷闲得几回。”▷要学会～，利用短暂时间进行文体活动，以保证身心健康。

【盲人摸象】mángrénmōxiàng 比喻只凭对事物的片面了解，便妄加推断，以偏概全。《大般涅槃经》卷三十二：“尔时大王，即唤众盲各各问言：‘汝见象耶？’众盲各言：‘我已得见。’王言：‘象为何类？’其触牙者即言象形如芦菔根，其触耳者言象如箕，其触头者言象如石……”宋·释普济《五灯会元》卷十一：“有时意到句不到，如盲摸象，各说异端。”▷有些人以个别的情况来推测全体，这不是～，以偏概全吗？

【盲人瞎马】mángrénxiāmǎ 盲人骑瞎马。原比喻处境非常危险。现多指盲目行动，非常危险。南朝·宋·刘义庆《世说新语·排调》：“桓南郡与殷荆州语次，复作危语……殷有一参军在坐，云：‘盲人骑瞎马，夜半临深池。’”▷你要出去找工作我同意，但是我不能让你～地去乱闯，万一出了事怎么办？

【猫鼠同眠】māoshǔtóngmián 猫同老鼠住在一起。比喻上司失职，包庇纵容下级干坏事。明·李开先《林冲宝剑记》第六出："都是谗言佞言，一个个猫鼠同眠。"▷个别工商管理人员跟非法个体经营户～，坑害消费者。

【毛骨悚然】máogǔsǒngrán 悚然：恐惧的样子。汗毛竖起，脊背发冷。形容十分恐惧。《三国演义》第二十二回："左右将此檄传进，操见之，毛骨悚然，出了一身冷汗。"▷天地一片黢黑，不知什么东西嗖地一下从树丛里窜了出来，吓得我～。☛不宜写作"毛骨耸然""毛骨竦然"。

【毛骨竦然】máogǔsǒngrán 通常写作"毛骨悚然"。

【毛遂自荐】máosuìzìjiàn 毛遂：战国时赵国平原君的门客。比喻自己推荐自己。《史记·平原君列传》记载：秦国攻打赵国，赵王派平原君出使楚国求救，毛遂主动请求跟随前往。在楚国，毛遂又挺身而出，说服了楚王，楚王才决定派兵救赵。清·文康《儿女英雄传》第十八回："晚生不揣鄙陋，竟学那毛遂自荐。"▷既然你觉得完成这项任务有把握，不妨自告奋勇，来个～嘛！☛"遂"这里不读suí。

【茅塞顿开】máosèdùnkāi 顿：立刻。指原来心里像被茅草堵塞着，现在忽然被打开了。比喻受到启发，恍然大悟。《西游记》第六十四回："我身无力，我腹无才，得三公之教，茅塞顿开。"▷他的一席话使我～，解决了长期没有解决的问题。☛"塞"这里不读 sāi、sài。

【冒名顶替】màomíngdǐngtì 假冒别人的名义，代替他去干某事。《西游记》第二十五回："你走了便也罢，却怎么绑些柳树在此冒名顶替？"▷在成人高考中一定要杜绝～现象，实现公平竞争。

【冒天下之大不韪】màotiānxiàzhīdàbùwěi 冒：冒犯。不韪：不是，不对。指不顾天下人的普遍反对，公然干坏事。清·顾炎武《日知录·正始》："自正始以来，而大义之不明，遍于天下。如山涛者，既为邪说之魁，遂使嵇绍之贤，且犯天下之不韪，而不顾夫邪正之说不容两立。"▷如果有人胆敢～，分裂祖国领土，必将遭到全国人民的唾弃。

【貌合神离】màohéshénlí 表面上看似一致，精神实质却完全不同。清·夏敬渠《野叟曝言》第十三回："所以说两贼参商，貌合神离，将来举起事来，祸正不测。"▷别看他俩天天在一起看似亲密，其实是～，各有各的打算。

【没精打采】méijīngdǎcǎi 采：精神。情绪不振，精神萎靡。《红楼梦》第八十七回："贾宝玉满肚疑团，没精打采的归至怡红院中。"▷小王一整天都是～、垂头丧气的，也不知怎么了。☛不要写作"无精打彩"。

【眉飞色舞】méifēisèwǔ 色：脸色。形容非常高兴或得意。清·李宝嘉《官场现形记》第一回："王乡绅一听此言，不禁眉飞色舞。"▷有什么高兴的事情，你如此～？

【眉开眼笑】méikāiyǎnxiào 眉头舒展，眼含微笑。形容非常高兴的神情。清·吴敬梓《儒林外史》第二十一回："将这两本书，拿到灯下一看，不觉眉开眼笑，手舞足蹈起来。"▷看你～的样子，一定有什么高兴事儿了，对吗？

【眉来眼去】méiláiyǎnqù 形容男女之间互相用眉目传情；也指暗中勾结。宋·辛弃疾《满江红·赣州席上呈陈季陵太守》词："还记得眉来眼去，水光山色。"▷他们俩总是～的，不像是一般朋友的关系｜他表面上很正经，暗地里和黑势力～，干了不少坏事。

【眉清目秀】méiqīngmùxiù 形容容貌清秀俊美。元·无名氏《合同文字》第一折："有个孩儿唤做安住，今年三岁，生的眉清目秀。"▷这孩子长得～，真惹人喜爱。

【每况愈下】měikuàngyùxià 原作"每下愈况"；后作"每况愈下"，指情况越来越坏。《庄子·知北游》："正、获（司正、司获，都是官名）之问于监市（监管市场的人）履（践踏）狶（猪）也，每下愈况（甚）。"意思是愈下愈甚，即用脚踏猪来估量其肥瘦，越踏在猪腿的下部，越能显示其肥瘦。宋·洪迈《容斋续笔·蓍（shī，用来占卜的草）龟卜筮（shì，占卜）》："伎术标榜，所在如织，五星、六壬……人人自以为君平，家家自以为季主，每况愈下。"▷近几年来，某些国家战乱不断，经济～，甚至降到靠国际人道主义援助才可维持的地步。

【每下愈况】měixiàyùkuàng 通常写作"每况愈下"。

【美不胜收】měibùshèngshōu 胜：尽，完全。形容美好的东西多得接受不过来。清·曾朴《孽海花》第九回："诸人寄来的送行诗词，清词丽句，觉得美不胜收。"▷这届博览会的新展品丰富多彩，令人～。☛"胜"这里不读 shēng。

【美轮美奂】měilúnměihuàn 轮：轮囷（qūn），古代圆形高大的谷仓，这里指高大。奂：众多。形容建筑物高大和众多。《礼记·檀弓下》："晋献文子成室，晋大夫发焉。张老曰：'美哉轮焉，美哉奂焉。'"▷大街两旁的建筑～，造型各异，很是壮观。☛㊀不形容建筑物以外的其他事物。㊁"轮"不要错写作"伦"。"奂"不要错写作"焕"。

【美中不足】měizhōngbùzú 指事物很好，但还有不足之处。《红楼梦》第五回："叹人间，美中不足今方信，纵然是齐眉举案，到底意难平！"▷这篇文章写得不错，有一定可读性，～的是议论多了一些。

【门当户对】méndānghùduì 当：相当。对：对等。门第相当。指男女双方经济条件和社会地位相当的家庭。《敦煌变文集》卷六："彼此赤身相奉侍，门当户对恰相当。"▷现在孩子找对象，只要他们自己愿意就行，不应该强求什么～。☛"当"这里不读 dàng。

【门户之见】ménhùzhījiàn 门户：比喻宗派。见：观点、见解。指学术等领域中由于所属派别不同而产生的偏见。清·恽敬《明儒学案条辩序》："而姚江之说，则必迁就之，以成其是，一迁就不得，则再迁就三迁就之，此则先生门户之见也。"▷我们应消除～，提倡各学派互相学习，取长补短，共同提高。

【门可罗雀】ménkěluóquè 罗雀：张网捕鸟。门前可以张网捕鸟。形容门庭冷落，宾客稀少。《梁书·到溉传》："及卧疾家园，门可罗雀。"▷自从老太爷去世以后，他们家便～了。☛"雀"这里不读 qiǎo。

【门庭若市】méntíngruòshì 市：集市。门口和庭院像集市一样。形容宾客很多，热闹非常。《战国策·齐策》："群臣进谏，门庭若市。"▷他联系群众，热心公益事业，离休以后，家中依旧是～。

【扪心自问】ménxīnzìwèn 扪心：抚摸胸膛。手摸胸膛问自己，表示自我反省。宋·宋祁《学舍昼上》："扪心自问何功德，五管支离治缬(jiè，洗衣)人。"▷我～，没有对不起你的地方。

【闷闷不乐】mènmènbùlè 心事重重，烦闷抑郁。《三国演义》第十八回："(陈宫)意欲弃布(吕布)他往，却又不忍，又恐被人嗤笑，乃终日闷闷不乐。"▷看你今天～，有什么难处，说出来大家帮你解决。☛"闷"这里不读 mēn。

【蒙混过关】ménghùnguòguān 用欺骗手段混过审查关。指掩盖罪责，企图滑过去。▷公安人员讯问他时，他用鸡毛蒜皮的小事加以搪塞，企图～。☛"蒙"这里不读 mēng。

【梦笔生花】mèngbǐshēnghuā 比喻才思因受到某种启示而变得敏捷。五代·王仁裕《开元天宝遗事·梦笔头生花》："李太白少时，梦所用之笔头上生花，后才思赡逸，名闻天下。"清·得硕亭《草珠一串》诗："帝京景物大无边，梦笔生花写不全。"▷你真是～了，写出这么好的诗！

【梦幻泡影】mènghuànpàoyǐng 佛教认为，世上一切事物都像梦境、幻觉、泡沫和影子一样空虚。比喻不能实现或容易破灭的幻想。《金刚般若波罗蜜经·应化非真分》："一切有为法，如梦、幻、泡、影，如露亦如电，应作如是观。"▷家里一场突如其来的灾难，使他升学的愿望化为～了。☛"泡"这里不读 pāo。

【梦寐以求】mèngmèiyǐqiú 寐：睡着。连睡着做梦时都在追求。形容愿望十分迫切。《诗经·周南·关雎(jū)》："窈窕淑女，寤寐求之，求之不得，寤寐思服。"▷人民长期～的国富民强的局面，终于出现了。

【弥留之际】míliúzhījì 弥留：病重将死。病重快要死的时候。《尚书·顾命》："病日臻，既弥留，恐不获誓言嗣兹。"《明史·王之寀传》："乃先帝一生遭逢多难，弥留之际，饮恨以崩。"▷老人～还惦念着失学的孩子，真是难能可贵呀！

【弥天大谎】mítiāndàhuǎng 弥天：满天，形容很大。指极大的谎话。明·兰陵笑笑生《金瓶梅词话》第七回："世上这媒人们，原来只一味图撰(赚)钱，不顾人死活，无官的说做有官，把偏房说做正房。一味瞒天大谎，全无半点儿真实。"▷所谓"地球要爆炸"完全是～。☛不宜写作"瞒天大谎""漫天大谎"。

【弥天大罪】mítiāndàzuì 弥天：满天，形容很大。指极大的罪恶。清·吴趼人《情变》第五回："他家两房只有这一子，任是犯了弥天大罪，何至于把他撵出大门？"▷他犯下了～，就应受到法律的严惩。☛不要写作"迷天大罪"。

【迷途知返】mítúzhīfǎn 迷失了道路，但知道返回。比喻做了错事知道改正。南朝·梁·丘迟《与陈伯之书》："夫迷涂(同'途')知反(同'返')，往哲是与；不远而复，先典攸高。"▷对于～的失足青年，我们要热忱欢迎。

【靡靡之音】mǐmǐzhīyīn 指颓废淫荡的音乐。《韩非子·十过》："此师延之所作，与纣为靡靡之乐也。"清·蒲松龄《聊斋志异·罗刹海市》："马(骥)即起舞，亦效白锦缠头，作靡靡之音。"▷雄壮有力的歌曲能有力地振奋精神，抵制～。☛㊀"靡"不要写作"糜"，这里不读 mí。㊁不宜写作"靡靡之乐"。

【秘而不宣】mìérbùxuān 秘：秘密。

宣：宣扬。保守秘密不声张。宋·欧阳修《论乞令百官议事札子》："至于大事，秘而不宣，此尤为不便。"▷这件事情，不需要保密，为什么故弄玄虚～呢？

【密云不雨】mìyúnbùyǔ 阴云密布，却不下雨。比喻事情已酝酿成熟，只是尚未发作。《周易·小畜》："密云不雨，自我西郊。"▷看这～的局势，双方都已经做好了充分的准备，战争大概是不可避免的了。

【绵里藏针】miánlǐcángzhēn 丝绵里面藏着针。比喻表面温和，内心尖刻。也比喻柔中有刚。明·西周生《醒世姻缘传》第十五回："当日说知心，绵里藏针。险过远水与遥岑。"▷他这个人～，别看他笑呵呵的，对人非常刻薄｜看起来她很柔弱，但～，困难面前从不低头。

【勉为其难】miǎnwéiqínán 勉强去做力所不及或本不愿做的事情。▷他既然不会唱歌，那就别再～了吧。

【面不改色】miànbùgǎisè 不改变脸色。形容遇到危险时从容不迫，沉着冷静。元·秦简夫《赵礼让肥》第二折："我这虎头寨上，但凡拿住的人呵，见了俺丧胆亡魂；今朝拿住这厮，面不改色。"▷在敌人屠刀面前，他～，表现了英勇无畏的气概。

【面黄肌瘦】miànhuángjīshòu 脸色发黄，身体瘦弱。形容营养不良或有病的样子。元·杨梓《霍光鬼谏》第一折："觑着他……眼嵌缩腮模样，面黄肌瘦形相，爷饮娘羹娇养，夫贵妻荣休望。"▷他的健康状况大为改观，从前是～，体弱多病；如今是红光满面，身强力壮。

【面面俱到】miànmiànjùdào 各方面都照顾到，没有遗漏。现多指由于各方面都照顾到而使重点不突出。清·李宝嘉《官场现形记》第五十七回："这位单道台办事一向是面面俱到，不肯落一点褒贬的。"▷调查报告要抓住重点，不要～。

【面面相觑】miànmiànxiāngqù 觑：看。你看我，我看你。形容无可奈何或束手无策的样子。宋·释惟白《续传灯录》卷六："僧问：'如何是大疑底人？'师曰：'毕钵岩中面面相觑。'"▷听了班主任老师的批评，同学们～，心情都很沉重。☛"觑"不读 xū。

【面目全非】miànmùquánfēi 面貌已经与原来完全不同。形容变化很大（多含贬义）。清·蒲松龄《聊斋志异·陆判》："举首则面目全非。"▷这篇文章被他这样一改，已是～了。

【面目一新】miànmùyīxīn 一：全。模样完全变新了。▷他那套旧房子经过彻底装修，已经～了。

【面授机宜】miànshòujīyí 机宜：处理事务的方针、办法等。当面传授应付眼前局面的办法。清·李宝嘉《官场现形记》第十六回："经臣遴委得候补道胡统领，统带水陆各军，面授机宜，督师往剿，幸而士卒用命，得以一扫而平。"▷教练员利用暂停的机会向队员们～，要求队员把握时机，反败为胜。

【渺无音信】miǎowúyīnxìn 渺：渺茫。一点音信也没有。▷自那年分手后，天南地北，～，不知他的确切下落。

【妙笔生花】miàobǐshēnghuā 通常写作"梦笔生花"。

【妙趣横生】miàoqùhéngshēng 形容文艺作品中充满美妙的情趣。▷这篇作品写得～，读来令人赞叹不已。

【妙手回春】miàoshǒuhuíchūn 妙手：指技艺高超的人。回春：使春天重又回来。比喻医术高明，能使危重病人转危为安。清·李宝嘉《官场现形记》第二十回："但是药铺门里门外，足足挂着二三十块匾额：什么'功同良相'，什么'扁鹊复生'，什么'妙手回春。'"▷李大夫有～的高超医术，多少危重病人都让他治好了。

【妙手偶得】miàoshǒuǒudé 妙手：指技能高超的人。偶得：偶然得到。指文章高手因灵感所至，往往得到意外的成功。宋·陆游《文章》："文章本天成，妙手偶得之。"▷"麦浪"二字若不是～，便是经过锤炼的语言精华。

【妙语解颐】miàoyǔjiěyí 颐：面颊。解颐：开颜而笑。说有趣或动听的话，使人开颜而笑。《汉书·匡衡传》："匡说《诗》，解人颐。"▷老先生平易近人，善于～，一句话说得大家哈哈大笑，我初次见面的紧张也一下消除了。

【灭此朝食】miècǐzhāoshí 此：这，指这些敌人。朝食：吃早饭。把这伙敌人消灭以后再吃早饭。形容杀敌心切，斗志坚决。《左传·成公二年》："齐侯曰：'余姑翦（jiǎn）灭此而朝食！'不介马而驰之。"▷战士们信心百倍，决心～，坚决要立即消灭这股顽匪。☛"朝"这里不读cháo。

【灭顶之灾】mièdǐngzhīzāi 灭顶：水漫过头顶。指被水淹没的灾难。比喻毁灭性的灾难。《周易·大过》："过涉灭顶，凶。"▷这场大火给他家带来了～。

【灭绝人性】mièjuérénxìng 灭绝：丧尽。丧尽了人性。▷这帮～的匪徒滥杀无辜，竟连吃奶的婴儿也不放过。

【民安国泰】mínānguótài 通常写作"国泰民安"。

【民不聊生】mínbùliáoshēng 聊：依靠。人民失去了赖以生存的条件。《史记·张耳陈余列传》："财匮力尽，民不聊生。"▷当年军阀混战，～，逃荒要饭的比比皆是。

【民穷财尽】mínqióngcáijìn 人民生活穷困，财力耗尽。明·凌濛初《二刻拍案惊奇》卷一："又兼民穷财尽，饿莩盈途，盗贼充斥，募化无路。"▷那年月，外敌加紧侵略，内部～，国家到了生死存亡关头。

【民生凋敝】mínshēngdiāobì 民生：人民生计。凋敝：破落，衰败。形容人民生活十分贫困。《清史稿·洪承畴传》："臣受任经略，目击民生凋敝，及土司降卒尚怀观望，以为须先安内，乃可剿外。"▷北洋军阀统治时期战乱不断，～。

【民以食为天】mínyǐshíwéitiān 人民把粮食当作生存的最根本条件。《史记·郦生陆贾列传》："王者以民为天，而民以食为天。"▷～，我们必须高度重视粮食生产。

【民怨沸腾】mínyuànfèiténg 形容人民群众的怨恨情绪已达到极点。清·袁枚《随园诗话补遗》卷十："王荆公行新法，自知民怨沸腾。"清·赵翼《廿二史札记·宋初严惩赃吏》："继以青苗免役之掊（pǒu，打击）克，花石纲之攘夺，遂致民怨沸腾，盗贼竞起。"▷民国初年，军阀混战，抓丁加税，～。

【民脂民膏】mínzhīmíngāo 脂、膏：油脂。比喻人民用血汗换来的财富。《水浒全传》第九十四回："库藏粮饷，都是民脂民膏，你只顾侵来肥己，买笑追欢，败坏了国家许多大事。"▷历代封建君王和他们的爪牙总是依仗他们的特权，搜刮～，以满足他们的奢侈生活和贪欲。☛

"脂"不读 zhǐ。

【名不符实】míngbùfúshí 通常写作"名不副实"。

【名不副实】míngbùfùshí 副:相称,符合。名称或名声与实际不相称。形容徒有虚名。三国·魏·刘劭《人物志·效难》:"中情之人,名不副实,用之有效,故名由众退,而实从事章。"▷这种"名牌产品"的宣传,显然~。

【名不虚传】míngbùxūchuán 流传开来的名声不是虚假的,即名实相副。宋·华岳《翠微南征录·白面渡》:"系船白面问溪翁,名不虚传说未通。"▷人都说"上有天堂,下有苏杭",今天到苏州一看,果然~。

【名垂青史】míngchuíqīngshǐ 垂:留传。青史:指史书。名字载入史册,永远流传。唐·杜甫《赠郑十八贲》诗:"古人日以远,青史字不泯。"《三国演义》第六十回:"明公先取西川以为基,然后北图汉中,收取中原,匡正天朝,名垂青史,功莫大焉。"▷文天祥坚决抗敌,被捕后坚贞不屈,是一位~的民族英雄。

【名存实亡】míngcúnshíwáng 名义还存在,实质上已经消亡了。唐·韩愈《处州孔子庙碑》:"郡邑皆有孔子庙,或不能修事,虽设博士弟子,或役于有司,名存实亡,失其所业。"▷那年月,不但东三省全部被日本侵略者占领,华北名义上说是受国民政府管辖,也~了。

【名符其实】míngfúqíshí 通常写作"名副其实"。

【名副其实】míngfùqíshí 副:相称,一致。名称或名声与实际相称。宋·范祖禹《唐鉴·天宝八年》:"故夫孝子慈孙之欲显其亲,莫若使名副其实而不浮。"▷昆明冬天不冷,夏天不热,是个~的春城。

【名过其实】míngguòqíshí 名声或名称超过了实际。汉·韩婴《韩诗外传》:"故禄过其功者削,名过其实者损,情行合而名副之,祸福不虚至矣。"▷做了一点自己应该做的事,就给我这么高的荣誉,真是~了。

【名缰利锁】míngjiānglìsuǒ 比喻名和利就像缰绳和锁链一样束缚人。宋·柳永《夏云峰》词:"名缰利锁,虚费光阴。"▷有的人,总是摆脱不了~的束缚,这样是做不好工作的。☛不宜写作"名缰利索"。

【名列前茅】mínglièqiánmáo 前茅:春秋时,楚国的前哨部队手执茅草作为旗帜,遇到敌情便举茅向后军报警,故称"前茅"。泛指考试或考核名次排在前面。清·昭梿《啸亭杂录·莫葆斋》:"少入成均,法时帆先生最为赏识,每考必列前茅。"▷这次考试,她的成绩在全年级~。☛不要写作"名列前矛"。

【名落孙山】míngluòsūnshān 考试落榜的委婉说法。宋·范公偁《过庭录》记载:宋朝人孙山参加科举考试,考中最后一名。回乡后,有人问他自己的儿子考中没有,孙山回答:"解名尽处是孙山,贤郎更在孙山外。"名字在孙山之后,显然是没有录取。清·李宝嘉《官场现形记》第五十四回:"等到出榜,名落孙山,心上好不懊恼。"▷高考那年,他~,可现在,咱们班的同学中数他最强。

【名噪一时】míngzàoyīshí 指名声在一个时期内很响,尽人皆知。明·沈德符《万历野获编·国师阅文偶误》:"娄上王辰玉、松江董元宰人都,名噪一时。"▷历史上多少人生前都曾～，但死后随即就被人忘得一干二净。☛“噪”不要错写作“躁”。

【名正言顺】míngzhèngyánshùn 名义正当，说话就顺理成章。形容做事理由充分、正当。《论语·子路》：“名不正，则言不顺；言不顺，则事不成。”《三国演义》第七十三回：“名正言顺，以讨国贼。”▷你是教研室主任，去听课了解情况是～的，不必有什么顾虑。

【明察暗访】míngcháànfǎng 通常写作“明查暗访”。

【明查暗访】míngcháànfǎng 公开查问，暗中了解。指多方面进行调查。《老残游记》第一八回：“差你往齐东村明查暗访，这十三条命案是否服毒，有什么别样案情，限一个月报命。”▷他～，搜集了许多真实的第一手材料。

【明察秋毫】míngcháqiūháo 察：仔细看。秋毫：秋天鸟兽身上新生的细茸毛。比喻极细小的东西。比喻人目光敏锐，就连细小东西也能看得清。《孟子·梁惠王上》：“明足以察秋毫之末，而不见舆薪，则王许之乎？”清·沈复《浮生六记·闲情记趣》：“余忆童稚时，能张目对日，明察秋毫，见藐小微物，必细察其纹理，故时有物外之趣。”▷科长在调查案情时，能够～，不放过任何蛛丝马迹。

【明火执仗】mínghuǒzhízhàng 仗：古代兵器的统称。点着火把，拿着武器，公开抢劫。现多泛指毫无顾忌地干坏事。《水浒传》第一百零四回：“今日见他们明火执仗，又不知他们备细，都闭着门，那里有一个敢来拦当。”▷这些黑社会性质的团伙最近更加猖狂，竟然～地公开抢劫了！☛不宜写作“明火执杖”。

【明火执杖】mínghuǒzhízhàng 见“明火执仗”。

【明镜高悬】míngjìnggāoxuán 传说秦始皇有一面方镜，能照见人的心胆而知善恶，后用来比喻执法公正严明。《西京杂记》卷三：“有方镜广四尺，高五尺九寸……秦始皇常以照宫人，胆张心动者则杀之。”▷人民群众称赞这位法官办案公正廉洁，是～的好法官。

【明媒正娶】míngméizhèngqǔ 指经媒人说亲正式迎娶的婚姻。元·关汉卿《救风尘》第四折：“现放着保亲的堪为凭据，怎当他抢亲的百计亏图；那里是明媒正娶，公然的伤风败俗。”▷现在实行婚姻自由，哪还讲什么～呀！

【明眸皓齿】míngmóuhàochǐ 眸：指眼睛。皓：洁白。明亮的眼睛，洁白的牙齿。形容女子貌美。唐·杜甫《哀江头》诗：“明眸皓齿今何在？血污游魂归不得。”▷那少女～，楚楚动人。

【明目张胆】míngmùzhāngdǎn 明目：睁着眼睛。张胆：放开胆量。形容公开地毫无顾忌地做坏事。《宋史·胡宏传》：“臣下僭逆，有明目张胆显为负逆者。”▷这个腐败分子竟然凭借职务之便，～地索贿、受贿，影响极其恶劣。

【明枪暗箭】míngqiāngànjiàn 比喻用各种公开的和隐蔽的方式进行攻击。元·无名氏《独角牛》第二折：“孩儿也，一了说明枪好躲，暗箭难防。我暗算他。”▷恶势力接连不断地射出～，使他们防不胜防。

【明日黄花】míngrìhuánghuā 黄花：菊花。指重阳节以后的菊花，即将枯萎，没有什么观赏价值了。后比喻已经过了时的事物。宋·苏轼《九日次韵王巩》诗：

“相逢不用忙归去，明日黄花蝶也愁。”▷你这篇文章必须马上发表，否则将成为～，无人欣赏了。☛不要写作“昨日黄花”。

【明效大验】míngxiàodàyàn 非常明显的效验。《汉书·贾谊传》：“是非其明效大验邪！”▷这种药对糖尿病的治疗有～。

【明修栈道，暗度陈仓】míngxiūzhàndào，àndùchéncāng 指以公开的行动掩人耳目，暗中又采取其他手段达到目的。《史记·高祖本纪》记载：楚汉相争中，刘邦在进军南郑途中，烧掉栈道，表示不再返回关中，暗地里却偷度陈仓（今陕西宝鸡市东）打回咸阳。元·无名氏《气英布》第一折：“孤家用韩信之计，明修栈道，暗度陈仓，攻定三秦，劫取五国。”▷他们采取了～的办法，一面宣布案件已侦破，以麻痹敌人；一面在暗中抓紧调查侦破工作。☛“度”不要错写作“渡”。

【明哲保身】míngzhébǎoshēn 明哲：聪明而有智慧。身：自身。原指用智慧保护自己。现指为顾及自身利益而回避矛盾的处世态度。《诗经·大雅·烝民》：“既明且哲，以保其身。”唐·白居易《杜佑致仕制》：“尽悴事君，明哲保身，进退始终，不失其道。”▷遇到一些敏感的问题，他总是回避躲闪，～，不敢坚持原则。

【明争暗斗】míngzhēngàndòu 明里暗里都在争斗。形容双方矛盾很深，斗争不断。▷多年来，两个大国为谋求各自的利益一直在进行～。

【明知故犯】míngzhīgùfàn 明明知道不对，却故意违犯。清·李汝珍《镜花缘》第六十一回：“此物既与人无益，为何令尊伯伯却又栽这许多？岂非明知故犯么？”▷他是不知而犯，你是～，两者性质是不同的。

【明知故问】míngzhīgùwèn 明明知道，还故意问人。清·文康《儿女英雄传》第三十九回：“这句话只看‘孟武伯问子路仁乎’那章书，便是夫子给他三个出的切实考语。然则此时夫子又何以明知故问呢？”▷你知道小张拿走了这本书，反而问大家谁拿走了，这不是～吗？

【明珠暗投】míngzhūàntóu 原指把闪光的珍珠投在暗处的路上，行人不敢自取；后比喻珍贵之物落入不识货的人手中。也比喻有才能的人得不到发挥或好人误入歧途。《史记·鲁仲连邹阳列传》：“臣闻明月之珠，夜光之璧，以暗投人于道路，人无不按剑相眄（miǎn，斜视）者，何则？无因而至前也。”唐·高适《送魏八》诗：“此路无知己，明珠莫暗投。”▷你这么有才干，在他那个小公司里做一个办事员，岂不是～吗？

【鸣鼓而攻之】mínggǔérgōngzhī 鸣鼓：击鼓。攻：声讨。形容大张旗鼓地声讨。《论语·先进》：“非吾徒也。小子鸣鼓而攻之，可也。”▷对于那些分裂祖国、反对统一的言行，一定要～。

【鸣锣开道】míngluókāidào 鸣锣：敲锣。旧时官吏出门，前面有人敲锣，使行人让道。比喻为某事物出现制造舆论，开辟道路。清·吴趼人《二十年目睹之怪现状》第九十九回：“大凡官府出街，一定是鸣锣开道的。”▷每种新产品的出现，总要有人为之～，才能打进市场。

【冥思苦索】míngsīkǔsuǒ 通常写作“冥思苦想”。

【冥思苦想】míngsīkǔxiǎng 冥：深沉。

深沉地思考，绞尽脑汁地想。明·胡应麟《诗薮·外编二》："(谢)灵运诸佳句，多出深思苦索。"▷工作中遇到难题要发动大家来想办法解决，光靠你一个人～，那是不顶用的。

【冥顽不灵】míngwánbùlíng　冥顽：昏昧愚笨。灵：聪明。形容人愚昧无知不聪明。唐·韩愈《祭鳄鱼文》："不然，则是鳄鱼冥顽不灵，刺史虽有言，不闻不知也。"▷即使是～的人，也会体察出他的用意来。

【铭肌镂骨】míngjīlòugǔ　铭：在器物上刻字。镂：雕刻。形容感受深刻，永记不忘。北齐·颜之推《颜氏家训·序致》："追思平昔之指，铭肌镂骨。"▷你救了我，我～，永志不忘。

【铭心刻骨】míngxīnkègǔ　通常写作"刻骨铭心"。

【酩酊大醉】mǐngdǐngdàzuì　酩酊：沉醉的样子。形容喝酒醉得厉害。《水浒全传》第四十三回："不两个时辰，把李逵灌得酩酊大醉，立脚不住。"▷这么多人喝酒，唯有他喝得～，让人送回了家。

【命在旦夕】mìngzàidànxī　通常写作"危在旦夕"。

【命中注定】mìngzhōngzhùdìng　宿命论的观点认为，人的生死祸福都是命中预先决定的，人力无法改变。明·冯梦龙《醒世恒言》卷七："这是我命中注定，该做他的女婿。"▷别人都能富裕起来，我就不相信我～就该受一辈子穷！

【谬种流传】miùzhǒngliúchuán　谬：荒谬错误。种：种子。指把荒谬错误的东西广泛散布并流传下去。《宋史·选举志》："所取之士既不精，数年之后，复俾(使)之主文(主持考试)，是非颠倒逾甚，时谓之缪(通'谬')种流传。"▷伪科学必须揭露，否则，～，危害严重。☛"谬"不要写作"缪"，不读 niù。

【模棱两可】móléngliǎngkě　模棱：(观点或态度等)不明确，不肯定。指态度不明确，既不肯定，也不否定。《旧唐书·苏味道传》："尝谓人曰：'处事不欲决断明白，若有错误，必贻咎谴，但模棱以持两端可矣。'时人由是号为'苏模棱'。"▷这么干行不行，你得明确表态，不能～，让人无所适从。☛"棱"不读 líng。

【摩肩接踵】mójiānjiēzhǒng　踵：脚跟。肩膀挨着肩膀，脚尖接着脚跟。形容人多拥挤。明·沈德符《万历野获编·雪浪被逐》："雪浪自此汗漫江湖，曾至吴越间，士女如狂，受戒礼拜者，摩肩接踵。"▷节日的公园里，欢乐的游人～，热闹非凡。

【摩拳擦掌】móquáncāzhǎng　形容人们在战斗或劳动之前，精神振奋，跃跃欲试的神情。元·无名氏《争报恩》第二折："那妮子舞旋旋摩拳擦掌，叫吖吖拽巷罗街。"▷大家做好了劳动准备，～，只等一声令下了。☛不要写作"磨拳擦掌"。

【磨杵成针】móchǔchéngzhēn　杵：指铁制圆棒。把铁杵磨成针。比喻只要有毅力和恒心，就定能克服困难，取得成绩。宋·祝穆《方舆胜览·磨针溪》记载：相传李白少年读书不成，弃学回家，路上遇到一位老妇正在磨铁棒作针。李白深受感动，由此发奋读书，终于成为大诗人。▷只要有～的决心和毅力，就没有学不成的。☛"磨"这里不读 mò。

【魔高一尺，道高一丈】mógāoyīchǐ，dàogāoyīzhàng　魔障高一尺，制伏魔障的道法就高一丈。比喻克服困难、战胜邪恶的力量比困难、邪恶的力量大。▷社会上黑恶势力再嚣张,终究要被人民消灭,～,这是事物发展的必然规律。

【没齿不忘】mòchǐbùwàng 没齿:指终身。终身不会忘记。表示感恩不尽。《西游记》第七十回:"(娘娘)下座拜谢道:'长老,你果是救得我回朝,没齿不忘大恩!'"▷在我最困难时,你给我的帮助,我将～。☛"没"这里不读 méi。

【莫此为甚】mòcǐwéishèn 没有什么比这更严重的了。形容事情的恶劣性质极其严重。宋·苏轼《扬州上吕相书》:"此元丰中一小人建议,羞污士风,莫此为甚。"▷目前黄色、凶杀的录像屡禁不绝。对青少年的毒害～。

【莫可名状】mòkěmíngzhuàng 名:说出。不可能说出事物的复杂、奇妙的具体情况。明·刘基《松风阁记》:"乍大乍小,若远若近,莫可名状。"▷景物的美妙、神奇,使人陶醉、倾倒,～。

【莫名其妙】mòmíngqímiào 名:说出。没有人能够说出其中的奥妙。形容非常奥妙。清·宣鼎《夜雨秋灯录》:"及进西瓜汤,饮兰雪茶,莫名其妙。"▷魔术师的技艺很高超,但大家都～,怎么也说不清楚其中的秘密。

【莫明其妙】mòmíngqímiào 没有人明白其中的奥妙。形容事情很奇怪,使人不明白。清·文康《儿女英雄传》第九回:"这一句话,要问一村姑蠢妇,那自然一世也莫明其妙。"▷一提起这件事,他就非常生气,真让人～。

【莫逆之交】mònìzhījiāo 莫逆:彼此心意相通,情意相投,没有违逆。指情投意合的知心朋友。《魏书·眭夸传》:"少与崔浩为莫逆之交。"▷他俩同学三年,意气相投,毕业后就成了～了。

【莫须有】mòxūyǒu 恐怕有,也许有。表示凭空捏造罪名。《宋史·岳飞传》:"狱之将上也,韩世忠不平,诣桧(秦桧)诘其实。桧曰:'飞子云与张宪书虽不明,其事体莫须有。'世忠曰:'莫须有三字,何以服天下?'"▷你怎么会相信那些横加在他头上的～的罪名呢?

【莫衷一是】mòzhōngyīshì 衷:同"中",正中。是:对、正确。不能决定哪一个是对的。指各有主张,不能统一。清·黄协埙《锄经书舍零墨·落英》:"《离骚》夕餐秋菊之落英,说者聚讼,莫衷一是。"▷对于小区建设规划,人们议论纷纷,～。

【秣马厉兵】mòmǎlìbīng 通常写作"厉兵秣马"。

【漠不关心】mòbùguānxīn 漠:冷淡。形容对人对事态度冷淡,毫不关心。清·李海观《歧路灯》第九十五回:"人家竞相传抄,什袭以藏,而子孙漠不关心。"▷集体的兴衰,与每个成员都息息相关,谁也不能～。

【漠然置之】mòránzhìzhī 漠:冷淡。置:放。漫不经心地放在一边,不予理采。形容对人或事态度冷淡,漠不关心。清·钱泳《履园丛话·会稽郡王墓》:"故国家有祀祭之典,官吏有防护之册,而为之子孙者,岂忍听其荒废不治而漠然置之耶!"▷学生打架闹事,你班主任能够～吗?

【墨守陈规】mòshǒuchénguī 通常写作"墨守成规"。

【墨守成规】mòshǒuchéngguī 墨守:战国时的墨翟(dí),善于守城,人称善守为"墨守"。后指思想保守,守着老规矩不肯改变(含贬义)。《战国策·齐策六》："今公又以弊聊之民距全齐之兵，期年不解，是墨翟之守也。"▷你如果～，拿过去计划经济的那套办法来管理现代企业，你这经理就当不下去了。

【默默无闻】mòmòwúwén 默默：无声息。无声无息没有名气。指不出名，无人知道。清·颐琐《黄绣球》第二十五回："这女学堂……丝毫没有学堂的习气，所以开将近年把，好像还默默无闻。"▷她在一所农村小学里，～地干了十几年。

【木本水源】mùběnshuǐyuán 本：指植物的根。树木的根、水流的源头。比喻事物的根源。清·李汝珍《镜花缘》第十六回："今黑齿国又是君子国教化所感；以木本水源而论，究竟我们天朝要算万邦根本了。"▷对于客观事物，一定要搞清～，这才算真正了解掌握。

【木雕泥塑】mùdiāonísù 通常写作"泥塑木雕"。

【木强则折】mùqiángzézhé 强：坚硬。树木坚硬就会折断。比喻一味强硬反而会招致失败。《老子》第七十六章："是以兵强则灭，木强则折，坚强处下，柔弱处上。"▷谈判的时候，既要坚持原则，又要讲究策略，如果一味坚持强硬态度不变，当心～，反而会坏事。☛"折"这里不读shé。

【木朽蛀生】mùxiǔzhùshēng 木材腐朽了就会生蛀虫。比喻思想意识不健康就会犯错误。明·唐顺之《信陵君救赵论》："如姬不忌魏王，而敢于窃符，其素恃魏王之宠也，木朽而蛀生之矣。"▷～，由于你思想有毛病，才会犯这样的错误，任何客观的原因都不是主要的。

【木已成舟】mùyǐchéngzhōu 木材已经做成船。比喻事情已成定局，无法改变。清·李汝珍《镜花缘》第三十五回："到了明日，木已成舟，众百姓也不能求我释放，我也有词可托了。"▷楼房主体已经完工了。你对设计不满意，但～，有什么办法呢？

【目不窥园】mùbùkuīyuán 窥：偷看。园：花园。眼睛不看一下花园。形容专心苦学。《汉书·董仲舒传》："(仲舒)少治《春秋》，孝景时为博士，下帷讲诵，弟子传以久次相授业，或莫见其面。盖三年不窥园，其精如此。"清·文康《儿女英雄传》第三十三回："那公子却也真个足不出户，目不窥园，日就月将，功夫大进。"▷古人提倡闭门读书，～，在今天看来，这是不可取的。

【目不忍睹】mùbùrěndǔ 睹：看。眼睛不忍看下去。形容景象极为悲惨。清·薛福成《观巴黎油画记》："而军士之折臂断足，血流殷地，偃仰僵仆者，令人目不忍睹。"▷当时那车祸现场的惨象，令人～。

【目不识丁】mùbùshídīng 丁：指简单的字。形容一个字也不认识。《旧唐书·张弘靖传》："今天下无事，汝辈挽得两石力弓，不如识一丁字。"明·杨涟《劾(hé，检举)魏忠贤二十四大罪疏》："金吾之堂，口皆乳臭；诰敕之馆，目不识丁。"▷看那精明强干的王经理，谁能想到十年前，他还是个～的打工仔呢！

【目不暇接】mùbùxiájiē 暇：空闲。接：接触。形容东西多得看不过来。清·郑燮《潍县署中与舍弟墨》："见其扬翚振彩，倏往倏来，目不暇给(jǐ)。"▷街道两旁都是高楼大厦，而且一幢比一幢美观，让人～。

【目不斜视】mùbùxiéshì 眼睛不看两旁。形容态度严肃,很守规矩。北齐·颜之推《颜氏家训·教子》:"古者圣王有胎教之法,怀子三月,出居别宫,目不邪视,耳不妄听,音声滋味,以礼节之。"▷正当大家有说有笑的时候,小马故意学着老师装出一副一本正经、~的样子,让人忍不住发笑。

【目不转睛】mùbùzhuǎnjīng 眼珠一动不动地盯着。形容注意力集中。晋·杨泉《物理论》:"(吕)子义燃烛危坐通晓,目不转睛,膝不移处。"▷科长~地望着那扇玻璃窗,想必是发现了罪犯的蛛丝马迹。

【目瞪口呆】mùdèngkǒudāi 两眼直盯着看,嘴里说不出话来。形容因吃惊、诧异而发愣。《红楼梦》第二回:"封肃听了,唬得目瞪口呆。"▷审判员拿出一件重要证据,使犯罪嫌疑人惊得~。

【目光如豆】mùguāngrúdòu 眼光像豆子一样小。形容见识短浅。清·钱谦益《茅待诏元仪》:"世所推名流正人,深衷厚貌,修饰边幅,眼光如豆,宁足与论天下士哉!"▷刚刚解决了温饱问题,你就心满意足,不思进取,我只能说你~!

【目光如炬】mùguāngrújù 炬:火把。目光像火把一样明亮。形容目光锐利逼人。《南史·檀道济传》:"道济见收(被捕),愤怒气盛,目光如炬。"▷那战士~,吓得敌人不由自主地退了几步。

【目空一切】mùkōngyīqiè 一切都不放在眼里。形容妄自尊大。清·李汝珍《镜花缘》第五十二回:"但他恃着自己学问,目空一切,每每把人不放眼内。"▷有了些专业知识就~,谁也瞧不起,怎么能提高呢?

【目无全牛】mùwúquánniú (厨师宰牛时)眼中看到的不是整个的牛,(而是牛骨肉的间隙)。形容技术达到非常纯熟高超的程度。《庄子·养生主》:"始臣之解牛之肘,所见无非牛者;三年之后,未尝见全牛也。"▷经过多年的实践磨练,他拆卸、组装电动机的技术,已达到~的水平。

【目中无人】mùzhōngwúrén 眼睛里没有人。形容高傲自大,看不起人。明·凌濛初《初刻拍案惊奇》卷十三:"严家夫妻养娇了这孩儿,到得大来,就便目中无人,天王也似的大了。"▷你连这位受人尊敬的老教师都瞧不起,也太~了吧!

【沐猴而冠】mùhóuérguàn 沐猴:猕猴。猴子戴帽子,装成人的样子。比喻品质卑劣,却虚有其表。《史记·项羽本纪》:"人言楚人沐猴而冠耳,果然。"《汉书·伍被传》:"夫蓼太子知略不世出,非常人也,以为汉廷公卿列侯皆如沐猴而冠耳。"▷他,看起来道貌岸然,其实是个~的无耻小人。☛"冠"这里不读 guān。

N

【拿手好戏】náshǒuhǎoxì　拿手：擅长。原指戏剧演员最擅长的剧目；后泛指最擅长的本领。▷蒸馒头是李嫂的～，她蒸的馒头松软香甜。

【耐人玩味】nàirénwánwèi　通常写作"耐人寻味"。

【耐人寻味】nàirénxúnwèi　耐：经得起。寻味：体味。经得起人们仔细体味。形容诗文、语句等意味深长。清·无名氏《杜诗言志》卷三："其所作如《少府画障歌》、《崔少府高齐观三川水涨》诸诗，句句字字追琢入妙，耐人寻味。"▷这篇散文，具有诗一般的意境，读起来句句～。

【男盗女娼】nándàonǚchāng　男的做盗贼，女的做娼妓。形容男女都堕落，干坏事。明·谢谠《四喜记·天佑阴功》："眼前之报，男盗女娼；灭门绝户，日后之报。"▷南霸天满嘴仁义道德，实际上一肚子～。

【南橘北枳】nánjúběizhǐ　枳：落叶灌木，果小味酸苦。南方的橘子移植到淮河以北就成为枳。比喻物种随环境条件的改变而变异；也比喻人随环境变化而变化。《晏子春秋·内篇杂下》："橘生淮南则为橘，生于淮北则为枳，叶徒相似，其实味不同。所以然者何？水土异也。"明·冯梦龙《喻世明言》卷二十五："名谓南橘北枳，便分两等，乃风俗之不等也。"▷植物中～的现象很多，南方的蔬菜移植到北方往往产生变异｜她进城以后，从衣着打扮到言谈举止，都有了很大变化，真是～。☛"橘"不要错写作"桔"。

【南柯一梦】nánkēyīmèng　比喻现实中实现不了的愿望。唐·李公佐《南柯太守传》记载：有个叫淳于棼(fēn)的人倚着槐树睡觉，梦里当了大槐安国南柯郡的太守，享尽荣华富贵，醒后发现大槐安国就是自己住宅边大槐树下的大蚁穴。《水浒传》第四十二回："宋江大叫一声，却撞在神厨内，觉来乃是南柯一梦。"▷他感叹过去飞黄腾达的日子，今天看来，不过是～。

【南腔北调】nánqiāngběidiào　指说话口音不纯，夹杂着不同方言成分。清·富察敦崇《燕京岁时记·封台》："象声即口技，能学百鸟音，并能作南腔北调，嬉笑怒骂，以一人兼之，听之历历也。"▷我从小走南闯北，说话自然是～了，谁也听不出我说的是哪儿的方言。

【南辕北辙】nányuánběizhé　辕：车前驾牲口用的两根直木或曲木。辙：车轮滚过的痕迹。比喻行动与目的相反。《战国策·魏策四》记载：有个人要去南方的楚国，却驾车往北走。认为自己的马好，盘缠多，车夫高明。殊不知条件越好，离楚国越远。宋·文天祥《回求兴赵权县》："以雍容之隽轨，将慷慨于公车，北辙南辕，邈江湖之相远。"▷他一再表示要好好工作，可实际上还是三天两头地旷工，这跟他的保证不是～吗？

【南征北战】nánzhēngběizhàn　形容征战南北，经历多次战斗。宋·李焘《续资治通鉴长编·太祖开宝元年》："南征北战，今其时也。"▷总司令率大军～，屡立战功。

【难分难舍】nánfēnnánshě 舍：放弃。分：分离。形容感情深厚，不忍分离。清·文康《儿女英雄传》第四十回："骨肉主婢之间，也有许多的难分难舍。"▷她第一次出远门，母女间免不了～。☛"舍"不读 shè。

【难解难分】nánjiěnánfēn 很难分开。明·许仲琳《封神演义》第六十九回："一员将使五股托天叉，一员将使八楞熟铜锤，一员将使五爪烂银抓：三将大战，杀得难解难分。"▷他俩下棋，常常杀得～｜共同的事业，共同的志向把我们紧密联系在一起，～。

【难能可贵】nánnéngkěguì 本来不易做到的事竟然做到了，因而觉得分外宝贵。宋·苏轼《荀卿论》："此三者，皆天下之所谓难能而可贵者也。"▷这孩子从小是她妈的掌上明珠，娇生惯养，如今在部队却处处吃苦在前，经常受表扬，实在～。☛"难"这里不读 nàn。

【难舍难分】nánshěnánfēn 通常写作"难分难舍"。

【难兄难弟】nánxiōngnándì 形容两人都好，难分高下。今也多反用，讥讽二人同样坏。南朝·宋·刘义庆《世说新语·德行》记载：东汉陈元方、陈季方兄弟二人的儿子在一起夸耀各自的父亲，争论不下，于是去问祖父陈寔（shí）。陈寔说："元方难为兄，季方难为弟。"意思是兄弟二人都非常好。宋·许月卿《赠黄藻》诗："难兄难弟夸京邑，莫负当年梦惠连。"▷他俩年龄相近，都很有才能，真是一对～｜你们两个成天打打闹闹，偷鸡摸狗，真是一对～。☛"难"这里不读 nàn。

【难言之隐】nányánzhīyǐn 隐：指隐藏在内心深处的事。指难以说出口的心事。清·吴趼人《二十年目睹之怪现状》第七十七回："总觉得无论何等人家，他那家庭之中，总有许多难言之隐的。"▷大家问了好几遍，他还不说，那肯定是有什么～了。

【难以为继】nányǐwéijì 很难继续下去。明·海瑞《驿传仪·中策下策》："目前勉强，终必疲亡，故曰下策。然居今之世，难乎其继也。"▷那时候，一家人生活都～，哪有钱供我上学呢！

【难以置信】nányǐzhìxìn 置信：相信。很难让人相信。▷他居然能做出这么大的成绩，真让人～。

【难兄难弟】nànxiōngnàndì 指彼此共过患难或处于同样困境的人。▷经过这次事故，咱们这些～该是大难不死，必有后福吧。☛"难"这里不读 nán。

【囊空如洗】nángkōngrúxǐ 囊：口袋。口袋空空，像刚洗过一样。形容身无分文。清·吴趼人《二十年目睹之怪现状》第五十四回："就以你我而论，办了多少年粮台，从九品保了一个县丞，算是过了一班；讲到钱呢，还是囊空如洗，一天停了差使，便一天停了饭碗。"▷到月末，我已经～了，哪能买得起那些高档消费品？

【囊中羞涩】nángzhōngxiūsè 囊：口袋。羞涩：害羞，难为情。口袋里钱少得难为情。形容没钱。宋·阴时夫《韵府群玉·一钱囊》："阮孚持一皂囊，游会稽。客问：'囊中何物？'曰：'但有一钱看囊，恐其羞涩。'"▷不是我不想买，实在是～，惭愧得很。

【恼羞成怒】nǎoxiūchéngnù 由于气

恼、羞愧而发怒。清·李宝嘉《官场现形记》第六回："知道王协台有心瞧不起他，一时恼羞成怒。"▷我刚提起他那点丑事，他就～，暴跳如雷。☛不要写作"老羞成怒"。

【脑满肠肥】nǎomǎnchángféi 脑满：肥头大耳。肠肥：肚子大。形容生活优裕、无所事事而养得肥头大耳、大腹便便。清·纳兰性德《百字令·宿汉儿村》词："便是脑满肠肥，尚难消受此荒烟落照。"▷那年月，是工人的血汗把他们养得～。

【内疏外亲】nèishūwàiqīn 内心疏远，外表亲近。形容非真心相待，只是假意交往。西汉·韩婴《韩诗外传》卷二："曾子曰：'内疏而外亲。'"▷别看他俩常来常往，其实不过是～，互相利用罢了。

【内外交困】nèiwàijiāokùn 交：一齐，同时。指内部、外部都陷于艰难困苦之中。▷我们厂几个月发不出工资，来讨债的天天上门，已经是～了。

【内忧外患】nèiyōuwàihuàn 指内部和外来的双重忧患。《管子·戒》："君外舍而不鼎馈，非有内忧，必有外患。"▷当年他们面对国家的～，忧国忧民，决心为国家献身。

【能屈能伸】néngqūnéngshēn 能弯曲也能伸展。形容能应付不同的境遇。宋·邵雍《伊川击壤集·代书寄前洛阳簿陆刚叔秘校》："知行知止唯贤者，能屈能伸是丈夫。"▷大丈夫～，受这点委屈算得了什么！

【能说会道】néngshuōhuìdào 形容很会说话。清·文康《儿女英雄传》第二十七回："我们在此听得多时了，好一个能说会道的张姑娘！"▷她真是个～的人，见什么人说什么话，死人也能被她说活。

【能言善辩】néngyánshànbiàn 善：擅长。能说会道，善于言辩。形容口才好。清·李汝珍《镜花缘》第十八回："而且伶牙俐齿，能言善辩。"▷这个人口才好，～，一般人说不过他。

【能者多劳】néngzhěduōláo 指能干的人要多干事多受累。多用于对别人的赞誉或奉承。《红楼梦》第十五回："俗语说的'能者多劳'，太太见奶奶这样才情，越发都推给奶奶了。"▷这种事对你来说是小菜一碟，多干些吧，～嘛！

【泥牛入海】níniúrùhǎi 泥塑的牛没入大海。比喻去而不回，无声无息。《祖堂集·洞山和尚》："（洞山）问师：'见什摩道理更住此山？'师曰：'见两个泥牛斗入海，直至如今无消息。'"清·吴趼人《二十年目睹之怪现状》第七回："那两个钱庄干事的人，等了好久，只等得一个泥牛入海，永无消息。"▷那人离家去深圳打工，不料犹如～，音信全无了。

【泥沙俱下】níshājùxià 泥土和沙子随水一起流下。比喻好人和坏人或好事和坏事混杂在一起。清·袁枚《随园诗话》卷一："人称才大者，如万里黄河，与泥沙俱下。余以为：此粗才，非大才也。"▷外国商品进口多了，就免不了～，海关的检验工作就显得更为重要。

【泥塑木雕】nísùmùdiāo 用泥土塑造、木头雕刻的偶像。多用来比喻人的动作和神情呆板。元·无名氏《冤家债主》第四折："有人说道，城隍也是泥塑木雕的，有甚么灵感在那里？"▷他独自一人站在河边，一动不动，～似的，不知在想什么。☛"塑"不读 suò。

【泥足巨人】nízújùrén 比喻表面强大，

而实际非常虚弱无能。▷明王朝末年已成了～，在农民起义沉重打击下，终于崩溃了。

【你死我活】nǐsǐwǒhuó 形容矛盾尖锐，斗争激烈，不能并存。元·无名氏《度柳翠》第一折："世俗人没来由，争长竞短，你死我活。"▷你们两家有这点儿矛盾，互相忍一忍，就相安无事了，何必要闹个～呢？

【逆来顺受】nìláishùnshòu 指对恶劣的环境采取顺从、忍受的态度。宋·无名氏《张协状元》第十二出："逆来顺受，须有通时。"▷尽管祥林嫂一直～，最终也没有逃脱悲惨结局。

【逆水行舟，不进则退】nìshuǐxíngzhōu，bùjìnzétuì 逆着水流行船，不前进就会后退。比喻学习或工作不努力，就会退步。▷学如～，只有不断努力，才能不断进步。

【匿影藏形】nìyǐngcángxíng 通常写作"藏形匿影"。

【拈花惹草】niānhuārěcǎo 比喻招惹、挑逗女性。《红楼梦》第二十一回："又兼生性轻薄，最喜拈花惹草。"▷他拿着赃款跑到外地～，被人家告发了。☞"拈"不读 zhān。

【拈轻怕重】niānqīngpàzhòng 拈：用手指头夹或捏取。形容做事只拣轻易的，逃避繁重的。▷有些人干工作～，把重担子推给人家，自己挑轻的。☞"拈"不读 zhān。

【年富力强】niánfùlìqiáng 年富：指未来的年岁还多。年龄不大，精力充沛。《论语·子罕》："后生可畏"朱熹注："孔子言后生年富力强，足以积学而有待。"▷希望大家趁～的时候，为人民多作些贡献。

【年高德劭】niángāodéshào 劭：美好。年纪大，德行好。汉·扬雄《法言·孝至》："年弥高而德弥卲（同'劭'）者，是孔子之徒欤！"▷老先生～，爱国热忱令人敬佩。☞"劭"不读 zhào，不要错写作"邵"。

【年深日久】niánshēnrìjiǔ 指时间久远。《西游记》第五十六回："自别了长安，年深日久，就有些盘缠也使尽了。"▷我童年的事，已经～，哪里还记得清楚？

【年深月久】niánshēnyuèjiǔ 通常写作"年深日久"。

【念念有词】niànniànyǒucí 念念：不断地自言自语，小声嘟囔。原指小声诵读经文或咒语；现指不间断地自言自语，表示不服气或不甘心情愿的心理状态。明·冯梦龙《警世通言》第二十八卷："禅师勃然大怒，口中念念有词……"▷这个老太太不知跟谁怄气，每天都坐在门前，口中～，谁也听不清她说什么。

【鸟尽弓藏】niǎojìngōngcáng "飞鸟尽，良弓藏"的简缩。指飞鸟打尽了，弓箭也就藏起来不用了。比喻事情成功之后，就把为此出过力的人抛弃。《史记·越王句（gōu）践世家》："蜚（通'飞'）鸟尽，良弓藏；狡兔死，走狗烹。"三国·魏·曹丕《煌煌京洛行》："淮阴五刑，鸟尽弓藏。"▷老张对公司是很有贡献的，如今公司发展了，却要辞退他，～，怎么能这样对待他呢？

【鸟为食亡】niǎowèishíwáng 鸟为争食而死亡。常与"人为财死"连用，比喻人为贪财而不惜性命。清·无名氏《官场维新记》第十三回："'人为财死，鸟为食亡。'当时袁伯珍听得这些话，便要从此发一宗洋财。"▷这篇小说辛辣地讽刺了拜金主义时代"人为财死，～"的社会丑态。☛"为"这里不读 wéi。

【鸟语花香】niǎoyǔhuāxiāng 鸟啼叫，花飘香。形容春天的美好景象。宋·吕本中《庵居》诗："鸟语花香变夕阴，稍闲复恐病相寻。"▷春天的妙峰山，～，风景宜人，是春游的好去处。

【蹑足潜踪】nièzúqiánzōng 蹑足：放轻脚步。放轻脚步，隐藏踪迹。形容行动隐秘。明·冯惟敏《海浮山堂词稿·一》："唬的我蹑足潜踪闪在一边，悄没声，不敢言。"▷几个战士趁着黑夜～，神不知鬼不觉地摸进了敌军指挥所。

【宁缺勿滥】nìngquēwùlàn 滥：过多。宁可缺少，也不要不顾质量随便凑数。清·李海观《歧路灯》第五回："即令宁缺勿滥，这开封是一省首府，祥符是开封首县，却是断缺不得的。"▷我们招收乐队成员一定要坚持～的原则，严把质量关。☛"宁"这里不读 níng。

【宁死不屈】nìngsǐbùqū 宁可牺牲生命，也不屈服。明·赵弼《宋进士袁镛忠义传》："以大义拒敌，宁死不屈，竟燎身于烈焰中。"▷革命志士在敌人的皮鞭与屠刀下～。☛"宁"这里不读 níng。

【宁为鸡口，不为牛后】nìngwéijīkǒu，bùwéiniúhòu 牛后：这里指牛肛门。比喻宁愿在小范围内做主人，不愿在大范围内听人支配。《战国策·韩策一》："臣闻鄙语曰：'宁为鸡口，不为牛后。'今大王西面交臂而臣事秦，何以异于牛后乎？"▷上级要调这个乡长到地区去当个科长，他不去，说是～。☛"宁"这里不读 níng。

【宁为玉碎，不为瓦全】nìngwéiyùsuì，bùwéiwǎquán 宁可像玉器那样被打碎，也不愿如瓦块那样得保全。比喻宁愿为正义事业而牺牲，也不苟且偷生。《北齐书·元景安传》："大丈夫宁可玉碎，不能瓦全。"▷我知道公开揭露局长的腐败行为，弄不好会丢了饭碗，但我～，豁出去了！☛"宁"这里不读 níng，"为"不读 wèi。

【牛刀小试】niúdāoxiǎoshì 小：稍稍。宰牛的大刀在小生物身上稍加试用（便可显示强大的威力）。比喻有大才的人先在小事上稍加施展。金·路铎《题邹公所藏渊明归去来图》诗："牛刀小试义熙前，一日怀归岂偶然。"▷刘老师的书法是远近闻名的，写这几条标语不过是～而已。

【牛鬼蛇神】niúguǐshéshén 牛鬼：牛头的鬼。蛇神：蛇身的神。指奇形怪状的鬼神，比喻各种坏人。清·文康《儿女英雄传》第四十回："至于外省那班作幕的，真真叫作牛鬼蛇神，无般不有，这都是我领教过的。"▷一有风吹草动，～便纷纷出笼，扰乱社会，蛊惑人心。

【牛郎织女】niúlángzhīnǚ 比喻两地分居的夫妻。古代神话传说，织女是天帝的孙女，嫁给牛郎后，不再给天帝织锦。天帝大怒，强使他俩分离，只准每年七月七日相会一次。▷执行这个文件，长期异地分居的"～"，可以团圆了。

【牛头马面】niútóumǎmiàn 佛教指地狱里的两个狱卒，一个头像牛，一个脸像马。比喻丑陋凶狠的坏人。《敦煌变文集·大目乾连冥间救母变文》："狱卒数万人，总是牛头马面。"▷鬼子、汉奸一个个～，凶神恶煞，狂吼乱叫。

【浓墨重彩】nóngmòzhòngcǎi 用浓重的墨汁和鲜艳的颜色来描绘。形容着力描写刻画。▷这部歌剧中，作者对女主人公的英雄形象给予～的描绘，对观众具有极大的感染力。

【弄假成真】nòngjiǎchéngzhēn 本想装假，而结果却成了真事。元·无名氏《隔江斗智》第二折："那一个掌亲的怎知道弄假成真。"▷我这次参加球赛只不过是偶尔替补，玩玩儿，不想～，队长真的看中了我。

【弄巧成拙】nòngqiǎochéngzhuō 本想耍小聪明，不想反而做了蠢事。宋·黄庭坚《拙轩颂》："弄巧成拙，为蛇画足。"▷我本想多上些红色把花儿画得更漂亮些，不想～，反而显得分不清色彩层次了。

【弄虚作假】nòngxūzuòjiǎ 指制造虚假现象来欺骗人。▷要杜绝食品卫生检查中的～现象，恐怕还需下一番功夫才行。

【奴颜婢膝】núyánbìxī 奴才的表情，婢女的膝盖。形容一副卑躬屈膝、谄媚奉承的奴才相。唐·陆龟蒙《江湖散人歌》："奴颜婢膝真乞丐，反以正直为狂痴。"▷越王句(gōu)践兵败之后，为了报仇，曾～地服侍吴王夫差。☛"婢"不读 bēi，"膝"不读 qī。

【奴颜媚骨】núyánmèigǔ 奴才的表情，谄媚奉承的软骨头。形容低三下四讨好别人的样子。▷鲁迅的骨头是最硬的，他没有丝毫的～，始终以大无畏的彻底革命精神同敌人斗争。

【怒不可遏】nùbùkěè 遏：止住。愤怒得抑制不住。形容愤怒到极点。《资治通鉴·后唐明宗天成二年》："(李)严惶怖求哀，(孟)知祥曰：'众怒不可遏也。'"▷林冲看见陆谦又来火烧草料场，要害死自己，～，一枪把他刺死。

【怒发冲冠】nùfàchōngguān 头发直竖，把帽子都顶了起来。形容极端愤怒。宋·岳飞《满江红·写怀》词："怒发冲冠，凭栏处，潇潇雨歇。"▷听说敌人犯我边境，伤我边民，战士们一个个～，纷纷向上级请战。☛这里"发"不读 fā，"冠"不读 guàn。

【怒火中烧】nùhuǒzhōngshāo 中：指内心。愤怒的火焰在心中燃烧。形容愤怒已极。▷面对敌人的暴行，他～，决心报仇雪耻。

【怒形于色】nùxíngyúsè 怒：愤怒。形：显露。色：脸色。愤怒显露在脸上。宋·洪迈《夷坚志·子夏蹴酒》："陈炎梦登大成殿，夫子赐之酒五尊。子夏怒形于色，举足蹴其二……及榜出，名在第二。"▷学生做错了事，她从不～，而是和蔼可亲地劝说。☛"色"这里不读 shǎi。

O

【呕心沥血】ǒuxīnlìxuè 呕：吐。沥：滴。形容费尽心血。唐·李商隐《李贺小传》："太夫人使婢受囊出之。见所书多，辄曰：'是儿要当呕出心始已尔。'"唐·韩愈《虹彭城》："刳肝以为纸，沥血以书辞。"▷这是他花了多年的时间，～写成的书稿。☛㊀"血"这里不读 xiě。㊁"呕"不要错写作"沤"。

【偶一为之】ǒuyīwéizhī 偶尔做一次。宋·欧阳修《纵囚论》："若夫纵而来归而赦之，可偶一为之尔。"▷我是不抽烟的，但有时为了陪客，也～。

【藕断丝连】ǒuduànsīlián 藕已折断，但丝还连着。比喻关系还没有彻底断绝，多指男女之间的情意。元·凌云翰《木兰花慢·赋白莲和宇舜臣韵》词："奈花老房空，菂(dì，莲子)存心苦，藕断丝连。"▷他们俩虽然分手了，但～，还偶有书信往来。

P

【爬罗剔抉】páluótījué 爬罗：发掘，搜罗。剔抉：挑选。广泛搜集，认真筛选。唐·韩愈《进学解》："占小善者率以录，名一艺者无不庸，爬罗剔抉，刮垢磨光。"▷写文章时对素材要下一番～的功夫，才能使主题鲜明突出。

【拍案而起】pāiànérqǐ 案：桌子。一拍桌子猛然站起。形容愤怒至极，起而抗争。明·冯梦龙《东周列国志》第四十六回："芈（mǐ）民大怒，拍案而起。"▷他一听，火冒三丈，～，愤怒地说："简直无法无天！"

【拍案叫绝】pāiànjiàojué 案：桌子。绝：达到极点。指拍着桌子叫好，形容非常赞赏。《红楼梦》第七十八回："宝玉听了，垂头想了一想，说了一句道：'不系明珠系宝刀。'忙问：'这一句可还使得？'众人拍案叫绝。"▷作者将人物的举止神态、性格特征描写得栩栩如生，使人～。

【排斥异己】páichìyìjǐ 排挤、清除与自己意见不合或派系不同的人。明·杨士聪《玉堂荟记》卷下："至当路者借以排斥异己，遇有反唇则以优升杜其口。"▷他上台以后，就用各种手段～，扩大自己的势力。

【排难解纷】páinànjiěfēn 难：危难。纷：纠纷。为人排除危难，解决纠纷。《旧唐书·张濬（jùn）传》："若能此际排难解纷，陈师鞠旅……则富贵功名，指掌可取。"▷王大妈热心为人～，大家有事都愿意找她。☛"难"这里不读 nán。

【排山倒海】páishāndǎohǎi 排：推开。推开高山，翻倒大海。形容气势猛，力量大。宋·杨万里《六月二十四日病起，喜雨闻莺，与大儿议秋凉一出游山》诗："病势初来敌颇强，排山倒海也难当。"▷千万青年这种伟大的时代精神，汇成一股～的巨潮，是任何顽固势力所无法抵挡的。☛"倒"这里不读 dào。

【排忧解难】páiyōujiěnán 排除忧虑，解决困难。▷民警小王常常为群众～，获得居民们的一致好评。☛"难"这里不读 nàn。

【攀龙附凤】pānlóngfùfèng 攀：抓住东西往上爬。附：依附。比喻巴结或投靠有权势的人。《汉书·叙传下》："攀龙附凤，并乘天衢。"▷他在上级面前这样吹吹拍拍，唯唯诺诺，无非是想～往上爬。

【盘根错节】pángēncuòjié 树根盘绕，枝节交错。比喻事物纷繁杂乱。宋·陈亮《七月二十六日寿王道甫》："从来别真共假，任盘根错节，更饶仓卒。"▷别看这个单位不大，人不多，人际关系却～，非常复杂。

【盘根究底】pángēnjiūdǐ 通常写作"盘根问底"。

【盘根问底】pángēnwèndǐ 盘查根源，追问底细。清·李汝珍《镜花缘》第四十四回："无如林之洋虽在海外走过几次，诸事并不留心，究竟见闻不广，被小山盘根问底，今日也谈，明日也谈，腹中所有若干故典，久已告竣。"▷这件事一定要

～，追查清楚，绝不能轻易放过。

【盘马弯弓】pánmǎwāngōng 骑马绕圈子，拉开弓准备射箭。指做好了行动的准备。也比喻摆出姿态，虚张声势，并不真正行动。唐·韩愈《雉带箭》诗："将军欲以巧伏人，盘马弯弓惜不发。"▷我们要～准备对付来犯之敌｜某大国经常摆出～的架势，以武力威胁别国。

【判若鸿沟】pànruòhónggōu 判：区别。鸿沟：战国时一条运河（在今河南省境内）。秦末楚、汉相争，以此为分界线。界限十分清楚，如被鸿沟隔开。形容区别非常明显。▷公与私～。

【判若两人】pànruòliǎngrén 判：明显不同。明显不同，就像两个人一样。形容一个人的言行前后差别很大。清·李宝嘉《文明小史》第五回："须晓得柳知府于这交涉上头，本是何等通融、何等迁就，何以如今判若两人？"▷平时很少说话的王秘书，今天在会上竟如此激昂慷慨大发议论，真是～。

【判若云泥】pànruòyúnní 判：明显不同。两者差别之大，就像天上的云彩和地下的泥土一样。形容高低、好坏相差悬殊。唐·杜甫《送韦书记赴安西》诗："夫子欻（xū，忽然）通贵，云泥相望悬。"▷这部书和它的续集在思想内容和艺术水平上简直～，反差太大。

【庞然大物】pángrándàwù 很大的东西。现多形容表面强大而实际虚弱的事物（多含贬义）。唐·柳宗元《黔之驴》："黔无驴，有好事者船载以入，至则无可用，放之山下。虎见之，庞然大物也，以为神，蔽林间窥之。"▷敌军号称十万，全副机械化装备，看起来是个～，其实并没有什么了不起。

【旁观者清】pángguānzhěqīng 参看"当局者迷，旁观者清"。

【旁门左道】pángménzuǒdào 旁、左：邪，不正。门、道：指学术或宗教派别。指非正统、不正派的宗教或学术派别、思想体系。泛指不正当的事物或方法、途径。▷对于～的东西，一定要提高警惕，千万不能随意听信，受骗上当。

【旁敲侧击】pángqiāocèjī 比喻只从侧面曲折地暗示而不从正面直接说明（含贬义）。清·吴趼人《二十年目睹之怪现状》第二十回："云岫这东西，不给他两句，他当人家一辈子都是糊涂虫呢。只不过不应这样旁敲侧击，应该要明亮亮的叫破了他。"▷我是个直性子的人，有意见你就当面直说吧，用不着拐弯抹角，～。

【旁若无人】pángruòwúrén 好像身边没有人一样。形容态度高傲。《史记·刺客列传》："高渐离击筑，荆轲和而歌于市中，相乐也。已而相泣，旁若无人者。"▷在阅览室里，她～地走来走去，高跟鞋发出咯咯的声响｜尽管别人对他俩的关系议论纷纷，他却～，不加理睬。

【旁征博引】pángzhēngbóyǐn 旁、博：广泛。征：搜集。指说话、作文广泛引用材料。▷他为这本书作注，到处找资料，～，非常详尽。☛"征"不要写作"证"。

【抛头露面】pāotóulùmiàn 抛：暴露。露出头和脸。原指妇女出现于大庭广众之中。现指某人在公开场合露面。明·兰陵笑笑生《金瓶梅》第六十九回："诚恐抛头露面，有失先夫名节。"▷他习惯于埋头做实事，从不愿意～。有记者来采访他，他躲起来不见。☛"露"这里不读lòu。

【抛砖引玉】pāozhuānyǐnyù 抛出廉价的砖，引来名贵的玉。常比喻以自己浅薄的意见引出别人的高论(用作谦词)。宋·释道原《景德传灯录》卷十："比来抛砖引玉，却引得个墼子(jīzǐ，土坯)。"▷我先谈一点粗浅的看法，算作～吧。

【刨根问底】páogēnwèndǐ 挖掘根源，查问底细。▷小两口儿顶嘴的事，咱们不便～。

【袍笏登场】páohùdēngchǎng 袍：古代大臣的官服。笏：古代大臣上朝时手里拿的长条形记事手板。原指上场演戏，现比喻上任当官(含讽刺意味)。清·赵翼《数月内频送南雷、述庵、淑斋诸人赴京补官，戏作三首》："袍笏登场也等闲，惹他动色到柴关。"▷辛亥革命后，不少原清朝大官摇身一变成为民国"都督"，又～了。☛"笏"不读 wù。

【喷薄欲出】pēnbóyùchū 喷薄：喷涌上升的样子。形容水涌起或太阳将涌出地平线的雄浑景象。▷鲜艳的五星红旗迎着～的朝阳冉冉升起。

【朋比为奸】péngbǐwéijiān 朋比：互相勾结。奸：指坏事。互相勾结做坏事。宋·高登《上渊圣皇帝书》："此曹当尽伏诛，今且偃然自恣，尚欲朋比为奸，蒙蔽天日。"▷这伙坏蛋～，串通起来干尽坏事，百姓无不恨之入骨。

【蓬荜生辉】péngbìshēnghuī 蓬荜：用蓬草、树枝等做的门。简陋破旧的房屋增添了光彩。表示由于别人到来而感到荣幸。明·王世贞《鸣凤记·邹林游学》："得兄光顾，蓬荜生辉，先去打扫草堂迎候。"▷今日总经理光临寒舍，真是～。☛"蓬"不要错写作"篷"。"荜"不要错写作"苹"。

【蓬首垢面】péngshǒugòumiàn 通常写作"蓬头垢面"。

【蓬头垢面】péngtóugòumiàn 头发蓬乱，污垢满面。《魏书·封轨传》："君子整其衣冠，尊其瞻视，何必蓬头垢面，然后为贤。"▷看她～的样子，可能好多天没有梳洗了。☛"蓬"不要错写作"篷"。

【鹏程万里】péngchéngwànlǐ 鹏：传说中的大鸟。大鹏鸟一下子飞行千万里。比喻前程远大。宋·楼钥《送袁恭安赴江州节推》诗："鹏程万里兹权舆，平时义方师有余。"▷老弟年纪轻轻地就如此才华出众，将来定能展翅高飞，～。

【捧腹大笑】pěngfùdàxiào 用手捧着肚子大笑。《史记·日者列传》："司马季主捧腹大笑。"▷一个笑话，逗得大家～。

【披肝沥胆】pīgānlìdǎn 披：披露。沥：滴下。露出心肝，滴出胆汁。比喻坦诚相待或竭尽忠诚。《史记·淮阴侯列传》："臣愿披腹心，输肝胆，效愚计，恐足下不能用也。"隋·李德林《天命论》："披肝沥胆，昼歌夜吟。"▷他正直、善良，对朋友～，诚实可信。

【披坚执锐】pījiānzhíruì 披：指穿着。穿着坚固的铠甲，拿着锐利的兵器。形容全副武装，奔赴战场。《宋书·武帝纪》："高祖常披坚执锐，为士卒先，每战辄摧锋陷阵。"▷战士们个个～，决心与敌人战斗到底。

【披荆斩棘】pījīngzhǎnjí 披：分开。荆、棘：多刺的灌木。比喻清除前进路上的种种障碍，克服创业过程中的重重困难。明·王世贞《鸣凤记·二相争朝》："况此河套一方，沃野千里，我祖宗披荆斩棘，开创何难！"▷克拉玛依油田的开发者们～，为大西北的腾飞作出了突出的贡献。

【披沙拣金】pīshājiǎnjīn　披：分开。拨开沙子，挑选真金。比喻从大量的事物中去粗取精。唐·刘知几《史通·直书》："虽古人糟粕，真伪相乱，而披沙拣金，有时获宝。"▷书海茫茫，读书就得～，阅读精品，才能获取自己需要的知识。

【披头散发】pītóusànfà　头发蓬松散乱。《水浒传》第二十二回："那张三又挑唆阎婆去厅上披头散发来告。"▷小翠啼哭着，一下子挣脱了丈夫的手，～地跑了出去。☛"散"这里不读 sǎn。

【披星戴月】pīxīngdàiyuè　身披星光，头顶月色。形容起早贪黑地在室外劳动或兼程赶路。元·无名氏《冤家债主》第一折："披星戴月，早起晚眠。"▷二十多天～，连夜赶路，按时到达了目的地。☛不要写作"披星带月"。

【劈头盖脸】pītóugàiliǎn　正对着头和脸压下来。形容来势凶猛。▷瓢泼大雨～地浇下来，我跑都来不及了。

【皮开肉绽】píkāiròuzhàn　绽：开裂。皮肉开裂。形容被拷打得伤势惨重。元·关汉卿《蝴蝶梦》第二折："打的来皮开肉绽损肌肤，鲜血模糊。"▷敌人把他打得～，也没得到一点情报。☛"绽"不读 dìng。

【皮里春秋】pílǐchūnqiū　皮里：表皮里面。春秋：相传为孔子编定的鲁国史书，书中对历史人物和事件往往暗含褒贬而不直言。指内心褒贬而不说出来。《晋书·褚裒列传》："裒（xiù，同袖）少有简贵之风……谯国桓彝见而目之曰：'季野（褚裒字）有皮里阳秋（即'春秋'）。'言其外无臧否（pǐ），而内有所褒贬也。"▷别看他总是不言不语的，他是～，对人对事心里都有自己的看法。

【皮之不存，毛将焉附】pízhībùcún，máojiāngyānfù　焉：哪里。皮都不存在了，毛还依附在哪里呢？比喻事物失去赖以生存的主体，就很难存在下去。《左传·僖公十四年》："秦饥，使乞籴于晋，晋人弗与。庆郑曰：'背施无亲，幸灾不仁，贪爱不祥，怒邻不义。四德皆失，何以守国？'虢射曰：'皮之不存，毛将安傅？'"清·赵翼《瓯北诗钞·剥皮山》诗："寸草全无山骨露，皮之不存毛焉附。"▷～，人民群众是我们的衣食父母，没有人民群众，我们还能存在吗？

【蚍蜉撼树】pífúhànshù　蚍蜉：大蚂蚁。蚍蜉要撼动大树。比喻自不量力。唐·韩愈《调张籍》诗："蚍蜉撼大树，可笑不自量。"▷这一小撮人想动摇我们的政权，真是～，可笑不自量。

【疲于奔命】píyúbēnmìng　奔命：奉命奔走。原指因奉命到处奔走而精疲力尽；后也指忙于办事而搞得非常疲惫。宋·陈亮《酌古论·先主》："彼方支吾未暇，而吾率步兵乘高而进，声东而击西，形此而出彼，乘卒初锐而用之，彼亦疲于奔命矣。"▷这些天来，我为接待会议代表东跑西颠，～。☛"奔"这里不读 bèn。

【匹夫有责】pǐfūyǒuzé　匹夫：普通人。指每个人都有责任（常与"国家兴亡"连用）。晚清·章炳麟《革命之道德》："匹夫有责之说，今人以为常谈，不悟其所重者，乃在保持道德，而非政治经济之云云。"▷国家兴亡，～。我们每一个人都要为祖国的繁荣富强多贡献力量。

【匹夫之勇】pǐfūzhīyǒng　匹夫：普通人。指不用智谋而单靠个人武艺高强的那种勇敢。《孟子·梁惠王下》："此匹夫之勇，敌一人者也。"▷离开集体力量，单枪匹马和一帮坏人拼,那只是～。

【匹马单枪】pǐmǎdānqiāng 通常写作“单枪匹马”。

【否极泰来】pǐjítàilái 否、泰:《周易》中的两个卦名,否是坏卦,泰是好卦。极:极限。指坏事情发展到了极限,就可以转化为好事。《水浒传》第二十六回:“乐极生悲,否极泰来。”▷从那以后,这个饱受磨难的苦命人总算～,日子越过越好了,脸上也渐渐有了笑容。☛“否”这里不读 fǒu。

【胼手胝足】piánshǒuzhīzú 胼、胝:茧子(jiǎnzi),手掌、脚掌因长期摩擦而生成的厚而硬的皮。手脚都长了趼子。形容长期从事艰辛的劳作。▷他在农村长期生活劳动,早已是～,面目黝黑,不再是“白面书生”了。☛“胼、胝”不要写作“跰跡”。“胝”不读 shì 或 dǐ。

【片甲不留】piànjiǎbùliú 甲:铠甲。一片铠甲也没有留下。形容全军被歼灭。清·钱彩《说岳全传》第二十三回:“为兄在此扎营,意欲等候番兵到来,杀他个片甲不留。”▷凤凰山一战,杀得敌军～。

【片言只语】piànyánzhīyǔ 指零碎的言语或文字。明·袁宗道《李卓吾》:“读君片言只语,辄精神百倍。”▷抓住～就全盘否定人家,实在没道理。谁能一生不说一句错话呢? ☛“只”不要错写作“支”。

【牝鸡司晨】pìnjīsīchén 牝:雌性。司:掌管。母鸡啼鸣报晓。旧时比喻女性掌权当政,是反常现象。《旧五代史·庄宗纪论》:“外则伶人乱政,内则牝鸡司晨。”▷封建社会把女人当政,如武则天称帝,称为～,反映了男尊女卑的观念。☛“牝”不要错写作“牡”(mǔ,指男性、雄性)。

【平步青云】píngbùqīngyún 平步:平地上迈步。青云:指高空。比喻轻易地登上高高的官位。宋·袁文《甕牖闲评》卷二:“廉宣仲才高,幼年及第,宰相张邦昌纳为婿。当徽宗时,自谓平步青云。”▷这个年轻人从此官运亨通,～。☛不要写作“平步青霄”。

【平地风波】píngdìfēngbō 风波:比喻事故或纠纷。比喻突然发生的事故或纠纷。宋·苏辙《思归》诗:“儿言世情恶,平地风波起。”▷她怎么也没有想到,一句话不留神,竟引起了～,闹得全家不安宁。

【平地楼台】píngdìlóutái 在平地上建起了楼台。比喻白手起家,在一无所有的条件下,艰苦奋斗,创建了事业。▷他讲述了当年兄弟三人如何～靠一辆板车起家,逐步创立了公司的经过。

【平分秋色】píngfēnqiūsè 秋色:秋天的景色。原指中秋时节昼夜相等,各占秋天景色的一半。后比喻双方不相上下或各占一半。宋·李朴《中秋》诗:“平分秋色一轮满,长伴云衢千里明。”▷这场比赛双方～,不相上下。

【平铺直叙】píngpūzhíxù 铺:铺陈。叙:叙述。指说话、写文章不加修饰,只按顺序直接叙述。现常形容说话、写文章平淡无味,重点不突出。清·张伯行《困学录集粹》:“古圣贤已将许多道理,平铺直叙,载之方册。”▷文章～,没有起伏曲折,读起来不带劲。☛“叙”不要错写作“序”。

【平起平坐】píngqǐpíngzuò 原指封建时代地位相同的人在一起可以同时站起或坐下,不分先后。现比喻双方地位一样，权力相等。清·吴敬梓《儒林外史》第三回："你若同他拱手作揖，平起平坐，这就是坏了学校规矩，连我脸上都无光了。"▷今天参加会议的都是委员，～，都有发言表决的权利。

【平心而论】píngxīnérlùn 平心静气，客观公正地论说。清·曾朴《孽海花》第三十三回："平心而论，刘永福固然不是什么天神天将，也决不会谋反叛逆。"▷这次交通事故，～双方都应负一定责任，不能光追究一方。☛"平"不要错写作"凭"。

【平心静气】píngxīnjìngqì 心情平和，态度冷静。《红楼梦》第七十四回："且平心静气，暗暗访察，才能得这个实在。"▷只要大家～地商量，问题总是可以解决的。

【平易近人】píngyìjìnrén 态度和蔼可亲，使人容易接近。《史记·鲁周公世家》："夫政不简不易，民不有近；平易近民，民必归之。"▷他当了市长以后，还像从前那样～。

【评头论足】píngtóulùnzú 通常写作"评头品足"。

【评头品足】píngtóupǐnzú 品：评论。原指无聊随意评论妇女的容貌；现也指对人或事物说长道短，多方挑剔。清·黄小配《大马扁》第四回："那全副精神又注在各妓，那个好颜色，那个好态度，评头品足，少不免要乱哦几句诗出来了。"▷在时装表演会上，有几个不大正经的人指手画脚～，乱说一气。☛不宜写作"评头论足""品头论足"。

【萍水相逢】píngshuǐxiāngféng 萍：浮萍，漂浮在水面的植物，随风漂泊聚散。比喻素不相识的人偶然相遇。唐·王勃《滕王阁序》："萍水相逢，尽是他乡之客。"▷我们虽然是～，共同的遭遇却把我们紧紧地连在了一起。

【迫不得已】pòbùdéyǐ 出于被迫而不得不如此。《汉书·王莽传上》："迫不得已，然后受诏。"▷父母逼嫁，她～，只好逃出家门。

【迫不及待】pòbùjídài 紧迫得不能再等待。清·李汝珍《镜花缘》第六回："且系酒后游戏，该仙子何以迫不及待？"▷饭菜刚摆上桌子，小儿子就～地吃了起来。

【迫在眉睫】pòzàiméijié 事情已经迫近眉毛和睫毛。形容情况非常紧迫。《列子·仲尼》："远在八荒之外，近在眉睫之内。"▷这些天连续下雨，洪峰到来已经～，必须立即把群众转移到安全地带。

【破釜沉舟】pòfǔchénzhōu 釜：锅。比喻下定决心，一拼到底。《史记·项羽本纪》："项羽乃悉引兵渡河，皆沉船，破釜甑（zēng，炊具），烧庐舍，持三日粮，以示士卒必死，无一还心。"清·文康《儿女英雄传》第三十回："你我看事作事，索性破釜沉舟痛下一番针砭，你道如何？"▷干这种事没有～的决心是很难成功的。

【破镜重圆】pòjìngchóngyuán 比喻夫妻失散或决裂后又重新团圆。唐·孟棨（qǐ）《本事诗·情感》记载：南朝陈代将亡时，驸马徐德言破开一面铜镜，与妻子乐昌公主各执一半，约定失散后作为信物。后来果然由这面铜镜作为线索，使乐昌公主与徐德言重新团圆。宋·周文谟《念奴娇》词："破镜重圆，玉环犹在，鹦鹉言如昨。"▷战乱结束了，这对离散八年的夫妻终于～了。

【破涕为笑】pòtìwéixiào 破：解除。

涕:眼泪。指止住泪水,露出笑容。形容转悲为喜。晋·刘琨《答卢谌(chén)书》:"时复相与举觞对膝,破涕为笑,非终身之积惨,求数刻之暂欢。"▷孩子一看见妈妈给他买来了玩具,马上就～,跑着迎上去。

【破天荒】pòtiānhuāng 天荒:没有开垦过的土地。比喻事物第一次出现。宋·孙光宪《北梦琐言·卷天荒解》:"唐荆州衣冠薮泽,每岁解送举人,多不成名,号曰'天荒解'。刘蜕舍人以荆解及第,号为'破天荒'。"▷这本字典能在短短几个月里售出数百万册,可以说是～的事。

【破绽百出】pòzhànbǎichū 破绽:衣服上的裂口。比喻说话、做事漏洞很多。宋·朱熹《自论为学工夫》:"将圣人书来读,读来读去,一日复一日,觉得圣贤言语渐渐有味,却回头看释氏之说,渐渐破绽罅漏百出。"▷他的话～,很不可信。☛"绽"不读 dìng。

【剖腹藏珠】pōufùcángzhū 剖:切开、破开。破开腹部藏珍珠。比喻要钱财不要性命。《红楼梦》第四十五回:"跌了灯值钱呢,是跌了人值钱?……怎么突然又变出这'剖腹藏珠'的脾气来!"▷这些毒贩虽然用～的办法贩毒走私,但是也逃脱不了被缉拿的下场。

【剖肝沥胆】pōugānlìdǎn 通常写作"披肝沥胆"。

【扑朔迷离】pūshuòmílí 比喻事物错综复杂,不易看清真相。北朝·无名氏《木兰诗》:"雄兔脚扑朔,雌兔眼迷离;两兔傍地走,安能辨我是雄雌。"意思是抓住兔子的耳朵提起来,雄兔双脚乱动,雌兔眼睛半闭,但当他们互相依傍着奔跑时,便很难分辨雄雌。▷越往下调查,情况越复杂,～,真假难辨,看来一时很难定案。☛"扑"不要写作"朴"。

【铺天盖地】pūtiāngàidì 布满天空,盖遍大地。形容来势猛烈,到处都是。▷天空乌云密布,不一会儿,暴雨～袭来。

【铺张扬厉】pūzhāngyánglì 扬厉:发扬。指张大其事,竭力宣扬。也形容过分铺张,讲究排场。宋·楼钥《忠文耆(qí,老年的)德之碑》:"时方承平,极铺张扬厉之美。"清·吴趼人《二十年目睹之怪现状》第二十一回:"你看他一到任时,便铺张扬厉的,要办这个,办那个。"▷历史上的纵横家为了宣扬自己的观点,常常极尽～之能事|一有红白喜事,就～,大摆宴席,这种风气不好。

【璞玉浑金】púyùhúnjīn 未经雕琢的玉石,未经冶炼的金子。比喻事物具有天然美质;也比喻人品纯真质朴。南朝·宋·刘义庆《世说新语·赏誉》:"王戎目山巨源,如璞玉浑金,人皆钦其宝,莫知名其器。"▷他的诗朴素自然,像～,没有刻意雕琢的痕迹。

【普天同庆】pǔtiāntóngqìng 天下的人一同庆祝。南朝·宋·刘义庆《世说新语·排调》:"皇子诞育,普天同庆。"▷春节是传统佳节,万民欢腾,～。

Q

【七高八低】qīgāobādī 形容高低不平。《西游记》第三十六回:"七高八低孤拐脸,两只黄眼睛。"▷这条路坑坑洼洼、~的,真该修补一下了。

【七老八十】qīlǎobāshí 七八十岁,形容人年纪大。明·西周生《醒世姻缘传》第九十四回:"他却连一个七老八十的妗母也不肯饶。"▷他坚持锻炼,几十年如一日,走起路来一阵风似的,不像~的人。

【七零八落】qīlíngbāluò 形容零星散乱。明·冯梦龙《喻世明言》卷六:"唐兵被梁家杀得七零八落,走得快的,逃了性命,略迟慢些,就为沙场之鬼。"▷几阵秋风过后,树叶落得只剩~的几片了。☛"落"这里不读 lào。

【七拼八凑】qīpīnbācòu 指把各式各样的人或物凑合在一起。清·吴趼人《二十年目睹之怪现状》第九十二回:"七拼八凑,还勉强凑得上来。"▷这篇调查报告显然是~起来的,内容缺乏整体性、条理性。

【七窍生烟】qīqiàoshēngyān 七窍:指人的两眼、两耳、两鼻孔和口。眼、耳、鼻、口都在冒火。形容愤怒到极点。清·俞万春《荡寇志》第七十五回:"那太尉等待回来,看见儿子耳鼻俱无……气得说不出话来,三尸神炸,七窍生烟。"▷这一番话直气得金大伯浑身发抖,~,一句话也说不出来。

【七情六欲】qīqíngliùyù 七情:喜、怒、哀、惧、爱、恶、欲七种感情。六欲:指生、死、耳、目、口、鼻六种欲望。泛指人的种种感情和欲望。明·兰陵笑笑生《金瓶梅词话》第一回:"单道世上人,营营逐逐,急急巴巴,跳不出七情六欲关头,打不破酒色财气圈子。"▷每个人都有~,但是更重要的是要有生活理想和信念,否则,那不成了行尸走肉了吗?

【七上八下】qīshàngbāxià 形容心神不定。宋·朱熹《朱子语类》卷一百二十一:"圣贤真可到,言语不误人。今被引得七上八下,殊可笑。"▷他惦记着住在医院里的妈妈,心里~,坐卧不安。

【七手八脚】qīshǒubājiǎo 形容人多手杂,动作不协调。明·冯梦龙《醒世恒言》卷十八:"众匠人闻言,七手八脚,一会儿便安下柱子,抬梁上去。"▷一看他突然栽倒,脸色煞白,呼吸急促,大家慌忙~地把他抬到车上,送往医院。

【七月流火】qīyuèliúhuǒ 七月:指夏历七月。流火:大火星(即心宿)出现的位置逐渐往西下降。指到了夏历七月的黄昏,大火星往下移位,天气渐渐转凉。《诗经·豳风·七月》:"七月流火,九月授衣。"▷到了~的季节,天气逐渐地凉快了,人们感到舒服多了。☛不要误解为阳历七月天气热。

【七嘴八舌】qīzuǐbāshé 形容人多嘴杂,说个不停。明·冯惟敏《仙桂引·思归》词:"收拾起万绪千头,脱离了七嘴八舌。"▷一谈到要不要去参加会议的问题，大家～，说什么的都有，会场顿时热闹起来了。

【妻离子散】qīlízǐsàn 形容一家人被迫分离四处逃散。《孟子·梁惠王上》："父母冻饿，兄弟妻子离散。"宋·辛弃疾《美芹十论·致勇第七》："不幸而死，妻离子散，香火萧然，万事瓦解。"▷军阀混战，连年不绝，多少人家～，四处逃难。☛"散"这里不读 sǎn。

【凄风苦雨】qīfēngkǔyǔ 寒冷的风，连绵不断的雨。形容天气恶劣，也比喻境遇悲惨凄凉。宋·范成大《惜分飞》词："重别西楼断肠否？多少凄风苦雨。"▷他望着窗外～的夜空，心里念叨着：这战乱，什么时候才是尽头哇？

【欺大压小】qīdàyāxiǎo 欺骗强大的，压抑弱小的。元·马致远《汉宫秋》楔子："为人雕心雁爪，做事欺大压小，全凭谄佞奸贪。"▷班长为人很正直，遇到有人～，他都要出面主持公道。

【欺人太甚】qīréntàishèn 甚：过分。形容欺负人到了令人不能容忍的地步。元·郑廷玉《疏楚昭公者下船》第四折："筵前举鼎，欺人太甚！"▷既不让别人发表意见，又强迫别人接受处理结果，你这样处理问题未免～！

【欺人之谈】qīrénzhītán 骗人的话。清·李宝嘉《官场现形记》第二十二回："凡事有则有，无则无，从不作欺人之谈的。"▷我们只相信科学，不相信风水、八字之类的～。

【欺软怕硬】qīruǎnpàyìng 欺负软弱的，害怕强硬的。元·高明《琵琶记·五娘请粮被抢》："点催首放富差贫，保上户欺软怕硬。"▷这个坏蛋～，你越软弱，他越欺侮你；你坚决和他对抗，他也没办法。

【欺上瞒下】qīshàngmánxià 对上欺骗，对下蒙蔽。▷这个人善于～，群众的意见不如实向上反映，上级的意图也不向下传达。

【欺上罔下】qīshàngwǎngxià 通常写作"欺上瞒下"。

【欺世盗名】qīshìdàomíng 世：指世人。欺骗世人，窃取名誉。宋·苏洵《辨奸论》："王衍之为人也，容貌语言，固有以欺世而盗名者。"▷这个假"博士"，窃取别人科研成果，申请奖金；对这种～的行为，应该予以揭穿。

【漆黑一团】qīhēiyītuán 形容一片黑暗，没有一点光明；也形容对某事物毫无所知。▷这条马路设施不配套，路灯迟迟没有安装，一到夜晚，这里是～｜我对这个厂的情况毫无所知，头脑里～。

【齐心合力】qíxīnhélì 通常写作"齐心协力"。

【齐心戮力】qíxīnlùlì 通常写作"齐心协力"。

【齐心协力】qíxīnxiélì 思想一致，共同努力。明·凌濛初《初刻拍案惊奇》卷二十四："过不多时，众人齐心协力，山岭庙也自成了。"▷只要全厂职工～，到年底一定会扭亏为盈，超额完成全年计划。

【其乐无穷】qílèwúqióng 其中的乐趣没有穷尽。表示对从事的工作或活动感到极大的乐趣；也指置身某种环境，感到非常快乐。宋·邵雍《君子饮酒吟》："君子饮，其乐无穷。"▷语法研究在一般人看来是非常枯燥乏味的，而他却感到～｜置身在这样优美的自然环境里，我真觉得～。

【其貌不扬】qímàobùyáng 不扬：指不好看。形容人的容貌不好看。唐·裴度

《自题写真赞》："尔才不长，尔貌不扬，胡为将？胡为相？"宋·王谠(dǎng)《唐语林·文学》："(皮日休)榜末及第，礼部侍郎郑愚以其貌不扬戏之。"▷别看他～，又瘦又黑，却是个革新能手呢。☛不要写作"气貌不扬"。

【其势汹汹】qíshìxiōngxiōng 通常写作"气势汹汹"。

【其味无穷】qíwèiwúqióng 穷：穷尽。指其中的意味深长，耐人思索。宋·朱熹《四书集注·中庸》："放之则弥六合，卷之则退藏于密；其味无穷，皆实学也。"▷这则格言，初看起来很平淡，仔细琢磨，～。

【奇耻大辱】qíchǐdàrǔ 奇：少有的，非常的。指极大的耻辱。▷这次足球赛，我班得了个倒数第一。全班同学心里都不是滋味，似乎受了～。

【奇货可居】qíhuòkějū 居：囤积。指把珍奇的货物囤积起来，等待高价出售。比喻把认定能够图利的人或物当做商品囤积起来；也比喻把某种专长作为捞取名利的资本。《史记·吕不韦列传》："子楚，秦诸庶孽孙，质于诸侯，车乘进用不饶，居处困，不得意。吕不韦贾(gǔ)邯郸，见而怜之，曰：'此奇货可居。'"▷去年，他以为棉花～，收购了一大批，后来，连本钱都没收回来｜他掌握软件开发技术，自认为～，要名要利，结果什么目的也没达到。

【奇谈怪论】qítánguàilùn 荒诞古怪、不合事理的言论。清·钱泳《履园丛话》卷六："余往汴梁，遇(凌仲子)于毕秋帆中丞幕中，两眼若漆，奇谈怪论，咸视为异物，无一人与言者。"▷这些邪教组织大肆宣扬"地球即将毁灭"等～，妄图欺骗广大群众。

【奇文共赏】qíwéngòngshǎng 原指新奇的文章共同欣赏。现多指内容荒谬的文章，大家共同批判。晋·陶渊明《移居》诗："奇文共欣赏，疑义相与析。"▷这篇文章的论点十分荒谬，～，大家来共同议论一下吧！

【奇形怪状】qíxíngguàizhuàng 稀奇古怪的形状。唐·吴融《太湖石歌》："洞庭山下湖波碧，波中万古生幽石。铁索千寻取得来，奇形怪状谁能识？"▷溶洞中的钟乳石～，用五彩灯光一照，更现出一派无比神奇的景象。☛不宜写作"奇形异状"。

【奇形异状】qíxíngyìzhuàng 见"奇形怪状"。

【奇珍异宝】qízhēnyìbǎo 指稀有珍贵的宝贝。宋·胡仔《苕溪渔隐丛话后集·东坡四》："世不乏奇珍异宝，乏识者耳。"▷故宫博物馆的珍宝馆里陈列着许多～，吸引着无数中外参观者。

【奇装异服】qízhuāngyìfú 式样奇特的服装(含贬义)。▷在闹市区，随时可以看见一些年青人穿着各式～。

【歧路亡羊】qílùwángyáng 比喻因情况复杂多变而容易迷失方向，误入歧途。《列子·说符》记载：杨子的邻居丢了一只羊，发动很多人去找，始终没有找到。杨子问其原因，邻居说，岔道很多，岔道上还有岔道，不知往哪里去找。▷搞学术研究若方向不明确，时而东、时而西，～，就很难取得成果。☛"歧"不要写作"岐"。

【骑虎难下】qíhǔnánxià 比喻事情进行下去有困难，但迫于形势又不能中途停顿，只好硬撑下去。南朝·宋·何法盛《晋中兴书》："今日之事，义无旋踵，骑虎之势，可得下乎！”清·赵翼《廿二史札记·薛史书法回护处》：“势当骑虎难下之时，不得不为挺鹿走险之计。”▷继续施工，资金又不到位；如果停工，损失更大。真是～。

【骑马找马】qímǎzhǎomǎ 骑着马到处找马。比喻东西就在自己跟前，还到处去找；也比喻占着现有的位置，一面另找更理想的职业。清·李宝嘉《官场现形记》第二十一回：“彼时间骑马寻马，只要弄到一笔大大的银款，赚上百十两扣头，就有在里头了。”▷哎呀，我真糊涂！～，找了半天手表，原来就在上衣兜里呢|你在这个合资公司不是干得挺好的吗，为什么还要～呢？

【棋逢敌手】qíféngdíshǒu 通常写作“棋逢对手”。

【棋逢对手】qíféngduìshǒu 对手：指本领不相上下的竞赛对方。下棋遇到对手。比喻本领不分高下。明·冯惟敏《海浮山堂词稿》卷一：“刚道个真材实料难禁受，说甚么琴遇知音，再休提棋逢对手。”▷这两个队，实力相当，～，分不出高低。

【旗鼓相当】qígǔxiāngdāng 旗鼓：指古代作战时，指挥进退的军旗和战鼓。比喻双方力量不相上下。《三国志·魏书·管辂(lù)传》裴松之注引《辂别传》：“吾欲自与卿旗鼓相当。”《明史·靳学颜传》：“夫陷锋摧坚，旗鼓相当，兵之实也。”▷这两个小组开展对口赛，可以说是～。

【旗开得胜】qíkāidéshèng 军旗一展开，就取得胜利。比喻事情一开始就取得好成绩。元·关汉卿《五侯宴》楔子：“人人奋勇，个个英雄，端的旗开得胜，马到成功。”▷刚开始比赛，红队就连进两个球，真是～。

【乞浆得酒】qǐjiāngdéjiǔ 浆：指水。乞讨的是水，得到的是酒。比喻实际得到的比要求的高。宋·陆游《对食作》诗：“乞浆得酒岂嫌薄，卖马僦(jiù，租用)船常觉宽。”▷我向他借自行车，他却让骑他的摩托，真是～，运气不错。

【岂有此理】qǐyǒucǐlǐ 难道有这样的道理。用来对荒谬的事表示愤慨。唐·张彦远《法书要录》：“右军书记云：‘知足下以界内有此事，便欲去县，岂有此理！’”▷你也不问一声这盆花是谁的，就端去摆在自己案头上，别人提出批评，你还发脾气，真是～！

【杞人忧天】qǐrényōutiān 比喻不必要的忧虑。《列子·天瑞》记载：杞国有个人担心天塌下来，愁得寝食不安。清·邵长蘅(héng)《守城行》诗：“纵令消息未必真，杞人忧天独苦辛；即妨此辈易激变，盗贼往往皆良民。”▷掠夺性生产对自然资源的破坏太大，总有一天会遭到大自然的惩罚。我们这种担心绝不是～。

【起承转合】qǐchéngzhuǎnhé 指旧体诗文行文的一般顺序，即开头(起)、承接(承)、转折(转)、结尾(合)。泛指文章的结构章法；也比喻固定、呆板的格式。元·杨载《律诗要法》：“七言律有起、承、转、合。”▷我们反对八股文式的僵死格式，但通常的～还是必要的|做事得按不同的情况采取不同的步骤，哪能事事都讲～，把人套死呢？☛“转”这里不读zhuàn。

【起死回生】qǐsǐhuíshēng 把快要死的人救过来。形容医术高明或看来无法挽救的局面得到挽救。宋·李昉《太平广记·太玄女》：“行三十六术甚效，起死回生，救人无数。”▷王大夫有～的本领，经过他抢救和细心治疗，终于把濒临死亡的病人救过来了｜王厂长到任后，从抓管理入手，使一个临近破产的厂子～了。

【气冲牛斗】qìchōngniúdǒu 气：气概。牛、斗：牛宿和斗宿（南斗六星），代指天空。形容豪气或不平之气十分高昂。唐·崔融《咏宝剑》诗：“宝剑出昆吾，龟龙夹采珠……匣气冲牛斗，山形转辘轳。”▷誓师会上，战士们豪情满怀，～。☛“冲”这里不读 chòng。

【气冲霄汉】qìchōngxiāohàn 气：气概。霄：云霄。汉：银河。形容气概极其豪迈。元·陈以仁《存孝打虎》第二折：“便有那吐虹霓志气冲霄汉，命不济枉长叹。”▷抗洪英雄面对凶猛的江水临危不惧，～。☛“霄”不要写作“宵”。

【气度恢宏】qìdùhuīhóng 气度：气魄和度量。恢宏：宽广；广大。人或事物气魄大、度量宽。▷盛唐诗歌具有～昂扬向上的特点。☛不宜写作“气度恢弘”。

【气愤填膺】qìfèntiányīng 通常写作“义愤填膺”。

【气贯长虹】qìguànchánghóng 气：气概。气势直上高空，贯穿彩虹。形容精神崇高，气概豪迈。▷他英勇牺牲了，但这种伟大的献身精神～，永驻人间。☛“虹”这里不读 jiàng。

【气急败坏】qìjíbàihuài 气：指呼吸的气。指上气不接下气，狼狈不堪。形容十分慌张或极为愤怒。《水浒全传》第五回：“只见数个小喽啰气急败坏，走到山寨里叫道‘苦也，苦也！’。”▷一个小土匪～地跑进大厅报告：不好了，官兵已攻进山寨了｜人家不过埋怨你几句，你不该那样～地发火儿。

【气势磅礴】qìshìpángbó 磅礴：盛大。形容气势雄伟盛大。清·归庄《自订时文序》：“大抵议论激昂，气势磅礴，纵横驰骤，不拘绳墨之作也。”▷这幅国画长卷，长约百米，浓缩了长江两岸的雄伟景色，真是～。☛“磅”这里不读 bàng。“礴”不读 báo。

【气势汹汹】qìshìxiōngxiōng 汹汹：形容声势盛大的样子。形容愤怒而凶狠。▷这伙歹徒，～打上门来，大吵大叫地说要报前日之仇。☛“汹”不要写作“凶”。

【气吞河山】qìtūnhéshān 通常写作“气吞山河”。

【气吞山河】qìtūnshānhé 气：气概。气势能吞没山河。形容气魄极大。元·金仁杰《追韩信》第二折：“背楚投汉，气吞山河。知音未遇，弹琴空歌。”▷战士们～的誓言使在场群众受到极大振奋。

【气味相投】qìwèixiāngtóu 通常写作“臭味相投”。

【气息奄奄】qìxīyǎnyǎn 气息：呼吸时进出的气。奄奄：呼吸微弱的样子。形容人呼吸微弱；也比喻衰败没落，即将灭亡。晋·李密《陈情表》：“但以刘氏日薄西山，气息奄奄，人命危浅，朝不虑夕。”▷十几天来，伤口疼痛，肚子饥饿，已经把他折磨得～了｜《红楼梦》中贾府的衰落，代表着十八世纪中国封建大家庭已～，就要进入坟墓了。

【气象万千】qìxiàngwànqiān 形容景象壮美而富于变化。宋·范仲淹《岳阳楼记》：“予观夫巴陵胜状，在洞庭一湖，衔远山，吞长江，浩浩荡荡，横无际涯，朝晖夕阴，气象万千。”▷游轮经过三峡，只见两岸峭崖耸立，千姿百态，～，好一幅大自然的壮美景色。

【气宇轩昂】qìyǔxuānáng 气宇：气质；风度。形容精神饱满，气度不凡。明·冯梦龙《醒世恒言》卷二十九：“（那才子）生得丰姿潇洒，气宇轩昂，飘飘有出尘之表。”▷这位老军长虽然年过花甲，依然身姿矫健，～。

【气壮河山】qìzhuànghéshān 通常写作“气壮山河”。

【气壮山河】qìzhuàngshānhé 气：气概。形容气概像高山大河一样雄伟豪迈。清·顾炎武《明季实录·文武臣死节纪》：“或慷慨捐躯，或从容就义，此皆忠并日月，气壮山河。”▷董存瑞舍身炸碉堡，谱写了一曲惊天动地、～的英雄赞歌。

【弃暗投明】qìàntóumíng 脱离黑暗，投向光明。比喻与反动势力断绝关系，投向进步、正义的方面。明·梁辰鱼《浣纱记传奇·交征》：“何不反邪归正，弃暗投明？”▷这位高级将领，在关键时刻，毅然决定～，宣布起义。

【弃短取长】qìduǎnqǔcháng 舍弃缺点、不足，吸取优点、长处。汉·王符《潜夫论·实贡》：“智者弃短取长，以致其功。”▷他非常善于学习，善于借鉴，～，所以工作很有成绩。

【弃甲曳兵】qìjiǎyèbīng 曳：拖着。丢掉盔甲，拖着兵器。形容打了败仗狼狈逃跑。《孟子·梁惠王上》：“填然（击鼓声）鼓之，兵刃既接，弃甲曳兵而走，或百步而后止，或五十步而后止。”▷敌人根本没有什么战斗力，跟我军刚一接触就～，狼狈逃跑了。☛“曳”不读xiè。

【弃旧图新】qìjiùtúxīn 抛弃旧的，谋求新的。指离开错误道路走上正确道路。宋·陆九渊《与邓文范书》：“昨晚得仓台书，谓别后稍弃旧而图新，了然未有所得。”▷你走的是一条犯罪的路，只有～，才有光明的前途。

【泣不成声】qìbùchéngshēng 泣：低声哭。悲泣过度以致哭不出声音。形容极度悲痛。清·黄钧宰《鸳鸯印传奇始末》：“食不下咽，泣不成声。”▷当说到侵略者惨无人道的暴行时，他～。

【恰到好处】qiàdàohǎochù 指说话办事恰好达到最合适的程度。清·王士禛《带经堂诗话》：“元倡如初写黄庭，恰到好处。”▷你对这个问题的处理，既维护了原则，又照顾了大家的情绪，可说是～。

【恰如其分】qiàrúqífèn 分：适宜的程度。指说话、办事正好达到合适的程度。清·李海观《歧路灯》第一百零八回：“赏分轻重，俱是阎仲端酌度，多寡恰如其分。”▷对客观效果的估价要～，既不要夸大，也不要缩小。☛“分”这里不读fēn。

【千变万化】qiānbiànwànhuà 形容变化极多。汉·贾谊《鹏（fú）鸟赋》：“千变万化兮，未始有极。”▷世界上各种事物看起来～，但都有规律可寻，都是可以被认识的。

【千差万别】qiānchāwànbié 形容人或事物之间有多种多样的差别。宋·朱熹《答袁机仲别幅》：“自见得许多条理，千差万别，各有归着，岂不快哉！”▷自然界的植物种类繁多，～。☛“差”这里不读chà。

【千疮百孔】qiānchuāngbǎikǒng 通常写作“百孔千疮”。

【千锤百炼】qiānchuíbǎiliàn 原指金属经过多次冶炼和锻造。比喻对诗文反复

精心修改;也比喻人经历多次艰苦斗争的锻炼和考验。清·赵翼《瓯北诗话·李青莲诗》:"诗家好作奇句警语,必千锤百炼而后能成。"清·纪昀《阅微草堂笔记·滦阳续录(五)》:"余乡张明经晴岚,除夕前自题门联曰:三间东倒西歪屋,一个千锤百炼人。"▷这首诗之所以百读不厌,是因为经过多次修改,可谓~|这些战士都是经过~,能打能拼的英雄!

【千刀万剐】qiāndāowànguǎ 剐:古代一种酷刑,将人的身体分割成许多块。指一刀刀切割成碎片。多用为骂人的话,诅咒人不得好死。《水浒传》第三十八回:"千刀万剐的黑杀才!老爷怕你的不算好汉。"▷老大娘看见被绑着带进会场的土匪,气得跺脚大骂:"你这个~的,不得好死!"

【千叮万嘱】qiāndīngwànzhǔ 反复多次地叮嘱。元·杨显之《潇湘秋夜雨》第四折:"我将你千叮万嘱,你偏放人长号短哭。"▷他只身去海南打工谋生,母亲~,要他一定注意身体健康和安全。

【千方百计】qiānfāngbǎijì 指想尽或用尽一切方法、计策。宋·彭龟年《论小人疑间两宫,乞车驾过宫面质疏》:"然臣窃料,必有植此疑根于陛下之胸中者,见外庭纷纷有奏疏,将千方百计误陛下之听。"▷技术人员和工人们为了提高产品质量,~开展技术革新。

【千夫所指】qiānfūsuǒzhǐ 千夫:众人。指:用手指着。形容触犯众怒,被众人所指责。《汉书·王嘉传》:"里谚曰:'千人所指,无病而死。'"▷南宋秦桧卖国求荣,陷害岳飞,在历史上是个~的大奸贼。

【千古罪人】qiāngǔzuìrén 指犯有历史性罪过,被千秋万代的后人唾骂的罪人。▷谁妄图分裂祖国,破坏统一,谁就是~。

【千呼万唤】qiānhūwànhuàn 一再呼唤,多次催促;也比喻人们对某一事物长时的热切盼望。唐·白居易《琵琶行》:"千呼万唤始出来,犹抱琵琶半遮面。"▷大家都等着你呢,你还要人~吗|我厂的工资改革方案在大家的~中终于出台了。

【千军易得,一将难求】qiānjūnyìdé,yījiàngnánqiú 招募千军万马很容易,求得一员战将却很难。形容人才难得。元·关汉卿《单鞭夺槊(shuò,长矛)》第二折:"可不道千军易得,一将难求,怎做的萧何智谋?"▷萧何深深懂得~的道理,在韩信出走后,他一定要把韩信追回来。

【千钧一发】qiānjūnyīfà 钧:古代重量单位,一钧等于30斤。千钧的重量吊在一根头发上。比喻形势或环境极其危急。▷下坡时,刹车失灵,~之际,幸亏路旁的缓冲沙堆挡住了车的去路,才免遭车毁人亡的悲剧。

【千里鹅毛】qiānlǐémáo 千里送鹅毛。形容礼物虽轻,但情意深厚。宋·黄庭坚《长句谢陈适用惠送吴南雄所赠纸》诗:"千里鹅毛意不轻,瘴衣腥腻北归客。"▷广东的一个小学生把积攒的零用钱寄到灾区。虽然只有几块钱,却是~,情深义重!

【千里迢迢】qiānlǐtiáotiáo 迢迢:遥远。形容路途遥远。宋·法应集《禅宗颂古联珠通集》卷九:"千里迢迢信不通,归来何事太匆匆。"▷为了观赏到世界各地珍贵稀有的植物品种,他~从东北赶到昆明世博会。☛"迢"不读zhāo。

【千里之堤，溃于蚁穴】qiānlǐzhīdī，kuìyúyǐxué 千里长堤，可以因蚂蚁洞而溃决。比喻小事不注意会酿成大祸。《韩非子·喻老》："千丈之堤，以蝼蚁之穴溃；百尺之室，以突(烟囱)隙之烟焚。"▷小孩子不经大人允许，从大人钱包里掏钱买零食，这可要注意教育，古人不是说～吗？

【千里之行，始于足下】qiānlǐzhīxíng，shǐyúzúxià 千里远的路程，须从第一步开始。比喻要实现远大的目标，必须从小事做起。《老子》第六十四章："合抱之木，生于毫末；九层之台，起于累土；千里之行，始于足下。"▷常言说得好，"～"，要成就一番大事业，都要从一点一滴的小事做起。

【千虑一得】qiānlǜyīdé 得：指心得。指平庸的人多次考虑总会有一点可取之处(多用作谦词)。《晏子春秋·内篇杂下》："圣人千虑，必有一失；愚人千虑，必有一得。"南北朝·陈·虞寄《谏陈宝应书》："寄虽疾侵耄及，言无足采，千虑一得，请陈愚算。"▷我的看法也很不成熟，但是～，希望大家共同讨论，得出正确的结论。

【千虑一失】qiānlǜyīshī 参看"智者千虑，必有一失"。

【千篇一律】qiānpiānyīlǜ 一律：一个样子。许多篇文章都是一个样子。指文章公式化；也比喻办事只按一个格式，毫无变化。明·袁宏道《与陈正甫提学》："千篇一律，看之令人闷闷。"▷文章的结构应当多种多样，不应当～|处理问题要具体情况具体分析，要反对一刀切，～。

【千奇百怪】qiānqíbǎiguài 形容事物奇异而多样。宋·释惟白《续景德传灯录》卷四："如有人在州县住，或闻或见，千奇百怪，他总将作寻常。"▷自然界的～现象，有一些至今人们还无法作出科学的解释，"飞碟"就是一例。

【千秋万代】qiānqiūwàndài 秋：借指一年。形容年代久远。▷那些民族英雄们将～活在中国人民的心中。☛不要写作"千秋万岁"。

【千山万水】qiānshānwànshuǐ 通常写作"万水千山"。

【千丝万缕】qiānsīwànlǚ 千根丝万条线。本指杨柳枝条纷繁交错；后借以形容相互之间联系密切而且复杂。宋·戴石屏《怜薄命》词："道旁杨柳依依，千丝万缕，拧不住一分愁绪。"▷各行业之间都有～的联系，哪一行也不能完全自立于社会之外。

【千辛万苦】qiānxīnwànkǔ 指各种各样的艰难困苦。宋·裘万顷《灯下偶次前韵》："千辛万苦浪如许，饭颗山头谁著汝？"▷这支军队经历了～，终于按预定时间到达了目的地。

【千言万语】qiānyánwànyǔ 指许许多多的话。唐·郑谷《燕》诗："千言万语无人会，又逐流莺过短墙。"▷他大半辈子所受的磨难～说不完。

【千依百顺】qiānyībǎishùn 通常写作"百依百顺"。

【千载难逢】qiānzǎinánféng 一千年也难遇到。形容好机会极其难得。宋·王质《代虞枢密宴晁制置口号二首(其二)》："千载难逢今日会，一杯且为故人倾。"▷能亲眼观测流星雨的壮观景象，是～的机会。☛"载"这里不读 zài。

【千载一时】qiānzǎiyīshí 时：时机。一千年才有一次机会。形容机会极其难得。晋·王羲之《与会稽王笺》："古人耻其君不为尧舜，北面之道，岂不愿尊其所事，比隆往代，况遇千载一时之运？"▷能亲眼看到1976年吉林市上空的陨石雨，可说是～。☛"载"这里不读 zài。

【千真万确】qiānzhēnwànquè 形容事情极其真实确凿。清·钱彩《说岳全传》第十四回："(岳飞)问道：'你适才这些话，是真是假？恐怕还是讹传？'店主人道：'千真万确。'"▷在～的事实面前，我们只能实事求是地承认它，别无其他选择。

【千姿百态】qiānzībǎitài 形容姿态多种多样。▷湖边堆砌着大大小小形状各异的石头，有立的，有卧的，～。

【牵肠挂肚】qiānchángguàdù 形容十分惦念，放心不下。明·冯梦龙《喻世明言》卷一："起手时，牵肠挂肚；过后去，丧魄消魂。"▷他一人在深圳打工，母亲总是～，每周都要打电话问问情况。☛"肚"这里不读 dǔ。

【牵强附会】qiānqiǎngfùhuì 指把没关系或关系很远的事物勉强扯在一起。形容生拉硬扯，强作解释。清·曾朴《孽海花》第十一回："后儒牵强附会，费尽心思，不知都是古今学不分明的缘故。"▷硬说人的性格特征与生辰属相有关，这完全是～的欺人之谈。☛"强"这里不读 qiáng。

【牵一发而动全身】qiānyīfàérdòngquánshēn 比喻触动一个极小的部分就会使整体受到影响。宋·苏轼《成都大悲阁记》："吾头发不可胜数，而身毛孔亦不可胜数。牵一发而头为之动，拔一毛而身为之变，然则发皆吾头，而毛孔皆吾身也。"清·龚自珍《自春徂秋偶有所触》："一发不可牵，牵之动全身。"▷你抽走一个工人，可～，我们整个生产流水线就停滞了。☛"发"这里不读 fā。

【谦谦君子】qiānqiānjūnzǐ 谦谦：谦逊的样子。指谦逊有修养的人。《周易·谦》："谦谦君子，卑以自牧也。"▷小王是个～，在任何场合，都表现出谨慎、谦虚的态度。

【谦受益，满招损】qiānshòuyìmǎnzhāosǔn 通常写作"满招损，谦受益"。

【谦逊下士】qiānxùnxiàshì 下士：指降低身分，和比自己地位低的人交往。指谦虚、恭谨地对待地位低的人。《汉书·韦玄成传》："少好学，修父业，尤谦逊下士。"▷校长～，态度和蔼，经常找工人们聊天，我们也乐意向他说出心里话。

【前车之鉴】qiánchēzhījiàn 前车：指前面翻倒的车子。鉴：镜子，比喻教训。比喻以前的失败应当作为教训来吸取。《汉书·贾谊传》："前车覆，后车诫。"清·陈忱《水浒后传》第二十五回："张邦昌已被诛了，前车之鉴，请自三思。"▷当年"浮夸风"造成的严重后果，应该作为～。

【前赴后继】qiánfùhòujì 赴：奔赴。前面的人冲上去了，后面的人紧紧跟上。形容前人没有完成的事业，不断有人接着去干。▷经过几代人～的努力，终于把这所学校办成了全国一流的大学。

【前功尽弃】qiángōngjìnqì 以前的成绩全部抛弃。《史记·周本纪》："一举不得，前功尽弃。"▷晒在场上的稻子如果被雨淋了，马上会发芽，那可就～了。

【前呼后拥】qiánhūhòuyōng 前面的人吆喝开道，后面的人簇拥保护。形容随从很多，声势显赫(含贬义)。宋·李焘《续资治通鉴长编·太宗至道三年》："纡

(yū，弯曲)金拖紫，跃马食肉，前呼后拥，延赏宗族，此足以为荣矣。”▷这位领导干部到基层视察工作最反对～，大造声势，认为这样是官僚主义脱离群众的表现。

【前倨后恭】qiánjùhòugōng 倨：傲慢。先前傲慢，后来恭顺。形容对人的态度前后截然不同。《史记·苏秦列传》：“苏秦笑谓其嫂曰：‘何前倨而后恭也？’”▷你竟这样～，刚才还爱搭不理的，知道他是新来的县长了，又恭恭敬敬起来。

【前仆后继】qiánpūhòujì 仆：倒下。前面的人倒下去，后面的人跟上来。形容不断有人不怕牺牲，英勇壮烈地投入战斗。清·秋瑾《吊吴烈士樾》诗：“前仆后继人应在，如君不愧轩辕孙。”▷一百多年来，中华民族优秀人物为探索救国救民的道路，奋斗牺牲，～。☛“仆”这里不读 pú。

【前人栽树，后人乘凉】qiánrénzāishù，hòurénchéngliáng 比喻前人为后人造福。清·颐琐《黄绣球》第一回：“俗话说得好：‘前人栽树，后人乘凉。’我们守着宗族的遗产，过了一生。”▷我们今天的幸福生活是无数英雄英勇牺牲换来的，这正是常言说的～。我们永远缅怀这些先烈。☛“乘”这里不读 shèng。

【前事不忘，后事之师】qiánshìbùwàng，hòushìzhīshī 师：师表，榜样。指记取以前的经验教训，对以后的事情具有指导意义。《战国策·赵策一》：“前事之不忘，后事之师。君若弗图，则臣力不足。”▷日本政府应当懂得～的道理，吸取发动侵略战争而失败的教训，走和平建国的道路。☛不宜写作“前事不忘，后事之戒”。

【前所未闻】qiánsuǒwèiwén 闻：听见。从来没有听见过。宋·周密《齐东野语·黄婆》：“此事前所未闻，是知穷荒绝徼，天奇地怪，亦何所不有，未可以见闻所未及，遂以为诞也。”▷北极科考队员给我们介绍了这次北极之行的见闻，其中有很多是我们～的，大大开扩了我们的眼界。

【前所未有】qiánsuǒwèiyǒu 从来没有过。宋·欧阳修《六一诗话》卷十九：“松江新作长桥，制度宏丽，前世所未有。”▷上网和千里之外素不相识的人聊天，真是～的事。

【前无古人】qiánwúgǔrén 指前人从来没有做过。形容事业、成就等具有开创性。唐·陈子昂《登幽州台歌》：“前不见古人，后不见来者。”宋·刘攽(bān)《中山诗话》：“文惠(陈尧佐)喜堆墨书，深自矜负，号前无古人，后无来者。”▷鲁迅的杂文，不仅具有博大精深的思想内容，无比尖锐的嘲讽力量，而且在语言运用上也是～的。

【前因后果】qiányīnhòuguǒ 原因和结果。指事情发展的全过程。晚清·梁启超《说常识》：“网罗放失旧闻，推求前因后果。”▷两位刑警深入调查，已经把案件的～调查得一清二楚了。

【钳口结舌】qiánkǒujiéshé 钳口：嘴被钳子夹住了。结舌：舌头打成了结。形容紧闭嘴巴不敢说话。汉·王符《潜夫论·贤难》：“此智士所以钳口结舌，括囊共默而已者也。”▷本想给老板提提意见，看到他一副不高兴的样子，我们也就～，不敢吭声了。

【潜移默化】qiányímòhuà 潜：暗地里。默：无声。指人的思想、性格长期受到外在影响而在不知不觉中发生变化。清·龚自珍《与秦敦夫书》："潜移默化，将来或出或处，所以益人家邦与移人风俗不少矣。"▷好的文学作品，能对读者起到～的教育作用。☛"潜"不读 qiǎn。

【黔驴技穷】qiánlǘjìqióng 比喻最后的一点本领也用完了（含贬义）。唐·柳宗元《黔之驴》记载：有人从外地往黔地（今贵州一带）运去一头驴，放牧在山脚下。老虎看见它是个庞然大物，而且叫声响亮，很害怕。后来逐渐靠近它、戏弄它，驴大怒，用蹄子踢老虎，老虎一看驴的本领不过如此，扑上去一口把驴咬死了。▷犯罪嫌疑人千方百计掩盖犯罪事实，最后～，一一被揭穿。

【浅尝辄止】qiǎnchángzhézhǐ 辄：就。稍微尝试一下就停止了。形容不肯深入钻研。清·彭养鸥《黑籍冤魂》第二十四回："苟文人墨客，浅尝辄止，用以悦性陶情，有何不可？"▷做任何学问都不能～，要深入钻研才能有收获。

【枪林弹雨】qiānglíndànyǔ 枪杆像树林，子弹像雨点。形容战斗激烈，炮火密集。《庚子事变文学集·江东旧酒徒〈题庚子纪念图〉》："六州铸错军如火，枪林弹雨门前入。"▷他带领着担架队，冒着～，从阵地上抢运伤员。

【强奸民意】qiángjiānmínyì 当权者把自己的意愿强加给人民群众，硬说是人民群众的意愿。▷这个野心家～，把自己装扮成人民的代表，捞取政治资本。

【强弩之末】qiángnǔzhīmò 弩：用扳机射箭的工具，力量比弓大。末：这里指射程的终端。指强劲有力的弩射出的箭，飞行到最后就没有力量了。比喻事物原有的强大力量被耗尽之后的微弱状况。《汉书·韩安国传》："且臣闻之，冲风之衰，不能起毛羽；强弩之末，力不能入鲁缟（鲁地出产的一种极薄的色绢）。"▷我们要把敌人拖得疲惫不堪，当他们成为～的时候，再围而全歼之。

【强词夺理】qiǎngcíduólǐ 指没理硬说有理。《三国演义》第四十三回："座上一人忽曰：'孔明所言，皆强词夺理，均非正论，不必再言。'"▷事故原因全在你骑车违章，还能～埋怨别人吗？☛"强"这里不读 qiáng。

【强人所难】qiǎngrénsuǒnán 指硬要别人做他做不了或不愿做的事。唐·白居易《赠友五首》诗："不求土所无，不强人所难；量入以为出，上足下亦安。"▷对于素质教育问题，我没有研究过，非要我去作报告，不是～吗？☛"强"这里不读 qiáng。

【强颜欢笑】qiǎngyánhuānxiào 勉强装出欢笑的样子。清·李玉《一捧雪·势索》词："曲背逢迎，强颜欢笑。"▷我心里虽然十分悲痛，但为了使母亲不因此事伤心，只得～，瞒过母亲。☛"强"这里不读 qiáng。

【敲骨吸髓】qiāogǔxīsuǐ 敲开骨头，吸食骨髓。比喻残酷地剥削压榨。清·汤斌《米色难期纯一，谨请红白兼收，以恤灾黎疏》："今岁被灾最重，汪洋千顷，今时已岁暮，即敲骨吸髓，亦难副冬兑冬开之限。"▷封建社会中，地主阶级对广大农民进行～的剥削和压榨，农民被逼走上反抗的道路。

【乔迁之喜】qiáoqiānzhīxǐ 乔迁：鸟从深谷迁居到高大的树木上。比喻人迁入新居或提升官职。多用来祝贺别人迁居或升职。《诗经·小雅·伐木》："伐木丁丁，鸟鸣嘤嘤；出自幽谷，迁于乔木。”唐·张籍《赠殷山人》诗：“满堂虚左待，众目望乔迁。”▷他家刚搬进这套新居室，亲友们都来祝贺～。

【乔装打扮】qiáozhuāngdǎbàn 乔：假。指改换服装、修饰容貌来隐瞒本来的面貌、身分。清·文康《儿女英雄传》第十三回：“自己却乔装打扮的，雇了一只小船，带了两个家丁，沿路私访而来。”▷骗子～成大学生，混入学生宿舍，没想到一说话便露出马脚。

【乔装改扮】qiáozhuānggǎibàn 通常写作“乔装打扮”。

【翘足而待】qiáozúérdài 通常写作“翘足以待”。

【翘足以待】qiáozúyǐdài 抬起脚跟来等待。形容需要等待的时间不会长。《史记·商君列传》：“秦王一旦捐宾客而不立朝，秦国之所以收君者，岂其微哉！亡可翘足而待。”▷我们已经有了很好的基础，只要大家继续齐心努力，这项科研的最后成功便可～了。☛“翘”这里不读qiào。

【巧夺天工】qiǎoduótiāngōng 夺：胜过。天工：大自然的创造。人工的精巧胜过大自然的创造。形容技艺极其精妙。元·赵孟頫(fǔ)《赠放烟火者》诗：“人间巧艺夺天工，炼药燃灯清昼同。”▷这幅刺绣作品，形象逼真生动，真有～之妙。

【巧妇难为无米之炊】qiǎofùnánwéiwúmǐzhīchuī 心灵手巧的妇女，也难于做出没有米的饭来。比喻缺乏必要的条件，再有本领的人也很难成事。清·袁枚《随园诗话·补遗》：“出门七年，寄银八两。儿要衣穿，女要首饰。巧妇不能为无米之炊，此之谓也。”▷～，没有生活的体验是写不出好作品来的。

【巧立名目】qiǎolìmíngmù 名目：项目名称。指想方设法在法定项目之外另定出种种名目，借以达到某种不正当的目的。清·昭梿《啸亭杂录·朱白泉狱中上百朱二公书》：“乃星使临工，以为巧立名目，不容申辩。”▷为了减轻企业负担，中央三令五申严厉禁止各级党政部门～，向企业乱收费。

【巧取豪夺】qiǎoqǔháoduó 指用欺诈手段骗取或凭强力夺取财物等。宋·刘克庄《铁庵方阁学墓志铭》：“公儒者，未尝行巧取豪夺之政，亦莫知其何以致此也。”▷鸦片战争以后，殖民主义者～，把我国大块领土据为己有。

【巧舌如簧】qiǎoshérúhuáng 指舌头灵巧，像簧片一样能发出动听的声音。形容人善于花言巧语。《诗经·小雅·巧言》：“巧言如簧，颜之厚矣。”唐·刘兼《诫是非》诗：“巧舌如簧总莫听，是非多自爱憎生。”▷他被捕后坚贞不屈，敌人～，劝他投降，可得到的只是他的严厉斥责。

【巧言利口】qiǎoyánlìkǒu 巧言：巧妙的言辞。利口：能说会道的嘴。形容人能说善辩(含贬义)。汉·东方朔《非有先生论》：“三人皆诈伪，巧言利口以进其身。”▷这个大骗子，～，把谎话说得比真话还真，使许多人上当。

【巧言令色】qiǎoyánlìngsè 令色：讨好别人的表情。指说动听的话，装出讨好别人的表情。《论语·学而》：“巧言令色，鲜矣仁。”▷一看到上级领导，他就立即～地表演一番，真令人作呕！

【切磋琢磨】qiēcuōzhuómó 古代把加工骨头、象牙、玉石、石头等的工艺过程称为切、磋、琢、磨。比喻互相研究讨论，取长补短。《诗经·卫风·淇奥》："如切如磋，如琢如磨。"汉·王充《论衡·量知篇》："人之学问，知能成就，犹骨象玉石，切瑳（同'磋'）琢磨也。"▷学术研讨会上，大家畅所欲言，各抒己见，形成了～的良好气氛。

【切肤之痛】qièfūzhītòng 切：贴近。指切身感受到的痛苦。清·蒲松龄《聊斋志异·冤狱》："受万罪于公门，竟属切肤之痛。"▷鸦片战争以来，中国人民遭受到列强的侵略、压迫，陷入水深火热之中，这种～我们是永远不会忘记的。☛"切"这里不读 qiē。

【切中时弊】qièzhòngshíbì 正好击中当时社会的弊病。明·周晖《金陵琐事·原治二篇》："西冶作《原治》二篇，切中时弊，邃（suì）庵大奇之。"▷这篇杂文，文辞辛辣，～，表现出作者强烈的忧患意识。☛"切"这里不读 qiē。"中"不读 zhōng。

【窃窃私语】qièqièsīyǔ 窃窃：形容声音细微。背地里小声说话。宋·苏舜钦《上范公参政书》："时尚窃窃私语，未敢公然言也。"▷你们有什么意见，摆在桌面上说，不要老在下面～。

【窃窃细语】qièqièxìyǔ 通常写作"窃窃私语"。

【锲而不舍】qièérbùshě 锲：刻。舍：放弃。（雕刻东西的人）一直刻下去不放手。比喻有恒心、有毅力，坚持不懈。《荀子·劝学》："锲而舍之，朽木不折；锲而不舍，金石可镂。"▷二十多年来，他～地在人迹罕至的深处工地研究钻探技术。☛"锲"不读 qì。"舍"这里不读 shè。

【亲密无间】qīnmìwújiàn 间：缝隙。非常亲密，没有隔阂。宋·袁燮《已见札子》："如家人父子，亲密无间。"▷她们俩～，赛过亲姐妹。☛"间"这里不读 jiān。

【亲如手足】qīnrúshǒuzú 手足：比喻兄弟。形容朋友之间亲密得像兄弟一样。元·孟汉卿《魔合罗》第四折："想兄弟情亲如手足，怎下的生心将兄命亏？"▷我们俩从小在一起长大，一块儿上学，同年参加工作，一直～。

【亲上加亲】qīnshàngjiāqīn 指原是亲戚，再结姻亲。▷在贾母看来，宝玉娶宝钗，姨表兄妹成亲，不是～了吗！

【亲痛仇快】qīntòngchóukuài 亲人痛心，仇人高兴。形容某种行为不利于己方而有利于敌方。汉·朱浮《为幽州牧与彭宠书》："凡举事无为亲厚者所痛，而为见仇者所快。"▷民族团结，社会稳定是人民的愿望；闹分裂，搞动乱只能使～。

【秦晋之好】qínjìnzhīhǎo 春秋时秦晋两国统治者几代都结为姻亲，后泛指两家联姻。元·乔梦符《两世姻缘》第三折："末将不才，便求小娘子以成秦晋之好，亦不玷辱了他，他如何便不相容？"▷你我两家已成～，从今以后彼此不要再客气了。

【勤能补拙】qínnéngbǔzhuō 勤奋努力能够弥补天赋的拙笨。▷即使天赋差一些，但～，只要刻苦学习，坚持不懈，一定能把成绩提上去。

【擒贼擒王】qínzéiqínwáng 捉贼寇要首先捉拿他的首领；也比喻做事要抓住关键。唐·杜甫《前出塞》诗："射人先射马，擒贼先擒王。"▷要彻底粉碎这个走私集团，必须先抓住它的头头，～嘛！

【寝食不安】qǐnshíbùān 睡不好觉，吃不下饭。形容心里很不踏实。《水浒全传》第二十四回："教嫂嫂生受，武松寝食不安。"▷他听到地震灾区的报导后，一直担心亲人的安危，二十几天来～，消瘦多了。

【沁人心脾】qìnrénxīnpí 沁：渗入。心脾：心脏和脾脏，借指思想感情。形容吸入清新的空气或喝了清凉饮料，感到舒适；也形容文艺作品优美动人，给人以清新爽朗的享受。清·赵翼《瓯北诗话·白香山诗》："坦易者多触景生情，因事起意，眼前景、口头语，自能沁人心脾，耐人咀嚼。"▷步入牡丹园内，一阵阵花香扑鼻而来，～｜朱自清先生早年写的著名散文《绿》，是一篇清新自然、～的好作品。

【青出于蓝】qīngchūyúlán 青：靛（diàn）青，一种染料。蓝：蓼（liǎo）蓝，草名，从中可以提取靛青。靛青是由蓼蓝中提取的。比喻学生超过老师，后人超过前人（常与"而胜于蓝"或"冰寒于水"连用）。《荀子·劝学》："青，取之于蓝，而青于蓝；冰，水为之，而寒于水。"唐·张彦远《历代名画记》卷二："各有师资，递相仿效，或自开户牖，或来及门墙，或青出于蓝，或冰寒于水。"▷在学术研究上他获得的成绩，已经超过了许多前辈，人们都说这是～而胜于蓝。☛"蓝"不要写作"兰"。

【青红皂白】qīnghóngzàobái 皂：黑色。比喻事情的是非曲直等。明·无名氏《七虎闹铜台》第三折："（王太守云）也不管他青红皂白。左右，且拿一面大枷来，把他枷着，送在牢中，再做计较。"▷你不分～就把孩子打一顿，这是什么教育方法！

【青黄不接】qīnghuángbùjiē 青：指青苗。黄：指成熟的庄稼。陈粮已吃完，新粮尚未接上。比喻人力和物力一时短缺，接续不上。宋·欧阳修《言青苗第二札子》："以臣愚见，若夏料钱于春中俵散，犹是青黄不相接之时，虽不户户阙（缺）乏，然其间容有不济者。"▷旧社会，地主往往利用～的时机，向农民放高利贷｜在当前教师～的时候，我们应该加强对中青年教师的培养工作。

【青梅竹马】qīngméizhúmǎ 青梅：青色的梅子。竹马：放在胯下当马骑的竹竿。形容男女儿童天真无邪亲昵玩耍（常与"两小无猜"连用）。唐·李白《长干行》诗："郎骑竹马来，绕床弄青梅；同居长干里，两小无嫌猜。"▷他们夫妻俩，自幼就是～，结婚几十年来，感情一直很好。

【青天白日】qīngtiānbáirì 湛蓝的天空，明亮的阳光。比喻非常公开，大家都能清楚看到的场合、环境。唐·韩愈《同水部张员外曲江春游寄白舍天》诗："漠漠轻阴晚自开，青天白日映楼台。"▷这太无法无天了，～竟敢干这种伤天害理的事！

【青天霹雳】qīngtiānpīlì 青天：晴朗的天空。霹雳：又急又响的雷声。比喻突然发生的令人震惊的事情。宋·王逢原《谢满子权寄诗》："九原黄土英灵活，万古青天霹雳飞。"▷他接到母亲病危的电报，简直如～，差点儿昏倒。

【青云直上】qīngyúnzhíshàng 直接升到青天白云之上。比喻地位迅速升迁。《史记·范睢列传》："贾（须贾）不意君能自致于青云之上，贾不敢复读天下之书，不敢复与天下之事。"唐·刘禹锡《寄毗陵杨给事》诗："青云直上无多地，却要斜飞取势回。"▷清末，西太后专权，谁能讨得这位老佛爷的欢心，谁就可以～，官居高位。

【轻财重士】qīngcáizhòngshì 轻视钱财，尊重读书人。《三国志·吴书·张温传》："父允，轻财重士，名显州郡，为孙权东曹掾。"▷不少有识的官吏～，把一批读书人团结在自己的周围。

【轻车简从】qīngchējiǎncóng 轻车：指车上装载很少。简从：指随从人员很少。指有地位的人外出时不事铺张。清·曾朴《孽海花》第十九回："带着老仆金升及两个俊童，轻车简从，先从旱路进京。"▷这个市的领导干部到基层视察总是～，以便多接近群众。

【轻车熟路】qīngchēshúlù 驾着轻便的车走熟悉的路。比喻经验丰富，办起事来比较容易。唐·韩愈《送石处士序》："若驷马驾轻车就熟路，而王良、造父为之先后也。"▷他长期搞供销工作，让他去买点原料，可说是～，一定能办好。☛"熟"这里不读 shóu。

【轻而易举】qīngéryìjǔ 东西轻，举起来很容易。形容事情容易办，不用费力。宋·文天祥《己未上皇帝书》："古人抽丁之法……惟于二十家取其一，则众轻而易举，州县号召之无难，数月之内其事必集。"▷对于一个有三十年教龄的老教师来说，完成这门课的教学任务，自然是～的事。

【轻歌曼舞】qīnggēmànwǔ 曼：柔美。轻快的歌声，柔美的舞姿。▷在中华民族园许多少数民族寨子里，～的场面吸引着很多旅游者。☛"曼"不要写作"慢""漫"。

【轻举妄动】qīngjǔwàngdòng 轻：轻率。妄：胡乱，任意。指不经慎重考虑，轻率任意行动。宋·秦观《淮海集·盗贼中》："或故吏善家子失计随流，轻举妄动，若此之类，特盗贼之大情耳。"▷我军必须经过周密的准备后再听令发动攻势，绝不能～。

【轻描淡写】qīngmiáodànxiě 原指作画时用浅淡的颜色轻轻描绘；现比喻说话、写文章时把重要问题轻轻带过。清·吴趼人《二十年目睹之怪现状》第四十八回："臬台见他说得这等轻描淡写，更是着急。"▷应该在事故的根源上深刻、全面检查，而不应该只是～地说几句完事。

【轻诺寡信】qīngnuòguǎxìn 诺：许诺。寡：少。信：信用。轻易许诺别人，很少守信用。《老子》第六十三章："夫轻诺必寡信。"清·蒲松龄《聊斋志异·凤仙》："但缓时日以待之，吾家非轻诺寡信者。"▷他不是个～的人，只要答应你了，就会办成的。

【轻于鸿毛】qīngyúhóngmáo 鸿：大雁。比大雁的羽毛还轻。比喻没有价值。汉·司马迁《报任少卿书》："人固有一死，或重于泰山，或轻于鸿毛。"▷这人为了几万元钱，替人作杀手，被判死刑，真是死得～。

【轻重倒置】qīngzhòngdàozhì 把重要的不重要的位置摆颠倒了。宋·刘安世《尽言集·论韩玠差除不当第三》："轻重倒置，有害政体。"▷厂长应该用主要精力抓生产、抓管理，不能～，把抓体育比赛放在突出位置。☛"倒"这里不读 dǎo。

【轻重缓急】qīngzhònghuǎnjí 指事情主要次要、急办缓办的区别。宋·朱熹《答何叔京》："圣人顾事有不能必得如其志者，则轻重缓急之间，于是乎有权矣。"▷对工作必须区别～，不能胡子眉毛一把抓。

【轻装上阵】qīngzhuāngshàngzhèn 原指不穿铠甲上阵作战;现比喻放下思想包袱一心投入工作、学习。▷这本是一场误会,希望你消除顾虑,放下包袱,～,全身心投入工作。

【倾巢出动】qīngcháochūdòng 通常写作"倾巢而出"。

【倾巢而出】qīngcháoérchū 倾:倒(dào)。巢穴中所有的人一个也不剩,全都出动了(含贬义)。清·刘坤一《书牍三·复李少荃制军》:"各处谍报亦谓贼数倍于从前,将来倾巢而出,其锋殆不易当。"▷敌军～,企图夺回阵地。☛㊀"倾"不读 qǐng。㊁用于敌人或坏人,不用于自己和朋友。

【倾城倾国】qīngchéngqīngguó 倾:倾覆。佳人之美使城与国倾覆。形容女子容貌美丽无比。《汉书·孝武李夫人传》记载:李延年夸自己的妹妹貌美:"北方有佳人,绝世而独立,一顾倾人城,再顾倾人国。"▷汉末王允利用貂蝉～的美貌,实施"离间计",挑拨董卓与吕布的关系,除掉了董卓。

【倾家荡产】qīngjiādàngchǎn 倾:倒出。荡:弄光。把全部家产丧失净尽。明·凌濛初《初刻拍案惊奇》卷二十五:"弄得人倾家荡产,败名失德,丧躯陨命。"▷本来是一个很美满的小康之家,由于他吸毒,弄得～,妻离子散。

【倾盆大雨】qīngpéndàyǔ 倾盆:翻倒水盆。形容雨大而急。宋·苏轼《雨意》诗:"烟拥层峦云拥腰,倾盆大雨定明朝。"▷半路,赶上～,把我们浇得像落汤鸡一样。

【卿卿我我】qīngqīngwǒwǒ 卿卿:男女间亲昵的称呼。形容男女间亲密相处的情态。南朝·宋·刘义庆《世说新语·惑溺》:"王安丰妇常卿安丰。安丰曰:'妇人卿婿,于礼为不敬,后勿复尔。'妇曰:'亲卿爱卿,是以卿卿。我不卿卿,谁当卿卿?'"▷不能一天到晚总是～,形影不离,应该把工作学习放在首位。

【清规戒律】qīngguījièlǜ 原指佛教徒所遵守的规则和戒律;现借指繁琐的不切实际的规章制度。▷必要的规章制度是要遵守的,但那些束缚人们思想、不利创造精神发挥的～应该破除。

【清贫如洗】qīngpínrúxǐ 通常写作"一贫如洗"。

【清水衙门】qīngshuǐyámén 旧指没有油水可捞的官府,现指不经手钱财,只靠上级拨款的单位、部门(含戏谑意)。▷我们单位是个～,谁想借当官来发财,那就赶紧走人!

【清心寡欲】qīngxīnguǎyù 使心清静,减少欲念。宋·刘安世《尽言集·论不御讲筵及求乳母事再奏》:"惟冀陛下爱身进德,留意问学,清心寡欲,增厚福基。"▷他经常告诫子女,在名利面前要～,要专心做学问,好好做人。

【蜻蜓点水】qīngtíngdiǎnshuǐ 指蜻蜓在水面飞行时,用尾部轻轻接触水面又迅速离开。比喻工作学习不深入、太肤浅。宋·晏殊《渔家傲》词:"嫩绿堪裁红欲绽,蜻蜓点水鱼游畔。"清·李汝珍《镜花缘》第七十三回:"妹妹如要学时,记定左手按弦,不可过重,亦不可太轻,要如蜻蜓点水一般,再无不妙。"▷那种～式的工作作风是做不好扶贫工作的|研究学问最忌～,浅尝辄止。

【情不自禁】qíngbùzìjīn 禁:忍住。感情激动得自己控制不住。清·李渔《笠翁文集·乔王二姬合传》："未几，则情不自禁，人前亦难扪舌矣。"▷看到大家都翩翩起舞，他也～地跟着跳起来了。☛"禁"这里不读 jìn。

【情急智生】qíngjízhìshēng 指因情况紧迫而着急的时候，突然想出了应急的好办法。清·李宝嘉《官场现形记》第二十二回："汤升情急智生，忽然想出一条主意。"▷在敌人就要找到地道口的时候，王大娘～，突然点着灶洞里的柴火，满屋浓烟，敌人只好退出去。

【情景交融】qíngjǐngjiāoróng 交融：相互融合在一起。指文艺作品中描写景物与抒发感情结合紧密，融为一体。▷这首诗首联对秋季景物的描写，深刻反映出作者悲凉沉重的心境，可以说达到～的境界。☛"融"不要错写作"溶"。

【情深似海】qíngshēnsìhǎi 爱恋的感情深似大海。明·高濂《玉簪记·词媾》："鸾凤情深似海，携手上阳台，了却相思债。"▷梁山伯与祝英台～，双双自杀身亡后，变为一对蝴蝶，朝夕相伴，永不分开。

【情随事迁】qíngsuíshìqiān 思想感情随着客观情况的变化而变化。晋·王羲之《兰亭集序》："及其所之既倦，情随事迁，感慨系之矣。"▷我原本计划写一篇论述教师素质的文章，但随着工作环境的变化，～，我已经没有写的心思了。

【情同骨肉】qíngtónggǔròu 骨肉：比喻亲人。情谊深厚，如同亲人。南朝·梁·王筠《与云僧正书》："弟子宿值善因，早蒙亲眷，情同骨肉，义等金兰。"▷驻军战士与父老乡亲水乳交融，～。

【情同手足】qíngtóngshǒuzú 手足：比喻兄弟。情谊深厚如同兄弟。明·许仲琳《封神演义》第四十一回："名虽各姓，情同手足。"▷多年来共同的战斗生活，使他们越发亲近，彼此～，心和心紧紧连在一起了。

【情投意合】qíngtóuyìhé 指双方感情融洽，心意相合。明·冯梦龙《喻世明言》卷二十二："也是天配姻缘，自然情投意合。"▷虽然他俩在一起工作的时间不长，但彼此都感觉～，也就无话不谈。

【情有独钟】qíngyǒudúzhōng 独钟：特别集中。指对人或事物有特别专一的感情。▷老王几十年如一日收藏各种邮票，可说是对这方寸之物～了。

【情有可原】qíngyǒukěyuán 原：原谅。指按照情理或情节来衡量，有可以原谅之处。《新唐书·列女传》："迫饥而盗，救死尔，情有可原，能原之邪？"▷你喊他，他没答应，是因为耳朵不好使，～。你不要责怪他。

【晴天霹雳】qíngtiānpīlì 通常写作"青天霹雳"。

【请君入瓮】qǐngjūnrùwèng 瓮：大坛子。比喻拿某人整治别人的方法来整治他自己。《资治通鉴·唐纪·唐则天皇后天授二年》记载：有人告发周兴谋反，武则天派来俊臣去审问。来俊臣假意与周兴对饮，问周：犯人不肯认罪怎么办？周答道：拿个大坛子，周围用炭火烤，把犯人装进去，他还能不招吗？来俊臣就按周的办法准备了大坛子，周围加上火，然后对周说：我奉命审问你，请你进坛子吧！清·蒲松龄《聊斋志异·席方平》："当掬西江之水，为尔湔(jiān，洗)肠；即烧东壁之床，请君入瓮。"▷你身为林业干部，却带头盗伐，执法犯法。你不是说对毁林者要严惩不贷吗？那就～吧。

【罄竹难书】qìngzhúnánshū 罄：尽。书：写。把竹子用尽也写不完(古人把字写在用竹子制成的竹简上)。形容罪恶极多。《旧唐书·李密传》记载：李密宣布隋炀帝十大罪状时说："罄南山之竹，书罪未穷；决东海之波，流恶难尽。"《明史·邹维琏传》："(魏)忠贤大奸大恶，罄竹难书。"▷这个土匪头子，在这一带烧杀抢掠，无恶不作，他的罪行真是～。☛"罄"不要错写作"磬"。

【穷兵黩武】qióngbīngdúwǔ 穷兵：用尽全部兵力。黩武：滥用武力。形容极端好战，任意发动战争。《三国志·吴书·陆抗传》："而听诸将徇名，穷兵黩武，动费万计，士卒彫(同'凋')瘁，寇不为衰，而我已大病矣！"▷希特勒上台后，德国走上了一条～，对外扩张侵略的道路。

【穷池之鱼】qióngchízhīyú 穷池：指枯水的池塘。比喻处境极其困难的人。清·褚人获《隋唐演义》第三回："呼吸若穷池之鱼，行止比失林之鸟。"▷在极端艰苦的环境中，他犹如～，在奋力挣扎。

【穷当益坚】qióngdāngyìjiān 穷：处境困难，不得志。益：更加。在处境困难时意志应当更加坚定。《后汉书·马援传》："(援)尝谓宾客曰：'丈夫为志，穷当益坚，老当益壮。'"▷中国人民不怕什么"经济封锁""经济制裁"，～，任何困难也吓不倒我们。

【穷极无聊】qióngjíwúliáo 原指极端困窘，无所依托；后用来形容无事可做，精神上没有寄托。南朝·梁·费昶《思公子》诗："虞卿亦何命，穷极苦无聊。"▷你年纪轻轻的就闲在家里，整天打麻将，不积极想出路再就业，这不是～吗？

【穷寇勿追】qióngkòuwùzhuī 穷寇：没有逃路的贼寇。不要追击无路可逃的敌人。《孙子·军争》："归师勿遏，围师必阙(缺)，穷寇勿追，此用兵之法也。"▷要彻底全歼敌人，要提倡将革命进行到底。如果～，那将后患无穷。

【穷困潦倒】qióngkùnliáodǎo 潦倒：颓丧，失意。生活贫困，很不得志。▷在连年战乱中，连他这位著名学者也无法摆脱～的厄运。

【穷山恶水】qióngshānèshuǐ 形容物产贫乏，自然条件极坏的山区。清·王濬(jùn)卿《冷眼观》第十六回："山虽明而寸草不生，是为穷山；水虽秀而只鳞莫睹，是为恶水。"▷我的家乡是山区，过去是～，乡亲们都很贫困；现在逐渐富起来了。

【穷山僻壤】qióngshānpìrǎng 通常写作"穷乡僻壤"。

【穷奢极欲】qióngshējíyù 穷、极：极端。奢侈和贪欲达到了极点。形容任意挥霍浪费，生活极其奢侈。汉·谷永《灾异对》："失道妄行，逆天暴物，穷奢极欲，湛(通'沉')湎荒淫。"▷旧社会，统治者过着～的生活，而广大劳动人民无不缺衣少食，难以活命。

【穷途末路】qióngtúmòlù 穷途：绝路。形容已经到了无路可走的地步。清·文康《儿女英雄传》第五回："你如今穷途末路，举目无依。"▷这个黑社会集团已经走上～，等待他们的就是彻底灭亡的下场。

【穷乡僻壤】qióngxiāngpìrǎng 穷：阻塞不通。僻：偏僻。壤：土地。指荒远偏僻的地方。宋·曾巩《元丰类稿·叙盗》："穷乡僻壤，大川长谷之间，自中家以上，日昃持钱，无告籴之所。”▷这里以前被称为～，现在成为经济繁荣、交通方便的地区了。

【穷凶极恶】qióngxiōngjíè 穷、极：极端。极端凶恶。《汉书·王莽传赞》：“穷凶极恶，毒流诸夏。”明·冯梦龙《喻世明言》卷四十：“表上备说严嵩父子……招权纳贿，穷凶极恶，欺君误国十大罪，乞诛之以谢天下。”▷封建统治者～，残酷屠杀农民起义军将士。

【穷原竟委】qióngyuánjìngwěi 穷、竟：彻底追究。原：本原。委：末尾。深入探求事物的源流始末。清·张穆《与陈颂南书》：“愿稍敛征逐之迹，发架上书，择其切于实用者一二端，穷原竟委，殚心研贯，一事毕，更治一事。”▷他对事总是那么认真，对任何事情总要～，尽可能搞得清清楚楚。

【穷则思变】qióngzésībiàn 指事物发展到极点就要发生变化；也指人处于困境就要谋求变革。《周易·系辞下》：“穷则变，变则通，通则久。”宋·司马光《资治通鉴·唐德宗贞元十年》：“凡人之情，穷则思变，含悽贪乱，或起于兹。”▷穷困当然是坏事，然而～，通过奋斗致富，就可把坏事变为好事。

【茕茕孑立】qióngqióngjiélì 茕茕：孤零零的样子。孑立：孤单地立着。形容孤孤单单，无依无靠。晋·李密《陈情表》：“外无期功强近之亲，内无应门五尺之童，茕茕孑立，形影相吊。”▷他从小父母双亡，又没有其他亲属照料，一直过着～的艰难生活。☛“孑”不要写作“子”“卜”。

【琼浆玉液】qióngjiāngyùyè 琼：美玉。比喻美酒。明·朱有燉（dùn）《赛娇客》第三折：“我这里高捧着琼浆玉液，他那里低唱着梁州第七。”▷我家可没有什么～，只有这点自酿的米酒招待客人。

【秋风过耳】qiūfēngguòěr 比喻对别人的话漠不关心或不当一回事。元·关汉卿《救风尘》第二折：“那一个不指皇天各般说咒，恰似秋风过耳早休休。”▷经常提醒你要注意防火，而你却当～，结果果然出事，后悔了吧？

【秋风扫落叶】qiūfēngsǎoluòyè 比喻强大的力量迅猛地扫荡腐朽衰败的势力。《三国志·魏书·辛毗传》：“以明公之威，应穷困之敌，击疲弊之寇，无异迅风之振秋叶矣。”▷我正义之师渡江以后，以～之势消灭残余的敌人。

【秋高气爽】qiūgāoqìshuǎng 形容秋天天空明净，气候凉爽宜人。清·袁于令《西楼记·错梦》：“秋高气爽雁行斜，暗风吹乱蛩（qióng）悲咽。”▷在～的时候郊游是一大快事。

【秋毫无犯】qiūháowúfàn 秋毫：鸟兽在秋季新长出的细毛，比喻极细小的事物。形容军队纪律严明，丝毫不侵犯群众的利益。《后汉书·岑彭传》：“治军整齐，秋毫无犯。”▷这支军队纪律严明，对百姓～。

【秋水伊人】qiūshuǐyīrén 秋水：比喻女人的眼睛。伊人：那个人。指心里盼望着的人。《诗经·秦风·蒹葭》：“蒹葭苍苍，白露为霜，所谓伊人，在水一方。”清·龚萼《答许葭村》：“登高远望，极目苍凉，正切秋水伊人之想。”▷海峡两岸，分隔几十年，天各一方，～，何时才能团聚？

【求大同，存小异】qiúdàtóng，cúnxiǎoyì 通常写作“求同存异”。

【求全责备】qiúquánzébèi 责：要求。

备:齐全。指对人对事要求十全十美,毫无缺点。宋·刘克庄《代谢西山启》:“窃谓天下不能皆绝类离伦之材,君子未尝持求全责备之论。”▷对人要看本质,看大节,人无完人,～是不对的。

【求同存异】qiútóngcúnyì 指寻找共同点,保留不同意见。▷我们之间有不同见解,完全是正常的,只要我们本着～的原则,仍然可以合作。

【求贤如渴】qiúxiánrúkě 通常写作“求贤若渴”。

【求贤若渴】qiúxiánruòkě 贤:指贤才,有才有德的人。求取贤才,迫切得就像口渴要喝水一样。《后汉书·周举传》:“若在前世,求贤若渴。”▷《三国演义》中“三顾茅庐”的情节,具体生动地反映了刘备～的心情。

【求之不得】qiúzhībùdé 十分想得到而又得不到。现多表示巴不得能够得到或实现。《诗经·周南·关雎》:“窈窕淑女,寤寐求之。求之不得,寤寐思服。”明·冯梦龙《醒世恒言》卷三:“小可承小娘子错爱,将天就地,求之不得,岂敢推托!”▷如果你能抽出宝贵时间,亲自参加我们这次庆祝活动,那是我们～的。

【曲尽其妙】qūjìnqímiào 多方设法把它的奥妙完全表现出来。形容表达技巧高明。晋·陆机《文赋序》:“故作《文赋》以述先士之盛藻,因论作文之利害所由,他日殆可谓曲尽其妙。”▷越剧《红楼梦》中,“黛玉焚稿”一段唱词,表达了对封建婚姻制度的强烈控诉,真是～。☛“曲”这里不读 qǔ,不要理解为歌曲。

【曲径通幽】qūjìngtōngyōu 径:小路。弯曲的小路,通向幽静的地方。多形容景色幽雅。唐·常建《题破山寺后禅院》诗:“曲径通幽处,禅房花木深。”▷钻进去,洞很深,～,越往里走,看到上下左右都是千姿百态的钟乳石。☛“曲”这里不读 qǔ。

【曲突徙薪】qūtūxǐxīn 曲:使弯曲。突:烟囱。徙:迁移。薪:柴。指把烟囱改建成弯的,搬开灶旁的柴禾,以避免发生火灾。比喻事先采取措施,防止意外的祸患。《汉书·霍光传》记载:有一户人家,灶上装了个直烟囱,灶房堆满柴禾有人劝他把烟囱改成弯的,把柴禾搬开,他不听,后来果然失火。晚清·梁启超《上粤督李傅相书》:“今不为曲突徙薪之计,后必有噬脐无及之忧。”▷每年汛期到来之前,我们都要～,备足防汛物资,加固堤防。☛㊀“徙”不要写作“徒”,不读 tú。㊁“曲”这里不读 qǔ。

【曲意逢迎】qūyìféngyíng 违背本意迎合别人。宋·叶绍翁《四朝闻见录·给舍缴驳论疏》:“如用兵之谋,不惟不能沮止,乃从而附合,曲意逢迎,贻害生民,恬不知恤。”▷你不坚持原则秉公办事,明知不对却～,当然要犯错误。☛“曲”这里不读 qǔ。

【屈打成招】qūdǎchéngzhāo 指无罪的人在严刑拷打下被迫含冤招认。元·无名氏《争报恩》第三折:“如今把姐姐拖到宫中,三推六问,屈打成招。”▷封建社会里,衙门只为有权有势的人撑腰,不知有多少穷苦百姓含冤入狱,～。

【屈指可数】qūzhǐkěshǔ 弯着手指头就可以算出来,形容数目很少。宋·欧阳修《唐安公美政颂》:“今文儒之盛,其书屈指可数者,无三四人。”▷那时候地质勘探工作者～,近年来已经形成了一支人员众多的队伍。

【趋利避害】qūlìbìhài 充分利用有利因素，避开有害的方面。汉·霍谞(xū)《奏记大将军梁商》："至于趋利避害，畏死乐生，亦复均也。"▷农业生产要注重发挥本地自然优势，因地制宜，～。

【趋炎附势】qūyánfùshì 炎、势：指有权势的人。指奉承依附有权有势的人。宋·萧注《与李泰伯书》："非今之趋炎附势辈，闻足下有大名而沽相知之幸。"▷封建社会不少知识分子因为不愿～，一生不得志，以致终生潦倒。

【趋之若鹜】qūzhīruòwù 趋：奔向。鹜：鸭子。像鸭子一样成群跑过去。比喻很多人争着追逐某事物(含贬义)。清·李渔《与赵声伯文学》："蝇头之利几何，而此辈趋之若鹜。"▷一段时间内，下海经商成了香饽饽，某些青年知识分子～。☛"鹜"不要写作"骛"。

【曲高和寡】qǔgāohèguǎ 和：跟着别人唱。曲调高雅激越，能跟着唱的人就少。原指知音难得；现比喻言论或作品不通俗，读懂的人很少。战国·楚·宋玉《对楚王问》："是其曲弥(mí，更加)高，其和弥寡。"▷前些年，西洋古典交响乐还～，欣赏的人不多，现在情况已大有改观了。☛这里"和"不读 hé，"曲"不读 qū。

【取长补短】qǔchángbǔduǎn 吸收别人的长处，弥补自己的不足。▷同学之间要互相帮助，～，共同进步。

【取而代之】qǔérdàizhī 指夺取别人的地位而由自己代替他。现也指以一事物代替另一事物。《史记·项羽本纪》："秦始皇帝游会(kuài)稽，渡浙江，梁(指项梁)与籍(指项籍，即项羽)俱观，籍曰：'彼可取而代也。'"宋·俞德邻《佩韦斋辑闻》卷一："始皇南巡会稽，高帝时年二十有七，项籍才二十三耳，已有取而代之之意。"▷这个厂长不求进取，守旧僵化，早就应该由一个锐意改革的新人～了。

【取精用弘】qǔjīngyònghóng 精：精华。弘：大。本指居官掌权日久，享用多而精。现多指从所占有的大量资料中提取精华。《左传·昭公七年》："蕞(zuì，小)尔国，而三世执其政柄，其用物也弘矣，其取精也多矣。"▷多读书，多积累资料，做起文章来可以～。

【取之不尽，用之不竭】qǔzhībùjìn，yòngzhībùjié 形容源泉非常丰富。宋·朱熹《朱子语类·孟子·离娄下》："他那源头只管来得不绝，取之不尽，用之不竭，来供自家用。"▷生活是文艺创作～的源泉。

【去粗取精】qùcūqǔjīng 除掉粗糙的部分，留取精华的部分。▷作家的创作过程，也就是对生活进行～、去伪存真、由此及彼、由表及里的加工改造的过程。

【去恶务尽】qùèwùjìn 通常写作"除恶务尽"。

【去危就安】qùwēijiùān 去：离开。就：靠近。离开危险，走向安全。《魏书·慕容白曜传》："去危就安，人事常理。"▷谁都愿意～，但强烈的责任感驱使他不顾个人安危，扑入火海，抢救群众。

【去伪存真】qùwěicúnzhēn 除掉虚假的，保存真实的。宋·释惟白《续传灯录·和州褒禅溥禅师》："权衡在手，明镜当台，可以摧邪辅正，可以去伪存真。"▷材料非常丰富，但也很庞杂，我们要认真进行整理分类，～，才能更好地发挥它的作用。

【权衡轻重】quánhéngqīngzhòng 权

衡：衡量。掂量轻重。《鬼谷子·捭(bài，分开)阖》："皆见其权衡轻重，乃为之度数。"▷究竟是盖宿舍楼解决职工住房问题，还是扩建装修办公楼，这需要～，才能最后确定下来。

【权倾天下】quánqīngtiānxià 权力可以压倒天下所有的人，形容权力极大。宋·魏泰《东轩笔录·吕惠卿》："熙宁八年，吕惠卿为参知政事，权倾天下。"▷东汉末年，曹操自封为魏王，官居丞相，～，不可一世。

【权宜之计】quányízhījì 指为了应付某种情况而暂时采取的变通办法。晋·江统《徙戎论》："此盖权宜之计，一时之势，非所以为万世之利也。"▷"计划生育，优生优育"的政策，绝不是～，而是关系到我国国民经济可持续性发展原则的基本国策。

【全军覆灭】quánjūnfùmiè 通常写作"全军覆没"。

【全军覆没】quánjūnfùmò 全部军队被消灭。也比喻彻底失败。《旧唐书·李希烈传》："官军皆为其所败，荆南节度张伯仪全军覆没。"▷在这次战役中，不可一世的敌王牌军竟落得个～的下场。☛"覆"不要写作"复"。

【全力以赴】quánlìyǐfù 赴：往。指全部力量都投放进去。晚清·梁启超《饮冰室合集·新民说·论毅力》："兢惕于成败，而全力以赴之，鼓余勇以继之者，刚毅之谓也。"▷为了攻克这一难题，调集了全所优秀的科技人员，准备了先进的设备，～地进行攻关。

【全盘托出】quánpántuōchū 通常写作"和盘托出"。

【全神贯注】quánshénguànzhù 贯注：集中于一点。指精神高度集中。▷在边防观察哨里，战士们～，一动不动地监视着山口的动静。

【拳打脚踢】quándǎjiǎotī 用拳头打，用脚踢。清·吴敬梓《儒林外史》第九回："还说甚么！为你这两个人，带累我一顿拳打脚踢！"▷几十年前他当学徒的时候，往往因为一点小事，就遭到老板的～。

【犬马之劳】quǎnmǎzhīláo 表示愿意像狗和马那样为主子奔走效力，也表示尽力为别人效劳。《三国演义》第三十八回："将军既不相弃，愿效犬马之劳。"▷这是咱们集体的事，为集体效～是应该的。☛常作"效""尽"的宾语。

【犬牙交错】quǎnyájiāocuò 指地界线曲折交错，像狗牙一样；也形容局面错综复杂。清·胡聘之《刘懿墓志》："磐石相连，犬牙交错，长原远叶，繁衍不穷。"▷在敌占区里，情况极其复杂，各种矛盾～，我们应当充分利用这一特点，发展力量。

【劝善惩恶】quànshànchéngè 勉励善良的，惩戒邪恶的。汉·王符《潜夫论·三式》："今则不然，有功不赏，无德不削，甚非劝善惩恶，诱进忠贤，移风易俗之法术也。"▷宋元以来，白话小说不少以～为主题，流传很广。

【却之不恭】quèzhībùgōng 却：推却，拒绝。指拒绝别人的赠予或邀请，就显得不恭敬。《孟子·万章下》："却之却之为不恭，何哉？"▷人家既然真心实意请你作客，如果过分推辞不去，就有～之嫌了。

【确凿不移】quèzáobùyí 确凿：确实。不移：不可变动。确切可靠，不容改变。

▷台湾自古是中国领土的一部分，这是～的事实。☛"凿"不读 zuò。

【鹊巢鸠占】quècháojiūzhàn 喜鹊的巢被斑鸠霸占了。比喻房屋、财物被别人霸占了。《诗经·召南·鹊巢》："维鹊有巢，维鸠居之。"清·朱夕《辈翠园·谏父》："鹊巢鸠占计偏迂，虎威狐假情难恕。"▷我问："这不是王家的房子吗？怎么～了？"老李说："租的。"

【群策群力】qúncèqúnlì 大家共同出主意，出力量。宋·陈元晋《见郑参议启》："实赖同心同德之臣，亟合群策群力之助。"▷要把经济效益搞上去，必须～，苦干实干。

【群居终日，言不及义】qúnjūzhōngrì，yánbùjíyì 指很多人整天在一起胡诌瞎扯，不谈正事。《论语·卫灵公》："子曰：群居终日，言不及义，好行小惠，难矣哉！"▷你整天和这些人混在一起，胡扯神聊，不干正事，真是～，长此以往怎么行？

【群龙无首】qúnlóngwúshǒu 比喻群众没有带头人。明·沈德符《万历野获编·阁试》："上意大疑，以故屡请不报，至丙辰而群龙无首，文坛丧气。"▷我们是有组织有领导的集体，而不是～的乌合之众，哪能各行其是呢？

【群魔乱舞】qúnmóluànwǔ 成群的魔鬼乱跳乱舞。比喻一群坏人猖狂活动，为非作歹。▷抗战期间，时局动荡，各种反动政治势力也纷纷登台表演，一时间～。

【群起而攻之】qúnqǐérgōngzhī 大家一同起来反对他、指责他。宋·马永卿辑《元城语录解·变法》："虽天下之人群起而攻之，而金陵不可动者，盖此八字（指'虚名实行，强辩坚志'）。"▷他的意见一提出，不少人就～，但他仍然坚持不变。

【群蚁溃堤】qúnyǐkuìdī 参看"千里之堤，溃于蚁穴"。

R

【燃眉之急】ránméizhījí 像火烧眉毛那样紧急。比喻非常紧迫的情况。明·郭勋《英烈传》第五十三回:"此时正是燃眉之急,岂不用他?"▷汛期即将开始,赶在第一次洪峰到来之前,加固大堤是～。

【绕梁之音】ràoliángzhīyīn 绕梁:环绕屋梁。形容美妙动听的歌声或乐音。晋·陆机《演连珠》:"是以充堂之芳,非幽兰所难,绕梁之音,实萦弦所思。"▷我喜欢听意大利帕瓦罗蒂唱的歌,那才是～,百听不厌。

【惹火烧身】rěhuǒshāoshēn 惹:招引。把火引来,烧了自己。比喻自己招惹灾祸害了自己。明·东鲁古狂生《醉醒石》卷三:"庄上人见典史亲来捉获,不知一件什么天大的事,生怕惹火烧身,连忙把余琳并冯氏都送将出来。"▷这件事与你无关,你本不应参与。如今都揽到你身上,这不是～吗!

【惹是生非】rěshìshēngfēi 招惹是非,引起争端或麻烦。明·冯梦龙《喻世明言》卷三十六:"如今再说一个富家,安分守己,并不惹是生非。"▷有的人就是爱～,制造矛盾,影响团结。☛不宜写作"惹事生非"。

【热火朝天】rèhuǒcháotiān 炽热的火焰向天空升腾。形容情绪气氛热烈高涨。▷三峡水库工地上,人人你追我赶,干得～。

【热泪盈眶】rèlèiyíngkuàng 热泪充满眼眶。形容非常激动。▷当看到分别四十年的亲人走下飞机时,他～,跑过去紧紧地拥抱亲人。

【热血沸腾】rèxuèfèiténg 形容情绪激昂、高涨。▷师长在会上一动员,战士个个～,希望立即奔赴抗洪前线。☛㊀"血"这里不读 xiě。㊁"沸"不读 fú。

【人才辈出】réncáibèichū 人才一批接一批连续出现。宋·张栻(shì)《西汉儒者名节何以不竞》:"而中世以后,人才辈出。"▷我国乒乓球运动一直走在世界前列,这主要得力于新手不断涌现,～,后继有人。

【人才荟萃】réncáihuìcuì 荟萃:集中。指很多人才集中在一起。▷北京是首都,是自然科学、社会科学各学科～的地方。☛"萃"不读 zú。

【人才济济】réncáijǐjǐ 济济:众多的样子。有才能的人很多。清·李汝珍《镜花缘》第六十二回:"闺臣见人才济济,十分欢悦。"▷研究所里有研究员、博士生导师二十余名,可说是～。☛"济"这里不读 jì。

【人材济济】réncáijǐjǐ 通常写作"人才济济"。

【人定胜天】réndìngshèngtiān 人定:人的谋略。人的主观努力可以战胜自然。宋·王藻《星变请御正殿表》:"然人定胜天,卒致妖氛之息。"▷走农业产业化道路,要破除陈旧观念,牢固树立～思想,大搞科学种田。

【人多势众】rénduōshìzhòng 人多势

力大。《红楼梦》第十回:“话说金荣因人多势众,又兼贾瑞勒令赔了不是,给秦钟磕了头,宝玉方才不吵闹了。”▷应该依法解决矛盾,不能依仗～,大打出手。那样只会激化矛盾。

【人而无信,不知其可】rénérwúxìn,bùzhīqíkě 人没有信用,怎么行呢?《论语·为政》:“人而无信,不知其可也。”▷～。你昨天跟我们达成了口头协议,今天就推翻,太不像话!

【人非草木】rénfēicǎomù 人不是草木。指人是有感情的(常与“孰能无情”或“谁能无情”连用)。明·凌濛初《初刻拍案惊奇》卷十五:“人非草木,岂得无知?”▷～,谁能无情。当看到我医务人员给被俘官兵精心治疗的情景,他被感动得落泪了。

【人浮于事】rénfúyúshì 浮:多,超过。指工作人员的数量超过工作的需要。清·文康《儿女英雄传》第二回:“如今在兄弟这里,人浮于事,实在用不开。”▷机构改革,人员分流以后,单位里～的问题得到了根本解决。

【人各有志】réngèyǒuzhì 每个人都有自己的志向、愿望。指应尊重他人的志向,不要勉强。《三国志·魏书·邴(bǐng)原传》裴松之注引《原别传》:“人各有志,所规不同,故乃有登山而采玉者,有入海而采珠者。”▷他不愿意参加这个课题组,～,还是不要勉强的好。

【人间地狱】rénjiāndìyù 地狱:宗教或迷信指人死后灵魂受罪的地方。比喻黑暗悲惨的生活环境。清·金埴(zhí)《哀东狱》诗:“狱卒怒,囚觳觫(húsù,颤抖),上天下地两局促,始信人间有地狱。”▷当年遭到日本侵略者血腥屠杀后的南京城,简直就成了一座～。

【人杰地灵】rénjiédìlíng 人物杰出,山川灵秀。唐·王勃《滕王阁序》:“人杰地灵,徐孺下陈蕃之榻。”▷江南水乡～,不仅风光秀丽,物产丰富,而且涌现了许多著名科学家、作家、学者。

【人尽其才】rénjìnqícái 尽:全部用出。每个人都全部发挥自己的才能。《淮南子·兵略训》:“若乃人尽其才,悉用其力,以少胜众者,自古及今,未尝闻也。”▷只有充分调动每个人的积极性,真正做到～,才能把工作水平提高一步。

【人困马乏】rénkùnmǎfá 形容旅途或征战辛劳,疲惫不堪。《水浒传》第七十七回:“马步三军,没了气力,人困马乏。”▷勘探队员在沙漠中走了一天,又渴又饿,～,是为祖国寻找石油的决心支持着他们继续前进。

【人老珠黄】rénlǎozhūhuáng 人老了如同珍珠年久发黄一样。多指妇女年老失去了青春的姿容;也泛指人老了不中用。《金瓶梅词话》第二回:“娘子正在青年,翻身的日子很有呢,不像俺是人老珠黄不值钱呢。”▷人上了年纪,经验丰富,还可发挥余热,怎么能说～呢!

【人面兽心】rénmiànshòuxīn 虽有人的面貌,但心肠却像野兽一样凶狠。《汉书·匈奴传赞》:“夷狄之人,贪而好利,被(披)发左衽,人面兽心。”▷这个土匪头子干尽了坏事,真是个～的家伙。

【人命关天】rénmìngguāntiān 指涉及人的性命,关系重大。元·萧德辉《杀狗劝夫》第四折:“人命关天,分甚么首从,我和你告官去来!”▷这件案子,情节复杂,～,必须慎重调查,充分取证。

【人命危浅】rénmìngwēiqiǎn 危:危

险。浅，指时间短。形容寿命不长，即将死去。晋·李密《陈情表》："日薄西山，气息奄奄，人命危浅，朝不虑夕。"▷他知道自己病情已十分严重，～，时间不多，但他还是抓紧生命最后时刻完成了论文初稿。

【人莫予毒】rénmòyúdú 予：我。毒：伤害。没有谁能伤害我，谁也不能把我怎么样。《左传·宣公十二年》："及楚杀子玉，公喜而后可知也，曰：'莫余毒也已。'"晚清·章炳麟《致张继于右任书》："长此不悟，纵令势力弥满，人莫余毒，亦乃与满州亲贵夷。"▷他以为有后台撑腰，～，于是横行霸道，肆无忌惮。

【人弃我取】rénqìwǒqǔ 别人抛弃的，我拿来。原指收购别人不要的滞销商品，囤积起来，等待时机抬高价钱出售；现表示自己有独到的见解、志趣，与众不同。《史记·货殖列传》："而白圭乐观时变，故人弃我取，人取我与。"元·袁桷(jué)《清宫居士集》卷二十："古之君子，事至而名随，人弃我取，自谦之道也。"▷在座谈会上，他发表的意见与大家截然不同，真有点语惊四座、～的意味。

【人情世故】rénqíngshìgù 指为人处世的道理或经验等。元·戴表元《故玉林项君墓志铭》："君少历艰险，长经离析，精于人情世故。"▷孩子年轻，刚刚步入社会，不懂～，你要多多帮助，耐心教育。

【人去楼空】rénqùlóukōng 人离去，楼已空。用来表达睹物思人的感慨之情。唐·崔颢《黄鹤楼》诗："昔人已乘黄鹤去，此地空余黄鹤楼。黄鹤一去不复返，白云千载空悠悠。"▷当我又站在这座小楼的门口时，看到～的凄凉景象，不禁潸然泪下。

【人人自危】rénrénzìwēi 每人都感到自己不安全。《史记·李斯列传》："法令诛罚日益刻深，群臣人人自危，欲畔(叛)者众。"▷加强思想工作，开展批评与自我批评，逐步扭转了相互猜疑、～、互不团结的局面。

【人山人海】rénshānrénhǎi 形容许多人聚集在一起的大场面。《水浒全传》第五十一回："或是戏舞，或是吹弹，或是歌唱，赚得那人山人海价看。"▷刑场周围～，大家都要看看这个杀人魔王应得的下场。

【人声鼎沸】rénshēngdǐngfèi 鼎：古代炊具，青铜制成，多为圆形两耳三足。形容人声嘈杂，就像开了锅一样。明·冯梦龙《醒世恒言》卷十："刘方在店中收拾，只听得人声鼎沸。"▷集市大棚里～，吆喝声、喊叫声、谈笑声交织在一起，非常热闹。

【人寿年丰】rénshòuniánfēng 人长寿，年成好。形容生活安乐，社会兴旺。▷除夕夜，全家人共同举杯，祝愿～，万事如意。

【人同此心，心同此理】 réntóngcǐxīn，xīntóngcǐlǐ 指人们对符合情理的事情，都有相同或相似的感受或想法。清·章学诚《文史通义·辨似》："人同此心，心同此理。宇宙辽旷，故籍纷揉，安能必其所言古人皆未言邪？"▷贬恶扬善的作品之所以受到人们的喜爱，是因为它表现了一般人的共同心愿，正所谓～。

【人亡物在】rénwángwùzài 人故去了，遗物仍然存在。用来表达见到亲人或友人遗物而产生的感慨。三国·魏·曹植《慰子赋》："入空室而独倚，对床帷而切叹；痛人亡而物在，心何忍而复观。"▷

～，每当看到他生前赠给我的这支笔，就会引起对他的怀念。

【人微言轻】rénwēiyánqīng 微：指地位低下。因地位低下，说话也不被重视；也用来表示自谦。宋·苏轼《上文侍中论强盗赏钱书》："欲具以闻上，而人微言轻，恐不见省。"▷就是普通工人的意见，我们也不能以为～，不加重视。

【人无远虑，必有近忧】rénwúyuǎnlǜ，bìyǒujìnyōu 人若没有长远的考虑，必定会有近在眼前的忧患。《论语·卫灵公》："子曰：'人无远虑，必有近忧。'"▷～，一年前就劝你抓紧学习外语，你不听。怎么样，今年评职称考外语，着急了吧？

【人心不古】rénxīnbùgǔ 指人们的道德修养水平下降，不如古人那样朴实、淳厚。明·宋应星《野议·风俗议》："且学问未大，功业未大，而只以名姓自大，亦人心不古之一端也。"▷有人总感叹社会风气不好，～，其实从总体上看，社会道德文明水平是在提高，而不是下降。

【人心惶惶】rénxīnhuánghuáng 指人们都惊慌失措，提心吊胆。宋·楼钥《攻媿(kuì，同愧)集·雷雪应诏条具封事》："乃者水旱连年，人心惶惶。"▷这些日子，社会上流传"要地震"的说法，弄得～，生活不安宁。

【人心叵测】rénxīnpǒcè 叵：不可。测：揣测。人心险恶，不可揣测。《京本通俗小说·错斩崔宁》："只因世路窄狭，人心叵测，大道既远，人情万端。"▷表面上，他是一个很诚实、内向的人，其实～，谁也没想到他有一肚子坏主意。☞ 叵 不要写作"巨"，也不读 jù。

【人心所向】rénxīnsuǒxiàng 人民群众所向往的、所拥护的。《旧唐书·李建成传》："而秦王勋业克隆，威震四海，人心所向，殿下何以自安？"▷建设有中国特色的社会主义，是大势所趋，～，谁也阻挡不了。

【人心向背】rénxīnxiàngbèi 向：朝向。背：方向相反。指人民群众拥护或反对。宋·魏了翁《直前奏事札子二(其一)》："师老财殚(dān，尽)，币轻物贵，常产既竭，本根易摇，此人心向背之几也。"▷政令能否畅通，归根到底，是受～这个因素制约的。

【人言可畏】rényánkěwèi 指人们散布的流言蜚语是可怕的。《诗经·郑风·将仲子》："仲可怀也，人之多言，亦可畏也。"▷当她听到人们对她离婚的议论时，内心感到一股强大的压力，～呀！

【人仰马翻】rényǎngmǎfān 形容被打得大败，狼狈不堪的样子；也比喻忙得不可开交。清·俞万春《荡寇志》第八十九回："嘴边咬着一颗人头，杀得贼兵人仰马翻。"▷敌人在我军伏击圈内被打得鬼哭狼嚎，～|为了把仓库彻底清理出来，我们小组忙得～，直到傍晚才完成任务。

【人欲横流】rényùhéngliú 横流：泛滥。人的欲望任意泛滥，没有约束。形容社会风气极端败坏。宋·朱熹《朱子语类》卷九十三："世道衰微，人欲横流，不是刚劲有脚根底人，定立不住。"▷旧政府垮台前夕，社会动荡，～，社会风气极坏。

【人云亦云】rényúnyìyún 云：说。别人怎么说，自己也跟着怎么说。形容没有主见。金·蔡松年《槽声同彦高赋》："槽床过竹春泉句，他日人云吾亦云。"▷你这篇文章重复别人的观点，～，没有创见。

【人之常情】rénzhīchángqíng 指一般人通常有的感情。宋·李清照《打马赋》："好胜者人之常情，小艺者士之末技。"▷她不愿孩子离家到很远的地方去打工谋生，这也是～，是可以理解的。

【仁人志士】rénrénzhìshì 通常写作"志士仁人"。

【仁者见仁，智者见智】rénzhějiànrén，zhìzhějiànzhì 指对待同一事物的看法，因各人着眼点不同而有差异。清·章学诚《文史通义·文理》："夫书之难以一端尽也，仁者见仁，智者见智。"▷对同一部书，人们往往评价不一样，～。

【仁至义尽】rénzhìyìjìn 仁：仁爱。义：情谊。至、尽：到达最大限度。指对人的爱护、关心和帮助已经达到最大限度。宋·陆游《秋思十首》诗："虚极静笃道乃见，仁至义尽余何忧。"▷为了促使他们彻底认清骗局，回到正确立场上来，我们反复细致地做思想教育工作，可以说做到了～。

【忍俊不禁】rěnjùnbùjīn 忍不住发笑。宋·释惟白《续传灯录》卷七："僧问：'饮光正见，为什么见拈花却微笑？'师曰：'忍俊不禁。'"▷这对相声演员一上台，那副滑稽相就让观众～。☛"禁"这里不读 jìn。

【忍气吞声】rěnqìtūnshēng 指受了气勉强忍住不敢作声。《京本通俗小说·菩萨蛮》："钱都管到焦躁起来……骂了一顿，走开去了。张老只得忍气吞声回来，与女儿说知。"▷她从小当过童养媳，～地过了好些年，直到解放，才扬眉吐气。

【忍辱负重】rěnrǔfùzhòng 忍受屈辱，背负重任。《三国志·吴书·陆逊传》："国家所以屈诸君使相承望者，以仆有尺寸可称，能忍辱负重故也。"▷他为了完成上级交给他的特殊任务，～，假装疯傻，坚持活下来。

【忍辱含垢】rěnrǔhángòu 通常写作"含垢忍辱"。

【忍无可忍】rěnwúkěrěn 想忍受也无法忍受。形容忍耐达到了极限。清·无名氏《官场维新记》第十四回："果然那些学生忍无可忍，闹出全班散学的事来了。"▷对他的污蔑，我一再忍让；他继续无理挑衅，我～，只好还击。

【忍心害理】rěnxīnhàilǐ 指人心肠残忍，做事违反常理。《论语·宪问》："未仁乎？"宋·朱熹《论语集注》："子路疑管仲忘君事仇，忍心害理，不得为仁也。"▷你是法官，要秉公断案，可不能～，包庇坏人。

【认贼作父】rènzéizuòfù 把坏人当作自己的父亲。比喻投靠坏人。▷这个叛徒，～，出卖了组织和同志。

【任劳任怨】rènláorènyuàn 任：承受。承受辛劳，承受埋怨。形容做事不怕吃苦，不怕埋怨。清·颜光敏《颜氏家藏尺牍·劳副都之辨》："而闱中任劳任怨，种种非笔所能尽。"▷老王是有名的实干家，工作～，不计报酬。

【任其自然】rènqízìrán 通常写作"听其自然"。

【任人唯亲】rènrénwéiqīn 唯：只。亲：指关系密切的人。任用人只选与自己关系密切的人。▷在干部使用问题上，我们要坚决反对～的不正之风。

【任人唯贤】rènrénwéixián 唯：只。贤：指德才兼备的人。只任用有德有才的人。▷只有～，才能把大批德才兼备的人提拔到领导岗位上来。

【任贤用能】rènxiányòngnéng 任用德才兼备的人。《三国演义》第六十回："刘季玉虽有益州之地，禀性暗弱，不能任贤用能。"▷只有～才能治理好国家。

【任重道远】rènzhòngdàoyuǎn 任：负担。担子沉重，路途遥远。比喻责任重大，要长期奋斗。《论语·泰伯》："士不可以不弘毅，任重而道远。"▷青少年～，将成为新世纪建设大军的骨干力量。

【日薄西山】rìbóxīshān 薄：迫近。太阳临近西山快要落下。比喻衰老的人、腐朽的事物就要死亡。《宋史·赵普传》："盖臣已日薄西山，余光无几，酬恩报国，正在斯时。"▷鸦片战争以后，腐败的清王朝～，逐步走向崩溃。

【日不暇给】rìbùxiájǐ 暇：空闲。给：充足。指没有空闲时间，形容事务繁多，时间不够用。《汉书·礼乐志》："汉兴，拨乱反正，日不暇给。"▷他忙于单位的杂乱事务，～，顾不上照顾自己的孩子。☛"给"这里不读 gěi。

【日复一日】rìfùyīrì 复：再，又。过了一天又一天。形容时光过得很快，含有感慨岁月流失的意思。《后汉书·光武帝纪》："帝曰：'天下重器，常恐不任，日复一日，安敢远期十岁乎？'"▷我这样～躺在病床上，何时是尽头呵！

【日积月累】rìjīyuèlěi 一天天、一月月地逐渐积累。宋·朱熹《答周南仲》："但使一日之间整顿得三五次，理会得三五事，则日积月累，自然纯熟，自然光明矣。"▷渊博的知识是靠～得来的。

【日理万机】rìlǐwànjī 机：政务，事务。每天都处理许许多多的政务。形容政务繁忙。明·余继登《典故纪闻》："人君日理万几（同'机'），听断之际，岂能一一尽善？"▷总理～，那份辛劳一般人是难以想象的。

【日暮途穷】rìmùtúqióng 天黑了，又无路可走。比喻到了接近灭亡的境地。宋·郭祥正《将归行》诗："君不见日暮途穷逆行客，一饷荣华速诛殛（jí，杀死）。"▷侵略军已经～，还妄图顽抗到底。

【日上三竿】rìshàngsāngān 东方升起的太阳离地面已有三根竹竿那么高。形容时间已经不早。宋·苏轼《题潭州徐氏春晖亭》诗："曈（tóng）曈晓日上三竿，客向东风竞倚阑。"▷已经～，你怎么还不起床？

【日新月异】rìxīnyuèyì 天天更新，月月不同。形容发展进步很快。宋·林景熙《永嘉县重建法空院记》："而浮屠之宫被四海，金碧嵯峨，日新月异，则亦不独师而能之也。"▷几年间，深圳的面貌～，变化巨大。

【日月经天，江河行地】rìyuèjīngtiān，jiānghéxíngdì 太阳和月亮每天经过天空，江河永远流经大地。比喻光辉永存，经久不变。清·郑燮《焦山别峰庵雨中无事书寄舍弟墨》："虽有些零碎道理，譬之《六经》，犹苍蝇声耳，岂得为日月经天，江河行地哉！"▷革命前辈的光辉业绩，有如～。

【戎马倥偬】róngmǎkǒngzǒng 戎马：军马，借指战争。倥偬：急迫，繁忙。形容军务繁忙。明·卢象昇《与豫抚某书》："戎马倥偬之场，屡荷足下训诲指提。"▷他任军长时，于～之中，一直很关心部队的文化建设。☛㊀"倥偬"不读 kōngcōng。㊁"戎"不要写作"戍""戌"。

【荣华富贵】rónghuáfùguì 指荣耀显达，有钱有势。明·凌濛初《初刻拍案惊奇》卷二十二:"话说人生荣华富贵,眼前的多是空花,不可以为实相。"▷《红楼梦》中的贾宝玉,不愿意过家中～的生活,最后出家当了和尚。

【荣辱与共】róngrǔyǔgòng 共享光荣,同担耻辱。形容相互之间有着共同的命运。▷"长期共存,互相监督,肝胆相照,～"是中国共产党和各民主党派合作的基本方针。

【容光焕发】róngguānghuànfā 容光:脸上的光彩。焕发:光彩四射的样子。形容身体健康,精神饱满。清·蒲松龄《聊斋志异·阿绣》:"母亦喜,为女盥濯,竟妆,容光焕发。"▷运动员个个～,精神振奋,排着整齐的队伍通过检阅台。

【融会贯通】rónghuìguàntōng 融会:融合。贯通:透彻理解。指把各方面的知识和道理融合在一起,从而取得全面的透彻理解。宋·朱熹《答姜叔权》:"举一而三反,闻一而知十,乃学者用功之深,穷理之熟,然后能融会贯通,以至于此。"▷学习科学知识,一定要经过认真理解、消化和～的过程,逐步提高综合运用的能力。

【冗词赘句】rǒngcízhuìjù 冗、赘:多余的。指多余无用的词句。▷这篇文章,基本可用,但个别地方的～要删掉。☛"冗"不读yǒng。

【柔肠寸断】róuchángcùnduàn 柔肠:柔软的心肠,指女性缠绵的情思。寸断:一寸一寸地断裂。多形容妇女情思、想念过甚。宋·欧阳修《踏莎行》词:"寸寸柔肠,盈盈粉泪,楼高莫近危栏倚。"▷新婚后,丈夫就外出打工,妻子日日思念,～。

【如出一辙】rúchūyīzhé 好像从同一条车辙里走出来的。比喻两件事或两种言行非常相似(多含贬义)。宋·朱熹《壬午应诏封事》:"而我堕其术中,曾不省悟,危国亡师,如出一辙。"▷这两件案子作案手法～,很可能是同一个犯罪分子所为。☛"辙"不读chè。

【如堕五里雾中】rúduòwǔlǐwùzhōng 比喻陷入迷离恍惚辨不清方向的境地。《后汉书·张楷传》:"张楷字公超,性好道术,能作五里雾。"明·祁彪佳《远山堂曲品·具品·绣被》:"奈何以鄙亵(xiè,轻慢)传之,令观者如堕云雾中。"▷双方争来争去,使旁人～,弄不清争论的究竟是什么问题。

【如堕云雾】rúduòyúnwù 参看"如堕五里雾中"。

【如法炮制】rúfǎpáozhì 按照现成的方法制作中药。比喻照着现成方法去办事(多含贬义)。宋·释晓莹《罗湖野录·庐山慧日雅禅师》:"若克依此书,明药之体性,又须解如法炮制。"▷如果什么事都可以不动脑筋,照别人的样子～,这样的成功不是太容易了吗?☛"炮"这里不读pào。

【如鲠在喉】rúgěngzàihóu 参看"骨鲠在喉"。

【如虎添翼】rúhǔtiānyì 好像给老虎添上了翅膀。比喻因得到援助,强大者更强大,凶恶者更凶恶。三国·蜀·诸葛亮《将苑·兵权》:"譬如猛虎,加之羽翼,而翱翔四海,随所遇而施之。"▷这套最先进的实验设备投入使用之后,我们～,科研水平大大提高了一步。

【如花似锦】rúhuāsìjǐn 像鲜花、锦缎一样。形容景象美好。清·杜纲《娱目醒心编》第一回:"(媒人)在张耀面前,将汪家说得如花似锦。"▷走进民族家园,映入眼帘的是一派～的景象。

【如花似玉】rúhuāsìyù 像鲜花、美玉一样。形容女性容貌出众。明·袁宏道《戏赠黄昭质,时昭质校士归》诗:"试将校黑分黄眼,品取如花似玉人。"▷这姑娘长得～,容貌出众。

【如火如荼】rúhuǒrútú 荼:一种开白花的茅草。原形容军容整齐、盛大;现形容气势旺盛,气氛热烈。《国语·吴语》记载:吴王把吴军排列成几个万人方阵,其中一个方阵的旗帜、穿戴都是白色的,"望之如荼";另一个方阵的旗帜、穿戴都是红的,"望之如火"。清·吴趼人《二十年目睹之怪现状》第五十八回:"如火如荼,军容何盛。"▷他刚入伍不久,就参加了～的抗洪抢险工作。☛"荼"不要写作"茶",不读 chá。

【如获至宝】rúhuòzhìbǎo 像得到最珍贵的宝物。形容对得到的东西非常喜爱珍视。宋·李光《与胡邦衡书》:"忽蜀僧行密至,袖出'寂照庵'三字,如获至宝。"▷他好不容易在档案库中找到了这份资料,简直～,很快把它复印下来。

【如饥似渴】rújīsìkě 形容欲望、要求十分迫切。明·冯梦龙《喻世明言》卷十六:"母曰:'吾儿一去,音信不闻,令我悬望,如饥似渴。'"▷入学后他～地学习,阅读了大量中外名著。

【如箭在弦】rújiànzàixián 像箭搭在弓弦上。比喻势在必行,不得不做。▷各作战部队已经进入前沿阵地,～,只等一声令下,立即发起总攻。

【如胶似漆】rújiāosìqī 比喻关系亲密,不可分离。多指男女相爱。《水浒传》第二十回:"那张三和这婆惜,如胶似漆,夜去明来,街坊上人也都知了。"▷这小两口儿正在度蜜月,相亲相爱,～。

【如狼似虎】rúlángsìhǔ 比喻非常凶暴残忍。元·关汉卿《蝴蝶梦》第二折:"公人如狼似虎,相公又生嗔发怒。"▷几个土匪～地闯进屋内,一顿乱砸乱抢。

【如雷贯耳】rúléiguàněr 像雷声穿透耳朵。比喻人的名气很大。元·无名氏《冻苏秦衣锦还乡》第一折:"久闻先生大名,如雷贯耳。"▷你的大名～,今天能当面向你讨教,非常荣幸。☛"贯"不要错写作"灌"。

【如临大敌】rúlíndàdí 好像面临着强大的敌人。形容戒备森严或把面临的形势看得过于严重。宋·洪适(kuò)《广东秋教致语》:"列方圆之阵……如临大敌。"▷你这样提心吊胆,～,是不是把问题看得过于严重了?

【如临其境】rúlínqíjìng 临:到达。好像到达了那种环境一样。形容文艺作品引人入胜,生动逼真。▷这篇描写三峡风光的游记,非常传神,读后～。

【如临深渊,如履薄冰】rúlínshēnyuān,rúlǚbóbīng 履:踩。好像面临深渊,好像踩着薄冰。比喻战战兢兢,小心谨慎。《诗经·小雅·小旻》:"战战兢兢,如临深渊,如履薄冰。"▷面对艰巨的任务和捉摸不定的前景,他～,不敢有丝毫大意。☛"薄"这里不读 báo。

【如梦初醒】rúmèngchūxǐng 比喻在某人某事的启发教育下,刚刚明白过来。明·冯梦龙《醒世通言》卷二:"(庄周)师事老子,学清净无为之教。今日被老子点破了前生,如梦初醒。"▷听到了大家对邪教的揭发批判,他～,悔恨自己过去受了欺骗。

【如鸟兽散】rúniǎoshòusàn 像受惊的

鸟、兽一样四处逃散。形容惊慌逃散的样子。《汉书·李陵传》:“今无兵复战,天明坐受缚矣;各鸟兽散,犹有得脱归报天子者。”▷我军一过江,敌方大小官员～,都各自逃命去了。

【如牛负重】rúniúfùzhòng 比喻负担沉重而无法摆脱。《佛说四十二章经》:“勿起妄念,如牛负重于深泥之中。”▷那时候,工作压力大,家庭负担又重,他感到～。

【如泣如诉】rúqìrúsù 好像在哭泣,又好像在诉说。形容声音悲切凄凉。宋·苏轼《前赤壁赋》:“其声呜呜然,如怨如慕,如泣如诉,余音袅袅,不绝如缕。”▷二胡演奏家演奏的《江河水》～,深深扣动着听众的心弦。

【如日方升】rúrìfāngshēng 像太阳刚升起一样。比喻事物处于上升阶段。《诗经·小雅·天保》:“如月之恒,如日之升。”▷我国经济建设事业～,前途无限光明。

【如日中天】rúrìzhōngtiān 好像太阳处于天空正中。比喻事物正处在最兴盛、最繁荣的阶段。《诗经·邶风·简兮》:“日之方中,在前上处。”▷我们的祖国～,前途似锦。

【如丧考妣】rúsàngkǎobǐ 考妣:父亲死后称考,母亲死后称妣。好像死了父母一样悲伤(含贬义)。《尚书·舜典》:“帝乃殂落(死去),百姓如丧考妣。”▷这个特务头子一头栽倒,死在坑里。旁边小特务们～地哭叫起来。☛“丧”这里不读 sāng。

【如释重负】rúshìzhòngfù 释:放下。像放下沉重的负担一样。形容摆脱困扰、解除紧张之后轻松愉快的心情。《春秋谷梁传·昭公二十九年》:“昭公出奔,民如释重负。”▷他辞掉所有的社会兼职以后,～,专心著述。

【如数家珍】rúshǔjiāzhēn 像数自己家中的珍宝一样。比喻对所列举或叙述的事物十分熟悉也十分喜爱。清·江藩《汉学师承记·七·凌廷堪》:“君读书破万卷……有诘之者,从容应答,如数家珍焉。”▷说起近年来全村的巨大变化,他滔滔不绝,～。☛“数”这里不读 shù。

【如诉如泣】rúsùrúqì 通常写作“如泣如诉”。

【如汤沃雪】rútāngwòxuě 汤:热水。沃:浇。像热水浇在雪上,比喻事情极容易解决。汉·枚乘《七发》:“小饣(同‘饭’)大歠(chuò,喝),如汤沃雪。”▷这种洗涤剂质量真好,滴上一点,轻轻一擦,～,就把盘子洗得干干净净。

【如闻其声,如见其人】rúwénqíshēng,rújiànqírén 像听到他的声音,见到他本人一样。形容文学作品对人物的刻画和描写非常逼真、生动。唐·韩愈《独孤申叔哀辞》:“濯濯其英,晔晔其光,如闻其声,如见其容。”▷这部小说成功地塑造了英雄人物形象,描写逼真,使读者～。

【如蚁附膻】rúyǐfùshān 像蚂蚁附着在腥膻的东西上。后比喻臭味相投的人共同趋附丑恶的事物;也比喻依附有钱有势的人。《庄子·徐无鬼》:“羊肉不慕蚁,蚁慕羊肉,羊肉膻也。”▷这是一帮赌徒,一听说有人开了赌场,那还不～!

【如意算盘】rúyìsuànpán 比喻只想着如何对自己有利的打算。清·李宝嘉《官场现形记》第四十四回:“好便宜!你倒会打如意算盘!十三个半月工钱,只付三个月!”▷你对情况的估计未免太乐观了，尽这样打～，到头来，会大失所望的。

【如蝇逐臭】rúyíngzhúchòu　像苍蝇追逐臭味那样。比喻追求丑恶事物或趋附权贵的行为。《红楼梦》第七十七回："那媳妇……打扮的妖妖调调，两只眼儿水汪汪的，招惹得赖大家人如蝇逐臭，渐渐做出些风流勾当来。"▷有的人思想意识不健康，～，喜好寻求那些下流东西。☛"臭"这里不读 xiù。

【如影随形】rúyǐngsuíxíng　好像影子老跟着身体那样。比喻处于从属地位的人或物，离不开主导地位的人或物。《管子·明法解》："下之从上也，如响之应声；臣之法主也，如景（影）之随形。"▷这个小徒弟～，时时紧跟着他师傅。

【如鱼得水】rúyúdéshuǐ　比喻得到与自己投合的人或适合自己发展的环境。《三国志·蜀书·诸葛亮传》："孤（刘备自称）之有孔明，犹鱼之有水也。"▷教导员来了后，营长～，他俩互相支持，互相配合，成绩显著|游击队一进入深山老林，真是～，充分发挥了游击战的优势。

【如鱼似水】rúyúsìshuǐ　像鱼和水那样和谐融洽。形容两人十分亲密（多指夫妻或情侣）。宋·无名氏《张协状元》第五十三出："从今两情如鱼似水。日前那怨语，如今尽撇在东流水。"▷他们夫妻俩～，相亲相爱。

【如愿以偿】rúyuànyǐcháng　如：符合。偿：得到满足。指愿望得以实现。清·李宝嘉《官场现形记》第四十六回："后来巴祥甫竟其如愿以偿，补授临清州缺。"▷他费了很多时间和精力，总算把这套丛书买齐了，终于～了。

【如醉如痴】rúzuìrúchī　形容因极度迷恋不能自制以致神情恍惚。宋·无名氏《沁园春》词："叹此生缘业，两餐淡薄，无时无泪，如醉如痴。"▷当贝多芬的第九交响乐响起时，他～，似乎忘记了周围的一切。

【如坐春风】rúzuòchūnfēng　好像置身于春风之中。比喻受到良好的教诲。清·袁枚《答尹相国》："开诵之余，如亲化雨，如坐春风，墨虽尽于行间，言尚余于札外。"▷我在张教授身边工作多年，经常聆听他的亲切教诲，真是～。

【如坐针毡】rúzuòzhēnzhān　好像坐在插着针的毡子上。形容心神不宁，坐立不安。《三国演义》第二十三回："（吉）平只是大骂（曹操）。王子服等四人，面面相觑，如坐针毡。"▷妻子难产，小王等在产房外，～，心情格外紧张。

【茹苦含辛】rúkǔhánxīn　通常写作"含辛茹苦"。

【孺子可教】rúzǐkějiào　孺子：小孩或年轻人。指年轻人可以教育，有培养前途。《史记·留侯世家》："孺子可教矣。后五日平明，与我会此。"▷师傅见他脑子灵活，又肯下功夫，就夸他～。

【乳臭未干】rǔxiùwèigān　臭：气味。奶腥气尚未退尽。表示对年轻人看不起，不信任。明·凌濛初《二刻拍案惊奇》卷二十："虽有两个外甥，不是姐姐亲生，亦且乳臭未干，谁人来稽查得他？"▷这个毛头小伙子～，提拔他，我不放心。☛"臭"这里不读 chòu。

【入不敷出】rùbùfūchū　敷：足够。收入的不够支出的。《红楼梦》第一百零七回："但是家计萧条，入不敷出，贾政又不能在外应酬。"▷必须开源节流，改变～的现状。

【入木三分】rùmùsānfēn　原指写字的笔法强劲有力，现比喻思想议论或描写深刻有力。唐·张怀瓘《书断·王羲之》记载：相传王羲之在木板上写字，刻字工人发现墨汁渗入木板有三分深。清·赵翼《瓯北诗钞·杨云珊自长垣归，出示近作，叹赏不已，诗以志爱》："入木三分诗思锐，散霞五色物华新。"▷吴敬梓在《儒林外史》中对范进一类人物的鞭挞、嘲讽，可以说是～了。

【入情入理】rùqíngrùlǐ 入：合乎。指合乎情理。明·张岱《柳敬亭说书》："款款言之，其疾徐轻重，吞吐抑扬，入情入理，入筋入骨。"▷他这一番话说得～，大家听了纷纷点头称赞。

【入乡随俗】rùxiāngsuísú 指到了一个地区，就顺从该地的风俗习惯。宋·释普济《五灯会元·大宁道宽禅师》："虽然如是，且道入乡随俗一句作么生道？"▷进入少数民族聚居区以后，一定要～，充分尊重他们的风俗习惯。

【软硬兼施】ruǎnyìngjiānshī 施：实行。软的和硬的手段同时使用（含贬义）。▷敌人～，又是严刑逼供，又是名利引诱，但丝毫不能动摇他的坚强信念。

【锐不可当】ruìbùkědāng 锐：锐气。气势旺盛不可抵挡。明·凌濛初《初刻拍案惊奇》卷三十一："侯元领了千余人，直突其阵，锐不可当。"▷我军矛头直指敌军巢穴，其势～。☛"当"这里不读dǎng。

【瑞雪丰年】ruìxuěfēngnián 瑞：祥瑞，吉祥。指适时的好雪预示来年是丰收年。▷腊月里下了两场雪，～，明年会有个好收成。

【若即若离】ruòjíruòlí 即：接近。好像接近，又好像离开。形容与人保持一定距离，既不亲近，又不疏远。清·文康《儿女英雄传》第二十八回："这边两个新人在新房里乍来乍去，如蛱蝶穿花；若即若离，似蜻蜓点水。"▷多年来，他们俩一直保持着～的关系，说断不断，说好不好。☛"即"不读jì，不要错写作"既"。

【若明若暗】ruòmíngruòàn 好像明亮，又好像昏暗。比喻对情况或问题认识不清，心中把握不大。清·吴趼人《劫余灰》第十三回："这里以前之事，我都略略知道。不过一向若明若暗，不甚清楚罢了。"▷情况～，指挥作战就没有把握。

【若无其事】ruòwúqíshì 好像没有那事一样。形容不把事情放在心上。阿英《晚清小说丛钞·雪岩外传》："雪岩若无其事，说不妨事。"▷接了电话，他怒火满腔，随即又强压怒火，～地继续发言。

【若隐若现】ruòyǐnruòxiàn 好像隐蔽着，又好像显现出来。形容隐隐约约不清楚。清·蒲松龄《聊斋志异·珠儿》："李惊，方将诘问，则见其若隐若现，恍惚如烟雾，宛转间已登榻坐。"▷山间的早晨，云雾缭绕，远处的寺庙房舍～。

【若有所失】ruòyǒusuǒshī 好像丢了什么。形容心神不定，或内心恍惚、空虚。南朝·宋·刘义庆《世说新语·德行》："戴良少所服下，见（黄）宪则自降薄，怅然若有所失。"▷自从接到女朋友的绝交信以后，他每日都～，什么事情也不想做。

【若有所思】ruòyǒusuǒsī 好像在思索什么。形容沉思发愣的神态。唐·陈鸿《长恨歌传》："玉妃茫然退立，若有所思。"▷她独自一人在海边长坐，～。

【弱不禁风】ruòbùjīnfēng 禁：经受，忍受。形容身体娇嫩、柔弱，连风都经受不了。宋·欧阳澈《飘然集·梦仙谣》："明眸斜盼秋波剪，兰柔柳弱不禁风。”▷你看小张黝黑健壮的样子，一点也不像半年前刚来农村时的那个～的小姑娘。☛“禁”这里不读 jìn。

【弱不胜衣】ruòbùshèngyī 胜：承受。衰弱得连衣服的重量都承受不起。形容人身体过于瘦弱。《荀子·非相》：“叶公子高微小短瘠，行若将不胜其衣。”《红楼梦》第三回：“众人见黛玉年纪虽小，其举止言谈不俗，身体面貌虽弱不胜衣，却有一段风流态度。”▷这位姑娘看起来～，身体可能不怎么好。

【弱肉强食】ruòròuqiángshí 弱者的肉是强者的食物。多借指人类社会弱者被强者欺压吞并。明·刘基《秦女休行》诗：“有生不幸遭乱世，弱肉强食官无诛。”▷那是个～的社会，贫苦百姓得不到最基本的生活保障。

S

【塞翁失马】sàiwēngshīmǎ 比喻坏事在一定条件下可以变成好事（常和“焉知非福”连用）。《淮南子·人间训》记载：边塞上一个老人丢失了一匹马。别人来安慰他，他却说：“怎么知道不是好事呢？”后来，这匹马自己跑回来了，而且带回来一匹好马。宋·陆游《贺蒋尚书出知婺州启》：“塞翁失马未必非福，抑倚伏之何常。”▷你失去这份工作，打工谋生也许是～，未必是坏事。☛“塞”这里不读sè。

【三曹对案】sāncáoduìàn 三曹：指诉讼中的原告、被告和证人。指审案时三方的人同时出庭进行对证。泛指与事情有关的人员到一起对质，以弄清真相。《西游记》第十一回：“但只是他在此折辩，定要陛下来此，三曹对案。”▷处长把有关人员都找来～，终于弄清了事实真相。

【三长两短】sānchángliǎngduǎn 指意外的灾祸或事故，特指人死亡。明·范文若《鸳鸯棒传奇·恚（huì，怨恨）剔》：“我还怕薄情郎扳倒我的女儿，须一路寻上去，万一有三长两短，定要讨个明白。”▷一路上一定要护理好病人，如果有个～，你要负全部责任。

【三朝元老】sāncháoyuánlǎo 元老：资格老、名望高的大臣。指连续为三个朝代效力的大臣；也借指连续几个时期或几位领导手下任职的人。《后汉书·章帝纪》：“行太尉事节乡侯熹（赵熹）三世在位，为国元老。”宋·赵师侠《水调歌头》词：“共仰三朝元老，要识一时英杰，人物自堂堂。”▷局长换了好几位了，他一直任处长职务，大伙儿开玩笑叫他～。☛“朝”这里不读zhāo。

【三顾茅庐】sāngùmáolú 顾：看望，拜访。茅庐：茅草房。表示诚心实意一再邀请。《三国志·蜀书·诸葛亮传》记载：东汉末年，诸葛亮隐居南阳隆中，刘备三次到诸葛亮的家里拜访他，邀请他出来协助自己打天下。▷徐教授学术造诣很深，你要请他出山，恐怕没有～的诚心是请不来的。

【三过其门而不入】sānguòqíménérbùrù 传说大禹治水十三年，三次路过家门都不进去，最后终于治服了洪水。后泛指对工作专心致志，把个人、家庭利益置之度外。《孟子·离娄下》：“禹、稷当平世，三过其门而不入。”▷为了给祖国找到丰富矿藏，队员们发扬了大禹治水～的好传统，常年从事野外探测工作。

【三缄其口】sānjiānqíkǒu 缄：封闭。形容言语谨慎，不肯轻易开口。三国·魏·王肃《孔子家语·观周》：“孔子观周，遂入太祖后稷之庙，庙堂右阶之前有金人焉，三缄其口，而铭其背曰，古之慎言人也。”▷那时候，在毫无言论自由的情况下，人们敢怒而不敢言，遇事只得～。☛“缄”不读xián、jiǎn。

【三教九流】sanjiàojiǔliú 三教：指儒教、佛教、道教。九流：指儒家、道家、阴阳家、法家、名家、墨家、纵横家、杂家、农家。泛指宗教、学术界各种不同流派或社会上各个行业、各类各色人物。宋·赵彦卫《云麓漫钞》卷六:"帝问三教九流及汉朝旧事,了如目前。"▷他结交的范围很广,社会上~,都有他的朋友。☛不要写作"九流三教"。

【三令五申】sānlìngwǔshēn 申:申明,说明。指多次命令和告诫。《史记·孙子吴起列传》:"约束既布,乃设铁(同斧)钺(yuè),即三令五申之。"▷学校已~,要求我们爱护校园环境,不许折攀花木,我们一定要坚决执行。

【三六九等】sānliùjiǔděng 指种种差别,许多等级。多指对人分等看待。《红楼梦》第七十五回:"只不过这回子输了几两银子,你们就这么三六九儿等的了,难道从此以后再没有求着我的事了?"▷这人是个势利眼,把人分成~,用得着的靠前,用不着的靠后。

【三人行,必有我师】sānrénxíng,bìyǒuwǒshī 三人同行,其中一定有人可以做我的老师。表示要善于向别人学习。《论语·述而》:"三人行,必有我师焉。择其善者而从之,其不善者而改之。"▷~,每个人身上都有值得我们学习的东西。

【三生有幸】sānshēngyǒuxìng 三生:佛教指前生、今生、来生。三生都感到幸运。形容极其难得的荣幸,多用作初次见面时的客套话。元·王实甫《西厢记》第一本第二折:"小生久闻老和尚清誉,欲来座下听讲,何期昨日不得相遇。今能一见,是小生三生有幸矣。"▷早就仰慕您的大名,今日相见,真是~啊!

【三十而立】sānshíérlì 指人到三十岁开始成熟,能立足于社会。《论语·为政》:"吾十有五而志于学,三十而立,四十而不惑。"▷古人说~,现在很多科学家在青年时期就显露出超人的才华,取得了显著成绩。

【三十六计,走为上计】sānshíliùjì,zǒuwéishàngjì 走:逃走。原指无力抵抗敌人,以逃走为上计。后多指处于困境,无法应付,只好一走了之。元·张国宾《合汗衫》第四折:"我打他不过,三十六计,走为上计,只是跑,只是跑。"▷那时候,父母逼婚,没有办法,~,她只好离家出走。

【三思而后行】sānsīérhòuxíng 通常写作"三思而行"。

【三思而行】sānsīérxíng 三:表示多次。指要经过多次思考再去做。《论语·公冶长》:"季文子三思而后行。"▷这是关系到全厂前途的大事,一定要~。

【三天打鱼,两天晒网】sāntiāndǎyú,liǎngtiānshàiwǎng 比喻做事时断时续,不能持之以恒。《红楼梦》第九回:"(薛蟠)因此也假说来上学,不过是三日打鱼,两日晒网,白送些束脩(xiū)礼物与贾代儒。"▷你学开车也是~,像这样,什么时候才能拿到驾驶证?☛"鱼"不要写作"渔"。

【三头六臂】sāntóuliùbì 原为佛教用语,后比喻超凡的本领。宋·释道原《景德传灯录·汾州善昭禅师》:"三头六臂擎天地,忿怒哪吒扑帝钟。"▷我又没长~,你干不了的事情,我怎么能干得了呢?☛"臂"不读 bèi。

【三心二意】sānxīnèryì 想这样又想那样。形容犹豫不决或意志不专一。元·关汉卿《救风尘》第一折:"待妆个老实,

学三从四德，争(怎)奈是匪妓，都三心二意。"▷说干就干，别～了|他为了种树育林，把家都搬进山里，一干就二十多年，从不～。

【三言两语】sānyánliǎngyǔ 指很少的几句话。宋·吴潜《望江南》词："六宇五胡生口面，三言两语费颜情，赢得鬓星星。"▷事情很复杂，～说不清，以后我再详细讲吧。

【三足鼎立】sānzúdǐnglì 鼎：古代青铜制成的烹饪器具，多为三足两耳。像鼎的三条腿一样立着，比喻三种势力的对峙。《三国志·吴书·陆凯传》："近者汉之衰末，三家鼎立。"▷赤壁大战以后，逐步形成了魏、蜀、吴三分天下、～的局面。☛"鼎"上边是"目"不是"日"。

【散兵游勇】sǎnbīngyóuyǒng 指没有统领的到处逃散、游荡的兵士。现也比喻没有组织而独自行动的人员。▷我们是有组织的队伍，不是一伙～。☛"散"这里不读 sàn。

【桑榆暮景】sāngyúmùjǐng 景：太阳光。指傍晚落日的余辉残留在桑树、榆树的树梢上。比喻人晚年的时光。宋·胡宿《乞扬安国改官》："安国授经老臣，年近八十，桑榆暮景，光阴几何？"▷他离休后，不贪图安闲的～，积极参加家乡的建设。

【丧家之狗】sàngjiāzhīgǒu 指人豢养的狗。比喻失去靠山，无处投奔的人。《史记·孔子世家》："东门有人……累累若丧家之狗。"▷抗战胜利后，这个汉奸便成了人人喊打的～。

【丧家之犬】sàngjiāzhīquǎn 通常写作"丧家之狗"。

【丧尽天良】sàngjìntiānliáng 天良：良心。良心完全丧失掉了。形容心肠毒辣，毫无人性。宋·周必大《益公题跋·跋汪圣锡家藏……三贴》："颠倒是非者，岂尽丧其天良哉！"▷这帮土匪～，烧杀抢掠，无所不为。☛"丧"这里不读 sāng。

【丧权辱国】sàngquánrǔguó 辱：使……受侮辱。丧失主权，使国家蒙受耻辱。▷想当年，清王朝对外国侵略者又是赔款，又是割地，真是～。

【丧心病狂】sàngxīnbìngkuáng 丧失理智，像发了疯一样。形容言行昏乱、荒谬，丧失正常心态；也形容丧失人性，极端恶毒残忍。宋·谢采伯《密斋笔记·一》引《国史·秦桧传》："(范如圭)且曰：'公(指秦桧)不丧心病狂，奈何一旦为此；若不早改图，必且遗臭万世！'"▷为了讨好外国主子，他甚至连自己的亲戚朋友都出卖了，简直达到了～的地步。☛"丧"这里不读 sāng。

【搔首弄姿】sāoshǒunòngzī 搔首：抓脑袋。弄姿：卖弄姿色。指故作姿态，卖弄风情。清·陈其元《游泰西花园记》："搔首弄姿，目挑心招。"▷一到人多的场合，她就～，企图吸引人们的注意，实在令人恶心。

【扫地以尽】sǎodìyǐjìn 如同扫地一样，彻底清除。比喻完全丢失。《汉书·魏豹田儋韩信传赞》："秦灭六国，而上古遗烈，扫地尽矣。"▷农民运动一起来，土豪劣绅的威风便～。

【扫榻以待】sǎotàyǐdài 榻：一种狭长又矮的坐具或卧具。扫除榻上的灰尘等待客人，形容热忱做好准备期待朋友的到来。清·张集馨《道咸宦海见闻录·朋僚函札·向荣来函》："如阁下允为留营，弟当于营中扫榻以待。"▷我早就～，恭候大驾光临了。

【色厉内荏】sèlìnèirěn　色：神色。厉：凶猛。荏：软弱。外表强横，内心怯懦。《论语·阳货》："色厉而内荏，譬诸小人，其犹穿窬（yú，翻墙而过）之盗也与？"▷一切反动势力都是～的，是完全可以打败的。☛"荏"不读 rén、rèn。

【森严壁垒】sēnyánbìlěi　通常写作"壁垒森严"。

【僧多粥少】sēngduōzhōushǎo　比喻人多而东西或事情少，不够分配。▷这次评职称，够条件的人很多，但指标有限，仍然是～的形势。

【杀鸡骇猴】shājīhàihóu　通常写作"杀鸡吓猴"。

【杀鸡取卵】shājīqǔluǎn　卵：蛋。比喻贪图眼前好处而损害长远利益。▷靠砍伐树木致富，无异于～，必须严厉制止。

【杀鸡吓猴】shājīxiàhóu　比喻惩罚一个人来吓唬另外的人。▷你想用～的办法吓唬我们，让我们驯服，这是梦想。

【杀人灭口】shārénmièkǒu　指杀死了解内情的人，以防止泄露所干坏事的机密。《汉书·燕王刘泽传》："定国使谒者以它法劾（hé）捕格杀郢人灭口。"《新唐书·王义方传》："杀人灭口，此生杀之柄，不自主出，而下移佞臣，履霜坚冰，弥不可长。"▷黑社会的头目往往用～的方法，除掉告发他们的知情人，我们一定要做好对这些人的监控保护工作。

【杀人如麻】shārénrúmá　杀死的人像乱麻一样数不清。形容杀人极多。《旧唐书·刑法志》："兵部尚书樊子盖专行屠戮……遂至杀人如麻，流血成泽。"▷日本侵略者攻进南京后，大肆屠城，～，三十万同胞惨死在他们的屠刀下。

【杀人越货】shārényuèhuò　越：抢劫。杀人性命并劫人财物。《清史稿·沈荃传》："禹州盗倚竹园为巢，杀人越货，荃遣吏卒收捕，发土得尸十余，悉按诛之。"▷剿匪部队一举消灭了这股～、无恶不作的土匪，为人民除去大害。

【杀身成仁】shāshēnchéngrén　原指牺牲生命来成全仁德；现指为正义或崇高的理想而牺牲生命。《论语·卫灵公》："志士仁人，无求生以害仁，有杀身以成仁。"▷宁可～，绝不苟且偷生。

【杀一儆百】shāyījǐngbǎi　儆：告戒。杀一个人，借以警戒许多人。清·龚自珍《送钦差大臣侯官林公序》："恐绅士中未必无之，宜杀一儆百。"▷反动当局杀害了反对派领袖，妄图达到～的目的。☛"儆"不读 jīng、jìng，不要写作"敬"。

【沙里淘金】shālǐtáojīn　淘金：用水选的方法，从沙子里选出黄金。比喻从大量材料中选取精华；也比喻用力大而收效小。元·杨景贤《马丹阳度脱刘行首》第三折："我直度你不回头的刘大姐……恰便似沙里淘金，石中取火，水中捞月。"▷从浩如烟海的古籍中搜集有关地震的记载，真如～。☛"淘"不要错写作"掏"。

【煞费苦心】shàfèikǔxīn　煞：很，极。指费尽心思。清·李宝嘉《中国现代记》第九回："办河工难除积弊，做清官煞费苦心。"▷为了解决当地两大宗族矛盾纠纷，他～，但结果还是不太理想。☛"煞"这里不读 shā。

【煞有介事】shàyǒujièshì　煞：很，极。介：这。形容装模作样，好像真有这么一回事似的。▷他这人常常信口开河，那天谈到飞碟，他又～地胡编了一通他见到飞碟的情景。☛"煞"这里不读 shā。

【山崩地裂】shānbēngdìliè 大山崩塌，土地开裂。常形容自然界巨大的变化或巨大的声响。《汉书·元帝纪》："山崩地裂，水泉涌出。"▷只听见半空中突然响起一声炸雷，～一般，好不吓人！

【山盟海誓】shānménghǎishì 通常写作"海誓山盟"。

【山穷水尽】shānqióngshuǐjìn 山路和水路都到了尽头。比喻陷入绝境。宋·洪咨夔(kuí)《龙洲免运粮夫碑跋》："山穷水尽之邦，刀耕火种之俗。"▷敌人已经陷入我军重重包围之中，他们知道自己～，却还企图顽抗。☛不宜写作"水穷山尽"。

【山雨欲来风满楼】shānyǔyùláifēngmǎnlóu 山雨将要来临之时，满楼都是风。比喻重大事变发生之前的紧张气氛。唐·许浑《咸阳城东楼》诗："溪云初起日沉阁，山雨欲来风满楼。"▷由于某个大国插手，这个地区局势真是～，冲突不断升级，战争一触即发。

【山珍海味】shānzhēnhǎiwèi 山里和海中出产的珍贵奇异食品。泛指珍美的菜肴。《红楼梦》第三十九回："姑娘们天天山珍海味的，也吃腻了。"▷现在，逢年过节，有些老百姓家的餐桌上也摆上～了。

【删繁就简】shānfánjiùjiǎn 就：接近，趋向。指删掉繁复部分，使文字或内容趋向简单明了。明·王阳明《传习录》："如孔子退修六籍，删繁就简，开示来学。"▷这份讲话草稿篇幅太长，必须～，只保留五千字就行了。

【姗姗来迟】shānshānláichí 姗姗：行走缓慢从容的样子。形容慢慢腾腾，不能按时到达。《汉书·外戚传》记载：汉武帝的宠妃李夫人死后，武帝思念不已，后来有个方士替他作法，武帝仿佛看到李夫人缓缓走来，就作了一首诗："是耶，非邪？立而望之，偏何姗姗其来迟！"▷大家都按时到会了，只有小王～。☛"姗"不要错写作"跚"。

【煽风点火】shānfēngdiǎnhuǒ 比喻煽动别人干坏事。▷他们到处～，惹是生非，破坏了社会的稳定。☛"煽"不要写作"搧"。

【潸然泪下】shānránlèixià 潸然：流泪的样子。形容因受到感动而流下了眼泪。宋·马廷鸾《题汪水云诗》："余展卷读甲子初作，微有汗出；读至丙子诸作，潸然泪下。"▷当看到电视剧的悲惨结局时，他不禁为主人公的命运而～。

【闪烁其辞】shǎnshuòqící 指说话躲躲闪闪，吞吞吐吐。清·吴趼人《痛史》第二十五回："何况这等事，本来是缜密的，或者定伯故意闪烁其辞，更未可定。"▷虽然一再追问，他还是回避要害，～，企图蒙混过关。

【善罢甘休】shànbàgānxiū 善：好好地。甘：自愿。指愿意好好地收场，不再闹下去(多用于否定句、反诘句中)。《红楼梦》第六十五回："他看见奶奶比他标致，又比他得人儿，他就肯善罢干休了？"▷敌人是不会～的，我们要作好充分准备，对付他们再一次的反扑。

【善男信女】shànnánxìnnǚ 指信佛好善的男人和女人。元·高明《琵琶记·寺中遗像》："大家却去诵弥陀，诵弥陀，善男信女笑呵呵。"▷这座寺庙近年香火旺盛，总有一些～前来敬香拜佛。

【善始善终】shànshǐshànzhōng 有好的开头也有好的结果。多指处理事情自始至终都坚持不懈，直至成功。《史记·陈丞相世家赞》："及吕后时，事多故矣，然平（陈平）竟自脱，定宗庙，以荣名终，称贤相，岂不善始善终哉！"明·冯梦龙《警世通言》卷二十五："不如早达时务，善始善终，全了恩人生前一段美意。"▷做任何工作都要～，不能虎头蛇尾，更不能有头无尾。

【善自为谋】shànzìwéimóu 好好地为自己谋划、打算。《南齐书·王僧虔传》："僧虔曰：'臣书（书法）第一，陛下亦第一。'上笑曰：'卿可谓善自为谋矣。'"▷老张的社会经验丰富，很会处理各种关系，遇事～，从来不吃亏。

【伤风败俗】shāngfēngbàisú 败坏社会风俗习惯。多用来谴责道德败坏。唐·韩愈《论佛骨表》："伤风败俗，传笑四方，非细故也。"▷必须彻底扫除那些～的黄色印刷、音像制品。

【伤弓之鸟】shānggōngzhīniǎo 通常写作"惊弓之鸟"。

【伤筋动骨】shāngjīndònggǔ 损伤了筋骨；也比喻事物受到严重的损伤。元·关汉卿《蝴蝶梦》第二折："拷打的浑身上怎生觑，打的来伤筋动骨，更疼似悬头刺股。"▷俗话说"～一百天"，你可得好好休息休息｜这座古刹虽然受了水淹，所幸还没有～，可以修复。

【伤天害理】shāngtiānhàilǐ 违背天理。形容做事残忍，灭绝人性。清·蒲松龄《聊斋志异·吕无病》："堂上公以我为天下之龌龊教官，勒索伤天害理之钱，以吮人痈痔者耶！"▷这个人表面上挺和善，可背地里干了不少～的事。

【赏不当功】shǎngbùdānggōng 当：相当。奖赏与功劳不相当，多指功劳大而奖赏小。《荀子·正论》："夫德不称位，能不称官，赏不当功，罚不当罪，不祥莫大焉。"▷评奖一定要防止～，要让立功者真正得到应得的奖赏。☛"当"这里不读dàng。

【赏罚分明】shǎngfáfēnmíng 指该赏的赏，该罚的罚，界限明确。《汉书·张敞传》："敞为人敏疾，赏罚分明，见恶辄收。"▷要调动广大职工积极性，就要～，坚决执行"按劳取酬"的分配原则。☛不宜写作"赏罚严明"。

【赏心乐事】shǎngxīnlèshì 赏心：使心情欢畅。指使心情欢畅快乐的事情。宋·王安石《季春上旬苑中即事》："赏心乐事须年少，老去应无日再中。"▷紧张工作之余，和爱人孩子一起到自然保护区一游，确实是一件～。☛㊀"乐"这里不读yuè。㊁不要写作"乐事赏心"。

【赏心悦目】shǎngxīnyuèmù 赏心：使心情欢畅。悦目：让眼睛看了舒服。指美妙的景色或事物使人心情舒畅。明·无名氏《人中画·风流配》："求一首清新俊逸、赏心悦目者，迥不可得。"▷满塘翠绿的荷叶，亭亭玉立的荷花，十分～。

【上窜下跳】shàngcuànxiàtiào 比喻坏人上下奔走，四处活动。▷在那动乱的年月，这帮人～，到处闹事。

【上方宝剑】shàngfāngbǎojiàn 通常写作"尚方宝剑"。

【上下其手】shàngxiàqíshǒu 比喻玩弄手法，串通作弊。《左传·襄公二十六年》记载：楚国进攻郑国时，穿封戌活捉了郑将皇颉（jié）。王子围冒认为自己的功劳，请伯州犁裁决。伯州犁有意偏袒王子围，便暗示皇颉："所争，君子也，其何不知？"并上其手（举起手）介绍王子围，下其手(放下手)介绍穿封戌。于是皇颉顺着伯州犁的意思说:“颉遇王子,弱(败)焉。”清·李宝嘉《官场现形记》第二十四回:“统通换了自己的私人,以便上下其手。”▷此人上台后,撤换了一大批人,以便自己～,营私舞弊。

【上行下效】shàngxíngxiàxiào 行:做。效:模仿。上面的人怎么做,下面的人就学着怎么做(多含贬义)。《旧唐书·贾曾传》:“上行下效,淫俗将成,,败国乱人,实由兹起。”▷老子天天打麻将,儿子也跟着学,放下书包就打扑克,这就叫～。

【尚方宝剑】shàngfāngbǎojiàn 尚方:官署名,负责制办或储藏宫廷器物。皇帝用的剑,赐给臣子,表示授权便(biàn)宜行事。现也比喻上级特许的权力。明·刘基《赠周宗道》诗:“先封尚方剑,按法诛奸赃。”▷有了总经理给的～,他可以放心大胆地对车间生产实行严格管理。

【稍纵即逝】shāozòngjíshì 纵:放。逝:消失。形容时间或机遇等稍一放松就会消失。宋·苏轼《筼筜(yúndāng)谷偃竹记》:“振笔直遂,以追其所见,如兔起鹘(hú)落,少(稍)纵则逝矣。”▷时间～,一定要分秒必争,抢在汛期前修好大堤。

【少安毋躁】shǎoānwúzào 少:稍微。毋:不要。稍微耐心一些,不要急躁。宋·陆游《雨》诗:“不嫌平野苍茫色,实厌空阶点滴声;上策莫如常熟睡,少安毋躁会当晴。”▷应该相信领导一定能妥善处理这个问题,请你～,耐心等待。☛㊀“少”这里不读 shào。㊁“躁”不要写作“燥”。

【少见多怪】shǎojiànduōguài 指由于见识少,遇见不太罕见的事也感到奇怪。多用来嘲讽别人孤陋寡闻。汉·牟融《理惑论》:“谚云‘少所见,多所怪’,睹馲驼(tuōtuó,骆驼)言马背肿。”▷这种服装款式在沿海开放地区很流行,你才从内地来,当然～。

【少不更事】shàobùgēngshì 少:年少。更:经历。指人年轻,经历过的事不多,缺乏经验。宋·罗大经《鹤林玉露·病梢诗》:“言少不更事之人,无所涵养,而骤膺拔擢,以当重任。”▷对于～的青年人,我们要引导他们全面、深入地观察生活,认识生活。☛这里“少”不读 shǎo,“更”不读 gèng。

【少不经事】shàobùjīngshì 通常写作“少不更事”。

【少年老成】shàoniánlǎochéng 指虽然年轻,却稳重老练;有时也指年轻人缺乏朝气。元·柯丹邱《荆钗记·团圆》:“我这公祖少年老成,居民无不瞻仰,老夫感激深恩。”▷他刚参加工作,却很有社会经验,难怪人家都说他～呢!我是想说就说,想笑就笑,谁愿意像你那样～?

【舌敝唇焦】shébìchúnjiāo 通常写作“唇焦舌敝”。

【舌剑唇枪】shéjiànchúnqiāng 通常写作“唇枪舌剑”。

【舍本逐末】shěběnzhúmò 本:根本。末:枝节。古代以农为本,以工商为末,原指弃农从商;现指放弃根本的,而追求枝节的。晋·葛洪《抱朴子·外篇·自叙》:“又患弊俗,舍本逐末。”▷写文章只追求形式而不注重内容,那是～,是错误的。☛“舍”这里不读 shè。

【舍己从人】shějǐcóngrén 从:顺从。指放弃自己的意见,听从别人的意见。《孟子·公孙丑上》:“人舜有大焉,善与人同;舍己从人,乐取于人以为善。”▷我们既要敢于坚持己见，又能在发现自己的意见不正确时，～。

【舍己救人】shějǐjiùrén 牺牲自己去拯救别人。▷英雄～的高尚品质和奉献精神，永远值得我们学习。

【舍近求远】shějìnqiúyuǎn 舍弃近的追求远的。形容做事走弯路或追求不切实际的东西。宋·李焘《续资治通鉴长编·太宗雍熙元年》："臣又见陛下有舍近求远之事。"▷这种原料，本地有，价钱也便宜，我们却从外地购进，不是～吗？

【舍生取义】shěshēngqǔyì 舍：舍弃。义：正义。指为正义事业而宁可牺牲生命。《孟子·告子上》："生亦我所欲也，义亦我所欲也，二者不可得兼，舍生而取义者也。"明·邵璨《香囊记·潜回》："若论二帝受此困辱，即欲舍生取义，奈上有老亲之故，下无宗祀之承，似此淹留岁月。"▷多少烈士～，他们的精神永远活在人们的心中。

【舍生忘死】shěshēngwàngsǐ 形容不把个人生死放在心上。元·关汉卿《哭存孝》第二折："说与俺能争好斗的番官，舍生忘死家将，一个个顶盔擐（huàn，穿）甲，一个个押箭弯弓。"▷他～从枪林弹雨中把战友背下来送进了医院。

【舍我其谁】shěwǒqíshuí 舍：舍弃，除去。除去我，还能有谁呢。表示非常自负，认为只有自己行，别人都不行。《孟子·公孙丑下》："如欲平治天下，当今之世，舍我其谁也？"▷他自认为技术水平第一，常常狂妄地说："厂里搞技术革新，～？"好像离了他就什么也干不成。☛"舍"这里不读 shè。

【设身处地】shèshēnchǔdì 指设想自己处在别人的地位或情况下，即为别人着想。清·章学诚《文史通义·文德》："恕非宽容之谓者，能为古人设身而处地也。"▷在要求解决个人困难时，也应该～替领导考虑一下，不能只想到自己。☛"处"这里不读 chù。

【涉笔成趣】shèbǐchéngqù 涉笔：动笔。指一动笔就可以创作出情趣盎然的作品。形容艺术功力高超。清·吴乔《围炉诗话》卷五："（苏辙）北归颍上后诗，间杂诙谐，涉笔成趣。"▷他不愧为大作家，信手写来，就～，极富于感染力和吸引力。

【涉危履险】shèwēilǚxiǎn 涉、履：经历。经历危难险阻。《后汉书·度尚传》："磐身婴甲胄，涉危履险，讨击凶患，斩殄渠帅。"▷这位老科学家～，深入原始森林，进行实地考察。

【身败名裂】shēnbàimíngliè 地位丧失，名誉败坏。清·李海观《歧路灯》第二十三回："看来许多举人、进士做了官，往往因几十两银子的贿，弄一个身败名裂。"▷他腐化堕落、索贿受贿，最后判刑坐牢，落得个～的下场。

【身不由己】shēnbùyóujǐ 身体不能由自己支配。多形容行动不能自主。《三国演义》第七十四回："（于）禁拜伏于地，乞哀请命。关公曰：'汝怎敢抗吾？'禁曰：'上命差遣，身不由己。'"▷她到地主家做婢女实在是生活所迫，～。

【身家性命】shēnjiāxìngmìng 自身和全家人的生命安全。明·朱之瑜《答安东守约问八条（其五）》："若与相首尾，是奸臣同党也……均不免于君子之议，天下万世之罪，故不顾身家性命而力辞之。"▷一些民主主义者为了推翻清王朝而不顾～，他们的事迹值得人们永远称颂。

【身临其境】shēnlínqíjìng 临：到。亲身到了那个境地。清·周生《扬州梦·毕生妇》："时而点头会意……时而如身入其境。"清·石玉昆《三侠五义》第六十五回："及至身临其境，只落得'原来如此'四个大字。"▷这篇游记写得生动传神，读起来如～。

【身强力壮】shēnqiánglìzhuàng 身体强壮，很有力气。《水浒传》第十四回："最爱刺枪使棒，亦自身强力壮，不娶妻室，终日只是打熬筋骨。"▷这小伙子～，干起活来又好又麻利。

【身首异处】shēnshǒuyìchù 异处：分在两地。指身体和头不在一起，即被砍头。《魏书·元遵传》："以刀子戾(lì，割)其颈，使身首异处。"▷这位农民起义领袖最后还是没有逃脱～的悲惨结局。

【身首异地】shēnshǒuyìdì 通常写作"身首异处"。

【身体力行】shēntǐlìxíng 亲身体验，努力实行。宋·张洪、齐熙(xī，熙)编《朱子读书法·虚心涵泳》："但愿更于所闻，身体而力行之，使俯仰之间，无所愧怍。"▷研究所所长～，带领全所人员深入农村调查研究，普及科学知识。

【身外之物】shēnwàizhīwù 身体以外的东西。多指钱财、名誉、地位之类。唐·吴兢《贞观政要·贪鄙》："贞观初，太宗谓侍臣曰：'……明珠是身外之物，尚不可弹雀，何况性命之重，乃以博财物耶？'"清·吴敬梓《儒林外史》第十七回："但功名到底是身外之物，德行是要紧的。"▷不应该把钱财等～看得过重，以致影响了人们之间的正常关系。

【身无长物】shēnwúchángwù 通常写作"别无长物"。

【身先士卒】shēnxiānshìzú 作战时长官自己冲在士卒的前面；也比喻领导带头走在群众前面。《三国志·吴书·孙辅传》："(孙)策西袭庐江太守刘勋，辅随从，身先士卒，有功。"▷这位老将军当年作战时～、勇猛无比，受到部下的敬重|制度确定以后，领导干部就要～，作出表率。☛不宜写作"身先士众"。

【身显名扬】shēnxiǎnmíngyáng 指身世显赫，声名远扬。元·施惠《幽闺记·推就红丝》："兄弟，所喜者志得意满，身显名扬。"▷知识分子追求的不是～，而是国家民族的振兴。

【身心交瘁】shēnxīnjiāocuì 交：同时，一齐。瘁：过度劳累。身体和精神都过度劳累。▷二十多年来，他承受了巨大的家庭变故和繁重的工作负担，～，以致患了重病。☛"瘁"不要错写作"悴"，不读zú。

【身远心近】shēnyuǎnxīnjìn 身体相距遥远，而心却贴得很近。晋·干宝《搜神记·紫玉》："虽有众鸟，不为匹双，故见鄙姿，逢君辉光，身远心近，何当暂忘。"▷暂时分离，割不断我们的情谊；～，我们的心是永远相通的。

【身在曹营心在汉】shēnzàicáoyíngxīnzàihàn 曹营：指曹操的军营。汉：指刘备。比喻身在此方，却心向彼方。《三国志·蜀书·关张赵马黄传》记载：东汉末年军阀混战，关羽被曹操俘获。关羽虽身在曹营，但一心想念刘备。后来终于离开曹营，回到刘备身边。▷为了养家糊口，他不得不在敌伪的学校工作，但他是～，一心盼望抗战胜利。

【深不可测】shēnbùkěcè 深得无法测量。形容道理异常深奥，难以理解；也形容人很有心计，难以捉摸。《淮南子·主术训》："天道玄默，无容无则，大不可极，深不可测。"宋·马永卿《懒真子》卷五："（魏公）为人亦微任术数，深不可测。"▷别看他平常嘻嘻哈哈，其实他的心思～；遇到重大问题，向来不随便表态。

【深藏若虚】shēncángruòxū 指把宝贵的东西深深埋藏起来，好像什么也没有。比喻有学问但不向外显示。《史记·老子韩非列传》："吾闻之，良贾（gǔ，商人）深藏若虚。"▷学术造诣高深的人，往往～，从不显示自己。

【深仇大恨】shēnchóudàhèn 极深极大的仇恨。元·杨显之《酷寒亭》第四折："从今后深仇积恨都消解，且到我荒山草寨权停待。"清·和邦额《夜谭随录·铁公鸡》："沽酒市肉，日与宾客欢宴，一似与银钱二物有深仇大恨者，必欲尽力消耗之而后已。"▷他怀着对侵略者的～，报名参了军。

【深更半夜】shēngēngbànyè 指深夜。元·李文蔚《燕青博鱼》第三折："兄弟，深更半夜，你唤我做什么？"▷已经～了，你还不睡觉？☛"更"这里不读 gèng、jīng。

【深居简出】shēnjūjiǎnchū 简：少。原指野兽藏在密林中很少出来活动。后用来指人平日待在家里，很少出门。唐·韩愈《送浮屠文畅师序》："夫兽深居而简出，惧物之为己害也，犹且不脱焉。"宋·秦观《谢王学士书》："自摈弃以来，尤自刻励，深居简出，几不与世人相通。"▷王教授晚年谢绝一切社会活动，～，专心从事著述。

【深明大义】shēnmíngdàyì 深刻理解为人处世的大道理。清·李海观《歧路灯》第一百零八回："岂知府台太太乃是阀阅旧族，科第世家，深明大义，不肯分毫有错。"▷她是个～的女人，对丈夫的这些公益事务，向来是热情支持的。

【深谋远虑】shēnmóuyuǎnlǜ 周密谋划，长远考虑。汉·贾谊《过秦论》："深谋远虑，行军用兵之道，非及曩时之士也。"▷他提出的这个方案，计划全面，长短期结合，可说是一个～的好方案。

【深情厚谊】shēnqínghòuyì 深厚的感情和友谊。▷这支军队与彝族兄弟结下了～。☛"谊"不读 yí。

【深入浅出】shēnrùqiǎnchū 指讲话或文章的内容深刻，措辞却通俗易懂。▷这位专家善于写～的科普读物，深受广大读者欢迎。

【深思熟虑】shēnsīshúlǜ 熟：程度深。深入仔细地考虑。宋·苏轼《策别第九》："而其人亦得深思熟虑，周旋于其间，不过十年，将必有卓然可观者也。"▷科学家的发明创造是～的结果，不是偶然侥幸得到的。☛"熟"这里不读 shóu。

【深恶痛绝】shēnwùtòngjué 痛绝：痛恨到极点。指极度厌恶、痛恨。清·金圣叹批《西厢记》第三本第四折："不言谁送来与先生者，深恶而痛绝之至也。"▷对社会上的种种不正之风，老百姓～，我们一定要坚决与之斗争到底。☛"恶"这里不读 è。

【神不守舍】shénbùshǒushè 舍：指人的躯体。指人的精神不在躯体中。形容心神不定。《红楼梦》第八十七回："怎奈神不守舍，一时如万马奔驰。"▷上课应集中精力听讲，东张西望、～是听不好课的。☛"舍"这里不读 shě。

【神不知，鬼不觉】shénbùzhī，guǐbùjué 形容行为隐秘，不被别人察觉。元·无名氏《冤家债主》第二折："这烦恼神不知,鬼不觉,天来高,地来厚。"▷几名战士～地潜入敌军阵地,迅速摸清了敌人的兵力部署情况。

【神采奕奕】shéncǎiyìyì 神采:神情风采。奕奕:精神焕发的样子。形容人精神旺盛,容光焕发;也形容艺术作品生动传神。明·姜绍书《无声诗史·四·许仪》:"(许仪)精篆擂(zhòu,擂文,即大篆),写花鸟神采奕奕,宛若生动。"▷他满面春风,～,从车上走下来|作品中～的人物形象如在眼前。☛"采"不要错写作"彩";"奕"不要错写作"弈"。

【神出鬼没】shénchūguǐmò 没:隐没,消失。原指用兵奇妙,出没神速。后多比喻变化多端,时隐时现,不可捉摸。《淮南子·兵略训》:"善者之动也,神出而鬼行。"唐·崔致远《安再荣管临淮郡》:"夙精韬略,历试机谋,尝犯重围,决成独战,实可谓神出鬼没。"▷我游击队充分利用有利的地理环境,～地打击敌人。☛"没"这里不读 méi。

【神鬼莫测】shénguǐmòcè 神鬼都无法揣测。形容极其隐秘奇异。明·凌濛初《初刻拍案惊奇》卷二十四:"那僧徒收拾净尽,安贮停当,放心睡了。自道神鬼莫测,岂知天理难容。"▷他近来独来独往,不说一句话;心里在想些什么,简直～。

【神乎其神】shénhūqíshén 形容奇特神秘到了极点。清·李汝珍《镜花缘》第七十五回:"向日闻得古人有'袖占一课'之说,真是神乎其神。"▷一件极普通的事,经他一讲,就变得～。

【神魂颠倒】shénhúndiāndǎo 神魂:神志。形容因过分迷恋而精神颠三倒四,失去常态。明·无名氏《女真观》第三折:"怎禁它风求凰良夜把琴调,咏月嘲风诗句挑,引的人神魂颠倒。"▷他玩电子游戏机简直入了迷,整天～,什么事也不想干。☛"倒"这里不读 dào。

【神机妙算】shénjīmiàosuàn 机:心机,心计。神奇的心计,巧妙的谋划。形容运筹谋划高明,预见性很强。《三国演义》第四十六回:"鲁肃入见周瑜,备说孔明取箭之事。瑜大惊,慨然叹曰:'孔明神机妙算,吾不如也。'"▷侵略军再狡猾,也逃不出我军指挥员的～。

【神来之笔】shénláizhībǐ 指文艺创作受灵感的启发而写出的绝妙意境或词句。清·吴趼人《二十年目睹之怪现状》第三十七回:"这三张东西,我自己画的也觉得意,真是神来之笔。"▷白居易《琵琶行》中对琵琶演奏的一段描写真是～,美妙绝伦。

【神龙失势】shénlóngshīshì 神龙一旦失去了威势,就不再神气了。比喻大人物失去地位,也就无权势可言了(多含贬义)。《后汉书·隗(kuí)嚣传》:"鱼不可脱于渊;神龙失势,即还与蚯蚓同。"▷溥仪即位之初,袁世凯一度～,被撤职还乡。

【神气活现】shénqìhuóxiàn 神气:表现出得意、傲慢的样子。▷你才得了第三名,就～起来,要是第一名还不知道会是什么样呢?

【神清气爽】shénqīngqìshuǎng 形容神志清爽,心情舒畅。唐·牛僧孺《玄怪录·裴谌》:"烟翠葱茏,景色妍媚,不可形状。香风飒来,神清气爽,飘飘然有凌云之意。"▷登上飞来峰,纵目四望,顿觉～。

【神情恍惚】shénqínghuǎnghū 形容人

神志不清,心绪不定。《红楼梦》第一百一十三回:"刘姥姥看着凤姐骨瘦如柴,神情恍惚,心里也就悲惨起来。▷几天来连续出现的生产事故,使得他睡不好、吃不下,～,昏头昏脑。

【神色不惊】shénsèbùjīng 形容十分镇定,没有露出惊慌的表情。宋·释道原《景德传灯录·荆南白马昙照禅师》:"和尚当时被节度使抛向水中,神色不动,如今何得恁(rèn 这样)么地?"▷手榴弹在他身边冒烟,他～,飞起一脚,把它踢下山去。☛"色"这里不读 shǎi。

【神色自若】shénsèzìruò 自若:自如。形容在异常情况面前态度镇定,表情自然。南朝·宋·刘义庆《世说新语·雅量》:"(王珣(xún))初见谢(安)失仪,而神色自若。"▷在奔腾的洪水面前,他～,镇定地指挥民工抢险。☛"色"这里不读 shǎi。

【神思恍惚】shénsīhuǎnghū 通常写作"神情恍惚"。

【神通广大】shéntōngguǎngdà 佛教指法力无边。现多形容本领高强,或门路广阔。元·马致远《荐福碑》第三折:"这孽畜更做你这般神通广大,也不合佛顶上大惊小怪。"▷这个人～,社会交际广,办事能力也强。

【审时定势】shěnshídìngshì 见"审时度势"。

【审时度势】shěnshíduóshì 度:揣度,估计。观察时局的特点,推断形势的发展。明·沈德符《万历野获编·乡试遇水火灾》:"刘欲毕试以完大典,俱审时度势,切中事理。"▷我们应该正确面对现实,～,分析成绩和问题,坚定继续前进的信心。☛㊀"度"这里不读 dù。㊁不宜写作"审时定势"。

【甚嚣尘上】shènxiāochénshàng 甚:很。嚣:喧哗、叫嚷。形容对传闻之事议论纷纷;现多指某些言论非常嚣张。《左传·成公十六年》记载:楚国同晋国交战,楚王登上战车观察晋军的动静,说:"甚嚣,且尘上矣!"意思是晋军喧闹得很厉害,而且尘土飞起来了,说明晋军正在紧张地进行战斗准备。清·王韬《淞隐漫录·徐仲瑛》:"自此功名之心顿淡,顾以逆旅甚嚣尘上,非养疴所宜。"▷当年,"读书无用"、"知识越多越反动"等论调～,严重地毒害了一代青年人。

【慎终如始】shènzhōngrúshǐ 结束时仍然像开始一样慎重。形容从始至终都非常慎重。《老子》第六十四章:"慎终如始,则无败事。"▷任何工程,越临近收尾时,越要严格要求。～,才能保证高质量。

【生搬硬套】shēngbānyìngtào 指不顾实际情况,生硬地搬用别人的经验或做法。▷对别人的学习方法,我们绝不能～。

【生不逢辰】shēngbùféngchén 通常写作"生不逢时"。

【生不逢时】shēngbùféngshí 生下来没赶上好时光。指运气不好,没遇上施展才能的机会。《诗经·大雅·桑柔》:"我生不辰,逢天僤(dàn,盛)怒。"汉·焦延寿《焦氏易林·随》:"生不逢时,困且多忧。"▷萧红是位很有才华的女作家,可惜～,年纪轻轻就被疾病夺去了生命。

【生财有道】shēngcáiyǒudào 原指获取财富有正当的方法、途径。现多指有发财的办法。宋·章定《名贤氏族言行类稿》卷六:"(徐)勣(jì)曰:'生财有道,理财有义,用财有法。'"元·钱霖《醉边余兴·套数·般涉调·哨遍》:"乾生受,生财有道,受用无由。"▷他善于分析市场动向,抓住机遇,所以生意越做越大,赚了不少钱,有人夸他~。

【生花妙笔】shēnghuāmiàobǐ 比喻杰出的写作技巧或才能。参看"梦笔生花"。▷这篇散文写得好极了,其~令人拍案叫绝。

【生离死别】shēnglísǐbié 指难以再见或永不再见的离别。《陈书·徐陵传》:"况吾生离死别,多历暄寒,孀室婴儿,何可言念!"▷这部悲剧中男女主人公~的一段唱词凄婉动人,催人泪下。

【生灵涂炭】shēnglíngtútàn 生灵:指人民。涂炭:烂泥和炭火,比喻困苦的境地。形容人民处于极其困难的境地。《晋书·苻丕载记》:"天降丧乱……神州萧条,生灵涂炭。"▷侵略者实行"三光"政策,造成~,这笔笔血债,中国人民是不会忘记的。

【生龙活虎】shēnglónghuóhǔ 形容充满活力,富于生气,像活生生的龙虎一样。宋·朱熹《朱子语类·程子之书》:"只见得他如生龙活虎相似,更是把捉不得。"▷从外面走进来一群~的年轻人,走廊里立刻充满了欢声笑语。☛不宜写作"欢龙活虎"。

【生米煮成熟饭】shēngmǐzhǔchéngshúfàn 比喻已成事实,无法再改变。清·吴趼人《糊涂世界》卷三:"现在自己没有见识,娶了过来,是生米煮成了熟饭,便没得说了。"▷现在~,想反悔也没有办法了。

【生气勃勃】shēngqìbóbó 生气:生命力。勃勃:旺盛的样子。形容充满生命力,富于朝气。▷看到这群~的青年人,我似乎也变得年轻了。

【生擒活捉】shēngqínhuózhuō 指活着捉住追捕的人或动物。唐·吕岩《敲爻歌》:"生擒活捉蛟龙首,始知匠手不虚传。"▷这个土匪头子,虽然躲进深山老林里,最后还是被我军~了。

【生荣死哀】shēngróngsǐāi 活着时光荣,死了值得哀悼。常用来悼念受人尊崇的死者。《论语·子张》:"其生也荣,其死也哀,如之何其可及也?"三国·魏·曹植《王仲宣诔》:"人谁不没,达士徇名,生荣死哀,亦孔之荣。"▷这位民警生前多次被评为模范,最后又为人民牺牲,~,可敬可佩!

【生杀予夺】shēngshāyǔduó 予:给予。夺:夺取。指掌握生死、赏罚的大权。唐·杜牧《上宣州崔大夫书》:"今藩镇之贵,土地兵甲,生杀予夺,在一出口。"▷奴隶主对奴隶有~的大权,奴隶仅仅是会说话的工具而已。☛"予"这里不读 yú。

【生死不渝】shēngsǐbùyú 渝:改变态度。活着或死了都不改变。形容理想、情谊等始终不变。▷我俩从小一起长大,我们的友谊是~的。☛"渝"不读 yù。

【生死存亡】shēngsǐcúnwáng 或者生存或者死亡。形容形势严峻,已到了关键时刻。五代·王仁裕《开元天宝遗事》下:"我婿离家不归,数岁蔑有音耗,生死存亡,弗可知也。"▷卢沟桥事变以后,中华民族面临着~的严峻考验。

【生死攸关】shēngsǐyōuguān 攸:所。指关系到生死存亡。▷是奋起抗战,还是投降求和,这是~的问题。

【生死之交】shēngsǐzhījiāo 同生死共患难的交情。明·无名氏《桃园结义》第三折:"对天盟誓,不求同日生,只愿同日死,结为生死之交。"▷这俩小伙子从小就在一起上学,现在又在一起打工,结下了～。

【生吞活剥】shēngtūnhuóbō 比喻生硬地模仿或搬用别人的词句、理论、经验、方法等。明·徐渭《奉师季先生书》:"(朱熹)著释速成,并欲尽窥诸子百氏之奥,是以冰解理顺之妙固多,而生吞活剥之弊亦有。"▷学习先进经验,绝不能～,生硬照搬,要结合实际,灵活运用。☛"剥"这里不读 bāo。

【生于忧患,死于安乐】shēngyúyōuhuàn,sǐyúānlè 指忧愁祸患能使人振奋而生存,安逸享乐使人沉沦而死亡。《孟子·告子下》:"然后知生于忧患而死于安乐也。"▷该剧以越王句(gōu)践卧薪尝胆的故事,揭示了～的道理。

【声东击西】shēngdōngjīxī 指作战中虚张声势迷惑敌人,然后突然袭击,攻其不备。唐·杜佑《通典·兵典六》:"声言击东,其实击西。"宋·陈亮《酌古论·先主》:"彼方支吾未暇,而吾率步兵乘高而进,声东而击西,形此而出彼,乘卒初锐而用之,彼亦疲于奔命矣。"▷这支军队用～的办法,出奇不意地甩开了敌人。

【声泪俱下】shēnglèijùxià 指边诉说,边哭泣。形容极其悲恸。《晋书·王彬传》:"音辞慷慨,声泪俱下。"▷在控诉大会上,她～地控诉了恶霸地主残害她全家的罪行。

【声名狼藉】shēngmínglángjí 狼藉:杂乱。形容名声坏到极点。清·黄小配《廿载繁华梦》第三十三回:"因汪太史平日声名狼藉,最不见重于官场,日前新督帅参劾(hé,揭发、检举)劣绅十七名,实以汪某居首。"▷自从出了这桩丑闻以后,群众议论纷纷,他在这座县城里～了。☛"藉"这里不读 jiè,不要写作"籍"。

【声情并茂】shēngqíngbìngmào 形容演唱或演奏的声音优美,感情充沛。清·珠泉居士《续板桥杂记·丽品》:"余于王氏水阁观演《寻亲记·跌包》第一出,声情并茂,不亚梨园能手。"▷这位花腔女高音歌手一曲《祖国,您好》,唱得～,深深打动了广大观众。

【声色俱厉】shēngsèjùlì 说话的声音和脸色都很严厉。《晋书·明帝纪》:"大会百官而问温峤曰:'皇太子以何德称?'声色俱厉,必欲使有言。"▷孩子做了错事,应该耐心教育,不要～地责骂。

【声色犬马】shēngsèquǎnmǎ 声色:指歌舞和女色。犬马:指养狗和赛马。形容寻欢作乐、荒淫无度的生活。宋·苏辙《历代论·汉昭帝》:"小人先之,悦之以声色犬马,纵之以驰骋田猎,侈之以宫室器服,志气已乱。"▷这些达官贵人,不顾人民的死活,整日沉迷于～之中,过着荒淫无度的生活。

【声嘶力竭】shēngsīlìjié 声音嘶哑,力气用尽。形容拼命叫喊。▷不能轻信～地叫卖的人,他们往往专卖假货。

【声威大震】shēngwēidàzhèn 震:同"振"。指名声和威势大大提高。清·赵翼《瓯北诗钞·七言古五·纪梦》诗:"行(háng)间纪律阵演蛇,马上骁(xiāo)雄手接雁;声威大振刀槊鸣,号令一施旗帜变。"▷这一战役告捷,重重地打击了侵略者的气焰,我军～,引起了世界的广泛关注。

【声应气求】shēngyìngqìqiú 指同样的声音相互应和，同样的气味相互融合。形容朋友之间志趣相同。《周易·乾》："同声相应，同气相求。"明·李贽《富莫富于常知足》："朋来四方，声应气求，达之至也。"▷小王和小张简直谁也离不开谁。因为他们俩是多年～的知心朋友。☛"应"这里不读 yīng。

【笙歌鼎沸】shēnggēdǐngfèi 笙：泛指奏乐。鼎：古代一种三足两耳的大锅。乐音和歌声像鼎中沸腾的开水一样。形容奏乐唱歌，热闹非凡。元·高明《琵琶记·新进士宴杏园》："黄旗影里，笙歌鼎沸。"▷节日的夜晚，空中各色礼花绽放，争奇斗艳；广场上欢歌笑语，～，真是一片欢乐的海洋。☛"沸"不读 fú。

【绳锯木断】shéngjùmùduàn 用绳子可以把木头锯断。常与"水滴石穿"连用，比喻力量虽小，只要坚持不懈，就能完成艰巨的任务。明·朱之瑜《与奥村德辉书八首》："谚曰：'绳锯木断，水滴石穿。'夫绳非木之锯，水非石之钻也，盖积渐使然耳。"▷只要发扬～、水滴石穿的精神，长年累月坚持不懈，就能收到成效。

【绳之以法】shéngzhīyǐfǎ 绳：约束；制裁。运用法律来制裁。《陈书·始兴三叔陵传》："高宗素爱叔陵，不绳之以法，但责让而已。"▷对那些大肆贪污、索贿受贿的腐败分子，必须～，严惩不贷。

【省烦从简】shěngfáncóngjiǎn 省去烦杂的手续而采用简便的方法。《晋书·虞预传》："穷奢竭费谓之忠义，省烦从简呼为薄俗。"▷各单位都改革办事程序，～，大大方便了广大群众。

【胜败乃兵家常事】shèngbàinǎibīngjiāchángshì 胜利或失败是领兵作战的人经常遇到的事。多用来劝慰失败的人不要气馁。清·洪昇(shēng)《长生殿·贿权》："我想胜败乃兵家常事，临阵偶然失利，情有可原。"▷这场球输了，也不能气馁，～，要好好总结教训，以利再战。

【胜不骄，败不馁】shèngbùjiāo，bàibùněi 胜利了不骄傲，失败了不气馁。《商君书·战法》："王者之兵，胜而不骄，败而不怨。"▷我们的运动员发扬～的精神，为在国际大赛中取得好成绩而努力奋斗。

【盛不忘衰】shèngbùwàngshuāi 兴盛时不忘记衰败。形容能深谋远虑，不被眼前的兴盛冲昏头脑。《汉书·匈奴传》："及孝元时，议罢守塞之备，侯应以为不可，可谓盛不忘衰，安必思危，远见识微之明矣。"▷古人说～，安必思危，在今天对我们仍有启发意义，使我们头脑保持清醒。

【盛极一时】shèngjíyīshí 指最为鼎盛的一个时期；也指事物在一段时间内非常流行。▷唐代发展到玄宗即位，～，使安史之乱爆发后就迅速从顶峰跌落下来｜红裙子在女孩子中曾～。

【盛名之下，其实难副】shèngmíngzhīxià，qíshínánfù 副：符合。指名气大的人，他的实际与名气往往很难符合(多用来表示自谦)。汉·李固《遗(wèi，给)黄琼书》："阳春之曲，和者必寡，盛名之下，其实难副。"▷老张特别谦虚谨慎，他经常说："～，我这个教授比起那些大专家、学者来，不过是个小学生。"☛"副"不要错写作"符"。

【盛气凌人】shèngqìlíngrén 盛气：指骄横的气焰。凌：欺压。指用骄横傲慢的气焰压人。《元诗纪事·赵孟頫(fǔ)〈讥留梦炎诗〉》引杨载《赵孟頫行状》："论事厉声色，盛气凌人，若好己胜者，刚直太过，故多怨焉。"▷他批评别人总是从关心爱护出发，从不～，挖苦讽刺，所以能收到较好的效果。☛不要写作"盛气临人"。

【盛情难却】shèngqíngnánquè 却：推辞。深厚的情谊很难推辞。▷一般应酬的场合我是不参加的，这次老李多次诚意邀请，～，我只好破例了。

【盛衰荣辱】shèngshuāiróngrǔ 指人事变化的各种情况。明·方孝儒《文会疏》："虽盛衰荣辱，所遇难齐，而道德文章，俱垂不朽。"▷《红楼梦》通过对荣宁二府及众多人物命运的描写，反映了封建统治阶级的～，揭示了封建制度衰亡没落的必然结局。

【盛筵必散】shèngyánbìsàn 再盛大的筵席也是一定要散的。比喻良辰美景、繁华欢乐不会永远存在。《红楼梦》第十三回："要知道也不过是瞬息的繁华，一时的欢乐，万不可忘了那'盛筵必散'的俗语。"▷《红楼梦》用巧妙的艺术手法，揭示了贾府～的结局，反映了封建统治阶级的没落。☛"散"这里不读 sǎn。

【尸位素餐】shīwèisùcān 尸位：空占着职位。素餐：白吃饭。空占着职位白吃饭而不干事。《汉书·朱云传》："今朝廷大臣，上不能匡主，下亡(无)以益民，皆尸位素餐。"▷我们的政府机关里，绝不允许有～的人员存在。☛"餐"不要写作"歺"。

【失魂落魄】shīhúnluòpò 形容心神不定或惊慌失措。《红楼梦》第九十五回："如今看他失魂落魄的样子，只有日日请医调治。"▷自从丢了孩子以后，她每日都～的，睡不着觉，吃不下饭。

【失之东隅，收之桑榆】 shīzhīdōngyú，shōuzhīsāngyú 东隅：东方太阳升起的地方，借指早晨。桑榆：日落时太阳的余光照在桑树榆树上，借指傍晚。比喻过去遭到损失，以后得到补偿，或那方面受损这方面补偿。《后汉书·冯异传》记载：冯异与赤眉军作战，先败后胜，光武帝赞扬他说："可谓失之东隅，收之桑榆。"▷大学毕业后，他在农村劳动多年，晚年才有一部词典问世，正所谓～。☛"隅"不读 ǒu。

【失之交臂】shīzhījiāobì 交臂：胳膊相碰。比喻当面错过机会。清·魏源《默觚下·治篇一》："用人者不务取其大而专取小知，则卓荦(luò，明显)俊伟之材，失之交臂矣。"▷先生多少年盼望平反昭雪，但这一天就要到来的时候，他却～，带着遗憾离开了人世。

【师出无名】shīchūwúmíng 师：军队。出兵征讨而无正当的名义或理由。泛指做事缺乏正当理由。《汉书·高帝纪》："兵出无名，事故不成。"南朝·陈·徐陵《为陈武帝作相时与北齐广陵城主书》："师出无名，此是何义？"▷你没有特殊事情而跑来请假，～嘛。

【师道尊严】shīdàozūnyán 师道：老师和道理。师道尊严等于"师严道尊"。《礼记·学记》："凡学之道，严师为难。师严然后道尊，道尊然后民知敬学。"宋·韩淲《涧泉日记》："郑康成事马融，三年不得见……汉之师道尊严如此。"▷对于中国传统教育思想所提倡的～，不应该全盘否定，应该吸收其正确的因素。

【师老兵疲】shīlǎobīngpí 师：军队。指

军队长期作战，兵士疲惫，士气低落。《北齐书·王琳传》："琳遣将讨之，不克，又师老兵疲不能进。"▷逃入深山老林的土匪残部，在我军清剿下已是～，不堪一击了。

【师心自用】shīxīnzìyòng 师心：以自己的心意为师，即只相信自己的心意。自用：自以为是。指固执己见，自以为是。唐·陆贽《请数对群臣兼许令论事状》："不及中才，师心自用，肆于人上，以遂非拒谏，孰有不危者乎？"▷有的人～，不能虚心听取别人的意见，这样往往给工作带来损失。

【诗情画意】shīqínghuàyì 形容像诗和画一样优美感人的意境。清·毛祥麟《还山图》："诗情画意，尚可言传，惟此一片深情，当于言外领味。"▷朱自清早年散文代表作之一《绿》，是一篇充满～的优秀作品。

【十恶不赦】shíèbùshè 十恶：古代刑律中十种不可赦免的罪行。形容罪大恶极，不可赦免。元·关汉卿《窦娥冤》第四折："这药死公公的罪名犯在十恶不赦。"▷这个黑社会组织的头目，残忍凶狠，～，民愤极大，必须依法严惩。

【十目所视，十手所指】shímùsuǒshì，shíshǒusuǒzhǐ 十：泛指很多。很多眼睛看着的，很多手指着的。指个人的言行是受到群众监督的，不可不慎。《礼记·大学》："曾子曰：'十目所视，十手所指，其严乎！'"▷这个贪污犯，自以为很高明，很隐蔽，其实，～，他是逃不过群众眼睛的。

【十年寒窗】shíniánhánchuāng 形容长期刻苦读书。元·石子章《秦修然竹坞听琴》第三折："十载寒窗积雪余，读得人间万卷书。"▷他经过～刻苦攻读，终于如愿以偿，进入自己理想的大学。

【十年树木，百年树人】shíniánshùmù，bǎiniánshùrén 树：种植，培养。比喻培养人才是百年大计。《管子·权修》："一年之计，莫如树谷；十年之计，莫如树木；终身之计，莫如树人。"清·梁章钜《楹联丛话·廨（xiè，办公场所）宇》："刚日读经，柔日读史；十年树木，百年树人。"▷人才的培养在教育，～，我们必须大力办好教育。

【十全十美】shíquánshíměi 十分完美，毫无缺欠。明·冯梦龙《警世通言》卷二十二："要求个贤婿以靠终身，似宋小官一般，到也十全之美。"▷世界上没有～毫无缺点的人。

【十万火急】shíwànhuǒjí 形容极其紧迫，刻不容缓。▷团部收到师长～的命令：部队一小时内进入211高地，阻击东路增援的敌人。

【石沉大海】shíchéndàhǎi 石头沉没在大海里。比喻毫无音信。元·王实甫《西厢记》第四本第一折："他若是不来，似石沉大海。"▷他外出打工，一去就是两年，如～，毫无音信，真令人担心。

【石破天惊】shípòtiānjīng 像山石崩裂，惊动天地那样。原形容箜篌（kōnghóu，古代弹拨乐器）演奏的声音时而低沉、时而高亢，使人有进入奇境之感。现多比喻文章、议论新奇惊人，或事出意外使人震惊。唐·李贺《李凭箜篌（kōnghóu，乐器）引》诗："女娲炼石补天处，石破天惊逗秋雨。"清·黄宗羲《轮庵禅师语录序》："人室讲《论语》、《周易》，凿空新义，石破天惊。"▷这篇文章，大胆地提出了建立和完善市场经济体制的见解，突破了传统观点，读后颇有～的感觉。

【时不可失】shíbùkěshī 时机不可错过（常与“机不再来”连用）。《战国策·秦策四》：“臣闻敌不可易，时不可失。”▷这是一次发展企业、提高效益的大好时机，～，该拿定主意了。

【时不我待】shíbùwǒdài 时间不等待我们。指要抓紧时间。▷我们绝不要浪费时间，要抓紧分分秒秒学习，～呀！

【时不我与】shíbùwǒyǔ 与：给予。时间过去，就不会再给我们了。《论语·阳货》：“日月逝矣，岁不我与。”三国·魏·嵇康《幽愤诗》：“实耻讼冤，时不我与！”▷我们要珍惜青春，不能浪费时间，～，否则，后悔就晚了。

【时不再来】shíbùzàilái 时机错过不会再次到来。《国语·越语下》：“得时无怠，时不再来，天予不取，反为之灾。”▷岁月无情，～，我们要抓紧再抓紧，学好本领，将来为祖国服务。

【时乖运蹇】shíguāiyùnjiǎn 乖、蹇：不顺。指时机不顺，命运不好。《京本通俗小说·错斩崔宁》：“祖上原是有根基的人家，到得君荐（人名）手中，却是时乖运蹇，先前读书，后来看看不济，却去改业做生意。”▷不要埋怨～，要积极努力去创造和争取一切机遇。

【时过境迁】shíguòjìngqiān 迁：变迁。时间过去了，环境也变化了。▷任何机密都有时间性。一个时期内的机密，～，也就没有保密价值了。

【时和年丰】shíhéniánfēng 时局隐定，年景丰收。《晋书·食货志》：“近孝武之末，天下无事，时和年丰，百姓乐业。”▷现在才真正是老百姓盼望的～的太平盛世。

【时来运转】shíláiyùnzhuǎn 时机来临，命运好转。形容处境由不利变为有利。清·褚人获《隋唐演义》第八十三回：“然后渐渐时来运转，建功立业，加官进爵。”▷他从去年开始，～了，生意越做越红火。☛“转”这里不读 zhuàn。

【时移世易】shíyíshìyì 时世发生变化。《梁书·侯景传》：“假使日往月来，时移世易，门无强荫，家有幼孤，犹加璧不遗，分宅相济，无忘先德，以恤后人。”▷这次回国观光，看到祖国面貌发生了深刻的变化，人民生活水平已大幅度提高。真是～呀！

【时运不济】shíyùnbùjì 济：好。命运不好。唐·王勃《滕王阁序》：“嗟乎！时运不齐（通‘济’），命途多舛（chuǎn，不顺利）。”明·凌濛初《二刻拍案惊奇》卷十九：“近来时运不济，前日失了两头牛。”▷事情没能办成，不能埋怨～，应该从主客观多方面去寻找原因，吸取教训。

【识时通变】shíshítōngbiàn 认清时局，通晓变化。明·冯梦龙《东周列国志》第六十九回：“尔祖子文，为楚名臣，识时通变。”▷他很善于分析形势，是一个～的人。具备这项素质，从事什么职业都会获得成功。

【识时务者为俊杰】shíshíwùzhěwéijùnjié 能认清当前形势和潮流的人是杰出的人才。晋·习凿齿《襄阳耆（qí，老人）旧传》：“儒生俗士，岂识时务？识时务者在乎俊杰。”▷祖国统一是大势所趋，人心所向。～，台湾当局应该认清形势。☛“为”这里不读 wéi。

【识途老马】shítúlǎomǎ 通常写作“老马识途”。

【实事求是】shíshìqiúshì 原指查实事情真相，得出正确结论。后指按照客观实际，正确地对待和处理问题。《汉书·河间献王传》："修学好古，实事求是。"清·李宝嘉《官场现形记》第七回："上头的意思是要实事求是；你的文章固然很好，然而空话太多，上头看了恐怕未必中意。"▷对于文学作品的评价应该遵循～的原则，既不夸大吹捧，也不故意贬低。

【实与有力】shíyúyǒulì 与：参与。确实有其中出了力。▷会议开得这么成功，老张是～的一位，应该感谢他。

【实至名归】shízhìmíngguī 指有了实际成绩，声誉自然就会到来。清·吴敬梓《儒林外史》第十五回："敦伦修行，终受当事之知；实至名归，反作终身之玷。"▷他被省政府授予特级教师的光荣称号，是～，当之无愧的。

【拾金不昧】shíjīnbùmèi 昧：隐藏。捡到钱财不藏起来据为己有。清·李海观《歧路灯》第一百零八回："把家人名分扯倒，又表其拾金不昧。"▷两位少年把捡到的手提包及包内的现款如数交给了派出所，警察表扬他们是～的好少年。

【拾人涕唾】shíréntìtuò 涕：鼻涕。唾：唾沫。拾取别人的鼻涕和唾沫。比喻重复别人说过的话，没有自己的见解。宋·严羽《沧浪诗话·自序》："仆之诗话是自凿破此片田地，非拾人涕唾得来者。"▷这篇文章洋洋万余言，但没有新意，都是～。☛不宜写作"拾人唾余"。

【拾人牙慧】shírényáhuì 牙慧：原指言外的理趣，借指说过的话。比喻拾取人家的只言片语当作自己的话。南朝·宋·刘义庆《世说新语·文学》："殷中军云：'康伯未得我牙后慧。'"清·金埴（zhí）《不下带编》："其称诗也，一空前论，戒拾人牙慧，谓须自我作古。"▷对前人的研究成果可以继承，但绝不能～，照搬照抄。

【食不甘味】shíbùgānwèi 甘味：觉得味美。形容心里有事，吃饭也吃不出滋味。《战国策·齐策五》："秦王恐之，寝不安席，食不甘味。"▷这几天，他一直挂念她在路上的情况，总有不安的预感，以致～。

【食不果腹】shíbùguǒfù 果：饱。吃不饱肚子。唐·段成式《酉阳杂俎·诺皋记下》："和州刘录事者，大历中罢官居和州旁县，食兼数人，尤能食鲙，常言鲙味未尝果腹。"▷过去，广大农民经常过着衣不蔽体、～的生活。

【食不暇饱】shíbùxiábǎo 暇：空闲。吃饭都没有时间吃饱。形容过于繁忙。宋·司马光《进五规状》："当是之时，食不暇饱，寝不遑安。"▷你每天工作这么忙，连吃饭都没时间。这种～的情况长期持续下去是要影响健康的。

【食古不化】shígǔbùhuà 指学习古代文化知识而不善于结合现实灵活运用，就像吃了东西不能消化一样。清·陈撰《玉几山房画外录》卷下引恽（yùn）向（道生）《题自作画册》："可见定欲为古人而食古不化，画虎不成、刻舟求剑之类也。"▷学习古代文化知识，要坚持古为今用的原则，绝不能～，认为古代的东西什么都是好的。

【食言而肥】shíyánérféi 食言：吃下说过的话。比喻说话不算数，不守信用，只图自己占便宜捞好处。《左传·哀公二十五年》记载：鲁国掌权大夫孟武伯经常说话不算数，鲁哀公很不满。一次哀公请吃饭，孟武伯对哀公的宠臣郭重说："你怎么这么胖？"哀公就讽刺地插话说："是食言多矣，能无肥乎？"▷这个人一贯说话不认账，是个～的人，不能跟他打交道。

【食之无味，弃之可惜】shízhīwúwèi，qìzhīkěxī 吃它没有滋味，把它扔了又可惜。比喻价值不大，放弃又觉得可惜。《三国志·魏书·武帝纪》裴松之注引《九州春秋》记载：曹操领兵攻打汉中，久攻不下。曹定军中口令为"鸡肋"。杨修打点行装准备撤离，别人问他，他说："夫鸡肋，弃之如可惜，食之无所得，以比汉中，知王（曹操）欲还也。"▷花费了几年时间和精力，收集了不少商标，现在无兴趣再搞下去了，但～，只好放在一边吧。

【史无前例】shǐwúqiánlì 历史上没有这样的先例。清·丘逢甲《岭云海日楼诗钞·啸桐北上归……距亡日仅浃旬耳二首》："牢落文章第一人，天门垂翅竟何因？百年记注无前例，万事枢机有要津。"▷斯巴达克斯领导的奴隶起义，其规模之大，在欧洲是～的。

【史无先例】shǐwúxiānlì 通常写作"史无前例"。

【矢口否认】shǐkǒufǒurèn 矢口：一口咬定。一口咬定不承认。▷这个特务分子～犯下的滔天罪行，企图蒙混过关。

【矢志不渝】shǐzhìbùyú 矢：发誓。渝：改变。发誓立志，永不改变。形容志向坚定。▷张老师～要把一生献给教育事业。

【使功不如使过】shǐgōngbùrúshǐguò 使用居功自傲的人，不如使用决心将功补过的人。《后汉书·索卢放传》："太守受诛，诚不敢言，但恐天下惶惧，各生疑变。夫使功者不如使过，愿以身代太守之命。"▷有功劳的人往往骄傲自满，不服从领导，有过错的人反倒比较谨慎，所以古人说～，这话不无道理。

【始料不及】shǐliàobùjí 及：到。指开始时并没预料到这种结果。▷开业的第一天，顾客就这么多，经济效益就这么好，是我们～的。

【始乱终弃】shǐluànzhōngqì 开始喜爱玩弄，最终抛弃了事。指玩弄妇女的不道德的行为。唐·元稹（zhěn）《莺莺传》："崔（莺莺）已阴知将诀矣，恭貌怡声，徐谓张（生）曰：'始乱之，终弃之，固其宜矣。'"▷绝对不能用～的态度对待恋爱婚姻问题，这样做是不符合社会道德准则的。

【始终不渝】shǐzhōngbùyú 渝：改变。自始至终不改变。明·朱国祯《涌幢小品·调吏部》："要之太保清约忠慎，始终不渝。逢时不振，未展所抱，天乎何尤。"▷他～地坚持自己的志向——为少数民族山区教育事业贡献毕生精力。

【始作俑者】shǐzuòyǒngzhě 俑：古代用来殉葬的木偶人或陶偶人。最早用俑殉葬的人。比喻最先提倡某种风气或某事的人（含贬义）。《孟子·梁惠王上》："仲尼曰：'始作俑者，其无后乎！'"▷他是第一个写文章鼓吹抗战必败的人，可以说是投降论的～。

【世风日下】shìfēngrìxià 社会风气一天天变坏。▷如果盛行"金钱至上"，就会导致～，人欲横流。

【世态炎凉】shìtàiyánliáng 世态：社会上人对人的态度。炎凉：冷热。指人与人之间态度的冷热随权势而变化，得势时别人百般奉承，失势后就十分冷淡。

元·无名氏《冻苏秦》第四折:“畅道威震诸侯,腰悬六印,也索把世态炎凉心中暗忖。”▷在过去的官场上混了大半辈子,他看透了～和权势至上的人际关系。

【世外桃源】shìwàitáoyuán 东晋诗人陶渊明在《桃花源记》中描写了一个与世隔绝的山村,那里没有战乱,没有赋税,人人自得其乐。后用“世外桃源”指不受外界干扰的安乐美好的地方或幻想中的美好世界。清·孔尚任《桃花扇·归山》:“且喜已到松风阁,这是俺的世外桃园。”▷～只是存在于文学作品当中的美好理想,在现实生活中是不存在的。

【势不可当】shìbùkědāng 当:抵挡。指来势猛烈,不可抵挡。《晋书·郗鉴传》:“群逆纵逸,其势不可当;可以算屈,难以力竞。”▷我军横渡长江,～,很快就摧毁了敌军防线。☛“当”这里不读dǎng,不要写作“挡”。

【势不两立】shìbùliǎnglì 势:形势。两立:并存。指双方处于矛盾十分尖锐的态势之中,这种形势决定双方不能同时并存。《战国策·楚策一》:“秦之所害于天下莫如楚,楚强则秦弱,楚弱则秦强,此其势不两立。”▷同事之间有不同意见是正常的,要好好交流,不能采取～的态度。

【势均力敌】shìjūnlìdí 敌:相当。指双方势力相当。《宋史·苏辙传》:“吕惠卿始谄事王安石……及势均力敌,则倾陷安石,甚于仇雠。”▷这两个队～,经过激烈的较量,最后以零比零握手言和。

【势如破竹】shìrúpòzhú 指形势像劈竹子一样,开头一节破开,下面各节就顺着刀子裂开了。比喻发展顺利,毫无阻碍。宋·王楙《野客丛书·韩信之幸》:“其后以之取燕,以之拔齐,势如破竹,皆迎刃而解者,又悉资于降虏广武君之策。”▷岳家军～,迅速直捣金兵老窝。

【势在必行】shìzàibìxíng 形势的发展决定必须这样做。▷为了按期完工,必须在二十八天内打通这条隧道,这是～的。

【事半功倍】shìbàngōngbèi 事:所做的事(所作的努力)。所做的事(所作的努力)只相当于别人的一半,却收到加倍的功效。形容费力小,收效大。《孟子·公孙丑上》:“故事半古之人,功必倍之,惟此时为然。”▷我们改进了工艺流程,产品的质量更稳定了,产量也大幅度提高了,收到了～的效果。

【事倍功半】shìbèigōngbàn 事:所做的事(所作的努力)。所做的事(所作的努力)增加一倍,功效却只有一半。形容费力大,收效小。唐·白居易《为人上宰相书》:“盖得之,则不啻乎事半而功倍也;失之,则不啻乎事倍而功半也。”▷由于没组织好,出现了窝工现象,浪费了不少人力、物力,结果是～,没有完成任务。

【事必躬亲】shìbìgōngqīn 躬亲:亲自。指事情一定亲自去做,不让别人代替。唐·张九龄《谢赐大麦面状》:“周人之礼,唯有籍田,汉氏之荐,但闻时果,则未有如陛下严祗(zhī,敬重)于宗庙,勤俭于生人,事必躬亲,动合天德。”▷工作有分工,每个人有自己分管的范围,做领导的不必～。

【事不宜迟】shìbùyíchí 事情不适宜拖延。元·贾仲名《情寄菩萨蛮》第四折:“事不宜迟,收拾了便令媒人速去。”▷要做成这笔交易,应该抓紧签订合同,～,不能再拖。

【事出不意】shìchūbùyì 事情的发生出乎意料。宋·周辉《清波杂志》卷二:“京以攸被诏同至,乃置酒留贯,攸亦预焉,京以事出不意,一时失措。”▷这台晚会一定要筹备得周密、完善,尽力避免上次那种～而慌乱的现象。

【事出有因】shìchūyǒuyīn 事情的发生是有原因的。清·李宝嘉《官场现形记》第四回:“郭道台就替他洗刷清楚,说了些‘事出有因,查无实据’的话头,禀复了制台。”▷这次仓库失火,肯定～,应该认真调查。

【事过境迁】shìguòjìngqiān 事情已经过去,环境也变化了。清·颐琐《黄绣球》第三回:“如此歇了好几日,黄绣球与黄通理事过境迁,已不在心上。”▷～,我不想再谈起二十年前的事了。

【事实胜于雄辩】shìshíshèngyúxióngbiàn 事实的本身比有力的辩论更有说服力。▷究竟哪一种产品质量好,检验的数据都在,～,结论是十分清楚的。

【事与愿违】shìyǔyuànwéi 事情的发展同主观愿望相反。三国·魏·嵇康《幽愤》诗:“事与愿违,遘(gòu,遇到)兹淹留。”▷有的地方毁林开荒想增产粮食。但～,因为破坏了自然环境,粮食也没增产。

【事在人为】shìzàirénwéi 事情能否成功全在于人怎样去做。强调人的主观努力非常重要。明·朱之瑜《与野博书四十四首(其二十五)》:“事事皆在人为,特患不肯用功耳。”▷我相信～,别人能做到的我也能做到。☛“为”这里不读 wèi。

【视而不见,听而不闻】shìérbùjiàn,-tīngérbùwén 看了却像没有看见一样,听了却像没有听到一样。形容不注意,不重视。《礼记·大学》:“心不在焉,视而不见,听而不闻,食而不知其味。”▷对于那些迷信活动,我们绝不能～,而要与之作针锋相对的斗争。

【视如敝屣】shìrúbìxǐ 敝屣:破旧的鞋子。看得如同破旧的鞋子。比喻极其轻视。《孟子·尽心上》:“舜视弃天下,犹弃敝屣也。”▷这些资料和书籍是我二十多年辛辛苦苦积累起来的,你怎么能～,一下都当废品卖掉了呢! ☛“屣”不读 lǚ,不要错写作“履”。

【视如草芥】shìrúcǎojiè 芥:小草。把人或物看成像小草。比喻对人对物极其轻视。宋·张耒《汉世祖光武皇帝庙记》:“武宣是宜,暴骜强伉,玩兵渎武,视民如草芥而不讲于治国之事也。”▷如果一个领导人把职工～,那职工也就不会和他同心同德,这个企业也就没有希望了。

【视如寇仇】shìrúkòuchóu 寇仇:敌人。看成和敌人一般。《孟子·离娄下》:“君之视臣如土芥,则臣视君如寇仇。”清·李汝珍《镜花缘》第十二回:“倘明哲君子,洞察其奸,于家中妇女不时正言规劝,以三姑六婆视为寇仇。”▷我批评你的错误,是真心实意帮助你。你却把我～,这样对吗?

【视如土芥】shìrútǔjiè 通常写作“视如草芥”。

【视若路人】shìruòlùrén 路人:行路的人。形容把亲人或熟人当作陌生人一样对待。明·凌濛初《初刻拍案惊奇》卷十三:“漫然视若路人,甚而等之仇敌。”▷他俩虽然是亲兄弟,但由于继承遗产问题打官司,彼此～,互不来往了。☛不宜写作“视同陌路”。

【视死如归】shìsǐrúguī 把死看成像回

家一样。形容为正义事业不怕牺牲。《史记·范雎蔡泽列传》:“是故君子以义死难,视死如归;生而辱不如死而荣。”▷面对敌人的屠刀,他～,表现了大无畏的英雄气概。

【视同儿戏】shìtóngérxì 把事情看成如同小孩玩耍一样。比喻极不严肃认真。《明史·刘宗周传》:“推恩武弁,则疆埸视同儿戏。”▷这是关系全厂一千多名职工根本利益的大事,怎么能～,草率作出决定呢?

【视为畏途】shìwéiwèitú 畏途:艰险可怕的道路。比喻认为事情难度很大,不敢去做。清·林则徐《控制镇筸(gān)兵勇并察看各提镇优劣片》:“即如征调出师,在别营视为畏途,而该处趋之恐后。”▷这件事的难度的确很大,但我们不能把它～,只要坚持不懈,最终还是能成功的。

【视险如夷】shìxiǎnrúyí 夷:平坦。把险阻看成平坦。形容不畏艰险。汉·刘协《喻郭汜诏》:“今得东移,望远若近,视险如夷。”▷东征的道路充满着艰难险阻,但是战士们～,毅然出征。

【拭目而待】shìmùérdài 通常写作“拭目以待”。

【拭目以待】shìmùyǐdài 拭:擦。擦亮眼睛等待着。形容密切关注事态的发展。宋·王十朋《送表叔贾元范赴省试序》:“某既著为天理说,且拭目以待,欲验斯言之不妄云。”▷小王检查了自己犯错误的思想根源,并表示决心改正。以后究竟做得怎样,大家～。

【是可忍,孰不可忍】shìkěrěn,shúbùkěrěn 是:这个。孰:什么。原指此事可以狠心去做,那还有什么不可以狠心去做的;现指这样的事可以容忍,还有什么不可以容忍的。表示绝不能容忍。《论语·八佾(yì)》:“孔子谓季氏八佾舞于庭,是可忍也,孰不可忍也。”《资治通鉴·晋元帝永昌元年》:“王敦凭恃宠灵,敢肆狂逆……是可忍也,孰不可忍!”▷对方一再侵犯我边境,杀害我边民,～,我们要坚决予以还击。

【适得其反】shìdéqífǎn 适:恰好。恰好得到与愿望相反的结果。▷想用暴力压迫别人,使之屈服,结果往往是～,得到的是顽强的反抗。

【适逢其会】shìféngqíhuì 适:恰好。会:机会。恰好遇上了那个机会。唐·薛用弱《集异记·李子牟》:“江陵旧俗,孟春望夕,尚列影灯……子牟客游荆门,适逢其会。”▷一家合资企业正招聘翻译人员,她～,很顺利地被录用了。

【适可而止】shìkěérzhǐ 适可:适当。到了适当的程度就停止。形容做事不过分。《论语·乡党》:“不多食。”朱熹集注:“适可而止,无贪心也。”▷他认为大家对小王的批评已经很有分量了,应该～,就简单总结了一下,然后宣布散会。

【恃才傲物】shìcáiàowù 恃:倚仗。物:众人。仗恃自己有才能而瞧不起别人。宋·孙光宪《北梦琐言》卷四:“唐薛澄洲昭纬,即保逊之子也。恃才傲物,亦有父风。”▷越有学问的人越虚心好学,绝不会～,自以为了不起。☞“恃”不读chí。

【恃强凌弱】shìqiánglíngruò 恃:仗恃。凌:欺侮。仗恃力量强大欺侮弱小。宋·魏了翁《鹤山文集·画一榜谕将士》:“毋得恃强凌弱,恃众欺寡,互相争闹,激出事端。”▷帝国主义历来～,专干那些损害欺压弱小国家的事。

【室迩人远】shìěrrényuǎn 迩：近。房子近，人却远。原指男女思念而不得见面。后表示思念远方的人或悼念死者。《诗经·郑风·东门之墠(shàn)》："其室则迩，其人甚远。"宋·朱熹《诗集传》："室迩人远者，思之而未得见之词也。"▷他又来到老师的书房，看到老师的遗物、手稿。～，缅怀之情油然而生。

【室如悬磬】shìrúxuánqìng 磬：古代打击乐器，中空，悬挂在架上演奏。屋子里就像悬挂的磬。形容家境贫寒室内空空。《左传·僖公二十六年》："室如县(悬)磬，野无青草，何恃而不恐？"后汉·司马徽《诫子书》："闻汝充役，室如悬磬，何以自辨？"▷当年祖父带领全家下关东，到北大荒落户，那时家中～，一贫如洗。☛不要写作"室如悬罄"。

【舐犊情深】shìdúqíngshēn 舐：用舌头舔。犊：小牛。比喻父母疼爱子女的感情很深。清·文康《儿女英雄传》第三十回："安老夫妻暮年守着个独子，未免舐犊情深，加了几分怜爱。"▷老张千里送子上大学，临别时还千叮万嘱，深怕孩子有什么闪失，真是～哪！☛"舐"不读tiǎn，不要错写作"舔"、"舐"。

【誓不两立】shìbùliǎnglì 两立：双方并存。决不与对方并存于世间。形容仇恨极深。明·许仲琳《封神演义》第六十三回："若是姜子牙将吾弟果然如此，我与姜尚誓不两立，必定为弟报仇，再图别议。"▷他带领大家血战到底，与敌人～。

【噬脐莫及】shìqímòjí 噬：咬。脐：肚脐。自己咬自己的肚脐是够不着的。比喻后悔已来不及。《左传·庄公六年》："若不早图，后君噬脐，其及图之乎！"▷你这样姑息养奸，总有一天会坏事的，那时就～了。

【手不释卷】shǒubùshìjuàn 释：放下。手里舍不得放下书。形容勤奋好学。三国·魏·曹丕《典论·自叙》："上(指曹操)雅好诗书文籍，虽在军旅，手不释卷。"▷一到节假日，他不是到图书馆查阅资料，就是在家里～地读书。☛不要写作"手不辍卷"。

【手到病除】shǒudàobìngchú 刚一着手治疗，病就好了。形容医术或手艺高明。元·无名氏《夜断碧桃花》第二折："嬷嬷，你放心，小人三代行医，医书脉诀，无不通晓，包的你手到病除。"▷机床出了故障，刘师傅～，半个小时后就正常运转了。

【手到擒来】shǒudàoqínlái 擒：捉拿。一出手就把人捉到。比喻事情容易办成或办事有把握。元·康进之《李逵负荆》第四折："这是揉着我山儿的痒处，管教他瓮中捉鳖，手到拿来。"《西游记》第二十四回："这个容易，老孙去，手到擒来."▷我经常跑这条路，熟悉得很，办这点事没问题，～，您放心吧！

【手急眼快】shǒujíyǎnkuài 通常写作"手疾眼快"。

【手疾眼快】shǒujíyǎnkuài 疾：迅速。形容机警灵敏，动作迅速。《西游记》第二十一回："全凭着手疾眼快，必须要力壮身强。"▷干这种活儿，就得～，稍慢一点就可能出废品。☛"疾"不读jī。

【手忙脚乱】shǒumángjiǎoluàn 形容动作慌乱。宋·朱熹《答吕子约(其八)》："今亦何所迫切而手忙脚乱，一至于此耶？"▷我屋里乱糟糟的，客人马上就到，只好赶紧收拾一下，弄得我～的。

【手无寸铁】shǒuwúcùntiě 形容手中没有任何武器。明·李东阳《司农笏》诗："司农手中无寸铁，夺笏(hù，笏板)击贼贼脑裂。"▷小冯～，仍然冲上去和两个流氓搏斗。

【手无缚鸡之力】shǒuwúfùjīzhīlì 缚：捆绑。两手没有捆绑一只鸡的力量。形容人文弱无力。元·无名氏《赚蒯(kuǎi)通》第一折："那韩信手无缚鸡之力。只淮阴市上两个少年要他在胯下钻过去，他就钻过去了。"▷他身体本来不好，又不爱锻炼，真成了～的文弱书生。

【手舞足蹈】shǒuwǔzúdǎo 两手挥舞，双脚跳动。形容非常高兴的样子。《礼记·乐记》："嗟叹之不足，故不知手之舞之足之蹈之也。"《水浒传》第三十九回："(宋江)不觉欢喜，自狂荡起来，手舞足蹈，又拿起笔来，去那《西江月》后再写下四句诗。"▷国庆之夜，当天空中升起五光十色的焰火时，孩子们高兴得～。

【手眼通天】shǒuyǎntōngtiān 手眼：手段、手腕儿。形容人钻营、拉关系的手腕儿非同一般。▷我握着你犯罪的证据，尽管你～，到时候什么样的保护伞也保不了你！

【手足无措】shǒuzúwúcuò 措：放置。手脚不知放到哪里好。形容举动慌张或无法应付。《陈书·后主纪》："自画冠既息，刻吏斯起，法令滋章，手足无措。"▷大家鼓掌请他上台讲话，一下子竟把个老实人弄得～起来｜平日一定要做好充分准备，发生意外情况时才不至于～。

【手足之情】shǒuzúzhīqíng 手足：比喻兄弟。指兄弟之间的情谊。宋·苏辙《为兄轼下狱上书》："臣窃哀其志，不胜手足之情，故为冒死一言。"▷我们在战斗中结下的友谊，远远超过了一般～。

【守口如瓶】shǒukǒurúpíng 闭住嘴像塞紧的瓶口一样。比喻说话谨慎或严守机密。唐·道世《法苑珠林·惩过篇·引证部》引《维摩经》："防意如城，守口如瓶。"宋·朱熹《朱子语类·敬斋箴》："守口如瓶，是言语不乱出；防意如城，是恐为外所诱。"▷机要工作者要～，严守机密。

【守望相助】shǒuwàngxiāngzhù 守：防守。望：瞭望。守卫瞭望相互协助。《孟子·滕文公上》："死徙无出乡，乡田同井，出入相友，守望相助，疾病相扶持，则百姓亲睦。"▷根据地各村要～，团结协作，抵御敌人。

【守正不阿】shǒuzhèngbùē 守正：坚守正道。不阿：不阿谀奉迎。形容坚持原则，不曲从，不徇私。宋·陈亮《萧曹丙魏房杜姚宋何以独名于汉唐》："姚崇之遇事立断，宋璟之守正不阿，以共成明皇开元之治。"▷人民法官要做～的模范，执法公正的标兵。☛"阿"这里不读 ā。

【守株待兔】shǒuzhūdàitù 株：树桩子。比喻心存侥幸，幻想不经过积极努力而得到意外的成功。《韩非子·五蠹》记载：宋国一农夫见一只兔子撞死在树桩上，他便每天守在树桩旁等待，希望再得到撞死的兔子。宋·释道原《景德传灯录》卷十七："守株待兔，枉用心神。"▷想致富就别想清闲，～，幻想天上掉馅饼，到头来只能是一场空。

【首当其冲】shǒudāngqíchōng 当：面对。冲：要冲，交通要道。首先面对交通要冲。比喻最先受到攻击或承受灾难。《汉书·五行志》："郑以小国摄乎晋楚之间，重以强吴，郑当其冲，不能修德，将斗三国，以自危亡。"▷洪水像猛兽般扑来，战士们～,但他们奋不顾身,毫无惧色。

【首屈一指】shǒuqūyīzhǐ 首:首先。屈:弯。指扳指头计数时,首先弯下大拇指,表示位居第一。清·吕留良《答徐瑞生书》:“鼓峰不轻许可,独于道翁,首屈一指,心窃向往焉。”▷引进最先进的流水生产线以后,这个厂的产品是国内～的。

【首善之区】shǒushànzhīqū 首:第一。善:好。最好的地区(多指国家首都)。《汉书·儒林传序》:“故教化之行也,建首善自京师始。”▷北京到底是～,文明程度就是高。

【首鼠两端】shǒushǔliǎngduān 首鼠:踌躇,犹豫。端:头。模棱两可,犹豫不定。《史记·魏其武安侯列传》:“武安已罢朝,出止车门,召韩御史大夫载。怒曰:‘与长孺共一老秃翁,何为首鼠两端?’”▷这件事情你应该抓紧决定,总这样～,会影响大家的工作情绪。☛不宜写作“首施两端”。

【首尾相应】shǒuwěixiāngyìng 应:呼应。原指作战部队首尾相互配合,后泛指开头和结尾互相呼应。《明史·刘应节传》:“如其不然,集兵三十万,分屯列戍,使首尾相应,此百年之利也。”▷这部长篇小说,虽然情节复杂,但层次分明,～,很有可读性。

【寿比南山】shòubǐnánshān 南山:秦岭终南山。形容寿命像终南山那样长久。用来祝人长寿。《诗经·小雅·天保》:“如月之恒,如日之升,如南山之寿。”▷今天是沈教授七十华诞,学生们在寿宴上频频举杯,祝贺沈教授万事如意,～。

【寿终正寝】shòuzhōngzhèngqǐn 寿终:活到老而自然死去。正寝:旧式房屋的正房。原指年老病死在家中正房里;现多比喻事物在该消亡的时候消亡(含嘲讽、戏谑意味)。明·许仲琳《封神演义》第十一回:“你道朕不能善终,你自夸寿终正寝,非侮君而何!”▷产品的质量差,仓库积压严重,卖出的又大量退货,工厂只好～了。

【受宠若惊】shòuchǒngruòjīng 指受到过分宠爱赏识而感到意外的惊喜。宋·欧阳修《辞特转吏部侍郎表》:“受宠若惊,况被非常之命,事君无隐,敢倾至恳之诚。”▷小李被破格提拔为部门经理,他～,竟一下子不知说什么好。

【授人口实】shòurénkǒushí 授:给予。口实:攻击、议论的话柄。给了别人攻击、议论自己的话柄。清·王闿(kǎi)运《致丁亲家书》:“比年频致物论,四督失官,授人口实,宠反为辱。”▷都怨你平时行为不检点,结果～,弄得很被动。

【授受不亲】shòushòubùqīn 授:给。受:接受。指男女之间不能亲手递送物品。《孟子·离娄上》:“淳于髡(kūn)曰:‘男女授受不亲,礼与?’孟子曰:‘礼也。’”▷我们要敢于冲破男女～等传统礼教对男女正当交往的束缚。

【授业解惑】shòuyèjiěhuò 授:传授。传授学业,解除疑惑。唐·韩愈《师说》:“古之学者必有师。师者,所以传道、授业、解惑也。”▷合格的教师,不仅要～,更要成为学生的行为楷模。

【殊途同归】shūtútóngguī 殊:不同的。归:趋向、归宿。不同的途径,到达同一目的。比喻采取不同的方法而得到相同的结果。《晋书·刘毅传》:“是以三人殊途而同归,四子异行而均义。”▷他们两人以不同的方法对这种现象进行分析研究，结果～，得出了一致的结论。

【疏财仗义】shūcáizhàngyì 通常写作"仗义疏财"。

【熟能生巧】shúnéngshēngqiǎo 熟练了，就会产生巧妙的方法。清·李汝珍《镜花缘》第三十一回："俗话说的'熟能生巧'，舅兄昨日读了一夜，不但他已嚼出此中意味，并且连寄女也都听会，所以随问随答，毫不费事。"▷学习外语，要多说、多听、多记，日子一长，～。☛"熟"这里不读 shóu。

【熟视无睹】shúshìwúdǔ 熟视：注目细看。睹：看见。经常看到却和没看见一样。指对眼前的事物或现象漠不关心或漫不经心。晋·刘伶《酒德颂》："静听不闻雷霆之声，熟视不睹泰山之形。"▷各级领导对本地区的地方保护主义不能～，必须坚决反对。☛"熟"这里不读 shóu。

【蜀犬吠日】shǔquǎnfèirì 蜀：四川。四川南部山高多雾，多雨少晴，偶尔日出，群狗向着太阳狂叫。比喻少见多怪。明·程允升《幼学琼林》卷一："蜀犬吠日，比人所见甚稀。"▷有些别有用心的外国政客，攻击中国成功的计划生育政策是"侵犯人权"，简直是～，既可笑又可气。

【鼠肚鸡肠】shǔdùjīcháng 比喻人的气度狭小，容不下人。明·兰陵笑笑生《金瓶梅词话》第三十一回："不是说这贼三寸货强盗，那鼠腹鸡肠的心儿，只好有三寸大一般。"▷这些鸡毛蒜皮的小事，你也总记在心里，也太～，没有气量了。

【鼠目寸光】shǔmùcùnguāng 老鼠的目光只有一寸远。比喻人眼光短，见识浅。清·蒋士铨《临川梦·隐奸》："吓得那一班鼠目寸光的时文朋友，拜倒辕门，盲称瞎赞。"▷那种胸无大志，～，满足现状的心态必须根本扭转。

【数典忘祖】shǔdiǎnwàngzǔ 数：数说。典：指礼制、掌故。比喻忘掉自己本来的情况或事物的本源。《左传·昭公十五年》记载：晋国大夫籍谈(他的祖父是晋国掌管典籍的官)出使周朝，宴席间，周王问籍谈晋国为什么不进贡。籍谈说，晋国从未受过赏赐，所以没有器物进贡。周王举出晋国历次受赏赐的事实，并且讥讽他"数典而忘其祖"。清·袁枚《小仓山房尺牍·与钱竹初书》："枚祖籍慈溪，为兄部民，因生长杭州，数典忘祖。"▷中华民族是有五千年文明传统的民族，我们绝不能～，要牢记我们民族的光荣历史。

【数米而炊】shǔmǐérchuī 炊：做饭。数着米粒做饭。比喻把精力都放在做琐碎的小事上，以致劳而无功；也形容生活困窘。《庄子·庚桑楚》："简发而栉，数米而炊，窃窃乎又何足以济世哉？"宋·汪应宸《与周参政》："今州郡数米而炊，朝不谋夕。"▷那年月，物价飞涨，人民生活陷入绝境，几乎家家～，根本吃不饱肚子｜我们校长对同学的一举手，一投足都要管，有人说他工作细致，也有人说他～。☛"数"这里不读 shù。

【数往知来】shǔwǎngzhīlái 数：查点。查点过去可以推知未来。明·陆容《菽园杂记》卷一："洪武中，朝廷访求通晓历数，数往知来，试无不验者，必封侯，食禄千五百石。"▷他向来是个说话不算数的人，～，这次承诺恐怕还是放空炮。☛"数"这里不读 shù。

【束手待毙】shùshǒudàibì 束：捆绑。

毙:死亡。捆起自己的手来等死。比喻遇到危难不积极想办法,只消极坐等失败或灭亡。明·许仲琳《封神演义》第九十四回:"今天下诸侯会兵于此,眼见灭国,无人替天子出力,束手待毙而已。"▷我们要充分发挥主观能动作用,冲出困境,绝不能～。

【束手就擒】shùshǒujiùqín 束:捆绑。就:接近。捆起自己的手来让人家捉住。比喻不抵抗,甘当俘虏。清·钱彩《说岳全传》第三十七回:"康王见兀术将次赶上,真个插翅难逃,只得束手就擒。"▷我军冲上山头以后,躲在地堡里的敌人便一个个～,成了俘虏。☛不宜写作"束手就缚"。

【束手无策】shùshǒuwúcè 束:捆绑。策:策略,方法。比喻遇事拿不出办法。元·无名氏《五代史平话·唐下》:"唐军又到,仓皇骇愕……诸将相束手无策。"▷在我军大举反攻面前,敌军长官～。

【束之高阁】shùzhīgāogé 捆绑起来放在高高的阁橱里。比喻放着不用,弃置不管。《晋书·庾(yú)翼传》:"京兆杜乂,陈郡殷浩,并才名冠世,而翼弗之重也,每语人曰:'此辈宜束之高阁,俟天下太平,然后议其任耳。'"▷群众提了很多合理意见,你都～,不加理睬,这样怎么能团结大家做好工作呢?☛不宜写作"束诸高阁"。

【述而不作】shùérbùzuò 述:阐述,讲述。作:创作。只阐述前人的学说,自己并不创作。《论语·述而》:"述而不作,信而好古,窃比我于老彭。"▷这些年来,我到处讲学,可始终没有出版自己的学术专著,可以说是～吧!

【树碑立传】shùbēilìzhuàn 树:建立。原指把某人的生平事迹写成碑文刻在石碑上或写成传记世代流传下去。现比喻吹捧个人,抬高个人地位(含贬义)。▷历代统治者都为自己～,企图永世传颂,实际上有几个流芳百世的?

【树大招风】shùdàzhāofēng 比喻目标大了,就容易惹麻烦,招嫉妒。《西游记》第三十三回:"这正是树大招风风撼树,人为名高名丧人!"▷有人劝他:"你这样不断出成果,当心～啊。"他回答说:"我只要多做点对社会有益的事,哪管别人说长道短呢!"

【树倒猢狲散】shùdǎohúsūnsàn 猢狲:猴子。树一倒,猴子也就四散逃走了。比喻后台一垮,依附的人也就一哄而散了(含贬义)。明·徐渭《雌木兰》第二出:"这贼假的是花开蝶满枝,真的是树倒猢狲散。"▷～,袁世凯一死,依附他的那些封建余孽、无耻文人也就销声匿迹了。☛"散"这里不读 sǎn。

【树欲静而风不止】shùyùjìngérfēngbùzhǐ 树要静下来,风却不停地刮。比喻事物的存在和变化不以人们的意志为转移。汉·韩婴《韩诗外传》卷九:"树欲静而风不止,子欲养而亲不待也。"▷人们要求社会安定,而那些邪恶势力却到处挑起事端,搞乱社会,正是～。

【数以万计】shùyǐwànjì 以万来计数,形容数量极多。《明史·彭韶传》:"监局内臣数以万计,利源兵柄尽以付之,犯法纵奸,一切容贷,此防微之道未终也。"▷国庆假日,～的群众涌向各大公园参加游园活动。☛"数"这里不读 shǔ。

【率由旧章】shuàiyóujiùzhāng 率由:遵循。旧章:旧的规章、制度。完全遵循旧规章、老规矩(办事)。▷形势发展了,情况变化了，解决新问题要用新方法，绝不能～，一成不变。

【双管齐下】shuāngguǎnqíxià 管：指笔。原指两手同时拿笔作画。现比喻两个方面同时进行或两种方法同时使用。唐·张彦远《历代名画记》记载：张璪(zǎo)能够双手同时握笔作画。清·壮者《扫迷帚》第二十四回："小弟愚见，原思双管齐下。"▷一手抓技术改革，一手抓经营管理，这样～才能把企业搞上去。

【水到渠成】shuǐdàoqúchéng 渠：水道。水流到的地方自然就成一条水道。比喻条件具备，事情自然成功。宋·苏轼《答秦太虚书》："至时别作经画，水到渠成，不须预虑。"▷处理转产问题不可性急，要有一个过程；条件成熟，～，问题就解决了。

【水滴石穿】shuǐdīshíchuān 水滴个不停，可把石头穿透。比喻力量虽小，只要坚持不懈，总会成功。宋·罗大经《鹤林玉露》卷十："乖崖援笔判云：'一日一钱，千日千钱，绳锯木断，水滴石穿。'"▷～，只要坚持不懈，你的理想是一定可以实现的。

【水落石出】shuǐluòshíchū 水落下去，水中的石头就会露出来。比喻事情真相大白。宋·苏轼《后赤壁赋》："山高月小，水落石出。"《红楼梦》第六十一回："如今这事，八下里水落石出了，连前日太太屋里丢的，也有了主儿。"▷这件纵火案，经过刑侦人员的缜密调查，终于～。☛"落"这里不读 lào。

【水乳交融】shuǐrǔjiāoróng 水和奶融合在一起。比喻结合十分紧密，关系十分融洽。清·刘鹗《老残游记》第十九回："几日工夫，同吴仁搅得水乳交融。"▷优秀的艺术作品，应是神形兼备，情与景～的。☛不要写作"乳水交融"。

【水深火热】shuǐshēnhuǒrè 指像水那样越来越深，像火那样越来越热。比喻处境极端艰难痛苦。《孟子·梁惠王下》："如水益深，如火益热，亦运而已矣。"▷我爷爷一辈子生活在～之中，连肚子都填不饱，哪有钱上学？

【水泄不通】shuǐxièbùtōng 形容拥挤异常或包围得很严密。宋·释普济《五灯会元》卷十："若也水泄不通，便教上座无安身立命处。"▷春节前，火车站售票处人山人海，挤得～。

【水性杨花】shuǐxìngyánghuā 像水流动不定，像杨花随风飘舞。比喻女人作风轻浮，爱情不专一。元·古杭书会《小孙屠》第九出："你休得强惺惺，杨花水性无凭准。"▷你不应错怪她。她作风正派，可不是一个～的女人。☛"杨"不要写作"扬"。

【水涨船高】shuǐzhǎngchuángāo 水位上涨，船身也随着升高。比喻事物随着它的基础的提高，也相应提高。宋·释道原《景德传灯录》卷三十一："水涨船高，泥多佛大。"▷家庭收入翻了一番，可是～，开销也大了。☛"涨"这里不读 zhàng。

【水至清则无鱼】shuǐzhìqīngzéwúyú 至：极，最。水极清澈，也就没有鱼了。比喻过分苛求别人，就没人同他交往了。《大戴礼记·子张问入官》："故水至清则无鱼，人至察则无徒。"▷你不要对他们要求太讨分了，～，完全没有缺点的人，你哪儿找去？

【水中捞月】shuǐzhōng lāoyuè 在水中捞取月亮。比喻去做根本做不到的事，白费气力(常与“一场空”连用)。元·杨景贤《刘行首》第三折:“恰便似沙里淘金,石中取火,水中捞月。”▷走私犯妄图用钱买通海关官员,结果是～一场空。

【睡眼惺忪】shuìyǎnxīngsōng 惺忪:刚刚醒来时眼睛模糊的样子。形容刚刚睡醒,还不太清醒。▷一阵电话铃声,把她从睡梦中惊醒,她～地拿过听筒。

【吮痈舐痔】shǔnyōngshìzhì 吮:吮吸。痈:毒疮。舐:舔。痔:痔疮。用嘴给人吸毒疮的脓,用舌头给人舔痔疮。比喻不顾廉耻谄媚权贵的卑鄙龌龊行为。宋·苏轼《渔樵闲话录》下篇:“苟于进取以速利禄,吮痈舐痔无所不为者,非依鬼欤?”▷这种人为了自己的名利,～,巴结权贵,无耻之极。☛“吮”不读 yǔn;“舐”不读 tiǎn。

【顺理成章】shùnlǐchéngzhāng 顺着思维条理写成文章。形容说话、办事合乎情理,有条不紊。宋·朱熹《朱子全书·论语》:“文者,顺理而成章之谓。”▷这件事我一直弄不明白,你这么一解释,就～了。

【顺手牵羊】shùnshǒuqiānyáng 比喻乘机顺便把别人的东西拿走。《西游记》第十六回:“罢!罢!罢!与你个顺手牵羊,将计就计,教他住不成罢。”▷你怎么能趁人不注意～把那本书拿回家呢?

【顺水推舟】shùnshuǐtuīzhōu 比喻顺着情况发展的趋势说话、办事。元·康进之《李逵负荆》第三折:“你休得顺水推舟,偏不许我过河拆桥。”▷他看到大家都不愿意参加,也就～地说:不参加就不参加吧,只要人家的意见一致就行。

【顺藤摸瓜】shùnténgmōguā 比喻按照一定的线索去探求事情的究竟。▷刑警按照群众提供的线索,～,最终抓到了这个隐藏很深的犯罪嫌疑人。☛“藤”不要错写作“籐”。

【顺之者昌,逆之者亡】shùnzhīzhěchāng,nìzhīzhěwáng 顺从他的就可以昌盛,违背他的必定灭亡。形容某种发展趋势不可抗拒;也形容有权势的人横行霸道。《史记·太史公自序》:“夫阴阳四时、八位、十二度、二十四节各有教令,顺之者昌,逆之者不死则亡。”▷“要和平,反对战争”是世界发展的大趋势。～,发动侵略战争的人绝没有好下场|他用重金贿赂找到了后台,在当地更加肆无忌惮,～。

【瞬息万变】shùnxīwànbiàn 瞬息:一眨眼一呼吸的时间。在极短时间里就发生很多变化。形容变化很多很快。宋·胡宏《题上封寺》诗:“风云万变一瞬息,红尘奔走真徒劳。”▷这个高山气象站的工作人员克服了许多困难,逐步掌握了高山地区气候～的规律。

【说长道短】shuōchángdàoduǎn 指议论别人的是非好坏。清·文康《儿女英雄传》第二十五回:“心里未尝不虑到日后有个人说长道短,众口难辞。”▷你既没有介入这项工作,也不了解前前后后的情况,凭什么在这里～,指手画脚呢?

【说一不二】shuōyībùèr 指说话算数,说到做到。清·文康《儿女英雄传》第四十回:“到了在他娘子跟前,却是从来说一不二。”▷请相信我们,我们是～的,既然答应了,就一定办到。

【硕大无朋】shuòdàwúpéng 硕:大。朋:比。形容巨大无比。《诗经·唐风·椒聊》:“椒聊之实,蕃衍盈升;彼其之子,硕大无朋。”▷四川乐山有一尊～的佛像。

【硕果独存】shuòguǒdúcún 通常写作“硕果仅存”。

【硕果仅存】shuòguǒjǐncún 硕果：大果实。巨大的果实仅仅留下一个。比喻留存下来的稀有可贵的人或事物。清·李慈铭《越缦堂读书记·札记》：“此真经学之弊，然其渊洽贯串，固近日学者中硕果仅存矣。”▷当年在大学学这一行的有40多人，后来几乎全改行了，只有他是～的一位。

【司空见惯】sīkōngjiànguàn 比喻事情常见，不足为奇。唐·孟棨（qǐ）《本事诗·情感》记载：李绅（官居司空）设宴招待诗人刘禹锡（原为和州刺史）。李于席间命歌妓劝酒。刘赋诗：“司空（指李绅）见惯浑闲事，断尽江南刺史肠。”宋·苏轼《满庭芳六首》词：“人间何处有？司空见惯，应谓寻常。”▷在封建社会的官场上，互相攻击、钩心斗角的丑恶现象是～的。

【司马昭之心，路人皆知】sīmǎzhāo-zhīxīn，lùrénjiēzhī 比喻阴谋野心极其明显，人所共知。《三国志·魏书·高贵乡公传》裴松之注引《汉晋春秋》记载：魏帝曹髦在位时，大将军司马昭专权，一心要篡位。曹髦气愤地说：“司马昭之心，路人所知也。”▷反华势力鼓吹“中国威胁论”，其真实目的早已是～了。

【丝丝入扣】sīsīrùkòu 扣：同“筘”，织布机上梳齿状的零件。每条经线都有条不紊地从筘齿中穿过。比喻非常严密，有条不紊（多指写文章或艺术表演）。清·杨潮观《吟风阁杂剧·汲长孺矫诏发仓》：“销算的丝丝入扣，支放的滴滴归源。”▷这位演员表现人物的心理活动深入细微，～，很有吸引力。

【思贤如渴】sīxiánrúkě 盼望得到人才就像口渴想喝水一样。《三国志·蜀书·诸葛亮传》：“将军既帝室之胄，信义著于四海，总揽英雄，思贤如渴。”▷陈院长～，千方百计把有专长的学者调进学院，让他们发挥特长。

【思贤若渴】sīxiánruòkě 通常写作“思贤如渴”。

【斯文扫地】sīwénsǎodì 斯文：指文化或文人。扫地：比喻完全丧失。指文化或文人被污辱、摧残；也指文人自甘堕落，品德败坏。清·陆玉书《谕讼师》诗：“吁嗟十载寒窗苦，甘蹈刑章遭夏楚；区区蝇头利几何，斯文扫地实自取。”▷那个时期真是～，凡是有成就的文人学者几乎都受到冲击。

【死不瞑目】sǐbùmíngmù 瞑目：闭眼。形容人死前心里尚有放不下的事，所以死了也闭不上眼。现常用来形容不达目的，至死也不甘心。《三国志·吴书·孙坚传》：“坚曰：‘卓逆天无道，荡覆王室，今不夷汝三族，县（同‘悬’）示四海，则吾死不瞑目！’”▷这部专著，是我一生心血的结晶，如果不把它整理出来，我是～的！☛“瞑”不要错写作“暝”。

【死不足惜】sǐbùzúxī 足：值得。死了也不值得可惜。表示对死并不介意。《宋史·苏洵传》：“无所顾，则知死之不足惜；有所恃，则知不至于必败。”明·冯梦龙《东周列国志》第二十一回：“我一身死不足惜，吾主兵到，汝君臣国亡身死，只在早晚。”▷我个人～，但人民的财产绝不能受到损失。

【死得其所】sǐdéqísuǒ 所：处所，地方。指死得有价值，有意义。《魏书·张普惠传》：“人生有死，死得其所，夫复何恨！”▷为人民为祖国而死，就是～。

【死而后已】sǐérhòuyǐ 已：停止。死了以后才停止。形容为事业奋斗到底的坚强决心。《论语·泰伯》："仁以为己任，不亦重乎？死而后已，不亦远乎？"三国·诸葛亮《后出师表》："臣鞠躬尽力，死而后已。"▷他直到逝世的前一天，还在为乡亲的致富操劳，真是为人民鞠躬尽瘁，～。

【死灰复燃】sǐhuīfùrán 死灰：熄灭的灰。已经熄灭的灰又重新燃烧起来。比喻已经消失的恶势力、坏现象又重新活跃起来。宋·陈亮《谢曾察院启》："劫火不烬，玉固如斯；死灰复燃，物有待尔。"▷我们要坚决扼制卖淫、吸毒等丑恶现象的～，切实加大打击的力度。

【死里逃生】sǐlǐtáoshēng 从极危险的境地中逃出，幸免于死。元·王实甫《西厢记》第二本第二折："半万贼兵，卷浮云片时扫净，俺一家儿死里逃生。"▷王大伯当年从日寇屠刀下～，是南京大屠杀的幸存者。

【死去活来】sǐqùhuólái 晕死过去，又苏醒过来。形容极度疼痛或悲哀。明·冯梦龙《醒世恒言》卷三十三："当下众人将那崔宁与小娘子，死去活来拷打一顿。"▷她抱住与世长辞的妈妈哭得～，在场的人也无不落泪。

【死伤相枕】sǐshāngxiāngzhěn 枕：枕藉，一个枕着一个地躺着。形容死伤的人很多。唐·陆贽《请不置琼林大盈二库状》："六师初降，百物无储，外扞（hàn，抵御）凶徒，内防危堞（dié，女墙），昼夜不息，迨将五旬，冻馁交侵，死伤相枕。"▷被邪教残杀的人～，惨不忍睹。

【死无对证】sǐwúduìzhèng 对证：核实。指有关人死去，无法核对事实。元·无名氏《抱妆盒》第三折："那厮死了，可不好了，你做的个死无对证。"▷同案犯自杀，他以为～，就拒不认罪，但最后还是受到法律严惩。

【死无遗忧】sǐwúyíyōu 指死后心安理得，没有留下忧虑的事。汉·刘向《淮南子·泰族训》："使其君生无废事，死无遗忧。"▷老大爷终于找到了失散多年的儿子，他感到可以～了。

【死无葬身之地】 sǐwúzàngshēnzhīdì 死后没有埋葬尸体的地方。形容结局很惨。元·纪君祥《赵氏孤儿大报仇》楔子："天那，可怜害的俺一家死无葬身之地也。"《红楼梦》第六十九回："岂不怕爷们一怒，寻出一个由头，你死无葬身之地。"▷这个大汉奸顽抗到底，最后落得个～的下场。

【死心塌地】sǐxīntādì 形容很安心或拿定主意，不再改变（多用于贬义）。元·乔孟符《鸳鸯被》第四折："这洛阳城刘员外，他是个有钱贼，只要你还了时，方才死心塌地。"▷对于那些～为邪教卖命的人，一定要严厉打击，绝不手软。

【死有余辜】sǐyǒuyúgū 余：剩余，多余。辜：罪行，罪恶。指处以死刑都抵偿不了罪行。形容罪恶极大。《汉书·路温舒传》："盖奏当之成，虽咎繇（gāoyáo，即皋陶，古代传说中的司法大臣）听之，犹以为死有余辜。"▷这个黑社会头子干尽了坏事，就是处以极刑，也～。☛"辜"不要错写作"幸"。

【死于非命】sǐyúfēimìng 指遭受意外的灾祸而死去。唐·独孤及《毗陵集·题锁树谏图后》："元达安贫乐道之高人也，一旦应聘而起，知无不言，卒亦死于非命。"▷一次意料不到的交通事故，使她

～。

【四分五裂】sìfēnwǔliè 形容支离破碎，不完整或不统一。《旧五代史·僭(jiàn)伪二》："当今海内四分五裂，吾欲南面以朝天下，诸君以为何如？"▷中国人民历来要求国家统一，反对～；要求社会安定，反对动乱。

【四海为家】sìhǎiwéijiā 四海：指天下。原指天下都是帝王私有；现指到处都可以当作自己的家。《汉书·高帝纪》："且夫天子以四海为家，非令壮丽亡以重威，且亡令后世有以加也。"▷有理想，有抱负的青年应该～，哪里有发展机遇就到哪里去。

【四面楚歌】sìmiànchǔgē 形容陷入四面受包围、孤立无援的困境。《史记·项羽本纪》记载：楚霸王项羽被刘邦包围在垓(gāi)下，"夜闻四面皆楚歌，项王乃大惊曰：'汉皆已得楚乎？是何楚人之多也！'"汉·陆贾《楚汉春秋》："虞姬歌曰：'汉兵已略地，四方楚歌声；大王意气尽，贱妾何聊生。'"▷不可一世的敌人已陷入～的境地，面临彻底灭亡的下场。

【四平八稳】sìpíngbāwěn 原形容说话办事慎重、稳妥；现多指说话办事只求不出差错，不求创新(含贬义)。清·李汝珍《镜花缘》第九十五回："哥哥身段倒是四平八稳，并且转动盘旋极其轻捷。"▷我们反对～、不思进取的作风，提倡勇于改革、敢于创新的精神。

【四体不勤，五谷不分】sìtǐbùqín，wǔgǔbùfēn 四体：四肢。不勤：不劳动。五谷：指稻、麦、黍、稷(高粱)、菽(豆)等作物。指由于不干农活分辨不清五谷。《论语·微子》："四体不勤，五谷不分，孰为夫子？"▷农村基层领导干部不但不应该是～的人，而且应该是农业生产的行家里手。

【四通八达】sìtōngbādá 四面八方都有路可通。形容交通便利。宋·苏轼《论纲梢欠折利害状》："今之京师，古所谓陈留，四通八达之地，非如雍洛有山河之险足恃也。"▷武汉是我国中部交通枢纽，铁路、公路、空航、水路～。

【似曾相识】sìcéngxiāngshí 好像曾经认识。形容对人或事物不感到陌生。宋·晏殊《珠玉词·浣溪沙》词："无可奈何花落去，似曾相识燕归来，小园香径独徘徊。"▷对于这篇文章我有一种～的感觉，好像在哪里见过。☛"曾"这里不读 zēng。

【似是而非】sìshìérfēi 好像正确，实际并不正确。汉·王充《论衡·死伪》："世多似是而非，虚伪类真。"▷这种～的邪说有一定的迷惑性，我们千万不可上当。

【肆无忌惮】sìwújìdàn 肆：放肆。忌惮：顾忌，害怕。指行为放肆，毫无顾忌。明·许仲琳《封神演义》第八十九回："自此肆无忌惮，横行不道，惨恶异常，万民切齿。"▷这个犯罪嫌疑人在法庭～地谩骂公诉人和法官，引起旁听者们极大的愤慨。☛"惮"不读 tán，不要错写作"弹"。

【耸人听闻】sǒngréntīngwén 耸：惊动，震动。指故意夸大其词，使人听了感到震惊。清·汪师韩《诗学纂闻·刘随州别严士元诗》："'闲花落地听无声'者，闲官之挫折，无足重轻，不足耸人听闻。"▷所谓"地球将要毁灭"之类～的邪说，全是欺骗群众的鬼话。☛"听"这里不读 tìng。

【送往迎来】sòngwǎngyínglái 送走离去的，迎接来到的。指人际交往中的应酬接待。《庄子·山木》:“其送往而迎来,来者勿禁,往者勿止也。”▷宾馆里的大堂经理每天～,非常繁忙。

【颂古非今】sònggǔfēijīn 非:否定。歌颂古代的,否定现代的。《史记·秦始皇本纪》:“有敢偶语《诗》《书》者弃市,以古非今者族。”▷我们对待历史,既不应一概否定,搞虚无主义;也不能～,搞复古主义。

【搜索枯肠】sōusuǒkūcháng 枯肠:比喻枯竭的思路。形容写作时苦思苦想。《红楼梦》第八十四回:“宝玉只得答应着,低头搜索枯肠。”▷不到现实生活中去广泛积累素材,只坐在屋子里～,是写不出好作品的。

【俗不可耐】súbùkěnài 庸俗得让人忍受不了。清·钱泳《履园诗话·片石山房》:“其地系吴氏旧宅,后为一媒婆所得,以开面馆,兼为卖戏之所,改造大厅房,仿佛京师前门外戏园式样,俗不可耐矣。”▷有的人说起话来满嘴污秽,自以为“新潮”,其实别人听来却～。

【夙兴夜寐】sùxīngyèmèi 夙:早。兴:起来。寐:睡觉。早起晚睡。形容勤奋辛劳。《诗经·卫风·氓》:“夙兴夜寐,靡有朝矣。”▷为了赶在学术会前完成论文,他～,辛辛苦苦忙了一个月。☛“兴”这里不读 xìng。

【夙夜匪懈】sùyèfěixiè 夙:早。匪:非。懈:懈怠,松懈。从早到晚不懈怠。形容非常勤奋,一刻也不松懈。《诗经·大雅·烝民》:“既明且哲,以保其身。夙夜匪解(懈),以事一人。”▷为了按时保证质量完成课题组交给他的任务,三年来,他～,付出了全部心血。

【肃然起敬】sùránqǐjìng 肃然:恭敬的样子。形容产生十分敬重的心情。宋·陆游《记梦》诗:“肃然起敬竖发毛,伏读百过声嘈嘈。”▷每当我们来到人民英雄纪念碑前总会～。

【素餐尸位】sùcānshīwèi 通常写作“尸位素餐”。

【素昧平生】sùmèipíngshēng 素:素来。昧:不了解。平生:从来;一向。指一向不了解;素不相识。元·王实甫《西厢记》第二本第三折:“其在前曰:‘真为素昧平生,突如其来,难怪妾之得罪。’”▷对于刚才提到的那位先生,我～,不好妄加评说。

【酸甜苦辣】suāntiánkǔlà 指各种味道。比喻人生经历的各种遭遇和切身感受。▷六十多年来,他饱经沧桑,尝遍了人间的～。

【虽死犹生】suīsǐyóushēng 虽然逝世了,但还像活着一样。形容死得有价值,值得人们永远纪念。《魏书·咸阳王禧传》:“今属危难,恨无远计,匡济圣躬,若与殿下同命,虽死犹生。”▷先烈们～,永远活在人民心里!

【随波逐浪】suíbōzhúlàng 通常写作“随波逐流”。

【随波逐流】suíbōzhúliú 逐:追逐,跟着。随着波浪起伏,跟着流水漂荡。比喻没有自己的立场和原则,只能跟着别人走。清·褚人获《隋唐演义》第三十二回:“我看将军容貌气度非常,何苦随波逐流,与这班虐民的权奸为伍?”▷对于社会上的不良风气,我们不能不闻不问,更不能～。

【随风转舵】suífēngzhuǎnduò 通常写作“看风使舵”。

【随机应变】suíjīyìngbiàn 机:时机。

随着时机的变化相应地变化。形容能掌握时机灵活应付。宋·朱熹《朱子全书·学三·知行》:“若要一一理会,则事变无穷,难以逆料,随机应变,不可预定。”▷这位乒乓球运动员最突出的特点就是能～,不断改变自己的打法。☛“应”这里不读 yīng。

【随声附和】suíshēngfùhè 别人怎么说,自己也跟着怎么说。形容没有主见。明·朱国祯《涌幢小品·宫殿》:“世宗既改大礼,恚群臣力争,遂改郊庙,一切变易从新,并改殿名,大臣随声附和,举朝皆震慑不敢言。”▷他在原则问题上从不～。☛“和”这里不读 hé。

【随心所欲】suíxīnsuǒyù 所欲:想要的。指顺着自己的心愿,想干什么就干什么。《论语·为政》:“七十而从心所欲,不逾矩。”《红楼梦》第九回:“宝玉终是个不能安分守理的人,一味的随心所欲。”▷办事情要依据一定的章程,不能～。

【随遇而安】suíyùér'ān 遇:遇到的环境。安:安心。指顺应环境,在任何环境中都能安心。清·文康《儿女英雄传》第二十四回:“吾生有限,浩劫无涯,倒莫如随遇而安。”▷他到外地出差,能～,从不计较生活条件好坏。

【岁寒三友】suìhánsānyǒu 指松、竹、梅三种耐寒的植物。常用来比喻品德高尚,有骨气并有一定关系的三个人。《孤本元明杂剧·渔樵闲话》第四折:“那松柏翠竹,皆比岁寒君子,到深秋之后,百花皆谢,惟有松竹梅花,岁寒三友。”宋·王质《送郑德初归吴中》诗:“相识虽非昔,相知不似今。岁寒三益友,金断两同心。”▷这三位老学者同时遭冤屈,受磨难,都从未向恶势力低头,人们称他们是～。

【岁寒松柏】suìhánsōngbǎi 指严冬之时,才知道松柏耐寒而不凋谢。比喻在艰苦的逆境中才能看出人的高贵品格。《论语·子罕》:“岁寒,然后知松柏之后凋也。”唐·刘禹锡《将赴汝州途出浚下留辞李相公》诗:“后来富贵已零落,岁寒松柏犹依然。”▷他们当时受尽了冤屈和折磨,但献身祖国的决心不变,终于从逆境中走出来,真如～呀!

【岁月蹉跎】suìyuècuōtuó 通常写作“蹉跎岁月”。

【损兵折将】sǔnbīngzhéjiàng 折:损失。兵、将都有损失。形容作战失利,损失惨重。《水浒传》第八十二回:“若得太尉早来如此,也不教国家损兵折将,虚耗了钱粮。”▷这次战役,使敌军～,损失惨重。

【损人利己】sǔnrénlìjǐ 使别人受到损害而自己得到好处。元·高文秀《谇范叔》第四折:“则为你损人利己使心机,图着个甚的?”▷应该提倡大公无私、先人后己的精神,反对自私自利、～的坏作风。

【缩手缩脚】suōshǒusuōjiǎo 形容过分谨慎或有顾虑,不敢放手去做。清·刘鹗《老残游记》第六回:“喊了许久,店家方拿了一盏灯,缩手缩脚地进来。”▷他的思想过于保守,工作总是～,怕这怕那。

【所向风靡】suǒxiàngfēngmǐ 通常写作“所向披靡”。

【所向披靡】suǒxiàngpīmǐ 所向:指风吹向的地方。披靡:草木被吹而分散倒伏。比喻力量到达的地方,一切阻碍全被扫清。《梁书·黄确传》:“钟山之役,确苦战,所向披靡,群虏惮之。”▷我军～,

迅速消灭了全部敌人。☛“靡”不读 mí，不要错写作“糜”。

【所向无敌】suǒxiàngwúdí 所向：指力量达到的地方。形容力量强大，不可阻挡。三国·蜀·诸葛亮《心书》：“善将者，因天之时，就地之势，依人之利，则所向无敌，所击者万全矣。”▷我们为民族独立而战，有人民的支持，永远是～、不可战胜的！

【索然无味】suǒránwúwèi 索然：没有趣味的样子。形容呆板枯燥，没有趣味。清·文康《儿女英雄传》第二十八回：“填人数，凑热闹，便索然无味。”▷本来是很有可读性的散文，经他东添一笔，西删一句，反而变得～了。

T

【他山攻错】tāshāngōngcuò 错：磨石。参看“他山之石，可以攻玉”。

【他山之石，可以攻玉】tāshānzhīshí，kěyǐgōngyù 攻：打磨。别的山上的石头可以作为磨石来打磨玉器。比喻借助别人的长处弥补自己的短处，或吸取别人的经验教训改正自己的缺点和错误。《诗经·小雅·鹤鸣》：“它山之石，可以为错。”又“它山之石，可以攻玉。”清·陈翰《与薛蒻园》：“章侯诗，谨为校阅，不无窜改数字，聊效它山之攻。”▷别的企业成功的经验，可以成为我们发展事业的重要参考，～，我们要记住这条原则。

【太仓一粟】tàicāngyīsù 太仓：古时京城储存粮食的大仓库。粟：谷子。大仓库里的一粒谷子。比喻非常渺小，微不足道。宋·陈烈《题灯》：“富家一碗灯，太仓一粒粟。”清·文康《儿女英雄传》第三回：“我们已写了知单去，知会各同窗的朋友，多少大家集个成数出来，但恐太仓一粟，无济于事。”▷个人的能力再强，也不过是～。

【太平盛世】tàipíngshèngshì 社会安定，国运昌盛的时代。明·沈德符《万历野获编·章枫山封事》：“余谓太平盛世，元夕张灯，不为过侈。”▷我们生在～，又当有为之年，更应该为国家多作贡献。

【太岁头上动土】tàisuìtóushàngdòngtǔ 太岁：古天文学指木星。古代方术认为太岁所在的方位为凶方，不能动土兴建工程，不然会惹祸。比喻公然冒犯权贵或者恶人。《水浒传》第三十二回：“你这鸟头陀，要和我厮打，正是来太岁头上动土！”▷听说这个流氓头子是这一带的一霸，谁也不敢碰。我就不信这个邪，偏偏要去～！

【泰然处之】tàiránchǔzhī 通常写作“处之泰然”。

【泰然自若】tàiránzìruò 泰然：安然，不在意。自若：保持自己的常态。指在变故或紧急情况下，能沉着镇定，毫不慌乱。《金史·颜盏门都传》：“有敌忽来，虽矢石至前，泰然自若。”▷事故发生了，大家都很紧张，他却～。

【泰山北斗】tàishānběidǒu 泰山和北斗星。泰山为五岳之首，北斗在众星中最亮，为人指明方向。比喻为群众景仰钦佩的人物。《新唐书·韩愈传赞》：“自愈没，其言大行，学者仰之如泰山北斗云。”▷这位革命领袖在人民群众中具有很高威望，大家都尊崇他为～。

【泰山压卵】tàishānyāluǎn 卵：蛋。泰山压在蛋上。比喻力量悬殊，强者必胜，弱者必败。《晋书·孙惠传》：“况履顺讨逆，执正伐邪，是……猛兽吞狐，泰山压卵，因风燎原，未足方也。”▷我军压境犹如～，敌军各部相继土崩瓦解。

【贪得无厌】tāndéwúyàn 厌：满足。贪婪之心永远没有满足的时候。《红楼梦》第一百零七回：“凤姐本是贪得无厌的人，如今被抄净尽，自然愁苦。”▷上任几年就贪污了那么多钱财，真是～。这种人必将受到法律的严厉惩处。

【贪多务得】tānduōwùdé 务：务必。原指尽量多地求得知识；后泛指对好东西欲望大，越多越好。唐·韩愈《进学解》："贪多务得，细大不捐。"（细大：指学术中的细枝末节和重要的地方。捐：放弃。）▷企业发展正是用人之际，对优秀技术、管理人才就是要～。

【贪生怕死】tānshēngpàsǐ 贪恋生存，惧怕死亡。《水浒传》第七十六回："都似你这等懦弱匹夫，畏刀避剑，贪生怕死，误了国家大事。"▷在生死考验关头，全班战士都视死如归，没有一个～的胆小鬼。

【贪天之功】tāntiānzhīgōng 把上天的功绩说成是自己的。泛指窃夺他人的功劳据为己有。《左传·僖公二十四年》："窃人之财，犹谓之盗，况贪天之功，以为己力乎？"▷把集体的发明创造记在自己的账上，那不是～是什么！

【贪小失大】tānxiǎoshīdà 贪图小的便宜而造成大的损失。《吕氏春秋·权勋》："此贪于小利以失大利者也。"明·凌濛初《初刻拍案惊奇》卷十六："这叫做贪小失大，所以为人切不可做那讨便宜苟且之事！"▷她以五折的优惠价买了一条"金项链"，想不到～，竟然是条镀金的。

【贪赃枉法】tānzāngwǎngfǎ 枉法：歪曲破坏法律。贪财受贿，破坏法纪。明·冯梦龙《喻世明言》卷二十一："婆留道：'做官的贪赃枉法得来的钱钞，此乃不义之财，取之无碍。'"▷对～、大肆挥霍公款的干部，必须绳之以法。

【昙花一现】tánhuāyīxiàn 昙花：梵语"优昙钵罗花"的简称，开花时间仅数小时。昙花开放后很快就凋谢比喻某些显赫的人或稀有的事物刚一出现就消逝。宋·陆九渊《与程帅书》："开辟以来，能自表见（现）于世若此者，如优昙花，时一现耳。"▷有的人也曾写过一两篇优秀作品，但不愿长期深入生活，也就江郎才尽，～而已。

【谈何容易】tánhéróngyì 原指臣下向君主进言不可轻易；后指事情说起来容易做起来难。汉·东方朔《非有先生论》："於戏（呜呼）！可乎哉？可乎哉？谈何容易！"清·李宝嘉《文明小史》第十回："周师韩听了，鼻子里扑嗤一笑道：'说的，谈何容易！他肯由你要回，方才不带他们去了。'"▷做一名运动员～，冬练三九，夏练三伏，你受得了吗？

【谈虎色变】tánhǔsèbiàn 一谈到老虎就怕得变了脸色。形容对某种事物非常害怕，连说都不敢说。宋·程颢、程颐《二程全书·遗书二上》："真知与常知异。常（通'尝'）见一田夫曾被虎伤，有人说虎伤人，众莫不惊，独田夫色动异于众。若虎能伤人，虽三尺童子莫不知之，然未尝真知，真知须如田夫乃是。"明·归有光《论三区赋役水利书》："有光生长穷乡，谭（同'谈'）虎色变，安能默然而已。"▷经历大地震而脱险的人，一提起地震，就～，神情异常。

【谈笑风生】tánxiàofēngshēng 风生：风趣横生。说笑之中风趣横生。宋·汪藻《浮溪集·鲍吏部集序》："风度凝远，如晋宋间人，谈笑风生，坐者皆屈。"▷几位老同学欢聚一起追忆往事，～，愉快地度过了一个周末。

【谈笑自若】tánxiàozìruò 自若：跟自己平常一样。指在发生意外时，照常说笑，不失常态。《三国志·吴书·甘宁传》："士众皆惧，惟宁谈笑自若。"▷当时，在那么危急的情况下，你还能～，真不简单。

【谈言微中】tányánwēizhòng 微中：在隐约细微之中说到问题的要害。形容说话委婉曲折而切中事理。《史记·滑稽列传》："太史公曰：'天道恢恢，岂不大哉！谈言微中，亦可以解纷'。"清·吴敬梓《儒林外史》第十回："牛布衣又说起，范学台幕中查一个童生卷子，尊公说出何景明的一段话，真乃'谈言微中，名士风流。'"▷张老师教学语言生动活泼，～，学生听得津津有味。☛"中"这里不读 zhōng。

【弹冠相庆】tánguānxiāngqìng 弹：撣。冠：帽子。撣去帽子上的尘土，互相祝贺。多指因即将做官而互相庆贺（多含贬义）。《汉书·王吉传》："吉与贡禹为友，世称'王阳（王吉字子阳）在位，贡公弹冠'，言其取舍同也。"宋·苏洵《管仲论》："一日无仲，则三子者（指竖刁、易牙、开方三人）可以弹冠而相庆矣。"▷那年月，卖国有功，汉奸～；爱国有罪，冤狱遍于国中。☛这里"弹"不读 dàn，"冠"不读 guàn。

【弹指之间】tánzhǐzhījiān 弹指：捻弹手指。表示时间非常短暂。元·谷子敬《城南柳》第二折："年光弹指过，世事转头空。"▷时间过得真快，～已是六十多岁了。☛"弹"这里不读 dàn。

【忐忑不安】tǎntèbùān 忐忑：心神不定。心里非常慌乱，安定不下来。清·吴趼人《糊涂世界》卷九："两道听了这话，心里忐忑不定。"▷母亲病重住院，治疗效果并不明显，我心里总是～。

【坦然自若】tǎnránzìruò 坦然：形容内心平静。自若：跟自己平常一样。态度从容自然，跟平常一样。《红楼梦》第二十二回："宝钗原不妄言轻动，便此时亦是坦然自若。"▷尽管有人在背后说他的坏话，他仍是～，毫不介意。

【叹为观止】tànwéiguānzhǐ 赞叹没有比所看到的事物更好的了。《左传·襄公二十九年》记载：春秋时吴国季札在鲁国观看舞乐，看到"韶箾"（xiāo）舞时说："观止矣，若有他乐，吾不敢请已！"▷古墓中出土的玉器，玲珑剔透，令人～。

【探骊得珠】tànlìdézhū 骊：指骊龙，古代传说的黑龙。摸到骊龙的下巴，得到了珍珠。比喻文章写得好，抓住了精妙，切中主题。《庄子·列御寇》记载：黄河边有个穷人，其子泅人深水，得到骊龙下巴下的的一颗价值千金的珍珠。▷这篇杂文抨击不正之风，可说是～。

【探囊取物】tànnángqǔwù 囊：袋子。伸手到口袋里摸取东西。比喻事情很容易办到。《新五代史·南唐世家·李煜传》："（李）毅曰：'中国用吾为相，取江南如探囊中物尔。'"元·无名氏《怒斩关平》第一折："我觑那两员贼将，如掌上观纹，探囊取物。"▷我十万大军，攻打这座小城，如～，毫无问题。

【探源溯流】tànyuánsùliú 探：探索。溯：逆流而上。探求水的源流。比喻探索推求事物的来龙去脉。▷有的成语需要～才能明白它原来的意思。☛"溯"不读 suò 或 shuò。

【汤池金城】tāngchíjīnchéng 通常写作"金城汤池"。

【堂而皇之】tángérhuángzhī 堂皇：气势宏大。形容气派或规模宏大；也形容大模大样，满不在乎。▷他那套～的大道理还真能唬人｜一个骗子竟然穿着军装，～地在居民区行骗，我们可得提高警惕呀！

【堂堂正正】tángtángzhèngzhèng 堂堂：威武雄壮的样子。正正：严肃整齐。原军容盛大整齐，后形容光明正大。《孙子·军争》："无要（yāo，中途拦截）正正之旗，勿击堂堂之陈（同'阵'），此治变者也。"清·文康《儿女英雄传》第三十回："况且人家的话，堂堂正正，料着一时驳不倒。"▷我们说话、办事都是～的，怕什么？

【糖衣炮弹】tángyīpàodàn 用糖衣裹着的炮弹。比喻腐蚀、拉拢、拖人下水干坏事的手段。▷我们要抵制金钱、美女的诱惑，抵制各种～的袭击。

【螳臂当车】tángbìdāngchē 螳臂：螳螂的前腿，呈镰刀状。当：阻挡。螳螂用前腿阻拦车子前进。比喻不自量力，去做办不到的事。《庄子·人间世》："汝不知夫螳螂乎？怒其臂以当车辙，不知其不胜任也。"清·李汝珍《镜花缘》第十八回："谁知腹中虽离渊博尚远，那目空一切，旁若无人光景，都处处摆在脸上。可谓'螳臂当车，不自量力。'"▷逆历史潮流而动的势力，犹如～，最终都会被历史的车轮辗得粉碎。☛"当"这里不读dǎng或dàng。

【螳螂捕蝉，黄雀在后】tánglángbǔchán，huángquèzàihòu 蝉：昆虫，雄性可发声，俗名知了。螳螂正要捕捉知了，不知道黄雀在后面正要捕它。比喻一心只想害别人，没想到有人也正在算计自己。《庄子·山木》："睹一蝉，方得美荫（阴）而忘其身，螳螂执翳（yì）而搏之，见得而忘其形；异鹊从而利之，见利而忘其真。"清·纪昀《阅微草堂笔记·槐西杂志四》："后数年，闻山东雷击一道士，或即此道士淫杀过度，又伏天诛欤？螳螂捕蝉，黄雀在后，挟弹者又在其后，此之谓矣。"▷那些总在算计别人的人，应该懂得～的道理。☛不宜写作"黄雀螳螂"。

【倘来之物】tǎngláizhīwù 倘来：意外得到的。意外得来的或不应该得到而得到的钱物、好处。元·秦简夫《东堂老》第三折："这钱财是倘来之物。"▷贿赂的钱财，是～，不过钓饵而已。☛不宜写作"傥来之物"。

【韬光养晦】tāoguāngyǎnghuì 韬光：隐藏锋芒。养晦：暂且隐退。比喻暂且隐藏才能、谋略，不使外露。清·郑观应《盛世危言·自序》："自顾年老才庸，粗知《易》理，亦急拟独善潜修，韬光养晦。"▷刘备很善于～，伪装自己，最终从曹操身边逃走。☛"晦"不读huǐ。

【逃之夭夭】táozhīyāoyāo 夭夭：枝叶繁茂的样子。《诗经·周南·桃夭》："桃之夭夭，灼灼其华（同'花'）。"是说桃树枝叶繁茂，花开得鲜艳。"桃"与"逃"谐音，"夭夭"与"遥遥"音近，借以表示逃得很远，踪影全无。明·冯梦龙《醒世恒言》卷三："俟夜静更深，将店中资本席卷，双双的桃之夭夭，不知去向。"▷这个犯罪嫌疑人，企图～，但最终还是逃脱不了法律的严惩。

【桃李不言，下自成蹊】táolǐbùyán，xiàzìchéngxī 蹊：小路。桃树李树不会说话，但因其花色艳丽，果实甘美，人们不请自到，树下自然会走出小路。比喻人品高尚，自然会受到人们的尊敬和景仰。《史记·李将军传赞》："谚曰：'桃李不言，下自成蹊。'此言虽小，可以喻大。"▷先生德高望重，自然是～。

【桃李满天下】táolǐmǎntiānxià 桃李：桃树李树，比喻学生。比喻培养的学生很多,到处都有。唐·白居易《春和令公〈绿野堂种花〉》诗:“令公桃李满天下,何用堂前更种花。”▷刘老师从教三十八年,当然是～了。

【讨价还价】tǎojiàhuánjià 买卖双方协商价格。比喻双方争取对各自有利的条件。明·冯梦龙《喻世明言》卷一:“三巧儿问了他讨价还价,便道:‘真个亏你些儿。’”▷经过激烈的～,谈判双方终于达成了协议。

【特立独行】tèlìdúxíng 特:独特。指处世独特高洁,不随波逐流。《礼记·儒行》:“其特立独行有如此者。”唐·韩愈《伯夷颂》:“士之特立独行,适于义而已。”▷大学毕业后,别人都想留在大城市,只有他～,决意要去西藏高原。

【提纲挈领】tígāngqièlǐng 纲:鱼网上的总绳。挈:提起。提起鱼网的总绳,拎起衣服的领子。比喻抓住要领或简明扼要地提出问题。《荀子·劝学》:“若挈裘领,诎(同‘屈’)五指而顿之,顺者不可胜数也。”《韩非子·外储说右下》:“善张网者引其纲,不一一摄万目而后得。”清·李宝嘉《官场现形记》第六十回:“因此便想到一个提纲挈领的法子。”▷快到时间了,把你的观点～地说一说就可以了。☛“挈”不读 xié。不要错写作“携”。

【提心吊胆】tíxīndiàodǎn 形容担心害怕,安不下心。《西游记》第十七回:“众僧闻得此言,一个个提心吊胆,告天许愿。”▷儿行千里母担忧,你一人外出打工,怎叫做娘的不～惦记你?

【啼饥号寒】tíjīháohán 啼:哭。号:高声哭叫。因饥饿寒冷而哭喊。形容生活极度贫困。唐:韩愈《进学解》:“冬暖而儿号寒,年丰而妻啼饥。”▷那年月,军阀混战,灾害不断,逃荒要饭的,～,惨不忍睹。☛“号”这里不读 hào。

【啼笑皆非】tíxiàojiēfēi 哭也不是,笑也不是。形容既令人感到难堪,又令人觉得可笑。唐·孟棨(qǐ)《本事诗》记载:南朝·陈·徐德言之妻乐昌公主有诗为“笑啼俱不敢,方验作人难”。▷他边走下台,边向大家招手,不小心跌了一跤,惹得大家～。

【醍醐灌顶】tíhúguàndǐng 醍醐:从牛奶中提炼出来的纯酥油,佛经里用来比喻佛法。把纯酥油浇在头顶上。比喻把智慧灌输给人,使其彻底醒悟。唐·顾况《行路难》诗:“岂知灌顶有醍醐,能使清凉头不热。”明·凌濛初《初刻拍案惊奇》卷十一:“王生闻得,满心欢喜,却似醍醐灌顶,甘露洒心,病体已减去六七分了。”▷你这一番话犹如～,说得我心里亮堂了。

【体大思精】tǐdàsījīng 体:体制,规模。指著作、规划等规模宏大,构思精密。南朝·宋·范晔(yè)《狱中与诸甥侄书》:“此书行,故应有赏音者。纪、传例为举其大略耳,诸细意甚多。自古体大而思精,未有此也。”明·胡应麟《诗薮·近体上》:“李才高气逸而调雄,杜体大思精而格浑。”▷这部新作,～,学术水平很高。

【体贴入微】tǐtiērùwēi 体贴:体察别人的心情,给以细心的关照。入微:关照到细微之处。对人体察关照,无微不至。清·吴趼人《二十年目睹之怪现状》第三十八回:“做买卖的人,只要心平点,少看点利钱,那些贫民便受惠多了。我笑道:‘这可谓体贴入微了。’”▷我们单位对离退休人员～。

【体无完肤】tǐwúwánfū 完:完好。全身没有一块完好的皮肤。形容全身是伤；现多用来比喻论点被批驳得不成样子。《旧五代史·唐书·明宗纪》："事武皇三十年，排难解纷，栉风沐雨，冒刃血战，体无完肤，何艰险之不历！"▷为一点小事，他竟被打得遍体鳞伤，～｜他的谬论，被与会者驳得～。

【倜傥不羁】tìtǎngbùjī 倜傥：洒脱大方。羁：拘束。豪放洒脱，无拘无束。《隋书·刘权传》："世彻倜傥不羁，颇为时人所许。"▷我们都喜欢他这种热情豪放、～的性格。☛"倜"不读 zhōu。"傥"不读 dǎng。

【涕泪交流】tìlèijiāoliú 涕泪：鼻涕眼泪。交流：一齐流下。形容哀痛哭泣，极度悲伤。宋·邵伯温《邵氏闻见前录》卷六："是何微类，误我至尊，乞明验于奸人，愿不容于首恶。兴言及此，涕泪交流。"▷子女们在母亲灵前～，悲痛万分。

【涕泗滂沱】tìsìpāngtuó 涕：眼泪。泗：鼻涕。滂沱：雨下得很大的样子。形容极度悲伤，眼泪鼻涕像下雨一样流淌下来。《诗经·陈风·泽陂》："有美一人，伤如之何！寤寐无为，涕泗滂沱。"▷在母亲的遗体前，他无法控制自己，号啕大哭，～，几乎昏死过去。

【天崩地裂】tiānbēngdìliè 天崩塌，地裂陷。比喻重大的事变或强烈的声响。明·冯梦龙《醒世恒言》卷五："忽地刮喇一声响亮，如天崩地裂，一件东西向前而坠。"▷突然一声霹雳，似乎～，吓得我心惊胆战。

【天长地久】tiānchángdìjiǔ 像天和地那样长久永恒。多形容爱情永恒不变。《老子》第七章："天长地久。天地所以能长且久者，以其不自生，故能长生。"唐·白居易《长恨歌》："天长地久有时尽，此恨绵绵无绝期！"▷祝你们爱情永驻，～，白头偕老！

【天长日久】tiānchángrìjiǔ 时间很长，日子很久。《红楼梦》第三十回："但只是天长日久，尽着这么闹，可叫人怎么过呢！"▷这屋子阴暗潮湿，～，身体会受不了的。

【天从人愿】tiāncóngrényuàn 从：顺从。上天也顺从人的意愿。指事情的发展正好与人的意愿相合。元·张国宾《合汗衫》第三折："谁知天从人愿，到的我家不上三日，就添了一个满抱儿小厮。"▷刚播完大田需要灌溉的时候，下了一场透雨，真是～！

【天道酬勤】tiāndàochóuqín 天道：天理。酬：酬报。天理无私，会酬报人的勤奋。指下苦功夫就会有成就。▷掌握尖端科学并有所成就是不容易的，但～，只要奋力追求，是会取得成功的。

【天地不容】tiāndìbùróng 天地：指人世间。人世间绝不能容纳。形容罪大恶极。唐·骆宾王《代徐敬业传檄天下文》："人神之所同嫉，天地之所不容。"▷这个黑社会性质的犯罪团伙抢劫杀人，无恶不作，真是～。

【天翻地覆】tiānfāndìfù 天翻过去，地叩过来。形容发生了根本的变化或闹得很凶。唐·刘商《胡笳十八拍·六》："天翻地覆谁得知，如今正南看北斗。"清·曾朴《孽海花》第二十六回："可是不放她出去，她又闹得你天翻地覆，鸡犬不宁。"▷改革开放以来，我们家乡发生了～的变化｜土匪把村里弄得～，鸡飞狗跳。

【天方夜谭】tiānfāngyètán 天方：我国古代称阿拉伯地区。谭：谈。阿拉伯民间故事集《一千零一夜》的旧译名，写一个聪明的女郎给残暴的国王每晚讲一个故事，共讲了一千零一夜。后用“天方夜谭”比喻离奇怪诞、不足为信的传闻或说法。▷别听他瞎扯了，都是些胡编乱造的～罢了。

【天高地厚】tiāngāodìhòu 形容恩情深厚；或用在“不知”之后形容幼稚无知。《诗经·小雅·正月》：“谓天盖高，不敢不局；谓地盖厚，不敢不蹐（jí，小步走）。”《荀子·劝学》：“故不登高山，不知天之高也；不临深谿，不知地之厚也；不闻先王之遗言，不知学问之大也。”元·王实甫《西厢记》第五本第二折：“这天高地厚情，直到海枯石烂时。”▷你这～的恩德，我日后一定报答｜你真是不知～，从小不好好学习，还想当科学家？

【天各一方】tiāngèyīfāng 各在天底下的一个方向。形容相距很远，很难见面。汉·苏武《诗四首》（其四）：“良友远离别，各在天一方。”《三国演义》第三十六回：“先生此去，天各一方，未知相会却在何日！”▷我们兄妹～，几年也见不到一面。

【天花乱坠】tiānhuāluànzhuì 形容话说得漂亮动听，有声有色，但并不符合实际。传说梁武帝时，云光法师讲经感动上天，鲜花从空中纷纷落下。宋·释惟白《续传灯录·金陵保宁寺圆玑禅师》：“双眉本来自横，鼻孔本来自直，直饶说得天花乱坠，顽石点头，算来多虚不如少实。”▷你甭把你们单位吹得～，我们检查检查就知道真实情况了。

【天荒地老】tiānhuāngdìlǎo 天荒废了，地衰老了。形容经历的时间很久远。唐·李贺《致酒行》诗：“吾闻马周昔作新丰客，天荒地老无人识。”▷许多美丽的神话传说～，流传至今，仍然饱含着艺术魅力。

【天昏地暗】tiānhūndìàn 天地一片昏暗。形容风沙弥漫的景象；也形容场面惨烈。唐·韩愈《龙移》诗：“天昏地黑蛟龙移，雷惊电激雄雌随。”《水浒传》第六十回：“只见狂风四起，飞沙走石，天昏地暗，日月无光。”清·无名氏《说唐》第六十四回：“一时杀得天昏地暗，尸积如山，血流成河。”▷那天正玩得兴致勃勃时，突然狂风大作，～，我们只得扫兴而归｜这一战直杀得～，血肉横飞。

【天经地义】tiānjīngdìyì 经：长久不变的法则。义：公正的道理。指天地间经久不变不容置疑的法则和道理。《左传·昭公二十五年》：“夫礼，天之经也，地之义也。”清·李宝嘉《文明小史》第三十回：“又着实恭维黄詹事的话是天经地义，颠扑不破的。”▷把子女抚养成人，是～的，是任何做父母的不可推卸的责任。

【天理不容】tiānlǐbùróng 通常写作“天理难容”。

【天理难容】tiānlǐnánróng 天理：天之常理。容：容忍。形容做事违背正理，上天也不会容忍。元·无名氏《朱砂担》第四折：“才见得冤冤相报，方信道天理难容。”▷这泼妇平日就虐待婆婆，今天竟把老人家打伤了，简直是～。

【天伦之乐】tiānlúnzhīlè 天伦：天然的伦次，原指兄弟，后泛指父母子女、兄弟姐妹等亲属关系。指骨肉团聚的快乐。唐·李白《春夜宴诸从弟桃花园序》：“会桃花之芳园，序天伦之乐事。”▷每逢节假日，一家人欢聚一堂，说说笑笑，共享～。

【天罗地网】tiānluódìwǎng 罗：捕捉鸟

雀的网。以天为罗,以地为网。比喻全面而严密的包围措施。宋·无名氏《大宋宣和遗事》前集:“才离阴府恓惶难,又值天罗地网灾。”▷犯罪分子可隐蔽一时,但终究逃不脱法律的~。

【天马行空】tiānmǎxíngkōng 天马:神马。神马腾空飞行。比喻才思横溢,气势豪放;也用以讽刺脱离实际。明·刘廷振《萨天锡诗集序》:“其所以神化而超出于众表者,殆犹天马行空而步骤不凡。”清·赵翼《瓯北诗话》:“自有天马行空,不可羁勒之势。”▷这篇文章想象丰富,气势奔放,犹如~|你的这些想法,犹如~,真是让人难以理解。

【天南地北】tiānnándìběi 一个在天之南,一个在地之北。形容相距甚远;也形容话题广泛,漫无边际。清·陆耀遹《金石续编·唐鸿庆寺碑》:“天南地北,鸟散荆分。”▷我们从~来到北京,参加全国人民代表大会|两个人~,聊到半夜。

【天怒人怨】tiānnùrényuàn 上天愤怒,世人怨恨。形容为害严重,民愤极大。宋·苏轼《代张方平谏用兵书》:“师徒丧财,财用耗屈,较之宝元、庆历之败,不及十一。然而天怒人怨,边兵背叛,京师骚然。”▷招致~的人,绝没有好下场。

【天壤之别】tiānrǎngzhībié 壤:地下。天上和地下的差别。形容差别非常大。清·文康《儿女英雄传》第三十六回:“不走翰林这途,同一科甲,就有天壤之别了。”▷他过去吃不上穿不上,现在不仅盖上了小楼,还买了汽车,日子真有~。

【天外有天】tiānwàiyǒutiān 一个高境界之上还有更高的境界。比喻技艺、本领、能力等永无止境;也比喻能人之上还有能人。▷我们绝不能骄傲自大,应该牢记~的道理。

【天网恢恢,疏而不漏】tiānwǎnghuīhuī,shūérbùlòu 恢恢:形容宽广无边。指天道像个大网,宽广无边,网眼虽然稀疏,但是绝不会漏掉一个坏人。《老子》第七十三章:“天网恢恢,疏而不失。”明·冯梦龙《醒世恒言》卷三十六:“太守相公冷笑一声道:‘你可记得三年前蔡指挥的事么?天网恢恢,疏而不漏,今日有何理说!’”▷~,隐姓埋名逃往边城的犯罪嫌疑人,终于受到了法律的制裁。

【天涯海角】tiānyáhǎijiǎo 涯:边际。天的边际,海的角落。形容极其遥远而偏僻的地方。唐·韩愈《祭十二郎文》:“一在天之涯,一在地之角。”宋·张世南《游宦纪闻》卷六:“今之远宦及远服贾者,皆曰天涯海角,盖俗谈也。”宋·王十朋《怀子尚》诗:“水北山南春寂寂,天涯海角路漫漫。”▷纵使他逃到~,也逃不脱法律的制裁。

【天涯若比邻】tiānyáruòbǐlín 参看“海内存知己,天涯若比邻”。

【天衣无缝】tiānyīwúfèng 传说中天仙的衣服没有接缝。比喻事物自然完美,没有破绽;也比喻诗文浑然一体,没有雕琢的痕迹。五代·前蜀·牛峤《灵怪录·郭翰》记载:太原郭翰月夜乘凉,见一仙女从空中飘然而下,自称织女。郭问她穿的衣服为什么没有缝儿,织女答:“天衣本非针线为也。”宋·周密《浩然斋雅谈》卷中:“对偶之佳者,如‘数点雨声风约住,一枝花影月移来’……‘梨园子弟白发新,江州司马青衫湿’……数联皆天衣无缝,妙合自然。”▷这件事情处理得~,各方面都很满意|你的故事编得很离奇,

但并非～。

【天有不测风云】tiānyǒubùcèfēngyún 天上有难以预测的风云变化。比喻人间有无法预料的灾祸（多与“人有旦夕祸福”连用）。元·无名氏《合同文字》第四折：“天有不测风云，人有旦夕祸福，那小厮恰才无病，怎生下在牢里便有病？”▷～，你们在路上可要多加小心。

【天渊之别】tiānyuānzhībié 渊：深潭，深池。比喻差别极大。清·嘿生《玉佛缘》第六回：“二人住了这个轩敞洁净的房子，觉得比客栈有天渊之别，如何不乐？”▷我们现在的生活水平与祖辈相比，有～。

【天灾人祸】tiānzāirénhuò 自然灾害和人为的祸患。《管子·内业》：“不逢天灾，不遇人害，谓之圣人。”▷三四十年代，～不断，农民背井离乡，苦度时日。

【天造地设】tiānzàodìshè 造：创造。设：设立。形容天然形成无需加工修饰的美好事物。宋·陆游《放翁逸稿·南园记》：“其地实武林之东麓，而西湖之水汇于其下，天造地设，极山湖之美。”▷我的家乡虽是个小山村，但那里山川秀丽，四季如春，堪称～的好地方。☛不宜写作“天授地设”。

【天诛地灭】tiānzhūdìmiè 诛：杀。形容为天地所不容（多用于赌咒发誓）。《水浒传》第十五回：“众人见晁盖如此志诚，尽皆欢喜，个个说誓道……我等六人中但有私意者，天诛地灭，神明鉴察。”▷这消息我要是泄露出去，～。

【天作之合】tiānzuòzhīhé 合：结合。上天撮合成的婚姻。形容美满的婚姻。《诗经·大雅·大明》：“文王初载，天作之合。”明·徐复祚《红梨记·诉衷》：“才子佳人，实是良偶，两下不期都来，可不是天作之合！”▷新郎才华横溢，新娘美丽娴淑，这真是～。

【添枝加叶】tiānzhījiāyè 比喻在原来的基础上夸张、渲染，增添原来没有的内容；也比喻编造情节，有意歪曲事实。▷小李口才不错，把听来的笑话，～给大家讲一遍，逗得大家哈哈大笑｜不能～，而要实实在在地反映事件经过。

【添砖加瓦】tiānzhuānjiāwǎ 比喻为国家、集体或某项事业贡献一份力量。▷他决心报考师范专业，将来为教育事业～，贡献才智。

【恬不知耻】tiánbùzhīchǐ 恬：安然，不放在心上。指做了坏事还心安理得，不知羞耻。宋·钱时《两汉笔记》卷十二：“谏不行，言不听，膏泽不下于民，而但缄默固位，恬不知耻，又可谓贤乎？”▷干了见不得人的事还满不在乎，真是～！☛“恬”不读 guǎ 或 shé。

【甜言蜜语】tiányánmìyǔ 像蜜一样甜的话语。指为讨好或哄骗人而说的好听的话。明·冯梦龙《醒世恒言》卷三十六：“下福坐在旁边，甜言蜜语，劝了一回。”▷只愿听～，而听不进逆耳诤言的人，不会成为一个好干部。☛不宜写作“甜言软语”。

【挑肥拣瘦】tiāoféijiǎnshòu 比喻一味地挑选对自己有利的。清·郭小亭《评演济公传》第一百二十回：“这和尚必是买十个钱的肉，挑肥拣瘦。”▷干工作不能～。

【挑三拣四】tiāosānjiǎnsì 形容反复挑选，总不合心意。▷商场里的羽绒服不少，可是她一上午～也没找到一件满意的。

【条分缕析】tiáofēnlǚxī 形容详细而有条理地分析。明·顾尔行《刻〈文体明辨〉序》:“《文体明辨》一书……上采黄虞,下及近代,文各标其体,体各归其类,条分缕析,凡若干卷云。”▷语文老师讲课,～,深入浅出,深受学生欢迎。☛“析”不要错写作“晰”。

【调嘴弄舌】tiáozuǐnòngshé 调嘴:要嘴皮子。指背后说长道短,搬弄是非。明·洪楩(pián)《清平山堂话本·快嘴李翠莲记》:“这早晚,东方将亮了,还不梳妆完,尚兀子(自)调嘴弄舌!”▷要切实改掉～的毛病,才能跟大家搞好团结。☛“调”这里不读 diào。

【调嘴学舌】tiáozuǐxuéshé 通常写作“调嘴弄舌”。

【挑拨离间】tiǎobōlíjiàn 离间:使人不团结不和睦。搬弄是非,挑起争端,破坏团结。▷我们不允许别人在我们中间～,制造事端。☛这里“挑”不读 tiāo,“间”不读 jiān。

【跳梁小丑】tiàoliángxiǎochǒu 跳梁:跳过来跳过去。小丑:卑鄙的小人。指上窜下跳,搬弄是非的卑劣小人。《庄子·逍遥游》:“子独不见夫狸狌乎?卑身而伏,以候敖者,东西跳梁,不避高下。”清·汪琬《广西巡抚右副都御史郝公墓志铭》:“五省山水环纡,岚瘴纷错,军需不能输,骑兵不能突,此跳梁小丑所以得稍延余息也。”▷这个～,挑拨是非,破坏团结,今天受到了应有的惩罚。

【铁案如山】tiěànrúshān 形容案件证据确凿且已经判定,像山一样无法推翻。清·蒲松龄《聊斋志异·胭脂》:“铁案如山,宿遂延颈以待秋决矣。”▷这个流氓团伙罪行累累,～。

【铁板一块】tiěbǎnyīkuài 比喻结合紧密,不能分开。▷敌人绝不可能是～,完全可以分化瓦解。

【铁杵磨成针】tiěchǔmóchéngzhēn 参看“只要功夫深,铁杵磨成针”。

【铁面无私】tiěmiànwúsī 指秉公办事,不讲私情。《红楼梦》第四十五回:“我想必得你去做个‘监社御史’,铁面无私才好。”▷做一个～的法官,才能受到人民的信赖。

【铁石心肠】tiěshíxīncháng 形容心肠像铁石一样硬,不为感情所动。元·戴善夫《风光好》第二折:“他多管是铁石心肠,直恁的难亲傍。”▷孩子生病住院了,你这当爸爸的连看也不去看一眼,真是～!

【铁树开花】tiěshùkāihuā 铁树:苏铁,常绿乔木,多年才开花一次。比喻罕见或很难实现。清·郑志鸿《常语寻源》:“升庵外集,吴兴王济云:吴湘间有俗谚,见事难成者则曰须铁树开花。”▷有的外国人说,中国发射人造卫星,除非～,事实证明,这是不正确的。

【铁证如山】tiězhèngrúshān 形容证据过硬,不能推翻。▷他的行为已经构成抄袭,～,不容抵赖。

【听而不闻】tīngěrbùwén 听了就像没听见一样。指对别人的话不重视或漠不关心。《礼记·大学》:“心不在焉,视而不见,听而不闻,食而不知其味。”▷对群众的呼声,我们绝不能～。

【听其自然】tīngqízìrán 听:任凭。指任凭人或事物自然发展,概不过问。宋·范成大《论勤政疏》:“推而放之之久,则必有偏而不举,尼(阻止)而不行,与夫沮抑于下而弗使见功者,一听其自然,不复过而问焉。”▷对子女要正面引导，要耐心教育，～是不行的。

【听天由命】tīngtiānyóumìng 听：听凭。听凭上天和命运安排。表示主观上不愿努力或没有办法，任凭不好的事态自然发展。明·沈自晋《望湖亭·暗祐》：“这个也只要尽其在人，说不得听天由命。”▷受伤身残以后，他不愿～，决心干一番自己的事业。

【听微决疑】tīngwēijuéyí 听：审察，决断。微：隐蔽。疑：疑难。审理隐蔽疑难案件。形容思维缜密，善于解决疑难。《史记·循吏列传》：“公以臣能听微决疑，故使为理（狱官）。”▷她有敏锐的洞察力，能～，一定能成为一个好的司法工作者。☛“听”这里不读 tìng。

【亭亭玉立】tíngtíngyùlì 亭亭：直立而娇美的样子。形容女子身材修长、体态秀美或花木形体挺拔匀称。唐·于邵《杨侍郎写真赞》：“仙状秀出，丹青写似，亭亭玉立，峨峨岳峙。”▷这姑娘身材高挑，～｜他们正在湖边欣赏着～的荷花。☛“亭亭”不要错写作“婷婷”。

【挺身而出】tǐngshēnérchū 挺起身子勇敢地站出来。形容勇于面对困难或危险。《旧五代史·周书·唐景思传》：“后数日，城陷，景思挺身而出，使人告于邻郡，得援军数百，逐其草寇，复有其城，亳（bó）民赖是以济。”▷小伙子～，勇敢地与歹徒搏斗，在群众的帮助下，终于制服了歹徒。

【铤而走险】tǐngérzǒuxiǎn 铤：快跑的样子。指无路可走时急不择路而采取冒险行动。《左传·文公十七年》：“小国之事大国也，德则其人也，不德则其鹿也，铤而走险，急何能择？”清·赵翼《瓯北诗钞·阅明史有感于流贼事》诗：“死有余辜贪吏害，铤而走险小人情。”▷明朝末年，农民们没法生活下去，只好～，揭竿起义。☛“铤”这里不读 dìng，不要错写作“挺”。

【通情达理】tōngqíngdálǐ 通、达：通晓，理解。形容说话做事合乎人情事理。清·李海观《歧路灯》第八十五回：“只因民间有万不通情达理者，遂尔家有殊俗。”▷群众是～的，只要把事情的原委讲清楚，是会得到他们的谅解的。

【通权达变】tōngquándábiàn 通、达：通晓，理解。权：变通。指根据实际情况适应变化灵活处理。清·文康《儿女英雄传》第二十八回：“这些东西原该随身佩带的，只是如今人心不古，你若带在身上，大家必哗以为怪，只好通权达变，放在手下备用吧。”▷作为一个领导人，必须善于审时度势，～。

【通宵达旦】tōngxiāodádàn 通宵：通夜。达旦：直到天亮。整整一夜，直到天亮。明·冯梦龙《醒世恒言》卷二十五：“狮蛮社火，鼓乐笙箫，通宵达旦。”▷母亲有病时，女儿～地守护在病床前，给他倒水，喂药。☛“宵”不要错写作“霄”。

【同病相怜】tóngbìngxiānglián 怜：同情。有同样病的人相互同情。比喻有同样遭遇的人相互同情。汉·赵晔《吴越春秋·阖闾（hélǘ）内传》：“子不闻河上歌乎：同病相怜，同忧相救。”▷他俩都受过父母离异的创伤，同学期间～，相互关心，成了一对好朋友。

【同仇敌忾】tóngchóudíkài 忾：愤恨。指抱着同样的愤怒，一致抗击敌人。《诗经·秦风·无衣》：“岂曰无衣，与子同袍，王于兴师，修我戈矛，与子同仇。”清·魏源《寰海十首之十》诗："同仇敌忾士心齐，呼市俄闻十万师。"▷军民～、浴血奋战的情景，至今历历在目。☛"忾"不读qì。

【同床异梦】tóngchuángyìmèng 同睡在一张床上，各做各的梦。比喻虽然在一起，却各有各的目的。唐·神清《北山录·圣人生》："嗟乎，群生纷纷，若乎在梦，或有见佛生者、灭者……譬同室而异梦，彼梦者不知彼所梦也。"清·查慎行《敬业堂诗集·吴西斋农部次前韵见贻……再叠韵答之》诗："人生去住各有志，异梦何必非同床。"▷别看他们表面上互相尊重，关系密切，实际上他们是～。

【同恶相求】tóngèxiāngqiú 恶：指坏人。求：结合。形容坏人狼狈为奸，共同作恶。晋·陆机《至洛与成都王笺》："王室多故，祸难荐有。羊玄之乘宠凶竖，专记朝政，奸臣贼子，是为比周。皇甫商同恶相求，共为乱阶。"▷特务与反动军警～，为非作歹，群众深恶痛绝。

【同甘共苦】tónggāngòngkǔ 同享欢乐，共受患难。《战国策·燕策一》："燕王吊死问生，与百姓同其甘苦。"明·李昌祺《剪灯余话·鸾鸾传》："夫耕于前，妻耘于后，同甘共苦，相敬如宾。"▷在南极考察期间，我们～，结下了深厚的友谊。

【同归于尽】tóngguīyújìn 同归：一同走向。尽：尽头，指毁灭或死亡。一起走向灭亡。唐·独孤及《祭吏部元郎中文》："夫彭祖、殇子，同归于尽，岂不知前后相哀，达生者不为叹。"清·姬文《市声》第十四回："只图自己安逸，那管世事艰难，弄到后来，不是同归于尽吗？"▷竞争可以促进经济发展，但如果使用不正当手段，可能使双方～。

【同流合污】tóngliúhéwū 流：流俗，不良的习俗。污：污浊的世道。原指混同流俗，随世沉浮；后指跟随坏人共同干坏事。宋·朱熹《答胡季随书》："细看来书，似已无可得说……如此则更说甚讲学，不如同流合污，着衣吃饭，无所用心之省事也。"清·陈忱《水浒后传》第二十二回："此数贼者，同流合污，败坏国政。"▷他挡不住金钱美女的诱惑，终于和犯罪分子～。

【同日而语】tóngrìéryǔ 同日：同时。语：谈论。指同样看待，相提并论。《汉书·息夫躬传》："臣与禄异议，未可同日而语也。"▷虽然我和他都是大学毕业，但我的业务水平是不能跟他～的。☛常用在否定句或反问句中，与"不可"、"不能"、"岂能"等词语搭配。

【同声相应，同气相求】tóngshēngxiāngyìng，tóngqìxiāngqiú 相同的声音互相应和，相同的气味相互融合。比喻志趣相同的人会自然地结合在一起。《周易·乾卦》："同声相应，同气相求。"明·冯梦龙《东周列国志》第九十四回："今日孟尝君至魏，独依无忌，正合著古语'同声相应，同气相求'八个字，自然情投意合。"▷师徒二人都有很强的事业心，在技术革新中～，配合得非常默契。

【同室操戈】tóngshìcāogē 自家人动刀枪，比喻兄弟相残或内部争斗。《左传·昭公元年》记载：春秋时，郑国的公孙楚和堂兄公孙黑争着要娶徐家的姑娘。公孙黑来抢亲，公孙楚"执戈(一种兵器)逐之，及冲(路口)，击之以戈"。清·许秋垞《闻见异辞·王孝廉幻术》："汝等嗜财如此，致同室操戈，何不念仁亲为宝欤？"▷

在强敌入侵的时候，你们挑起内战，～，使亲者痛，仇者快。

【同心合力】tóngxīnhélì 团结一致，把力量合在一起。清·文康《儿女英雄传》第二十八回："从此你我三个人，须要倡随和睦，同心合力侍奉双亲."▷任务虽然艰巨，只要大家～，还是可以按期完成的。

【同心同德】tóngxīntóngdé 指思想、信念相同。《尚书·泰誓中》："受(殷纣王的名字)有亿兆夷人，离心离德；予有乱(治)臣十人，同心同德。"▷全国人民必须～，共同努力，才能完成经济建设的伟大任务。

【同心协力】tóngxīnxiélì 统一认识，共同努力。《魏书·尒(尔)朱天光等传》："若使布德行义，忧公忘私，唇齿相依，同心协力，则盘石之固，未可图也。"▷只要全国上下～，就能无往不胜。

【同舟共济】tóngzhōugòngjì 济：渡河。同乘一条船一起过河。比喻利害一致，共同战胜困难。《孙子·九地》："夫吴人与越人相恶也，当其同舟而济，遇风，其相救也如左右手。"宋·刘克庄《贺宋总领除农少启》："公独忧民而体国……有同舟共济之心，无袖手旁观之意。"▷在处于危险的境地时，大家只有～，才能化险为夷。

【铜筋铁骨】tóngjīntiěgǔ 像铜铁一样刚强的筋骨。比喻健壮的身体。明·冯梦龙《醒世恒言》卷三十："那些酷吏……每事不问情真情枉，一味严刑锻炼，罗织成招。任你铜筋铁骨的好汉，到此也胆丧魂惊，不知断送了多少忠臣义士。"▷就凭我这一副～，干这点事，吃这点苦，算不了什么。

【铜墙铁壁】tóngqiángtiěbì 比喻非常坚固，无法攻破的防御力量。《水浒传》第四十八回："宋江自引了前部人马，转过独龙冈后面来看祝家庄时，后面都是铜墙铁壁，把得严整。"▷我军犹如～，保卫着祖国辽阔的疆域。

【童叟无欺】tóngsǒuwúqī 对儿童和老人都不欺骗。多形容买卖公平，守信誉。清·吴趼人《二十年目睹之怪现状》第五回："他这是招徕生意之一道呢。但不知可有'货真价实，童叟无欺'的字样没有?"▷这家商店买卖公平，平等待客，～，人们都愿意到这里购物。

【童言无忌】tóngyánwújì 忌：顾忌，忌讳。孩子说了错话，不必忌讳。▷～，不必为几句话就训斥孩子。

【童颜鹤发】tóngyánhèfà 通常写作"鹤发童颜"。

【统筹兼顾】tǒngchóujiāngù 统一筹划，照顾到各个方面。清·刘坤一《复松峻帅》："同属公家之事，务望统筹兼顾，暂支目前。"▷制定政策要注意到我国东、西部地区经济条件的差异，做到～，争取共同发展。

【痛定思痛】tòngdìngsītòng 思：回味。痛苦的心情平定以后，再来回味以前的痛苦。宋·文天祥《指南录后序》："呜呼！死生，昼夜事也，死而死矣，而境界危恶，层见错出，非人世所堪，痛定思痛，痛何如哉!"▷经过这次特大的水灾，人们～，再也不能任意砍伐森林，破坏植被了。

【痛改前非】tònggǎiqiánfēi 痛：表示程度深。非：错误。彻底改掉以前所犯的错误。明·许仲琳《封神演义》第二十七回："臣愿陛下痛改前非，行仁兴义，远小人，近君子。"▷犯错误并不可怕，可怕的是不能改正错误，你要～，重新做人才对。

【痛哭流涕】tòngkūliútì 涕：眼泪。形容因伤心而大哭。汉·贾谊《陈政事疏》："臣窃惟事势，可为痛哭者一，可为流涕者二，可为长太息者六。"《宋史·胡铨传》："而此膝一屈，不可复伸，国势陵夷不可复振，可为痛哭流涕长太息者矣。"▷敬爱的老师不幸病逝，学子们无不～。

【痛快淋漓】tòngkuàilínlí 淋漓：畅快的样子。形容欢快到了极点。清·文康《儿女英雄传》第二十回："即如我在能仁寺救安公子、张姑娘的性命，给他二人联姻以至赠金借弓这些事，不过是我那多事的脾气，好胜的性儿，趁着一时高兴要作一个痛快淋漓，要出出我自己心中那口不平之气。"▷今天我们几位多年不见的老同学边聊边喝，直到深夜，真是～。

【痛心疾首】tòngxīnjíshǒu 疾首：头痛。形容极度愤恨或伤心。《左传·成公十三年》："诸侯备(尽)闻此言，斯是用(因此)痛心疾首，昵就(亲近)寡人。"晋·潘岳《杨仲武诔(lěi)》："临命忘身，顾恋慈母；哀哀慈母，痛心疾首。"▷他深为自己不慎给国家造成巨大损失而～。

【偷工减料】tōugōngjiǎnliào 指在生产或施工中不严格按照质量要求，暗地里减少工序偷换用料；也泛指做事图省事，马虎敷衍。清·文康《儿女英雄传》第二回："这下游一带的工程都是偷工减料做的，断靠不住。"▷一些承包商为攫取高额利润，在施工中～，致使堤坝质量低劣，经不住洪水的袭击｜由于工厂～、不负责任，致使这本书印刷和装订质量都很差。

【偷鸡摸狗】tōujīmōgǒu 指小偷小摸；也指男女间不正当的往来。《红楼梦》第四十四回："成日家偷鸡摸狗，腥的臭的，都拉了你屋里去。"▷这家伙表面上一本正经，暗地里却～。

【偷梁换柱】tōuliánghuànzhù 暗中更换房梁房柱。比喻玩弄手法，以假代真，暗中改变事物的内容或事物的性质。《红楼梦》第九十七回："偏偏凤姐想出一条偷梁换柱之计，自己也不好过潇湘馆来，竟未能少尽姊妹之情，真真可怜可叹！"▷公安人员为了破案，来个～，带上截获的信函打进了犯罪集团内部。

【偷天换日】tōutiānhuànrì 比喻暗中改变事物的真相，以蒙骗别人。清·李渔《怜香伴·帘阻》："转劣为优人莫测，偷天换日鬼难防。"清·李宝嘉《官场现形记》第五十三回："且说尹子崇自从换了这一番偷天换日的大事业，等到银子到手，便把原有的股东一齐写信去招呼。"▷这个大骗子玩弄～的手法，蒙骗了不少群众，值得我们认真思考。

【头破血流】tóupòxuèliú 形容遭到严重打击或惨重失败的狼狈样子。《西游记》第四十四回："照道士脸上一刮，可怜就打得头破血流身倒地，皮开颈折脑浆倾。"▷谁敢以身试法，必然碰个～。

【头疼脑热】tóuténgnǎorè 指一般的小病。元·孙仲章《勘头巾》第一折："一百日以里，但有头疼脑热，都是你。"▷不要紧的，谁没有个～的，过两天就会好的。

【头痛医头，脚痛医脚】tóutòngyītóu，jiǎotòngyījiǎo 比喻哪儿出现了毛病，就处理哪儿，而不是从根本上解决问题。清·赵翼《廿二史札记·贾鲁治河》："舍此不图，而徒岁岁修防，年年堵筑，正如头痛医头，脚痛医脚，病终不去。▷房子到了雨天总是漏，这里拿盆接，那里拿塑料布苫，这样～也不是个办法，干脆今年翻盖吧。

【头头是道】tóutóushìdào 头头：指各方面。形容说话办事很有条理。宋·释惟白《续传灯录·慧力洞源禅师》："方知头头皆是道，法法本圆成。"宋·严羽《沧浪诗话·诗法》："及其透彻，则七纵八横，信手拈来，头头是道矣。"▷老大爷文化水平不高，但讲起话来却～。

【头重脚轻】tóuzhòngjiǎoqīng 形容头脑昏胀，立脚不稳；也比喻上重下轻，基础不稳固。《水浒传》第四回："头重脚轻，眼红面赤，前合后仰，东倒西歪。"▷那天我喝得～，路也走不了了。

【投笔从戎】tóubǐcóngróng 投：扔。戎：军队。指文人扔掉笔杆走出文墨生涯，参加军队。《后汉书·班梁列传》记载：班超家贫，在官府做抄写工作，曾经投笔长叹说："大丈夫……当效傅介子、张骞立功异域，以取封侯，安能久事笔研(砚)间乎？"唐·陈子昂《为金吾将军陈令英请免官表》："始年十八，投笔从戎，西逾流沙，东绝沧海，南征北伐，无所不至。"▷抗日战争时期，不少青年知识分子～，奔赴战场。☛"戎"不要写作"戍"或"戌"。

【投畀豺虎】tóubìcháihǔ 投：扔。畀：给。扔给豺和虎吃掉。把说人坏话的人扔给豺虎吃掉。表示对坏人的无比愤恨、憎恶。《诗经·小雅·巷伯》："取彼谮(zèn，说别人坏话，诬陷别人)人，投畀豺虎。"▷对这些横行乡里的黑恶势力，人们～而后快。

【投鞭断流】tóubiānduànliú 投：扔。把每个士兵的马鞭子扔到江河里，可以截断水流。形容人马众多，兵力强大。《晋书·苻坚载记下》："以吾之众旅，投鞭于江，足断其流。"▷在抗战的旗帜下，各地武装力量急剧壮大，很快成为～的大军。

【投机取巧】tóujīqǔqiǎo 指利用不正当手段谋取个人利益；也指不付出艰苦劳动，凭小聪明侥幸获得成功。▷这个人很聪明，但很浮躁，总爱～，不肯扎扎实实地工作。

【投井下石】tóujǐngxiàshí 通常写作"落井下石"。

【投其所好】tóuqísuǒhào 投：迎合。迎合别人的爱好。宋·张耒(lěi)《司马迁论下》："盖其尚气好侠，事投其所好，故不知其言之不足信，而忘其事之为不足录也。"▷明知道他爱打麻将，你不加劝阻，反而～，天天拉他去赌场，这不是害他吗？☛"好"这里不读 hǎo。

【投鼠忌器】tóushǔjìqì 投：投掷。忌：担心害怕。投掷东西打老鼠，又担心砸坏旁边的器物。比喻想除掉坏人又有所顾忌。《汉书·贾谊传》："里谚曰：'欲投鼠而忌器。'此善喻也。鼠近于器，尚惮不投，恐伤其器，况于贵臣之近主乎！"《红楼梦》第六十一回："投鼠忌器宝玉瞒赃，判冤决狱平儿行权。"▷要敢于大胆批评，就要打破情面，消除～的顾虑。

【投桃报李】tóutáobàolǐ 投：送给。报：回报。送给我桃子，我以李子回报。比喻友好往来，相互赠答。《诗经·大雅·抑》："投我以桃，报之以李。"宋·朱熹《诗集传》卷十八："既戒以修德之事，而又言为德而人法之，犹投桃报李之必然也。"▷他送给我一幅名贵字画，我送给他一支金笔，以表～之意。

【突如其来】tūrúqílái 突如：突然。指事情来得突然，出乎人的意料。《周易·离卦》："突如其来如，焚如，死如，棄如。"孔颖达疏："突然而至，忽然而来。"明·朱之瑜《与安东守约书二十五首》："百病咸集，突如其来，不知何病。"▷上午还是大晴天，下午～的一场暴雨弄得大家措手不及。

【图财害命】túcáihàimìng 图谋钱财，害人性命。明·兰陵笑笑生《金瓶梅》第四十七回："与两个船家杀害家主，撺在河里，图财害命。"▷这两个歹徒～，终于受到了法律的制裁。

【图谋不轨】túmóubùguǐ 图谋：暗中谋划。轨：法度。暗地里策划违法的活动。《晋书·王彬传》："兄抗旌犯顺，杀戮忠良，谋图不轨，祸及门户。"明·凌濛初《初刻拍案惊奇》卷三十一："若图谋不轨，祸必丧生。"▷这几个人明来暗往，鬼鬼祟祟，肯定是在～，要严加防范。☛"轨"不要错写作"规"。

【图穷匕首见】túqióngbǐshǒuxiàn 穷：尽。见：同"现"。比喻事情发展到最后，真相完全显露出来(含贬义)。《战国策·燕策三》记载：战国时，荆轲奉燕太子丹之命，带着樊於期的头和督亢地区的地图献给秦王，预先把匕首卷在图内，在献图时，伺机刺杀秦王。"轲既取图奉之。发图，图穷而匕首见。"▷当在谈判桌上阴谋不能得逞时，他们～，终于露出了赤裸裸的霸权主义者面目。☛"见"这里不读 jiàn。

【图穷匕见】túqióngbǐxiàn 见"图穷匕首见"。

【徒劳无功】túláowúgōng 通常写作"劳而无功"。

【徒托空言】tútuōkōngyán 托：借口。仅仅借用一句空话来搪塞，并不打算实行。清·李宝嘉《文明小史》第四十六回："我在西报上看见这种议论，也不止一次了……光景是徒托空言罢。"▷去年他就说要来帮我，直到现在仍没动静，看来是～。

【徒有其名】túyǒuqímíng 通常写作"徒有虚名"。

【徒有虚名】túyǒuxūmíng 徒：仅仅。指仅仅有个虚假的名声，并不符合实际。《北齐书·李元忠传》："元忠以为万石给人，计一家不过升斗而已，徒有虚名，不救其弊。遂出十五万石以赈之。"▷现在有些名牌产品，并不像原来的那么好，不过是～而已。

【涂脂抹粉】túzhīmǒfěn 指妇女进行梳妆打扮；多比喻为掩盖丑恶的本质而粉饰、打扮。明·凌濛初《二刻拍案惊奇》卷十四："其妻涂脂抹粉，惯卖风情，挑逗那富家郎君。"▷这个伪君子，怎样～打扮自己，也掩盖不住他丑恶的内心。

【土崩瓦解】tǔbēngwǎjiě 崩：崩塌。解：分解。像土堆一样崩塌，像瓦片一样分裂。比喻彻底崩溃、垮台。《史记·秦始皇本纪》："秦之积衰，天下土崩瓦解。虽有周旦之才，无所复陈其巧，而以责一日之孤，误哉！"▷百万雄师过大江，江南之敌～，溃不成军。

【吐刚茹柔】tǔgāngrúróu 茹：吃。吐出硬的，吃下软的。比喻畏强凌弱，欺软怕硬。《诗经·大雅·烝民》："人亦有言，柔则茹之，刚则吐之。"《汉书·薛宣传》："前为御史中丞，执宪毂下(京城)，不吐刚茹柔，举错(措)时当。"▷这位厂长～，一贯老老实实的工人，稍有不慎，他就横加训斥；对那些整天调皮捣蛋的人，却放任不管。

【吐故纳新】tǔgùnàxīn 故：旧的。纳：接纳，吸收。指呼出污浊之气，吸收清新之气。后用以比喻清除旧的、不好的，吸收好的、有生气的。《庄子·刻意》："吹响（xǔ，呼气）呼吸，吐故纳新，熊经鸟申，为寿而已矣。"▷任何组织，只有不断地～，才能保持旺盛的生命力。

【兔起鹘落】tùqǐhúluò 鹘：隼（sǔn）类猛禽。兔子刚一跳起，鹘就急速扑下来。形容动作迅猛准确；多用以形容才思敏捷，下笔迅速，气势充沛。宋·苏轼《筼筜（yúndāng）谷偃竹记》："故画竹必先得成竹于胸中，执笔熟视，乃见其所欲画者，急起从之，振笔直遂，以追其所见，如兔起鹘（hú，猛禽）落，少纵则逝矣。"▷只见他低头疾书，如～，不到十分钟，一幅书法作品就完成了。

【兔死狗烹】tùsǐgǒupēng 烹：煮。兔子死了，猎狗也被煮熟吃了。比喻事成之后就杀害有功的人。《史记·越王句（gōu）践世家》："范蠡（lǐ）遂去，自齐遗（wèi）大夫（文）种书曰：'蜚（飞）鸟尽，良弓藏；狡兔死，走狗烹。越王为人长颈鸟喙，可与共患难，不可与共乐，子何不去？'"清·陈忱《水浒后传》第九回："大凡古来有识见的英雄功成名就，便拂衣而去，免使后来有'鸟尽弓藏，兔死狗烹'之祸。"▷当初创办企业的时候，你一刻也离不开人家；如今事业成功，就～，岂不是恩将仇报吗？☛常与"鸟尽弓藏"连用。

【兔死狐悲】tùsǐhúbēi 比喻为同类或同伙的不幸而感到悲伤（含贬义）。金·马钰《苏幕遮·看送孝》："有微言，深可说。兔死狐悲，伤类声凄切。"▷听到抢劫杀人犯被处决的消息，他的同伙难免～。

【推本溯源】tuīběnsùyuán 推：推求。本：根本。溯：追寻。指推求事情发生的根源。▷要想弄清这件事情的来龙去脉，必须首先～，弄清他的起因。☛"溯"不读suò。

【推波助澜】tuībōzhùlán 澜：大浪。大风推动波浪，助长水势汹涌。比喻助长声势，使事情进一步发展扩大（多含贬义）。隋·王通《中说·问易篇》："真君、建德之事，适足推波助澜，纵风止燎耳。"▷一些群众有意见，可以多做解释工作，切不可～，扩大矛盾。

【推陈出新】tuīchénchūxīn 除去旧事物中的糟粕，创造新事物（多用于文化领域）。宋·费衮《梁溪漫志·张文潜粥记》："吴子野劝食白粥，云能推陈致新，利膈养胃。"清·张云璈《咏仓储》："推陈而出新，其理自可彻。"清·方熏《山静居诗话》："诗固病在窠臼，然须知推陈出新，不至流入下劣。"▷戏曲事业要发展就要～，要走在传统基础上创新的道路。

【推诚相见】tuīchéngxiāngjiàn 推诚：给人以诚心。指以诚意相待。宋·胡太初《昼帘绪论·事上篇》："贤明仁厚之人，固能推诚相亮。"▷我们是至交，向来是～，没有遮遮掩掩的事情。

【推而广之】tuīérguǎngzhī 指从一件事情推及到其他事情。南朝·梁·萧统《文选序》："风云草木之兴，鱼虫禽兽之流，推而广之，不可胜载矣。"▷就连这个调皮学生，都发生了可喜的变化；～，我们应该坚信一定能做好每一个后进生的思想转化工作。

【推己及人】tuījǐjírén 用自己的心思推想别人的心思。指设身处地为别人着想。晋·傅玄《傅子·仁论》:"然夫仁者,益推己以及人也。"明·海瑞《兴革条例·刑属·词讼》:"不知讲信修睦,不能推己及人,此讼之所以日繁而莫可止也。"▷外地人来京打工很不容易,我们应当～,多为他们着想。

【推心置腹】tuīxīnzhìfù 把自己的心,放在人家的肚子里。形容真心实意地待人。《后汉书·光武帝纪上》:"降者更相语曰:'萧王(刘秀)推赤心置人腹中,安得不投死乎?'"唐·白居易《七德舞》诗:"功成理定何神速?速在推心置人腹。"▷他们～地谈了很久,双方都毫无保留地表达了自己的心意。

【退避三舍】tuìbìsānshè 退避:退让回避。舍:古时行军三十里为一舍。比喻主动让步,不与人争。《左传·僖公二十三年》记载:春秋时,晋国公子重(chóng)耳出逃外国。到楚国后,楚王设宴招待,说:你如果回到晋国当了国君,怎么报答我?重耳说:万一晋楚交战,将退避三舍。后重耳回晋果然当了国君,在晋楚城濮之战中,重耳命令晋军后撤了九十里。明·叶宪祖《鸾锟记·京晤》:"似你这般诗才,不怕杜羔不退避三舍。"▷他一到场你就～,这是为什么?

【吞吞吐吐】tūntūntǔtǔ 形容顾虑重重,想说又不愿、不便或不敢直说的样子。清·文康《儿女英雄传》第五回:"怎么问了半日,你一味的吞吞吐吐,支支吾吾,你把我作何等人看待?"▷这孩子说话向来是很干脆的,今天怎么～的?其中必有原因。☛"吞"上面是"天",不是"夭"。

【囤积居奇】túnjījūqí 居:储存。奇:指贵重或短缺的货物。指大量积存紧缺商品,等待时机高价出售,以获取暴利。▷在商品供应不足的情况下,少数人～,企图大发横财。

【托物言志】tuōwùyánzhì 托:假托,假借。指文学创作的一种表达手法,借描写客观事物来表达主观思想感情。▷诗人通过歌颂霜雪中绽开的红梅,～,表现了革命者高尚的情操。

【拖泥带水】tuōnídàishuǐ 形容办事不利索或说话写文章不简洁。宋·严羽《沧浪诗话·诗法》:"语贵脱洒,不可拖泥带水。"▷我们单位领导处理问题向来干脆利落,从不～。

【拖人下水】tuōrénxiàshuǐ 比喻引诱别人一起做坏事。清·黄宗羲《明儒学案·六》:"渠(他)以私意干我,我却以正道劝之;渠是拖人下水,我却是救人上岸。"▷这些人非法传销,还想～,我们没那么傻。

【脱口而出】tuōkǒuérchū 指不假思索,随口说出来;也形容才思敏捷,对答如流。清·李宝嘉《文明小史》第八回:"还有他亲手注过的《大学》,亲手点过的《康熙字典》,虽然不至于通部滚瓜烂熟,大约一部之中,至少亦有一半看熟在肚里,不然怎么能够脱口而出呢?"▷病人一问是什么病,我～就告诉他了。现在真后悔不该鲁莽|这个学生脑子快,口才又好,你随便问他什么问题,他都能～,对答如流。

【脱胎换骨】tuōtāihuàngǔ 原指道家修炼得道,脱掉凡胎成圣胎,换掉凡骨成仙骨。后比喻从根本上改变立场和世界观。

明·冯梦龙《警世通言》卷二十七:“凡人成仙,脱胎换骨,定然先将俗肌消尽,然后重换仙体。”▷这些罪犯只有进行～的彻底改造,才有光明的前途。

【脱颖而出】tuōyǐngérchū 颖:锥子尖儿。比喻人的才能全部显露出来。《史记·平原君列传》记载:平原君赵胜门下食客毛遂,主动要求与平原君同行去楚国求救。平原君不同意,说:“夫贤士之处世也,譬若锥之处囊中,其末(指锥子尖儿)立见(同‘现’)。”毛遂说:“臣乃今日请处囊中耳。使遂蚤(通‘早’)得处囊中,乃颖脱而出(连锥梃子也会露出来),非特其末见而已。”清·曾朴《孽海花》第十三回:“这日得了总裁之命,夹袋中许多人物,可以脱颖而出,欢喜自不待言。”▷他大学毕业后,不过三年就～,成为研究所的骨干。

【唾面自干】tuòmiànzìgān 别人把唾沫吐在自己脸上,不去擦,而是让它自干。形容受了侮辱,逆来顺受,毫不反抗。清·李汝珍《镜花缘》第三十八回:“唐敖道:‘若讲能够忍耐的,莫若本期去世不久的娄师德了,他告诉兄弟,教他唾面自干!’”▷这个人屡次无端受辱而不知抗争,～,亏他忍得住!

【唾手可得】tuòshǒukědé 往手上吐口唾沫使把劲就可以得到。形容很容易得到。《水浒传》第九十七回:“城中必缚将出降,兵不血刃,此城唾手可得。”▷货款已经准备好了,只要经理签字,这批货就～了。☛“唾”不读 chuí,不要写作“垂”。

W

【挖空心思】wākōngxīnsī 形容想尽一切办法(含贬义)。▷这个间谍～地搜集情报,但到头来还是暴露了自己,被捕归案。

【挖肉补疮】wāròubǔchuāng 通常写作“剜肉补疮”。

【瓦釜雷鸣】wǎfǔléimíng 釜:陶制的锅。瓦锅发出像雷一样的巨响。比喻平庸的人地位显赫一时。战国·楚·屈原《卜居》:“黄钟毁弃,瓦釜雷鸣。谗人高张,贤士无名。”▷过去,有才有识之士被排挤,庸人占据高位,成了“黄钟毁弃,～”的局面。

【瓦解冰消】wǎjiěbīngxiāo 像瓦一样分解,像冰一样消融。比喻崩溃或消释。《魏书·出帝平阳王纪》:“神武之所牢笼,威风之所辅轹,莫不云彻雾卷,瓦解冰消。”清·李汝珍《镜花缘》第六十回:“紫琼姐姐口齿灵便,只消几句话,把他说得哑口无言,把天大一件事化为瓦解冰消,可见口才是万不可少的。”▷在我军强大的攻势下,敌人的防线～,彻底崩溃｜经过老郑一番解释,我心头的疑虑才～了。

【歪打正着】wāidǎzhèngzháo 正着:恰好打中。歪着打,却恰好打中。比喻方法不合适,却意外地取得了满意的结果。明·西周生《醒世姻缘传》第二回:“将药煎中,打发晁大舍吃将下去。谁想歪打正着,又是杨太医运好的时节,吃了药就安稳睡了一觉。”▷一段精彩的评书没听完,收音机不响了。他气得一拍桌子,嗨,～,响了!☛“着”不读 zhuó。

【歪风邪气】wāifēngxiéqì 指不正派的作风和不好的风气。▷应该发动广大群众,齐心协力打击～。

【歪门邪道】wāiménxiédào 指不正当的途径和方法。▷你经商,我不反对,但要守法经营,不能靠～来赚钱。

【外强中干】wàiqiángzhōnggān 干:空虚。外表好像很强大,实际上却很虚弱。《左传·僖公十五年》记载:晋侯跟秦国作战,打算使用郑国出产的战马。庆郑说:“今乘异产(异产:指别国所产的马)以从戎事,……外强中干,进退不可,周旋不能,君必悔之。”▷历史证明,一切反动派都是～的,都是可以战胜的。☛“干”这里不读 gàn。

【外亲内疏】wàiqīnnèishū 外表亲近,内心疏远。形容双方之间的虚情假意。元·关汉卿《单刀会》第一折:“不料此人外亲内疏,挟诈而取益州,遂并汉中,有霸业兴隆之志。”▷这两个军事集团之间～,为我们的分化瓦解工作提供了有利条件。

【外柔内刚】wàiróunèigāng 外表柔弱,内质刚强。《旧五代史·汉书·龙敏传》:“敏学术不甚长,然外柔而内刚,爱决断大计。”▷别看老张整天笑呵呵的,他是～,办事原则性强,谁也甭想在他那儿打什么鬼主意。

【外柔中刚】wàiróuzhōnggāng 通常写作“外柔内刚”。

【外愚内智】wàiyúnèizhì 外貌愚笨,而实际却很聪明。《三国志·魏书·荀攸传》:“太祖(指曹操)每称曰:‘公达外愚内智。’”▷我跟老郑交往了十几年,他～,我在工作或生活上遇到什么难题,总是请他帮忙。

【外圆内方】wàiyuánnèifāng 圆:圆通,灵活。方:有棱角。形容人外表很随和,好说话,可心里有主意,讲原则。▷我们总经理待人接物～,对人和气,但很有原则性。

【剜肉补疮】wānròubǔchuāng 剜:用刀挖取。疮:伤口。用刀子挖肉去补伤口。比喻采取有害的手段应付当务之急,而不顾后果。明·凌濛初《二刻拍案惊奇》卷十五:“江老儿是老实人,若我不允女儿之事,他又剜肉补疮,别寻道路谢我,反为不美。”▷为了眼前利益,他们砍了大片的防护林,这等于～,其后果不堪设想。

【纨袴子弟】wánkùzǐdì 纨袴:细绢做的裤子,泛指华丽的衣着。指不务正业,游手好闲的富家子弟。《宋史·鲁宗道传》:“馆阁育天下英才,岂纨袴子弟得以恩泽处邪?”▷那些～与社会上的无赖纠集在一起,为非作歹,民愤很大。☛“袴”不读 kuà,不要错写作“裤”。

【完璧归赵】wánbìguīzhào 完:完好。璧:扁圆形中心有孔的玉。比喻把原物完好无损地归还原主。《史记·廉颇蔺相如列传》记载:战国时期,秦昭王恃强骗赵国说,愿意用十五座城换赵国的和氏璧。赵国不敢拒绝,但又怕上当。蔺相如主动表示愿意出使秦国,说:“王必无人,臣愿奉璧往使。城入赵而璧留秦;城不入,臣请完璧归赵。”到秦国后,见秦王没有诚意,就凭着勇敢和机智把和氏璧让人送回了赵国。▷这本书已看完,现～,请查收。☛“璧”不要写作“壁”。

【完美无缺】wánměiwúquē 完善美好,毫无缺陷。▷从辩证的观点看,世界万物没有～的。

【玩忽职守】wánhūzhíshǒu 玩忽:轻慢,不认真对待。职守:职责。指对本职工作极不严肃认真,极不负责任。▷这个副县长～,导致大桥坍塌,给国家造成了重大损失。

【玩火自焚】wánhuǒzìfén 焚:烧。玩火的人反倒烧了自己。比喻冒险干坏事的人,最终自食恶果。《左传·隐公四年》:“夫兵,犹火也,弗戢(jí,收敛),将自焚也。”▷历史证明,侵略者总是～,最终必然遭到可耻的下场。

【玩世不恭】wánshìbùgōng 玩:不严肃地对待。不恭:不严肃。指用不严肃的态度处世待人。清·蒲松龄《聊斋志异·颠道人》:“予乡殷生文屏,毕司农之妹夫也,为人玩世不恭。”▷他～,对什么都采取冷漠、无所谓的态度。☛“恭”下面是“⺗(心)”,不要写作“氺”。

【玩物丧志】wánwùsàngzhì 玩:玩赏。指过分迷恋于自己喜好的东西,从而丧失了应有的理想和志向。《尚书·旅獒(áo)》:“玩人丧德,玩物丧志。”▷年纪轻轻的,应该好好工作,千万别～,浪费了自己的青春时光。☛“丧”这里不读sāng。

【顽石点头】wánshídiǎntóu 顽石:无知觉的石头。连无知觉的石头都点头赞同。形容道理讲得透彻,使思想顽固的人也能心服口服。宋·释惟白《续传灯录·圆玑禅师》:“直饶说得天花乱坠,顽石点头。”▷他善于做思想工作，能收到～的效果。

【万变不离其宗】 wànbiànbùlíqízōng 宗：根本。指形式上变化多端，本质却没有改变。清·谭献《明诗》：“求夫辞有体要，万变而不离其宗。”▷不管霸权主义者打着什么样的旗号，～，其本质是企图控制全球。

【万不得已】wànbùdéyǐ 指实在是不得不这样。明·冯梦龙《喻世明言》卷十八：“此去也是万不得已，一年半载，便得相逢也。”▷不到～的时候，这些储备粮是不能动用的。☛“已”不要写作“己”或“巳”。

【万夫不当】wànfūbùdāng 当：抵挡。成千上万的人也阻挡不住。形容非常勇猛。清·孔尚任《桃花扇·哭主》：“俺左良玉立功边塞，万夫不当，也是天下一个好健儿。”▷张翼德有～之勇，在千军万马中，取上将人头如探囊取物。☛“当”不读 dǎng、dàng。

【万古长青】wàngǔchángqīng 万古：千秋万代。青：绿色。形容美好的事物永远充满活力。元·无名氏《谢金吾》第四折：“论功增封食邑，共皇家万古长春。”▷祝我们两国人民的友谊～。☛“长”不要错写作“常”。

【万古流芳】wàngǔliúfāng 万古：千秋万代。芳：香，比喻美好名声。好名声永远流传下去。元·纪君祥《赵氏孤儿》第二折：“老宰辅，你若存的赵氏孤儿，当名标青史，万古流芳。”▷岳飞～，秦桧遗臭万年。

【万箭攒心】wànjiàncuánxīn 攒：聚拢，攒集。许多箭集中射在心中。形容极度悲痛。唐·李冗（rǒng）《独异志·沈约僻恶》：“梁沈约，家藏书十二万卷，然心僻恶，闻人一善，如万箭攒心。”▷他收到了母亲病逝的电报，如～，眼泪止不住地流了下来。☛㊀不宜写作“万箭穿心”。㊁“攒”这里不读 zǎn。

【万劫不复】wànjiébùfù 劫：佛教把世界从生成到毁灭的过程称为“一劫”。万劫：表示很多劫数。指永世不能恢复。宋·释道原《景德传灯录·韶州云门文偃禅师》：“莫将等闲空过时光，一失人身，万劫不复，不是小事。”▷这样凶暴恶劣的侮辱你都忍着，岂不成了～的奴才吗？

【万籁俱寂】wànlàijùjì 万籁：各种各样的声响。形容十分寂静。清·蒲松龄《聊斋志异·山魈（xiāo）》：“辗转移时，万籁俱寂，忽闻风声隆隆，山门豁然作响。”▷～的深夜，老教授仍然在聚精会神地修改讲稿。

【万里鹏程】wànlǐpéngchéng 通常写作“鹏程万里”。

【万马奔腾】wànmǎbēnténg 无数匹马都在奔跑跳跃。形容声势浩大。明·凌濛初《初刻拍案惊奇》卷二十二：“须臾之间，天昏地黑，风雨大作。……空中如万马奔腾，树杪似千军拥沓。”▷峡谷中水流湍急，咆哮如雷，有～之势。

【万马齐喑】wànmǎqíyīn 喑：哑。无数匹马同时都沉寂无声。比喻人们都不发表意见，气氛沉闷。清·龚自珍《己亥杂诗》：“九州生气恃风雷，万马齐喑究可哀。”▷～的局面已经彻底改观，文艺的春天到来了！☛“喑”不读 àn，不要写作“暗”。

【万念俱灰】wànniànjùhuī 灰：消沉，失望。一切念头都破灭了。形容极端灰心失望。清·李宝嘉《中国现在记》第三回："官场上的人情，最是势利不过的。大家见抚台不理，谁还来理我呢，想到这里，万念俱灰。"▷自从遭受那次冤屈后，他～，决心不再写历史剧了。

【万全之策】wànquánzhīcè 万全：各方面都周全、稳妥。极其周全稳妥的计策、办法。明·冯梦龙《东周列国志》第七十二回："必思一万全之策，方可无虞。"▷这件事我们总拖着不办，恐怕不是～。

【万人空巷】wànrénkōngxiàng 指众多的人都出来了，致使小巷都空了。形容盛大场面或轰动事件吸引众人出动的情景。宋·苏轼《八月十七复登望海楼》诗："赖有明朝看潮在，万人空巷斗新妆。"▷国庆狂欢之夜，～，长安街上人如潮涌。☛不能理解为"大街上没有人"。

【万事大吉】wànshìdàjí 原指什么事情都很顺利。现在常用来指事情圆满结束。宋·释惟白《续传灯录·明州大梅祖镜法英禅师》："岁朝把笔，万事大吉，急急如律令(立即遵照命令)。"▷把这最后一篇校对好，送印刷厂就～了。

【万事亨通】wànshìhēngtōng 亨通：顺利，通畅。一切事情都很顺利(常用于祝愿)。清·李海观《歧路灯》第六十五回："那孔方兄运出万事亨通的本领，先治了关格之症。"▷商店开业，祝你们～，财源茂盛。☛"亨"不要错写作"享"，也不读xiǎng。

【万事俱备，只欠东风】wànshìjùbèi，zhǐqiàndōngfēng 比喻其他所有条件都完备了，只缺少最后一个重要条件。《三国演义》第四十九回记载：赤壁之战，周瑜设计用火攻曹操，一切都已准备妥当，但时值隆冬，缺少东南风，周瑜焦急得病，诸葛亮去探望周瑜，写了十六个字，指出了他的病因："欲破曹公，宜用火攻，万事俱备，只欠东风。"▷咱们现在是～，只要水泥一运到，就马上开工。☛"俱"不要错写作"具"。

【万寿无疆】wànshòuwújiāng 万寿：长寿。疆：边际，这里指终结的时间。祝人健康长寿的用语。《诗经·小雅·天保》："君曰卜尔，万寿无疆。"▷我们衷心敬祝老人～。

【万水千山】wànshuǐqiānshān 比喻路途艰险而遥远。唐·贾岛《送耿处士》诗："万水千山路，孤帆几月程。"▷探险队跋涉～，克服重重困难，终于到达了目的地。

【万死不辞】wànsǐbùcí 即使死一万次也不推辞。表示不畏艰险，不怕牺牲(多用作誓词)。《三国演义》第八回："适间贱妾曾言，但有使令，万死不辞。"▷为了祖国的安全，我们赴汤蹈火，～。

【万无一失】wànwúyīshī 失：失误。绝对不会有差错。形容非常稳妥。《三国演义》第九十六回："臣举一人，往陈仓道口，筑城守御，万无一失。"▷这事我早想好了，你让我去办，保证～。

【万象更新】wànxiànggēngxīn 指一切事物都出现了新景象。《红楼梦》第七十回："如今正是新春时节，万物更新，正该鼓舞另立起来才好。"▷新春伊始，～。☛"更"这里不读gèng。

【万众一心】wànzhòngyīxīn 千千万万的人一条心。《后汉书·朱俊传》："万人一心，犹不可当，况十万乎！"▷我们～，建设祖国。

【万紫千红】wànzǐqiānhóng 形容百花盛开，色彩艳丽；也比喻事物丰富多彩或繁荣兴旺。宋·朱熹《春日》诗："等闲识得

东风面，万紫千红总是春。”▷公园里，百花争妍，～|国庆期间，首都的文艺舞台上呈现出百花齐放、～的繁荣景象。

【亡命之徒】 wángmìngzhītú 原指脱离户籍，逃亡在外的人；后指不顾性命，行凶作恶的人。《周书·郭彦传》：“亡命之徒，咸从赋役。”唐·马总《郓州刺史厅壁记》：“其所宠任，皆亡命之徒与皂吏耳。”▷这伙土匪是一群～，什么坏事都做得出来的。

【亡羊补牢】 wángyángbǔláo 亡：走失。牢：牲口圈。羊走失了，再去修补羊圈。比喻出了差错以后及时纠正补救还来得及。《战国策·楚策四》：“亡羊而补牢，未为迟也。”宋·陆游《秋兴》诗：“惩羹吹齑（jī，酱丁儿）岂其非，亡羊补牢理所宜。”▷出现了事故，认真总结教训，虽然是～，也是有作用的。

【网开一面】 wǎngkāiyīmiàn 把捕捉禽兽的网打开一面。比喻采取宽容态度，给人留下一条出路。清·李海观《歧路灯》第九十三回：“老先生意欲网开一面，以存忠厚之意，这却使不得。”▷对这些土匪窝里的小喽啰们，我们可以～，采取教育改造的政策，让他们改邪归正。☛不要写作“网开三面”。

【网漏吞舟】 wǎnglòutūnzhōu 鱼网的眼太稀，把能吞掉小船的大鱼都漏掉了。比喻法令太宽，使重大罪犯逃脱法律的制裁。宋·陆游《贺谢枢密启》：“网漏吞舟，示太平之宽大；云兴肤寸，泽庶物之焦枯。”▷要加大打击力度，坚决扭转那种～的现象，确保社会稳定。

【枉费唇舌】 wǎngfèichúnshé 枉：白白地。指白费口舌，没有效果。清·文康《儿女英雄传》第二十六回：“姐姐既这等说，大料今日这亲事，妹妹在姐姐跟前断说不进去，我也不必枉费唇舌再求姐姐，磨姐姐，央给姐姐了。”▷老张摆摆手，很不耐烦地说：“别再跟他～了，反正说了也白说。”

【枉费心机】 wǎngfèixīnjī 枉：白白地。白费心思（含贬义）。明·许仲琳《封神演义》第四十四回：“枉费心机空费力，雪消春水一场空。”▷这个骗子企图用假货骗取钱财，结果～，当场被揭穿。

【枉费心计】 wǎngfèixīnjì 通常写作“枉费心机”。

【枉己正人】 wǎngjǐzhèngrén 枉：曲。原指委屈自己去端正别人，后指自己行为不正，却要端正别人。《孟子·万章上》：“吾未闻枉己而正人者也，况辱己以正天下者乎？”▷打铁先要本身硬，你自己不以身作则，～，别人能听你的？

【惘然若失】 wǎngránruòshī 惘然：失意的样子。心里好像失掉了什么似的。清·蒲松龄《聊斋志异·鸦头》：“俄见一少女经门外过，望见王，秋波频顾，眉目含情，仪度娴婉，实神仙也。王素方直，至此惘然若失。”▷他常独自徘徊于那条小河边，流露出～的神色。

【妄自菲薄】 wàngzìfěibó 妄：毫无理由地。菲薄：小看。指过分轻视自己。三国·蜀·诸葛亮《出师表》：“不宜妄自菲薄，引喻失义，以塞忠谏之路也。”▷狂妄自大是错误的；同样，～也是要不得的。☛“菲”这里不读 fēi。

【妄自尊大】 wàngzìzūndà 妄：毫无理由地。尊：尊崇。指狂妄自大。《后汉书·马援传》：“子阳井底蛙耳，而妄自尊大。”▷在任何时候，我们都要谦虚谨慎，不能～。

【忘恩负义】wàngēnfùyì 忘记别人对自己的恩惠，辜负别人对自己的情义。明·毕魏《三报恩·冷谊》："总他嫌暮境衰年，我誓不学忘恩负义。"▷他知恩图报，绝不是那种～的人。

【忘乎所以】wànghūsuǒyǐ 指因过度兴奋或骄傲自满而忘掉了一切。清·文康《儿女英雄传》第四十回："公子此时是乐得忘其所以，听老爷这等吩咐，答应一声，就待要走。"▷取得了这么一点成绩，他就骄傲自满，～了。

【忘年之交】wàngniánzhījiāo 不拘年岁辈分的差异而结交的朋友。《三国演义》第一百一十一回："陈泰叹服曰：'公料敌如神，蜀兵何足虑哉！'于是陈泰与邓艾结为忘年之交。"▷老师傅待徒弟和和气气，小伙子肯学又肯干，在一个车间工作，是一对～。

【望尘莫及】wàngchénmòjí 莫：没法。及：赶上。望见前面人马行进中扬起的尘土却追赶不上。比喻远远落后。《后汉书·赵咨传》："（曹暠）迎路谒候，咨不为留。暠（hào）送至亭次，望尘不及。"▷这个集团的产品打入了国际市场，咱们～，哪能跟人家比呢？

【望穿秋水】wàngchuānqiūshuǐ 秋水：秋天清澈的水，比喻女子的眼睛。把眼睛都望穿了。形容企盼殷切。清·蒲松龄《聊斋志异·凤阳士人》："望穿秋水，不见还家，潸潸泪似麻。又是想他，又是恨他，手拈红绣鞋儿占鬼卦。"▷他去了海南岛，已经三年了；她～，盼着他能早日回家团聚。

【望而却步】wàngérquèbù 望：远远看见。却步：往后退。形容遇到危险或困难就退缩。清·李渔《李笠翁曲话·结构第一·立主脑》："作者茫然无绪，观者寂然无声，无怪乎有识梨园望之而却步也！"清·陈廷焯《白雨斋词话》卷三："盖偏至之诣，至于绝后空前，亦令人望而却步。"▷这件事再难，咱们也不能～。

【望而生畏】wàngérshēngwèi 老远望见就害怕。《左传·昭公二十年》："唯有德者，能以宽服民；其次莫如猛，夫火烈，民望而畏之，故鲜死焉。"清·吴趼人《痛史·叙》："卷帙浩繁，望而生畏。"▷刘处长平日总是那么严肃，批评起人来相当严厉，使人～。

【望风而逃】wàngfēngértáo 风：指气势。远远看到对方声势很大就逃跑了。《三国演义》第六十四回："曹操以百万之众，闻吾之名，望风而逃。"▷我军入川后，各路土匪～。

【望风披靡】wàngfēngpīmǐ 披靡：分散倒伏。指草一遇到风就倒伏。比喻看到对方来势汹汹而不敢抵抗，或不经战斗就溃败。明·沈鲸《双珠记·避兵失侣》："吾自起兵以来，攻城略地，势如破竹，河北州县，已望风披靡。"▷我军所到之处，敌人～，人民欢欣鼓舞。☛"靡"这里不读mí。

【望梅止渴】wàngméizhǐkě 比喻愿望无法实现，只能借想像来自慰。南朝·宋·刘义庆《世说新语·假谲（jué）》记载：曹操的军队有一次行军，路上缺水，士兵都很渴。曹操说，前面有梅树林，到那里摘梅子吃，可以解渴。士兵听了都流出口水，不再嚷渴。《水浒传》第五十一回："官人今日眼见一文也无，提甚三五两银子？正是教俺'望梅止渴，画饼充饥'。"▷使全民生活达到小康水平，这不是～，而是有科学根据的目标。

【望其项背】wàngqíxiàngbèi 项：脖子的后部。望见他的后背和脖子。比喻有希望赶上或达到（多用于否定句）。清·陈廷焯《白雨斋词话》卷三：“板桥、心余辈，极力腾踔（chuō，跳跃），终不能望其项背。”▷唐代的诗人数以千计，但像李白、杜甫这样伟大的诗人却是极少数，绝大多数人是不能～的。

【望文生义】wàngwénshēngyì 文：文字，词句。义：意义。指只按照字面牵强附会地做出片面或错误的解释。清·曾朴《孽海花》第四回：“第一个时期，是开创时期，就是顾、阎、惠、戴诸大儒，能提出实证的方法来读书，不论一名一物，都要切实证据，才许你下论断，不能望文生义。”▷读书要多查阅工具书，切不可～；否则，会闹出笑话来的。☛“义”不要写作“意”。

【望眼欲穿】wàngyǎnyùchuān 形容十分急切地盼望。清·王韬《淞滨琐话·瑶池游梦记下》：“（山人）痴立门外，俟其回来，流连移晷，望眼欲穿，而竟杳然。”▷他日夜等待，～，现在孩子终于回来了。

【望洋兴叹】wàngyángxīngtàn 望洋：仰望的样子。兴：发出。叹：赞叹。原指看到人家的宏大而感叹自己的渺小。现多比喻因力量或条件达不到而感叹无可奈何。《庄子·秋水》：河伯至北海“望洋向若而叹”。元·刘埙（xūn）《隐居通议·诗歌五》：“真能笼乾坤万里于一咏之内，千古吟人，望洋兴叹。”▷当时地价比较高，六七十元钱，最多能买一亩地，他虽然省吃俭用地攒着钱，也只能～。☛㊀“兴”这里不读xìng。㊁“望洋”不要理解为“望着海洋”。

【望子成龙】wàngzǐchénglóng 龙：比喻杰出人才。盼望儿子能成为杰出人才。▷他们夫妻～，省吃俭用，攒钱让儿子学钢琴，盼着将来在国际大赛上拿大奖。

【危如累卵】wēirúlěiluǎn 累卵：摞起来的蛋。形容极其危险，就像摞起来的蛋一样，随时可能倒塌下来。《水浒传》第六十三回：“大名危如累卵，破在旦夕。”▷如果把三团撤走，兵力更少，这座城将～，很难守住。☛“累”这里不读léi、lèi。

【危若累卵】wēiruòlěiluǎn 通常写作“危如累卵”。

【危若朝露】wēiruòzhāolù 朝露：早晨的露珠，太阳一出就消失。形容危险随时会发生。《史记·商君列传》：“君之危若朝露，尚将欲延年益寿乎？”▷经过这次地震，那座桥虽说没倒，恐怕也～了。☛“朝”这里不读cháo。

【危言耸听】wēiyánsǒngtīng 危言：吓人的话。耸：惊动。故意说些夸大吓人的话，使人听了震惊。晚清·梁启超《未禁危言》：“我国民勿以吾为危言悚（sǒng，害怕）听也。”▷邪教头目胡说什么“地球爆炸”，妄图～，吓唬和欺骗人，别听他的！

【危在旦夕】wēizàidànxī 旦夕：早晨和晚上，指时间短。危险就在早晚之间。《三国志·吴书·太史慈传》：“今管亥暴乱，北海（孔融）被围，孤穷无援，危在旦夕。”▷敌人知道，第三道防线一旦被突破，指挥中心就～了。

【威逼利诱】wēibīlìyòu 用强力逼迫，用好处引诱。▷面对敌人的～，他毫不畏惧，毫不动摇。

【威风凛凛】wēifēnglǐnlǐn 凛凛：敬畏的样子。形容气势威严，令人敬畏。元·费唐臣《贬黄州》第三折：“见（同“现”）如今御史台威风凛凛，怎敢向翰林院文质彬彬？”▷受检阅部队步伐整齐，～走过主席台。

【威武不屈】wēiwǔbùqū 威武：指权势或武力。在强暴的压力下不屈服。形容坚贞刚强。《孟子·滕文公下》：“富贵不能淫，贫贱不能移，威武不能屈，此之谓大丈夫。”▷他在敌人面前～，表现出大无畏精神。

【威信扫地】wēixìnsǎodì 扫地：比喻完全丧失。威望和信誉完全丧失。▷这件丑闻传扬出来后，大家纷纷议论，他～。

【威震天下】wēizhèntiānxià 威力使天下人都震惊。汉·桓宽《盐铁论·非鞅》：“蒙恬却胡千里，非无功也；威震天下，非不强也。”▷这支队伍战功赫赫，名扬四海，～。☛“震”不要写作“振”。

【微不足道】wēibùzúdào 道：说。形容事情非常小，不值一提。▷这几年，我只出了两本小书，～，算不上有成绩。

【微乎其微】wēihūqíwēi 形容非常少或非常小。▷这本书经过修订，即使还有错漏，也～。

【微言大义】wēiyándàyì 微：精深微妙。大义：指重大的意义或深奥的道理。精深微妙的言辞中包含的深奥道理。清·李慈铭《越缦堂读书记·儆居集》：“皆小学家微言大义，足以益人神智。”▷这只是一篇很普通的文章，我们从中看不出什么～。

【巍然屹立】wēirányìlì 巍然：高大雄伟的样子。屹立：高耸而稳固地立着。形容高山或建筑物雄伟耸立着。▷一座英雄纪念碑～在当年烈士英勇就义的地方。☛“屹”不读 qǐ。

【韦编三绝】wéibiānsānjué 韦编：韦，皮条。古人把字写在竹简上，用牛皮绳把竹简编联起来成篇。孔丘晚年读《周易》，因反复阅读，使编联竹简的皮条多次磨断。形容读书勤奋刻苦。《史记·孔子世家》：“孔子晚而喜《易》……读《易》，韦编三绝。”▷这位学者真有～的精神，杜门苦读，全身心扑在研究学问上。

【为恶不悛】wéièbùquān 为：做。悛：悔改。坚持做坏事，不肯悔改。晋·干宝《搜神记》卷七：“贾后为恶不悛。”▷对～的重犯要依法严惩。☛“恶”这里不读 wù。“悛”不读 jùn。

【为法自弊】wéifǎzìbì 通常写作“作法自毙”。

【为非作歹】wéifēizuòdǎi 非、歹：指坏事。指干各种坏事。《红楼梦》第五十七回：“我说的是好话，不过叫你心里留神，并没叫你去为非作歹。”▷他们都很老实守法，宁可饿着肚子，也不去～。

【为富不仁】wéifùbùrén 为富：追求发财致富。不仁：没有好心肠。一心追求发财而没有好心肠。《孟子·滕文公上》：“为富不仁矣，为仁不富矣。”▷这些不法商人惟利是图，～，推销假冒伪劣商品，坑害消费者。

【为人师表】wéirénshībiǎo 师表：德才方面值得学习的榜样。指成为别人学习的榜样。明·焦竑（hóng）《玉堂丛语·方正》：“敬宗忝（tiǎn）为人师表，而求谒中贵，他日无以见诸生。”▷我们要～，做一名合格的教师。

【为所欲为】wéisuǒyùwéi 为：做。欲：想要。原指做自己想要做的事。现指想干什么就干什么（含贬义）。元·柳贯《新修平江路学记》：“以能为所欲为者，才也。才敏则用裕，废者可举，弛者可张。”

▷“唯武器论”者认为凭借先进武器就可以～。

【违法乱纪】wéifǎluànjì 违犯法律、法规，破坏纪律。▷坚决与～的现象作斗争。☛“违”不读 wěi。

【违信背约】wéixìnbèiyuē 不守信用，违背约定或条约。《周书·武帝纪下》：“伪齐违信背约，恶稔祸盈，是以亲总六师，问罪汾、晋。”▷我们公司向来恪守信义，从来没干过～的事。☛“违”不读 wěi。

【围魏救赵】wéiwèijiùzhào 魏、赵：战国时的诸侯国。魏发兵围攻赵国都城邯郸，赵求救于齐国，齐发兵围攻魏国都城大梁(今开封)，迫使魏国军队撤回自救，解了赵国的围。后把围困敌军后方，迫使敌军撤退的作战方法称为“围魏救赵”。▷据点里的鬼子都出来包围高庄，我们不妨来个～，趁机攻它的据点，也解救了高庄。

【唯利是图】wéilìshìtú 唯：仅，只。图：谋求。指只贪图钱财，别的什么都不顾。晋·葛洪《抱朴子·勤求》：“由于夸诳，内抱贪浊，惟利是图。”清·颐琐《黄绣球》第五回：“原来这黄祸居多，唯利是图，无恶不作。”▷经商办企业不能～，只想到赚钱。

【唯妙唯肖】wéimiàowéixiào 唯：古汉语助词。妙：好。肖：相像。描写、模仿得非常好，非常逼真。宋·岳珂《英光堂帖赞》：“(智)永之法，妍以婉；(米)芾之体，峭以健。马牛其风，神合志通；彼妍我峭，惟妙惟肖。”▷小说中高松年这个人物，描写得生动逼真、～。☛“肖”这里不读 xiāo。

【唯命是从】wéimìngshìcóng 唯：仅，只。命：命令。从：服从。只服从命令。《左传·昭公十二年》：“今周与四国服事君王，将唯命是从。”▷我们不能不管是否正确都～。

【唯唯诺诺】wéiwéinuònuò 唯、诺：古代汉语中表示应答的叹词。形容连声答应，恭顺听从的样子。明·冯梦龙《醒世恒言》卷二：“他思念父母面上，一体同气，听其教诲，唯唯喏喏，并不违拗。”▷应该提倡在上级面前敢于说真话，而不～。☛“唯”旧读 wěi。

【唯我独尊】wéiwǒdúzūn 唯：只有。尊：高贵。只有我自己最高贵。形容极端狂妄自大，目空一切。宋·释普济《五灯会元·南泉愿禅师法嗣》：“天上天下，唯我独尊。”元·无名氏《连环计》第一折：“孤家看来，朝里朝外，唯我独尊。”▷要谦虚谨慎，要尊重别人，切切不要～，脱离群众。

【尾大不掉】wěidàbùdiào 掉：摆动。尾巴太大不易摆动。比喻属下势力太大，难于指挥。《左传·昭公十一年》：“末大必折，尾大不掉，君所知也。”▷机构必须改革，彻底改变那种～、指挥不灵的局面。

【委曲求全】wěiqūqiúquán 委曲：曲意迁就。曲意迁就，以求事情办成。清·刘坤一《书牍七·复刘荫渠》：“以时局安危所系，不敢不委曲求全。”▷在涉及到全厂职工根本利益的问题上，一定要据理力争，不能～，步步退让。☛“曲”不要错写作“屈”。

【娓娓道来】wěiwěidàolái 通常写作“娓娓而谈”。

【娓娓动听】wěiwěidòngtīng 娓娓：说话动听的样子。形容善于说话，使人喜欢听。清·曾朴《孽海花》第三十四回："梦兰也竭力招呼，知道杨、陆两人都不大会讲上海白，就把英语来对答，倒也说得清脆悠扬，娓娓动听。"▷她讲得～，孩子们听得有滋有味，眼睛都不眨一下。

【娓娓而谈】wěiwěiértán 娓娓：说话不倦的样子。不知疲倦地谈论。▷她不慌不忙地～，热情地介绍了许多情况，客人们听得非常入神。

【为丛驱雀】wèicóngqūquè 参看［为渊驱鱼，为丛驱雀］。

【为虎添翼】wèihǔtiānyì 给老虎安上翅膀。比喻助长恶人的势力。《韩非子·难势》："故《周书》曰：'毋为虎傅翼，将飞入邑，择人而食之。'夫乘不肖人于势，是为虎傅翼也。"▷如果把朋友推到敌人一边去，不是～吗？☛"为"这里不读 wéi。

【为虎作伥】wèihǔzuòchāng 伥：传说被老虎吃掉的人，变为伥鬼，专门给老虎带路找人吃。比喻做恶人的帮凶。清·筱波山人《爱国魂·骂奴》："为虎作伥，无复生人之气。"▷这个家伙投靠了侵略者，从此以后，他就死心塌地～。☛㊀"伥"不读 cháng、zhāng。㊁"为"这里不读 wéi。

【为民请命】wèimínqǐngmìng 指替老百姓向统治者请求让他们正常地生活下去。宋·郑樵《夹漈(jì)遗稿》："金革久不息，遐方徒弹指，谁为民请命，皇天犹未喜。"▷正值大旱灾，他向皇帝上书，～，请求减免赋税。☛"为"这里不读 wéi。

【为人作嫁】wèirénzuòjià 替别人制作出嫁的衣裳。比喻白白为别人忙碌。唐·秦韬玉《贫女》诗："苦恨年年压金线，为他人做嫁衣裳。"《红楼梦》第九十五回："妙玉叹道：'何必为人作嫁？但是我进京以来，素无人知，今日你来破例，恐将来缠绕不休。'"▷老王是个大好人，常常～，自己从不企盼回报。☛"为"这里不读 wéi。

【为渊驱鱼，为丛驱雀】wèiyuānqūyú 为：向。渊：深潭。水獭想捉鱼吃，却把鱼往深潭里赶；鹞鹰想捉麻雀，却把麻雀向丛林里赶。比喻不能团结人，把可以依靠或联合的力量赶到敌对方面去。《孟子·离娄上》："故为渊驱鱼者，獭也；为丛驱爵(同'雀')者，鹯也。"清·李宝嘉《文明小史》第十三回："又被这些不肖官吏任意凌虐，以致为渊驱鱼。"清·蒲松龄《聊斋志异·恒娘》："朝夕而絮聒之，是为丛驱雀，其离滋甚耳。"清末·梁启超《现政府与革命党》："为渊驱鱼，为丛驱雀，而于政府果何利也。"▷在急需各种人才的今天，我们必须善于团结人，不要干出～的蠢事。☛"为"这里不读 wéi。

【未卜先知】wèibǔxiānzhī 卜：占卜，算卦。不占卜就能预先知道将要发生的事情。形容有预见。清·李汝珍《镜花缘》第六十九回："那时榜还未定，倒都晓得？难道闺臣姐姐未卜先知，是位活神仙么？"▷现在科学发达了，气象台的天气预报，可以～了。

【未可厚非】wèikěhòufēi 通常写作"无可厚非"。

【未老先衰】wèilǎoxiānshuāi 年纪不大，却已衰老了。宋·欧阳修《乞致仕第二表》："禀生素弱，顾身未老而先衰。"▷他才五十岁出头，头发已经花白，腰也弯了，真是～！

【未能免俗】wèinéngmiǎnsú 不能摆脱世俗的影响。宋·陆游《自诒》诗："无可奈何犹食粟，未能免俗学浇蔬。"▷在市场经济大潮的冲击下,连那些最高雅的艺术团体也～,要考虑演出的经济效益问题了。

【未雨绸缪】wèiyǔchóumóu 绸缪:用绳索缠捆,引申为修补。趁着还没下雨,先修补一下房屋门窗。比喻事先做好防备。清·陆陇其《答川沙王守备》:“兹承教,并将禁条颁示,具见亲台留意巡防,未雨绸缪之思。”▷商场的消防工作不能存侥幸心理,要～,抓紧抓细,条条落实。☛“缪”不读 miào、miù。

【味同鸡肋】wèitóngjīlèi 参看“食之无味,弃之可惜”。

【味同嚼蜡】wèitóngjiáolà 味道像嚼蜡一样。形容事情或文章、言辞枯燥无味。清·吴敬梓《儒林外史》第一回:“世人一见了功名,便舍着性命去求他,及至到手之后,味同嚼蜡。”▷这篇文章读起来～,通篇都是空话、大话,没有一点新意和创见。

【畏首畏尾】wèishǒuwèiwěi 前也怕,后也怕。形容胆子小,疑虑重重。清·李汝珍《镜花缘》第八十四回:“妹子平日但凡遇着吃酒行令,最是高兴,从不畏首畏尾。”▷他对待工作总是～,前怕狼,后怕虎的。

【畏缩不前】wèisuōbùqián 畏惧退缩,不敢前进。宋·魏泰《东轩笔录》:“唐子方始弹张尧佐,与谏官皆上疏,及弹文公,则吴奎畏缩不前。”▷ 1976 年大地震后,唐山人民没有～,而是迎着困难上,终于在废墟上建成了一个新唐山。☛“缩”不读 suò。

【蔚然成风】wèiránchéngfēng 蔚然:茂盛、盛大的样子。形容某种事物发展兴盛,形成一种风气。▷在我们国家里,“一方有难,八方支援”,已～。

【蔚为大观】wèiwéidàguān 蔚:荟萃,聚集。大观:盛大的景象。形容美好的事物,汇聚成盛大壮观的景象。▷国际高新技术成果交易会上的各种新产品,琳琅满目,～,让人目不暇接。☛“为”这里不读 wèi。

【温故知新】wēngùzhīxīn 温:复习。指复习已学过的知识,可以获得新的理解和体会;现也指吸取历史经验教训,从而获取新的认识。《论语·为政》:“温故而知新,可以为师矣。”汉·班固《东都赋》:“温故知新难,而知德者鲜矣。”▷～,在做习题之前,总要复习一下前一章的内容|翻一翻中国近代史,看一看圆明园遗址,～,就更能体会到“落后就要挨打”这句话的深刻含义。

【温良恭俭让】wēnliánggōngjiǎnràng 温:温和。良:善良。恭:恭敬。俭:节制。让:忍让。原为儒家所提倡的待人接物的准则。现也形容态度过于温和而缺乏斗争性。《论语·学而》:“子贡曰:‘夫子温良恭俭让以得之。夫子之求之也,其诸异乎人之求之与?’”▷面对坏人的丑恶行径,还讲什么～呢?

【温情脉脉】wēnqíngmòmò 脉脉:默默地用眼神表达情意。形容对人或事物怀有感情,很想表露出来的样子。▷在机场上告别时,她那～的样子,使我至今难以忘怀。☛“脉”这里不读 mài。

【温柔敦厚】wēnróudūnhòu 温和柔顺,诚实宽厚。《礼记·经解》:“其为人,温柔敦厚,《诗》教也。”▷待人接物平易谦和,～,是中国传统为人处世的美德。

【温文尔雅】wēnwéněryǎ 温文:温和而有礼貌。尔雅:文雅。形容态度温和,举止文雅。清·蒲松龄《聊斋志异·陈锡九》:"太守愕然曰:'此名士之子,温文尔雅,乌能作贼!'"▷这位老教授知识渊博,~,同学们都非常敬重他。

【文不对题】wénbùduìtí 文章或谈话的内容跟主题、中心无关。▷开教研工作会,他却东拉西扯地讲了一大堆经费如何困难,简直~。

【文从字顺】wéncóngzìshùn 从、顺:通顺。指文章用字遣词正确,语句通顺妥帖。唐·韩愈《南阳樊绍述墓志铭》:"文从字顺各识职,有欲求之此其躅(zhú)。"▷这位同学,语言基本功较扎实,作文~,就是在立意方面还需提高一步。

【文过饰非】wénguòshìfēi 文、饰:掩饰。过、非:错误。掩饰自己的过失或错误。宋·朱熹《答张敬夫书》:"为机变之巧,则文过饰非,何所不至,无所用耻也。"▷有错误应该承认,认真改正,千万不要~。

【文人相轻】wénrénxiāngqīng 文人:泛指读书人。轻:轻视,瞧不起。文人彼此瞧不起。三国·魏·曹丕《典论·论文》:"文人相轻,自古而然。"▷这次学术研讨会上,学者们各抒己见,互相切磋,一扫~、自以为是的坏风气。

【文如其人】wénrúqírén 文章的风格像作者本人的个性特点。宋·林景熙《顾近仁诗集序》:"盖诗如其文,文如其人也。"▷李老是字如其人,~,浪漫、奔放。

【文恬武嬉】wéntiánwǔxī 恬:安乐。嬉:玩乐。文武官员都贪图安乐,不为国家尽忠效力。清·洪楝园《后南柯·招驸》:"奴家观槐安国吏治不修,武备不讲,文恬武嬉,自谓太平可久,难道通国之人,没一个有见识的?"▷清末,朝廷里~,八旗兵腐败无战斗力,不受人欺侮才怪呢!

【文质彬彬】wénzhìbīnbīn 文:文采。质:朴实。彬彬:形容配合协调。原指文采和朴实配合适宜;后形容人举止文雅、态度端庄。《论语·雍也》:"质胜文则野,文胜质则史。文质彬彬,然后君子。"▷这位青年学者~,谈吐不俗,给人留下了很好的印象。

【闻风而起】wénfēngérqǐ 风:指消息。听到消息就立即奋起响应。宋·文天祥《何晞程名说》:"百世之下居乎此者犹闻风而起,况去之二百年之近乎?"▷班主任让全班课后打扫校内卫生区,同学们~,一会儿就完成任务了。

【闻风丧胆】wénfēngsàngdǎn 风:消息。丧胆:吓破了胆。听到一点消息就吓破了胆。▷这两个原本默默无闻的庄稼汉,在抗日队伍里锻炼成长,成了使敌人~的英雄。☛"丧"这里不读 sāng。

【闻过则喜】wénguòzéxǐ 过:过失,错误。听到别人指出自己的缺点错误就高兴。形容虚心接受批评。宋·陆九渊《与傅全美书》:"故其闻过则喜,知过不讳,改过不惮。"▷我们的干部应该做到~,知错必改。

【闻鸡起舞】wénjīqǐwǔ 听到鸡叫就起床舞剑。比喻有志者趁着有利时机及时奋起行动。《晋书·祖逖(tì)传》:"(祖逖)与司空刘琨俱为司州主簿,情好绸缪,共被同寝。中夜闻荒鸡鸣,蹴琨觉曰:'此非恶声也。'因起舞。"清·雨林《皖江血·兴学》:"闻鸡起舞心还壮,造时势,先鞭不让。"▷这些年,他~,奋力拼搏,事业上很有成绩。

【闻所未闻】wénsuǒwèiwén 听到了从来没有听到过的事。形容事情非常新奇。清·李汝珍《镜花缘》第六十回："今日见了紫菱姐姐飞来飞去，业已奇极；谁知还有海外这些异事，真是闻所未闻。"▷她从偏僻的小山村来到大都市许多见所未见，～的事情，让她大开了眼界。

【稳操胜券】wěncāoshèngquàn 操：掌握。胜券：指取胜的把握。形容有把握取得胜利。▷在女子羽毛球双打比赛中，我队选手实力最强，～。☛"券"不读juàn，不要错写作"卷"。

【稳扎稳打】wěnzhāwěndǎ 扎：安营。稳妥而有把握地扎营打仗。比喻有把握、有步骤地进行工作。▷搞新科技开发区的工作，要重点突出，～，不能把摊子铺得过大，上项目过多。☛"扎"这里不读zā、zhá。

【问道于盲】wèndàoyúmáng 向盲人问路。比喻向一无所知的人求教。清·吴敬梓《儒林外史》第八回："但只问着晚生，便是'问道于盲'了。"▷对西方建筑史，我毫无所知，你问我，岂不是～吗？

【问牛知马】wènniúzhīmǎ 打听到牛的价格，就可推知马的贵贱。比喻从同类的事物推究，能得知事实真相。《汉书·赵广汉传》："（广汉）尤善为钩距，得以事情。钩距者，设欲知马贾（价），则先问狗，已问羊，又问牛，然后及马，参伍其贾（价），以类相推，则知马之贵贱，不失实矣。"（钩距：古人盘问人的一种方式，旁敲侧击，辗转推问，以问出实情）。▷这位记者运用了"～"的方法，终于了解到拐卖妇女的真相，为公安人员破案提供了重要线索。

【问心无愧】wènxīnwúkuì 扪心自问，没有什么感到惭愧的地方。清·李宝嘉《官场现形记》第二十二回："就是将来外面有点风声，好在这钱是老爷自己得的，自可以问心无愧。"▷自己多年从事体育工作，任劳任怨，～。

【瓮中之鳖】wèngzhōngzhībiē 瓮：口大腹深的坛子。比喻已被包围逃脱不了的人或动物。清·钱彩《说岳全传》第七十六回："这几个小南蛮，只算得个瓮中之鳖，不消费得僧家大刀，管教他一个个束手就缚。"▷我们的包围圈已严密合围，敌人已成了～。

【瓮中捉鳖】wèngzhōngzhuōbiē 瓮：口大腹深的坛子。鳖：甲鱼。比喻很有把握捉住要捉的人。元·康进之《李逵负荆》第四折："这是揉着我山儿的痒处，管教他瓮中捉鳖，手到拿来。"▷咱们先观察好敌情，晚上摸黑来它个～。

【我行我素】wǒxíngwǒsù 行：做，行事。素：平素。形容不管人家怎样，也不管外界情势如何，我都照平素那样行事。清·李宝嘉《官场现形记》第五十六回："幸亏钦差不懂得英文的，虽然使馆里逐日亦有洋报送来，他也懒怠叫翻译去翻，所以这件事外头已当着新闻，他夫妇二人还是毫无闻见，依旧是我行我素。"▷朋友们都劝她不要赌，但是他～，概不接受。

【卧不安席】wòbùānxí 席：席子。躺在床席上也睡不安宁。形容心神不宁。《史记·苏秦列传》："寡人卧不安席，食不甘味，心摇摇然如悬旌而无所终薄。"▷这件事搅得他～，心神不定。

【卧榻之侧，岂容他人鼾睡】wòtàzhīcè，qǐróngtārénhānshuì 榻：床。侧：旁边。鼾睡：呼呼大睡。在自己睡觉的床边，哪能容许别人打着呼噜睡觉呢？比喻不允许别人侵犯自己的势力范围。宋·岳珂《桯（tīng）史·徐铉入聘》："江南亦何罪？但天下一家，卧榻之侧，岂容他人鼾睡耶？"▷～，你在国境线上建设导弹基地，大搞军事演习，邻国能不加强戒备吗？

【卧薪尝胆】wòxīnchángdǎn 形容发愤图强，不忘雪耻。《史记·越王句（gōu）践世家》记载：春秋时期，越国被吴国打败，越王句践被俘后立志报仇。在柴草上睡觉，经常尝苦胆，以此激励自己。经过长期准备之后，越国终于打败了吴国。宋·苏轼《拟孙权答曹操书》："仆受遗（wèi）以来，卧薪尝胆。"▷我们的队员们～，刻苦训练，终于在世界锦标赛上夺得了冠军。☛"尝"不要写作"赏""偿"。

【卧雪眠霜】wòxuěmiánshuāng 睡在有雪有霜的地上。形容生活艰苦而不安定。明·无名氏《南牢记》第三折："想俺祖宗栉风沐雨，卧雪眠霜，带甲而食，裹创而战，当原创业，好艰难也。"▷这支队伍～，克服了多少困难，修建了举世瞩目的青藏公路。

【握发吐哺】wòfàtǔbǔ《史记·鲁世家》记载：周公旦礼贤下士，热心接待来客，甚至"一沐三握发，一饭三吐哺"（洗发时三次握着头发停下来不洗，去接待贤士；吃饭时，三次吐出口中的食物去迎接客人）。后用"握发吐哺"形容殷勤待人。《宋书·张畅传》："周公握发吐哺，二王何独贵远？"▷我们要弘扬～的好传统，树立尊重人才的好作风。☛"发"这里不读fā。"哺"不读pǔ。

【握手言欢】wòshǒuyánhuān 互相握着手谈笑。形容亲热友好，多指重归于好。唐·高适《题李别驾壁》诗："去乡不远逢知己，握手相欢得如此。"▷经朋友调解，他俩消除了误会，又～、和好如初了。

【乌合之众】wūhézhīzhòng 乌合：像乌鸦似地聚在一起。比喻临时杂凑起来没有组织的人群。汉·班固等《东观汉记·公孙述传》："今东帝无尺寸之柄，驱乌合之众，跨马陷敌，所向辄平。"▷这些土匪都是～，剿匪队一打，他们就如鸟兽散了。

【乌烟瘴气】wūyānzhàngqì 乌烟：黑烟。瘴气：热带或亚热带山林中的湿热的毒气。比喻环境嘈杂，秩序混乱或社会黑暗。清·文康《儿女英雄传》第三十二回："如今闹是闹了个乌烟瘴气，骂是骂了个破米糟糠。"▷军阀连年混战把时局搞得～，民众苦不堪言。

【污泥浊水】wūnízhuóshuǐ 肮脏的泥，污浊的水。原比喻地位卑微低下；现比喻社会上一切腐朽落后的东西。唐·韩愈《酒中留上襄阳李相公》诗："浊水污泥清路尘，还曾同制掌丝纶。"▷要加强社会主义精神文明建设，净化社会环境，荡涤一切～。

【呜呼哀哉】wūhūāizāi 唉，悲伤啊！古代表示哀悼死者的感叹语；现在借指死亡或灭亡（含讥讽或诙谐意）。汉·贾谊《吊屈原赋》："呜呼哀哉，逢时不祥。"▷全国人民一致反对，袁世凯的洪宪帝国很快就～了。

【无病呻吟】wúbìngshēnyín 比喻没有值得忧伤的事却叹息感慨；也比喻文艺创作无真实情感而矫揉造作。宋·辛弃疾《临江仙》词："百年光景百年心，更欢须叹息，无病也呻吟。"明·李贽《续焚书·

复焦漪园》:"文非感时发己,或出自家经画康济,千古难易者,皆是无病呻吟,不能工。"▷这些诗~,装腔作势,实在没意思。

【无补于事】wúbǔyúshì 通常写作"无济于事"。

【无耻之尤】wúchǐzhīyóu 尤:突出,特殊。不知羞耻到了极点。清·吴趼人《二十年目睹之怪现状》第三十六回:"这班人可以算得无耻之尤了!"▷说是去开会或考察,实际是大搞公款旅游,回来还扬扬得意向人夸口,真是~!

【无出其右】wúchūqíyòu 出:超出。右:古人以右为上。指没有超出他的,即没有比他更突出的了。清·李汝珍《镜花缘》第三十回:"此二方专治一切肿毒,初起者速服即消,已溃者亦能败毒收口,大约古人痈疽各方,无出其右了。"▷他的作文,无论立意、语言还是表达手法,全班同学都~。

【无地自容】wúdìzìróng 容:容纳。没有地方可以让自己存身。形容非常羞愧。《敦煌变文集·唐太宗入冥记》:"皇帝闻此语,无地自容。"▷我认识错误之后,又惭愧又后悔,深感~。

【无动于衷】wúdòngyúzhōng 衷:内心。内心毫无触动。清·李宝嘉《官场现形记》第三十三回:"以至顶到如今,偏偏碰着这位制军是不轻易见客的,他见也好,不见也好,便也漠然无动于中了。"▷对这种坏现象,绝不能~,听之任之。☛"衷"不要错写作"中"。

【无独有偶】wúdúyǒuǒu 独:一个。偶:一对。不只一个,竟然还有配对的(多含贬义)。清·壮者《扫迷帚》第十三回:"闻简某系蜀人,而此女亦是蜀人,可谓无独有偶。"▷这家公司刚刚抓住了一个骗子。~,那个公司又被另一个骗子骗走了五十万元。

【无恶不作】wúèbùzuò 没有哪样坏事不干的。清·文康《儿女英雄传》第八回:"仗着银钱,霸道横行,无恶不作。"▷刑警队已把这个~的犯罪团伙一网打尽了。

【无法无天】wúfǎwútiān 法:法纪。天:天理。形容目无法纪,肆意妄为。清·李宝嘉《官场现形记》第十五回:"统领(胡华若)的兵,一个个无法无天,我们的苦头也吃够了。"▷他~,竟敢贪污救灾款,必须严惩!

【无风不起浪】wúfēngbùqǐlàng 比喻事情的发生总是有原因的。▷~,我们还是要认真调查一下,为什么群众对工程招标有那么多意见。

【无功受禄】wúgōngshòulù 禄:俸禄,古代官吏的薪俸。指没有功绩而得到优厚的待遇或报酬。明·冯梦龙《喻世明言》卷二:"依我看来,这银子虽非是你设心谋得来的,也不是你辛苦挣来的,只怕无功受禄,反受其殃。"▷我没出力,却也分得一份奖金,~,于心不安。

【无关大局】wúguāndàjú 关:关系,涉及。不影响全局。▷他退出公司,那也~,公司业务照常开展。

【无关痛痒】wúguāntòngyǎng 跟痛痒不相关联。比喻不影响切身利益。▷他们俩本来互存戒心,偶然碰面,彼此也只是说一些~的话。

【无稽之谈】wújīzhītán 稽:查考。无法查考、没有根据的话。清·李汝珍《镜花缘》第十七回:"既无其说,是为无稽之谈。"▷这些话全是~,你都不要信。☛

“稽”不读 jì。

【无计可施】wújìkěshī 计：办法，计谋。施：施展。指想不出什么办法来。《三国演义》第八回：“王允曰：‘贼臣董卓，将欲篡位，朝中文武，无计可施。’”▷银行内部加强了管理，使企图侵吞、挪用钱款的人～。

【无济于事】wújìyúshì 济：补益。所作所为对于事情没有作用。清·钱彩《说岳全传》第十三回：“我岂不知贼兵众盛？就带你们同去，亦无济于事。”▷我们给他什么好条件也～了，他已经被人家聘走啦。

【无家可归】wújiākěguī 形容流离失所无处安身。《旧五代史·唐书·明宋纪》：“辛巳，诏拣年少宫人及西川宫人并还其家，无家可归者，任从所适。”▷三十年代，长江泛滥，大水成灾，几十万百姓～。

【无价之宝】wújiàzhībǎo 无法评估价格的宝物。指极珍贵的东西。元·王实甫《丽春堂》第二折：“我这珠衣是无价之宝哩。”▷这批出土文物非常珍贵，属于～。

【无坚不摧】wújiānbùcuī 没有什么坚固的东西不能被摧毁。形容力量非常强大。《旧唐书·孔巢父传》：“乃就宴，悦酒酣，自矜其骑射之艺、拳勇之略，因曰：‘若蒙见用，无坚不摧。’”▷那大型推土机马力大，可说是～。

【无精打采】wújīngdǎcǎi 打不起精神。▷不知道他心里有什么事，一整天总是～的。☛“采”不要错写作“彩”。

【无咎无誉】wújiùwúyù 咎：过错。既没有过错，也没有值得赞誉的地方。形容表现平平常常。《周易·坤卦》：“括囊，无咎无誉，盖言谨也。”▷作为人民公仆，不能只求～，用低标准要求自己。

【无拘无束】wújūwúshù 没有任何拘束。形容非常自由自在。《西游记》第二回：“逐日家无拘无束，自在逍遥，此一长生之美。”▷在王教授面前我们可以～地交谈，心情非常舒畅。

【无可比拟】wúkěbǐnǐ 比拟：相比。没有可以跟它相比的。宋·释惟白《续传灯录·江陵护国齐月禅师》：“穷外无方，穷内非里，应用万般，无可比拟。”▷世界上美丽的自然景观很多，但桂林山水却是～的。☛“拟”不读 nì。

【无可非议】wúkěfēiyì 非议：批评，责难。没有什么可以批评责难的。表示言行合情合理，并无错误。▷年轻人打台球本来～，但是，用来赌博就很不应该了。

【无可厚非】wúkěhòufēi 厚：重，过分。非：责难。表示（虽不很圆满，但）不能过分责备。▷对于年轻人，只要他认真负责地工作，偶尔说几句牢骚话也～。

【无可奈何】wúkěnàihé 奈何：怎么办。指毫无办法。《史记·周本纪》：“祸成矣，无可奈何。”▷老李～地说：“算了吧，不用再等他了，咱们几个先走吧。”

【无可奈何花落去】wúkěnàihéhuāluòqù 没有办法不让花儿零落。形容对春光逝去的惋惜；后泛指对已逝的事物的惆怅心情。宋·晏殊《浣溪沙》词：“无可奈何花落去，似曾相识燕归来，小园香径独徘徊。”▷大家谈及他当年如何风流倜傥，敢作敢为，他叹口气说：“～，这都是过去的事了，别提了。

【无孔不入】wúkǒngbùrù 孔：小洞。比喻有空子就钻，有机会就利用。清·李宝嘉《官场现形记》第三十五回：“况且上海办捐的人,钻头觅缝,无孔不入。”▷那些违法个体户～,什么伪劣假冒商品都能制造贩卖。

【无理取闹】wúlǐqǔnào 原指青蛙无原由地喧闹,后指毫无理由地跟人吵架捣乱。唐·韩愈《答柳柳州食虾蟆》诗:“鸣声相呼和,无理只取闹。”清·吴趼人《二十年目睹之怪现状》第一百零六回:“不合安到某公馆无理取闹,被公馆主人饬仆送捕。”▷老李因犯了错误而被免职,他的妻子经常到局长办公室～。

【无米之炊】wúmǐzhīchuī 炊:烧火做饭。没有米却要做饭。比喻没有任何条件,却要把事办成,是不可能的。清·翟灏《通俗编》:“《鸡肋编》:‘陈无己(师道)诗“巧手莫为无面饼”,即俗语云无米之炊也。’”▷尽管他工作能力很强,但要他做～,也是强人所难。

【无名小卒】wúmíngxiǎozú 卒:士兵。指不出名的人。《三国演义》第四十一回:“只见城内一将飞马引军而出,大喝:‘魏延无名小卒,安敢造乱!’”▷他在本县不是～,而是一方面代表人物。

【无能为力】wúnéngwéilì 指想使力却没有足够的力量。形容无力解决问题。清·纪昀《阅微草堂笔记》卷十四:“此罪至重,微我难解脱,即释迦牟尼亦无能为力也。”▷这种病发展到了这么严重的程度,再高明的医生也～了。

【无奇不有】wúqíbùyǒu 什么希奇古怪的事都有。清·吴趼人《二十年目睹之怪现状》第四十八回:“怎么银行也去打劫起来,真是无奇不有。”▷报上登载,一个孩子竟然在狼群中长大了,真是世界之大,～。

【无巧不成书】wúqiǎobùchéngshū 没有巧合就编不成故事。形容事情非常凑巧。清·洪楝园《后南柯·招驸》:“东宫巧于捉弄,公主巧于动人,田生巧于委禽,宫女巧于假冒,所谓无巧不成书也。”▷我刚到上海,～,碰上老同学从纽约飞回来,在机场相会了。

【无穷无尽】wúqióngwújìn 穷:终结。没有止境,没有完结。宋·晏殊《踏莎行》词:“无穷无尽是离愁,天涯海角寻思遍。”▷知识是～的,我们要活到老,学到老。

【无人问津】wúrénwènjīn 津:渡口。没有人打听渡口。借指无人过问或无人关心。晋·陶潜《桃花源记》:“南阳刘子骥,高尚士也;闻之,欣然规往。未果,寻病终。后遂无问津者。”▷这些过时产品,虽然价格便宜些,但摆在那里,一直～。

【无伤大雅】wúshāngdàyǎ 伤:妨害,损害。大雅:风雅,文雅;也指合乎规范的正道。指对事物的整体或主要方面没有损害。清·吴趼人《二十年目睹之怪现状》第二十五回:“不必问他真的假的,倒也无伤大雅。”▷只要演员们动作协调划一,即使身高不够整齐,也～。

【无声无息】wúshēngwúxī 没有声音,没有鼻息。比喻没有名声或没有影响。▷晶莹的雪花在～地飘落|这部作品出版后～,在读者中没有引起反响。

【无声无臭】wúshēngwúxiù 没有声音,没有气味。原形容天道玄妙,不可捉摸;后形容人或事物默默无闻。《诗经·大雅·文王》:“上天之载,无声无臭。”《孽海花》第十七回:“先几个月风声很紧,后来慢慢懈怠,竟无声无臭起来。”▷人家说编辑工作是为人作嫁,王先生却乐在其中，～地干了几十年。☛“臭”这里不读 chòu。

【无事不登三宝殿】wúshìbùdēng-sānbǎodiàn 三宝殿：佛殿。没有所求的事情就不去佛殿。比喻有事才来登门拜访。《群音类选·胡文焕〈茶船记·金山题诗〉》：“无事不登三宝殿，等闲休学塔中行。”▷～，今日我来是特地求教于李老先生的。

【无事生非】wúshìshēngfēi 非：是非。指无缘无故地制造纠纷。清·李汝珍《镜花缘》第五十八回：“有不安本分的强盗，有无事生非的强盗。”▷这个小流氓到处～，打架斗殴。

【无所不包】wúsuǒbùbāo 没有什么不被包括的。指包括一切。汉·王充《论衡·别通篇》：“故夫大人之胸怀非一，才高知大，故其于道术，无所不包。”▷任何一部作品的内容只可能反映部分客观事物，不可能～。

【无所不及】wúsuǒbùjí 及：达到，比得上。没有什么比不上的。三国·魏·王肃《贺瑞应表》：“下及豚鱼，则无所不及。”宋·李清臣《欧阳文忠公(欧阳修)谥(sì)议》：“其文卓然自成一家，比司马迁、扬雄、韩愈，无所不及而有过之。”▷他的这本小说比起同一题材的名家作品，艺术上应该说～。

【无所不可】wúsuǒbùkě 没有什么不可以的。指无论怎样都行。《汉书·灌夫传》：“蚡(fēn)(田蚡)事魏其无所不可，而爱数顷田？”▷对这件事，你怎样处理都行，～，我没有意见。

【无所不能】wúsuǒbùnéng 没有什么不会的。指什么事都会干。清·文康《儿女英雄传》第三十八回：“除了他那把大锤之外，蹿山入水，无所不能。”▷老先生多才多艺，琴棋书画～。

【无所不为】wúsuǒbùwéi 为：做，干。没有不干的事(含贬义)。《三国演义》第二十八回：“今专务游荡，无所不为，老夫所以忧耳。”▷这个黑恶势力团伙，横行霸道～，群众恨之入骨。

【无所不用其极】wúsuǒbùyòngqíjí 极：极端。原指任何事情都尽心尽力；现指做坏事时，什么极端的手段都能使出来。宋·陆九渊《书与赵宰》：“九重勤恤民隐，无所不用其极。”▷土匪杀戮群众，奸淫妇女，焚毁村庄，掠夺财物，～。

【无所不至】wúsuǒbùzhì 至：到。没有不到的地方。也指什么事都干得出来(含贬义)。《史记·货殖列传》：“周人既纤，而师史尤甚，转毂以百数，贾(gǔ)郡国，无所不至。”《礼记·大学》：“小人闲居为不善，无所不至。”▷这个社会渣滓干坏事～，群众恨之入骨。

【无所措手足】wúsuǒcuòshǒuzú 措：安放。没有适当的地方放手脚。形容不知如何是好。《论语·子路》：“刑罚不中，则民无所措手足。”▷他公布这件事，搞得对方～，赶紧研究对策。

【无所事事】wúshuǒshìshì 事事：做事。不做任何事情。指游手好闲什么事都不干。清·李宝嘉《文明小史》第四十五回：“平日丰衣足食，无所事事，一个月难得上两趟洋务局。”▷年轻人不能一天到晚～，虚度光阴。

【无所适从】wúsuǒshìcóng 适：去，往。从：听从。不知道跟从谁才好。指不知道该怎么办。《北齐书·魏兰根传》：“此县界于强虏，皇威未接，无所适从，故成背叛。”▷领导意见不一，具体工作人员～。

【无所畏惧】wúsuǒwèijù 没有什么害怕的。指什么也不怕。宋·张君房《云笈七签》卷九十四：“又如勇士逢贼，无所畏惧，挥剑当前，群寇皆溃。”▷我们一不信神，二不怕鬼，～。

【无所作为】wúsuǒzuòwéi 作为：做出成绩。没有做出什么成绩。指安于现状，不思进取。宋·朱熹《魏甥恪字序》：“夫人饱食逸居而无所作为于世，则蠢然天地一蠹（dù，蠹虫）也。”▷停止的论点，悲观的论点，～和骄傲自满的论点，都是错误的。

【无往不利】wúwǎngbùlì 往：到。无论到哪里，没有不顺利的。唐·李虚中《命书》：“官高禄厚，无往不利。”▷掌握科学技术，又能吃苦，我们就能～。

【无往不胜】wúwǎngbùshèng 往：到。无论到哪里，没有不能取胜的。也泛指做什么工作都取得成绩。《三国志·蜀书·邓艾传》：“以此乘吴，无往而不克矣。”▷只要抓住战机，指挥得当，就能～。

【无微不至】wúwēibùzhì 微：细微。至：到。没有什么细微的地方没有想到或做到的。形容关怀照顾细致周到。清·文康《儿女英雄传》第三十八回：“列公看了长姐儿这节事，才知圣人教人无微不至。”▷她患病期间，同学们对她照料得～。

【无隙可乘】wúxìkěchéng 隙：空隙，漏洞。乘：利用。没有漏洞可以利用。宋·程颢、程颐《河南程氏外书》：“小人无隙可乘，其害不至如此之甚也。”▷我们防守严密，对方～，始终没有攻破我们的球门。☛㊀“乘”这里不读 chèng。㊁不要写作“无隙可窥”。

【无懈可击】wúxièkějī 懈：松懈的地方，指弱点或漏洞。没有任何弱点可以让人攻击。形容十分严谨周密。清·吴乔《围炉诗话》卷一：“一篇诗只立一意，起手、中间、收结互相照应，方得无懈可击。”▷他相信自己的主张～，也相信自己一定可以驳倒对方。

【无以复加】wúyǐfùjiā 复：再。没有什么可以再增加的了。形容已达到极点（含贬义）。宋·王安石《周礼义序》：“盖其因习以崇之，赓续以终之，至于后世，无以复加。”▷为了达到不可告人的目的，他们诽谤、挑拨离间，到了～的程度。

【无影无踪】wúyǐngwúzōng 踪：踪迹。一点影子和踪迹也没有。形容完全消失，不知去向。《红楼梦》第二十四回：“那贾芸早说了几个‘不用费事’，去的无影无踪了。”▷这孩子太顽皮，带他去公园散步，稍不注意就跑得～了。☛不宜写作“无影无形”。

【无庸讳言】wúyōnghuìyán 无庸：无须，不必。讳：忌讳。指不必忌讳掩饰，可以直说。▷～，我们之间对某些问题的看法是有分歧的。☛不宜写作“毋庸讳言”。

【无庸置疑】wúyōngzhìyí 无庸：无须，不必。置疑：怀疑。不必怀疑。▷战国时期，我国的冶炼技术已经达到了很高的水平，这是～的。☛不宜写作“毋庸置疑”。

【无与伦比】wúyǔlúnbǐ 伦：类。伦比：类比。没有能跟它相比的。形容非常完美。宋·齐诗昌《芦蒲笔记》记载：宋代科举，御试考生试卷分为五等：“第一谓学识优长，辞理精纯，出众特异，无与伦比。”▷那位艺术体操运动员，以她～的优美表演博得了全场观众的喝彩。☛不要写作"未有伦比""无与为比"。

【无缘无故】wúyuánwúgù 缘：因由。故：原因。没有任何原因。清·吴趼人《瞎骗奇闻》第二回："你真是无缘无故送我几十吊钱。"▷她最近常常～地发脾气，我也弄不清是怎么回事。

【无源之水，无本之木】wúyuánzhīshuǐ，wúběnzhīmù 本：树根。没有源头的水，没有根的树。比喻没有基础的事物。宋·陆九渊《与曾宅之书》："今终日营营，如无根之木，无源之水，有采摘汲引之劳，而盈涸荣枯无常。"▷理论脱离了实践就成了～了。

【无中生有】wúzhōngshēngyǒu 把没有的说成有的。指凭空捏造。《水浒传》第三十四回："量花荣如何肯反背朝廷？实被刘高这厮无中生有，官报私仇，逼迫得花荣有家难奔，有国难投，权且躲避在此。"▷他心术不正，常常～地编造假话来拨弄是非。

【无足轻重】wúzúqīngzhòng 无足：不值得，不足以。不足以影响事物的轻重，形容无关紧要。清·文康《儿女英雄传》第十八回："你切莫絮叨叨的问这些无足轻重的闲事。"▷培养孩子良好的生活习惯，不是～的小事。☛不宜写作"未足轻重"。

【毋庸讳言】wúyōnghuìyán 通常写作"无庸讳言"。

【毋庸置疑】wúyōngzhìyí 通常写作"无庸置疑"。

【鼯鼠之技】wúshǔzhījì 鼯：原作"鼫(shí)"，后讹写成"鼯(wú)"。鼫：古书上说的一种动物。古人认为它有飞、爬、游、跑、藏五种技能，但都不精。比喻技能虽多，但都不精。宋·张扩《东窗集》："如某者天资朴鲁，世事迂疏，鼯鼠之技易穷，犬马之心徒在。"▷游泳、滑冰、射击，我什么都学过，但都是～而已。

【五彩缤纷】wǔcǎibīnfēn 五彩：各种颜色。缤纷：错杂繁盛的样子。指色彩纷繁艳丽。▷天已经大亮了，多云的天空上，布满了～的朝霞。☛不宜写作"五色缤纷"。

【五斗折腰】wǔdǒuzhéyāo 五斗：五斗米，指旧时低级官吏的微薄俸禄。折腰：弯腰，指恭恭敬敬地侍奉人。形容为了微薄的待遇而忍受屈辱。《晋书·陶潜传》记载：陶潜任彭泽县令时，郡里派员视察，县令按例应束带相迎，陶潜不甘屈辱，叹曰："吾不能为五斗米折腰，拳拳事乡里小儿！"当天解印离职。明·王世贞《鸣凤记》："性秉钢坚，心贞冰洁，岂因五斗折腰？"▷人家封官许愿，拉他下水，他不愿为～，不予理睬。☛"折"这里不读shé。

【五毒俱全】wǔdújùquán 五毒：指蝎、蛇、蜈蚣、壁虎、蟾蜍(chánchú)五种有毒动物。俱：都。比喻什么坏事都干。▷他们走私、贩毒、抢劫、杀人，无恶不作，是一个～的犯罪团伙。

【五方杂处】wǔfāngzáchǔ 五方：东、西、南、北和中，这里指各个地方的人。处：居住。各地的人聚居在一起。清·李汝珍《镜花缘》第二十七回："此国人为何生一张猪嘴？而且语音不同，倒像五方杂处一般，是何缘故？"▷在这样～的大城市里，你可以听到各地的方言土语。☛"处"这里不读chù。

【五谷丰登】wǔgǔfēngdēng 丰登：丰收。指粮食丰收。《六韬·龙韬·立将篇》："是故风雨时节，五谷丰登，社稷安宁。"▷即使～的年景，也要注意节约粮食。

【五光十色】wǔguāngshísè 形容色彩艳丽，花样繁多。清·黄小配《廿载繁花梦》第三十一回："到了次日，便是迎娶之期，周家妆奁自然早已送妥，其中五光十色，也不必细表。"▷江西景德镇那～的釉瓷名震中外，被称为"瓷品中的王冠"。

【五湖四海】wǔhúsìhǎi 泛指四面八方，全国各地。唐·吕岩《绝句》："斗笠为帆扇作舟，五湖四海任遨游。"▷我们来自～，要相互尊重，加强团结。

【五花八门】wǔhuābāmén 原指五花阵和八门阵，这两种古代作战的阵势，战术变化很多。现比喻事物花样繁多。清·吴敬梓《儒林外史》第四十二回："那小戏子一个个戴了貂裘……跑上场来，串了一个五花八门。"▷这条大街上商店一个挨一个，店名～，有的让人看了莫明其妙。

【五内如焚】wǔnèirúfén 五内：指人的五脏。五脏像火烧一样。形容内心非常焦急、忧虑。清·黄小配《廿载繁华梦》第三十三回："前数天不见兄长覆示，五内如焚。"▷儿子出走后，连日打听不到下落，她寝食不安，～。

【五十步笑百步】 wǔshíbùxiàobǎibù 两个逃跑的士兵，跑了五十步的讥笑跑了一百步的。比喻自己跟别人有同样的错误或缺点，却以自己程度较轻而嘲笑别人。《孟子·梁惠王上》："孟子对曰：'王好战，请以战喻。填然鼓之。兵刃既接，弃甲曳兵而走。或百步而后止，或五十步而后止。以五十步笑百步，则何如？'曰：'不可。直不百步耳，是亦走也。'"▷在田径运动会的铅球比赛中，获第五名的小郭对第九名的小李大加讽刺和挖苦，这不是～吗？☞"步"的下部不要写作"少"。

【五体投地】wǔtǐtóudì 双手、双膝和头一起着地，是佛教里最恭敬的行礼方式。形容敬佩到了极点。《楞严经》卷一："阿难闻已，重复悲泪，五体投地，长跪合掌。"▷小李对他表哥那高超的武艺佩服得～。

【五颜六色】wǔyánliùsè 指多种颜色。形容色彩纷繁。清·李宝嘉《官场现形记》第十四回："船头上，船尾巴上，统通插着五色旗子，也有画八卦的，也有画一条龙的，五颜六色，映在水里，着实耀眼。"▷超级市场的商品，琳琅满目，～，让人眼花缭乱。☞"色"这里不读 shǎi。

【舞文弄墨】wǔwénnòngmò 舞、弄：玩弄，耍弄。指耍笔杆，玩弄文字技巧。《三国演义》第四十三回："岂亦效书生区区于笔砚之间，数黑论黄，舞文弄墨而已乎！"▷论起～，我们比不过你这个耍笔杆子的；要讲耍刀枪，我们可比你内行。

【勿谓言之不预】 wùwèiyánzhībùyù 勿：不要。谓：说。预：预先。不要说预先没有讲过。表示有言在先。▷首先强调一下，考场上如果有人舞弊，一定要严肃处理，～。

【物薄情厚】wùbóqínghòu 物：指礼物。薄：轻。厚：重。礼物轻而情义重。宋·司马光《训俭示康文》："会数而礼勤，物薄而情厚。"▷送给你这本相册，礼物虽小，～，算是我的一份心意吧。☞"薄"这里不读 báo。

【物华天宝】wùhuátiānbǎo 万物的光华，天上的珍宝。后多形容极其珍贵的物品。唐·王勃《滕王阁序》:"物华天宝,龙光射斗牛之墟;人杰地灵,徐孺下陈蕃之榻。"▷荆州博物馆珍藏着一把闪闪发光的青铜宝剑。这真是～。

【物换星移】wùhuànxīngyí 物:景物。景物改变,星辰的位置移动。形容时序和世事的变化推移。唐·王勃《滕王阁》诗:"闲云潭影日悠悠,物换星移几度秋。"▷～,今天,景德镇陶瓷艺术产生了更加诱人的魅力。☛不要写作"星移物换"。

【物极必反】wùjíbìfǎn 极:顶点。反:走向反面。事物发展到极端,就会走向它的反面。清·纪昀《阅微草堂笔记·姑妄听之》:"盖愚者恒为智者败。而物极必反,亦往往于所备之外,有智出其上者,突起而胜之。"▷～,一向逆来顺受的林冲,被逼得走投无路的时候,也毅然决然地走上了反抗的道路。

【物尽其用】wùjìnqíyòng 尽:充分发挥。用:用处。各种物品都充分发挥他们的作用。▷提倡节约挖潜,做到变废为宝,～。

【物竞天择】wùjìngtiānzé 竞:竞争。择:选择。指自然界万物都处在相互竞争、选择的过程中,能适应自然界的生存了下来,不能适应自然界的则被淘汰。▷在市场经济条件下,～,只有那些生产的产品适应市场需求的厂家,才能得以生存和发展。

【物美价廉】wùměijiàlián 商品质量好,价格又便宜。清·吴趼人《近十年之怪现状》第十回:"苏州有个朋友写信来,要印一部书。久仰贵局的价廉物美,所以特来求教。"▷这种品牌的电冰箱～,享誉海内外。

【物盛则衰】wùshèngzéshuāi 事物发展到最繁盛的时候,就开始衰败下去。《史记·田叔列传》:"夫月满则亏,物盛则衰,天地之常也。"▷康乾盛世以后,清王朝就逐渐衰落下去,说明～是不可抗拒的。

【物是人非】wùshìrénfēi 事物依旧,人已变更。宋·李清照《武陵春·春晚》词:"物是人非事事休,欲语泪先流。"▷四十年过去了,回到母校,漫步校园,～,感慨万千。

【物以类聚】wùyǐlèijù 类:同类。聚:聚合。指同类的东西总聚合在一起,现多比喻坏人勾结在一起。宋·释普济《五灯会元·温州护国钦禅师》:"如藤倚树,物以类聚。"▷这几个臭味相投的人凑在一起并不奇怪,～,人以群分嘛。

【物壮则老】wùzhuàngzélǎo 壮:壮实。老:衰老。指事物壮盛到了极点就开始衰老下去。《老子》第五十五章:"物壮则老,谓之不道,不道早已。"▷～,别看世界上某些事物目前处于鼎盛时期,但同时,它已经走向衰落了。

【误国殃民】wùguóyāngmín 通常写作"祸国殃民"。

【误人子弟】wùrénzǐdì 耽误人家的孩子。常指教师不称职。清·李汝珍《镜花缘》第十九回:"先生犯了这样小错,就要打手心,那终日旷功误人子弟的,岂不都要打杀么?"▷经常在课堂上写错字、解错题,又不下功夫钻研业务,这样的教师岂不是～吗?

【误入歧途】wùrùqítú 歧途:邪路。错误地走上邪路。▷对那些～,初次犯罪的青少年,要加强教育,耐心地帮助他们认识危害,改邪归正。

【雾里看花】wùlǐkànhuā　原形容老眼昏花;后比喻对事情看不清楚,看不真切。唐·杜甫《小寒食舟中作》诗:"春水船如天上坐,老年花似雾中看。"宋·赵蕃《早到超果寺》诗:"雾里看花喜未昏,竹园啼鸟爱频言。"▷因为他不能深入群众、深入实际调查了解,所以对事件的根源始终如～一样。

X

【息事宁人】xīshìníngrén 息：使平息。宁：使安宁。使事情平息下来，使人们相安无事。多指调解纠纷，平息事端。《后汉书·肃宗孝章帝纪》："及吏人条书相告不得听受，冀以息事宁人，敬奉天气。"清·纪昀《阅微草堂笔记·滦阳续录五》："畏鬼者常情，非辱也。谬答以畏，可息事宁人。彼此相激，伊于胡底乎？"▷他很善于～，每当矛盾激化时，他都通过调解工作，使事端逐步平息下来。☛"宁"这里不读 nìng。

【息息相关】xīxīxiāngguān 息息：呼吸。一呼一吸互相关联。比喻关系极其密切。《清诗话续编·延君寿〈老生常谈〉》："选古人五七古诗若干首，读万遍或数万遍，熟其音节气味，心解神悟，久久觉得……我之形神与古人之气脉息息相关。"▷我们这些老战士，同人民～，与战友生死与共。☛"相"这里不读 xiàng。

【惜墨如金】xīmòrújīn 惜：吝惜。珍惜墨就像珍惜金子一样。原指绘画时不轻易用浓墨重笔；后多指写文章力求词语简练。宋·费枢《钓矶立谈》："李营丘(成)惜墨如金。"宋·楼钥《催老融墨戏》："古人惜墨如惜金，老融惜墨如惜命。"▷作文时，提倡～，力求用较少的文字，表达丰富的内容。

【稀奇古怪】xīqígǔguài 指罕见而怪诞。清·刘鹗《老残游记》第十三回："老残道：'这也罢了，只是你赶紧说你那稀奇古怪的案情罢。'"▷老张见闻很广，经常听他讲一些～的事。

【熙熙攘攘】xīxīrǎngrǎng 熙熙、攘攘：纷乱的样子。形容人来人往，喧闹纷杂的样子。《六韬》："天下攘攘，皆为利往；天下熙熙，皆为利来。"明·冯梦龙《醒世恒言》卷三十三："熙熙攘攘，都为利来。"▷股市大厅里～，非常热闹。☛"熙"字左上角是"𦣞"，不是"臣"；右上角是"巳"，不是"已"或"己"。

【膝痒搔背】xīyǎngsāobèi 膝盖发痒却挠脊背。比喻说话、办事抓不住要领。汉·桓宽《盐铁论·利议》："不知趋舍之宜，时世之变，议论无所依，如膝痒而搔背。"▷这篇辩论文章，没有抓住对方的主要论点进行辩驳，～，恐怕还要重写。☛"搔"的右上角是"叉"，不是"又"。

【嬉皮笑脸】xīpíxiàoliǎn 形容嬉笑不严肃的样子。清·吴趼人《二十年目睹之怪现状》第四十六回："那裁缝一味抵赖。他却嬉皮笑脸的，对着裁缝蹲了下来，说道：'你不要赖了。'"▷在这样庄重的场合，态度要严肃，不能～的。☛不要写作"嘻皮笑脸"。

【习而不察】xíérbùchá 通常写作"习焉不察"。

【习非成是】xífēichéngshì 非：错误。是：正确。对某些错误的东西习惯了，反以为它是正确的。汉·扬雄《法言·学行》："一哄之市，必立之平；一卷之书，必立之师。习乎习，以习非之胜是，况习是之胜非乎？”▷改变一种由来已久的看法是很难的，因为～，人们往往对与自己相反的观点有一种抵制心理。

【习惯成自然】xíguànchéngzìrán 习惯了，也就成了自然而然的行为习性。清·李汝珍《镜花缘》第六十一回：“所以妹子向来遵奉父命，从不饮茶。素日惟饮菊花、桑叶……日久吃惯，反以茶为苦，竟是习惯成自然了。”▷要纠正在公共场所吸烟的坏习惯，开始你可能感到别扭，时间长了，～就好了。☛不宜写作“习惯自然”。

【习焉不察】xíyānbùchá 察：察觉。对某些事物习惯了，也就觉察不到其中的问题。宋·魏了翁《鹤山文集·〈通典〉跋》：“杜氏《通典》之书，包括古今，涵贯精粗，人习焉不察，例以类书目之。”▷长期在一个单位工作的人对内部的某些不良现象往往～，反倒是新来乍到的人一眼就能看出问题。

【习以为常】xíyǐwéicháng 习惯了，就认为它很正常。《魏书·临淮王传》：“将相多尚公主，王侯亦娶后族，故无妾媵(yìng)，习以为常。”▷初到西藏，天天喝酥油茶，很不习惯；日子久了，也就～了。

【席不暇暖】xíbùxiánuǎn 坐：座席。暇：空闲。指座席还没来得及坐暖（就起来了）。形容很忙碌。《文子·自然》：“孔子无黔突，墨子无暖席，非以贪禄慕位，将欲起天下之利，除万民之害也。”清·李宝嘉《官场现形记》第五十一回：“一会忙着回那里信，那里电报，真正忙得席不暇暖，人仰马翻。”▷刑警很辛苦，常常忙得～，有时候连睡觉的时间都没有。☛“暇”左边是“日”，不是“目”；右边是“叚”，不是“段”。

【席地幕天】xídìmùtiān 把地当作席子，把天当作帐篷。形容在露天里休息睡眠。唐·范传正《唐左拾遗翰林学士李公新墓碑》：“卧必酒瓮，行惟酒船，吟风咏月，席地幕天。”宋·陆游《剑南诗稿·新辟小园六首》诗：“席地幕天君勿嘲，随宜野蔌(sù)与山肴。”▷我们考察队员翻山越岭，～，对长江源头终于有了新的了解。

【洗耳恭听】xǐěrgōngtīng 恭：恭敬。形容专心恭敬地听人讲话。元·郑廷玉《楚昭公疏者下船》第四折：“请大王试说一遍，容小官洗耳恭听。”▷你说吧，我一定～。☛“恭”的下边是“⺗”，不是“小”、“水”。

【洗心革面】xǐxīngémiàn 洗心：洗涤污秽的心。革面：改变原来的面貌。比喻彻底悔改。晋·葛洪《抱朴子·用刑》：“洗心而革面者，必若清波之涤轻尘。”宋·辛弃疾《淳熙己亥论盗贼札子》：“自今以始，洗心革面皆以惠养元元为意。”▷经过一年劳教，他彻底悔悟，决心～，重新做人。

【喜出望外】xǐchūwàngwài 望外：在希望或意料之外。指为遇到出乎意料的好事而特别高兴。宋·苏轼《与李之仪五首》：“契阔八年，岂谓复有见日。渐近中原，辱书尤数，喜出望外。”▷看见父亲从外地提前回来了，孩子们～，高兴得跳了起来。

【喜怒哀乐】xǐnùāilè 指人内心种种不同的感情。《礼记·中庸》：“喜怒哀乐之未发，谓之中；发而皆中节，谓之和。”▷李教练跟队员们已经相处五六年了，队员们的～、性格脾气，她都摸得一清二楚。

【喜怒无常】xǐnùwúcháng 无常：没有

规律性。一会儿喜，一会儿怒，感情变化不定。《红楼梦》第二十七回："他兄妹间多有不避嫌疑之处，嘲笑不忌，喜怒无常。"▷她情感脆弱，心理承受能力差，显得～。

【喜闻乐见】xǐwénlèjiàn 喜欢听，乐意看（多指文艺作品）。▷京戏是大家都～的剧种之一，拥有众多的戏迷。☛"乐"这里不读 yuè。

【喜笑颜开】xǐxiàoyánkāi 颜：脸色。开：舒展。心里高兴，笑容满面。明·冯梦龙《醒世恒言》卷三十："故人相见，喜笑颜开，遂留于衙署中安歇。"▷孩子穿上这套新衣服，～。

【喜新厌旧】xǐxīnyànjiù 喜欢新的，厌恶旧的。多指爱情不专一。宋·叶适《淮西论铁钱五事状》："常人之情，喜新厌旧，所以有只要新钱之说，岂可旧钱遂成无用！"▷婚姻上的～不利于家庭、社会稳定，违背社会道德。

【喜形于色】xǐxíngyúsè 形：表露。色：脸色。喜悦之情流露在脸上。唐·裴庭裕《东观奏记》上："上悦安平不妒，喜形于色。"▷一听说小李是来还债的，郑老板～，很热情地接待了他。

【细大不捐】xìdàbùjuān 细：细微的。捐：舍弃，小的大的都不舍弃。指不拘大小轻重，都兼收并蓄。唐·韩愈《进学解》："贪多务得，细大不捐。"清·李宝嘉《官场现形记》第四回："戴升还问人家索门包……真正是细大不捐，积少成多，合算起来，也着实不少。"▷他任知府以来，送礼行贿的络绎不绝，他～，全部收下。

【细水长流】xìshuǐchángliú 细：微小。比喻一点一滴、坚持不懈地做下去；也比喻节约使用钱财，使保持经常不缺。清·翟灏（hào）《通俗编·地理》引《遗教经》："汝等常勤精进，譬如小水长流，则能穿石。"▷学国画是件～的事，要不间断地从基本功学起｜咱们收入不多，只要节约开支、～，也就不愁吃穿了。

【细枝末节】xìzhīmòjié 细小的枝节，比喻细小而不重要的部分。▷有些工厂领导只顾抓产量，而把治理污染看成～，不闻不问，这种状况必须纠正。

【虾兵蟹将】xiābīngxièjiàng 神话里龙王手下的兵将。比喻不中用的兵将或坏人的爪牙。《西游记》第三回："东海龙王敖广即忙起身，与龙子龙孙、虾兵蟹将出宫。"▷在我边防战士的打击下，这个土匪头子和他的～们只好投降认罪。

【侠肝义胆】xiágānyìdǎn 肝胆：比喻赤诚的心。指抑强扶弱，见义勇为的思想品格。▷这个青年肯于打抱不平，舍己助人，一副～，乡里远近闻名。

【狭路相逢】xiálùxiāngféng 指两车在窄路上相遇，躲避不开。比喻仇人相遇，彼此不肯放过。《乐府诗集·古辞·相逢行》："相逢狭路间，道隘不容车。"《三国演义》第二十二回："刘岱引一队残军，夺路而走，正撞见张飞，狭路相逢，急难回避，交马只一合，早被张飞生擒过去。"▷两人有仇，今天～，又打了起来。☛不宜写作"相逢狭路"。

【遐迩闻名】xiáěrwénmíng 遐：远。迩：近。远近都有名声。形容名声很大。▷我国高温色釉瓷"三阳开泰"～，只有景德镇一家瓷厂可以烧制。

【瑕不掩瑜】xiábùyǎnyú 瑕：玉上的斑点。瑜：玉的光彩。比喻缺点掩盖不了优点。宋·邵博《闻见后录》卷四："惜哉仲淹，寿不永乎，非不废是，瑕不掩瑜，虽未至于圣，其圣人之徒欤！"▷这个剧本虽然在次要人物的安排上有些小毛病，但～，它仍然不失为一个优秀的剧本。

【瑕瑜互见】xiáyúhùjiàn 瑕：玉上的斑点。瑜：玉的光彩。比喻既有缺点，也有优点。清·平步青《霞外捃屑·升庵文选》卷七："（杨）升庵论文，瑕瑜互见。"▷这部电视剧本～，还需修改后再拍摄。☛"见"这里不读 xiàn。

【下不为例】xiàbùwéilì 例：先例。下次不能用这次作为先例（照样办理）。表示只能通融这一次。清·张春帆《宦海》第十八回："既然如此，只此一次，下不为例如何？"▷对你这次错误我们不追究，但～。☛不要写作"后不为例"。

【下车伊始】xiàchēyīshǐ 伊始：开始。旧指新官到任；现指刚刚到一个新的地方。《隋书·刘行本传》："有一州吏，受人馈钱三百文，依律合杖一百。然臣下车之始，与其为约，此吏故违，请加徒一年。"清·杨潮观《吟风阁杂剧·东莱郡暮夜却金》："吾今下车伊始，延见诸公，所望集思广益，闻所未闻。"▷有的人～，就这也批评，那也指责；这种人往往会碰钉子的。

【下里巴人】xiàlǐbārén 原指战国时期楚国的乡土歌曲；现指通俗的文艺作品。战国·楚·宋玉《对楚王问》："客有歌于郢中者，其始曰《下里》《巴人》，国中属而和者数千人……其为《阳春》《白雪》，国中属而和者不过数十人。"▷我们既不要贬低～，也不要排斥阳春白雪，提倡百花齐放，相互促进。☛㊀常与"阳春白雪"对举。㊁参看"阳春白雪"。

【下马看花】xiàmǎkànhuā 比喻深入实际，仔细调查研究（与"走马看花"相对）。▷要想了解全面、真实情况，走马看花是办不到的，只有～，才能掌握第一手材料。

【仙风道骨】xiānfēngdàogǔ 原为道教用语，指道教仙人或得道者的神态和气度。现用来比喻超凡脱俗的风度；有时也比喻书法作品洒脱飘逸。明·宋有燉《神仙会》楔子："然此女子，还是有仙风道骨，不肯随俗同尘。"▷这位练武的老人气度不凡，长须飘洒，脸泛红光，真有～的样子。

【先睹为快】xiāndǔwéikuài 睹：看见。快：愉快。以尽先看到为愉快。元·王恽（yùn）《表忠观碑始末记》："（表忠）观在龙井不十里远，能一到其下豁先睹为快，何如？"▷这部小说的稿子，我已拿到手，自然可以～了。☛"为"这里不读 wèi。

【先发制人】xiānfāzhìrén 发：发动。制：制伏。先发动攻势制伏对方。《汉书·项籍传》："先发制人，后发制于人。"《隋书·李密传》："百万之众，一朝可集，先发制人，此机不可失也。"▷我队～，控制了中场，在对方门前频频制造射门机会，终于射入一球。☛㊀"制"不要错写作"治"。㊁"发"这里不读 fà。

【先见之明】xiānjiànzhīmíng 先见：预见。明：眼力。指预见到事物发展趋势的眼光。《晋书·傅玄传》："及其纳谏汝南，献书临晋，居谅直之地，有先见之明矣。"▷他恨自己没有～，不然，这一笔冤枉钱可以省了。

【先礼后兵】xiānlǐhòubīng 礼：礼节。兵：指武力。指在解决矛盾或争端之前，先以礼相待，如行不通，则采取强硬的手段。《三国演义》第十一回："刘备远来救援，先礼后兵，主公当用好言答之，以慢备心；然后进兵攻城，城可破也。"▷我们

～，不打第一枪，如果他们再进行武力挑衅，我们就全力反击。

【先人后己】xiānrénhòujǐ 首先为别人着想，然后再考虑自己。《礼记·坊记》："君子贵人而贱己，先人而后己。"▷老李事事都是公而忘私，～，在群众中有很高的威信。

【先入为主】xiānrùwéizhǔ 指先接受的看法占了主导地位，形成成见，就不容易再接受别的看法了，即怀有成见。宋·刘克庄《后村全集·再跋陈禹锡〈杜诗补注〉》："学者多以先入为主，童蒙时一字一句在胸臆，有终其身尊信之太过胶执而不变者。"▷新参加工作要注意自身形象。常说～，给人的初次印象很重要。

【先入之见】xiānrùzhījiàn 见：指看法。在研究讨论问题之前就已经形成的固定看法。清·周亮工《赖古堂集·与缪西溪先生》："从来惟空怀平气，可以一日，可以百年，盖空则无先入之见，平则无据胜之形。"▷处理事情不能只凭～，应该多作调查研究，才可能取得正确的认识。

【先声夺人】xiānshēngduórén 声：声势。夺人：动摇人心。先造成声势以动摇对方的士气。《左传·文公七年》："既不受矣，而复缓师，秦将生心，先人有夺人之心。"清·壮者《扫迷帚》第二十一回："我兄负一乡之望，乃上之不能先声夺人，阻止设位，攘斥狐仙，力辟谬说。"▷比赛一开始，主队～，发动凌厉的攻势，场上出现一边倒的局面。

【先天不足】xiāntiānbùzú 指人或动物一生下来体质就弱；也比喻基础差。清·李汝珍《镜花缘》第二十六回："小弟闻得仙人与虚合体，日中无影；又老人之子，先天不足，亦或日中无影。"▷这孩子～，后天失调，身体非常虚弱丨本地资源短缺，技术力量薄弱，工厂一开办就感到～。

【先天下之忧而忧，后天下之乐而乐】xiāntiānxiàzhīyōuéryōu，hòutiānxiàzhīlèérlè 在天下人忧虑之前自己就忧虑，在天下人享乐之后才享乐。宋·范仲淹《岳阳楼记》："居庙堂之高，则忧其民；处江湖之远，则忧其君。是进亦忧，退亦忧，然则何时而乐耶？其必曰：'先天下之忧而忧，后天下之乐而乐欤！'"▷领导干部必须～；只有这样，才能得到广大群众的拥护。

【先我着鞭】xiānwǒzhuóbiān 在我之前催马加鞭。比喻抢先一步做某件事或建立功绩。《晋书·刘琨传》："吾枕戈待旦，志枭逆虏，常恐祖生（逖）先吾著鞭耳。"元·耶律楚材《屏山居士〈鸣道集说〉序》："昔予尝见《鸣道集》，甚不平之，欲为书纠其芜谬而未暇，岂意屏山先我着鞭，遂为序。"▷我翻译这本书接近尾声时，郑先生～，已经出版了这本书的中译本。☛"着"这里不读 zháo。

【先下手为强】xiānxiàshǒuwéiqiáng 先动手可以取得优势。明·冯梦龙《醒世恒言》卷三十："先下手为强，今若不依言，事到其间，悔之晚矣！"▷我们～，抢先进行商标注册，这样就主动了。

【先斩后奏】xiānzhǎnhòuzòu 奏：臣子对君主报告。先把犯人处决，然后再上奏。比喻先把事情处理完，再向上级报告。南朝·梁·刘勰（xié）《刘子·贵速》："申屠悔不先斩而后奏，故发愤而致死。"元·关汉卿《窦娥冤》第四折："随处审囚刷卷，体察滥官污吏，容老夫先斩后奏。"▷这次事情紧急，来不及请示；他～，当即果断地处理了。

【纤毫不爽】xiānháobùshuǎng 纤毫：细小的毫毛。爽：差错。指连丝毫差错都没有。《宋书·律历志下》："凡此四蚀，皆与臣法符同，纤毫不爽。"▷张总的作风非常严谨细致，他绘的图～。☛"纤"这里不读qiàn。

【纤悉无遗】xiānxīwúyí 纤悉：细微详尽。遗：遗漏。非常详尽，一点都没有遗漏。宋·李光《论王子献等劄子》："蒲鱼荷芡之利，皆日计月课，纤悉无遗，遂致泊旁之人，无所衣食。"▷他的统计报表～，从来没有出现过差错。☛㊀"纤"这里不读qiàn。㊁不宜写作"纤屑无遗"。

【闲情逸致】xiánqíngyìzhì 逸：安闲。致：兴致。悠闲的心情，安逸的兴致。清·文康《儿女英雄传》第三十八回："老爷这趟出来，更是闲情逸致，正要问问沿途的风物。"▷要不是退休，哪有～学习书画？☛不要写作"闲情逸志"。

【闲言碎语】xiányánsuìyǔ 指与正事无关的话；也指没有根据的话。明·冯惟敏《端正好·徐我亭归田》："一个道稽迟粮饷赍(jī)飞票，一个道紧急军情奉火牌，闲言碎语须担待。"▷她的～就是多，一天到晚叨叨个没完没了，没有一句正经话｜你不要听她们那些～，该怎么干还怎么干，有大伙儿支持你，怕什么！

【贤妻良母】xiánqīliángmǔ 丈夫的贤惠妻子，子女的好母亲。▷老李的爱人是一位～，治家、教育孩子都很得法。

【弦外之音】xiánwàizhīyīn 弦：琴弦。比喻暗含在言语里面没有明说的意思。清·袁枚《随园诗话》卷八："如作近体短章，不是半吞半吐，超超元箸，断不能得弦外之音，甘余之味。"▷他的～，是暗示咱们没有给他什么好处。

【衔尾相随】xiánwěixiāngsuí 指车辆或牛马等一个跟着一个。《汉书·匈奴传》："如遇险阻，衔尾相随。"▷在进藏的公路上，上百辆载重汽车～，冒着风雪前进。

【嫌贫爱富】xiánpín'àifù 厌弃贫穷的，喜爱富有的。清·李汝珍《镜花缘》第五十八回："有负义忘恩的强盗，有嫌贫爱富的强盗。"▷这种～的人奉行的是"金钱至上"的人生哲学。

【显而易见】xiǎn'éryìjiàn 指事情、道理非常明显，容易看清。宋·王安石《洪范传》："在我者，其得失微而难知，莫若质诸天物之显而易见，且可以为戒也。"▷做买卖总是要赚钱的，这个道理～。

【显赫一时】xiǎnhèyīshí 显赫：(权势，名声等)盛大。指在一段时间内权势盛大显著。▷他的大哥是黑社会头目，曾经称霸一方，～，后被绳之以法。

【现身说法】xiànshēnshuōfǎ 佛教指佛现出种种身形，向众生宣传佛法。后比喻以亲身经历和体验为例说明道理。宋·释道原《景德传灯录·释迦牟尼佛》："度诸天众说补处行，亦于十方界中现身说法。"清·纪昀《阅微草堂笔记·姑妄听之三》："现身说法，言之者无罪，闻之者足以戒耳。"▷让这些劳教人员～，使青少年提高守法的自觉性。

【相安无事】xiāng'ānwúshì 指彼此和睦相处，平安无事。宋·邓牧《伯牙琴·吏道》："古者君民间相安无事，固不得无吏，而为员不多。"▷他们俩住在一起，开始也吵吵闹闹的，过了一段时间，倒也～了。☛"相"这里不读xiàng。

【相得益彰】xiāngdéyìzhāng 相得：互

相补充。益:更加。彰:显著。指互相配合,使双方的长处和作用更好地显示出来。清·赵翼《题洞庭尉程前川三百首梅花诗本》诗:"人皆为梅幸,遇此知己友;相得乃益彰,压倒众芳薮。"▷他们俩的男女声二重唱,配合默契,~,博得了观众的阵阵掌声。☛"相"这里不读xiàng。

【相反相成】xiāngfǎnxiāngchéng 相反:互相对立。相成:互相促成。指既互相排斥对立,又互相依赖促成。《汉书·艺文志》:"(诸子九家)其言虽殊,辟(同'譬')犹水火,相灭亦相生也……相反而皆相成也。"▷苦与乐,成与败是~的一对矛盾。

【相辅相成】xiāngfǔxiāngchéng 辅:帮助。指互相配合,互相促进。清·颐琐《黄绣球》第七回:"有你的勇猛进取,就不能无我的审慎周详,这就叫做相辅相成。"▷既要民主,又要集中,两者~,缺一不可。☛"相"这里不读xiàng。

【相机行事】xiāngjīxíngshì 通常写作"见机行事"。

【相煎何急】xiāngjiānhéjí 煎:煮。煮得为什么那样急?意思是说,本是兄弟,何必那么急切地迫害我。宋·刘义庆《世说新语·文学》:"文帝(曹丕)尝令东阿王(曹植)七步中作诗,不成者行大法。应声便为诗曰:'煮豆持作羹,漉菽(shū)以为汁。萁在釜下燃,豆在釜中泣。本是同根生,相煎何太急。'帝深有惭色。"▷庞涓这人真毒,对他的师兄忌恨陷害,真是~!

【相见恨晚】xiāngjiànhènwǎn 为互相见面太晚而遗憾。形容一见如故,意气相投。宋·方千里《六幺令》词:"当时相见恨晚,彼此萦心目。"▷我们俩一见面谈得很投机,真是~。

【相敬如宾】xiāngjìngrúbīn 宾:贵客。形容夫妻间互相敬重,就像对待贵宾一样。《后汉书·逸民传》:"夫妻相敬如宾。"▷他们俩结婚那么多年,从来没拌过嘴,红过脸,一直~,真是一对模范夫妻。

【相去无几】xiāngqùwújǐ 相去:距离。无几:没有多少。指二者差距不大。宋·苏轼《乞不给散青苗钱斛(hú,方形量器)状》:"二者皆非良法,相去无几也。"▷他们俩的技术水平~,派谁去担任组长都可以。

【相忍为国】xiāngrěnwèiguó 为了国家的利益而互相忍让。《左传·昭公元年》:"鲁以相忍为国也,忍其外,不忍其内,焉用之?"▷你们俩没有根本的利害冲突,只要都抱着~的态度,分歧是会解决的。☛"为"这里不读wéi。

【相濡以沫】xiāngrúyǐmò 濡:沾湿。沫:唾沫。指鱼在干涸的地方,用唾沫相互滋润。比喻在困境中互相救助支持(多用于夫妻双方)。《庄子·大宗师》:"泉涸,鱼相与处于陆,相呴(xǔ,哈气)以湿,相濡以沫,不如相忘于江湖。"▷他们夫妻俩在最艰难的岁月里,~,互相安慰,互相支持。

【相提并论】xiāngtíbìnglùn 并:一并。论:谈论。指把性质不同的两个人或两件事混在一起来评论或看待。清·文康《儿女英雄传》第二十七回:"如今把他两个相提并论起来,正是艳丽争妍,聪明相等。"▷有些商人只图赚钱,坑害顾客。这和我们正当讲求经济效益,有本质的区别,不能~。☛多用于否定句或反诘句。

【相形见绌】xiāngxíngjiànchù 相形：互相对照。绌：不足。相互比较之下，（一方）显得不足。清·吴趼人《二十年目睹之怪现状》第九十回："他一个部曹，戴了个水晶顶子去当会办，比着那红蓝色的顶子，未免相形见绌。"▷这批服装用料还算考究，做工也还精细，但与名牌相比，就～了。☛"相"这里不读 xiàng。"绌"不读 zhuō，不要错写作"拙"。

【相形失色】xiāngxíngshīsè 形：对照。失色：失去光彩。相比之下，显得远远不如。▷把这真假两件皮衣放在一起，那冒牌货就～了。

【相沿成俗】xiāngyánchéngsú 相沿：沿袭。沿袭某种做法逐渐形成风俗习惯。明·沈德符《万历野获编·内臣妾抗疏》："成化十二年，太监常英，藏匿妖人侯得权妻以为养女，后谋逆事发被诛。盖其时内臣有妻女，相沿成俗矣。"▷这种习俗由来已久，开始仅在富有人家，后来～，接受的人越来越多了。

【相依为命】xiāngyīwéimìng 互相依靠着过日子。清·蒲松龄《聊斋志异·雊鹆》："王召入，欲买之（指八哥）。其人曰：'小人相依为命，不愿卖。'"▷从一对郎才女貌的青年情侣到两个～的白发老伴，夫妻俩一直这么相敬如宾。☛"为"这里不读 wèi。

【相映成趣】xiāngyìngchéngqù 映：映照。趣：情趣。互相映衬，更有情趣。▷扬州园林里假山、花墙、水池、花卉～，让人流连忘返。

【降龙伏虎】xiánglóngfúhǔ 降、伏：使驯服。使恶龙归降，使猛虎驯服。比喻本领极大，能战胜强大的对手。《西游记》第八十回："我是大唐来的，我手下有降龙伏虎的徒弟，你若撞着他，性命难存也。"▷在世乒赛上，他一路过关斩将，～，夺得了男子单打的冠军。☛㊀"降"这里不读 jiàng。㊁"伏"不要写作"服"。

【响彻云霄】xiǎngchèyúnxiāo 彻：透过。云霄：高空。响声极大，穿过高空。形容声音非常响亮。明·申佳胤（yìn）《端午日凤楼侍宴》诗："一声天语千官坐，响彻云霄瑞鸟翔。"▷国庆之夜，广场上，歌声～。

【响遏行云】xiǎngèxíngyún 遏：阻止。歌声高入云霄，把天上流动的云也挡住了。形容歌声、乐声嘹亮有力。《列子·汤问篇》："薛谭学讴于秦青，未穷青之技，自谓尽之；遂辞归。秦青弗止；饯于郊衢（qú），抚节悲歌，声振林木，响遏行云。"唐·赵嘏（gǔ）《闻笛》诗："谁家吹笛画楼中，断续声随断续风，响遏行云横碧落，清和冷月到帘栊。"▷一曲《歌唱祖国》的大合唱歌声嘹亮，～。☛"行"这里不读 háng。

【想方设法】xiǎngfāngshèfǎ 设：筹划。思索和筹划办法。▷入冬之前，咱们要～让灾区的老百姓住进暖和的房子。

【想入非非】xiǎngrùfēifēi 非非：佛经中"非非想"的略语，指非一般思维所能达到的境界。指主观意念进入非常玄妙虚幻的境地。形容脱离实际，胡思乱想。清·李宝嘉《官场现形记》第四十七回："施大哥好才情，真要算得想入非非的了。"▷我把自己的想法跟他讲了讲，他大叫道："你别～了！这样的机器，是咱们能搞得出来的呀？"

【向壁虚造】xiàngbìxūzào 壁：墙壁。比喻凭空捏造。汉·许慎《说文解字·

序》："鲁恭王坏孔子宅而得《礼记》《尚书》《春秋》《论语》《孝经》……而世人大共非訾（zǐ，毁谤），以为好奇者也，故诡更正文，乡（通'向'）壁虚造不可知之书，变乱常行，以耀于世。"清·李慈铭《越缦堂读书记·春秋公羊通义》："二《传》虽已多疏舛（chuǎn，差错），然各有师授，非向壁虚造之谈。"▷搞文艺创作，要深入生活，体验生活，～是写不出优秀作品来的。

【向隅而泣】xiàngyúérqì 隅：墙角。面对墙角哭泣。形容孤立、绝望。汉·刘向《说苑·贵德》："今有满堂饮酒者，有一人独索然向隅而泣，则一堂之人皆不乐矣。"▷他跟着那帮酒肉朋友混了那么长时间，不仅没变成大富翁，反倒身陷囹圄，思来想去，只好～。☛"隅"不读 ǒu，不要错写作"偶"。

【项背相望】xiàngbèixiāngwàng 项：脖子后部。背：脊背。相望：相互看得见。形容行人很多，连续不断。《后汉书·左雄传》："监司项背相望，与同疾疢（chèn，急热病），见非不举，闻恶不察。"▷国庆节那天，大街上人如潮涌，～，热闹非凡。☛"相"这里不读 xiàng。

【项庄舞剑，意在沛公】xiàngzhuāngwǔjiàn，yìzàipèigōng 比喻言行虽有某种借口，但实则另有所图。《史记·项羽本纪》记载：楚汉相争时，项羽的谋士范增看出刘邦才是跟项羽争夺天下的人，想在鸿门宴上一举除掉刘邦，于是指使武将项庄舞剑，以便乘机杀死刘邦。刘邦的谋士张良看破了其中的意图，对樊哙说："今者项庄拔剑舞，其意常在沛公（刘邦）也。"▷现在国际上有人高喊什么"保护人权"，实则是以此推行"干涉主权"的霸权，这不是～吗？☛"沛"右半边是"巿"不是"市"。

【相机行事】xiàngjīxíngshì 相：观察。观察时机采取行动。《水浒传》第九十二回："吴用听罢，对宋江计议，便唤时迁、石秀近前密语道：'如此依计，往花荣军前，密传将令，相机行事。'"▷局长指示我们，到了武汉，摸清逃犯的行踪，～，逮捕归案。☛"相"这里不读 xiāng。

【逍遥法外】xiāoyáofǎwài 逍遥：安闲自在。法外：在法律管辖之外。指犯罪的人没有受到法律的制裁，仍然自由自在。▷这个被通缉的罪犯仍然～，我们要加大追捕力度，务必尽快缉拿归案。

【逍遥自在】xiāoyáozìzài 逍遥：安闲自在。形容无拘无束，安闲自得。唐·白居易《菩提寺上方晚眺》诗："谁知不离簪缨内，长得逍遥自在心。"▷他一个人在河边～地钓鱼呢。☛不要写作"消遥自在"。

【销声匿迹】xiāoshēngnìjì 销声：不出声。匿迹：隐藏行迹。指躲藏起来不公开露面。清·李宝嘉《官场现形记》第二十八回："他生平最是趋炎附势的，如何肯销声匿迹？"▷这个罪犯前些时一度～，最近又蠢蠢欲动了。☛㊀"迹"不读 jī。"匿"不读 ruò。㊁"销"不要错写作"消"。

【小不忍则乱大谋】xiǎobùrěnzéluàndàmóu 小事情如果不能忍耐，就会打乱整个计划。《论语·卫灵公》："子曰：'巧言乱德，小不忍则乱大谋。'"▷工作要靠大家做，别为一些鸡毛蒜皮的小事发脾气，～。

【小肚鸡肠】xiǎodùjīcháng 参看"鼠肚鸡肠"。

【小家碧玉】xiǎojiābìyù 碧玉：女子名，

晋汝南王妾。指小户人家的美貌少女。《乐府诗集·碧玉歌三首(其二)》:"碧玉小家女,不敢攀贵德,感郎千金意,惭无倾城色。"清·彭养鸥《黑籍冤魂》第二十一回:"无论南部烟花,小家碧玉,只要有宜男相,便算得如意珠。"▷她是个～,虽不是名门大户出身,但很有教养。

【小巧玲珑】xiǎoqiǎolínglóng 玲珑:精巧细致。形容器物形体小而精致;也形容人身材不高,体形优美。清·吴趼人《近十年之怪现状》第十九回:"那船上敞了两面船窗,放下鲛绡帘子,陈设了小巧玲珑的紫檀小桌椅。"▷展览会上的那件象牙塔～,雕刻得别具一格|这位体操运动员～,她在高低杠上那套高难度的动作,博得了全场观众长时间的掌声。

【小试锋芒】xiǎoshìfēngmáng 锋芒:指刀、剑等的尖端。比喻人的才能。稍稍显露一下本领、才能。▷这个刚组建起来的篮球队,～,就胜对手30多分。

【小题大做】xiǎotídàzuò 用小题目做大文章。比喻把小事情当成大事情去处理(含贬义)。清·吴趼人《二十年目睹之怪现状》第六十三回:"他用了多少本钱,费了多少手脚,只骗了七千银子,未免小题大作了。"▷这本不是什么了不起的大事,而郭主任却小会上说,大会上也讲,真有点～,让人反感。☛不要写作"小题大作"。

【小巫见大巫】xiǎowūjiàndàwū 巫:以装神弄鬼替人祈祷、治病为职业的人。小巫遇到大巫,觉得不如大巫高明。后比喻两方比较起来,一方显然不如另一方。汉·陈琳《答张纮(hóng)书》:"今景兴(王朗)在此,足下与子布(张昭)在彼,所谓小巫见大巫,神气尽矣。"▷这里的寺庙,又小又少,也没有特色;跟五台山上的相比,那简直是～了。

【小心翼翼】xiǎoxīnyìyì 原形容严肃恭敬的样子;现形容小心谨慎,不敢疏忽。《诗经·大雅·大明》:"维此文王,小心翼翼。"▷他拿着扫雷器,～地一步步探测着往前走。

【孝子贤孙】xiàozǐxiánsūn 孝敬父母、祖先的子孙。现多比喻甘心为恶势力效劳的人。明·许仲琳《封神演义》第七回:"国有宝,忠臣良将;家有宝,孝子贤孙。"▷甘愿给封建礼教当～的人是存在的,但那也是极少数。

【笑里藏刀】xiàolǐcángdāo 比喻表面和善而内心阴险毒辣。元·关汉卿《单刀会》第一折:"那时间相看的是好,他可喜孜孜笑里藏刀。"▷刚接触他时,他总是笑呵呵的,很随和;可时间一长,我总算看透了,他原来是一个～,心狠手辣的人。

【笑容可掬】xiàoróngkějū 掬:用双手捧起。笑容可以用手捧起来。形容笑得明显而且充分。《三国演义》第九十五回:"(司马懿)果见孔明坐于城楼之上,笑容可掬,焚香操琴。"▷老所长～,握着我的手说:"非常欢迎你来这里参观采访。"

【笑逐颜开】xiàozhúyánkāi 逐:驱使。颜:脸面。笑得使面容舒展开来。形容满面笑容。《水浒传》第四十二回:"宋江见了,喜从天降,笑逐颜开。"▷这个黑恶势力集团被彻底铲除了,人们～,奔走相告。

【邪不压正】xiébùyāzhèng 邪恶的势力压不垮正义的力量。▷这个流氓团伙横行霸道,作恶多端。但是,～,最终他们还是被推上了审判台。

【邪门歪道】xiéménwāidào 通常写作"歪门邪道"。

【胁肩谄笑】xiéjiānchǎnxiào 胁肩：耸起双肩，表示恭顺。谄笑：献媚地装出笑容。形容阿谀逢迎的丑态。《孟子·滕文公下》："胁肩谄笑，病于夏畦。"元·杨讷《西游记》第一折："你看他胁肩谄笑，趋前退后，张皇失措。"▷这个汉奸，在鬼子面前～，一副奴才相，实在令人作呕。☛"谄"不读 xiàn。

【挟天子以令诸侯】xiétiānzǐyǐlìngzhūhóu 挟：挟制，用强力逼迫就范。诸侯：古代帝王分封下的列国君主的统称。挟制皇帝，借其名义号令诸侯。比喻假借权威者的名义，发号施令。《三国志·蜀书·诸葛亮传》："今(曹)操已拥百万之众，挟天子以令诸侯，此诚不可与争锋。"▷他不过是个办公室秘书，却～，常以县长的名义发号施令。☛㊀"挟"不读 jiā。㊁"侯"不要错写作"候"。

【卸磨杀驴】xièmòshālǘ 比喻达到目的后将曾经为自己出过力的人一脚踢开。▷他是个忘恩负义、～的小人，不要与他合作办事。

【邂逅相遇】xièhòuxiāngyù 邂逅：偶然遇到。事先未相约而无意中遇见。《诗经·郑风·野有蔓草》："有美一人，清扬婉兮，邂逅相遇，适我愿兮。"▷两位多年没见面的老朋友在世博会上～，真是喜出望外。☛"邂"不读 jiě。

【心安理得】xīnānlǐdé 指自以为事情做得合乎情理，心里很坦然。清·吴趼人《瞎骗奇闻》第二回："你别瞧着我摆了店面，天天卖钱，那是我自己本事换来的，我用着心安理得。"▷你剽窃别人的科研成果，能～地领奖吗？

【心不在焉】xīnbùzàiyān 焉：古汉语虚词，含有"在这里"的意思。心思没有用在这里。指思想不集中。《礼记·大学》："心不在焉，视而不见，听而不闻，食而不知其味。"▷他边说话边干活，～，影响了质量。

【心潮澎湃】xīncháopéngpài 澎湃：波浪互相碰撞的声音。心情激动得像潮水一样翻滚奔腾。▷听到我国原子弹爆炸成功的消息时，我们～，激动的心情久久不能平静。☛"湃"不读 bài。

【心驰神往】xīnchíshénwǎng 驰：奔驰。往：去。心神飞快地被吸引去了。形容急切地向往。宋·欧阳修《祭杜祁公文》："自公之丧，道路嗟咨。况于愚鄙，久辱公知；系官在朝，心往神驰。"▷我早就对三峡～，可惜一直没机会去游览。

【心慈面软】xīncímiànruǎn 慈：善良。指心地善良，面貌和善。清·李宝嘉《官场现形记》第一回："究竟赵老头儿是个心慈面软的人，听了这话，连忙替他求情。"▷我姥姥～，要是求她，她老人家一定会答应的。

【心存芥蒂】xīncúnjièdì 芥蒂：细小的梗塞物。比喻心里积存着猜疑或不快。▷他对老郭本来就～，这件事一发生，他以为又是老郭捣的鬼，就更增加了对老郭的怨恨情绪。

【心胆俱裂】xīndǎnjùliè 心和胆都破裂了。形容极其惊恐。《红楼梦》第一百十一回："唬得惜春、彩屏等心胆俱裂，听见外头上夜的男人便大声喊起来。"▷这支游击队神出鬼没，屡建奇功，汉奸、恶霸地主吓得魂飞魄散，～。☛"俱"不要错写作"具"。

【心烦意乱】xīnfányìluàn 内心烦躁，思绪杂乱。战国·楚·屈原《卜居》："屈原既放三年，不得复见。竭智尽忠，蔽障于谗；心烦意乱，不知所从。"▷家庭矛盾的加剧，使他～，坐立不安，什么工作也干不下去。

【心服口服】xīnfúkǒufú 从内心到口头上都服气。《红楼梦》第五十九回："如今请出一个管得着的人来管一管，嫂子就心服口服，也知道规矩了。"▷听你这么一分析，我～，知道自己实在是错了。

【心腹之患】xīnfùzhīhuàn 比喻隐藏在内部重要部位的祸患。《后汉书·陈蕃传》："今寇贼在外，四支（同'肢'）之疾；内政不理，心腹之患。"▷这条污水沟臭气熏天，一直是周围居民的～。☛"腹"不读 fǔ。

【心甘情愿】xīngānqíngyuàn 心里完全愿意，没有一点勉强。▷我们去西藏工作，完全是～的。☛不宜写作"甘心情愿"。

【心高气傲】xīngāoqìào 指自以为了不起，表现出傲慢的神气。明·冯梦龙《东周列国志》第六十回："僖公髡（kūn）项心高气傲，不甚加礼，以此君臣积不相能。"▷这个小伙子～，狂妄自大，跟他共事的人都很厌烦他。

【心广体胖】xīnguǎngtǐpán 广：宽阔。胖：安详舒适。指有修养的人心胸开阔，身体也就安详舒适。《礼记·大学》："富润屋，德润身，心广体胖。"▷这些年来，他一直～，不计较个人得失，整天乐呵呵的。☛"胖"这里不读 pàng，也不要理解为肥胖。

【心狠手辣】xīnhěnshǒulà 心肠凶狠，手段毒辣。清·藤谷古香《轰天雷》第十一回："唐敬宗之于刘克明，未尝欲诛之也，而克明卒弑之于饮酒烛灭时矣。刑余之人，心狠手辣，自古然也。"▷这个亡命徒～，抢了汽车，还杀死了司机。☛"辣"右部是"束"，不是"束"。

【心花怒放】xīnhuānùfàng 怒放：盛开。心里高兴得像鲜花盛开一样。清·李宝嘉《文明小史》第六十回："平中丞此时喜得心花怒放，连说：'难为他了，难为他了。'"▷一听妈妈说今天带她去动物园，她～，高兴得又唱又跳。

【心怀鬼胎】xīnhuáiguǐtāi 鬼胎：比喻不可告人的念头。内心隐藏着不可告人的念头。明·凌濛初《二刻拍案惊奇》卷九："谁知素梅心怀鬼胎，只是长吁短叹。"▷看见他那狡黠的神色，就知道他又是～，要搞什么恶作剧。

【心怀叵测】xīnhuáipǒcè 叵：不可。测：推测。心里隐藏着不可窥测的恶意。《三国演义》第五十七回："马岱谏曰：'曹操心怀叵测，叔父若往，恐遭其害。'"▷通过这件事，我觉得这个人～，我们要提防着点儿。☛"叵"不要错写作"巨"。

【心慌意乱】xīnhuāngyìluàn 内心慌乱。清·文康《儿女英雄传》第二十六回："姑娘此时心慌意乱，如生芒刺，如坐针毡。"▷听说儿子在车祸中撞成重伤，住进了医院，他～，一时不知如何是好。

【心灰意懒】xīnhuīyìlǎn 灰心失望，意志消沉。元·乔吉《南吕玉交枝·闲适二曲》："不是我心灰意懒，怎陪伴愚眉肉眼。"▷受一次挫折，你就～，不想继续努力，那可就错了。

【心灰意冷】xīnhuīyìlěng 通常写作"心灰意懒"。

【心急如焚】xīnjírúfén 焚：烧。心里急得像火烧一样。清·吴趼人《二十年目睹之怪现状》第十七回:“我越发觉得心急如焚,然而也是没法的事,成日里犹如坐在针毡上一般。”▷听到儿子摔伤住院的消息,他～,一口气跑到了病房。

【心惊胆战】xīnjīngdǎnzhàn 战:发抖。形容惊慌害怕到极点。元·无名氏《碧桃花》第三折:“走的我腿又酸脚又软,不由我不心惊胆战。”▷游击队出没无常,敌人～。

【心惊肉跳】xīnjīngròutiào 形容担心祸患临头而十分恐惧不安。《红楼梦》第一百零五回:“贾政在外,心惊肉跳,拈须搓手的等候旨意。”▷听见一声狼叫,吓得我～。

【心口如一】xīnkǒurúyī 心里想的跟嘴里说的完全一样。形容诚实坦率。清·李汝珍《镜花缘》第六十五回:“董花钿道:‘紫芝妹妹嘴虽利害,好在心口如一,直截了当,倒是一个极爽快的。’”▷他～,从来不说假话。

【心宽体胖】xīnkuāntǐpàng 心地宽阔,身体自然发胖。清·文康《儿女英雄传》第四十回:“嗤的一笑,立刻头就不晕了。心宽体胖,周身的衣裳也合了折儿了。”▷他～,似乎从来不发愁,不着急。☞㊀与“心广体胖(pán)不同。”㊁“胖”这里不读 pán。

【心旷神怡】xīnkuàngshényí 旷:空阔。怡:愉快。心境开朗,精神愉快。多用于欣赏自然景色或文艺作品时的感受。宋·范仲淹《岳阳楼记》:“登斯楼也,则有心旷神怡,宠辱皆忘,把酒临风,其喜洋洋者矣。”▷登泰山极顶,观日出,真令人～。

【心劳日拙】xīnláorìzhuō 拙:窘困。费尽心机反而一天天地窘困(含贬义)。《尚书·周官》:“作德,心逸日休;作伪,心劳日拙。”▷自从做了假账之后,他每天都提心吊胆,～。

【心力交瘁】xīnlìjiāocuì 交:一齐,同时。瘁:过度疲劳。精神和体力都极度劳累。清·百一居士《壶天录》卷上:“由此心力交瘁,患疾遂卒。”▷繁重的工作搞得他～,朋友们都劝他去北戴河疗养一段时间。

【心灵手巧】xīnlíngshǒuqiǎo 心思灵敏,手艺精巧。清·孔尚任《桃花扇·栖真》:“香姐心灵手巧,一捻针线,就是不同的。”▷这位姑娘～,绣出的花鸟图案,构思巧妙,栩栩如生。

【心领神会】xīnlǐngshénhuì 领:领会。会:理解。指不用对方明白说出,心里就领会理解了。唐·田颖《游雁荡山记》:“将午,始到古寺,老僧清高延坐禅房,与之辩论心性切实之学,彼已心领神会。”▷老李还没说完,他早已～了。

【心乱如麻】xīnluànrúmá 心里烦乱得像一团乱麻。明·冯梦龙《喻世明言》卷二十九:“心乱如麻,遂乃轻移莲步,走至长老房边。”▷这封绝交信,搞得她～,不知所措。

【心满意足】xīnmǎnyìzú 内心感到非常满足。《红楼梦》第二十三回:“且说宝玉自进园来,心满意足,再无别项可生贪求之心。”▷尽管经济不很宽裕,但孩子们都非常孝顺,我也就～了。

【心明眼亮】xīnmíngyǎnliàng 形容看问题清楚透彻,不受迷惑。▷这位检察官～,明辨是非,斗争经验非常丰富。

【心平气和】xīnpíngqìhé 心态平静温和。《左传·昭公二十年》:“君子听之,以平其心,心平德和。”宋·程颐《明道先生行状》:“荆公(指王安石)与先生道不同,而尝谓先生忠信。先生每与论事,心平气和。”▷你们应该坐下来～地交换意见,不要见了面就争吵。

【心如刀割】xīnrúdāogē 内心像被刀子割了一样。形容极其痛苦。《三国演义》第二十三回:“(董)卓在座观之,心如刀割。”▷他听到妻子乘飞机遇难的消息,～,失声痛哭。

【心如刀绞】xīnrúdāojiǎo 通常写作“心如刀割”。

【心如死灰】xīnrúsǐhuī 内心像熄灭了的火灰一样。形容灰心失意。《水浒全传》第八十五回:“出家人违俗已久,心如死灰,无可效忠,幸勿督过。”▷儿子病死,最后一点希望也破灭了,她～,陷入了绝望。

【心神不定】xīnshénbùdìng 心情不平静,精神不安定。《西游记》第四十回:“若做了皇帝,就要留长头发,黄昏不睡,五鼓不眠,听有边报,心神不安。”▷这两天她～,坐立不安,不知道是什么原因。

【心无二用】xīnwúèryòng 一心不能同时用在两件事情上。指用心必须专一。明·凌濛初《二刻拍案惊奇》卷五:“自古道心无二用。”▷常言说～,你怎么能一边写作业一边看电视呢?

【心向往之】xīnxiàngwǎngzhī 向往:仰慕。内心崇敬仰慕某人或某事物。《史记·孔子世家》:“‘高山仰止,景行行止。’虽不能至,然心乡(xiàng,通“向”)往之。”▷对黄山我早已～,到今日才如愿以偿。

【心心相印】xīnxīnxiāngyìn 相印:相合。彼此心意相合。清·尹会一《答刘古衡书》:“数年相交,久已心心相印。”▷他们从小就是知心朋友,彼此～。

【心血来潮】xīnxuèláicháo 心里的血像潮水一样涌来。形容心里冲动忽然产生某种想法。清·李汝珍《镜花缘》第六回:“我们一时心血来潮,自然即去相救。”▷他本来没打算去玩,一时～,就坐上汽车,到颐和园去了。

【心有灵犀一点通】xīnyǒulíngxīyīdiǎntōng 灵犀:传说犀牛是一种有灵性的兽,角上有条白纹从角端通向头脑,感应灵敏。原比喻恋爱的男女彼此心心相印,后泛指彼此心意相通。唐·李商隐《无题》:“身无彩凤双飞翼,心有灵犀一点通。”▷我一递眼色,她便心领神会,马上替我说了许多好话,真是～啊。

【心有余而力不足】xīnyǒuyúérlìbùzú 心里有某种愿望,但没有足够的力量去实现。《红楼梦》第二十五回:“阿弥陀佛!我手里但凡从容些,也时常来上供,只是心有余而力不足。”▷谁不想很快把我们学校建设成花园式学校呢,但～哇,只能一步一步地努力吧。☛不要写作“心有欲而力不足”。

【心有余悸】xīnyǒuyújì 悸:因害怕而心跳。指危险过后,回想起来心里仍感到害怕。▷那回开车出了事故,他到现在还～,开车时战战兢兢的。

【心猿意马】xīnyuányìmǎ 形容心思不专一,像跳跃的猴子、狂奔的烈马一样难以控制。宋·释道潜《赠贤上人》诗:“心猿意马就羁束,肯逐万境争驰驱。”▷学习时要聚精会神,不能～,漫不经心。

【心悦诚服】xīnyuèchéngfú 悦:愉快。指真心实意地服从或佩服。《孟子·公孙丑上》:“以力服人者,非心服也,力不赡也;以德服人者,中心悦而诚服也。”宋·陈亮《与王季海丞相》:“独亮之于门下,心悦诚服而未尝自言,丞相亦不得而知之。”▷郭总工程师不仅人品出众,而且学识渊博,在群众中声望很高,大家对他～。

【心照不宣】xīnzhàobùxuān 照:明白。宣:公开说明。形容彼此心里都明白,不必明说。清·张匀《玉娇梨》第十九回:“千里片言,统祈心照不宣。”▷这两位来自不同报社的记者都是来调查这个事件的,见面后,相视而笑,彼此～。

【心直口快】xīnzhíkǒukuài 指心里想什么,嘴里就说什么。明·冯梦龙《醒世恒言》卷二:“有个心直口快的,便想要开口,说公道话。”▷我大姐～,性格开朗;大姐夫相反,性格内向。

【心中有数】xīnzhōngyǒushù 数:底数。指对情况基本了解,心里有一定把握。▷老郭是个精明人,谁干得好,谁干得不好,他～。

【心醉魂迷】xīnzuìhúnmí 内心陶醉沉迷。形容迷恋崇拜到极点。北齐·颜之推《颜氏家训·慕贤》:“所值名贤,未尝不心醉魂迷,向慕之也。”▷他整天玩游戏机,～,根本不想学习,父母都很担心。

【欣喜若狂】xīnxǐruòkuáng 高兴得好像发了狂似的。▷当他们的研究成果获得国家一等奖的消息传来以后,全家～。

【欣欣向荣】xīnxīnxiàngróng 欣欣:(草木)生机旺盛。荣:(草木)茂盛。原形容草木茂盛,一派生机;比喻事业繁荣兴旺,蓬勃发展。晋·陶渊明《归去来辞》:“木欣欣以向荣,泉涓涓而始流。”宋·朱熹《朱子语类·性理一》:“尝观一般花树,朝日照曜(yào)之时,欣欣向荣。”▷老大爷看到果园里一片～的景象,笑着直捋胡子|今天的中国,各项事业～,蒸蒸日上。

【新陈代谢】xīnchéndàixiè 陈:旧。代谢:更替。新的代替旧的。原指四时循环更迭;后泛指生物体内或其他事物间的新旧更替变化。汉·蔡邕《笔赋》:“上刚下柔,乾坤之位也;新故代谢,四时之次也。”▷学校年年有老教师退休,年年要吸收青年教师,这样～才能使学校长盛不衰。

【新仇旧恨】xīnchóujiùhèn 通常写作“旧恨新仇”。

【新婚燕尔】xīnhūnyàněr 通常写作“燕尔新婚”。

【馨香祷祝】xīnxiāngdǎozhù 馨香:烧香时散发的香气。祷祝:祷告祝愿。原指烧香祷告,现形容真诚地企盼。▷儿子出门几年了,母亲天天～,盼他平安回来。☛“馨”不读xìng。

【信笔涂鸦】xìnbǐtúyā 信笔:随意写或画。涂鸦:形容字写得很坏。指随意乱写,写得很不好(常表自谦)。清·李渔《意中缘·先订》:“僻处蛮乡,无师讲究,不过信笔涂鸦,怎经得大方品骘(zhì,评定)?”▷拙作呈上,～,请斧正。

【信而有征】xìnéryǒuzhēng 信:确实。征:证验。可靠而且有证据。《左传·昭公八年》:“君子之言,信而有征,故怨远于其身。”汉·张衡《东京赋》:“若仆所闻,华而不实,先生之言,信而有征。”▷这份揭发检举材料,我们用了很长的时间反复调查核实,是～的。☛“征”不读zhèng,不要写作“证”。

【信口雌黄】xìnkǒucíhuáng 信口:随意乱说。雌黄:橙黄色矿物,可制颜料。古时写字用黄纸，写错了就用雌黄涂改。指不顾客观事实，随口乱说。清·张云璈《察吏行》诗："太守观察本切近，岂肯信口生雌黄。"▷他纯粹是～，说的这些话没有任何事实根据。

【信口开河】xìnkǒukāihé 指随便乱说。明·无名氏《渔樵闲话》第一折："似我山间林下的野人，无荣无辱，任乐任喜，端的是信口开河，随心放荡，不受拘束。"▷晚会上，老李～地胡编了一个故事，大家听了笑得前仰后合。☛不要写作"信口开合"。

【信马由缰】xìnmǎyóujiāng 信、由：听凭。指骑在马上，不拉缰绳，任其自由行动。比喻无目的地游逛或随意行动。▷他气昏了头，不知往哪里去好，就～地走了一二里路。

【信赏必罚】xìnshǎngbìfá 信、必：一定。指有功劳的一定奖赏，有过失的一定惩罚。形容赏罚分明。《韩非子·外储说右上》："信赏必罚，其足以战。"▷公司有严格的规章制度，～，公平合理。

【信誓旦旦】xìnshìdàndàn 信誓：诚实可信的誓言。旦旦：诚恳的样子。誓言说得诚恳可信。《诗经·卫风·氓》："信誓旦旦，不思其反。"▷经理～地说："我们是无假货商店。"但一检查，几乎全是假货。

【信手拈来】xìnshǒuniānlái 信手：随手。拈：用两三个手指头捏（东西）。随手拿来。多形容写作时自由纯熟地运用材料或驾驭语言。宋·陆游《秋风亭拜寇莱公遗像二首》诗："巴东诗句澶（chán）州策，信手拈来尽可惊。"清·李渔《闲情偶寄·词曲》："亦偶有用着成语之处，点出旧事之时，妙在信手拈来，无心巧合，竟似古人寻我，并非我觅古人。"▷老舍先生是一位语言大师，在他的作品里，～的北京口语词汇，运用得非常生动传神。☛"拈"不读 zhān。

【信守不渝】xìnshǒubùyú 渝：改变。忠实遵守而不改变。▷我们厂对消费者是高度负责的，我们对消费者的承诺是～的。

【兴邦立国】xīngbānglìguó 邦：国家。建立和振兴国家。元·无名氏《黄鹤楼》第三折："安排打风牢笼计，准备兴邦立国机。"▷青年人就应该树立～的宏图大志，而不该碌碌无为，贪图享乐。☛"兴"这里不读 xìng。

【兴风作浪】xīngfēngzuòlàng 兴、作：掀起。比喻煽动情绪，挑起事端。明·陈与郊《灵宝刀·府主平反》："有一虞侯陆谦，常常与小人来往，惯会兴风作浪，簸是扬非，想必他于中交构。"▷这些坏蛋，一遇机会就～，企图搅乱社会秩序。☛不要写作"兴波作浪"。

【兴利除弊】xīnglìchúbì 兴办有利的事业，消除弊端。宋·王安石《答司马谏议书》："举先王之政，以兴利除弊，不为生事。"▷新一届县政府～，做了十件大事，因此深得民心。

【兴师动众】xīngshīdòngzhòng 兴：动用，发动。原指动用兵力，后指发动很多人去做某事（多含贬义）。战国·卫·吴起《吴子·励士》："夫发号布令，而人乐闻；兴师动众，而人乐战；交兵接刃，而人乐死。"清·吴敬梓《儒林外史》第四十三回："但是何苦为了冯君瑞一个人兴师动众？"▷一个小孩子过生日，就大摆宴席，这样～，对孩子会有什么影响呢？☛不要写作"行师动众"。

【兴师问罪】xīngshīwènzuì 兴师：动用武力。问罪：宣布罪状。指出罪状，出兵讨伐。泛指指出过错，加以谴责。宋·沈括《梦溪笔谈》卷二十五："元昊乃改元，制衣冠礼乐，下令国中悉用蕃书、胡礼，自称大夏。朝廷兴师问罪。"▷李庄把水渠里的水截住，不让流向郭家庄。郭家庄村长带了几个人，到李庄来～。

【兴妖作怪】xīngyāozuòguài 指妖魔鬼怪闹事作恶。比喻坏人破坏捣乱。明·瞿佑《剪灯新话·永州野庙记》："应祥闻言，知为蛇妖，乃具陈其害人祸物，兴妖作怪之事。"▷这些不甘心失败的家伙，总是千方百计～，破坏我们安定团结的大好局面。

【星火燎原】xīnghuǒliáoyuán 星火：微小的火。燎：延烧。原：原野。是"星星之火，可以燎原"的紧缩形式。比喻小事可以发展成大事。《尚书·盘庚上》："若火之燎于原，不可向迩。"明·贺逢圣《致族人书》："天下事皆起于微，成于慎，微之不慎，星火燎原，蚁穴溃堤。"▷抗战时期，人民武装不断壮大，形成～之势。

【星罗棋布】xīngluóqíbù 罗：罗列。布：分布。像星星那样罗列着，像棋子那样分布着。形容数量多分布广。北朝·魏·无名氏《中岳嵩阳寺碑》："塔殿宫堂，星罗棋布。"▷我们公司的产品早已推向市场，全国销售网点～。

【腥风血雨】xīngfēngxuèyǔ 带着腥味的风，搀着鲜血的雨。形容凶险的形势，残酷的斗争。《水浒全传》第二十三回："腥风血雨满松林，散乱毛发坠山奄。"▷生死搏斗，～的场面，他也见过。☛"血"这里不读 xiě。

【行百里者半九十】xíngbǎilǐzhěbànjiǔshí 对于走一百里的人来说，走了九十里才算走了一半。比喻做事越接近成功越困难，多用以勉励人做事善始善终。《战国策·秦策五》："诗云：'行百里者半于九十。'此言末路之难也。"▷～，我们在夺冠道路上虽然只剩下两场比赛了，但我们决不能松劲，要拼到底。

【行成于思】xíngchéngyúsī 行：行动。思：思考。做事情成功是由于多思考。唐·韩愈《进学解》："行成于思，毁于随。"▷～，他的棋下得好，就因为肯动脑筋。

【行将就木】xíngjiāngjiùmù 行将：快要。就：靠近。木：指棺材。寿命已经不长，快要进棺材了。《左传·僖公二十三年》："（重耳）将适齐，谓季隗（kuí）曰：'待我二十五年不来而后嫁。'对曰：'我二十五年矣，又如是而嫁，则就木焉。'"清·吴趼人《痛史》第二十五回："但老夫行将就木，只求晚年残喘。"▷我已是耄耋之年，～，但仍愿为祖国做一些力所能及的工作。

【行若无事】xíngruòwúshì 行：行动。举止行动就像没出什么事一样。形容态度镇静，不慌不忙；有时也指对坏人坏事听之任之。▷这位老将军在危急时刻～，指挥若定｜这个地区社会秩序混乱，我们公安人员绝不能熟视无睹，～！

【行色匆匆】xíngsècōngcōng 行色：出行时的神情、状态。形容出行匆忙仓促。唐·牟融《送客之杭》诗："西风吹冷透貂裘，行色匆匆不暂留。"▷见他～，想必有急事，也就没跟他多说话。

【行尸走肉】xíngshīzǒuròu 能行动的尸体，会走动而没有灵魂的肉体。比喻糊里糊涂混日子，活着如同死了一样的人。东晋·王嘉《拾遗记·任末》："（任末）

临终诫曰：‘夫人好学，虽死若存；不学者，虽存，谓之行尸走肉耳。’”▷他吸毒成瘾，弄得妻离子散，自己也成了～！

【行同狗彘】xíngtónggǒuzhì 行：行为。彘：猪。行为丑恶，跟猪狗一样。汉·贾谊《治安策》：“反君事仇，行若狗彘。”▷这个坏蛋～，干尽了坏事。

【行远自迩】xíngyuǎnzì'ěr 行：走。自：从。迩：近。走远路必须从近处起步。比喻学习或做事要由浅入深，循序渐进。《礼记·中庸》：“君子之道，辟（同‘譬’）如行远必自迩，辟如登高必自卑。”▷学习要遵循～的规律，扎扎实实打好基础，一步步提高。

【行云流水】xíngyúnliúshuǐ 飘浮着的云，流动着的水。比喻诗文、歌唱等自然流畅，潇洒自如。宋·苏轼《答谢民师书》：“所示书教及诗赋杂文，观之熟矣；大略如行云流水，初无定质，但常行于所当行，常止于所不可不止。”▷这篇作文写得很好，似～，自然流畅。

【行之有效】xíngzhīyǒuxiào 指方法、措施等实行起来有成效。晋·张华《博物志·方士》：“皇甫隆遇青牛道士，姓封名君达，其论养性（生）法则可施用，大略云……武帝行之有效。”▷这些规章制度，有的～，要继续坚持执行；有的存在较多问题，需要修改完善。

【形单影只】xíngdānyǐngzhī 一个身子一个影子。形容十分孤独。唐·韩愈《祭十二郎文》：“承先人后者，在孙惟汝，在子惟吾，两世一身，形单影只。”▷他的晚年，虽老伴故去，但生活在老朋友中间很高兴，并不感到～。☛“只”这里不读zhǐ。

【形形色色】xíngxíngsèsè 指各式各样，种类繁多。清·叶燮《原诗·内篇下》：“凡形形色色，音声状貌，举不能越乎此。”▷在几十年的演艺生涯中，这位演员成功地扮演过～的人物，既有普通的工人，也有高级将领、科学家。

【形影不离】xíngyǐngbùlí 像形体和影子一样从不分离。形容关系极为密切。清·纪昀《阅微草堂笔记·滦阳消夏录》：“青县农家少妇，性轻佻，随其夫操作，形影不离。”▷别看他们俩性格不同，可关系密切，一天到晚～。☛不要写作“影形不离”。

【形影相吊】xíngyǐngxiāngdiào 吊：慰问。自己的身体和影子互相安慰。形容孤单无依靠。晋·李密《陈情表》：“外无期功强近之亲，内无应门五尺之童，茕茕（qióng）孑立，形影相吊。”▷老伴过世以后，孩子又不在身边，他一个人～，很孤独，咱们应该多去走动走动。

【形影相随】xíngyǐngxiāngsuí 象影子随着身体那样总在一起。清·杜纲《娱目醒心编》卷一·第一回：“好好一堂聚处的骨肉，弄得一在天涯，一在地角，生不能形影相随，死不能魂魄相依者，比比而有。”▷她们俩同住一间宿舍，同用一张课桌，出入～，好得如同亲姐妹。

【兴高采烈】xìnggāocǎiliè 兴：兴致。采：神采。兴致很高，精神饱满。清·李宝嘉《官场现形记》第十三回：“幸亏一个文七爷兴高采烈，一台吃完，忙吩咐摆他那一台。”▷同学们看完电视后，回到宿舍里还～地谈论着世界杯足球赛那激动人心的场面。☛“采”不要错写作“彩”。

【兴味索然】xìngwèisuǒrán 索然：毫无兴趣的样子。一点兴趣也没有。清·王韬《瀛（yíng）壖（ruán）杂志》卷一：“卓午来游者，络绎不绝，溽(rù)暑蒸郁，看花之兴味索然矣。”▷这个电视连续剧，越往后，情节越拖沓，看来使人～。☛“兴”这里不读 xīng。

【兴致勃勃】xìngzhìbóbó 勃勃：旺盛的样子。兴趣浓，情绪高。清·李汝珍《镜花缘》第五十六回：“到了郡考，众人以为缁(zī)氏必不肯去，谁知他还是兴致勃勃道：‘以天朝之大，岂无看文巨眼。’”▷孩子们来到天文馆，～地观看着展品，认真听讲解员讲解。

【幸灾乐祸】xìngzāilèhuò 幸：庆幸。对别人遭到灾祸感到高兴。唐·刘知几《思慎赋》：“或幸灾乐祸，或甘死殉生。”▷现在人们的思想觉悟都提高了，一家遭灾，八方支援，哪里还有～的人？☛“乐”这里不读 yuè。

【凶多吉少】xiōngduōjíshǎo 凶恶多，吉利少。估计情况不妙，可能发生危险。明·冯梦龙《东周列国志》第三十二回：“公主抱病半月，被奸臣隔绝内外，声息不通。世子此梦，凶多吉少。”▷这次只身一人冒着恶劣天气登山，～，叫人担心。

【凶神恶煞】xiōngshénèshà 煞：指凶神。比喻凶恶无比的人。▷一伙土匪闯进了屋，～一般到处乱翻，乱砸，乱抢。

【凶相毕露】xiōngxiàngbìlù 毕：完全。凶恶的面目完全暴露出来。▷这个歹徒～，一转身用枪顶住小孩的头，逼着李老板交钱。☛“相”这里不读 xiāng。“露”不读 lòu。

【兄弟阋墙】xiōngdìxìqiáng 阋：争吵。墙：墙内，指家庭内部。只弟之间在家里争吵。比喻内部争斗。《诗经·小雅·常棣》：“兄弟阋于墙，外御其侮。”清·王士禛《池北偶谈·施允升》：“尝有罗姓者，兄弟阋墙，先生要(同‘邀’)之家，反复劝譬，声泪俱下，兄弟遂相抱而哭。”▷在民族危亡的关头，我们要一致对外，不能再～，内部争斗了。

【汹涌澎湃】xiōngyǒngpéngpài 汹涌：(波涛)猛烈向上涌。澎湃：波浪互相碰撞。形容水势浩大；也形容声势浩大。汉·司马相如《上林赋》：“沸乎暴怒，汹涌澎湃。”▷江水～，涛声震天，惊心动魄｜那时，城里“停止内战，一致对外”的口号声一浪高过一浪，青年学生抗战激情～。☛“湃”不读 bài。

【胸无城府】xiōngwúchéngfǔ 城府：城池和府库，比喻待人处事的心计。胸中没有心计。形容胸怀坦诚。清·吴趼人《近十年之怪现状》第十二回：“原来陈雨堂是一个胸无城府的人，心口率直，惟有一样脾气，欢喜学人家的谈风。”▷我跟他已有多年的交往，深知他～，心直口快。

【胸无点墨】xiōngwúdiǎnmò 胸中没有一点墨水。形容没有一点文化知识。清·吴趼人《二十年目睹之怪现状》第二十二回：“因为市上的书贾，都是胸无点墨的，只知道甚么书销场好，利钱深，却不知什么书是有用的，什么书是无用的。”▷这个人～，不学无术，靠后台当上教育局长，最后还是因渎职而被免职。

【胸无宿物】xiōngwúsùwù 宿物：旧有的物品，比喻成见。指心地坦荡，没有成见。清·蒲松龄《聊斋志异·狐梦》：“毕(怡庵)为人坦直，胸无宿物。”▷老李为人正直，～，他的话没有偏见，是可信的。☛“宿”这里不读 xiǔ、xiù。

【胸有成竹】xiōngyǒuchéngzhú 指画

竹子之前心中先要有现成的竹子的形象。比喻处理事情时，心里先有打算或把握。宋·苏轼《筼筜(yúndāng)谷偃竹记》："故画竹必先得成竹于胸中。"宋·晁补之《鸡肋集·赠文潜甥杨克一学文与可画竹求诗》："与可画竹时，胸中有成竹。"清·吴趼人《二十年目睹之怪现状》第一百零五回："看承辉的神情，又好像胸有成竹一般。"▷这个方案，他酝酿半年多，已经～了。

【雄才大略】xióngcáidàlüè 略：谋略。杰出的才能和远大的谋略。唐·王勃《三国论》："其雄才大略，经纬远图，求之数君，并无取焉。"▷这位著名的政治家、军事家的～，常为后人所称道。☛不要写作"雄材大略"。

【休戚相关】xiūqīxiāngguān 休：欢乐。戚：忧愁。欢乐、忧愁彼此关连。形容双方有相同的利害关系。元·石君宝《曲江池》第四折："岂可委之荒野任凭暴露，全无一点休戚相关之意。"▷《红楼梦》中的四大家族，～，荣损相连。

【休戚与共】xiūqīyǔgòng 休：欢乐。戚：忧愁。欢乐和忧愁共同承担。形容彼此同甘共苦。明·瞿共美《天南逸史·帝幸南宁府》："臣与皇上患难相随，休戚与共，原自不同于诸臣，一切大政自得与闻。"▷我们两国人民长期有着～，生死相依的友好关系。☛"戚"不读 qì。

【休养生息】xiūyǎngshēngxī 休养：休息调养。生息：人口繁殖。指在战乱或社会大变革之后，减轻人民负担，安定生活，发展生产。唐·韩愈《平淮西碑》："高祖、太宗，既除既治；高宗、中(宗)、睿(ruì)(宗)，休养生息。"明·李贽(zhì)《续焚书·姚恭靖》："以为我国家二百余年以来，休养生息，遂至今日士安于饱暖，人忘其战争。"▷经过了几年的战争，国家需要稳定，人民急需～。☛"休"不要错写作"修"。

【修身养性】xiūshēnyǎngxìng 通常写作"修心养性"。

【修心养性】xiūxīnyǎngxìng 指通过自我修养，使品德达到完美的境界。元·吴昌龄《东坡梦》第二折："则被这东坡学士相调戏，可着我满寺里告他谁，我如今修心养性在庐山内，怎生瞒过了子瞻，赚上了牡丹，却教谁来替？"▷要想提高思想境界，不能只靠关起门来～，还要积极参加社会实践活动。

【羞与为伍】xiūyǔwéiwǔ 为伍：做伙伴。以跟某人在一起为羞耻。《后汉书·党锢传序》："逮桓灵之间，主荒政谬，国命委于阉寺，士子羞与为伍，故匹夫抗愤，处士横议。"▷此人品德恶劣，我们都～！

【朽木不雕】xiǔmùbùdiāo 腐烂的木头不能雕刻。比喻人不可造就或挽救。《论语·公冶长》："朽木不可雕也，粪土之墙不可圬(wū，粉刷)也。"▷这人屡教不改，错误一犯再犯，真是～。☛"朽"不读 qiǔ。

【朽木粪土】xiǔmùfèntǔ 朽木：腐烂的木头。粪土：脏土臭泥。比喻不可造就的人或毫无价值的事物。《论语·公冶长》："朽木不可雕也，粪土之墙不可圬(wū)也。"汉·王充《论衡·问孔》："朽木粪土，败毁不可复成之物，大恶也。"▷这个孩子缺点不少，但我们绝不能把他看成～，而要耐心教育。☛"朽"不读 qiǔ。

【秀外慧中】xiùwàihuìzhōng 秀：优美。慧：聪明、聪慧。形容人聪明、漂亮(多用于女姓)。唐·韩愈《送李愿归盘谷序》:“曲眉丰颊,清声而便体,秀外而惠(同“慧”)中。”清·蒲松龄《聊斋志异·香玉》:“卿秀外慧中,令人爱而忘死。”▷这个小姑娘,～,伶俐乖巧,父母视为掌上明珠。

【袖手旁观】xiùshǒupángguān 把手笼在袖子里,站在旁边看。比喻置身事外,不过问或不参与。宋·苏轼《朝辞赴定州论事状》:“弈棋者胜负之形,虽国工有所不尽,而袖手旁观者常尽之。”▷面对歹徒行凶,我们怎么能～,坐视不管呢?

【虚怀若谷】xūhuáiruògǔ 胸怀像山谷那样深广。形容非常谦虚,能接受各方面的意见。清·陈确《复吴裒(póu)仲书》:“读教益,知虚怀若谷,求益无方,弥深感叹。”▷我的导师学识渊博,而且～,经常耐心听取学生意见。

【虚情假意】xūqíngjiǎyì 虚假的情意。明·兰陵笑笑生《金瓶梅词话》第七十七回:“我也见出你那心来了,一味在我面上虚情假意,到老还疼你那正经夫妻。”▷与人相处,应该真心实意,绝不能～。

【虚无缥缈】xūwúpiāomiǎo 缥缈:隐隐约约,若有若无的样子。形容云雾笼罩若有若无的样子;也形容空虚渺茫不可捉摸。唐·白居易《长恨歌》:“忽闻海上有仙山,山在虚无缥缈间。”▷一座座山峰在茫茫云海中时隐时现,～!我们需要的是实实在在的东西,而不需要这种～的承诺。☛㊀“缥”这里不读 piǎo。㊁不要写作“虚无飘渺”“虚无飘缈”。

【虚席以待】xūxíyǐdài 通常写作“虚左以待”。

【虚有其表】xūyǒuqíbiǎo 表:外表。空有好看的外表。形容表面好看,实际不中用。唐·郑处诲《明皇杂录》记载:唐玄宗时,萧嵩身高体壮外表堂堂。一次,他给玄宗起草了一道诏书,玄宗看了很不满意,于是“掷其草于地,曰:‘虚有其表耳。’”▷这位看上去很精明能干的技术员,只是～,实际上对业务并不熟悉,常常说一些不着边际的外行话。

【虚与委蛇】xūyǔwēiyí 虚:假意。与:跟。委蛇:敷衍。虚情假意地跟人敷衍应酬。《庄子·应帝王》:“乡吾示之以未始出吾宗,吾与之虚而委蛇。”▷他内心非常厌恶这个人,但碍于情面,只好～地接待一下。☛“委”这里不读 wěi,“蛇”这里不读 shé。

【虚张声势】xūzhāngshēngshì 张:张扬。声势:声威气势。假装出强大的气势。唐·韩愈《论淮西事宜状》:“淄青、恒冀两道,与蔡州气类略同,今闻讨伐元济,人情必有救助之意。然皆暗弱,自保无暇,虚张声势,则必有之。”▷别看竞争对手大造舆论,实际上是～。靠这个是不能取胜的。

【虚左以待】xūzuǒyǐdài 虚:空着。左:古代乘车以左边为尊位。空着左边的位子恭候。指以谦恭的态度等候贵客。《史记·魏公子列传》:“公子从车骑,虚左,自迎夷门侯生。”明·冯梦龙《东周列国志》第九十四回:“诸贵客见公子亲往迎客,虚左以待,正不知甚处有名的游士,何方大国的使臣,俱办下一片敬心侍候。”▷在领导国防科委时,这位老将军非常尊重知识分子,对科学家～,委以重任。

【嘘寒问暖】xūhánwènnuǎn 嘘寒:吐出热气以驱散(别人身边的)寒气。形容对人的生活十分关心体贴。▷这位县长每次下乡,都要到最贫困农民家里～,帮助他们解决生活困难。☛“嘘”不要错写作“吁”。

【栩栩如生】xǔxǔrúshēng 栩栩：生动的样子。形容艺术形象生动逼真，好像活的一样。清·吴趼人《发财秘诀》卷二：“那小人做得才和枣核般大，头便像一颗绿豆，手便像两粒芝麻，却做得须眉欲活，栩栩如生。”▷她们用自己灵巧的双手，把那些奇花异草，珍禽怪兽，绣得～。☛“栩”不读 yǔ。

【旭日东升】xùrìdōngshēng 初升的太阳刚从东方升起。形容朝气蓬勃，充满活力。▷今天的中国犹如～，到处充满活力和生机。

【轩然大波】xuānrándàbō 轩然：高高的样子。高高涌起的波涛。比喻大的纠纷或风潮。唐·韩愈《岳阳楼别窦司直》诗：“轩然大波起，宇宙隘而妨。”▷他在会上的一番发言，竟然掀起了一场～，有的要求他收回意见，有的举双手赞成，一时间议论纷纷。☛“波”不读 pō。

【喧宾夺主】xuānbīnduózhǔ 喧：吵吵嚷嚷。客人吵吵嚷嚷的声音盖过了主人。比喻外来的、次要的事物占据了原有的、主要事物的地位。清·金安清《川淮两全说》：“川盐占淮已久，早成喧宾夺主之势。”▷老李的主题报告还不到一小时，小郑的即兴发言却占了两个小时，这不是～吗？

【悬而未决】xuánérwèijué 悬：挂。一直搁置着没有解决。▷关于清理河道的提案，一直～。这次会议上终于做出了决定。

【悬崖勒马】xuányálèmǎ 勒：拉紧。在高高的山崖边拉紧缰绳使马停住。比喻到了危险的边缘及时醒悟回头。清·纪昀《阅微草堂笔记·如是我闻二》：“书生曰：‘然则子仍魅我耳。’推枕遽起，童亦艴（fú）然去。此书生悬崖勒马，可谓大智慧矣。”▷大家劝他～，跟这些坏家伙们一刀两断，但他仍执迷不悟，结果跟这些人一起落入了法网。☛“勒”这里不读 lēi。

【悬崖峭壁】xuányáqiàobì 又高又陡的山崖，陡峭的石壁。形容山势险峻。《水浒全传》第八十六回：“四面尽是高山，左右是悬崖峭壁，只见高山峻岭，无路可登。”▷这一带的～上挂着不少棺材，这种悬棺葬值得研究。

【选贤任能】xuǎnxiánrènnéng 贤、能：指品德高尚，能力强的人。选拔、重用贤能。《旧唐书·食货志上》：“设官分职，选贤任能，得其人则有益于国家，非其才则贻患于黎庶，此义不可不知也。”▷使用干部，要～，反对任人唯亲。

【烜赫一时】xuǎnhèyīshí 烜赫：形容声势、气势盛大。在一个时期内名声气势很大。▷南京在历史上曾是六朝古都，～。☛“烜”不读 héng，不要错写作“恒”。

【癣疥之疾】xuǎnjièzhījí 癣、疥：两种皮肤病。比喻无足轻重的小毛病。《三国演义》第六十回：“张鲁犯界，乃癣疥之疾；刘备入川，乃心腹大患。”▷不要以为这些小偷是～，无足轻重，他们可同样是社会不安定因素。☛“癣”不读 xiān。

【削足适履】xuēzúshìlǚ 履：鞋。把脚削小以便适应鞋子。比喻不合理地迁就现成条件，或不顾具体条件生搬硬套。汉·刘安《淮南子·说林训》：“骨肉相爱，谗贼间之，而父子相危；夫所以养而害所养，譬犹削足而适履，杀头而便冠。”▷学习别人的工作经验，绝不能～，要结合自身的具体情况，灵活运用。☛“削”这里不读xiāo。

【穴居野处】xuéjūyěchǔ 穴：洞。处：住。在洞里存身，在荒野生活。原形容原始人的生活状态；现形容野外生活。《周易·系辞下》：“上古穴居而野处。后世圣人易之以宫室，上栋下宇，以待风雨。”▷探索长江源头的考察队员们，～，为祖国揭开了江源之谜。☛“处”这里不读chù，“穴”不读xuè。

【学而不厌】xuéérbùyàn 厌：满足。学习而且不感到满足。形容好学。《论语·述而》：“子曰：‘默而识之，学而不厌，诲人不倦，何有于我哉。’”▷古稀之年仍在孜孜不倦地学习电脑知识，他这种～的精神令人钦佩。

【学富五车】xuéfùwǔchē 学识足有五车书那么多。形容学识渊博。《庄子·天下》：“惠施多方，其书五车。”明·冯梦龙《醒世恒言》卷三十二：“兼之学富五车，才倾八斗，同辈之中，推为才子。”▷这位老教授～，在古典文学方面有很深的造诣。

【学然后知不足】 xuéránhòuzhībùzú 学习之后才能了解自己不足的地方。《礼记·学记》：“学然后知不足，教然后知困。”▷虽然博士生毕业了，但是～，我越发感到自己需要学习的东西太多了。

【学疏才浅】xuéshūcáiqiǎn 通常写作“才疏学浅”。

【学无所遗】xuéwúsuǒyí 遗：遗漏。学问广博没有遗漏的。形容学识渊博，无所不知。三国·魏·曹丕《典论·论文》：“斯七子者，于学无所遗，于辞无所假。”▷学海无边，哪个真正的学者敢说“我已经～”了呢？

【学以致用】xuéyǐzhìyòng 致：使达到。使所学的知识得到应用。▷本着～的原则，毕业生应该根据专业特点和个人特长去找工作。

【雪泥鸿爪】xuěníhóngzhǎo 鸿：鸿雁、大雁。雪地上大雁的爪迹。比喻过去事物遗留下的痕迹。宋·苏轼《和子由渑(miǎn)池怀旧》诗：“人生到处知何似？应是飞鸿踏雪泥。泥上偶然留指爪，鸿飞那复计东西。”清·陶曾佑《中国文学之概观》：“雪泥鸿爪，惟留一幅悲怆之影于吾汉族历史之中，良可慨已。”▷我又回到儿时生活过的小镇，虽然几十年间这里发生了巨大的变化，但是～，依稀可辨，仍然勾起了我对往事的回忆。

【雪上加霜】xuěshàngjiāshuāng 比喻祸上加祸。元·高文秀《谇(suì，责骂)范叔》第二折：“泪雹子腮边落，血冬凌满脊梁，冻剥剥雪上加霜。”▷他儿子刚病逝，自己又被汽车撞伤了，这真是～。

【雪中送炭】xuězhōngsòngtàn 雪天给人送炭取暖。比喻在别人急需的时候给以帮助。宋·高登《觅薔椽》诗：“顾影低徊只自怜，怕寒时耸作诗肩……雪中送炭从来事，况写羁躬觅薔椽。”▷正当青黄不接的时候，你们送来了两万斤粮食，正是～哪！

【血海深仇】xuèhǎishēnchóu 指深仇大恨(多指由杀害人引起的)。▷敌人杀死了我们许多同胞，这～，我们一定要报！

【血口喷人】xuèkǒupēnrén 血口：含血的口。比喻用恶毒的语言辱骂人，诬蔑人。清·李海观《歧路灯》第六十四回：“一向不曾错待你，只要你的良心，休血口喷人。”▷你手里毫无证据，就～说我贪污，我告你诬陷罪！

【血流成河】xuèliúchénghé 流的血像河似的。形容被杀的人极多。《旧唐书·李密传》：“尸骸蔽野，血流成河，积怨满于山川，号哭动于天地。”▷这一仗持续了一天一夜，直杀得～，尸骨成堆，死伤无数。

【血流漂杵】xuèliúpiāochǔ 杵：舂米的木棒。血流成河，连舂米的木棒都浮起来了。形容杀人极多。汉·贾谊《新书·益壤》：“炎帝无道，黄帝伐之涿鹿之野，血流漂杵，诛炎帝而兼其地，天下乃治。”▷周武王的军队到了这里，跟纣王的军队厮杀起来，直杀得尸横遍野，～。☛“杵”不读 wǔ。

【血流如注】xuèliúrúzhù 注：倾泻。形容血流得又多又急。唐·段成式《酉阳杂俎(zǔ)·姚司马》：“中夜，有物如牛鼻于酒上。瞻乃匿剑，蹀(同‘踩’)步大言，极力刺之，其物匣刃而步，血流如注。”▷他的右腿被子弹打穿，立刻～。

【血气方刚】xuèqìfānggāng 血气：精力。方：正。刚：旺盛。精力正旺盛。《论语·季氏》：“及其壮也，血气方刚，戒之在斗。”▷这些小伙子～，有时控制不住自己的情绪，说不了几句就吵闹起来。

【血肉相连】xuèròuxiānglián 像血和肉一样互相连在一起。比喻关系非常密切。宋·洪迈《夷坚丁志·雷击王四》：“趋视之，二百钱乃在其胁下皮肉，与血肉相连。”▷军队和老百姓～。☛“连”不要错写作“联”。

【血雨腥风】xuèyǔxīngfēng 通常写作“腥风血雨”。

【寻根究底】xúngēnjiūdǐ 寻求根源，探问底细。《红楼梦》第三十九回：“村老老是信口开河，情哥哥偏寻根究底。”▷这孩子多可爱呀，见什么都喜欢～，嘴边总挂着“为什么”。

【寻事生非】xúnshìshēngfēi 故意挑毛病，制造是非。▷这两个流氓到服务台前，故意找岔儿，～。☛不要写作“寻是生非”。

【寻死觅活】xúnsǐmìhuó 闹着要死要活。形容以死来吓唬别人。元·杨文奎《翠红乡儿女两团圆》第一折：“待不休了来，我这大浑家寻死觅活的，倘或有些好歹，我那几个舅子，狼虎般相似。”▷这个妇女拿着把菜刀，跑到办公室李主任面前，又哭又叫，～。

【寻章摘句】xúnzhāngzhāijù 读书只搜寻或摘录只言片语。形容不去深入研究，理解精神实质而只摘取他人词句，毫无创造性。唐·李贺《南园》诗：“寻章摘句老雕虫，晓月当帘挂玉弓。”▷一些书呆子，只会～，文章写的再多，也没什么新意。

【寻踪觅迹】xúnzōngmìjì 觅：寻找。寻找踪迹。元·李好古《张生煮海》第二折：“小生张伯腾，恰才遇着的那个女子，人物非凡，因此寻踪觅迹，前来寻他，却不知何处去了。”▷刑侦处的两位公安人员～来到武汉，发现了贩毒团伙的两处新窝点。

【循规蹈矩】xúnguīdǎojǔ 循、蹈：遵守。指一举一动都遵守规矩。宋·朱熹《答方宾王》：“循涂(途)守辙，犹言循规蹈矩云尔。”▷从前，学生一举一动都要～，稍一越轨，就要挨戒尺。

【循名责实】xúnmíngzéshí 循：依照。责：求。依照事物的名称来考核实际内容，即要求名副其实。《邓析子·转辞篇》："循名责实，实之极也；按实定名，名之极也。"▷走进窄窄的商业街，抬头一看，尽是什么"购物广场""美食城"等，其实每家只有二三十平方米。如果是～，就太不相符了。

【循序渐进】xúnxùjiànjìn 循：依照。序：次序。按照一定的步骤逐渐深入或提高。宋·朱熹《答邵叔义》："读书穷理，积其精诚，循序渐进，然后可得，决非一旦慨然永叹，而躐(liè，超越)等坐驰之所能至也。"▷学习专门技能要由浅入深，～，不可能一蹴而就。

【循循善诱】xúnxúnshànyòu 循循：有次序有步骤的样子。善于有次序有步骤地引导。形容教导有方。《论语·子罕》："夫子循循然善诱人，博我以文，约我以礼，欲罢不能。"晋·潘尼《赠司空椽安仁》："温温恭人，循循善诱。"▷学生有了错，刘老师总是～，耐心细致地进行教育。

【训练有素】xùnliànyǒusù 素：平时，素来。平时就有很严格的训练。▷这些武警战士～，动作都很规范，队列非常整齐。

【迅雷不及掩耳】xùnléibùjíyǎněr 雷声来得非常快，连捂耳朵都来不及。比喻动作或事件来得突然，猝不及防。《晋书·石勒传上》："出其不意，直冲末杯(bēi)帐，敌必震惶，计不及设，所谓迅雷不及掩耳。"▷这支插入敌后的小分队，以～的突袭方式，一举捣毁了敌军的炮兵阵地。

【徇情枉法】xùnqíngwǎngfǎ 徇：无原则地顺从。枉：使歪曲。无原则地照顾私情，歪曲和破坏法律。《红楼梦》第四回："雨村便徇情枉法，胡乱判断了此案。"▷法官的权力是人民给予的，要全力维护国家和人民的利益，做到司法公正，绝不允许～，包庇坏人。☛"徇"不读 xún。"枉"不读 wàng。

【徇私舞弊】xùnsīwǔbì 徇：无原则地依从。舞弊：以欺骗的手法做违法的事。指为了私情而弄虚做假，违法乱纪。《水浒全传》第八十三回："谁想这伙官员，贪滥无厌，徇私舞弊，克减酒肉。"▷这个财务处长胆大妄为，～，贪污巨款，最后受到法律的严厉制裁。☛"徇"不读 xún。

Y

【鸦巢生凤】yācháoshēngfèng 乌鸦窝里生出了凤凰。多比喻普通人家或一般环境产生了出类拔萃的人才。宋·释普济《五灯会元·福州白鹿山显端禅师》："（僧）问：'如何是异类？'师曰：'鸦巢生凤。'"▷没想到～，穷山沟里竟出了个大科学家。

【鸦雀无声】yāquèwúshēng 连乌鸦和麻雀的声音也没有。形容非常寂静。宋·苏轼《绝句三首》："天风吹雨入阑干，乌鹊无声夜向阑。"《红楼梦》第三十回："各处主仆人等多半都因日长神倦，宝玉背着手，到一处，一处鸦雀无声。"▷阅览室里～，大家都在专心看书。

【牙牙学语】yáyáxuéyǔ 牙牙：拟声词，模拟婴儿学话的声音。牙牙地学说话。唐·司空图《障车文》："二女则牙牙学语，五男则雁雁成行。"▷我孙子刚～，说的话谁也听不懂。☛不要写作"呀呀学语"。

【睚眦必报】yázìbìbào 睚眦：怒目而视。像别人对自己瞪一下眼这样的小怨恨也一定要报复。形容心胸狭窄。宋·杨侃《皇畿赋》："乡出勇夫，里多壮士，椎埋为奸，任侠尚气，睚眦必报，杯间刃起。"▷他这个人心胸狭窄，～，你可别去惹他。☛"眦"不读 cī。

【哑口无言】yǎkǒuwúyán 像哑巴一样说不出话来。形容理屈词穷，无话可说。明·冯梦龙《醒世恒言》卷八："一番言语，说得张六嫂哑口无言。"▷他的发言有理有据，把对方驳斥得～。

【哑然失笑】yǎránshīxiào 哑然：笑声。失笑：忍不住而发笑。指情不自禁地笑出声来。清·蒲松龄《聊斋志异·王子安》："王子安方寸之中，顷刻万绪，想鬼狐窃笑已久，故乘其醉而玩弄之，床头人醒，宁不哑然失笑哉？"▷小孙女穿着奶奶的大衣服，学着老人家说话，引得全家人～。☛"哑"旧读 è。

【雅俗共赏】yǎsúgòngshǎng 雅：文雅。俗：粗俗。文化水平高的和文化水平低的人都能欣赏。明·孙仁儒《东郭记·绵驹》："今者来到这高唐地面，闻得有绵驹善歌，雅俗共赏。"▷这些作品不合大众的口味，不如写些～的读物。

【揠苗助长】yàmiáozhùzhǎng 揠：拔。通常写作"拔苗助长"。

【烟波浩渺】yānbōhàomiǎo 烟波：雾气笼罩的水波。浩渺：广阔无边。水面上罩着雾气茫茫无边。明·朱之瑜《拟古文奇赏四十九条·曾巩〈墨池记〉》："文止贰百七十四字，而句句灵，句句转，便有层峦叠嶂、烟波浩淼（同'渺'）之致。"▷湖面～，一望无际，真是别有一番气象！

【烟消云散】yānxiāoyúnsàn 像烟和云那样消失、散开。比喻消失得无影无踪。元·张养浩《天净沙》："更着十年试看，烟消云散，一杯谁共歌欢。"▷经过一番解释以后，他们之间的误解就～了。☛"散"这里不读 sǎn。

【湮没无闻】yānmòwúwén 湮没：埋

没。指名声或事迹被埋没，没有人知道。《晋书·羊祜传》："自有宇宙，便有此山，由来贤达胜士，登此远望，如我与卿者多矣，皆湮没无闻，使人悲伤。"▷我担心这位曾写出那么多脍炙人口作品的诗人，得奖以后会从此～。☛㊀"没"这里不读méi。㊁"湮"不要错写作"煙"。

【嫣然一笑】yānrányīxiào 嫣然：笑得很美的样子。形容女子的甜美笑容。战国·楚·宋玉《登徒子好色赋》："东家之子……嫣然一笑，惑阳城，迷下蔡。"清·刘鹗《老残游记》第九回："那女子嫣然一笑，秋波流媚，向子平睇了一眼。"▷他忘不了在机场告别时她的～。

【延年益寿】yánniányìshòu 益：增加。增加寿命。战国·楚·宋玉《高唐赋》："九窍通郁，精神察滞，延年益寿千万岁。"▷经临床试验证实，这种新药具有防止衰老、～的功效。

【严惩不贷】yánchéngbùdài 贷：宽恕。严厉惩办，决不宽恕。清·方苞《请定经制札子》："其放米逾数，及私放棉布，守关胥吏兵丁，重惩不贷。"▷对于严重破坏社会治安的刑事犯罪分子，应当～。☛㊀"惩"不读chěng。㊁"贷"不要错写作"货"。

【严刑峻法】yánxíngjùnfǎ 峻：严酷。使刑法严厉。《后汉书·崔骃(yīn)传》："故严刑峻法，破奸轨之胆。"▷反动政府实行～，并没有挽救其覆灭的命运。

【严于律己】yányúlǜjǐ 律：约束。指严格要求自己。清·毛先舒《诗辩坻(chí)》卷三："以为严于律己者，立命之原也；恕于责物者，宽身之仁也。"▷大家都～，宽以待人，那么关系就好处多了。☛常与"宽以待人"连用。

【严阵以待】yánzhènyǐdài 严：严肃整齐。摆好严整的阵势，等待来犯的敌人。宋·司马光《资治通鉴·汉纪·光武帝建武三年》："甲辰，帝亲勒六军，严陈(同'阵')以待之。"▷我军～，准备歼灭一切敢于来犯之敌。

【言必信，行必果】yánbìxìn，xíngbìguǒ 信：守信用。果：有结果，指把事情办成。说话一定守信用，做事一定要做成。《论语·子路》："言必信，行必果，硁硁(kēngkēng)然小人哉！"▷中国在对外关系方面一贯是～的。

【言必有中】yánbìyǒuzhòng 中：中肯。说话一定很中肯。《论语·先进》："夫人不言，言必有中。"▷他要么不表态，一表态则～，大家都很钦佩他。☛"中"这里不读zhōng。

【言不及义】yánbùjíyì 及：涉及。义：指正经的道理或事情。说话说不到正经的事情。《论语·卫灵公》："群居终日，言不及义，好行小慧(通'惠')，难矣哉！"▷茶余饭后聚到一起，天南地北、～地胡侃一气，实在没有意义。

【言不尽意】yánbùjìnyì 所说的话还没有把全部的意思表达出来。《周易·系辞上》："书不尽言，言不尽意，然则圣人之言，其不可见乎？"▷虽然自知～，可笨嘴拙舌，也只能如此了。

【言不由衷】yánbùyóuzhōng 衷：内心。话不是从内心发出的。形容口心不一。《宋史·何铸传》："士大夫心术不正，徇虚以掠名，托名以规利，言不由中(同'衷')，而首尾向背。"▷从他的行为可以推断，这些只是他～的花言巧语。☛"衷"不要写作"中"。

【言出法随】yánchūfǎsuí 一经宣布，随即按法令来严格执行。▷有违犯者一律治罪，我们从来～，决不姑息。

【言传身教】yánchuánshēnjiào 用语言传授，以行动示范。指用自己的言行教育、影响别人。《后汉书·第五伦传》："以身教者从，以言教者讼。"▷优秀教师要时时处处为学生作表率，～，使学生身心健康成长。☛不宜写作"言传身带"。

【言多必失】yánduōbìshī 话说多了必然会出现差错。明·朱柏庐《朱柏庐治家格言》："处世戒多言，言多必失。"▷到那里以后，你不要多说话，～么。

【言而无信】yánérwúxìn 信：信用。说话没有信用。《谷梁传·僖公二十二年》："言之所以为言者，信也；言而不信，何以为言?"《西游记》第六十一回："老孙若不与你，恐人说我言而无信。"▷这个人～，说的话不一定算数。

【言而有信】yánéryǒuxìn 信：信用。说话有信用。《论语·学而》："与朋友交，言而有信。虽曰未学，吾必谓之学也已矣。"▷这一点你放心，我们从来是～，说话算数的。

【言归于好】yánguīyúhǎo 言：文言中句首助词，无意义。好：和好。指重新和好。《左传·僖公九年》："凡我同盟之人，既盟之后，言归于好。"▷他们俩早已消除误会，～了。

【言归正传】yánguīzhèngzhuàn 正传：正题或主题。把话说回到正题上来。评话和旧小说中常用作开场白和故事之间的过渡语。清·文康《儿女英雄传》第五回："如今说书的把这话交待清楚，不再絮烦，言归正传。"▷咱们别说这些题外话了，还是～吧！☛"传"这里不读 chuán。

【言过其实】yánguòqíshí 过：超过。实：实际。说话夸大，超过实际情况。《三国志·蜀书·马良传》："马谡(sù)言过其实，不可大用，君其察之。"▷虽然他的话有点～，但也不是没有一点根据的。

【言简意赅】yánjiǎnyìgāi 赅：完备。语言简洁而意思却很完备。清·华伟生《开国奇冤·被擒》："梦华先生，你看老夫此稿如何？言简意赅，洵不愧为老斫轮手。"▷文章不长，但分析深刻，～，很有说服力。☛"赅"不读 hé、hái。

【言近旨远】yánjìnzhǐyuǎn 旨：意义。近：浅显。远：深远。话语浅显而含义深远。《孟子·尽心下》："言近而指（同'旨'）远者，善言也。"清·李汝珍《镜花缘》第十八回："其书阐发孔孟大旨，殚尽心力，折衷奋解，言近旨远，文简意明。"▷文章～，把人生道理讲得通俗易懂。☛"旨"不要错写作"指"。

【言清行浊】yánqīngxíngzhuó 清：指高尚。浊：恶浊。话说得很高尚，行为却很卑劣。明·李贽《焚书·〈书答·失言三首〉》："余观世人恒无真志，要不过落在委靡浑浊之中，是故口是心非，言清行浊。"▷这人～，嘴上说话很漂亮，背地里却干了不少丑事。

【言人人殊】yánrénrénshū 殊：不同。(对同一事物)每个人的说法都不一样。《史记·曹相国世家》："如齐故诸儒以百数，言人人殊；参(曹参)未知所定。"▷对于这个方案，～，后经过反复讨论好不容易才取得共识。

【言听计从】yántīngjìcóng 从：听从。说的话都听从，出的主意都采纳。形容对人十分顺从、信任。清·李宝嘉《官场现形记》第十一回："他在刘中丞手里当差，却也非止一日，一向是言听计从。"▷老于对他的妻子，从来都是～，百依百顺。☛不宜写作“言听计行”“言从计听”。

【言外之意】yánwàizhīyì 话里没有明说而暗含的意思。宋·叶梦得《石林诗话》卷下：“七言难于气象雄浑，句中有力而纡徐，不失言外之意。”▷他推托说身体不适，～是不想参加明天的活动了。

【言为心声】yánwéixīnshēng 指言语是思想的表现。汉·扬雄《法言·问神》：“言，心声也。”清·龚自珍《别辛丈人文》：“我思孔烦，言为心声。”▷～，听他的话语，自然可以了解他的思想活动了。

【言无不尽】yánwúbùjìn 指把所有要说的话全部说完，毫无保留。《北齐书·高德政传》：“德政与帝旧相昵爱，言无不尽。”▷两人是老同学，见了面自然是～了。

【言有尽而意无穷】yányǒujìnéryìwúqióng 尽、穷：完结。话已经说完而意味却还没有完。形容语言含蓄、深刻而耐人寻味。宋·严羽《沧浪诗话·诗辨》：“盛唐诸人惟在兴趣，羚羊挂角，无迹可求。故其妙处，透彻玲珑，不可凑泊，如空中之音，相中之色，水中之月，镜中之象，言有尽而意无穷。”▷他讲话语言很含蓄，有～之妙，常常使学生们回味无穷。

【言者无罪，闻者足戒】yánzhěwúzuì，wénzhězújiè 足：足以，值得。戒：警戒。指说话人提出的意见不管对与不对，都没有罪，都值得听话人引为警戒。《诗经·大序》：“言之者无罪，闻之者足以戒。”唐·白居易《与元九书》：“言者无罪，闻者足戒。言者闻者，莫不两尽其心焉。”▷我们要遵循～的原则，正确对待别人的批评。

【言者谆谆，听者藐藐】yánzhězhūnzhūn，tīngzhěmiǎomiǎo 谆谆：恳切而不倦的样子。藐藐：轻视而不往心里去。讲的人恳切而耐心，而听的人却满不在乎，心不在焉。《诗经·大雅·抑》：“诲尔谆谆，听我藐藐。”明·无名氏《三化邯郸》第二折：“言之谆谆，听之藐藐，良药苦口，信有之矣。”▷教学活动中要调动师生两方面的积极性，光是老师讲，就容易形成～的局面。☛“谆”不读 chún。

【言之成理】yánzhīchénglǐ 讲得有道理（多与“持之有故”连用）。《荀子·非十二子》：“然而其持之有故，其言之成理，足以欺惑愚众。”▷不管你的观点怎样与人不同，只要～就可以。

【言之有物】yánzhīyǒuwù 物：指内容。指说话写文章有实际内容。清·曾朴《孽海花》第二十回：“惟首句笼罩全篇，末句总结大意，不必言之有物。”▷～的文章我爱读，因为可以解决疑问，增加知识。

【言之凿凿】yánzhīzáozáo 凿凿：确实。话说得有根有据，真实可信。清·蒲松龄《聊斋志异·段氏》：“言之凿凿，确可信据。”▷文章～，简直无可辩驳。☛“凿”不读 zuò。

【奄奄一息】yǎnyǎnyīxī 奄奄：气息微弱的样子。一息：一口气。只剩下一口微弱的气息。形容即将死亡。明·冯梦龙《东周列国志》第八十七回：“惠王亲往问疾，见痤病势已重，奄奄一息。”▷我到病房看他时，他已经～，连话都不能说了。

【掩耳盗铃】yǎněrdàolíng 掩：遮住。捂着耳朵偷铃铛。比喻自己欺骗自己。《吕氏春秋·自知》：“百姓有得钟者，欲负而走，则钟大不可负；以椎毁之，钟况然有音。恐人闻之而夺己，遽揜（同‘掩’）

其耳。”宋·司马光《资治通鉴·隋恭帝义宁元年》：“(李)渊曰：‘此可谓掩耳盗钟，然逼于时事，不得不尔。’”▷人证物证俱在，还为自己的罪行辩解，纯粹是～！

【掩人耳目】yǎnréněrmù　掩：遮住。遮住别人的耳朵和眼睛。比喻以假象蒙蔽人。宋·无名氏《大宋宣和遗事·亨集》：“下游民间之坊市，宿于娼馆，事迹显然，虽欲掩人之耳目，不可得也。”清·李汝珍《镜花缘》第十三回：“惟恐别人看出，不免又添些自己意思，杂七杂八，强为贯串，以为掩人耳目。”▷罪犯在作案时常制造各种假象以～，但终究难逃法网。

【眼高手低】yǎngāoshǒudī　指要求的标准高而实际的能力低；也形容空有理想而没有实际行动。▷这个人～，对别人的文章都看不上，而自己又写不出好文章｜～可不行，你又想发财，又不肯吃点苦，天下哪有这样的事？

【眼观六路，耳听八方】yǎnguānliùlù，ěrtīngbāfāng　形容机智灵敏，能及时观察、了解周围的情况及其变化。清·文康《儿女英雄传》第六回：“强盗的本领，讲得是眼观六路，耳听八方。”▷当记者的要抓到好材料写出好文章，平时就得～。

【眼花缭乱】yǎnhuāliáoluàn　缭乱：纷乱。指看到纷繁杂乱的事物而使眼睛发花，神志迷乱。元·王实甫《西厢记》第一本第一折：“颠不剌的见了万千，似这般可喜娘的庞儿罕曾见，则着人眼花撩乱口难言，魂灵儿飞在半天。”▷超市里商品琳琅满目，使人～。☛“缭”不要错写作“撩”。

【眼疾手快】yǎnjíshǒukuài　通常写作“眼明手快”。

【眼明手快】yǎnmíngshǒukuài　眼光锐利，手脚灵敏。明·洪楩《清平山堂话本·快嘴李翠莲记》：“我今年小正当时，眼明手快精神爽。”清·吴趼人《二十年目睹之怪现状》第二回：“到了此时，我方才佩服那广东人的眼明手快，机警非常。”▷民警～，一把夺下刮刀，迅速制服了顽抗的犯罪嫌疑人。

【偃旗息鼓】yǎnqíxīgǔ　偃：放倒。息：停止。放倒军旗，停止击鼓。指军队隐蔽行踪或停止战斗；也泛指本来很有声势的事情停止下来，没有动静。《旧唐书·裴光庭传》：“突厥受诏，则诸蕃君长必相率而来。虽偃旗息鼓，高枕有余矣。”▷我军～，夜行昼伏，神不知鬼不觉地团团围住了县城｜你们厂前些日子还干得热火朝天的，怎么这两天突然～了？

【偃武修文】yǎnwǔxiūwén　偃：停止。修：修明、倡导。停止战争，倡导文化。《尚书·武成》：“王来自商，至于丰，乃偃武修文，归马于华山之阳，放牛于桃林之野。”▷二战后，一些国家～，集中精力发展经济。

【雁过拔毛】yànguòbámáo　大雁飞过也要拔根毛下来。比喻借机勒索、掠夺，不放过任何机会。清·文康《儿女英雄传》第三十一回：“话虽如此，他既没那雁过拔毛的本事，就该悄悄的走。”▷在村边高速公路上乱设卡收费，～，这是国家严令禁止的。

【燕尔新婚】yàněrxīnhūn　燕尔：同“晏尔”，欢乐的样子。新婚愉快。《诗经·邶风·谷风》：“宴尔新昏(同‘婚’)，如兄如弟。”元·戴善夫《风光好》第三折：“猛然惊问，便和咱燕尔新婚。”▷儿子～，老俩口儿也高兴得合不拢嘴。

【燕雀安知鸿鹄之志】yànquèānzhīhónghúzhīzhì 安:哪里。鸿鹄:天鹅。燕子和麻雀哪里知道天鹅的志向。比喻庸俗的人不可能了解英雄伟人的远大志向。《史记·陈涉世家》:“陈涉少时,尝与人佣耕,辍耕之垄上,怅恨久之,曰:‘苟富贵,无相忘!’佣者笑而应曰:‘若为佣耕,何富贵也?’陈涉太息曰:‘嗟乎,燕雀安知鸿鹄之志哉!’”▷～,你们哪里知道,他是要发奋成为一名有声望的生物学家呢。☛“雀”这里不读 qiǎo,不要错写作“鹊”。

【扬长避短】yángchángbìduǎn 发扬长处,避开短处。▷善长业务的就搞业务,善长管理的就搞管理,彼此都能～,工作起来才得心应手。

【扬长而去】yángchángérqù 扬长:大模大样。大模大样地离去。明·兰陵笑笑生《金瓶梅词话》第二十三回:“来兴儿道:‘你烧不烧随你,交与你,我有勾当去。’说着,扬长出去了。”▷离下班还有半小时,他也不打个招呼就提起书包～了。

【扬眉吐气】yángméitǔqì 扬起眉毛,吐出闷气。形容长期受压抑得到舒展后的兴奋神情。唐·李白《与韩荆州书》:“而君侯何惜阶前盈尺之地,不使白扬眉吐气,激昂青云耶!”▷冤案平反昭雪以后,他终于可以～了。

【扬清激浊】yángqīngjīzhuó 扬:掀起。激:冲刷。掀起清澈的水,冲去肮脏的东西。比喻扶植优秀的,抨击低劣的。《尸子·君治》:“水有四德……扬清激浊,荡去滓秽,义也。”▷报刊文章必须～,打击歪风,弘扬正气。

【扬善隐恶】yángshànyǐnè 宣扬别人的好处,隐瞒别人的坏处。▷宋经理严于律己,又能～,人们都愿与他交往。

【扬汤止沸】yángtāngzhǐfèi 从锅里舀起开水来再倒回去,用来暂时抑制沸腾。比喻做法不当,不能从根本上解决问题。《文子·上礼》:“故以汤止沸,沸乃益甚;知其本者,去火而已。”《三国志·魏书·刘廙(yì)传》:“扬汤止沸,使不焦烂。”▷仅仅采取罚款的办法禁止盗版,不过是～,根治不了盗版行为。

【扬扬得意】yángyángdéyì 形容十分得意的样子。明·冯梦龙《醒世恒言》卷二十四:“独杨素残忍深刻,扬扬得意,以为‘太子由我得立’,威权震天下,百官皆畏而避之。”▷马家打赢了这场官司,马老四～,在酒店大摆宴席庆贺一番。

【羊质虎皮】yángzhìhǔpí 本质是羊,却披上了老虎的皮。比喻表面上吓人,实际上怯弱无能。《后汉书·刘焉传论》:“羊质虎皮,见豺则恐。”▷敌军手持洋枪洋炮,来势汹汹,其实不过是～,不堪一击。

【阳春白雪】yángchūnbáixuě 战国时代楚国的一种艺术性较高,难度较大的歌曲。后泛指高雅的、不通俗的文艺作品(常跟“下里巴人”对举)。战国·楚·宋玉《对楚王问》:“客有歌于郢(yǐng,楚国国都)中者,其始曰《下里》、《巴人》,国中属(zhǔ)而和(hè。属和:跟着唱)者数千人……其为《阳春》《白雪》,国中属而和者不过数十人……。是其曲弥(mí,更加)高(高雅),其和弥寡。”明·陈汝元《金莲记·弹丝》:“那些个阳春白雪调偏高,赋写甄神醉里邀。”▷在文艺创作中,“下里巴人”固然需要,“～”也是不可少的。☛常与“下里巴人”对举。

【阳奉阴违】yángfèngyīnwéi 阳:表面。阴:背地里。表面上遵从,背地里违背。清·李宝嘉《官场现形记》第三十三回："只见上面写的无非劝戒属员嗣后不准再到秦淮河吃酒住夜，倘若阳奉阴违，定行参办不贷。"▷下级对上级的指示要切实贯彻执行，绝不能～。

【洋洋大观】yángyángdàguān 洋洋：盛大。大观：博大壮观。形容事物丰富多彩，极为壮观。《庄子·天地》："夫道，覆载万物者也，洋洋乎大哉！"清·陈忱《水浒后传》第三十九回："登眺海山，洋洋大观，一望千里。"▷国庆之夜，长安街的灯火，红的、绿的，闪光的、变光的，场面非凡，～。

【洋洋得意】yángyángdéyì 通常写作"扬扬得意"。

【洋洋洒洒】yángyángsǎsǎ 洋洋：众多。洒洒：连绵不断。形容文章、讲话篇幅长。清·黄子云《野鸿诗稿》卷八十九："其（庾信）《商调》数章，洋洋洒洒，摐（chāng，撞击）金戛（jiá，敲打）玉，堪与《谟》《诰》并传。"▷他夜以继日，苦干了一星期，终于写出～长达万字的论文。

【仰承鼻息】yǎngchéngbíxī 见"仰人鼻息"。

【仰人鼻息】yǎngrénbíxī 仰：依赖。鼻息：呼吸。依赖别人的呼吸而生活。比喻依赖别人，看人脸色行事。北朝·齐·杜弼《檄梁文》："解其倒悬，仰人鼻息。"▷干了两年经理助理，再不愿意～，他决心自己当老板。☛不宜写作"仰其鼻息""仰承鼻息"。

【仰首伸眉】yǎngshǒushēnméi 仰起头，舒展眉毛。形容意气昂扬的样子。汉·司马迁《报任少卿书》："今以亏形为扫除之隶，在阘茸（tàróng，地位低下）之中，乃欲仰首伸眉，论列是非，不亦轻朝廷羞当世之士邪！"▷在张牙舞爪的敌人面前，他始终～，宁死不屈。

【养兵千日，用兵一时】yǎngbīngqiānrì，yòngbīngyìshí 指长期供养、训练军队，以备一旦需要时使用。元·马致远《汉宫秋》第二折："我养军千日，用军一时，空有满朝文武，那一个与我退的番兵？"▷～，强敌入侵，正是我们效命之时。

【养虎遗患】yǎnghǔyíhuàn 遗：留下。患：祸害。比喻姑息坏人，会给自己留下祸患。《史记·项羽本纪》："楚兵罢（通'疲'）食尽，此天亡楚之时也，不如因其机而遂取之。今释弗击，此所谓'养虎自遗患'也。"宋·吴儆《上蒋枢密书》："利疾战而缓图，则必有养虎遗患之悔。"▷明知他有阴谋企图，就应该趁早把他除掉，不能～。

【养家糊口】yǎngjiāhúkǒu 指供给一家人的生活所需。《红楼梦》第九十九回："那些书吏衙役，都是花了钱买着粮道的衙门，那个不想发财？俱要养家活口。"▷那年月，妈妈卧病在床，全靠他爸爸一人～。

【养家活口】yǎngjiāhuókǒu 通常写作"养家糊口"。

【养精蓄锐】yǎngjīngxùruì 锐：锐气，力量。保养精神，积蓄锐气。《三国演义》第九十六回："不如以现在之兵，分命大将据守险要，养精蓄锐。"▷这场战斗以后，我军进行整训，～，以备再战。

【养痈遗患】yǎngyōngyíhuàn 痈：一种毒疮。患：祸害。得了毒疮不及早治疗，就会留下祸害。比喻姑息纵容坏人坏事，就会留下祸根，使自己受害。清·夏敬渠《野叟曝言》第一百二十回："议抚者不特养痈遗患，彼亦必不受；议剿者议发京军三万，云贵川广兵十二万，胜负未可知。”▷对坏人坏事姑息宽容，等于～，必将后害无穷。

【养尊处优】yǎngzūnchǔyōu 指生活在尊贵、优裕的环境中。宋·苏洵《上韩枢密书》：“天子者，养尊而处优，树恩而收名，与天下为喜乐者也。”清·李汝珍《镜花缘》第五十四回：“父亲孤身在外，无人侍奉，甥女却在家中养尊处优，一经想起，更是坐立不宁。”▷长期～惯了的孩子，怕吃不了这种苦。☛“处”这里不读chù。

【怏怏不乐】yàngyàngbùlè 怏怏：不高兴的样子。形容很不高兴。《杨家将》第四十回：“六郎谢恩而退，归至府中，思忆孟良、焦赞，怏怏不乐。”▷这些天来，他总是～，也不知道有什么心事。

【妖言惑众】yāoyánhuòzhòng 妖言：荒诞骗人的鬼话。惑：迷惑。用谎话迷惑众人。《汉书·眭（suī）弘传》：“妄设袄（通‘妖’）言惑众，大逆不道。”▷邪教的头子～，妄图达到他们罪恶的目的。

【腰缠万贯】yāochánwànguàn 贯：古时把方孔钱穿在绳子上，每一千个为一贯。腰里缠着很多钱。形容非常富有。清·文康《儿女英雄传》第五回：“再要讲到夜间严谨门户，不怕你腰缠万贯，落了店都是店家的干系，用不着客人自己费心。”▷他现在～，汽车接，汽车送，日子过得很舒服呢！

【摇唇鼓舌】yáochúngǔshé 指利用唇舌进行煽动、游说或卖弄口才。《庄子·盗跖》：“尔作言造语，妄称文、武……不耕而食，不织而衣，摇唇鼓舌，擅生是非。”▷他整天～，播弄是非，影响团结。

【摇旗呐喊】yáoqínàhǎn 原指战时挥动军旗喊杀助威。现多比喻为他人助长声威。元·乔孟符《两世姻缘》第三折：“你这般摇旗呐喊，簸土扬沙。”▷上场打球我不行，～，给大家助助威还是可以干的。

【摇身一变】yáoshēnyībiàn 神话中描写神怪摇一摇身子便变换了形体。现多形容人的言行、态度一下子变成另一种样子（含贬义）。《西游记》第二回：“悟空捻着诀，念动咒语，摇身一变，就变做一棵松树。”▷一些大汉奸后来～，竟成了国民党政府的要人。

【摇头摆尾】yáotóubǎiwěi 形容轻浮的得意样子（含贬义）。宋·释普济《五灯会元·洛浦元安禅师》：“临济门下有个赤梢鲤鱼，摇头摆尾向南方去，不知向谁家齑（jī）瓮里淹杀。”▷别人正在发愁呢，他却在那里～哼唱，真不像话！

【摇尾乞怜】yáowěiqǐlián 乞：乞求。怜：爱怜。狗摇着尾巴讨主人的喜欢。形容卑躬屈膝，谄媚讨好的丑态。唐·韩愈《应科目时与人书》：“若俯首贴耳，摇尾而乞怜者，非我之志也。”▷他不愿为功名富贵向侵略者～。

【摇摇欲坠】yáoyáoyùzhuì 坠：掉下。摇摇晃晃的，就要掉下来。多形容地位不稳固，就要垮台。《三国演义》第一百零四回：“见其色昏暗，摇摇欲坠。”▷每当旧制度～行将垮台的时候，新思想、新意识早就在其内部应运而生了。

【遥相呼应】yáoxiānghūyìng 远远地互相照应、配合。《清史稿·许友信传》：“且郑成功出没闽、浙，奉其伪号，遥相应和，声势颇张。”▷我们调查人员分成两组，一组在东，一组在西，两组～。☛“应”这里不读yīng。

【遥遥无期】yáoyáowúqī 形容离实现

希望的时间还很遥远。清·李宝嘉《官场现形记》第二十七回："看看前头存在黄胖姑那里的银子渐渐化完，只剩得千把两银子，而放缺又遥遥无期。"▷你出国定居，我们再见面就～啦！

【杳如黄鹤】yǎorúhuánghè　杳：深远而不见踪影。比喻无影无踪或没有消息。唐·崔颢《黄鹤楼》诗："黄鹤一去不复返，白云千载空悠悠。"唐·钱起《送张五员外东归楚州》诗："缨珮不为美，人群宁免辞；杳然黄鹤去，未负白云期。"▷客人走后就～了，连封信都没见。☛"杳"不要错写作"渺""沓"或"查"。

【杳无音信】yǎowúyīnxìn　杳：深远而不见踪影。音信：消息。没有一点消息。宋·黄孝迈《咏水仙》词："惊鸿去后，轻抛素袜，杳无音信。"▷自从那次他走了以后，至今～，也不知道他现在怎么样。☛"杳"不读miǎo，不要错写作"渺""沓"或"查"。

【咬文嚼字】yǎowénjiáozì　形容过分地斟酌字句；也用来讽刺死抠字眼或卖弄文字知识。现也指深入仔细理解或解释字、词含义。元·秦简夫《剪发待宾》第二折："又则道俺咬文嚼字。"▷鲁迅笔下的孔乙己是一个迂腐不堪，又好～的旧知识分子|编写工具书就必须～，对字词的释义要准确、到位。

【咬牙切齿】yǎoyáqièchǐ　形容极其痛恨。元·孙仲章《勘头巾》第二折："为甚事咬牙切齿，唬的犯罪人面色如金纸？"▷见到杀害她儿子的凶手，大娘～，恨不得咬他两口。☛不要写作"切齿咬牙"。

【药石之言】yàoshízhīyán　药石：药物和砭（biān）石（砭石，古代用来治病的石针和石片）。比喻规劝别人改正错误、缺点的正确言论。五代·王定保《唐摭言·怨怒》："是将投公药石之言，疗公膏肓（huāng）之疾，未知雅意欲闻之乎？"▷别人对你说的话，听起来有些刺耳，但都是～，你应该很好的考虑一下。

【要言不烦】yàoyánbùfán　要：恰当。烦：烦琐。原指至理名言不烦琐，后形容说话简明扼要。清·文康《儿女英雄传》第三十三回："我和你们说句要言不烦的话，阃（kǔn）以外将军制之，你们还有什么为难的不成？"▷你不必面面俱到，只需要把主要内容～地给大家讲清楚就可以了。

【耀武扬威】yàowǔyángwēi　耀、扬：炫耀。炫耀武力或威风。元·无名氏《谢金吾》第三折："他也会斩将搴（qiān）旗，耀武扬威，普天下哪一个不识的他是杨无敌。"▷～的侵略军在这场战斗中被打得落花流水。

【野心勃勃】yěxīnbóbó　勃勃：旺盛的样子。形容对权势、名利等的非分欲望很大。晚清·陈天华《狮子吼》第一回："这一位大帝野心勃勃，就想把世界各国尽归他的宇下。"▷这个超级大国～，妄图把整个世界都归入它的管辖之下。

【叶公好龙】yègōnghàolóng　叶公：叶公子高。好：喜好，喜欢。比喻口头上喜欢，实际上并不喜欢。汉·刘向《新序·杂事五》："叶公子高好龙，钩以写龙，凿以写龙，屋室雕文以写龙。于是天龙闻而下之，窥头于牖，拖尾于堂。叶公见之，弃而还走，失其魂魄，五色无主。是叶公非好龙也，好夫似龙而非龙者也。"《三国志·蜀书·秦宓传》："昔楚叶公好龙，神龙下之，好伪彻天，何况于真。"▷对于机构改革，有些人～，表面上赞成，真正实行起来就害怕触及自己的利益了。☛"叶"旧读 shè;"好"这里不读 hǎo。

【叶落归根】yèluòguīgēn 比喻事物总有一定归宿;多指出门在外的人终究要回到故乡。宋·释普济《五灯会元·双泉宽禅师法嗣》:"六祖慧能涅槃时答众曰:'叶落归根,来时无口。'"▷离乡四十八年的吴老先生退休以后,总想～,回到老家定居。

【叶落知秋】yèluòzhīqiū 通常写作"一叶知秋"。

【夜不闭户】yèbùbìhù 夜里睡觉不需要关门。形容社会秩序良好。《三国演义》第八十七回:"西川之民,欣乐太平,夜不闭户,路不拾遗。"▷我们相信社会秩序能进一步改善,～、路不拾遗的局面一定能实现。

【夜长梦多】yèchángmèngduō 比喻时间拖长了,事情可能发生不利的变化。清·文康《儿女英雄传》第二十三回:"这事得如此如此办法,才免得她夜长梦多,又生枝叶。"▷这事必须立即去办,免得～,横生枝节。

【夜郎自大】yèlángzìdà 夜郎:汉代西南方的一个小国,在今贵州桐梓一带。比喻孤陋寡闻而又妄自尊大。《史记·西南夷列传》:"滇王与汉使者言曰:'汉孰与我大?'及夜郎侯亦然。以道不通故,各自以为一州主,不知汉广大。"清·曾朴《孽海花》第二十四回:"饿虎思斗,夜郎自大,我国若不大张挞伐,一奋神威,靠着各国的空文劝阻,他哪里肯甘心就范呢!"▷你不要～,有点本事就自以为了不起了。

【夜以继日】yèyǐjìrì 继:继续。用晚上接续白天。形容日夜不息。《孟子·离娄下》:"周公思兼三王,以施四事。其有不合者,仰而思之,夜以继日;幸而得之,坐以待旦。"▷为了让大家欢度国庆,文艺工作者正～地排练节目。☛不要写作"日以继夜"。

【一败涂地】yībàitúdì 原指一旦失败就会肝脑涂地;后多形容失败得十分惨重。《史记·高祖本纪》:"天下方扰,诸侯并起,今置将不善,一败涂地。"▷敌军被打得～,几乎全军覆没。

【一板一眼】yībǎnyīyǎn 参看"有板有眼"。

【一本万利】yīběnwànlì 只用少量本钱而获取巨额利润。也比喻花费少而收获大。清·姬文《市声》第二十六回:"这回破釜沉舟,远行一趟,却指望收它个一本万利哩。"▷这趟买卖做下来,虽不说～,这两三倍的盈利是可以保证的|办好这件事,就能取得多方面好处,这～的事为什么不做呢!

【一本正经】yīběnzhèngjīng 原指一本正规的经书;后用来形容态度庄重认真。▷说话时那严肃认真～的神态,和孩子那圆鼓鼓的娃娃脸很不相称。

【一鼻孔出气】yībíkǒngchūqì 比喻言行如出一人,主张、观点完全一致(含贬义)。清·西周生《醒世姻缘传》第六回:"那晁住媳妇就是合珍哥一个鼻孔出气,也没有这等心意相投。"▷这人和侵略者～,已经没人信他了。

【一笔勾销】yībǐgōuxiāo 把账目等一笔抹掉。比喻全部取消。明·凌濛初《初刻拍案惊奇》卷十:"再央一个乡宦在太守处说了人情,婚约一纸,只须一笔勾销。"▷从今天起,咱们旧账～,一切从头开始。☛"销"不要错写作"消"。

【一表人才】yībiǎoréncái 表:外表。形容人相貌英俊,风度潇洒(多用于男子)。明·汤显祖《南柯记·粲诱》:“想起驸马一表人才,十分雄势,俺好不爱他,好不重他!”▷他的儿子如今已长得～,还是学校的高才生呢!

【一波三折】yībōsānzhé 原指写字笔法曲折多变。后形容文章结构波澜起伏;也比喻事情阻碍大,曲折多。晋·王羲之《题卫夫人〈笔阵图〉后》:“繇乃咄之,翼三年不敢见繇,即潜心改迹,每作一波,常三过折笔。”清·王韬《淞隐漫录·严萼仙》:“词既凄清,声亦缠绵跌宕,有一波三折之致。”▷这本侦探小说情节离奇,～,很有吸引力|中东和平问题～,至今尚未根本解决。

【一波未平,一波又起】yībōwèipíng,yībōyòuqǐ 比喻作品情节波澜起伏;也比喻事情波折很多,一个问题没解决又出现一个问题。清·夏敬渠《野叟曝言》第五十二回:“才子作文,其心固闲,惟极闲乃能作此极忙之笔墨,直有一波未平,一波复起之妙。”▷厂长最近遇到不少难题,先是商家退货,职工提意见,又是老婆闹离婚,真是～。

【一不做,二不休】yībùzuò,èrbùxiū 指不做则已,要做就做到底。元·王晔(yè)《桃花女》第三折:“我看那周公和桃花女,一不做,二不休,少不得弄出几个人命来。”▷他入室抢劫杀人以后,为销毁罪证,索性～,一把火烧了房子。☛不要写作“一不作,二不休”。

【一步登天】yībùdēngtiān 比喻一下子达到极高的境界或程度;也比喻人突然得志,爬上高位。晚清·陈天华《狮子吼》第二回:“那知康有为是好功名的人,想自己一人一步登天,做个维新的元勋,因此就要排斥谭嗣同等。”▷学习要循序渐进,想～是不可能的|他是个官儿迷,以为有了后台就能～。

【一唱三叹】yīchàngsāntàn 汉:应和。一人带头领唱,三人应和。后用以形容诗文、音乐婉转缠绵,意味深长。晋·陆机《文赋》:“虽一唱而三叹,固既雅而不艳。”▷这首诗～,凄惋动人,表达了诗人的强烈感情。

【一唱一和】yīchàngyīhè 和:应和。一人唱,一人和。比喻双方呼应,互相配合(多含贬义)。宋·陈叔方《颍川小语》卷下:“句法有正有奇,有呼有应。呼应者一唱一和,律吕相宣以成文也。”▷他们俩在老师面前～,说了我们好多闲话。☛“和”这里不读 hé。

【一尘不染】yīchénbùrǎn 尘:佛家以声、色、香、味、触、法为六尘。原指修道者不为六尘所玷污,保持心地洁净。后形容品德高尚,不为歪风邪气所影响;也借指环境非常清洁。宋·张耒《腊初小雪后圃梅开》诗:“一尘不染香到骨,姑射(yè)仙人风露身。”清·汤斌《与李襄水书》:“莅任以来,一尘不染,兴利革弊,造福百姓。”▷他们身居闹市而～,始终保持着艰苦朴素的优良传统|室内收拾得很整洁,～,窗明几净。☛“染”的右上部是“九”,不是“丸”。

【一成不变】yīchéngbùbiàn 一经形成,再不改变;也形容墨守成规,不随机应变。唐·白居易《太湖石记》:“然而自一成不变已来,不知几千万年,或委海隅,或沦海底。”▷世界万物都在发展变化,没有～的东西|世界形势不断发展,我们的对外政策就不能～。

【一筹莫展】yīchóumòzhǎn 筹：古代用来计数和计算的竹签，引申为计策。展：施展。没有一点计策能施展。形容束手无策，一点办法也没有。明·陆世廉《西台记》第一出："士杰一筹莫展，能无厚颜。"▷敌人内部矛盾重重，尖锐对立，陷入～的困境。

【一触即发】yīchùjífā 比喻事态发展到十分紧张阶段，一触就会爆发。明·李开先《闲居集·原性堂记》："予方有意，触而即发，不知客何所见，适投其机乎？"▷那里的形势十分危急，战争～。☛"发"这里不读 fà。

【一触即溃】yīchùjíkuì 一交火就会溃败。形容军队毫无战斗力。▷通州八里桥一战，清军～。

【一锤定音】yīchuídìngyīn 本指制锣工匠最后敲一锤，决定锣的音色。比喻凭某个人的一句话做出最后决定。▷大家的意见都讲了，究竟怎么办，凭你～了。

【一蹴而就】yīcùérjiù 蹴：踩，踏。就：成功。踏一步就成功。形容事情容易办，一做就成。清·吴趼人《痛史·叙》："从前所受，皆为大略，一蹴而就于繁赜，毋乃不可！"▷建造如此宏伟的大厦，决不是～的事。☛"蹴"不读 jiù。

【一刀两断】yīdāoliǎngduàn 比喻坚决彻底地断绝关系。宋·朱熹《朱子全书·论语·宪问》："观此可见克己者是从根源上一刀两断，便斩绝了，更不复萌。"▷你必须和盗窃集团划清界限，～。☛不要写作"一刀两段"。

【一得之功】yīdézhīgōng 一得：指很小的一点收获。功：成就。指一点很小的成绩。▷我们不能为自己的～而沾沾自喜，要永远谦虚谨慎。

【一得之见】yīdézhījiàn 一得：一点心得。见：见解。指对问题的一点肤浅见解。明·焦竑《玉堂丛语》卷一："大臣不以仕否异心，翁又受恩独隆者，林下有一得之见，非此莫达。"▷我希望自己的～，不至贻误读者。

【一得之愚】yīdézhīyú "愚者千虑，必有一得"的变化、压缩。愚：愚见。得：心得、见解。指自己不成熟的看法（含有自谦意味）。▷听了大家发言很受启发，下面谈谈个人看法，仅仅是～，供参考。

【一点灵犀】yīdiǎnlíngxī 参看"心有灵犀一点通"。

【一发千钧】yīfàqiānjūn 通常写作"千钧一发"。

【一帆风顺】yīfānfēngshùn 比喻非常顺利，没有阻碍。清·李渔《怜香伴·僦(jiù，租)居》："栉霜沐露多劳顿，喜借得一帆风顺。"▷一个人的成长，没有～的，总要遇到一些困难和曲折。

【一反常态】yīfǎnchángtài 一下子改变了平常的态度。▷小王一直喜欢读书，可自从结识了小林以后，却～，常去游山玩水，不再摸书本了。

【一夫当关，万夫莫开】yīfūdāngguān，wànfūmòkāi 一个人把着关口，一万个人也打不开。形容地势险要，易守难攻。唐·李白《蜀道难》诗："剑阁峥嵘而崔嵬，一夫当关，万夫莫开。"▷此处地势险要，易守难攻，很有～之势。

【一傅众咻】yīfùzhòngxiū 傅：教。咻：吵闹。一个人教，许多人吵闹。比喻由于不良环境的影响，做事不能取得成效。《孟子·滕文公下》："有楚大夫于此，欲其子之齐语也……一齐人傅之，众楚人咻之，虽日挞而求其齐也，不可得矣。"明·

陈确《答张考夫书》:“譬之与释子非佛教,与婆子言无阎王,一傅众咻,只自取困耳。”▷要营造良好的教育环境,否则,光靠学校老师,~,不利于孩子的健康成长。

【一概而论】yīgàiérlùn 概:过去量米麦时刮平斗斛的器具,引申为标准。指用同一个标准来衡量或处理不同的事物或问题(多用于否定句中)。唐·刘知几《史通·叙事》:“而作者安可以今方古,一概而论得失?”▷对具体问题要作具体分析,不能~。

【一干二净】yīgānèrjìng 形容一点也不剩。清·李汝珍《镜花缘》第十回:“他是一毛不拔,我们是无毛不拔,把他拔得一干二净,看他如何!”▷几天的奔波,带来的那些钱,早已花得~了。

【一鼓作气】yīgǔzuòqì 鼓:敲战鼓。作:振作。气:勇气。擂第一通鼓,以振作勇气。后比喻一口气把事情做完,不间断。《左传·庄公十年》:“夫战,勇气也。一鼓作气,再而衰,三而竭。”▷这篇文章我要~写完。

【一哄而散】yīhòngérsàn 哄:喧闹。在一阵喧闹声中散开了。形容自发而随便地散去。明·凌濛初《初刻拍案惊奇》卷一:“看的人见没得买了,一哄而散。”▷几个流氓正在商量什么,见警察一来,便~。☛“哄”这里不读 hōng。

【一呼百诺】yīhūbǎinuò 诺:应答。一人呼唤,百人答应。形容权势显赫。元·无名氏《南牢记》第一折:“厅上一呼百诺应,白金横带锦袍宽。”▷那时候,他大权在握,声威烜赫,~。

【一呼百应】yīhūbǎiyìng 应:响应。一声呼喊,百人响应。▷如今队长~,令出如山。☛“应”这里不读 yīng。

【一挥而就】yīhuīérjiù 挥:舞动,指挥笔。就:成功。一动笔就写成了。形容才思敏捷,写得很快。《三国演义》第七十一回:“度尚令邯郸淳作文镌碑以记其事。时邯郸淳年方十三岁,文不加点,一挥而就,立石墓侧,时人奇之。”▷只见他润了润笔,一幅条幅~,大家赞叹不已。

【一技之长】yījìzhīcháng 长:专长。指一种技能或专长。清·李汝珍《镜花缘》第六十四回:“凡琴棋书画,医卜星相,如有一技之长者,前来进谒,莫不优礼以待。”▷我们要尽可能地发挥每一个知识分子的~,使他们各尽所能,安心工作。☛“长”这里不读 zhǎng。

【一见如故】yījiànrúgù 故:老朋友。刚一见面就如同老朋友一样。形容性情投合。宋·张洎(jì)《贾氏谭录》:“李邺侯为相日,吴人顾况西游长安,邺侯一见如故。”▷他俩虽是萍水相逢,却~,谈得非常投机。☛不宜写作“一面如旧”。

【一见钟情】yījiànzhōngqíng 钟情:爱情专注。刚一见面就产生了爱情。▷他俩在南下的火车上相遇,~,很快就在深圳结婚了。

【一箭双雕】yījiànshuāngdiāo 雕:一种猛禽。一支箭射中了两只雕。比喻做一件事得到两方面的好处。宋·释惟白《续传灯录·东京慧海仪禅师》:“万人胆破沙场上,一箭双雕落碧空。”▷这笔生意作得好,既赚了钱,又交了朋友,~。

【一举两得】yījǔliǎngdé 做一件事同时得到两方面的好处。汉·刘珍等《东观汉记·耿弇(yǎn)传》:“吾得临淄,即西安孤,必覆亡矣。所谓一举而两得者也。”▷老年人参加一些力所能及的工作,既有利于社会,也可改善自己的生活,真是～。

【一决雌雄】yījuécíxióng 指决定胜负。《三国演义》第三十一回:"吾自历战数十场,不意今日狼狈至此,此天丧吾也! 汝等各回本州,誓与曹贼一决雌雄。"▷运动员们士气高昂,决心在赛场上～。

【一蹶不振】yījuébùzhèn 蹶:跌倒。跌了一跤就爬不起来了。比喻一遭到挫折,便再也振作不起来了。清·王夫之《续通鉴论·汉宣帝》:"惮数岁之劳,遽期事之速效,一蹶不振,数十年兵连祸结而不可解。"▷自从那次受了处分以后,小王便～,变得情绪低落、沉默寡言了。☛"蹶"这里不读 juě。

【一孔之见】yīkǒngzhījiàn 从一个小洞所见到的。比喻狭隘片面的见解。晚清·谭嗣同《上欧阳中鹄书》:"不敢专己而非人,不敢讳短而疾长,不敢徇一孔之见而封于旧说。"▷只凭～来发表议论,指导工作,是很危险的。

【一览无余】yīlǎnwúyú 一下子看清了全部。清·李海观《歧路灯》第九十二回:"这十行俱下的眼睛,看那一览无余的诗文。"▷登山俯瞰,全市风光～,尽收眼底。

【一劳永逸】yīláoyǒngyì 逸:安逸。一次操劳,可获永久安逸。形容辛苦一次,可以免去以后许多麻烦。后魏·贾思勰《齐民要术·种苜蓿》:"此物长生,种者一劳永逸。"▷不要希望～,我们应该立足于坚持不懈地工作|在这里修一座水库,可以灌溉几千亩良田,以后就不愁天旱了,这是～的事。

【一了百了】yīliǎobǎiliǎo 了:完结。指主要事情一了结,其余有关的事情也可以了结了。明·王守仁《传习录》卷下:"良知无前后,只知得见(现)在的几,便是一了百了。"▷他们之间的矛盾如果解决了,～,别的问题也就解决了。

【一鳞半爪】yīlínbànzhǎo 原指龙在云中,东露鳞,西露爪,使人难见全貌。后比喻事物零星片段。清·叶廷琯《鸥波渔话·莪洲公诗》:"身后著作,年久多散佚,余遍为搜罗,仅得诗三帙,丛残不具首尾,于诸集殆不过一鳞半爪耳。"▷对汉语语法,我只懂得～,哪能讲什么语法课呢? ☛"爪"这里不读 zhuǎ。

【一落千丈】yīluòqiānzhàng 落:降落。原指琴声突然由高音降到低音;后形容景况、声誉、地位等急剧下降。唐·韩愈《听颖师弹琴》:"跻攀分寸不可上,失势一落千丈强。"▷这件丑闻披露后,他的名声～。☛"落"这里不读 lào。

【一马当先】yīmǎdāngxiān 一匹马跑在最前面。比喻走在最前面,起带头作用。《三国演义》第七十一回:"黄忠一马当先,驰下山来,犹如天崩地塌之势。"▷在技术革新方面,他们小组～,成绩显著。

【一马平川】yīmǎpíngchuān 平川:平坦的大地。指能纵马驰骋的广阔平地。▷火车在～的华北平原上奔驰。

【一脉相承】yīmàixiāngchéng 脉:脉络。承:承接。由一个血统或派别流传下来。清·李海观《歧路灯》第九十二回:"虽分鸿胪、宜宾两派,毕竟一脉相承,所以一个模样。"▷这几幅书法作品各有特色,但也有共同之处,都是和颜体字～的。

【一脉相传】yīmàixiāngchuán 通常写作"一脉相承"。

【一毛不拔】yīmáobùbá 连一根汗毛

也不肯拔出。比喻极其吝啬。《孟子·尽心上》:“杨子取为我,拔一毛而利天下,不为也。”《水浒传》第六十二回:“你这财主们,闲常一毛不拔。”▷那财主是个～的吝啬鬼。

【一面之词】yīmiànzhīcí 争执双方中一方所说的话。《三国演义》第二十六回:“明公只听一面之词,而绝向日之情耶?”▷被告究竟借钱没有,还需多方查实,不可仅听原告～。

【一面之辞】yīmiànzhīcí 通常写作“一面之词”。

【一鸣惊人】yīmíngjīngrén 指不叫便罢,一叫则使人震惊。比喻平时默默无闻,一下子做出了惊人的事情。《史记·滑稽列传》:“此鸟不飞则已,一飞冲天;不鸣则已,一鸣惊人。”▷他如此冥思苦想,专心致志地写作,是对读者负责,并不是为了～。

【一命呜呼】yīmìngwūhū 呜呼:表示悲叹的叹词。指死亡(多含讽刺或诙谐意味)。清·石玉昆《三侠五义》第一回:“谁想乐极生悲。过了六年,刘后所生之子,竟至得病,一命呜呼。”▷罪犯企图负隅顽抗,不想还没有掏出枪来,随着刑警的一声枪响,就～了。

【一模一样】yīmúyīyàng 模样完全相同。清·吴敬梓《儒林外史》第五十四回:“今日抬头一看,却见他黄着脸,秃着头,就和前日梦里揪他的师姑一模一样,不觉就懊恼起来。”▷你的这台收音机,从外表到功能,和我的那台～。☛“模”这里不读 mó。

【一目了然】yīmùliǎorán 了然:清楚明白。一眼就看得清楚、明白。宋·朱熹《朱子语类》卷一百三十七:“见得道理透后,从高视下,一目了然。”▷顾客看到商品分布图,各类商品的摆放位置便～了。

【一目十行】yīmùshíháng 阅读时,一眼能看十行字。形容看书速度快。宋·刘克庄《杂记·六言五首》诗:“五更三点待漏,一目十行读书。”▷那本小说我是临行前～读完的,现在也没有多少印象了。

【一念之差】yīniànzhīchā 念:念头。一个念头的差错。多指引起严重后果的一个错误念头。清·李汝珍《镜花缘》第九十回:“世间孽子、孤臣、义夫、节妇,其贤不肖往往只在一念之差。”▷有的人工作几十年,却因～犯了错误,造成终身悔恨。☛“差”这里不读 chà。

【一诺千金】yīnuòqiānjīn 诺:应允、答应。一声答应,价值千金。形容说话算数,绝对守信用。《史记·季布栾布列传》:“得黄金百(斤),不如得季布一诺。”宋·杨万里《答隆兴张尚书》:“再有后日特剡之议,得玉求剑,敢萌此心,一诺千金,益深谢臆。”▷他～,说话算数,你尽可放心。

【一拍即合】yīpāijíhé 一打拍子就合乎曲子的节奏。比喻双方很快就取得一致(多含贬义)。清·李海观《歧路灯》第十八回:“君子之交,定而后求;小人之交,一拍即合。”▷正因为他见钱眼开,一心想发财,所以跟走私犯～。☛“即”不要错写作“既”。

【一盘散沙】yīpánsǎnshā 比喻相互不团结、力量不集中的状态。晚清·梁启超《十种德性相反相成论》:“然终不免一盘散沙之诮者,则以无合群之德故也。”▷如果说过去的中国人在外国人眼里是～的话,那么现在又以人民同心合力搞现代化建设而让世界瞩目了。☛"散"这里不读 sàn。

【一贫如洗】yīpínrúxǐ 穷得一无所有，就像洗过一样。《红楼梦》第四十七回："你知道，我一贫如洗，家里是没有积聚的。"▷那年遭灾，我家的损失最重，几乎是～。

【一暴十寒】yīpùshíhán 暴：晒。晒一天，冻十天。比喻求学做事没有恒心，不能坚持。《孟子·告子上》："虽有天下易生之物也，一日暴之，十日寒之，未有能生者也。"宋·朱熹《论语〈学而时习之章〉》："虽曰习之而其工夫间断，一暴十寒，终不足以成其习之之功矣。"▷学习必须持之以恒，～，是学不好的。☛"暴"这里不读 bào。

【一气呵成】yīqìhēchéng 呵：呼气。一口气完成。形容文艺作品气势流畅、首尾贯通；也比喻事情安排紧凑，中间没有间断。清·李渔《闲情偶寄·宾白》："北曲之介白者，每折不过数言。即抹去宾白而止阅填词，亦皆一气呵成，无有断续，似并此数言亦可略而不备者。"▷文章结构紧密，～|四个月内他～，写完了十万字的长篇。☛"呵"不读 ā。

【一钱不名】yīqiánbùmíng 名：占有。一点钱也没有。形容非常贫穷。汉·王充《论衡·骨相》："(邓)通有盗铸钱之罪，景帝考验，通亡，寄死人家，不名一钱。"▷当我享受今天的幸福生活的时候，也没有忘记幼年时那～的贫困生活。

【一钱不值】yīqiánbùzhí 形容毫无价值。唐·张鹫(zhuó)《游仙窟》："少府谓言：'儿是九泉下人，明日在外处，谈道儿一钱不直(通'值')。'"▷你怎么能把他的画贬得～呢？

【一窍不通】yīqiàobùtōng 古人把双眼、双耳、两鼻孔和口称为"七窍"。一个窍也不通。比喻一点也不懂。元·张国宾《相国寺》第一折："阿，这老爹一窍也不通！"▷对不起，我对家电～，还是另请高明吧。

【一穷二白】yīqióngèrbái 穷：指工农业基础差。白：指科学文化水平低。第一是穷，第二是白。形容贫穷落后。▷中国已经改变了～的落后面貌，走上了繁荣昌盛的康庄大道。

【一丘之貉】yīqiūzhīhé 貉：野兽，形状像狐狸。同一个山丘上的貉。比喻都是坏人，没有不同。《汉书·杨恽传》："古与今，如一丘之貉。"▷这个人和那些坏家伙是～，不干好事。☛"貉"这里不读 háo。

【一人得道，鸡犬升天】yīréndédào,-jīquǎnshēngtiān 一个人得道成仙，连家里的鸡狗都跟着升上天堂。比喻一人做官得势，亲戚家眷一起沾光。汉·王充《论衡·道虚》："儒书言：淮南王学道，……奇方异术，莫不争出。王遂得道，举家升天，畜产皆仙，犬吠于天上，鸡鸣于云中。"▷在封建社会，～，只要一个人做了官，就连七大姑八大姨都沾了光。

【一日不见，如隔三秋】yīrìbújiàn,rú-gésānqiū 三秋：三年。一日不见如同过了三年。形容思念心切。《诗经·王风·采葛》："彼采萧兮，一日不见，如三秋兮。"▷你走了以后，我非常想念，简直～。

【一日千里】yīrìqiānlǐ 形容进展迅速。《荀子·修身》："夫骥一日而千里，驽马十驾，则亦及之矣。"▷这座新兴城市的建设正以～的速度发展。

【一日三秋】yīrìsānqiū 参看"一日不见,如隔三秋"。

【一如既往】yīrújìwǎng 既往:已往。完全同过去一样。▷我们将～,支持各国人民的正义事业。☛"既"不要错写作"即"。

【一身是胆】yīshēnshìdǎn 形容胆子极大。《三国志·蜀书·赵云传》"以云为翊军将军。"裴松之注引《赵云别传》:"先主明旦自来,至云营围视昨战处,曰:'子龙一身都是胆也?'"▷在人民群众面前,他亲切随和;同坏人斗争,他～。

【一事无成】yīshìwúchéng 一件事情也没有办成。形容毫无成绩。唐·白居易《除夜寄微之》诗:"鬓毛不觉白毵毵(sān),一事无成百不堪。"▷几年来,他不安心工作,一会儿干这,一会儿干那,结果～。

【一视同仁】yīshìtóngrén 一视:一样看待。以同样仁爱的心看待所有的人。泛指不分厚薄,同样待人。唐·韩愈《原仁》:"是故圣人一视而同仁,笃近而举远。"明·汤显祖《牡丹亭·耽试》:"这等姑准收考,一视同仁。"▷我们对顾客要～,做到童叟无欺。

【一手遮天】yīshǒuzhētiān 形容一人倚仗权势,专横独断。唐·曹邺《读李斯传》:"欺暗常不然,欺明当自戮,难将一人手,掩得天下目。"明·张岱《石匮书·马士英阮大铖传》:"弘光好酒喜内,日导以荒淫,毫不省外事,而士英一手遮天,靡所不为矣。"▷职称评审要按政策办事,我虽然是一把手,也不能～哪。

【一丝不苟】yīsībùgǒu 苟:苟且,马虎。形容做事认真细致,一点也不马虎。清·吴敬梓《儒林外史》第四回:"上司访知,见世叔一丝不苟,升迁就在指日。"▷他对工作认真负责,～,得到领导和同志们的一致好评。

【一丝不挂】yīsībùguà 形容不穿衣服,赤身裸体。宋·杨万里《清晓洪泽放闸四绝句》诗:"放闸老翁殊耐冷,一丝不挂下冰滩。"▷那些孩子游泳,连裤衩都不穿,个个～。

【一丝一毫】yīsīyīháo 丝:长度单位,厘的百分之一。毫:长度单位,厘的十分之一。形容极小、极少。明·凌濛初《二刻拍案惊奇》卷二十四:"任凭尊意应济多少,一丝一毫,尽算是尊赐罢了。"▷这件事必须做好,不能有～的差错。

【一潭死水】yītánsǐshuǐ 潭:深水池。死水:不流动的水。比喻没有生气或停滞不前的局面。元·戴善夫《风光好》第四折:"正是一湾死水全无浪,也有春风摆动时。"▷他们那里如～,气氛令人窒息,你去了会后悔的。

【一团和气】yītuánhéqì 原形容态度和蔼,现多指互相之间一味和气,不讲原则(含贬义)。宋·杨无咎《逃禅词·选冠子·许倅生辰》词:"看纵横才美,雍容谈笑,一团和气。"▷同志之间无原则的～,互相吹吹拍拍,不是真正的团结。

【一团漆黑】yītuánqīhēi 通常写作"漆黑一团"。

【一网打尽】yīwǎngdǎjìn 比喻全部抓住或彻底肃清。明·焦竑《玉堂丛语》卷五:"文敏犹欲根蔓公门下士,一网打尽。"▷经过一个多月的艰苦工作,公安人员终于将这些不法分子～。

【一往情深】yīwǎngqíngshēn 形容对人或事物的感情始终真挚深厚。清·孔尚任《桃花扇·侦戏》:"看到此处,令我一往情深。”▷几十年了，他对教育工作始终～。

【一往无前】yīwǎngwúqián 指一直向前，无所畏惧。明·孙传庭《官兵苦战斩获疏》：“曹变蛟遵臣指画，与北兵转战冲突，臣之步兵莫不一往无前。”▷战士们奋勇杀敌，～，把敌人打得狼狈逃窜。

【一望无际】yīwàngwújì 际：边界。一眼望不到边，形容非常辽阔。明·兰陵笑笑生《金瓶梅词话》第三十七回：“蔡状元瞻顾园池台馆，花木深秀，一望无际，心中大喜，极口称羡道：诚乃蓬瀛也。”▷两旁稻田～，微风一吹，像碧绿的波浪翻滚。

【一望无垠】yīwàngwúyín 垠：边际。通常写作“一望无际”。

【一无可取】yīwúkěqǔ 一：全，都。一点可取之处也没有。明·冯梦龙《醒世恒言》卷二十九：“原来这俗物，一无可取。”▷不能简单认为大家的意见～，应当认真研究。

【一无是处】yīwúshìchù 一：全，都。一点对的地方也没有。宋·欧阳修《与王懿敏公》：“事与心违，无一是处，未知何日遂得释然。”▷这个人有不少缺点，但也不能把他说得～。☛“处”这里不读chǔ。

【一无所长】yīwúsuǒcháng 一：全，都。所长：指专长。什么专长也没有。明·冯梦龙《东周列国志》第九十九回：“今先生处胜门下三年，胜未有所闻，是先生于文武一无所长也。”▷～的人找工作很困难。☛“长”这里不读zhǎng。

【一无所得】yīwúsuǒdé 一：全，都。什么东西都没有得到。形容毫无收获。五代·王定保《唐摭言·通榜》卷八：“然日势既暮，寿儿且寄院中止宿，（郑）颢亦怀疑，因命搜寿儿怀袖，一无所得，颢不得已遂躬自操觚。”▷去一趟上海，居然～，要办的公事没办成，要找的老同学没找见。

【一无所有】yīwúsuǒyǒu 一：全，都。什么都没有。多形容非常贫穷。王重民《敦煌变文集·庐山远公话》：“如水中之月，空里之风，万法皆无，一无所有，此即名为无形。”▷那时候，他除了几本书以外，几乎～。

【一无所知】yīwúsuǒzhī 一：全，都。什么都不知道。明·冯梦龙《警世通言》卷十五：“小学生往后便倒，扶起良久方醒。问之，一无所知。”▷我刚来，这里的事情还～。

【一五一十】yīwǔyīshí 以五为单位计数。比喻叙述清楚，没有遗漏。《水浒传》第二十五回：“这妇人听了这话，也不回言，却踅过来，一五一十，都对王婆和西门庆说了。”▷回到家里，他把今天在学校发生的事情～都对他妈说了。

【一物降一物】yīwùxiángyīwù 降：制服。指一种事物专能制服另一种事物。《西游记》第五十一回：“常言道‘一物降一物’哩。你好违了旨意？但凭高见选用天将，勿得迟疑误事。”▷蛇爱吃田鼠，可是蠓专门吃蛇，在生物界里真是～。☛“降”这里不读jiàng。

【一息尚存】yīxīshàngcún 息：气息，呼吸。还有一口气存在，形容直到生命的最后阶段。《论语·泰伯》：“死而后已，不亦远乎！”宋·朱熹集注：“一息尚存，此志不容稍懈，可谓远矣。”▷我只要～，就要把书稿写完。

【一厢情愿】yīxiāngqíngyuàn 一厢：单

方面。指只管自己单方面愿意，不考虑对方是否同意或客观条件是否允许。清·文康《儿女英雄传》第十回："自己先留个地步：一则保了这没过门女婿的性命，二则全了这一相情愿媒人的脸面。"▷签订合同，要双方同意才行，不能～。☛不宜写作"一相情愿"。

【一笑置之】yīxiàozhìzhī 笑一笑，就把它放在一旁。形容不当一回事。宋·杨万里《观水叹》诗："此日顺流下，何日溯流归？出处未可必，一笑姑置之。"▷这么重要的问题，他听说后却只是～，不作任何处理。

【一泻千里】yīxièqiānlǐ 指江河水奔流直下，流速快，流程远；也比喻文笔流畅、奔放。宋·陈亮《与辛幼安殿撰书》："长江大河，一泻千里。"明·王世贞《文评》："方希直（孝儒）如奔流滔滔，一泻千里，而潆回滉瀁之状颇少。"▷江水浩浩荡荡，～|文章气势磅礴，像大江大河～。

【一心一德】yīxīnyīdé 指大家思想、信念一致。清·羽衣女士《东欧女豪杰》第二回："总要我们平民一心一德，这却什么事情做不来！"▷大家～，共同把工作做好。

【一心一意】yīxīnyīyì 形容全心全意，专心致志。唐·骆宾王《代女道士王灵妃赠道士李荣》诗："一心一意无穷已，投漆投胶非足拟。"▷他正在～地写文章，我们不好去打扰。

【一言蔽之】yīyánbìzhī 通常写作"一言以蔽之"。

【一言既出，驷马难追】yīyánjìchū，sìmǎnánzhuī 驷：古代套着四匹马的车。一句话说出，就是四匹马拉的车也追不回来。形容话一出口，决不返悔。明·冯梦龙《醒世恒言》卷五："自古道，一言既出，驷马难追。他既有言在前，如今怪不得我了。"▷你记住自己说过的话，大丈夫～，不要反悔呀！☛"既"不要错写作"即"，"驷"不要错写作"肆"。

【一言难尽】yīyánnánjìn 形容事情曲折复杂或所受的磨难、痛苦深重，一两句话很难说清楚。《水浒传》第十五回："我们有一年多不去那里打鱼。如今泊子里把住了，绝了我们衣饭，因此一言难尽！"▷这件事～，等有时间，咱们再慢慢谈吧！

【一言为定】yīyánwéidìng 一句话说定了，不再更改。明·冯梦龙《喻世明言》卷十："你两人一言为定，各无翻悔。"▷咱们～，你出钱，我出力，把小卖部办起来。

【一言以蔽之】yīyányǐbìzhī 蔽：概括。用一句话概括它。《论语·为政》："诗三百，一言以蔽之，曰'思无邪。'"清·李海观《歧路灯》第三回："只是教幼儿之法，慢不得，急不得，松不得，紧不得，一言以蔽之，曰：难而已。"▷立正的时候，要目不斜视，耳不旁听，口不乱问，心不乱思：～，要专心致志。

【一叶障目，不见泰山】yīyèzhàngmù，bùjiàntàishān 障：遮挡。一片叶子挡住了眼睛，连高大的泰山也看不见。比喻被局部或暂时的现象所蒙蔽，看不到事物的本质或全体。《鹖（hè）冠子·天则》："夫耳之主听，目之主明，一叶蔽目，不见太（同'泰'）山，两豆塞耳，不闻雷霆。"▷我们不能～，被一些小小的失误所迷惑，而全盘否定我们的伟大成就。

【一叶知秋】yīyèzhīqiū 看见一片叶子落地就知道秋天到了。比喻从细微的、个别的现象能够洞察到事物发展势头。宋·赵长卿《品令·秋日感怀》："那堪更，一叶知秋后，天色儿，渐冷落。”▷这家国营养殖场，竟然贩卖国家重点保护的濒临灭绝的物种。～，由此可见非法捕捉、倒卖野生动物的猖獗。

【一衣带水】yīyīdàishuǐ 像一条衣带那样窄的水面。形容仅隔一条水，相距很近。《南史·陈后主纪》：“隋文帝谓仆射高熲(jiǒng)曰：‘我为百姓父母，岂可限一衣带水不拯之乎？’”▷我们两国是～的邻邦，希望世世代代友好下去。

【一以当十】yīyǐdāngshí 用一个抵得上十个。形容勇猛善战；也形容用具效率高。《史记·项羽本纪》：“及楚击秦，诸将皆从壁上观。楚战士无不一以当十，楚兵呼声动天，诸侯军无不人人惴恐。”▷在这次阻击战中，我英雄连～，把几倍于我的敌人挡在阵地前沿，不能前进一步|这种大型收割机，比起那些小型收割机来，真是～，快多了。☞㊀“当”这里不读 dàng 不要理解为抵挡。㊁与“以一当十”词义不同。

【一意孤行】yīyìgūxíng 指不听别人意见，坚持按自己的意愿行事。清·袁枚《随园诗话》卷三：“盖一意孤行之士，细行不矜，孔子所谓‘观过知仁’，正此类也。”▷别人劝过他好几次，但他固执己见，～，到底还是上了当，吃了亏。

【一应俱全】yīyīngjùquán 一应：一切应该有的。一切都有；应有尽有。清·张南庄《何典》第十回：“活死人来到库中，见十八般武器，一应俱全。”▷对面那家商场里，大至空调彩电，小至针线纽扣，～。☞㊀“应”这里不读 yìng。㊁“俱”不要写作“具”。

【一隅之见】yīyúzhījiàn 隅：角落。在狭窄的角落里所见到的。形容狭隘、片面的见解。明·王守仁《传习录》卷上：“人但各以其一隅之见，认定以为道止如此。”▷我这只是～，仅供参考。☞“隅”不读 ǒu，不要写作“偶”。

【一语道破】yīyǔdàopò 指一句话就说破事物的要害、精髓。明·陈确《与张考夫书》：“自唐、虞至战国二千余年，圣人相传心法，一语道破。”▷小张虚情假意，被小陈～，羞得无地自容。

【一语破的】yīyǔpòdì 的：箭靶中心，比喻关键要害。一句话就打中要害。清·赵翼《瓯北诗钞·关索插枪岩歌》：“书生论古勿泥古，未必传闻皆伪史策真。”清·李保泰评：“结句千古明理，一语破的。”▷他的发言～，把争论了半天的问题一下子解决了。

【一张一弛】yīzhāngyīchí 张：给弓安上弦。弛：把弦取下。原比喻治国宽严结合；后比喻工作、生活有劳有逸，劳逸结合。《礼记·杂记》：“张而不弛，文武弗能也；弛而不张，文武弗为也。一张一弛，文武之道也。”▷工作要～，有劳有逸，效率才能提高。☞“弛”不要写作“驰”。

【一着不慎，满盘皆输】yīzhāobùshèn，mǎnpánjiēshū 下棋时一步走错，全盘棋就会输掉。比喻关键问题处理不当，会导致整体失败。元·李元蔚《蒋神灵应》第二折：“只因一着错，输了半盘棋。”明·冯梦龙《喻世明言》卷二：“只因一着错，满盘都是空。”▷这个作战方案关系到全局，每一个环节都要考虑得很周密；否则，～。☞“着”这里不读 zháo。

【一朝一夕】yīzhāoyīxī 一个早晨或一个晚上。指短促的时间。《周易·坤卦》：“臣弑其君，子弑其父，非一朝一夕之故，其所由来者渐矣。”▷这篇两万多字的论文，可不是～能完成的。

【一针见血】yīzhēnjiànxiě 比喻说话能切中要害。《晋书·陶侃传》："侃以针决之见血。"晚清·梁启超《论私德》："此真一针见血之言哉。"▷与那平庸肤浅不痛不痒的发言相比，他的话则简明扼要，～。☛"血"这里不读 xuè。

【一知半解】yīzhībànjiě 形容知道得不全面，理解得不透彻。宋·严羽《沧浪诗话·诗辨》："然悟有浅深，有分限，有透彻之悟，有但得一知半解之悟。"▷他自己还～，又怎么能讲得让学生明白呢？

【一纸空文】yīzhǐkōngwén 一张没有用的空头文书。晚清·梁启超《立宪法议》："故苟无民权，则虽有至良极美之宪法，亦不过一纸空文。"▷一个没有落实措施保证的规划，不过是～。

【一掷千金】yīzhìqiānjīn 掷：扔。千金：指许多钱。形容花钱满不在乎。唐·吴象之《少年行》诗："一掷千金浑是胆，家无四壁不知贫。"▷如今那些大款们挥霍无度，～，令人看不惯。

【一字千金】yīzìqiānjīn 形容诗文文辞精妙，价值极高。南朝·梁·钟嵘《诗品·古诗》："文温以丽，意悲而远，惊心动魄，可谓几乎一字千金。"▷文章语词之精妙，堪称～。

【衣冠楚楚】yīguānchǔchǔ 冠：帽子。楚楚：鲜明整齐的样子。形容穿戴整齐、漂亮。元·无名氏《衣锦还乡》第四折："想当初风尘落落谁怜悯，到今日衣冠楚楚争亲近。"▷他要跟外宾谈生意，一早就打扮得～赶到宾馆。☛"冠"这里不读 guàn。

【衣冠禽兽】yīguānqínshòu 穿衣戴帽的禽兽。比喻品德败坏，行为卑劣的人。明·陈汝元《金莲记·构衅》："人人骂我做衣冠禽兽，个个识我是文物穿窬(yú)。"▷他的所作所为，使我认清了他那～的嘴脸。☛"冠"这里不读 guàn。

【衣锦还乡】yījǐnhuánxiāng 衣：穿。穿着锦绣衣服回家。旧指做官的人回到故乡。《南史·刘之遴传》："武帝谓曰：'卿母年德并高，故令卿衣锦还乡，尽荣养之理。"▷他对乡亲们说："我可不是～，回家享清福的；回来是要和大伙一起改变家乡贫困面貌的。"☛"衣"旧读 yì。

【依然故我】yīránguwǒ 故我：从前的我。我仍然是以前的我。形容思想、地位等没有变化。宋·陈著《贺新郎·次韵戴时芳》词："谁料腥埃妨阔步，孤瘦依然故我。"▷很多同学学习成绩提高很快，而自己却～。

【依违两可】yīwéiliǎngkě 依：赞同。违：反对。赞成和反对都可以。形容态度不鲜明，模棱两可。《清史稿·倭仁传》："刚正不挠，无所阿响者，君子也；依违两可，工于趋避者，小人也。"▷对于这个方案，多数人同意，少数～。

【依样画葫芦】yīyànghuàhúlu 比喻机械地模仿别人，没有创新。宋·魏泰《东轩笔录》卷一："太祖笑曰：'颇闻翰林草制，皆检前人旧本，改换词语，此乃俗所谓依样画葫芦耳，何宣力之有？"▷他这首诗，没有新意，不过是～而已。

【依依不舍】yīyībùshě 依依：留恋不忍分离的样子。形容彼此感情深厚，舍不得分离。明·冯梦龙《醒世恒言》卷二十九："那卢柟直送五百余里，两下依依不舍，欷歔而别。"▷夜深了，聚会的老同学们才～地散去。

【仪态万方】yítàiwànfāng 仪态：人体

的外部形态。万方：多种多样。形容容貌和各种姿态样样都美。汉·张衡《同声歌》："衣解巾粉御，列图陈枕张；素女为我师，仪态盈万方。"清·王韬《淞滨琐话·真吾炼师》："忽有一女郎诣祠焚香，翩然而入，仪态万方，容光四映。"▷这位公关小姐～，说话不紧不慢，走路轻盈优美。

【怡然自得】yíránzìdé 怡然：喜悦的样子。自得：自己感到得意或满足。形容喜悦而满足的样子。《列子·黄帝》："黄帝既寤，怡然自得。"▷他摇着芭蕉扇，唱着《空城计》，一副～的样子。

【贻害无穷】yíhàiwúqióng 贻：遗留。留下的祸患无穷。清·李宝嘉《文明小史》第十七回："弄到今日国穷民困，贻害无穷，思想起来，实实令人可恨。"▷过分迁就放纵子女，必然～。

【贻人口实】yíránkǒushí 贻：留给。口实：话柄。形容做事说话不慎，给人留下借口或话柄。清·李宝嘉《南亭笔记》卷二："世续知其隐，言于光绪帝，谓庆宽为醇贤亲王赏识之人，父功之，子罪之，未免贻人口实。"▷说话不小心，乱说一气，就可能～。

【贻笑大方】yíxiàodàfāng 贻笑：给人留下笑柄。大方：大方之家（指见多识广或有某种专长的人）。指被内行人笑话。《庄子·秋水》："今我睹子之难穷也，吾非至于子之门则殆矣，吾长见笑于大方之家。"清·钱彩《说岳全传》第十回："小生意下却疑是此剑，但说来又恐不是，岂不贻笑大方？"▷拿出这样不成熟的文章，岂不～？

【移风易俗】yífēngyìsú 改变不好的风俗习惯。《荀子·乐论》："乐者，圣人之所乐也，而可以善民心，其感人深，其移风易俗，故先王导之以礼乐而民和睦。"▷提倡～，坚持晚婚晚育，优生优育。

【移花接木】yíhuājiēmù 移栽和嫁接花木。比喻暗中更换人或物以欺骗他人。明·凌濛初《二刻拍案惊奇》卷十七："同窗友认假作真，女秀才移花接木。"▷小说创作中常常使用～的办法，把几个人的经历或遭遇集中到一个人物身上。

【移樽就教】yízūnjiùjiào 樽：酒器。端着杯子坐到别人席旁共饮，以便请教。形容主动向他人求教。清·李汝珍《镜花缘》第二十四回："老者道：'虽承雅爱，但初次见面，如何就要叨扰！'多九公道：'也罢，我们移樽就教罢！'"▷我对音乐很感兴趣，但懂得太少，有工夫再到府上～吧。☛"教"这里不读 jiāo。

【遗臭万年】yíchòuwànnián 死后臭名永远流传下去，遭人唾骂。《宋史·林勋等传赞》："若乃程珌之窃取富贵，梁成大李和孝甘为史弥远鹰犬，遗臭万年者也。"▷岳飞流芳百世，秦桧～。☛㊀"臭"这里不读 xiù。㊁不宜写作"遗万年臭"。

【颐养天年】yíyǎngtiānnián 颐：保养。天年：人的自然寿命。保养身体，延长寿命。▷他在郊外买了一幢别墅，让老奶奶在那里～。

【颐指气使】yízhǐqìshǐ 颐：面颊。颐指：不说话而以面部表情示意。气使：用神情支使人。形容有权势的人非常骄横。《旧唐书·杨国忠传》："自公卿以下，皆颐指气使，无不詟惮（zhédàn，害怕）。"▷他有四十多岁，举止威严，一看便知道是～惯了的大人物。☛不宜写作"颐指气役"。

【疑神疑鬼】yíshényíguǐ 形容疑心很大。清·钱彩《说岳全传》第六十一回：

“邪正请从心内判,疑神疑鬼莫疑人。”▷他这人～,芝麻大的事乱猜疑。

【以德报怨】yǐdébàoyuàn 德:恩惠。用施加恩惠的办法来报答别人对自己的怨恨。《史记·游侠列传》:“及(郭)解年长,更折节为俭,以德报怨,厚施而薄望。”▷我们对待俘虏是～,从各方面给予人道主义待遇。

【以毒攻毒】yǐdúgōngdú 用带毒的药来消除体内病毒;多用来比喻用对方使用的手段来制服对方或用恶人来制服恶人。宋·周密《云烟过眼录》卷一:“骨咄犀,乃蛇角也。其性至毒,而能解毒。盖以毒攻毒也。”▷蜈蚣、砒霜这些有毒的东西可以入药治病,就是～的方法|对于好战分子,需要～,用战争来对付。

【以讹传讹】yǐéchuáné 讹:谬误。把错误的东西又错误地传扬开去,越传越错。宋·俞琰(yǎn)《席上腐谈》卷上:“世俗相传女娲补天炼五色石于此,故名采石,以讹传讹。”▷这虽然是件小事,但要向大家原原本本地讲清楚,以免～。

【以耳代目】yǐěrdàimù 用耳朵代替眼睛。形容不亲自调查了解,只听信传言。清·文康《儿女英雄传》第十七回:“我那老东人以耳为目,便轻信了这话。”▷他长期坚持深入实际,做调查研究,反对～。

【以攻为守】yǐgōngwéishǒu 用进攻作为防守的手段。宋·秦观《淮海集·边防上》:“古之知攻守者不然,坚壁不战,自养其锋,则虽大敌而可擒;直前逆击,折其盛势,则虽危城而可保。是之谓以守为攻,以攻为守。”▷这个犯罪嫌疑人～,先发制人,居然以受害者面目出现,企图混淆视听,把水搅浑。☛“为”这里不读wèi。

【以己度人】yǐjǐduórén 度:揣测。用自己的想法去揣测别人。西汉·韩婴《韩诗外传》卷三:“然则圣人何以不可欺也?曰:‘圣人以己度人者也。以心度心,以情度情,以类度类,古今一也。’”▷你不要～,以为别人都像你一样爱财。☛“度”这里不读dù。

【以儆效尤】yǐjǐngxiàoyóu 儆:警告。效尤:学做坏事。指用惩罚坏人坏事来警戒其他人仿效着做坏事。清·李海观《歧路灯》第九十三回:“自宜按律究办,以儆效尤。”▷对黑恶势力犯罪团伙必须绳之以法,～。☛“儆”不读jìng。

【以蠡测海】yǐlícèhǎi 蠡:瓢。用瓢测量海水,比喻见识浅陋(多用于自谦)。汉·东方朔《答客难》:“以筦(guǎn,同‘管’)窥天,以蠡测海,以筳(tíng,草茎)撞钟。岂能通其条贯,考其文理,发其声音哉!”▷我学识浅薄,对先生的大作不敢～,妄加评论。

【以理服人】yǐlǐfúrén 用道理说服人。▷对于错误的意见,不能压服,只能说服,要～。

【以力服人】yǐlìfúrén 力:强力。服人:使人屈服。用强制手段使人屈服。《孟子·公孙丑上》:“以力服人者,非心服也,力不赡也。”▷对于不同的意见,我们主张以理服人,而不是～。

【以邻为壑】yǐlínwéihè 壑:深沟。把邻国当作排泄洪水的沟壑。比喻把困难或灾祸转嫁给别人。《孟子·告子下》:“禹之治水,水之道也,是故禹以四海为壑;今吾子以邻国为壑。”清·黄遵宪《乙丑十一月避乱大埔三河虚》诗:“诸公竟以邻为壑,一夜喧呼贼渡河。”▷有的人

～，把困难让给别人，将方便留给自己。

【以卵击石】yǐluǎnjīshí 用鸡蛋去砸石头。比喻不自量力，自取灭亡。《三国演义》第四十三回："刘豫州不识天时，强欲与争，正如以卵击石，安得不败乎？"▷逆历史潮流而动的势力与广大人民对抗，这是～！

【以貌取人】yǐmàoqǔrén 只凭外貌作为评价人的标准。《史记·仲尼弟子列传》："孔子闻之，曰：'吾以言取人，失之宰予；以貌取人，失之子羽。'"▷选拔干部必须注重德、才，绝不能～了。

【以其人之道，还治其人之身】yǐqírénzhīdào，huánzhìqírénzhīshēn 道：方法。治：整治。还：反过去。就用那个人对付别人的方法，反过去对付他本人。宋·朱熹《中庸集注》："故君子之治人也，即以其人之道，还治其人之身。"▷对付侵略者的办法只有一个：狠狠地打击。这就叫做～。☛"还"这里不读 hái。

【以身试法】yǐshēnshìfǎ 身：自身。用自己的行为去尝试法律的威力。指明知法律的规定，却偏要做触犯法律的事。《汉书·王尊传》："愿诸君卿勉力正身以率下……明慎所职，毋以身试法。"▷无论谁，胆敢～，必将遭到严惩。☛不要写作"以身试验"。

【以身殉职】yǐshēnxùnzhí 殉职：为事业而牺牲。指忠于职守而献出生命。▷凡是～、为国捐躯的人，都被追认为烈士。

【以身作则】yǐshēnzuòzé 则：准则，榜样。以自己的行动做榜样。▷领导干部要～，自觉抵制不正之风的侵蚀。

【以售其奸】yǐshòuqíjiān 售：实现，施展。用来施展他们的奸计。唐·柳宗元《送娄图南秀才游淮南将入道序》："偷一旦之容以售其伎，吾无有也。"清·青山山农《红楼梦广义》："袭人善事宝玉，宝钗善结袭人，同恶相济，以售其奸。"▷邪教组织的头目利用群众的善良～，以便达到他们不可告人的目的。

【以往鉴来】yǐwǎngjiànlái 以：用。往：过去。鉴：借鉴。用过去的经验教训作为今后的借鉴。《三国志·魏书·杨阜传》："愿陛下动则三思，虑而后行，重慎出入，以往鉴来。"▷在经济建设中，我们要不断总结经验，～，把国家建设得更加强大。

【以小人之心，度君子之腹】yǐxiǎorénzhīxīn，duójūnzǐzhīfù 小人：道德品质低下的人。君子：道德品质高尚的人。度：猜测。用小人卑劣的心思去揣度别人高尚的情怀。明·冯梦龙《醒世恒言》卷七："谁知颜俊以小人之心度君子之腹，此际便是仇人相见，分外眼睁。"▷他常常～，似乎人家做什么好事都是为了自己。☛"度"这里不读 dù。

【以眼还眼，以牙还牙】yǐyǎnhuányǎn，yǐyáhuányá 用瞪眼还击瞪眼，用牙咬回击牙咬。比喻针锋相对地进行斗争。《旧约全书·申命记》："以眼还眼，以牙还牙。"▷你同他有些矛盾，应主动跟他谈谈，以消除隔阂，何必非得～呢！☛"还"这里不读 hái。

【以逸待劳】yǐyìdàiláo 逸：安逸。劳：疲劳。指作战时采取守势，养精蓄锐，以对付疲惫的敌人。《孙子·军争》："以近待远，以佚（同'逸'）待劳，以饱待饥，此治力者也。"清·李宝嘉《官场现形记》第十八回："但是一件，我们也只可以逸待劳，以静待动，等他们来请教我们。"▷在对敌斗争中，我军常用～的办法，把来犯之敌打得落花流水。

【以蚓投鱼】yǐyǐntóuyú 用蚯蚓做鱼饵来钓鱼。比喻投合对方胃口，用轻微的代价换取巨大的利益。《隋书·薛道衡传》："陈使傅縡（zài）聘齐，以道衡兼主客郎接对之。縡赠诗五十韵，道衡和之，南北称美。魏收曰：'傅縡所谓以蚓投鱼耳。'"▷你别贪图人家行贿的那笔钱，当心人家是～！

【以怨报德】yǐyuànbàodé 德：恩惠。用怨恨来回报别人的恩惠。《礼记·表记》："以德报怨，则宽身之仁也；以怨报德，则刑戮之民也。"▷对于他这种惯于损人利己的人，要当心他～。

【倚老卖老】yǐlǎomàilǎo 倚：凭借。卖：卖弄。仗着年纪大，卖弄老资格。元·无名氏《谢金吾》第一折："我尽让你说几句便罢，则管里倚老卖老，口里唠唠叨叨的说个不了。"▷我们小辈自然要尊重上了年纪的，但你自己也不能～哇。☛不要写作"以老卖老"。

【倚门傍户】yǐménbànghù 倚、傍：依靠。比喻依赖他人而不能自立。宋·释普济《五灯会元·临济玄禅师法嗣》："僧问：'如何是宾中宾？'师曰：'倚门傍户。'"▷我现在没有资本，只能～，帮别人做生意，以后再争取独立经营。☛不要写作"依门傍户"。

【倚强凌弱】yǐqiánglíngruò 倚：依仗。凌：欺压。凭借强势欺压弱小者。元·无名氏《谇范叔》楔子："今天下并为七国，是秦、齐、燕、赵、韩、楚和俺魏国，各据疆土，倚强凌弱，不肯相下。"▷你一个身强力壮的男子汉，～，竟然用拳头对付一个小姑娘，太不像话！

【倚势凌人】yǐshìlíngrén 倚：凭借。凌：欺侮。凭借权势欺侮人。《三国演义》第一回："因本处势豪，倚势凌人，被吾杀了，逃难江湖，五六年矣。"▷身为乡长，不为老百姓办事，反而～，早应受到惩处。☛不要写作"依势凌人"。

【义不容辞】yìbùróngcí 义：道义。容：允许。按照道理讲不允许推辞。指理应接受。唐·岑文本《唐故特进尚书右仆射上柱国虞恭公温公碑》："夫显微阐幽，义不容辞，功高德盛。"▷献血是每一个健康青壮年～的义务。

【义愤填膺】yìfèntiányīng 义愤：为伸张正义而激起的愤怒。膺：胸。胸中充满义愤。清·曾朴《孽海花》第二十五回："珏斋不禁义愤填膺，自己办了个长电奏，力请宣战。"▷看了反映当年侵略者暴行的影片，人们无不～，怒火中烧。

【义无反顾】yìwúfǎngù 反顾：回头看。凭着道义勇往直前，而不退缩回顾。宋·张孝祥《代总得居士与叶参政》："王、戚、李三将忠勇自力，义无反顾。"▷当祖国需要的时候，好男儿以身许国，～。

【义形于色】yìxíngyúsè 形：表现。色：脸色。正义显露在脸上。《公羊传·桓公二年》："孔父正色而立于朝，则人莫敢过而致难于其君者，孔父可谓义形于色矣。"▷看到流氓欺侮一个女孩子，大家无不～，纷纷上前解救。

【义正辞严】yìzhèngcíyán 理由正当，措词严肃。清·李宝嘉《官场现形记》第十七回："魏竹冈拆开看时，不料上面写的甚是义正辞严。"▷在会议上，我国代表的发言～，揭露了某大国的霸权主义行径。

【亦步亦趋】yìbùyìqū 亦：也。步：慢走。趋:快走。别人慢走我也慢走,别人快走我也快走。形容事事模仿或追随别人。《庄子·田子方》:“颜渊问于仲尼曰:‘夫子步亦步,夫子趋亦趋,夫子驰亦驰,夫子奔逸绝尘,而回(颜渊)瞠若乎后矣。’”▷他遇事不动脑筋,习惯跟在别人后头,～,人云亦云。

【异端邪说】yìduānxiéshuō 异端:指跟正统的思想观点相敌对的议论或主张。邪说:有害的学说或议论。泛指不符合正统思想、有严重危害的学说思想。宋·苏轼《拟进士对御试策》:“臣不意异端邪说惑误陛下,至于如此。”▷我们要深入批判那些～,彻底铲除它们滋生的土壤。

【异乎寻常】yìhūxúncháng 乎:于,跟平常情况不一样。清·吴趼人《二十年目睹之怪现状》第七十回:“耽误了点年纪,还没有什么要紧;还把他的脾气惯得异乎寻常的出奇。”▷每天他来得都很早,今天却迟到了一个小时,这个～的情况,引起了大家的注意。

【异军突起】yìjūntūqǐ 异:另外的。另一支军队突然崛起。比喻与众不同的新派别或新力量突然出现。▷一支文化新军将在文坛上～。☛不要写作“异军特起”。

【异口同声】yìkǒutóngshēng 不同的嘴发出同样的声音。形容大家说法完全一致。晋·葛洪《抱朴子·道意》:“左右小人,并云不可,阻之者众,本无至心,而谏怖者,异口同声。”▷各国媒体～地赞扬中国建设的伟大成就。

【异曲同工】yìqǔtónggōng 异曲:不同的曲调。工:工巧,精致。曲调虽然不同,却同样精巧。比喻作品不同,却同样出色;也比喻说法或做法不同,但效果一样好。清·冯镇峦评蒲松龄《聊斋志异·蛇人》:“此等题我嫌污笔,写来款款动人乃尔,与柳州《捕蛇者说》异曲同工。”▷这两部作品取材虽然不同,但表现手法上却有～之妙|分散识字和集中识字两种教学法,尽管方法不同,但～,都能收到较好的教学效果。

【异想天开】yìxiǎngtiānkāi 异:奇异。指想法离奇,不切实际。清·吴趼人《二十年目睹之怪现状》第四十八回:“刑部书吏得了他的贿赂,便异想天开,设出一法来。”▷有不少皇帝想长生不老,这完全是～,根本不可能。

【抑扬顿挫】yìyángdùncuò 抑:压低。扬:抬高。顿:停住。挫:曲折。形容声音高低起伏,停顿转折,和谐动听。宋·张戒《岁寒堂诗话》卷上:“而子建诗,微婉之情,洒落之韵,抑扬顿挫之气,固不可以优劣论也。”▷他朗读诗文,～,委婉动听,给人以美感。

【易如反掌】yìrúfǎnzhǎng 反掌:翻转手掌。容易得如同翻一下手掌一样。《水浒传》第七十六回:“剿擒此寇,易如反掌。”▷翻译这类短文,对这位英语系高才生来说,还不是～?

【意气风发】yìqìfēngfā 意气:意志和气概。风发:奋发。形容精神振奋,气概昂扬。▷全国人民～,斗志昂扬,决心为加快建设步伐而努力奋斗。

【意气相投】yìqìxiāngtóu 意气:志趣。志趣彼此合得来。元·宫大用《范张鸡黍》第三折:“咱意气相投,你知我心忧。”▷咱俩思想一致,～,共事愉快。

【意气用事】yìqìyòngshì 意气:指主观偏激的情绪。指只凭一时情绪冲动来对待和处理事情。清·黄宗羲《陈乾初墓志铭初稿》:“潜心力行,以求实得,始知曩日意气用事,刻意破除,久归平贴。”▷遇事不冷静,～,常常把事办糟。

【意在言外】yìzàiyánwài 指另有蕴含的深意在言词的表面意思之外。宋·司马光《温公续诗话》:“古人为诗,贵于意在言外,使人思而得之。”▷这首诗思想含蓄,～而韵味无穷。

【毅然决然】yìránjuérán 毅然:坚定地。决然:坚决地。形容决心坚定行为果断。清·李宝嘉《官场现形记》第五十八回:“窦世豪得了这封信,所以毅然决然,借点原由,同洋人反对,彼此分手,以免旁人议论,以保自己功名。”▷知道了这种药能治好母亲的病,他不顾价格如何昂贵,便～地买了回去。

【因材施教】yīncáishījiào 因:根据。材:人的素质。施:施行。根据受教育者的综合素质,施行不同的教育。清·郑观应《盛世危言·女教》:“将中国诸经、列传,训诫女子之书,别类分门,因材施教。”▷职业教育中,更应当根据学生的个性特点,实行～。

【因地制宜】yīndìzhìyí 因:根据。制:确定。根据当地情况确定适宜的措施。汉·赵晔《吴越春秋·阖闾内传》:“夫筑城郭、立仓库,因地制宜,岂有天气之数以威邻国者乎?”▷兵家用兵,靠灵活机动,～,不可墨守成规,故步自封。

【因祸得福】yīnhuòdéfú 比喻由坏事变成了好事。清·姬文《市声》第六回:“伯翁,你说我误事不误事,如今不是因祸得福吗?”▷小张去年得病住院,今年与护理他的护士小姐结为夫妻,真是～哇!

【因陋就简】yīnlòujiùjiǎn 指利用原有的简陋条件,将就办事。宋·陆九渊《删定官轮对札子》:“自秦而降,言治者称汉唐。汉唐之治,虽其贤君,亦不过因陋就简,无卓然志于道者。”▷创业之初,一切～,条件很艰苦。

【因人成事】yīnrénchéngshì 因:依靠。依靠别人的力量办成事情。《史记·平原君虞卿列传》:“公等录录,所谓因人成事者也。”▷他搞成这项技术革新,是～,靠的是大家的帮助。

【因势利导】yīnshìlìdǎo 因:顺应。势:趋势。利导:向有利方向引导。指顺应事物发展的趋势加以引导。《史记·孙子吴起列传》:“善战者,因其势而利导之。”▷要了解孩子的优点和缺点,～,注重正面教育。

【因小失大】yīnxiǎoshīdà 因为贪小利而受大损失。清·黄小配《廿载繁华梦》第三十四回:“他却只是不理,只道他身在洋界,可以没事。不知查抄起来,反恐因小失大,他却如何懂得?”▷咱们千万不能～,舍不得花钱安装防火设备,万一出点事儿,可就损失大了。

【因循守旧】yīnxúnshǒujiù 因循:沿袭。沿袭老办法,不求革新。晚清·康有为《上清帝第五书》:“如再徘徊迟疑,苟且度日,因循守旧,坐失事机,则外患内讧,间不容发。”▷做学问必须勇于开拓,～是不会有什么成就的。

【因循坐误】yīnxúnzuòwù 因循:沿袭。坐:以致。守旧不改以致误事。清·曾朴《孽海花》第二十四回:“威毅伯还在梦里,要等英、俄公使调停的消息哩!照这样因循坐误,无怪有名的御史韩以高约会了全台,在宣武门外松筠庵开会,提议参劾哩!”▷我们必须抓住机遇,下决心改造设备，创优质品牌，再不能～，无所作为了。

【因噎废食】yīnyēfèishí 噎：食物卡住喉咙。因为噎住一次，就不再吃饭了。比喻偶受挫折怕再出问题就索性不干。清·吴趼人《二十年目睹之怪现状》第二十一回："若是后人不问来由，一律的奉以另法，岂不是因噎废食了么？"▷不要因为工作中出现了一些问题而～，不敢放手工作。

【阴差阳错】yīnchāyángcuò 把阳与阴闹混了。比喻因偶然因素而造成了错误。清·曾朴《孽海花》第三十四回："这回革命的事，几乎成功。真是谈督的官运亨通，阴差阳错里倒被他糊里糊涂的扑灭了。"▷她生的是个男孩子，竟被产科大夫～地换成了女孩子。☛"差"这里不读 chà。

【阴谋诡计】yīnmóuguǐjì 阴谋：暗中策划的计谋。诡计：阴险奸诈的计策。指暗中策划的阴险奸诈的计谋。清·曾朴《孽海花》第三十五回："大家如能个个像我，坦白地公开了自己的坏处，政治上用不着阴谋诡计，战争上用不着故谋策略……世界就太平了。"▷搞～，常常与强烈的私欲联系在一起，前者是手段，后者是目的。☛不要写作"阴谋鬼计"。

【阴阳怪气】yīnyángguàiqì 形容态度若明若暗，言行诡秘难测。清·韩邦庆《海上花列传》第五十六回："为啥故歇（这时候）几个人才（都）有点阴阳怪气。"▷他总是这样～的，话也不直截了当说个明白，讨厌死了。

【音容宛在】yīnróngwǎnzài 宛：好像。声音容貌好像还在耳边和眼前。多用于形容对死者的怀念。唐·曹松《巫峡》诗："年年旧事音容在，日日谁家梦想频。应是荆山留不住，至今犹得睹芳尘。"▷先生虽已与世长辞了，但～，他那全心全意为人民服务的精神将永远活在人民心中。

【音容笑貌】yīnróngxiàomào 指人的声音和容貌。多用于形容对死者的怀念。▷母亲虽然早已与我们永别，但她的～，还时时浮现在我的眼前。

【殷鉴不远】yīnjiànbùyuǎn 鉴：可以引以为戒的事。值得殷朝借鉴的，即夏朝灭亡的教训，并不遥远。泛指前人失败的教训就在眼前。《诗经·大雅·荡》："殷鉴不远，在夏后之世。"▷～，谁再发动侵略战争，东条英机的下场就是他的归宿。

【吟风弄月】yínfēngnòngyuè 吟：吟咏。弄：玩赏。指以风花雪月为题材吟咏写作。现常指一些诗文内容空虚，脱离现实。元·张养浩《普天乐》曲："游山玩水，吟风弄月，其乐无涯。"▷他青年时期才华出众，但缺乏扎实的生活基础，写的多是些～的诗文，社会意义不大。

【寅吃卯粮】yínchīmǎoliáng 寅、卯：我国农历纪年用的"地支"顺序，"寅"为第三位，"卯"为第四位。寅年吃了卯年的粮食。形容入不敷出，预先挪用了以后的收入。清·李宝嘉《官场现形记》第十五回："就是我们总爷，也是寅吃卯粮，先缺后空。"▷工厂虽然没倒闭，却靠贷款发工资，这种～的局面能长久吗？

【引而不发】yǐnérbùfā 引：拉弓。发：射箭。拉满弓而不射箭。比喻做好准备，待机行动；也比喻善于启发诱导。《孟子·尽心上》："君子引而不发，跃如也。"▷公司成立的各项准备都已经作好了，成立日期还没公布，不知道董事会为

什么至今还～|王老师讲课常常是～，让学生思考以后回答。

【引吭高歌】yǐnhánggāogē 吭：喉咙。拉开嗓门放声歌唱。清·李宝嘉《南亭笔记》："福（文襄）喜御茶色衣，善歌昆曲，每驻节，辄手操鼓板，引吭高唱。"▷他每天早晨在树林里～，与远处大海的波涛声遥相呼应。☛"吭"不读 kàng。

【引火烧身】yǐnhuǒshāoshēn 比喻自讨苦吃或自取灭亡；多比喻主动暴露自己的缺点错误，以争取别人的批评帮助。▷谁如果置国法于不顾，一意孤行，必将～|校长在会上来了个～，检讨自己工作中的缺点错误，请大家批评。

【引经据典】yǐnjīngjùdiǎn 引：引用。据：依据。指引用经书、典籍中的语句或故实。清·李汝珍《镜花缘》第九十二回："吃到这些臭东西，还要替他考正，你也忒爱引经据典了。"▷你就讲这茶怎么沏，别～地把古书上的一大套搬出来之乎者也一通。

【引咎自责】yǐnjiùzìzé 引咎：把错误与过失归于自身。主动承担责任并作检讨。《北史·周武帝纪》："大旱，公卿各引咎自责，其夜澍雨。"▷部门出了事故，领导干部不该把责任推给下属，而应当～。

【引狼入室】yǐnlángrùshì 比喻把坏人引进内部。清·蒲松龄《聊斋志异·黎氏》："士则无行，报亦惨矣。再娶者，皆引狼入室耳。"▷这个民族败类竟～，把祖国大好河山拱手让给敌人。

【引人入胜】yǐnrénrùshèng 胜：佳境。吸引人进入美妙的佳境。现多形容风景或文艺作品特别吸引人。晋·郭澄之《郭子》："王佛大（王忱）叹曰：'三日不饮酒，觉形神不复相亲；酒自引人入胜地耳。'"清·黄虞稷《书影序》："标新领异，引人入胜者，盖未之有也。"▷小说写得很好，一开头就～，让人非一口气读完不成。

【引人注目】yǐnrénzhùmù 注目：注视。吸引人们注意。▷这个人身高两米以上，走在街上非常～。

【引以为戒】yǐnyǐwéijiè 戒：警戒。把过去犯错误的教训拿来作为警戒。清·李宝嘉《官场现形记》第十八回："无奈他太无能耐，不是办得不好，就是闹了乱子回来。所以近来七八年，历任巡抚都引以为戒，不敢委他事情。"▷有些人因索贿受贿受到法律的严惩，所有干部都应当～。

【饮泣吞声】yǐnqìtūnshēng 饮泣：让眼泪往肚里咽。吞声：忍住哭声。形容忍受内心痛苦，不敢公开表露。明·冯梦龙《醒世恒言》卷二十七："那时打骂，就把污话来肮脏了。不骂要趁汉，定说想老公。可怜女子家无处申诉，只好向背后吞声饮泣！"▷你应该拿起法律武器，维护自己合法权益，不能再这样～了。

【饮水思源】yǐnshuǐsīyuán 喝水的时候要想到水是从哪里来的。比喻不忘本。清·文康《儿女英雄传》第二十五回："奉着这等二位恩勤备至的翁姑，伴着这等一个才貌双全的夫婿；饮水思源，打算自己当日受了八两，此时定要还她半斤。"▷我们现在富裕了，要～，永远不能忘记曾带领我们开山造林、脱贫致富的好县长。

【饮鸩止渴】yǐnzhènzhǐkě 鸩：指浸泡过鸩鸟羽毛的毒酒。喝毒酒来解渴。比喻只顾解决眼前困难而不顾后患。晋·葛洪《抱朴子·嘉遯》："咀漏脯以充饥，酣鸩酒以止渴。"▷只依靠借外债来解决本国的财政困难，无异于～，必定后患无穷。☛“鸩”不要写作“鸠”，不读jiū。

【隐恶扬善】yǐnèyángshàn　通常写作“扬善隐恶”。

【隐姓埋名】yǐnxìngmáimíng　隐瞒自己的真实姓名。元·张寿卿《红梨花》第四折：“他不是别人，则他便是谢金莲，着他隐姓埋名，假说做王同知的女儿。”▷他住在山村里～五六年，翻译了两部英国文学名著。

【隐约其辞】yǐnyuēqící　隐约：不明显，不清楚。形容说话躲躲闪闪。清·平步青《霞外捃（jùn，拾取）屑·倪文正公与弟献汝二书》：“使白太夫人，谓欲礼佛行也者，迎抵会城卒岁，无功为亲者讳，故隐约其辞不尽也。”▷他今天说话吞吞吐吐，～，想必有难言之隐吧。

【应有尽有】yīngyǒujìnyǒu　应该有的全都有，形容一切齐备。《宋书·江智渊传》：“人所应有尽有，人所应无尽无者，其江智渊乎？”▷小商品市场里，服装鞋帽、日用百货、家用电器，～。

【英雄所见略同】yīngxióng suǒjiànlüètóng　所见：见到的，见解。指有才识的人见解大致相同。清·曾朴《孽海花》第十一回：“你们听这番议论，不是与剑云的议论，倒不谋而合的。英雄所见略同，可见这里头是有这么一个道理。”▷两位顾问的意见不谋而合，真是～啊！

【英雄无用武之地】yīngxióngwúyòngwǔzhīdì　比喻有才能的人得不到施展的机会。明·赵弼《续宋丞相文文山传》：“不幸奸臣贾余庆、刘岊（jié）等，欺君卖国，吾英雄无用武之地。”▷如今，已经不是～的年代了，只要你有真才实学，就一定有你发挥的地方。

【英姿焕发】yīngzīhuànfā　英姿：英俊威武的风姿。焕发：光芒四射。形容英俊威武，精神抖擞。▷交通民警～，坚守在交通岗上。

【英姿飒爽】yīngzīsàshuǎng　飒爽：豪迈而矫健的样子。形容体态矫健，精神焕发。唐·杜甫《丹青引·赠曹将军霸》：“褒公鄂公毛发动，英姿飒爽来酣战。”▷女兵方队通过天安门广场，步伐整齐有力，～。

【莺歌燕舞】yīnggēyànwǔ　黄莺在歌唱，燕子在飞舞。形容春天的美好景象；也比喻大好形势。宋·姜夔《白石词·杏花天影》词：“金陵路，莺吟燕舞，算湘水知人最苦。”明·冯惟敏《邑斋初度自述》：“天涯间阻，秋光冷淡，夜色萧疏……空孤负，莺歌燕舞，檀板绣氍毹。”▷江南的春天，桃红柳绿，～，正是旅游的好季节｜这是一个国泰民安，～的时代。

【鹦鹉学舌】yīngwǔxuéshé　鹦鹉学人讲话。比喻没有主见，人云亦云（含贬义）。宋·释道原《景德传灯录·越州大珠慧海和尚》：“如鹦鹉只学人言，不得人意。”▷讲解员对展览内容必须深入领会，融会贯通，不应只是～，或照本宣科。

【迎来送往】yíngláisòngwǎng　通常写作“送往迎来”。

【迎刃而解】yíngrènérjiě　指劈开竹子的头几节，下面的部分就会顺着刀口裂开。比喻关键问题解决了，其他问题便很容易解决。《晋书·杜预传》：“今兵威已振，譬如破竹，数节之后，皆迎刃而解，无复著手处也。”▷要建房子，资金是关键。资金有着落，其他问题自然～。☛不宜写作“应刃而解”。

【迎头赶上】yíngtóugǎnshàng　朝着最

前头的、最先进的迅速追赶上去。▷在科学技术方面,我们要～国际先进水平。

【营私舞弊】yíngsīwǔbì 营:谋求。舞:玩弄。谋求私利,玩弄欺骗手段干坏事。清·华伟生《开国奇冤·谋擢》:"营私舞弊,纳贿招权,处处当行,般般出色,直可做得那黑暗官场的代表了。"▷对于～、行贿受贿等腐败现象,要大胆检举揭发。

【蝇头微利】yíngtóuwēilì 蝇头:苍蝇的头。比喻微不足道的一点小利。宋·苏轼《满庭芳》词:"蜗角虚名,蝇头微利。"▷为了这点～,断送了你的锦绣前程,实在太不值得了。☛不宜写作"蝇头小利"。

【蝇头小利】yíngtóuxiǎolì 见"蝇头微利"。

【蝇营狗苟】yíngyínggǒugǒu 营:谋求。苟:苟且偷生。像苍蝇那样到处钻营,像狗一样苟活。形容人格低劣的人不顾廉耻,四处钻营。唐·韩愈《送穷文》:"蝇营狗苟,驱去复还。"▷我最看不起那些唯利是图、～的小人。

【应答如流】yìngdárúliú 通常写作"应对如流"。

【应对如流】yìngduìrúliú 应对:对答。回答别人的问题迅速流利,像流水一样。《晋书·张华传》:"华应对如流,听者忘倦。"▷学习努力,课堂上老师提问,他都能～。☛"应"这里不读 yīng。

【应付裕如】yìngfùyùrú 通常写作"应付自如"。

【应付自如】yìngfùzìrú 应付:设法对待或处置。自如:行动无阻力。指处理事情从容不迫,得心应手。▷现在人才竞争非常激烈,假如你对自己的工作不能～,就有被解聘的危险。☛"应"这里不读 yīng。

【应接不暇】yìngjiēbùxiá 应接:应付。原指景物很多,来不及欣赏;后多形容人事纷繁,应付不过来。南朝·宋·刘义庆《世说新语·言语》:"从山阴道上行,山川自相映发,使人应接不暇。"▷学生们的问题一个接着一个地提出,这位年轻的老师有点～了。☛"应"这里不读 yīng。

【应运而生】yìngyùnérshēng 应:顺应。顺应天命而降生。形容顺应客观形势而出现。唐·王勃《益州夫子庙碑》:"大哉神圣,与时回薄,应运而生,继天而作。"▷随着市场经济的发展,人们购买力的不断提高,自选市场～了。☛"应"这里不读 yīng。

【庸人自扰】yōngrénzìrǎo 庸人:平庸的人。庸人没事找事,自惹麻烦。《新唐书·陆象先传》:"天下本无事,庸人扰之为烦耳。"清·文康《儿女英雄传》第二十二回:"据我看起来,那庸人自扰,倒也自扰的有限,独这一班兼人好胜的聪明朋友,他要自扰起来,更是可怜。"▷既然事情已经过去,又何必～,背上精神包袱呢?

【雍容华贵】yōngrónghuáguì 雍容:从容端庄。华贵:华丽富贵。仪态大方,衣着华丽。多形容贵妇人。▷那位穿戴入时、～的女人,就是刘经理的太太。

【永垂不朽】yǒngchuíbùxiǔ 垂:流传。朽:磨灭。指人的名声、事迹、精神等永远流传,不会磨灭。明·许仲琳《封神演义》第七十四回:"小将军丹心忠义,为国捐躯,青史简篇,永垂不朽。"▷为人民利益而牺牲的烈士们～。

【勇冠三军】yǒngguànsānjūn 冠:位居第一。三军:古代把军队分为上、中、下三军,这里指全军。勇敢居全军第一位。

形容英雄无敌。汉·李陵《答苏武书》："陵先将军，功略盖天地，义勇冠三军。"▷《三国演义》中的关羽、张飞是两员～的猛将。☛㊀"冠"这里不读 guān。㊁不要写作"勇贯三军"。

【勇猛精进】yǒngměngjīngjìn 原为佛教用语，指奋勉修行；现泛指努力学习，不断进取。清·纪昀《阅微草堂笔记》卷四："是僧闻言，即对佛发愿，勇猛精进，自是宴然无梦矣。"▷中国女子足球队员为夺取胜利，个个～，在短期内水平有了显著的提高。

【勇往直前】yǒngwǎngzhíqián 勇敢地一直向前进。宋·朱熹《答陆子敬》："不顾旁人是非，不计自己得失，勇往直前，说出人不敢说底道理。"▷不管前进路上有多少艰难险阻，我们中华儿女都将～，不达目的，决不罢休。

【优柔寡断】yōuróuguǎduàn 优柔：犹豫不决。形容办事犹豫，不果断。清·李宝嘉《官场现形记》第十二回："这位胡统领最是小胆，凡百事情，优柔寡断。"▷你要是还这么～，将会错过良好的时机。

【优胜劣败】yōushènglièbài 指在生存竞争中，强者胜利，弱者失败。清·吴趼人《痛史》第一回："优胜劣败，取乱侮亡，自不必说。"▷市场经济规律决定企业的命运，～是必然的。☛"劣"不读 lüè。

【优哉游哉】yōuzāiyóuzāi 优、游：悠闲，从容。形容悠闲自得的样子。《诗经·小雅·采菽》："优哉游哉，亦是戾（lì，到头）矣。"《左传·襄公二十一年》："诗曰：优哉游哉，聊以卒岁。"▷这位离休干部不愿过～的生活，还在为家乡的富裕而忙碌。

【忧国忧民】yōuguóyōumín 为国家前途和人民命运而担忧。宋·范仲淹《谢转礼部侍郎表》："进则尽忧国忧民之诚，退则处乐天乐道之分。"▷杜甫的代表作品《石壕吏》、《新婚别》等，深刻反映诗人～的思想感情。

【忧患余生】yōuhuànyúshēng 忧患：忧愁患难。余生：保存下来的性命。饱经患难之后幸存下来的性命。宋·陆佃《陶山集·海州谢上表》："窃念臣优患余生，孤寒末族。"晚清·章炳麟《致段祺瑞电》："既以忧患余生，出而图事，则宜屏迹言而闳远略。"▷听爷爷说，那年头，军阀混战，他是～，饱受苦难。

【忧心忡忡】yōuxīnchōngchōng 忡忡：忧愁不安的样子。形容心事重重，忧愁不安。《诗经·召南·草虫》："未见君子，忧心忡忡。"▷他为老父亲长期卧病而～。

【忧心如焚】yōuxīnrúfén 焚：烧。心里愁得像火烧一样。《魏书·礼志》："伏读哀灼，忧心如焚。"▷"九·一八"以后，面对山河破碎的情景，爱国志士无不～。

【悠然自得】yōuránzìdé 悠然：悠闲舒适。自得：自己感到很得意。形容悠闲从容，心情舒畅。《晋书·杨轲传》："杨轲，天水人也。少好《易》，长而不娶，学业精微，养徒数百，常食粗饮水，衣褐（hè，粗麻衣）缊（yùn，旧棉絮）袍，人不堪其忧，而轲悠然自得。"▷她坐在沙发上，～地欣赏着组合音响里播出的乐曲。

【犹豫不决】yóuyùbùjué 拿不定主意。《晋书·赵诱传》："隆犹豫不决，遂为其下所害。"▷明天就要交报考志愿表了，你到底报什么专业，不能再～了。

【油腔滑调】yóuqiānghuádiào 形容油滑轻浮，不诚恳，不严肃。清·吴趼人《二十年目睹之怪现状》第七十二回："这京城里做买卖的人，未免太油腔滑调了。"▷在这样严肃隆重的会议上，怎么能随随便便～地说话呢？

【油头粉面】yóutóufěnmiàn 头发搽油，脸上抹粉。形容打扮得俗气轻浮（含贬义）。元·石子章《竹坞听琴》第一折："改换了油头粉面，再不将蛾眉淡扫鬓堆蝉。"▷那男人～，整日东游西荡，真令人厌恶！

【油头滑脑】yóutóuhuánǎo 形容人轻浮、狡黠。明·冯梦龙《醒世恒言》卷二十二："正看之间，有小和尚疾忙进报，随有中年和尚油头滑脸摆将出来。"▷车间里三十几个人，没有一个人是～的，都是老实人。

【油嘴滑舌】yóuzuǐhuáshé 形容说话油滑、轻浮。清·李汝珍《镜花缘》第二十一回："俺看他油嘴滑舌，南腔北调，到底称个甚么！"▷这个人举止轻浮，谈话～的，恐怕不是正派人。

【游刃有余】yóurènyǒuyú 游：移动。刃：刀刃。原指解牛时刀刃在牛骨头缝里自由运转，宽绰有余。比喻技术熟练，解决问题毫不费力。《庄子·养生主》："彼节者有间，而刀刃者无厚。以无厚人有间，恢恢乎其于游刃必有余地矣。"明·袁宏道《锦帆集·管宁初》："才令虽当繁剧，而才足以副之，用刀不折，游刃有余，力量气魄，件件过人。"▷长江大桥他都能设计，设计这种小桥还不～？

【游手好闲】yóushǒuhàoxián 游手：闲散放荡，不务正业。好闲：喜欢安逸。形容游荡懒散，不爱劳动。元·无名氏《杀狗劝夫》楔子："我打你个游手好闲，不务生理的弟子孩儿。"▷他年纪轻轻的，整天～，无所事事，将来哪会有什么出息！☛"好"这里不读 hǎo。

【有板有眼】yǒubǎnyǒuyǎn 板、眼：指民族音乐和戏曲中的节拍，每节中的最强拍为板，其余拍为眼。原形容唱得完全合乎节拍；现多比喻做事、说话有条理、从容得体。▷他讲起话总是～，清清楚楚，很有吸引力。

【有备无患】yǒubèiwúhuàn 事先做好准备，就不会产生祸患。《尚书·说命中》："惟事事，乃其有备，有备无患。"▷这次登山，你们要做好准务，特别是氧气、水和食物等多备一些，做到～。

【有的放矢】yǒudìfàngshǐ 的：箭靶子。矢：箭。对着靶子射箭。比喻言论、行动目标明确。▷教师要针对学生实际～地教学，才能取得显著成效。☛"的"这里不读 de。"矢"不读 shī。

【有过之而无不及】yǒuguòzhīérwúbùjí 相比之下，只有超过，没有比不上的。形容人或事物的某一特点比起另一个更突出。宋·杨万里《静庵记》："予时亦以省试官待罪廷中，目睹盛事，谓景伯十年凤池，名位视其父有过之无不及者。"▷你说他好抬杠，我看你比他～。

【有机可乘】yǒujīkěchéng 有机会可利用或有空子可钻。《宋史·岳飞传》："敌兵已去淮，卿不须进发，其或襄、邓、陈、蔡有机可乘，从长措置。"▷由于我们的法律法规还不够完善，使一些腐败分子～。☛不要写作"有机可趁"。

【有加无已】yǒujiāwúyǐ 已：停止。不断增加，没有停止。宋·陈亮《复杜伯高书》："然而左右独以为不然，时以书相劳问，意有加而无已。"▷由于计划生育工作不得力，这个地区的人口出生率还是

～。☛“已”不要写作“己”。

【有教无类】yǒujiàowúlèi 类：类别。指教育学生不分高低贵贱，都一视同仁。《论语·卫灵公》：“子曰：‘有教无类。’”《隋书·李德林传》：“有教无类，童子羞于霸功；见德思齐，狂夫成于圣业。”▷我们提倡～，无论谁，都有受到良好教育的权利。

【有口皆碑】yǒukǒujiēbēi 碑：竖立起来作为纪念物或标志的石制品，上面往往记载功德。每个人的嘴都是记功的碑。形容众人一致颂扬。宋·释普济《五灯会元·太平安禅师》：“劝君不用镌顽石，路上行人口似碑。”清·刘鹗《老残游记》第三回：“宫保的政声，有口皆碑，那是没有得说的了。”▷科学家对国防现代化所做的贡献是～的。

【有口难辩】yǒukǒunánbiàn 辩：分辩。有嘴也难以分辩。形容蒙受冤屈无从申辩。明·冯梦龙《喻世明言》卷二：“孟夫人有口难辩，倒被他缠住身子，不好动身。”▷你没有证据，即使有理，在法庭上也会～。

【有口难分】yǒukǒunánfēn 通常写作“有口难辩”。

【有口难言】yǒukǒunányán 有嘴也不好说。形容有话不便说或不敢说。宋·苏轼《醉醒者》诗：“有道难行不如醉，有口难言不如睡。先生醉卧此石间，万古无人知此意。”▷会上我～，只好等会后单独和他说清楚。

【有口无心】yǒukǒuwúxīn 指嘴上随便说说，但不往心里去；也指心直口快，有什么说什么。清·文康《儿女英雄传》第十五回：“老爷此时早看透了邓九公是重交尚义，有口无心，年高好胜的人。”▷那句话我当时是～说出来的，绝不是对你有什么恶意｜她是个～的人，你不必在意她说了些什么，更不必生气。

【有名无实】yǒumíngwúshí 空有虚名而没有实际。晋·陆机《五等诸侯论》：“逮及中叶，忌其失节，割削宗子，有名无实，天下旷然，复袭亡秦之轨矣。”▷他是农学院毕业生，但～，根本完不成培育新品种的任务。

【有目共睹】yǒumùgòngdǔ 睹：看到。人人都看得到，形容极其明显。清·钱谦益《钱牧斋尺牍·与王贻上》：“如卿云在天，有目共睹。”▷近年来我厂经济效益有很大提高，这是～的。

【有气无力】yǒuqìwúlì 形容精神不振，无精打采。明·凌濛初《初刻拍案惊奇》卷二十二：“一句话也未说得，有气无力地，仍旧走回下处闷坐。”▷她～地说：“今天太累了，明天再干吧！”

【有求必应】yǒuqiúbìyìng 只要有人请求，就一定答应。清·霁园主人《夜谭随录·崔秀才》：“往日良朋密友，有求必应。”▷他为人热情，乐于助人，凡亲戚朋友、左邻右舍有什么事情，找他帮忙他总是～。☛“应”这里不读 yīng。

【有声有色】yǒushēngyǒusè 有声音又有颜色。形容表现、描绘得非常鲜明、生动。清·洪亮吉《北江诗话》卷一：“写月有声有色如此，后人复何从著笔耶?”▷相声演员那～的表演，紧紧地吸引着所有的观众。

【有始有终】yǒushǐyǒuzhōng 指做事有头有尾，坚持到底。唐·魏征《十渐不克终疏》：“昔陶唐、成汤之时非无灾患，而称其圣德者，以其有始有终，无为无欲，遇灾则极其忧勤，时安则不骄不逸故也。”明·冯梦龙《醒世恒言》卷三：“三朝之后，美娘教丈夫备下几副厚礼，分送旧相知各宅，以酬其寄顿箱笼之恩，并报他从良信息。此是美娘有始有终处。”▷办事～，才能得到别人信任。

【有恃无恐】yǒushìwúkǒng 恃：倚仗。恐：害怕。因为有了依靠而毫不害怕(多用于贬义)。清·李宝嘉《官场现形记》第十七回：“现在县里有了凭据，所以他们有恃无恐。”▷这个小流氓自从投靠到黑社会头子门下，干坏事更加～了。

【有条不紊】yǒutiáobùwěn 条：条理。紊：乱。形容很有条理。《尚书·盘庚上》：“若网在纲，有条而不紊。”唐·王勃《梓州玄武县福会寺碑》：“有条不紊，施缓政于繁绳；断讼有神，下高锋于错节。”▷对头绪纷繁的事，更应该～，从容不迫地处理。

【有头无尾】yǒutóuwúwěi 形容做事开了头以后不能坚持到底。宋·朱熹《朱子全书·论语·颜渊》：“若是有头无尾底人，便是忠也不久。所以孔子先将个无倦逼截他。”▷做任何事情都应该善始善终，不能～，让别人去给你收拾烂摊子。

【有闻必录】yǒuwénbìlù 闻：听到的。只要有听到的，必定都记录下来。清·张春帆《宦海》第十一回：“在下做书的，更不便无端妄语，信口雌黄，不过照着有闻必录的例儿，姑且的留资谈助。”▷写新闻也好，报道也好，都应有所选择；～，必不是好的新闻报道。

【有血有肉】yǒuxuèyǒuròu 比喻文艺作品内容充实，人物形象鲜明生动。▷近些年来，那种～的以农村为题材的文学作品实在太少了。☛“血”这里不读xiě。

【有言在先】yǒuyánzàixiān 指在事前已经打过招呼。清·吴趼人《痛史》第七回：“况且你们已经有言在先，又何得反悔?”▷我们～，若不能按时完成任务，必定按协议予以处罚。

【有眼无珠】yǒuyǎnwúzhū 珠：眼珠子。形容见识短浅，缺乏辨别能力。明·沈璟《义侠记·孝贞》：“冰清玉洁真难污，笑有眼无珠是我。”▷他恨自己～，把坏人当成了好人，才招来了这场祸害。

【有勇无谋】yǒuyǒngwúmóu 只有勇敢，但缺少智谋。《三国志·魏书·董卓传》裴松之注引《献帝起居注》：“吕布受恩而反图之，斯须之间，头悬竿端，此有勇而无谋也。”▷你大哥生性憨厚，～，是个十足的莽汉。

【有则改之，无则加勉】yǒuzégǎizhī，-wúzéjiāmiǎn 加：加以。勉：勉励。有错误就改正，没错误就用以自勉。多指虚心听取别人的批评意见。《论语·学而》“曾子曰‘吾日三省吾身’”宋·朱熹集注：“曾子以此三者省其身，有则改之，无则加勉。”▷我们应该以～的态度来对待群众的批评。

【有增无减】yǒuzēngwújiǎn 指数量只有增加，没有减少，或程度只有加深，没有减轻。宋·王禹偁《为寿宁节不任朝觐奏事状》：“当百辟称觞之日，是二年伏枕之余，历夏经秋，有增无减，莫预欢呼之会，仅成病废之身。”▷经过多次治疗，他的病依然～，真让人担忧。

【有增无已】yǒuzēngwúyǐ 通常写作“有加无已”。

【有张有弛】yǒuzhāngyǒuchí 通常写作“一张一弛”。

【有朝一日】yǒuzhāoyīrì 将来有那么

一天。唐·坎曼尔《诉豺狼》："有朝一日天崩地裂豺狼死，吾却云开复见天。"▷你不要高兴得太早，～，他会来找你麻烦的。☛"朝"这里不读 cháo。

【有志者事竟成】 yǒuzhìzhěshìjìngchéng 竟：终究。有志气的人能坚持不懈，最终一定会成功。《后汉书·耿弇传》："帝谓弇曰：'将军前在南阳建此大策，常以为落落难合，有志者事竟成也。'"▷～，只要努力，你一定能够如愿以偿。

【于今为烈】yújīnwéiliè 于：在。烈：猛烈。形容某一现象今天比过去更厉害(常与"古已有之"连用)。《孟子·万章下》："殷受夏，周受殷，所不辞也；于今为烈，如之何其受之？"▷吸毒现象早已有之，～，已成为世界三大公害之一。☛不宜写作"如今为烈"。

【余音绕梁】yúyīnràoliáng 梁：房梁。音乐演奏完了后仿佛余音仍在梁间回旋。形容歌声、乐声美妙动听，余味无穷。《列子·汤问》："昔韩娥东之齐，匮粮，过雍门，鬻(yù，卖)歌假食。既去，而余音绕梁欐(lì，中梁)，三日不绝，左右以其人弗去。"▷她的歌声优美动人，～，久而不绝。☛"梁"不要写作"粱""樑"。

【余勇可贾】yúyǒngkěgǔ 余勇：剩余的勇气。贾：卖出。还有剩余的勇气可以卖出去。表示非常勇敢，力量还没有用完。《左传·成公二年》："齐高固入晋师，桀石以投人，禽(同'擒')之而乘其车，系桑本焉，以徇齐垒，曰：'欲勇者贾余馀勇。'"▷在这次技术攻坚战中，老林老当益壮，～，精力不减当年。☛"贾"这里不读 jiǎ。

【鱼贯而行】yúguànérxíng 贯：连续。像鱼一样一个跟着一个地行走。晋·范汪《请严诏谕庾翼还镇疏》："而玄冬之月，沔汉干涸，皆当鱼贯而行，推难而进。"▷小分队～，神不知鬼不觉地接近了敌人据点。

【鱼龙混杂】yúlónghùnzá 鱼和龙混杂在一起。比喻坏人和好人混在一起。唐·无名氏《和渔夫词十五首》："风搅长空浪搅风，鱼龙混杂一川中。"▷那时候，革命队伍里～，难以分清，我们处处都必须谨慎从事。☛"混"不读 hǔn。

【鱼目混珠】yúmùhùnzhū 混：冒充。用鱼眼珠冒充珍珠。比喻以假乱真，以次充好。宋·张商英《宗禅辩》："今则鱼目混珠，薰(xūn，香草)莸(yóu，臭草)共囿(yòu，园子)，羊质虎皮者多矣。"▷街上的商品常常～，真假掺杂，必须仔细辨别。☛"混"不读 hǔn。

【鱼死网破】yúsǐwǎngpò 比喻争斗的双方都损失惨重或同归于尽。▷这两家公司搞不正当竞争，明争暗斗，结果是～，双双严重亏损，以致倒闭。

【鱼游釜中】yúyóufǔzhōng 釜：锅。鱼在锅里游动。比喻身处绝境，面临灭亡。《后汉书·张纲传》："若鱼游釜中，喘息须臾(xūyú 短暂时间)间耳。"▷我军诱敌深入，敌人钻进了包围圈，插翅难逃，如～，只有死路一条。

【愚公移山】yúgōngyíshān 比喻做事不畏艰难，坚持不懈，顽强到底的精神。《列子·汤问》记载：北山愚公下决心移去门前的太行、王屋二山，带领子孙挖山不止，并准备世世代代挖下去。其精神感动上帝，上帝命夸娥氏两个儿子背走两座山，实现了愚公的愿望。宋·张耒《柯山集·山海》诗："愚公移山宁不智，精卫填海未必痴。深谷为陵岸为谷，海水亦有扬尘时。”▷要掌握一门外语实在很难，需要～那股劲儿，长期坚持不懈才行。

【愚昧无知】yúmèiwúzhī 愚笨而没有知识，不明事理。唐·玄奘《大唐西域记·羯若鞠阇国》：“自顾寡德，国人推尊，令袭大位，光父之业。愚昧无知，敢稀圣旨！”▷～的人，容易上那些江湖骗子的当。

【愚者千虑，必有一得】yúzhěqiānlǜ,-bìyǒuyīdé 愚笨的人经过多次反复思考，也会有所收获（常用作谦词）。《史记·淮阴侯列传》：“臣闻智者千虑，必有一失；愚者千虑，必有一得。”▷这次提的意见受到大家重视，并不是因为我有多高明，～嘛。

【与虎谋皮】yǔhǔmóupí 谋：商议。同老虎商议，要它的皮。比喻所商量的事跟对方（多指坏人）有利害冲突，必然不能成功。原作“与狐谋皮”。宋·李昉《太平御览》卷二百零八引晋·符朗《符子》：“欲为千金之裘而与狐谋皮，欲具少牢之珍而与羊谋其羞。言未卒，狐相率逃于重丘之下，羊相呼藏于深林之中。”▷你想让那个见钱眼开的人拿出五万元办学，这岂不是～吗？☛不宜写作“与狐谋皮”。

【与人为善】yǔrénwéishàn 善：好事。跟别人一起做好事。现多指善意帮助别人。《孟子·公孙丑上》：“取诸人以为善，是与人为善者也，故君子莫大乎与人为善。”▷批评的出发点应当是～，而不是一棍子把人打死。

【与日俱增】yǔrìjùzēng 随着时间的推移不断增长。宋·吕祖谦《为梁参政作乞解罢政事表二首》：“疾疹交作，眊然瞻视……涉冬浸剧，与日俱增。”▷随着两国贸易的不断发展，两国人民的友谊～。

【与时俱进】yǔshíjùjìn 俱：一同。与时代一同前进。指永远保持进取的精神，跟上时代的步伐。《新唐书·柳宗元传》：“谨守而中兮，与时偕行。”濯缨《新新外史》一回：“这变之一字总是与时俱进，没有停止的，时间就是进化的轨道，不过有迟速的不同。”▷一定要解放思想，实事求是，～，开拓创新。

【与世长辞】yǔshìchángcí 辞：辞别。与人世永远告别。婉言人死去。清·蒲松龄《聊斋志异·贾奉雉》：“仆适自念，以金盆玉碗贮狗矢（屎），真无颜出见同人，行将遁迹山林，与世长辞矣。”▷他母亲久病不愈，去年～了。

【与世无争】yǔshìwúzhēng 同世上的人没有争执。形容回避社会矛盾的处世态度和生活方式。清·文康《儿女英雄传》第一回：“这安老爷家通共算起来，内外上下也有三二十口人……却倒也过得亲亲热热，安安静静，与人无患，与世无争，也算得个人生乐境了。”▷年岁大了，他感到很疲倦，一心想过几年深居简出、～的生活。

【与众不同】yǔzhòngbùtóng 跟大家不一样。唐·白居易《为宰相〈谢官表〉》：“臣今所献，与众不同。伏维圣慈，特赐留听。”▷在这次讨论会上，只有她的发言～，很有创见。

【羽毛未丰】yǔmáowèifēng 比喻学识阅历尚浅；也比喻尚未把力量积蓄充足。《战国策·秦策一》：“秦王曰：‘寡人闻之，毛羽不丰满者，不可以高飞。’”▷他～，缺乏工作经验，怎么能领导好这么大的企业呢！

【雨过天晴】yǔguòtiānqíng 阵雨过去之后，天又转晴。比喻情况由坏变好。清·石玉昆《三侠五义》第七十八回："此时雨过天晴，明月如洗。"▷多年令人窒息的沉闷空气总算消散了，现在～，夫妻重归于好，生活又恢复了温馨和美。

【雨后春笋】yǔhòuchūnsǔn 春雨以后长得又多又快的竹笋。比喻大量涌现的新生事物。宋·张耒《柯山集·食笋》诗："荒林春雨足，新笋迸龙雏。"宋·赵蕃《章泉稿·过易简彦从》："雨后笋怒长，春雨阴暗成。"▷民办的各级各类学校如～般地相继兴办起来了。

【语无伦次】yǔwúlúncì 伦次：次序。说话条理混乱，层次不清。宋·苏轼《付僧惠诚游吴中代书十二》："信笔书纸，语无伦次，又当尚有漏落者，方醉不能详也。"▷自从得病以后，他神情呆滞，面黄肌瘦，说话也渐渐～了。

【语焉不详】yǔyānbùxiáng 语：说话。焉：古汉语助词。说话或书面表示得不详细。唐·韩愈《原道》："荀与扬也，择焉而不精，语焉而不详。"▷这篇报道～，许多细节还没写清楚。

【语重心长】yǔzhòngxīncháng 言辞恳切，情意深长。清·洛日生《海国英雄记·回唐》："叹别离苦况，转忘了母亲的语重心长。"▷他～地嘱咐我："你一人在外，要多多注意，处处小心哪！"

【玉洁冰清】yùjiébīngqīng 通常写作"冰清玉洁"。

【玉石俱焚】yùshíjùfén 俱：都。焚：烧。美玉和石头一起烧毁。比喻好的和坏的同归于尽。《尚书·胤征》："钦承天子威命，火炎昆冈，玉石俱焚，天吏逸德，烈于猛火。"▷他买的除草剂全是劣质品，用到田里连秧苗都死了，落了个～。你说气不气人？

【郁郁不乐】yùyùbùlè 郁郁：忧伤、惆怅的样子。形容心中闷闷不乐。唐·蒋防《霍小玉传》："伤情感物，郁郁不乐。"▷周老先生失去老伴以后，一直～，深居简出，很少与人交往。

【浴血奋战】yùxuèfènzhàn 浑身是血还在奋力战斗。形容在残酷的环境下，拼死战斗。▷经过两天两夜的～，终于击退了敌人的多次进攻，保住了阵地。☛"血"这里不读 xiě。

【欲盖弥彰】yùgàimízhāng 弥：更加。彰：明显。本想掩盖真相，结果却暴露得更加明显。宋·司马光《资治通鉴·唐纪·贞观十六年》："或畏人知，横加威怒，欲盖弥彰，竟有何益！"▷为了掩盖自己的罪行，他玩弄"此地无银三百两"的手法，这种～的伎俩太可笑了。

【欲壑难填】yùhènántián 欲：欲望。壑：山沟。欲望像深谷一样难以填平。形容贪欲太大，难以满足。清·壮者《扫迷帚》第二十三回："前日又向其姊需索百金，以供孤注。姊以欲壑难填，严词峻拒。"▷这个腐败分子～，贪心不足，收受贿赂数百万元。

【欲加之罪，何患无辞】yùjiāzhīzuì，héhuànwúcí 欲：想要。患：担心。辞：言辞，指借口。要想加罪于人，还怕找不到借口？指随心所欲地找借口诬害人。《左传·僖公十年》："不有废也，君何以兴？欲加之罪，其无辞乎！"宋·刘克庄《与郑丞相书》："凡人之身岂能无过，苟欲加罪，何患无辞！"▷超级大国借口人权问题对其他国家指手画脚，说三道四，真是～。

【欲擒故纵】yùqíngùzòng 擒：捉拿。故：故意。纵：放纵。为了捉住他，故意先放走他。比喻为了更好地控制，故意先放松一步。清·吴趼人《二十年目睹之怪现状》第七十回："大人这里还不要就答应他，放出一个欲擒故纵的手段，然后许其成事，方不失了大人这边的门面。"▷有时要采用～的办法，使犯罪分子进一步暴露，然后人赃俱获，令他抵赖不得。

【欲取姑与】yùqǔgūyǔ 姑：姑且、暂且。是"将欲取之，必姑与之"的简缩。想取得他的东西，必须先要给他一些什么。《战国策·魏策一》："《周书》曰：'将欲败之，必姑辅之；将欲取之，必姑与之。'"▷～，给外资企业一定的优惠条件，让它不断发展壮大，这样才有利我国经济建设。

【欲速不达】yùsùbùdá 欲：要想。一味图快，反而达不到目的。《论语·子路》："无欲速，无见小利。欲速则不达，见小利则大事不成。"▷生产任务越紧，就越要注意设备的保养和维修，否则，～，越着急，越容易出事故影响生产。

【欲速则不达】yùsùzébùdá 通常写作"欲速不达"。

【鹬蚌相争，渔翁得利】yùbàngxiāngzhēng，yúwēngdélì 鹬：一种长嘴水鸟。比喻双方相持不下，第三者从中得利。《战国策·燕策二》："今者臣来，过易水，蚌方出曝，而鹬啄其肉，蚌合而拑(qián)其喙。鹬曰：'今日不雨，明日不雨，即有死蚌。'蚌亦谓鹬曰：'今日不出，明日不出，即有死鹬。'两者不肯相舍，渔者得而并禽(同'擒')之。"清·肖山湘灵子《轩亭冤·哭墓》："波翻血海全球悯，问谁敢野蛮法律骂强秦？笑他鹬蚌相争演出风云阵。"明·冯梦龙《醒世恒言》卷八："李都管本欲唆孙寡妇、裴九老两家与刘秉义讲嘴，鹬蚌相持，自己渔人得利。"▷咱们两家公司如果搞不正当竞争，受害的是咱们自己，得好处的是别人，岂不是～！

【鬻官卖爵】yùguānmàijué 通常写作"卖官鬻爵"。

【冤家路窄】yuānjiālùzhǎi 仇人或不愿相见的人偏偏相遇，无法回避。清·曾朴《孽海花》第二十二回："却不防冤家路窄，倒被阳伯偷看了去。"▷真是～，前两天还吵得不可开交的他俩，今天恰巧又坐到了一张会议桌旁了。

【原封不动】yuánfēngbùdòng 封：封口。原来的封口没有动过。比喻保持原样，没有变动。元·王仲文《救孝子》第四折："是你的老婆，这等呵，我可也原封不动，送还你吧。"▷看着桌上这些～的饭菜，可以知道，他还没有吃饭呢。

【原形毕露】yuánxíngbìlù 本来面目完全暴露出来。清·钱泳《履园丛话·朱方旦》："将衣求印，原冀升天，讵意被其一火，原形已露，骨肉仅存，死期将至。"▷这个假冒军官的骗子终于～了。

【原原本本】yuányuánběnběn 指按事情原样，从头到尾加以叙述。清·李宝嘉《文明小史》第十二回："差官便抢上一步，把这个事情原原本本详陈一遍。"▷你必须把这件事的经过～地讲出来，不能有半点隐瞒。☛不宜写作"源源本本"。

【圆凿方枘】yuánzáofāngruì 凿：榫(sǔn)眼。枘：榫头。方榫头插不进圆榫眼。比喻彼此不能相容或相合。楚·

宋玉《九辩》："圆凿而方枘兮，吾固知其钼铻(jǔyǔ，不合)而难入。"▷他们两人在一个单位多年，但总是～，彼此意见不合。☛"凿"不读 zuó；"枘"不读 nèi 或 nà。

【缘木求鱼】yuánmùqiúyú 缘木：爬树。爬到树上捉鱼。比喻方向或方法不对，一定不能达到目的。《孟子·梁惠王上》："以若所为，求若所欲，犹缘木而求鱼也。"《后汉书·刘玄传》："今以所重加非其人，望其毗益万分，兴化致理，譬犹缘木求鱼，升山采珠。"▷企图用体罚的手段来转变学生的思想，无异于～，是不可能有什么成效的。

【源源不断】yuányuánbùduàn 源源：水流不停的样子。形容接连不断。▷火车一通，各种物资就～地运来了。

【源源不绝】yuányuánbùjué 通常写作"源源不断"。

【源远流长】yuányuǎnliúcháng 源头很远，水流很长。比喻历史悠久。唐·白居易《海州刺史裴君夫人李氏墓志铭》："夫源远者流长，根深者枝茂。"清·无名氏《杜诗言志》卷一："'齐鲁青未了'者，言其所学之正，源远而流长也。"▷中国文学发展的历史，纵贯三千多年，～。

【远见卓识】yuǎnjiànzhuóshí 卓：高超。远大的眼光和高超的见识。明·焦竑《玉堂丛语·调护》："解缙之才，有类东方朔，然远见卓识，朔不及也。"▷当领导不是那么简单的，不仅要有真才实学，还要有～。

【远交近攻】yuǎnjiāojìngōng 结交远方的国家，进攻邻近的国家。后也比喻待人处世的一种手段。《战国策·秦策三》："王不如远交而近攻，得寸则王之寸，得尺亦王之尺也。"▷他～，在单位里，他常与同事闹意见，可同远在他乡的老同学倒是交往甚密。

【远水不解近渴】yuǎnshuǐbùjiějìnkě 比喻缓慢的办法解决不了急迫的问题。《红楼梦》第十五回："秦钟道：'这也容易，只是远水不解近渴。'"▷眼下伤病员急需抗生素抢救，你才打电话叫人到处去找，～呀！

【远走高飞】yuǎnzǒugāofēi 走：跑。向远处跑，往高处飞。指离开家庭或单位到远处去。《西游记》第六十五回："(妖王)出营高叫：'孙行者！好男子不可远走高飞！快向前与我交战三合！"▷这地方不可久呆，还是～，去寻找新的出路吧！

【怨声载道】yuànshēngzàidào 载：充满。道：道路。怨恨的声音充满道路。形容人民大众强烈不满。《京本通俗小说·拗相公》："斥逐忠良，拒绝直谏。民间怨声载道，天变迭兴。"▷封建帝王大兴土木，强迫大批民众筑城建宫，民众疲惫不堪，～。☛"载"这里不读 zǎi。

【怨天尤人】yuàntiānyóurén 天：天命。尤：责怪。抱怨命运，责怪别人。形容对不如意的事，一味归咎客观，不从主观上找原因。《论语·宪问》："不怨天，不尤人，下学而上达，知我者其天乎！"▷事已如此，我们也不必～，只怪自己考虑太不周了。

【约定俗成】yuēdìngsúchéng 约定：共同议定。俗成：由大众的风俗习惯所形成。指事物名称或某种社会习俗是由广大群众长期实践中认定或形成的。《荀子·正名》："名无固宜，约之以命，约定俗成为之宜，异于约则谓之不宜。"▷语言是由使用这种语言的社会全体成员～的，而不是其中个别成员所规定的。

【约法三章】yuēfǎsānzhāng 秦末：刘邦率军攻入秦都城咸阳，废除秦朝苛法，同时制定三条法令：杀人者偿命；伤人及偷盗者治罪。后泛指制定法令共同遵守。▷他在全体职工大会上～，不许迟到、早退、旷工，任何人违反都要严肃处理。

【月白风清】yuèbáifēngqīng 月色明亮，微风凉爽。形容恬静美好的夜景。宋·苏轼《后赤壁赋》："有客无酒，有酒无肴，月白风清，如此良夜何！"▷～，他俩徜徉在湖边小路上，尽情享受这美好的夜色。

【跃然纸上】yuèránzhǐshàng 跃然：形容活跃的样子。活跃地呈现在纸上。形容诗文或图画描写逼真生动。清·薛雪《一瓢诗话》卷三十三："如此体会，则诗神诗旨，跃然纸上。"▷此稿文笔犀利，议论透彻，其激愤之情～。

【跃跃欲试】yuèyuèyùshì 跃跃：急于行动的样子。形容急切地要试一试。清·李宝嘉《官场现形记》第三十五回："(何孝先)一席话说得唐二乱子心痒难抓，跃跃欲试。"▷师傅的示范动作还没有做完，小王和一些性急的姑娘已经摩拳擦掌，～了。☛"跃"不读 yào。

【越俎代庖】yuèzǔdàipáo 越：超越。俎：古代祭祀时盛牛羊祭品的器具。庖：厨师。《庄子·逍遥游》："庖人虽不治庖，尸祝不越樽俎而代之矣。"意为厨师虽不在厨房做饭，主祭的人也不该放下祭品去替他做饭。比喻超越职权范围去处理别人所管的事。宋·陈亮《与吕伯恭正字又书》："大著何不警其越俎代庖之罪，而乃疑其心测井渫不食乎？"▷这是你分管的事，我可不敢～。☛"庖"不读 bāo。

【晕头转向】yūntóuzhuànxiàng 形容头脑发昏，迷失了方向。▷他不善于喝酒，一杯白酒就可以使他～。☛"晕"这里不读 yùn。"转"这里不读 zhuǎn。

【云蒸霞蔚】yúnzhēngxiáwèi 蒸：升腾。蔚：聚集。云雾升腾，彩霞聚集。形容灿烂绚丽的景象。南朝·宋·刘义庆《世说新语·言语》："顾长康从会稽还，人问山川之美，顾云：'千岩竞秀，万壑争流，草木蒙笼其上，若云兴霞蔚。'"清·颜光敏《冯太傅溥》："且海内文人，云蒸霞蔚，鳞集京师，真千古盛事。"▷巫山一带，～，上面阳光垂照下来，下面浓雾滚涌上去，风景十分壮观。

【芸芸众生】yúnyúnzhòngshēng 芸芸：众多的样子。佛家指一切生灵，后指众多普普通通的人。清·秋瑾《光复军起义檄稿》："芸芸众生，孰不爱生？爱生之极，进而爱群。"▷～，谁不爱美？爱美之心，人皆有之。☛不要写作"云云众生"。

【运筹帷幄】yùnchóuwéiwò 运筹：策划。帷幄：军中帐幕。在帐幕中策划军机。泛指谋划决策。《史记·高祖本纪》："夫运筹策帷帐之中，决胜于千里之外，吾不如子房。"▷他～，指挥过许多大战役，都取得了决定性的胜利，真是用兵如神！

【运用之妙，存乎一心】yùnyòngzhīmiào，cúnhūyīxīn 妙：巧妙。存乎：在于。运用得巧妙灵活，全在于用心思考。《宋史·岳飞传》："阵而后战，兵法之常；运用之妙，存乎一心。"清·宋长白《柳亭诗话》卷十五："两两勘较，以悟其微，始觉运用之妙，存乎一心之语，古人不我欺也。"▷～,战争中以少胜多,以弱制强的作战艺术,全在指挥官的精心谋划。

【运用自如】yùnyòngzìrú 自如:活动毫无阻碍。形容运用得很熟练,很自然。晚清·梁启超《天明专政论》:"幅员稍狭,故得厉行专制,而运用自如。"▷这位外国留学生经过整整四年听、说、读、写的刻苦训练,现在对汉语已经能～了。

Z

【杂乱无章】záluànwúzhāng 章：条理。乱七八糟没有条理。唐·韩愈《送孟东野序》："其为言也，杂乱而无章。"▷储藏室里～地堆着一些一时用不上的东西。

【杂七杂八】záqīzábā 指各种事物混杂在一起。▷科室里～的事都由我干。

【再接再厉】zàijiēzàilì 接：指交战。厉：磨砺。原指公鸡相斗，每次交锋前，都要把嘴磨一磨。后比喻一次又一次不懈地努力。唐·孟郊《斗鸡联句》："事爪深难解，嗔睛时未怠；一喷一醒然，再接再砺乃。"清·刘坤一《禀两省部院》："贼却而复前，我勇再接再厉，贼遂披靡。"▷老师希望我们～，争取更好的成绩。☛"厉"不要写作"历""励"。

【在劫难逃】zàijiénántáo 劫：劫数，佛教指大灾难。迷信认为命里注定要遭受的灾难是无法逃脱的。现借指灾祸定会到来，难以逃避。清·吴趼人《发财秘诀》第三回："后来王师到时，全城被戮，可见劫数难逃。"▷地震带来不可抵御的灾害，人们～！

【在所不辞】zàisuǒbùcí 辞：推辞。表示决不推辞。▷我们的宗旨是为人民服务，只要是为了人民利益，即使赴汤蹈火也～。☛"辞"不要写作"词"。

【在所不惜】zàisuǒbùxī 表示决不吝惜。清·金念劬(qú)《避兵十日记》："果能撄(yīng，迫近)城固守，区区民房，原在所不惜。"▷为了修高速公路，要拆掉我的几间房屋，我也～。

【在所难免】zàisuǒnánmiǎn 指很难避免。清·李宝嘉《活地狱》第九回："或者阳示和好，暗施奸刁的，亦在所难免。"▷工作中有失误，是～的。

【载歌载舞】zàigēzàiwǔ 载……载……：表示两个动作同时进行。又唱歌，又跳舞。《乐府诗集·北齐南郊乐歌·昭夏乐》："饰牲举兽，载歌且舞。"▷幼儿园的孩子～，热烈欢迎客人。☛"载"这里不读zǎi。

【赞不绝口】zànbùjuékǒu 不住口地称赞。清·李汝珍《镜花缘》第四十三回："当日俺妹夫来到海外，凡遇名山大川，一经他眼，处处都是美景，总是赞不绝口。"▷看了这部电视连续剧，大家～。

【臧否人物】zāngpǐrénwù 臧：褒扬；称赞。否：贬损。对人物进行褒贬评论。南朝·宋·刘义庆《世说新语·德行》："晋文王(司马昭)称阮嗣宗至慎，每与之言，言皆玄远，未尝臧否人物。"▷要历史地实事求是地～，不能凭个人好恶，随意褒贬。☛"否"这里不读fǒu。

【凿凿有据】záozáoyǒujù 凿凿：确凿。形容非常确实，有根有据。明·朱舜水《答野传问》："陶氏《辍耕录》云：'蒙古人中国，中国方有木棉。'是凿凿有据也。"▷那人能说会道，就是本来没有的事，也能说得天花乱坠，似乎～。☛"凿"不读zuò。

【造谣惑众】zàoyáohuòzhòng 编造谣言，迷惑群众。清·壮者《扫迷帚》第十回："老史六尺须眉，何苦同妇人女子一般见识，造言惑众，说得天花乱坠，凿凿有据呢！"▷我们要警惕那些别有用心的人煽风点火，～。

【造谣生事】zàoyáoshēngshì 编造谣言，惹是生非。《孟子·万章上》"好事者为之也"宋·朱熹《集注》："好事，谓喜造言生事之人也。"明·冯梦龙《平妖传》第十回："顺便就带口棺木下来盛殓，省得过些时被做公的看见林子内尸首，又造谣生事。"▷提高我们明辨是非的能力，使那些～之徒没有市场。

【造谣中伤】zàoyáozhòngshāng 中伤：诬蔑别人，使受伤害。编造谣言，陷害别人。▷我说的是无可辩驳的事实，怎么会是～呢！☛"中"这里不读zhōng。

【责无旁贷】zéwúpángdài 贷：推卸。自己应尽的责任，不能推卸给旁人。清·林则徐《覆奏稽查防范回空粮船折》："其漕船经过地方，各督抚亦属责无旁贷，着不分畛（zhěn，界限）域，一体通饬所属，于漕船回空，加意稽查。"▷对青少年进行素质教育，教育工作者～。☛"贷"不要写作"货"。

【择善而从】zéshànércóng 从：跟从。选择好的，跟着学或做。《论语·述而》："三人行，必有我师焉，择其善者而从之，其不善者而改之。"晋·范宁《春秋谷梁传序》："夫至当无二，而三《传》殊说，庸得不弃其所滞，择善而从乎？"▷人各有各的长处和短处，要～，善于向别人学习。

【贼喊捉贼】zéihǎnzhuōzéi 比喻自己做了坏事反诬别人做了坏事，以转移视线，逃脱罪责。▷他们在世界许多国家设立军事基地，威胁各国的安全，却在那里大造"中国威胁论"，实在是～！

【贼眉鼠眼】zéiméishǔyǎn 形容神情鬼鬼祟祟。清·石玉昆《三侠五义》第三回："只见小和尚左手拿一只灯，右手提一壶茶走进来，贼眉贼眼，将灯放下。"▷看到他那～的模样，使人想起昆剧《十五贯》里的娄阿鼠。

【贼去关门】zéiqùguānmén 盗贼已经走了，才去关闭房门。比喻事故发生以后才采取防范措施。清·文康《儿女英雄传》第二十七回："丈夫的品行也丢了，她的名声也丢了，她还在那里贼去关门，明察暗访。"▷要及早加强防范，别再干那～的事了。

【债台高筑】zhàitáigāozhù 形容欠债极多。《汉书·诸侯王表序》："有逃责（同'债'）之台。"颜师古注："周赧（nǎn）王负责（同'债'），无以归之，主迫责（同'债'）急，乃逃于此台，后人因以名之。"▷他本来就没多少收入，近年又染上了赌博的恶习，结果就～了。

【沾亲带故】zhānqīndàigù 故：老朋友。指有亲戚或朋友的关系。元·无名氏《合同文字》第三折："这文书上写作见人，也只为沾亲带故，是一样写成二纸，各收执存为证据。"▷我家世世代代都住在这个小城里，跟我们家～的人很多。

【沾沾自喜】zhānzhānzìxǐ 形容自己觉得很好而得意的样子。《史记·魏其武安侯列传》："魏其者，沾沾自喜耳。多易，难以为相，持重。"▷取得这么一点成果就～，哪知山外有山，天外有天呢。

【瞻前顾后】zhānqiángùhòu 瞻：向前看。顾：回头看。既看前面，又看后面。形容做事谨慎，考虑周密；也形容顾虑过多，犹豫不决。战国·楚·屈原《离骚》：

“瞻前而顾后兮，相观民之计极。”宋·朱熹《朱子语类》卷八：“且如项羽救赵，既渡，沉船破釜，持三日粮，示士必死无还心，故能破秦。若瞻前顾后，便做不成。”▷做任何工作，都应～，尽可能照顾各个方面，才不至于出差错｜这件事早该作出决定，总是～，会贻误时机的。

【斩草除根】zhǎncǎochúgēn 斩：砍断。割草并连根除掉。比喻彻底除掉祸患的根源。《左传·隐公六年》：“为国家者，见恶，如农夫之务去草焉，芟夷(shānyí，除去)蕴崇(积聚)之，绝其本根，勿使能殖，则善者信(通‘伸’)矣。”《三国演义》第二回：“袁绍曰：‘若不斩草除根，必为丧身之本。’”▷对于拐卖妇女儿童的犯罪集团，必须彻底摧毁，～。☛不宜写作“刈草除根”。

【斩钉截铁】zhǎndīngjiétiě 比喻说话、做事非常果断，毫不犹豫。宋·释道原《景德传灯录·洪州云居道膺禅师》：“师谓众曰：‘学佛法底人，如斩钉截铁始得。’”《红楼梦》第八十八回：“人说二奶奶利害，果然利害，一点都不漏缝，真正斩钉截铁。”▷“怕什么，你们不去我自己去！”他～地说。

【斩尽杀绝】zhǎnjìnshājué 全部杀光，彻底消灭。元·高文秀《渑池会》第四折：“小官今日将秦国二将活挟将来了，将众兵斩尽杀绝也。”▷当时，我们村成了敌后抗敌堡垒，敌人恨不得把全村老幼～。

【展翅高飞】zhǎnchìgāofēi 展开翅膀，向高空飞去。比喻奔向光辉的前程。唐·柳宗元《放鹧鸪词》：“破笼展翅当远去，同类相呼莫相顾。”▷祝愿诸位在自己的工作岗位上～，鹏程万里！

【展眼舒眉】zhǎnyǎnshūméi 眼睛眉头都舒展开。形容欢欣舒畅的样子。元·郑德辉《王粲登楼》第三折：“空学成补天才，却无度饥寒计，几曾道展眼舒眉。”▷春节期间全家欢聚一堂，老人～，喜笑颜开。

【崭露头角】zhǎnlùtóujiǎo 崭：突出。比喻突出地显露出才能和本领。唐·韩愈《柳子厚墓志铭》：“时虽少年，已自成人，能取进士第，崭然见(同‘现’)头角。”▷他在上初中时，语文成绩就～，在省、市举办的作文比赛中多次获奖。☛“崭”不要错写作“暂”，不读 zàn。“露”这里不读 lòu。

【辗转反侧】zhǎnzhuǎnfǎncè 辗转、反侧：翻来覆去。形容翻来覆去不能入睡。《诗经·周南·关雎》：“求之不得，寤寐思服，悠哉悠哉，辗转反侧。”▷他这一夜～，不能入睡，准有什么心事。☛“辗”不要写作“展”。

【战无不胜】zhànwúbùshèng 打仗没有不取得胜利的；也比喻力量强大，做事没有不成功的。《战国策·齐策二》：“战无不胜而不知止者，身且死，爵且后归，犹为蛇足也。”▷这是一支特别顽强的、～的部队｜商场如战场，只要紧紧把握战机，就能～。

【战战兢兢】zhànzhànjīngjīng 战战：恐惧发抖的样子。兢兢：小心谨慎。形容因害怕而发抖；也形容小心谨慎。《诗经·小雅·小旻》：“战战兢兢，如临深渊，如履薄冰。”▷夜深人静，突然一声霹雳，吓得孩子～的｜任职以来，我时刻害怕有负众望，～，如履薄冰。☛“兢”不读 jìng，不要写作“竞”。

【张灯结彩】zhāngdēngjiécǎi 张：陈设。结彩：用彩绸、彩纸等结成装饰物。

挂上灯笼，扎上彩绸（多用来形容喜庆场面）。《三国演义》第六十九回："告谕城中居民，尽张灯结彩，庆赏佳节。"▷国庆期间，街道上～，充满了节日的欢乐气氛。

【张冠李戴】zhāngguānlǐdài 冠：帽子。姓张的帽子戴在了姓李的头上。比喻弄错了对象。明·田艺衡《留青日札·张公帽赋》："俗谚云：'张公帽掇在李公头上。'有人作赋云：'物各有主，貌贵相宜，窃张公之帽也，假李老而戴之。'"▷明明是我的错，可你却～，说是小张干的。

【张口结舌】zhāngkǒujiéshé 结舌：舌头不能活动。张着嘴说不出话来。形容理屈词穷或心情紧张而一时说不出话来。《庄子·秋水》："公孙龙口呿（qū，张口）而不合，舌举而不下，乃逸而走。"清·文康《儿女英雄传》第二十三回："公子被他问的张口结舌，面红过耳，坐在那里只管发怔。"▷犯罪嫌疑人被公安人员问得～，一句话也说不出来，只好低头认罪。

【张牙舞爪】zhāngyáwǔzhǎo 形容野兽凶恶可怕，也形容人狂暴凶恶。元·李好古《张生煮海》第三折："我独身一个，正要走回，不提防遇见个大虫（虎），张牙舞爪而来。"明·凌濛初《初刻拍案惊奇》卷八："有一等做公子的，倚靠着父兄势力，张牙舞爪，诈害乡民。"▷有理好好讲出来，你这样～地吓唬谁呀？☛"爪"这里不读 zhuǎ。

【獐头鼠目】zhāngtóushǔmù 獐子的头小而尖，老鼠的眼睛小而圆，形容相貌丑陋猥琐而神情狡猾（多指坏人）。《旧唐书·李揆传》："龙章凤姿之士不见用，獐头鼠目之子乃求官。"▷这个人长得～，行动鬼鬼祟祟，准不是个好人。

【掌上明珠】zhǎngshàngmíngzhū 原比喻特别钟爱的人；后多比喻父母特别喜爱的子女，特指女儿。晋·傅玄《短歌行》："昔君视我，如掌中珠；何意一朝，弃我沟渠。"金·元好问《杨焕然生子四首》诗："掌上明珠慰老怀，愁颜我亦为君开。"▷独生子女，在长辈眼里都是～。

【仗势欺人】zhàngshìqīrén 倚仗权势欺压别人。明·李开先《林冲宝剑记》第三十三出："贼子无知，仗势欺人敢妄为，百样没仁义，一味趋权势。"▷你别以为有后台就能～，横行霸道，我要上法院告你！

【仗义疏财】zhàngyìshūcái 讲义气，轻钱财。多指拿出钱来帮助有困难的人。《水浒传》第十五回："这第一个仗义疏财的好男子，如何不与他相见？"▷他是位～的爱国华侨，捐献巨资在家乡兴办教育事业。

【仗义执言】zhàngyìzhíyán 仗义：主持正义。执：坚持。主持正义，说公道话。明·冯梦龙《警世通言》卷十二："此人姓范名汝为，仗义执言，救民水火。"▷法官遇事不敢～，怎么能秉公执法呢？☛不要写作"仗义直言"。

【招兵买马】zhāobīngmǎimǎ 组织或扩充武装力量；也比喻扩大组织或扩充人员。明·汤显祖《牡丹亭·虏谍》："限他三年内招兵买马，骚扰淮扬地方，相机而行，以开征进之路。"▷农民起义军四方～，队伍迅速扩大｜工程队承包了大桥工程，正在～，准备开始施工。

【招降纳叛】zhāoxiángnàpàn 招收敌方投降、叛变过来的人，以扩大自己的势力。清·褚人获《隋唐演义》第六十回："殿下招降纳叛，如小将辈俱自异国，得侍左右。”▷他～，结成带有黑社会性质的团伙，网罗了一批惯犯亡命徒等社会渣滓。

【招摇过市】zhāoyáoguòshì 招摇：故意张大声势以引起别人注意。市：指街市。形容故意在公开场合显耀声势，以引人注目。《史记·孔子世家》：“灵公与夫人同车，宦者雍渠参乘（shèng），出，使孔子为次乘，招摇市过之。”▷盗版行为并没有绝迹，那些人只是不敢～，行动更诡秘了。

【招摇撞骗】zhāoyáozhuàngpiàn 撞骗：寻机骗人。指假借某种名义到处炫耀，蒙骗别人。《红楼梦》第一百零二回：“那些家人在外招摇撞骗，欺凌属员，已经把好名声都弄坏了。”▷这个不法分子假冒某大报记者，到处～，骗了不少单位的钱。

【昭然若揭】zhāoránruòjiē 昭然：很明显。揭：高举。形容事情真相大白或暴露无遗。《庄子·达生》：“今汝饰知以惊愚，修身以明污，昭昭乎若揭日月而行也。”清·吴棠《〈杜诗镜铨〉序》：“读诗者，息众说之纷挐（ná，纷乱），仰光焰之万丈，而杜公真切深厚之旨，益昭然若揭焉。”▷事故发生的原因，已经～，下一步就是怎样处理的问题了。☛“揭”不能理解为“揭开”。

【朝不保夕】zhāobùbǎoxī 早晨保得住，晚上就保不住了。形容情况非常危急。《左传·僖公七年》：“（孔叔）对曰：‘朝不及夕，何以待君？’”元·高明《琵琶记·牛相奉旨招婿》：“奴家自从儿夫去后，遭此饥荒，况兼公婆年老，朝不保夕，教奴家独自如何应奉。”▷老人病情危急，已经～了。

【朝不虑夕】zhāobùlǜxī 指形势危急，只顾得上考虑眼前，顾不得考虑以后。晋·李密《陈情表》：“但以刘日薄西山，气息奄奄，人命危浅，朝不虑夕。”▷现在情况紧急，～，不能考虑那么多了。☛“朝”这里不读 cháo。

【朝发夕至】zhāofāxīzhì 早晨出发，晚上到达。形容路程不远或交通很方便。战国·楚·屈原《离骚》：“朝发轫于苍梧兮，夕余至乎县圃。”唐·韩愈《祭鳄鱼文》：“潮之州，大海在其南……鳄鱼朝发而夕至也。”▷到那里也不是很远，咱们有专车，～没问题。

【朝更暮改】zhāogēngmùgǎi 暮：傍晚。早晨刚变动了，晚上又要更改。指拿不定主意，变更频繁。明·无名氏《东篱赏菊》第一折：“战国来尚纵横朝更暮改，至楚汉诛暴秦大业归刘。”▷国家语言文字方针政策关系重大，绝对不能～。☛这里“朝”不读 cháo，“更”不读 gèng。

【朝过夕改】zhāoguòxīgǎi 早晨犯的过错，晚上就改过来了。形容改正错误很迅速。《礼记·曾子立事》：“朝有过夕改则与（许）之，夕有过朝改则与之。”《汉书·翟方进传》：“定陵侯长已伏其辜，君虽交通，传不云乎，朝过夕改，君子与之。君何疑焉？”▷他要求自己很严格，只要认识到了错误，就能～。

【朝令夕改】zhāolìngxīgǎi 早晨发下的命令，到了晚上就改了。形容主张、办法经常变更。宋·范祖禹《唐鉴·穆宗》：“凡用兵举动，皆自禁中授以方略，朝令夕改，不知所从。”▷今天要求这样，明天又要那样，～，我们做下属的真不知道怎么做才好。

【朝气蓬勃】zhāoqìpéngbó 朝气：充满

活力，积极上进的气概。蓬勃：旺盛的样子。形容充满活力，积极向上的精神面貌。▷跟这些～的青年在一起，我自己也好像年轻多了。

【朝秦暮楚】zhāoqínmùchǔ 秦、楚：战国时互相对立的两个大国。早晨倾向于秦国，晚上又依附于楚国。比喻反复无常。宋·晁补之《鸡肋集·海陵集序》："战国异甚士，一切趋利邀合，朝秦而暮楚不耻，无春秋时诸大夫事业矣。"清·孔尚任《桃花扇》第二十九出："烽烟满郡州，南北从军走，叹朝秦暮楚，三载依刘。"▷你这样～，一会儿这样，一会儿那样，怎么能取得朋友的信任？

【朝三暮四】zhāosānmùsì 变化不定，反复无常。《庄子·齐物论》："狙(jū)公赋芧(xù)，曰：'朝三而莫(同'暮')四。'众狙皆怒。曰：'然则朝四而莫(同'暮')三。'众狙皆悦。"元·乔吉《山坡羊·冬日写怀》："朝三暮四，昨非今是，痴儿不解荣枯事。"清·张集馨《道咸宦海见闻录》："朝三暮四之术，可暂而不可久也。"▷不应该跟这种～、极不诚实的人交朋友。

【朝思暮想】zhāosīmùxiǎng 从早到晚不停地想念。宋·柳永《大石调·倾杯乐》词："朝思暮想，自家空恁添清瘦。"▷放假了，回到家乡，终于见到了～的亲人。

【朝夕相处】zhāoxīxiāngchǔ 从早到晚都生活在一起。形容关系非常密切。▷同班学习四年，我们～，谁不了解谁呀。☛"处"这里不读 chù。

【照本宣科】zhàoběnxuānkē 照：依照。本：文本，书本。宣科：指道上念经。指只能死死板板照着文本念，没有灵活性、创造性。▷教师讲课不能～，而应重点突出，进行启发式教学。

【照葫芦画瓢】zhàohúluhuàpiáo 瓢：匏瓜锯成两半而成的舀水器具。比喻按照原样子简单模仿。▷那有什么难的？～，人家怎么办你也怎么办就是了。

【照猫画虎】zhàomāohuàhǔ 照着猫的样子画老虎。比喻只从形式上模仿。清·李海观《歧路灯》第十一回："这大相公聪明的很，他是看猫画虎，一见即会套的人。"▷这孩子很聪明，大人干什么，他就～，还做得像模像样。

【遮人耳目】zhēréněrmù 指遮蔽视听，掩饰真相。清·李汝珍《镜花缘》第七十三回："如把草帽草鞋放在粗衣淡服之人身上，又何尝有什么丑处！可见装点造作总难遮人耳目。"▷这个贪污分子，为了～，在会议上还慷慨陈词，装作正人君子。

【遮天蔽日】zhētiānbìrì 遮盖了天空，挡住了阳光。明·诸圣邻《大唐秦王词话》卷九："飞在半空，遮天蔽日；歇在殿上，不见片瓦。"▷游行队伍情绪高昂，声势浩大，彩旗迎风招展，～。

【针锋相对】zhēnfēngxiāngduì 针锋：针尖。针尖对着针尖。比喻双方观点等尖锐对立，互不相让。清·文康《儿女英雄传》第十二回："方才听你说起那情景来，他句句话与你针锋相对，分明是豪客剑侠一流人物，岂为财色两字而来。"▷会上，两种意见～，争得非常激烈。

【真才实学】zhēncáishíxué 真正的才能，实实在在的学识。宋·曹彦约《昌谷集·辞免兵部侍郎兼修史恩命申省状》："两史院同修之官，亦必自编修检讨而后序进，更须真才实学，乃入兹选。"▷先生是有～的，可不是平庸无能之辈。

【真金不怕火炼】zhēnjīnbùpàhuǒliàn

比喻意志坚强的人经得住任何考验。▷～,在抗洪抢险斗争中,子弟兵冲在最前边,个个是好汉。

【真凭实据】zhēnpíngshíjù 真实确凿的凭据。清·李宝嘉《官场现形记》第九回:"后任虽未查出他纵团仇教的真凭实据,然而为他是前任的红人,就借了一桩别的事情,将他奏参,降三级调用。"▷你没有～,拿什么去告状?

【真相大白】zhēnxiàngdàbái 真实的情况完全弄清楚了。▷案件虽很复杂,但经过缜密调查,终于～了。☛"相"不要错写作"像"。

【真心实意】zhēnxīnshíyì 真诚的心意。元·无名氏《百花亭》第三折:"常言道海深须见底,各办着个真心实意。"▷只要你诚恳待人,别人也会～地待你。

【真知灼见】zhēnzhīzhuójiàn 灼:明白透彻。正确的认识,透彻的见解。明·冯梦龙《警世通言》卷三:"真知灼见者,尚且有误,何况其他!"▷这本小册子收的文章不多,但不乏～。

【枕戈待旦】zhěngēdàidàn 戈:古代一种兵器,泛指兵器。旦:天亮。晚上枕着兵器睡觉,等待天亮。形容随时准备投入战斗,毫不松懈。晋·刘琨《与亲故书》:"吾枕戈待旦,志枭(xiāo,杀头示众)逆虏,常恐祖生先吾著鞭。"▷敌军压境,我们要～,不可有丝毫松懈。

【振聋发聩】zhènlóngfākuì 振:振动。聩:耳聋。比喻唤醒糊涂麻木的人,使他们猛醒。清·袁枚《随园诗话补遗》卷一:"此数言,振聋发聩,想当时必有迂儒曲士以经学谈诗者。"▷鲁迅先生弃医从文,用他那犀利的笔,写了许多～的杂文。☛"振"不要错写作"震"。

【振振有词】zhènzhènyǒucí 振振:理直气壮的样子。自以为理由很充分,没完没了地说(多用于贬义)。晚清·梁启超《饮冰室文集·锦爱铁路问题(五)》:"彼有所挟以临我,我则安能与抗?故今者闻彼两国方振振有词,而吾政府之所以待之者,未审何如也。"▷这个人不认错,还～地为自己辩解。

【震耳欲聋】zhèněryùlóng 欲:将要。把耳朵都要震聋了。形容声音很大。▷茶馆里人声鼎沸,而最有特色的则是服务员那～的吆喝声。☛"震"不要写作"振"。

【震古烁今】zhèngǔshuòjīn 烁:照耀。震惊古人,显耀当今。形容事业或功绩伟大,无与伦比。明·张岱《石匮书后集·史可法传》:"此等举动,振(通'震')古烁今,凡为大明臣子,无不长跽(jì,跪)北面,顶礼加额。"▷现在我们所从事的振兴中华的事业,是～的伟大事业。

【震天动地】zhèntiāndòngdì 震动了天和地。形容声音宏大,气势宏伟。北魏·郦道元《水经注·河水》:"涛涌波襄,雷渀(bèn)电泄,震天动地。"《三国演义》第四十一回:"二县百姓号哭之声,震天动地。"▷一声令下,战士们向敌人阵地勇猛冲去,喊杀声～。

【争分夺秒】zhēngfēnduómiǎo 一分钟、一秒钟也要争取。形容充分利用时间。▷我没跟你讲吗?这事紧迫,必须～,还等什么明天哪!

【争风吃醋】zhēngfēngchīcù 吃醋:妒嫉。为在追求异性上争占上风而产生妒嫉情绪(多指女子)。明·冯梦龙《醒世恒言》卷一:"那月香好副嘴脸,年已长成。

倘或有意留他，也不见得，那时我争风吃醋便迟了。”▷这本小说写的是两个女人为一个男人而～的故事，真无聊！

【争奇斗艳】zhēngqídòuyàn 争着在新奇和艳丽方面超过对手。形容百花竞放，十分艳丽。▷花坛里的花竞相开放，～，引来很多人围观欣赏。☛不宜写作“争妍竞艳”。

【争强好胜】zhēngqiánghàoshèng 形容非常要强，处处都想胜过别人。清·文康《儿女英雄传》第三十五回：“任是争强好胜的，偏逢用违所长。”▷这孩子太～了，稍有不如人的地方，心里就不好受。

【争权夺利】zhēngquánduólì 争夺权势、名利。▷那些一心～、置人民利益于不顾的干部，必须严肃处理。

【争先恐后】zhēngxiānkǒnghòu 抢在前头，唯恐落在后面。形容奋勇进取。宋·董煟《救荒活民书·不抑价》：“于是商贾闻之，晨夕争先惟恐后。”清·张春帆《宦海》第十四回：“一个个争先恐后的直抢上来。”▷战士们跑到医院，～地要求为受伤的战友献血。

【峥嵘岁月】zhēngróngsuìyuè 峥嵘：山势高峻突兀，比喻超乎寻常。岁月：年月。形容不寻常的年月。宋·陈杰《自堂存稿·仲宣楼》诗：“峥嵘岁月欺人事，浩荡乾坤入客愁。”▷这些老前辈，在战争的～里，作出了巨大的贡献。

【蒸蒸日上】zhēngzhēngrìshàng 蒸蒸：兴盛的样子。形容事业一天天地向上发展。清·李宝嘉《官场现形记》第五十二回：“你世兄又是槃槃(pán，才能出众)大才，调度有方，还怕不蒸蒸日上吗？”▷自从换了经理后，我们公司真是生气勃勃，～。

【正本清源】zhèngběnqīngyuán 正：纠正。本：根本。源：源头。从根本上整顿，从事情的源头清理。《晋书·武帝纪》：“思与天下式明王度，正本清源，于置胤树嫡，非所先务。”▷为了端正社会风气，必须～，加强思想道德教育。

【正襟危坐】zhèngjīnwēizuò 正：使不歪斜。襟：衣襟。危：端正。把衣襟理整齐，端端正正地坐着。形容严肃、恭敬或拘谨的样子。《史记·日者列传》：“宋忠、贾谊瞿然而悟，猎缨正襟危坐。”▷那时候，我们总是早早来到教室，～，等待老师上课。

【正气凛然】zhèngqìlǐnrán 凛然：使人敬畏的样子。形容刚正的气节使人敬畏。▷在敌人的法庭上，每一个同志都～，毫不畏惧。

【正人君子】zhèngrénjūnzǐ 指道德高尚，品行端正的人。《儒林外史》第十四回：“象这样的才是斯文骨肉朋友，有意气！有肝胆！相与了这样正人君子，也不枉了！”▷父母从小就教育我们要忠诚正直、与人为善，做一个～。

【正言厉色】zhèngyánlìsè 正：严正。厉：严厉。色：脸色。话语严正，态度严厉。《红楼梦》第十九回：“黛玉见他说的郑重，又且正言厉色，只当是真事。”▷爷爷对我们要求很严，常常～地指出我们应该怎样，不应该怎样，使我们懂得了许多做人的道理。

【正颜厉色】zhèngyánlìsè 颜、色：脸色，借指态度。神情严肃，态度严厉。清·李汝珍《镜花缘》第九十八回：“(阳衍)意欲上前同他谈谈，无奈这些妇女都是正颜厉色，那敢冒昧唐突。”▷见他郑重其事，又～，我们相信他说的话是真的。

【正中下怀】zhèngzhòngxiàhuái 下怀：指自己的心意。正好合乎自己的心意。清·曾朴《孽海花》第三十一回："彩云本在那里为难这事，听了这话正中下怀。"▷正想找同学玩一会儿的时候，母亲让我休息，这一下～，我赶紧跑出去了。☛"中"这里不读 zhōng。

【郑人买履】zhèngrénmǎilǚ 郑人：指春秋时郑国的一个人。履：鞋。讽刺那些不顾客观实际，只相信教条的人。《韩非子·外储说左上》："郑人有欲买履者，先自度其足，而置之其坐，至之市而忘操之，已得履，乃曰：'吾忘持度。'反归取之，及反，市罢，遂不得履。人曰：'何不试之以足？'曰：'宁信度，无自信也。'"▷做任何事情，既要讲原则，又要顾及客观实际，那种～式的处理方法，是不可取的。

【郑重其事】zhèngzhòngqíshì 形容说话做事非常严肃认真。清·李宝嘉《官场现形记》第五十九回："沈中堂见面之后，果然郑重其事的拿出一封亲笔信来，叫他带去给山东巡抚。"▷他～地给我讲述了对这个问题的处理意见。

【政出多门】zhèngchūduōmén 权力不集中，政令由多方或多人发出而相互抵触。《晋书·姚兴传》："晋主虽有南面之尊，无总御之实，宰辅执政，政出多门，权去公家，遂成习俗。"▷因为机构重叠，往往～，使基层单位无所适从。

【政通人和】zhèngtōngrénhé 政令推行顺利，人民生活安定。宋·范仲淹《岳阳楼记》："越明年，政通人和，百废具(俱)兴。"▷全国～，人民齐心协力建设祖国。

【支离破碎】zhīlípòsuì 支离：分散。形容散乱零碎，不成整体。明·何良俊《四友斋丛说》卷四："此解支离破碎，全失立言之意。"▷这些～的材料还不能作为证据，案子的性质也还定不下来。

【支吾其词】zhīwúqící 支吾：说话含混，躲躲闪闪。指用含混的语言应付搪塞。清·李宝嘉《官场现形记》第三十二回："余荩臣见王小五子揭出他的短处，只得支吾其词道：'他的差使本来要委的了。银子是他该我的，如今他还我，并不是花了钱买差使的。'"▷他怕承担责任，问到事故的情况时，只是～，搪塞应付。

【只言片语】zhīyánpiànyǔ 零碎、不完整的话。▷评价一篇文章要看其基本思想，不能抓住～，妄加评说。☛"只"这里不读 zhǐ。

【只字不提】zhīzìbùtí 一个字也不提。表示根本不说。▷在领导面前，他只谈工作，对自己的困难～。☛"只"这里不读 zhǐ。

【知过必改】zhīguòbìgǎi 知道自己有了过错就一定改正。南朝·梁·周兴嗣《千字文》："知过必改，得能莫忘。"▷只要能做到～，就能不断进步。

【知己知彼】zhījǐzhībǐ 知道自己的情况，也知道对方的情况。《孙子·谋攻》："知彼知己者，百战不殆(dài，危险)；不知彼而知己，一胜一负；不知彼，不知己，每战必殆。"▷各种比赛跟打仗一样，在赛前就应～，避其所长，攻其所短，才有取胜的可能。

【知难而进】zhīnánérjìn 明知有困难，仍然要向前进。▷我们在困难面前，不应当畏首畏尾，应当～。☛"难"这里不读 nàn。

【知难而退】zhīnánértuì 知道有困难，

就向后退缩。《左传·宣公十二年》:“见可而进,知难而退,军之善政也。”▷面对严重的自然灾害,我们绝不能～,而应该千方百计恢复生产。

【知其一,不知其二】zhīqíyī,bùzhīqí-èr 知道事物的一个方面,不知道另一个方面。《诗经·小雅·小旻》:“不敢暴虎,不敢冯(píng)河,人知其一,莫知其他。”《史记·高祖本纪》:“高祖曰:‘公知其一,未知其二……此三人者(指张良、萧何、韩信),皆人杰也,吾能用之,此吾所以取天下也。’”▷你～,不要瞎插嘴了。

【知人论世】zhīrénlùnshì 原指了解人物要联系他所生活的时代。后泛指评论人物和世事。《孟子·万章下》:“颂其诗,读其书,不知其人,可乎?是以论其世也。”▷坚持历史的辩证的观点和方法,才能正确地～。

【知人善任】zhīrénshànrèn 任:使用。了解属下每个人,并善于使用他们。汉·班彪《王命论》:“盖在高祖,其兴也有五……五曰知人善任使。”▷要不是时刻把群众放在心上,他怎么能这样熟悉属下,～呢?☛“任”这里不读 rén。

【知书达礼】zhīshūdálǐ 达:通达。读过诗书,懂得礼仪。形容人有教养。元·无名氏《泣江舟》第一折:“我须是有量忖,又没个村庄道店好安存,只我这知书达礼当恭谨,怎肯着出乖露丑遭谈论。”▷你们是～的,别跟我们这些粗人一般见识啊。

【知无不言】zhīwúbùyán 参看“知无不言,言无不尽”。

【知无不言,言无不尽】zhīwúbùyán-,yánwúbùjìn 凡是知道的没有不说出来的,要说都说完,一点也不保留。宋·苏洵《衡论上·远虑》:“圣人之任腹心之臣也,尊之如父师,爱之如兄弟,握手入卧内,同起居寝食。知无不言,言无不尽。”▷在学术上要～,不要有任何框框。

【知易行难】zhīyìxíngnán 理解容易做起来难。《尚书·说命》:“非知之艰,行之惟艰。”孔安国传:“言知之易,行之难。”▷道理是可以理解的,可～哪,不过我们会尽力做好。

【知之为知之,不知为不知】zhīzhīwéizhīzhī,bùzhīwéibùzhī 知道的就说知道,不知道就说不知道。指要老老实实,不要不懂装懂。《论语·为政》:“由!诲女(同‘汝’)知之乎?知之为知之,不知为不知,是知也。”▷学习要老老实实,只有采取～的态度,才能学得深,学得透。

【知足不辱,知止不殆】zhīzúbùrǔ,-zhīzhǐbùdài 指知道满足,就不会因贪得无厌而受到羞辱;知道适可而止,就不会因追求不止而遭遇危险。《老子》第四十四章:“知足不辱,知止不殆,可以长久。”《汉书·疏广传》:“吾闻‘知足不辱,知止不殆’,‘功遂身退,天之道’也。”▷为人应该～,才能立足于社会。

【执迷不悟】zhímíbùwù 执:固执。悟:醒悟。坚持错误而不醒悟。《梁书·武帝纪》:“若执迷不悟,距逆王师,大众一临,刑兹罔赦,所谓火烈高原,芝兰同泯。”▷对～继续作恶的不法分子,必须依法严惩。

【直截了当】zhíjiéliǎodàng 形容言行简捷爽快,不绕弯子。清·李汝珍《镜花缘》第六十五回:“紫芝姊妹嘴虽利害,好在心口如一,直截了当,倒是一个极爽快的。”▷不要支支吾吾的,有话就～地说吧。☛㊀“当”这里不读 dāng。㊁“截”

不要写作“接”“捷”。

【直抒己见】zhíshūjǐjiàn 直:直率。抒:抒发。直率地说出自己的意见。▷既然让大家～,那我就直截了当地谈两点不同的看法。

【直言不讳】zhíyánbùhuì 直言:直说。讳:隐讳。把话直说出来,毫不隐讳。《晏子春秋·外篇》:“行己而无私,直言而无讳。”清·文康《儿女英雄传》第三十二回:“你既专诚问我,我便直言不讳。”▷他～地对局长说:“这次事故,你负有重要的领导责任!”

【只见树木,不见森林】zhǐjiànshùmù,bùjiànsēnlín 比喻只看到个别的、局部的,看不到大量的、整体的。▷站得高才看得全面。如果只是站在所在单位的角度看问题,那往往是～了。

【只可意会,不可言传】zhǐkěyìhuì,bùkěyánchuán 只能用心去理解领会,不能用话语表达出来。指道理奥妙难以说明或情况微妙不便明说。清·刘大櫆《论文偶记》:“凡行文多寡短长,抑扬高下,无一定之律,而有一定之妙,可以意会而不可言传。”▷好的书法作品,人们能感受到它的美,但这种美却往往～。

【只许州官放火,不许百姓点灯】zhǐxǔzhōuguānfànghuǒ,bùxǔbǎixìngdiǎndēng 指有权势的人可以胡作非为,而不许老百姓有一点自由。宋·陆游《老学庵笔记》卷五:“田登作郡,自讳其名,触者必怒,吏卒多被榜笞,于是举州皆谓灯为火。上元放灯,许人入州治游观。吏人遂书榜揭于市曰:‘本州依例放火三日。’”清·吴趼人《二十年目睹之怪现状》第一百零四回:“承辉看见,便问何事。龙充一一说知,承辉道:‘这个叫做只许州官放火,不许百姓点灯。’向来如此的。”▷在法律面前人人平等,这是健全法制的基本要求,怎么可以～呢?

【只要功夫深,铁杵磨成针】zhǐyàogōngfushēn,tiěchǔmóchéngzhēn 铁杵:舂米或洗衣用的铁棒。比喻只要下功夫,坚持不懈,总会取得成功。宋·祝穆《方舆胜览》记载:唐代诗人李白读书时,遇一老媪,磨杵不停,问何为,答曰:“欲磨作针。”▷～,平时认真学习,持之以恒,任何一门外语也是可以掌握的。

【只争朝夕】zhǐzhēngzhāoxī 朝夕:一朝一夕,指很短的时间。指力争用最短的时间达到目的。▷根据上级要求,我们要～,加紧施工,保证如期完成大桥建设任务。☛“朝”这里不读 cháo。

【纸上谈兵】zhǐshàngtánbīng 只在纸面上谈论用兵的策略。比喻只尚空谈,不能解决实际问题(含贬义)。《史记·廉颇蔺相如列传》:“赵括自少时学兵法,言兵事,以天下莫能当。尝与其父奢言兵事,奢不能难,然不谓善。括母问奢其故,奢曰:‘兵,死地也,而括易言之。使赵不将括即已,若必将之,破赵军者必括也。’”清·曾朴《孽海花》第六回:“一面又免不了杞人忧天,代为着急,只怕他们纸上谈兵,终无实际,使国家吃亏。”▷搞施工建设,只是～是不够的,应当深入工地进行调查。☛“兵”不要理解为“兵士”“军队”“兵器”。

【纸醉金迷】zhǐzuìjīnmí 形容骄奢淫逸,腐朽靡烂的生活。宋·陶谷《清异录·居室·金迷纸醉》记载:痈医孟斧有一小室,窗户很明亮,器具上都有金饰,光彩夺目。有人见了,回来跟别人说:“此室暂憩,令人金迷纸醉。”清·吴趼人《近十年之怪现状》第三回："说话之间，众局陆续都到了，一时管弦嘈杂，钏动钗飞，纸醉金迷，灯红酒绿，直到九点多钟，方才散席。"▷这个犯罪嫌疑人惯用金钱、美女、～的生活拉干部下水，和他同流合污。

【指挥若定】zhǐhuīruòdìng 定：定局。指挥打仗一开始就像胜利已成定局一样。形容指挥有方，信心十足。《史记·陈丞相世家》："(陈平曰)诚各去其两短，袭其两长，天下指麾(同'挥')则定矣。"唐·杜甫《咏怀古迹五首》诗："伯仲之间见伊吕(伊尹、吕尚)，指挥若定失萧曹(萧何、曹参)。"▷施工期间，王总工程师胸有成竹，～。

【指鹿为马】zhǐlùwéimǎ 指故意歪曲事实，颠倒黑白。《史记·秦始皇本纪》："赵高欲为乱，恐群臣不听，乃先设验，持鹿献于二世，曰：'马也。'二世笑曰：'丞相误邪？谓鹿为马。'问左右，左右或默，或言马以阿顺赵高。或言鹿者，高因阴中诸言鹿者以法。后群臣皆畏高。"《周书·文帝纪上》："今圣明御远，天下清夷……而欢(高欢)威福自己，生是乱阶，缉构南箕，指鹿为马，包藏凶逆，伺我神器。"▷同一个村的人，每个人怎么样，群众心里有本账，你～，我们不服！☛"为"这里不读 wèi。

【指日可待】zhǐrìkědài 指日：可计算到的日期。形容某事就要完成或希望就要实现。宋·曾肇《论内批直付有司》："推今日欲治之心，为之不已，太平之功，指日可待。"▷新的校园将要建成，搬进新校上课～。

【指桑骂槐】zhǐsāngmàhuái 指着桑树骂槐树。比喻表面上是骂这个人，实际上骂另一个人。《红楼梦》第十六回："咱们家所有的这些管家奶奶那一个是好缠的？错一点儿他们就笑话打趣，偏一点他们就指桑骂槐的抱怨。"▷都是邻居，经常为那么点小事～的，有什么意思！

【指手画脚】zhǐshǒuhuàjiǎo 形容说话时兼用手脚的动作示意；也形容轻率地指点和批评。《水浒传》第七十五回："见这李虞侯、张干办在宋江前面，指手划脚，你来我去，都有心要杀这厮，只是碍着宋江一个，不敢下手。"▷作为领导，不能只是～地说应该这样不应该那样，而要带领群众脚踏实地地去干。☛"画"不要错写作"划"。

【咫尺天涯】zhǐchǐtiānyá 咫：古代的长度单位，八寸为一咫。咫尺：指距离很近。天涯：天边。指相距很近，却像远在天边一样，不能相见。清·吴趼人《二十年目睹之怪现状》第八十七回："可怜一对小夫妻，成婚不及数月，从此便咫尺天涯了。"▷他的家虽然就在单位附近，但由于工作的需要，他一个多月没回家，他爱人开玩笑说，真成了～了。

【趾高气扬】zhǐgāoqìyáng 趾：脚。趾高：走路时把脚抬得很高。气扬：神气十足。形容狂妄自大，得意忘形的样子。《战国策·齐策三》："今何举足之高，志之扬也。"清·吴趼人《二十年目睹之怪现状》第四十四回："正说话时便来了两个人，都是趾高气扬的，嚷着叫调桌子打牌。"▷敌人的谈判代表来时～，走时却是垂头丧气了。

【至高无上】zhìgāowúshàng 至：极。没有比这更高的了。《淮南子·缪称训》："道，至高无上，至深无下，平乎准，直乎绳，圆乎规，方乎矩。"▷宪法有着～的权威。☛不要写作"至高至上"。

【至理名言】zhìlǐmíngyán 至：最，极。最正确的道理，最有价值的话。清·袁枚《小仓山房尺牍·答王梦楼侍讲》："每至两人论诗，如石鼓扣洞鱼，声声皆应，而且至理名言，皆得古人所未有。"▷"虚心使人进步，骄傲使人落后"，这是～哪！

【志大才疏】zhìdàcáishū 疏：空虚。志向很大，才能很低。宋·苏轼《扬州谢表》："平生所愿，满足无余。志大才疏，信天命而自遂；人微地重，恃圣眷以少安。"▷敢想是好的，关键是要学点实际本领，～可不行。☛"才"不要写作"材"。

【志得意满】zhìdéyìmǎn 志向得到实现，心意得到满足。宋·陆九渊《与刘伯协书》："当无道时，小人在位，君子在野，小人志得意满，君子阨穷祸患，甚者在图圄（língyǔ，监牢）、伏刀锯、投荒裔。"▷你在学术研究上有一定成就，但绝不能～停止不前。

【志士仁人】zhìshìrénrén 指有崇高志向和仁爱之心的人。《论语·卫灵公》："志士仁人，无求生以害仁，有杀身以成仁。"唐·杜甫《古柏行》诗："志士仁人莫怨嗟，古来材大难为用。"▷在抗战时期，无数～奔赴延安，加入救亡的队伍。

【志同道合】zhìtóngdàohé 志：志向。道：思想观点。彼此志趣相同，思想观点投合。宋·陈亮《与吕伯恭正字四首》："天下事常出人意料之外，志同道合，便能引其类。"▷我们几个可以说是～，工作中配合得非常默契。

【质疑问难】zhìyíwènnàn 质：质询。问难：质问、辩论。指提出疑难问题请人解释或共同讨论。清·顾炎武《与友人辞往教书》："必如执事所云，有实心向学之机，多则数人，少则三四人，立为课程，两日三日一会，质疑问难，冀得造就成材。"▷课堂教学中要给学生留下充分～的时间。☛"难"这里不读 nán。

【炙手可热】zhìshǒukěrè 炙：烤。烤手，感到很热。比喻气焰极盛，权势极大。唐·杜甫《丽人行》诗："炙手可热势绝伦，慎莫近前丞相嗔（chēn，生气）。"元·高明《琵琶记·伯喈思家》："我夫人虽则贤惠，争（怎）奈老相公之势，炙手可热。"▷在那黑白颠倒的年代，这帮人一时～，不可一世，到后来都成了阶下囚。☛"炙"不读 jiū，不要写作"灸"。

【治病救人】zhìbìngjiùrén 比喻帮助人并使他改正错误。晋·葛洪《神仙传》："沈羲，吴郡人，学道于蜀，能治病救人，甚有恩德。"▷我们应该以～的态度，批评帮助犯错误的人认识并改正错误。

【栉比鳞次】zhìbǐlíncì 通常写作"鳞次栉比"。

【栉风沐雨】zhìfēngmùyǔ 栉：梳发。沐：洗发。用风梳头，用雨洗发。形容奔波劳碌，历尽艰辛。《庄子·天下》："（禹）沐甚雨，栉疾风。"《三国志·魏书·董昭传》注引《献帝春秋·昭与荀彧（yù）书》："今曹公遭海内倾覆，宗庙焚灭，躬擐（huàn，穿）甲胄，周旋征伐，栉风沐雨，且三十年，芟夷群凶，为百姓除害。"▷我军在途中餐风宿露，～，与敌人周旋，终于到达目的地。☛"栉"不读 jié。

【智勇双全】zhìyǒngshuāngquán 智谋和勇敢二者都具备。元·张国宾《薛仁贵》楔子："凭着您孩子学成武艺，智勇双全，若在两阵之间，怕不马到成功。"▷各战区的司令员都是～的将军。

【智者千虑，必有一失】 zhìzhěqiānlǜ,bìyǒuyīshī 千虑：多次考虑。失：失误。聪明的人千百次地思考，必定也有一次差错。《晏子春秋·内篇杂下》："圣人千虑，必有一失。"《史记·淮阴侯列传》："臣闻智者千虑，必有一失；愚者千虑，必有一得。"▷～，即使常胜将军也有打败仗的时候。

【置若罔闻】zhìruòwǎngwén 置：放置。罔：没有。放在一边，好像没有听见。表示不予理睬。《红楼梦》第十六回："宁、荣两处上下内外人等，莫不欢天喜地，独有宝玉置若罔闻。"▷大家对你提了那么多意见，你却～，到底是为什么？☛"罔"不要写作"网"。

【置身事外】zhìshēnshìwài 置：放置。身：自身。把自己放在事情之外。表示不参与、不过问或不关心。宋·陆游《剑南诗稿·东堂睡起》诗："置身世外息无鞅，独卧空堂一榻横。"清·文康《儿女英雄传》第二十二回："天下事最妙的是云端里看厮杀，你我且置身事外，袖手旁观，看后来这位安水心先生怎的下手。"▷这件事情跟你有关，想～是不行的。

【置之不理】zhìzhībùlǐ 放在一边，不予理睬。清·顾炎武《华阴王氏宗祠记》："人主之于民，赋敛之而已尔，役使之而已尔，凡所以为厚生正德之事，一切置之不理，而听民之所自为。"▷这事儿我早就提醒过你，你却～，只顾忙别的。现在火烧眉毛了吧？

【置之度外】zhìzhīdùwài 度：考虑所及的范围。放在考虑所及的范围之外。表示不放在心上。《北齐书·神武纪下》："东南不宾，为日已久，先朝已来，置之度外。"▷多少先烈，为了祖国的事业，把自己的生命～，牺牲在敌人的屠刀下。

【置之死地而后快】zhìzhīsǐdìérhòukuài 快：痛快。把人逼到死亡的地步才感到痛快。清·浴日生《海国英雄记》卷下："且以朕为难儿，遇事掣肘，故在朝如黄道周之忠纯，何楷之梗直，莫不欲置之死地而后快。"▷凡事要有节制，得饶人处且饶人，何必～呢！

【置诸高阁】zhìzhūgāogé 见"束之高阁"。

【中饱私囊】zhōngbǎosīnáng 中饱：经手钱财，从中谋利。囊：口袋。指经手钱财，从中贪污。清·李海观《歧路灯》第七回："小人贪利，事本平常，所可恨者，银两中饱私囊，不曾济国家之实用耳。"▷凡是贪污受贿、～的，都要依法严惩。☛"中"这里不读 zhòng。

【中流砥柱】zhōngliúdǐzhù 中流：河流的中间。砥柱：砥柱山，在河南三门峡东，位于黄河激流之中。比喻坚强勇敢、在危难中能起支柱作用的人。《晏子春秋·内篇谏下》："吾尝从君济于河，鼋（yuán，类似龟的爬行动物）衔左骖（cān），以入砥柱之中流。"宋·刘仙伦《贺新郎·寿王侍郎简卿》词："缓急朝廷须公出，更作中流砥柱。"▷在抗日战场上，我军是抗御侵略军的～。☛"砥"不要写作"抵"。

【中庸之道】zhōngyōngzhīdào 儒家处世的重要原则，主张不偏不倚，折中调和。也指缺乏斗争精神，回避矛盾、调和折中的态度。宋·苏舜钦《启事上奉宁军陈侍郎》："舜钦性不及中庸之道，居常慕烈上之行，幼趋先训，苦心为文，十年余矣。"明·冯梦龙《醒世恒言》卷二："吾等适才分处，甚得中庸之道。若再推逊，便是矫情沽誉了。"▷在这个大是大非的问题上绝不能采取～的态度，而应该旗帜鲜明地表明立场。

【中原逐鹿】zhōngyuánzhúlù 通常写作“逐鹿中原”。

【忠心耿耿】zhōngxīngěnggěng 耿耿：忠诚的样子。形容非常忠诚。清·李汝珍《镜花缘》第五十七回：“大公子文芸道：当日令尊伯伯为国捐躯，虽大事未成，然忠心耿耿，自能名垂不朽。”▷他向来待人诚心诚意，对国家～，得到大家的称赞。

【忠言逆耳】zhōngyánnìěr 忠言：诚恳规劝的话。逆耳：不顺耳，不中听。诚恳劝谏的话听起来是不顺耳的。《史记·留侯世家》：“且‘忠言逆耳利于行，毒药苦口利于病’，愿沛公听樊哙言。”▷大家对你批评是严厉了些，但～，对你的成长是有好处的。

【忠贞不贰】zhōngzhēnbùèr 贰：指二心，异心。忠诚坚定，没有二心。▷对于人民的事业，他始终～。☛“贰”不要写作“二”。

【忠贞不渝】zhōngzhēnbùyú 渝：改变。忠诚坚贞永不变心。▷他立场坚定，对事业～，奋斗了一生。

【终南捷径】zhōngnánjiéjìng 终南：山名，在陕西省西安市西南。唐朝时有些人在终南山隐居而谋求名利。比喻谋求官职名利近便的门径。唐·刘肃《大唐新语·隐逸》：“时卢藏用早隐终南山，后登朝，居要官。见承祯将还天台，藏用指终南谓之曰：‘此中大有佳处，何必在天台？’承祯徐对曰：‘以仆所观，乃仕途之捷径耳。’藏用有惭色。”元·王恽《秋涧全集·归去来图》诗：“先生践迹高千古，不似终南捷径多。”▷你别把行贿看成～，那实际上是通向监狱之门！☛不宜写作“南山捷径”。

【终身之忧】zhōngshēnzhīyōu 终生的忧虑。《礼记·檀弓上》：“君子有终身之忧，而无一朝之患。”《孔子家语·在厄》：“是以有终身之忧，无一日之乐也。”▷这种病若不及早治疗，将成为你～。

【钟灵毓秀】zhōnglíngyùxiù 钟：汇聚。毓：孕育。灵、秀：指杰出的人才。指美好的自然环境孕育了有才华的优秀人物。《红楼梦》第三十六回：“不想我生不幸，亦且琼闺乡阁中亦染此风，真真有负天地钟灵毓秀之德了。”▷江南一带，～，确实出了不少人才。☛不宜写作“毓秀钟灵”。

【钟鸣鼎食】zhōngmíngdǐngshí 钟：古代乐器。鼎：古代炊具，用于煮盛食物。古代吃饭时鸣钟奏乐，用鼎盛放着美味佳肴。形容贵族豪门奢侈豪华的生活。《红楼梦》第二回：“这样钟鸣鼎食之家，翰墨诗书之族，如今的儿孙，竟一代不如一代了。”▷《红楼梦》中描写的荣宁二府是中国封建社会～之家的典型代表。

【钟鸣漏尽】zhōngmínglòujìn 钟：古代乐器，也用以报时。漏：漏壶，古代计时的器具。暮钟已经敲响，漏壶的水已经滴完。表示已经到了黄昏；也比喻人已衰老，不久于世。汉·崔寔(shí)《政论》：“钟鸣漏尽，洛阳城中，不得有行者。”《魏书·游明根传》：“臣桑榆之年，钟鸣漏尽，蒙陛下之泽，首领获全。”▷虽已到～之年，但我还想为社会做点有益的事。

【众好必察】zhònghàobìchá 好：喜好。察：调查了解。指大家喜爱的，也必须经过调查了解，才能确认。《论语·卫灵公》：“众恶之，必察焉；众好之，必察焉。”

▷～,这个人究竟为什么会得到大家的拥护,还应做进一步了解分析。☛“好”这里不读 hǎo。

【众口难调】zhòngkǒunántiáo 调:调配。众人的口味不同,饭菜难以调配得大家都满意。比喻做事难以使每个人都满意。宋·释惟白《续传灯录·庐山开先善暹禅师》:“问:‘一雨所润,为什么万木不同?’师曰:‘羊羹虽美,众口难调。’”▷饭菜我已尽了最大的努力,还有人不满意,真是～|奖金的分配很难让每个人都满意,～嘛! ☛“调”这里不读 diào。

【众口铄金】zhòngkǒushuòjīn 铄:熔化。众人的言论能够熔化金属。比喻群众舆论的影响力极大,众口一词,可以混淆是非。《国语·周语下》:“故谚曰:‘众心成城,众口铄金。’”▷虽说人言可畏,～,只要自己堂堂正正做人,那就什么也不怕。

【众口一词】zhòngkǒuyīcí 大家都说一样的话。表示看法一致。明·瞿佑《归田诗话·鼓吹续音》:“(元遗山)又谓‘世人但知宗唐,于宋则弃不取。众口一辞,至有诗盛于唐坏于宋之说。’”▷对小明的晋级问题,大家～,不用再征求意见了。

【众目睽睽】zhòngmùkuíkuí 睽睽:睁大眼睛注视。大家的眼睛都注视着。唐·韩愈《郓州溪堂诗》:“公私扫地赤立,新旧不相保持,万目睽睽;公于此时能安以治之,其功为大。”▷他竟敢在～之下大打出手,太野蛮了!

【众目昭彰】zhòngmùzhāozhāng 昭彰:明显。大家的眼睛看得都很清楚。明·凌濛初《初刻拍案惊奇》卷十五:“在你家里搜出人腿来,众目昭彰,一传出去,不到得轻放过了你。”▷你做了对不起大家的事,～,你应当主动向大家道歉才对。

【众怒难犯】zhòngnùnánfàn 群众的愤怒是不能触犯的。《左传·襄公十年》:“子产曰:‘众怒难犯,专欲难成,合二难以安国,危之道也。’”▷你要知道,～,千万不可站在群众的对立面。

【众叛亲离】zhòngpànqīnlí 叛:背叛。大家都背叛了,连亲信也背离了。形容处于极其孤立的地位。《左传·隐公四年》:“夫州吁阻兵(依仗兵力征伐不已)而安忍(刑杀过度),阻兵无众,安忍无亲,众叛亲离,难以济矣!”▷有的人往往由专横跋扈,脱离群众,异致～,彻底垮台。

【众擎易举】zhòngqíngyìjǔ 擎:用手向上托。很多人用手向上托就容易把东西举起来。比喻同心协力,就容易办成事情。明·张岱《募修岳鄂王祠墓疏》:“盖众擎易举,独力难支。”▷任务重,时间紧,但大家齐心,～,一定能如期完成。☛“擎”不读 jìng。

【众矢之的】zhòngshǐzhīdì 矢:箭。的:箭靶的中心。很多箭所射击的靶子。比喻众人攻击的对象。清·李渔《笠翁文集·偶集·富人行乐之法》:“以一身而为众射(矢)之的,方且忧伤虑死之不暇,尚可与言行乐乎哉!”▷这种观点如果发表出去,肯定成为～。☛“的”这里不读 de 或 dí。

【众所周知】zhòngsuǒzhōuzhī 周:周遍,普遍。大家全都知道。宋·韩琦《乙卯夏乞致政》:“(文)彦博气宇康强,众所共知。”▷她的表演才能是～的,你看,一出场就赢得了热烈的掌声。

【众望所归】zhòngwàngsuǒguī 望:期望。归:归向。大家的期望归向的地方。

形容某人威望很高，受到大家敬仰和信赖。《旧唐书·睿宗纪》：“咸以国家多难，宜立长君，以帝众望所归，请即尊位。”▷你当选厂长是～，这次选举必然是这个结果。

【众志成城】zhòngzhìchéngchéng 志：意愿，决心。万众同心，就像坚固的城堡一样不可摧毁。比喻团结一心，就会形成无比强大的力量。《国语·周语下》：“故谚曰：‘众心成城，众口铄金。’”五代·何光远《鉴诫录·陪臣谏》：“四海归仁，众志成城，天下治理。”▷只要大家齐心协力，～，必将无往而不胜。

【种瓜得瓜，种豆得豆】zhòngguādéguā，zhòngdòudédòu 比喻做什么样的事，就会得到什么样的结果。清·纪昀《阅微草堂笔记·滦阳消夏录四》：“夫种瓜得瓜，种豆得豆，因果相偿也。”▷～，你这是罪有应得，谁让你当初尽想害人呢！

【重财轻义】zhòngcáiqīngyì 看重钱财，轻视道义。唐·韩愈《论捕贼行赏表》：“重财轻义，不能深达事体。”▷～的人，不可深交。

【重赏之下，必有勇夫】zhòngshǎngzhīxià，bìyǒuyǒngfū 出重金悬赏，必定会出现勇于效力的人。汉·黄石公《黄石公三略》卷上：“香饵之下，必有悬鱼；重赏之下，必有死夫。”元·王实甫《西厢记》第二本第一折：“重赏之下，必有勇夫，赏罚若明，其计必成。”▷那些黑社会头子都懂得～，常常不惜用重金收买杀手。

【重于泰山】zhòngyútàishān 泰山：五岳之首，在山东泰安县北。比泰山还重。比喻极其重大。汉·司马迁《报任安书》：“人固有一死，或重于泰山，或轻于鸿毛。”宋·苏轼《制科策》：“天下有事，则匹夫之言，重于泰山。”▷国家利益～。

【周而复始】zhōuérfùshǐ 周：环绕一圈。一圈一圈地循环往复。《文子·自然》：“十二月运行，周而复始。”▷人造卫星沿着固定轨道，不停地运转，～。

【肘腋之患】zhǒuyèzhīhuàn 肘：胳膊肘儿。腋：腋下，即夹（gā）肢窝。肘、腋比喻极近的地方。发生在身边的祸患。《明史·夏良胜传》：“边将之属，纳于禁近，讵忘肘腋之患。”▷外部敌人的进攻固然要防范，但更要警惕～。

【昼伏夜行】zhòufúyèxíng 白天隐蔽起来，夜里赶路。汉·班固《白虎通·诛伐》：“人衔枚，马强勒，昼伏夜行为袭也。”▷他们几个～，经过一个多月，才从敌占区赶到抗战前线。

【诛求无已】zhūqiúwúyǐ 诛求：勒索。无已：不止。没完没了地勒索。汉·董仲舒《春秋繁露·王道》：“桀纣皆圣王之后，骄溢妄行……诛求无已，天下空虚。”▷封建统治时期苛捐杂税繁多，～，人民生活贫困不堪。

【诛心之论】zhūxīnzhīlùn 诛心：谴责内心真正的动机。深入揭露内心动机的议论。清·李汝珍《镜花缘》第九十回：“那时他虽满嘴只说未将剪子带来，其实只想以手代剪。这个‘撕’字乃诛心之论，如何不切？”▷科长在会上的发言，一针见血地揭露了他讨好上级的真实动机，算得上是～。

【珠光宝气】zhūguāngbǎoqì 珍珠宝石闪耀着的光彩，形容饰物华丽。清·张春帆《九尾龟》第五回：“簪饰虽是不多几件，而珠光宝气，晔晔照人。”▷新娘打扮得像贵妇人似的，满身都是～。

【珠联璧合】zhūliánbìhé 璧:美玉。像珍珠串在一起,像玉璧合在一起。比喻杰出的人才或美好的事物聚合在一起。北朝·周·庾信《周兖州刺史广饶公宇文公神道碑》:"发源纂胄,叶派枝分;开国承家,珠联璧合。"▷他们在一起工作真叫～:一个善谋,一个善断,而且配合得那么默契。☛"璧"不要写作"壁"。

【珠圆玉润】zhūyuányùrùn 像珠子一样圆,像玉石一样润。比喻歌声婉转优美,或文字流畅明快。清·周济《词辨》:"北宋词多就景叙情,故珠圆玉润,四照玲珑。"▷她的歌声～,真悦耳动听|这首诗格调清新,文笔自然流畅,～,毫无斧凿之痕。

【诸如此类】zhūrúcǐlèi 许多像这一类的。指与此相似的种种事物。《晋书·刘颂传》:"诸如此类,亦不得已已。"《红楼梦》第十六回:"自此凤姐胆识愈壮,以后所作所为,诸如此类,不可胜数。"▷像你今天提出～的问题还很多,以后要统一研究解决。

【铢积寸累】zhūjīcùnlěi 铢:古代重量单位,二十四铢为一两。一铢一寸地积累起来。形容一点一滴地积累。宋·苏轼《梦中作靴铭》:"寒女之丝,铢积寸累。"▷这些钱是你父亲～、一辈子辛苦挣来的,你必须珍惜。

【蛛丝马迹】zhūsīmǎjì 蜘蛛的细丝,马蹄的痕迹。比喻隐约可见的痕迹或线索。清·王家贲(bēn)《别雅序》:"此书则又大开通同转假之门,泛滥浩博,几疑天下无字不可通用,而实则蛛丝马迹,原原本本,具在古书。"▷公安人员可根据盗窃分子作案时留下的～追查破案。

【逐鹿中原】zhúlùzhōngyuán 中原:古代指我国中部地区。逐:追逐。比喻群雄并起争夺天下。《史记·淮阴侯列传》:"秦失其鹿,天下共逐之。"清·夏敬渠《野叟曝言》第九十五回:"不日便当逐鹿中原。"▷东汉末年,各地诸侯并起,～,展开了一场尖锐复杂的斗争。

【煮豆燃萁】zhǔdòuránqí 萁:豆秸。烧豆秸煮豆。比喻骨肉之间自相残害。南朝·宋·刘义庆《世说新语·文学》:"文帝(曹丕)尝令东阿王(曹植)七步中作诗,不成者行大法。(曹植)应声便为诗曰:'煮豆持作羹,漉菽以为汁,萁在釜下燃,豆在釜中泣,本是同根生,相煎何太急。'帝深有惭色。"▷大敌当前应一致对外,绝不能～,自相残害。☛"萁"这里不读 jī,不要错写作"箕"。

【助人为乐】zhùrénwéilè 以帮助别人为快乐。▷他这种热爱集体、～的精神,值得我们每一个人学习。☛"为"这里不读 wèi。

【助纣为虐】zhùzhòuwéinüè 纣:商朝最后一个君王,是历史上有名的暴君。虐:暴虐。帮助纣王做暴虐的事。比喻帮着坏人做坏事。南朝·宋·谢灵运《晋书武帝纪论》:"昔武王伐纣,归倾宫之女,不可助纣为虐;而世祖平皓,纳吴妓五千,是同皓之弊。"▷弟弟做坏事,你当哥哥的不但不批评制止,反而～!

【驻颜无术】zhùyánwúshù 驻:停留。颜:容颜。术:方法。没有方法保留住青春容颜。▷谁说～呢?你看这些七八十岁的老人,个个鹤发童颜,精神焕发。

【著书立说】zhùshūlìshuō 把自己的主张写作成书,创立自己的学说。《红楼梦》第一百一十五回:"便是著书立说,无非言忠言孝,自有一番立言立德的事业。"▷先生虽已八十高龄，却笔耕不辍，还在～。

【铸成大错】zhùchéngdàcuò 错：锉刀。铸造成一把大锉刀。借指造成重大错误。宋·司马光《资治通鉴·唐·昭宗天祐三年》记载：当时割据魏州一带的军阀罗绍威，为了消灭魏州牙将的军队，把另一军阀朱全忠引进来。牙将的军队消灭了，但因供应朱全忠的军需，却用尽了自己的积蓄。罗绍威懊悔说："合六州四十三县铁，不能为此错也。"宋·苏轼《赠钱道人》诗："当时一快意，事过有余怍；不知几州铁，铸此一大错。"▷我们对错误倾向要防微杜渐，若任其自由发展，必然～。

【抓耳挠腮】zhuāěrnáosāi 抓耳朵搔腮帮子，形容高兴或焦急。《西游记》第二回："孙悟空在旁闻讲，喜得他抓耳挠腮，眉花眼笑。"明·凌濛初《二刻拍案惊奇》卷十一："大郎听罢，气得抓耳挠腮，没个是处。"▷去叫人的还不回，急得他在屋里～团团转。

【专横跋扈】zhuānhèngbáhù 跋扈：霸道。专断蛮横，任意妄为。《后汉书·梁冀传》："帝少而聪慧，知冀骄横，尝朝群臣，目冀曰：'此跋扈将军也。'"▷我们要严于律己，改掉独断专行、～的作风，才能做好工作。☛"横"这里不读 héng。

【专心致志】zhuānxīnzhìzhì 致：尽。志：心意。一心一意，集中精力做事。《孟子·告子上》："今夫奕之为数，小数也；不专心致志，则不得也。"▷要想研究出成果来，不～是不可能的。

【转弯抹角】zhuǎnwānmòjiǎo 沿着弯曲的路行走。比喻说话、做事不直截了当。元·秦简夫《东堂老》第一折："转弯抹角，可早来到李家门口。"▷有什么意见，你就爽爽快快地说吧，不要～的了。

【转危为安】zhuǎnwēiwéiān 把危险转化为平安。汉·刘向《战国策·书录》："皆高才秀士，度时君之所能行，出奇策异智，转危为安，运亡为存，亦可喜，亦可观。"▷主力军到来，使我游击区～。

【装疯卖傻】zhuāngfēngmàishǎ 卖：卖弄。假装成疯疯癫癫、傻里傻气的样子。▷小偷～，妄图蒙蔽群众，伺机逃脱，最后还是被人识破，抓获归案。

【装聋作哑】zhuānglóngzuòyǎ 假装成聋子和哑巴，表示自己什么也不知道什么也不说。明·冯梦龙《醒世恒言》卷十七："那先生一来见他不像个读书人……纵然有些知觉，也装聋作哑，只当不知，不去拘管他。"▷这个犯罪嫌疑人很狡猾。审问时，～妄想蒙混过关。

【装模作样】zhuāngmúzuòyàng 模、样：样子，姿态。指故意装了某种样子给人看。元·无名氏《冻苏秦》第三折："放下一张饭床，上面都没摆当，冷酒冷粉冷汤，着咱如何近傍，百般装模作样，讪笑寒酸魍魉。"▷一听见老师的脚步声，他赶紧放下变形金刚，～的读起书来。☛"模"这里不读 mó。

【装腔作势】zhuāngqiāngzuòshì 腔：腔调。势：姿势。拿腔拿调，故意作出某种姿态。清·钱彩《说岳全传》第六十五回："赵大、钱二还要装腔作势，地方邻舍俱来替他讨情，二人方才应允。"▷演员要演得自然真实，不能～，惹人生厌。

【装傻充愣】zhuāngshǎchōnglèng 充：冒充。装作痴呆发愣的样子。▷你别～，你偷窃的证据在我们手上哩。☛"愣"不要写作"楞"。

【装神扮鬼】zhuāngshénbànguǐ 通常

写作“装神弄鬼”。

【装神弄鬼】zhuāngshénnòngguǐ 原指巫师装作神鬼骗人；后比喻故弄玄虚欺骗人。宋·古杭才人《错立身》第十二出：“我舞得，弹得，唱得。折莫（什么）大擂鼓吹笛，折莫大装神弄鬼，折莫特调当扑旗。”《红楼梦》第三十七回：“你们别和我装神弄鬼的，什么事我不知道！”▷你们两个～，又要搞什么恶作剧？

【壮志凌云】zhuàngzhìlíngyún 凌云：直上云霄。形容志向宏伟远大。元·许有壬《沁园春》词：“老子当年，壮志凌云，巍科（在科举考试中名列前茅）起家。”▷他在青少年时期就～，要在尖端科学方面作出贡献。

【壮志未酬】zhuàngzhìwèichóu 酬：实现。宏伟的志愿还没有实现。唐·李频《春日思归》诗：“春情不断若连环，一夕思归鬓欲斑；壮志未酬三尺剑，故乡空隔万重山。”▷许多革命先烈～就英勇牺牲了。

【追本穷源】zhuīběnqióngyuán 见“推本溯源”。

【追悔莫及】zhuīhuǐmòjí 后悔也来不及。清·李汝珍《镜花缘》第九十七回：“挨了半日，只听他说了一句‘后悔无及’，早已气断身亡。”▷他在生物实验室里用电炉煮鸡蛋，引起了火灾。他捶胸痛哭，～。

【锥处囊中】zhuīchǔnángzhōng 处：在。囊：口袋。锥子在口袋里，锥尖就会露出来。比喻有才能的人终究要显露出来。《史记·平原君虞卿列传》：“夫贤士之处世也，譬若锥之处囊中，其末立见（现）。”▷他毕业以后，一直在这里默默地工作。但～，总有一天会崭露头角。☛㊀“处”这里不读 chù。㊁参看“脱颖而出”。

【惴惴不安】zhuìzhuìbù'ān 惴惴：忧虑害怕的样子。形容因担忧害怕而心神不定。清·汤斌《在内黄寄上孙徵君先生书》：“窥管之见，不敢不竭，但学识疏浅，错谬恐多，为惴惴不安耳。”▷班主任老师每次找我谈话，我心里总是那么～。☛“惴”不读 chuǎn，不要错写作“喘”。

【谆谆告诫】zhūnzhūngàojiè 谆谆：恳切而又耐心。诫恳耐心地规劝、教诲。宋·费衮《梁溪漫志·闲乐异事》：“命诸子子妇皆坐，置酒，谆谆告戒，家人见公无疾而遽若是，愕眙（chì，目不转睛地看）不知所答。”▷先生～我们，学习理论不能生搬硬套，要联系实际。☛㊀“谆”不读 chún。㊁“诫”不要错写作“戒”。

【捉襟见肘】zhuōjīnjiànzhǒu 捉：拉，拽。拉一下衣襟就露出了胳膊肘。形容衣服破烂；也比喻顾此失彼，难以应付。《庄子·让王》：“曾子居卫……三日不举火，十年不制衣，正冠而缨绝，捉衿（同‘襟’）而肘见，纳履而踵决。”宋·陆游《衰疾》诗：“捉衿（同‘襟’）见肘贫无敌，耸膊成山瘦可知。”▷施工期间他穿的那件工作服已经～了，还舍不得换｜家庭经济～，难以维持。

【卓有成效】zhuóyǒuchéngxiào 卓：卓越，卓著。有卓越的成绩和效果。明·王守仁《申行十家牌法》：“若巡访劝谕著有成效者，县官备礼，亲造其庐，重加奖励。”▷他在那个厂子工作了整整十年，并且～，因此至今人们还经常念叨他。

【着手成春】zhuóshǒuchéngchūn 着手：动手。春：指春天的景象。比喻诗人笔法高明，一动手就意境清新自然；后也比喻医术高明。唐·司空图《诗品·自

然》:"俯拾即是,不取诸邻;俱道适往,著手成春。如逢花开,如瞻岁新。"▷诗人有～的笔法,作诗清新自然,人们都爱吟诵|王大夫的确小有名气,但说他～,则不免夸饰之嫌。☛"着"这里不读 zhāo。

【擢发难数】zhuófànánshǔ 擢:拔出。擢发:把头发拔下来。形容罪恶多端,难以计算。《史记·范雎蔡泽列传》:"范雎曰:'汝罪有几?'(须贾)曰:'擢贾之发以续(赎)贾之罪,尚未足'。"《唐大诏令集·会昌四年·平潞州德音》:"胁从百姓,残忍一方,积恶成殃,擢发难数。"▷近百年来,外国侵略者在中国犯下的罪行～。☛"发"这里不读 fā。"数"这里不读 shù。

【孜孜不倦】zīzībùjuàn 孜孜:勤奋的样子。勤奋不懈,不知疲倦。《尚书·君陈》:"惟日孜孜,无敢逸豫。"《三国志·蜀书·向朗传》:"自去长史,优游无事垂三十年,乃更潜心典籍,孜孜不倦。"▷退休在家,他还～地写作。

【锱铢必较】zīzhūbìjiào 锱、铢:古代很小的重量单位。形容对很少的钱财或极小的事情都要计较。明·冯梦龙《二刻拍案惊奇》卷三十一:"但与他财利交关,锱铢必较,一些情面也没有的。"▷这个人自私得很,只要涉及到个人利益,他是～,谁也别想占到他半点儿便宜。

【龇牙咧嘴】zīyáliězuǐ 龇:露着牙齿。咧:嘴角向两边伸展。形容非常痛苦或面目狰狞。▷踒了脚,他疼得～地直叫|动物园里的老虎有时～地吓唬人。☛㊀"龇"不读 cī,不要错写作"呲"。㊁"咧"不要写作"裂"。

【子虚乌有】zǐxūwūyǒu 子虚、乌有、亡(无)是公,是汉朝司马相如《子虚赋》中虚构的三个人物。后用"子虚乌有"指根本不存在的虚构的事情。清·纪昀《阅微草堂笔记·滦阳消夏录五》:"然其事为理所宜有,固不必以子虚乌有视之。"▷别听他胡诌瞎扯了,他说的都是～的事。

【自暴自弃】zìbàozìqì 暴:糟蹋。弃:鄙弃。自己糟践自己,看不起自己,形容自甘落后。《孟子·离娄上》:"自暴者,不可与有言也;自弃者,不可与有为也。言非礼义,谓之自暴也;吾身不能居仁由义,谓之自弃也。"宋·程颢、程颐《二程全书·遗书十九》:"所以不移者,只有两般,为自暴自弃,不肯学也。"▷我们要互相勉励,力求上进,不能一遇困难,就悲观失望,～。

【自不量力】zìbùliànglì 通常写作"不自量力"。

【自惭形秽】zìcánxínghuì 惭:羞愧。形秽:形貌丑陋。指因为自己不如人而惭愧。清·蒲松龄《聊斋志异·双灯》:"魏视书生,锦貂炫目,自惭形秽,靦颜不知所对。"▷我们不应该自高自大,也不应该～,认为自己处处不如人,缺乏自信心。☛不宜写作"自觉形秽"。

【自吹自擂】zìchuīzìléi 擂:敲。自己吹喇叭,自己敲鼓。比喻自我吹嘘。▷自己的根底自己知道,旁人也很清楚,有什么可以～的?☛"擂"这里不读 lèi。

【自得其乐】zìdéqílè 自己感受到其中的乐趣。形容对自己所处的环境等感到心满意足。明·陶宗仪《辍耕录》卷二十:"白翎雀生于乌桓朔漠之地,雌雄和鸣,自得其乐。"明·凌濛初《初刻拍案惊奇》卷三十五:"那贾员外过继了个儿子,又且放着刁勒买的,不费大钱,自得其乐。"▷退休了,老两口暖衣饱食,相互体贴照顾,倒也～。

【自高自大】zìgāozìdà 自己认为自己很高大,很了不起。北齐·颜之推《颜氏家训·勉学》:“见人读数十卷书,便自高大,凌忽长者,轻慢同列。”▷一个人应该谦虚谨慎,不要～,否则是要脱离群众的。

【自告奋勇】zìgàofènyǒng 告:表示。指自己主动要求承担任务。清·李宝嘉《官场现形记》第五十三回:“这饶守原本只有一个儿子,因为上头提倡游学,所以他自告奋勇,情愿自备资斧,叫儿子出洋。”▷排长～,率领全排战士承担了排除险情的艰巨任务。

【自顾不暇】zìgùbùxiá 暇:闲暇。连顾及自己都没有时间,表示不可能再顾及别的。明·冯梦龙《醒世恒言》卷三十二:“一个个手忙脚乱,自顾且不暇,何暇顾别人。”▷这一段时间,任务很重,～,那件事就请你多费心了。

【自给自足】zìjǐzìzú 给:供给。依靠自己的生产,满足自己的需求。《三国志·吴书·步骘传》:“世乱,避难江东,单身穷困,与广陵卫旌同年相善,俱以种瓜自给。”《列子·黄帝》:“不施不惠,而物自足。”▷进入商品经济时代,农民狭隘的～的经济思想受到彻底冲击。☛“给”这里不读 gěi。

【自掘坟墓】zìjuéfénmù 自己给自己挖掘坟墓。比喻自己的所作所为使自己走上绝路。《三国志·蜀书·先主传》裴松之注引葛洪《神仙传》:“先主欲伐吴,遣人迎意其。意其到,先主礼敬之,问以吉凶。意其不答而求纸笔,画作兵马器仗数十纸已,便一一以手裂坏之,又画作一大人,掘地埋之,便径去。先主大不喜。而自出军征吴,大败还,忿耻发病死,众人乃知其意。其画作大人而埋之者,即是言先主死意。”▷有人认为贩毒是生财之道,其实那是～。

【自愧不如】zìkuìbùrú 自己惭愧不如别人。《战国策·齐策一》:“明日徐公来,熟视之,自以为不如。”清·蒲松龄《聊斋志异·邵大娘》:“妻亦心贤之,然自愧弗(不)如。”▷在学识上,跟弟弟相比,我～。☛不宜写作“自愧弗如”。

【自力更生】zìlìgēngshēng 更生:重获生命,比喻重新兴盛起来。指依靠自己的力量,把事情办好。▷水灾后,尽管困难很多,但我们要～,渡过难关,不要依赖国家的救济。

【自鸣得意】zìmíngdéyì 指自己显示出非常得意。明·沈德符《万历野获编·昙花记》:“一日遇屠(隆)于武林,命其家僮演此曲,挥策四顾,如辛幼安之歌‘千古江山’,自鸣得意。”▷胜败乃兵家常事,胜了不必～,败了也不必垂头丧气。

【自命不凡】zìmìngbùfán 自命:自己以为。自以为自己不同寻常,高人一等。清·文康《儿女英雄传》第十八回:“姑娘,你且莫自命不凡,把天下英雄一笔抹倒。”▷他总摆出一副～的派头,好像谁也不如他。

【自欺欺人】zìqīqīrén 欺骗自己,也欺骗别人。宋·朱熹《朱子语类》卷十八:“因说‘自欺欺人’曰:‘欺人亦是自欺,此又是自欺之甚者。’”清·吴趼人《二十年目睹之怪现状》第八十四回:“此刻做官的那一个不是自欺欺人、掩耳盗铃的故智?”▷对自己的缺点和错误不思改正,却百般辩解或掩饰,这不是～吗!

【自强不息】zìqiángbùxī 自己力求上进,永不停息。《周易·乾卦》:“天行健,君子以自强不息。”▷要想实现自己远大的志向，必须艰苦奋斗，～。

【自轻自贱】zìqīngzìjiàn　自己看不起自己，作贱自己。明·冯梦龙《喻世明言》卷二：“又且他家差老园公请你，有凭有据，须不是你自轻自贱。”▷一个人能力有大小，但都应自强不息，奋力向上，不能～，贻误自己的一生。

【自取灭亡】zìqǔmièwáng　指自己的所作所为导致自己毁灭。《续资治通鉴·宋纪·仁宗嘉祐八年》：“我辈唯有死战，胡为若儿戏，自取灭亡？”▷一切反人民的力量，妄图扭转历史的车轮，其结果只能是～。

【自然而然】zìránérrán　自然：自由发展。然：如此，这样。指没有外力的作用，自己发展成为这个样子。唐·无名氏《无能子·真修》：“夫鸟飞于空，鱼游于渊，非术也，自然而然也。故为鸟为鱼者，亦不自知其能飞能游。”▷看了那篇叙述我国留学生在国外遭歧视的文章，心里～地产生了一种难以言状的感慨。

【自生自灭】zìshēngzìmiè　自然地发生，又自然消亡。唐·白居易《山中五绝句·岭上云》诗：“岭上白云朝未散，田中青麦旱将枯；自生自灭成何事，能逐东风作雨无？”▷新生事物虽有生命力，但也应加以扶植，使其健康发展，不能任其～。

【自食其果】zìshíqíguǒ　自己吞食自己种出来的果实。比喻自己做了坏事，自己承受惩罚。▷多少年来，她那宝贝儿子胡作非为，她总是袒护着，直到最近儿子伏法了，她才哀叹这是～。

【自食其力】zìshíqílì　靠自己的劳动养活自己。汉·贾谊《论积贮疏》：“今驱民而归之农，皆著于本，使天下各食其力。”明·李昌祺《剪灯余话·泰山御史传》：“居贫，自食其力，隐田里间，以教授为业，非义不为，人敬惮之。”▷不能依靠遗产生活，至少应做到～。

【自食其言】zìshíqíyán　指说话不算数，不讲信用。《尚书·汤誓》：“尔无不信，朕不食言。”明·冯梦龙《醒世恒言》卷二：“两弟在朝居位之时，吾曾讽以知足知止。我若今日复出应诏，是自食其言也。”▷一个人要诚而有信，不能出尔反尔，～。

【自始至终】zìshǐzhìzhōng　从开始到终了，表示一贯如此。《宋书·武三王传》：“义恭性嗜不恒，日时移变，自始至终，屡迁宅第。”▷新年晚会，～洋溢着欢乐祥和的气氛。

【自投罗网】zìtóuluówǎng　罗网：捕捉鸟兽等的网。原指鸟兽等自己钻入罗网；后多比喻自己主动投入别人所设的圈套。三国·魏·曹植《野田黄雀行》诗：“不见篱间雀，见鹞自投罗。”《红楼梦》第十二回：“凤姐因他自投罗网，少不的再寻别计令他知改。”▷犯罪嫌疑人潜逃月余，今日不期～，被抓获归案。☛不宜写作“自投网罗”。

【自我标榜】zìwǒbiāobǎng　标榜：夸耀，吹嘘。自己吹嘘夸耀自己。▷在广告中以名牌～，卖的原来是冒牌的伪劣产品。

【自我解嘲】zìwǒjiěcháo　自己用言语或行动来掩饰被人嘲笑的尴尬处境。▷她意识到自己的这句话不得体，只好以一句玩笑话来～。

【自我陶醉】zìwǒtáozuì　指沉醉在某种情绪或境界中而盲目地自我欣赏。唐·

崔曙《九月登望仙台》诗："且欲近寻彭泽宰，陶然其醉菊花杯。"▷初次获奖，着实～了一回，后来却认为这不免太浅薄。

【自相残杀】zìxiāngcánshā 自己内部相互残害杀戮。清·吴趼人《痛史》第三回："他成日间叫我们自相残杀，要我们自家人都互相杀尽了，好叫他那些骚鞑子来占据我们的好土地。"▷敌人内部矛盾重重，～，加速他们的灭亡。

【自相惊扰】zìxiāngjīngrǎo 自己人互相惊吓扰乱。▷经地震部门证实，最近并无地震迹象，希望市民不要听信谣言，～。

【自相矛盾】zìxiāngmáodùn 矛：古代装有金属枪头的长柄武器。盾：古代用来抵挡刀枪的防御武器。比喻自己的言语和行动相互抵触。《韩非子·难一》："楚人有鬻（yù，卖）楯（同'盾'）与矛者，誉之曰：'吾楯之坚，莫能陷也。'又誉其矛曰：'吾矛之利，于物无不陷也。'或曰：'以子之矛陷子之楯，何如？'其人弗能应也。"《北史·李业兴传》："亦云上圆下方，卿言岂非自相矛盾？"▷你多次表态一定要遵守制度，可是总是迟到早退，你怎样解释这种～的现象？

【自行其是】zìxíngqíshì 行：做。是：正确。照着自己认为对的去做，而不考虑别的。▷应当虚心地听取大家的意见，不要～，万一有个差错，会造成重大损失。

【自以为是】zìyǐwéishì 是：正确。自己以为自己正确，不肯听取旁人的意见。《孟子·尽心下》："居之似忠信，行之似廉洁，众皆悦之，自以为是，而不可与入尧舜之道。"《荀子·荣辱》："凡斗者，必自以为是，而以人为非也。"▷为人应谦虚谨慎，多听听别人的意见，不能～。☛"为"这里不读 wèi。

【自由自在】zìyóuzìzài 安闲舒适，不受约束和限制。唐·慧能《六祖大师法宝坛经·顿渐品第八》："自由自在，纵横尽得，有何可立？"《红楼梦》第七十九回："我何曾不要来？如今你哥哥回来了，那里比先时自由自在的了！"▷放寒假了，咱们可以～玩几天了。

【自有公论】zìyǒugōnglùn 自然会有公众评论。宋·朱熹《答李晦叔》："此事不敢自分疏，后世须自有公论也。"▷这件事做得对不对～，不是他一个人说了就算数的。

【自圆其说】zìyuánqíshuō 圆：使圆满。使自己的说法圆满周全，不出现漏洞。清·李宝嘉《官场现形记》第五十五回："（史其祥）踌躇了半天，只得仰承宪意，自圆其说道：'职道的话原是一时愚昧之谈，作不得准的。'"▷他的发言滔滔不绝，也很生动，但仔细推敲起来，似乎也有不能～之处。☛"圆"不要错写作"园"。

【自怨自艾】zìyuànzìyì 怨：怨恨。艾：指改正。原意是自己怨恨自己的错误，自己改正。现多指悔恨自己的过错。《孟子·万章上》："太甲悔过，自怨自艾。"明·冯梦龙《醒世恒言》卷十七："（张孝基）一路上热一句，冷一句，把话打着他的心事。过迁渐渐的自怨自艾，懊悔不迭。"▷有错能改就好，不能只是垂头丧气，～。☛"艾"这里不读 ài。

【自知之明】zìzhīzhīmíng 明：指洞察事物的能力。透彻了解自己、正确估价自己的能力。《老子》第三十三章："知人者智，自知者明。"宋·苏轼《与叶进叔书》："仆闻有自知之明者，乃所以知人；有自达之聪者，乃所以达物。”▷人要有～，既看到自己的优点，也要看到自己的不足。这样，才能不断进步。

【自作聪明】zìzuòcōngmíng 自认为很聪明而轻率逞能。明·余继登《典故纪闻》卷四：“太祖与侍臣论用人之道，曰：‘苟自作聪明，而不取众长，欲治道之成，不可得也。’”▷遇事要征求大家的意见，不要～，擅作主张。

【自作自受】zìzuòzìshòu 自己做错了事，自己承受不好的结果。《敦煌变文集·目连缘起》：“汝母在生之日，都无一片善心，终朝杀害生灵，每日欺凌三宝。自作自受，非天与人。”▷好多人提醒你不要去做，你不听，结果吃了亏，～哇！

【字里行间】zìlǐhángjiān 文章字句之间。南朝·梁·简文帝《答新渝侯和诗书》：“垂示三首，风云吐于行间，珠玉生于字里。”清·无名氏《官场维新记》第二回：“老弟上的条陈，第一要不拘成格，字里行间，略带些古文气息，方能中肯。”▷这篇文章描写的是家乡的山水风物，～流露出对家乡的无尽思念。

【字斟句酌】zìzhēnjùzhuó 斟、酌：反复考虑。对每一字每一句都认真地推敲。形容写作或说话态度慎重。清·纪昀《阅微草堂笔记·滦阳消夏录一》：“《论语》、《孟子》，宋儒积一生精力，字斟句酌，亦断非汉儒所及。”▷写文章要～，才能做到准确简练。

【恣行无忌】zìxíngwújì 恣：任意。忌：顾忌。任意胡作非为，没有一点顾忌。▷那年月，仗着父亲是个镇长，便在乡里～，群众敢怒不敢言。☛“恣”不读 zī。

【恣意妄为】zìyìwàngwéi 恣意：任意。妄为：胡作非为。指自己想干什么就干什么(含贬义)。《汉书·杜周传》：“曲阳侯(玉)……反与赵氏比周，恣意妄行。”《三国演义》第一百二十回：“吴主皓自改元建衡，至凤凰元年，恣意妄为，穷兵屯戍，上下无不嗟怨。”▷作为高干子弟更应谦虚谨慎，好好为人民服务，不可～，违法乱纪。☛“恣”不读 zī。

【总角之好】zǒngjiǎozhīhǎo 总角：古时儿童把头发扎成髻，像一对角，后借指幼年时期。指幼年结交的好朋友。《诗经·齐风·莆田》：“婉兮娈兮，总角丱(guàn，束发成角的样子)兮。”《三国志·吴书·周瑜传》裴松之注引《江表传》：“周公瑾英俊异才，与孤有总角之好，骨肉之份。”▷我们是～，阔别五十年，重新聚首，感到分外亲切。☛“角”这里不读 jué。

【总角之交】zǒngjiǎozhījiāo 通常写作“总角之好”。

【纵横捭阖】zònghéngbǎihé 纵横：合纵连横(战国时，七国争霸，苏秦等人主张六国从南到北联合起来对付秦国，叫做“合纵”；张仪等人主张六国从东到西结成联盟共同服从秦国，叫做“连横”)。捭阖：开合，指采取手段促成联合或分化。原指战国时策士游说的一种方法，后指运用手段在政治或外交上分化或拉拢。宋·朱熹《答汪尚书》：“其徒如秦观、李廌(zhì)之流，皆浮诞佻轻，士类不齿，相与扇纵横捭阖之辨，以持其说，而漠然不知礼义廉耻之为何物。”▷国际形势变幻莫测，国家间的关系错综复杂，外交领域，～之术无不用其极。☛㊀“捭”不读 bī。㊁不宜写作“捭阖纵横”。

【纵横驰骋】zònghéngchíchěng 纵：南北

方向。横：东西方向。驰骋：马快跑。形容到处奔跑不受阻挡；也比喻文章说理言情，尽情发挥，奔放自如。清·赵翼《瓯北诗话·韩昌黎诗》："譬如善驭马者，通衢广陌，纵横驰骋，惟意所之。"清·李斗《扬州画舫录·草河录下》："（李鲜）花鸟学林良，纵横驰骋，不拘绳墨，而得天趣。"▷我军在江南战场上～，英勇杀敌｜文章富于浪漫主义色彩，信笔所至，～，畅快淋漓。

【纵横交错】zònghéngjiāocuò 纵：南北向。横：东西向。交错：交叉错综。形容事物相互交叉；也形容情况错综复杂。宋·吕祖谦《东莱博议》卷一："登唐虞之朝者，举目皆德政；陪洙泗（山东曲阜附近的两条水）之席者，入耳皆德音。纵横交错，举非此理，左顾右盼，应接不暇，果何自以窥天理之真在哉？"▷这里交通发达，铁路、公路～｜客观情况是复杂的，各种矛盾～，我们的思想也要复杂一点。

【纵虎归山】zònghǔguīshān 通常写作"放虎归山"。

【走马观花】zǒumǎguānhuā 走马：骑着马跑。骑在奔跑的马上看花。原形容愉快得意的心情，后指大略地了解一下。唐·孟郊《登科后》诗："春风得意马蹄疾，一日看尽长安花。"明·于谦《喜雨行》诗："但愿风调雨顺民安乐，我亦走马看花归帝京。"▷调查研究一定要深入下去，只是～是了解不到真实情况的。☛"走"是急跑的意思。

【走南闯北】zǒunánchuǎngběi 走：奔走。闯：闯荡。原指为谋求生路到处奔波，现多指到过很多地方。▷那个县在哪一省，你问张大叔准知道，人家从小就～，什么不知道？

【走投无路】zǒutóuwúlù 投：投奔。形容陷入绝境，没有出路。元·杨显之《秋夜雨》第三折："淋的我走投无路，知他这沙门岛是何处酆（fēng）都。"▷回想当年没有考上大学只感到～，哪里会想到"柳暗花明又一村"呢！☛"投"不要错写作"头"。

【足不出户】zúbùchūhù 户：门。指呆在家里长期不外出。清·文康《儿女英雄传》第三十三回："那公子却也真个足不出户，目不窥园，日就月将，功夫大进。"▷今天，边远山区也安装了电视，～也可以知道天下大事了。☛不要写作"足不窥户"。

【足智多谋】zúzhìduōmóu 有很多的智慧和计谋。元·无名氏《连环计》第一折："老夫遍观朝中，足智多谋，无如司徒者。"▷处理这么复杂的事件，一定要有个～的人做帮手才行。☛不宜写作"多谋足智"。

【罪不容诛】zuìbùróngzhū 诛：杀。罪大恶极，杀了也不能抵偿。《汉书·王莽传上》："兴兵动众，欲危宗庙，恶不忍闻，罪不容诛。"▷犯罪团伙杀人越货，作恶多端，～。

【罪大恶极】zuìdàèjí 罪恶极大。宋·欧阳修《纵囚论》："信义行于君子，而刑戮施于小人。刑入于死者，乃罪大恶极，此又小人之尤甚者也。"▷这人身为法院院长，却贪赃枉法，残害无辜，真是～，不绳之以法，不足以平民愤。

【罪恶滔天】zuìètāotiān 滔：漫，充满。形容罪恶极大极多。《水浒传》第七十五回："此贼累辱朝廷，罪恶滔天，今更赦宥罪犯，引入京城，必成后患。"▷这个大汉奸，丧权辱国，～，理应严惩。

【罪恶昭彰】zuìèzhāozhāng 昭彰：明显。

罪恶十分明显。▷对这种横行乡里～的人，必须绳之以法。

【罪该万死】zuìgāiwànsǐ 指罪恶极大，应该受到严厉惩处（多用作请罪的话）。《水浒传》第九十七回："宋江看孙安轩昂魁伟，一表非俗，下阶迎接。孙安纳头便拜道：'孙某抗拒大兵，罪该万死。'"▷这句话是我抄写的时候写错了，～，～。

【罪魁祸首】zuìkuíhuòshǒu 魁、首：头目，首要分子。作恶犯罪造成祸害的首要分子；也指灾祸的原因。清·无名氏《续儿女英雄传》第三回："但是风俗，焉能在考拔人文中，就能转移？非大人振作一番，严办几个罪魁祸首，使民方有所畏惧。"▷对酿成这起严重事件的～，必须从重惩处｜没想到鼠洞蚁穴竟是大堤决口的～。

【罪孽深重】zuìnièshēnzhòng 罪孽：罪恶。罪恶非常严重。清·洪昇《长生殿·埋玉》："念杨玉环呵，罪孽深重，罪孽深重，望我佛度脱咱。"▷这人一生做了不少伤天害理的事，～，应予严惩。☛㊀"孽"不要错写作"逆"。㊁不宜写作"罪业深重"。

【罪有应得】zuìyǒuyīngdé 犯了罪受到惩罚是理所当然的，毫不冤枉。清·李宝嘉《官场现形记》第二十回："今日卑职故违大人禁令，自知罪有应得。"▷这个流氓集团，破坏安定，危害群众，受到法律严惩，～。

【醉生梦死】zuìshēngmèngsǐ 像在醉后和梦中那样，浑浑噩噩地生活。宋·袁甫《励志铭赠朱冠之》："维今之人，甘心委靡，顽痺不仁，偷安无耻，至其极也，醉生梦死；胡不反思，道只在迩。"▷年轻人前途无量，千万不要跟那些～之徒为伍。

【醉翁之意不在酒】zuìwēngzhīyìbùzàijiǔ 比喻本意并不在此而在别的方面。宋·欧阳修《醉翁亭记》："醉翁之意不在酒，在乎山水之间也。"▷敌人想派代表来和我们接触，怕是～，我们要密切注意，严加防范。

【尊师重道】zūnshīzhòngdào 尊敬师长，重视所传授的思想、学说。▷中国历来有～的好传统，也只有这样，教育事业才能发展，人才才能辈出。

【尊师重教】zūnshīzhòngjiào 尊敬师长，重视教育。▷～蔚然成风，这大大有利于提高全民族的文化素质。

【左顾右盼】zuǒgùyòupàn 顾、盼：看，瞧。左面瞧瞧，右面看看；也形容犹豫观望。三国·魏·曹植《与吴季重书》："左顾右眄（miǎn，斜视），谓若无人，岂非君子壮志哉。"明·凌濛初《二刻拍案惊奇》卷二十二："身上衣服穿着，必要新的，穿上了身，左顾右盼，嫌长嫌短。"▷老师一再强调，考试时不得～｜事情紧急，我们不能再～、犹豫不决了，必须迅速作出决定。

【左右逢源】zuǒyòuféngyuán 逢：遇。源：水源。到处都可遇到水源。比喻做事得心应手，非常顺利。《孟子·离娄下》："资（积蓄）之深，则取之左右逢其原（同'源'）。"宋·张元幹《跋苏庭藻隶书后二篇》："能痛除傲慢，善择交友，涵养器业，且饱读古人书，自然左右逢原，岂易量耶？"▷他学识丰厚，又曾长期生活在群众中，所以写起文章来总能～，顺理成章。

【左支右绌】zuǒzhīyòuchù 支：支撑。绌：不足。指财力或能力不足，顾此失彼。清·纪昀《阅微草堂笔记·滦阳续录五》："左支右绌，困不可忍。"▷我小的时候，家庭经济很拮据，常常是～，捉襟见肘，生活很难维持。☛“绌”不读 chuò 或 zhuō。

【作壁上观】zuòbìshàngguān 壁：军营的围墙。比喻置身局外，坐观成败。《史记·项羽本纪》：“当是时，楚兵冠诸侯，诸侯军救钜鹿，下者十余壁，莫敢纵兵。及楚击秦，诸将皆从壁上观。”▷公安人员在抓窃贼的时候，我们应该积极协助，不能～，让罪犯逃脱。☛不要写作“坐壁上观”。

【作恶多端】zuòèduōduān 端：项目。做的坏事很多。《西游记》第四十二回：“想当初作恶多端，这三四日斋戒，那里就积得过来？”▷这个人欺压乡邻，～，不绳之以法，不足以平民愤。☛㊀“恶”这里不读 wù。㊁“作”不要错写作“做”。

【作法自毙】zuòfǎzìbì 法：法律。毙：同“弊”，损坏。自己立法，自己受害。宋·庄绰《鸡肋编·章谊作法自弊》：“章谊宜叟侍郎，有田在明州……叹其赋重。从兄彦武在傍曰：‘此作法自弊(损坏)之过也。”清·蒲松龄《聊斋志异·余德》：“顷之，鼓又作，两蝶飞集余冠。余笑云：‘作法自毙矣。’”▷自己参与制定条例，自己又违反而受到处分，真是～。

【作奸犯科】zuòjiānfànkē 奸：坏事。科：法律的条目。为非作歹，违法乱纪。三国·蜀·诸葛亮《出师表》：“若有作奸犯科及为忠善者，宜付有司，论其刑赏，以昭陛下平明之理，不宜偏私，使内外异法也。”▷对青少年要加强懂法守法的教育，以免走上～的道路。

【作茧自缚】zuòjiǎnzìfù 蚕吐出丝做成茧，把自己包裹在里面。比喻自己把自己束缚起来，陷入困境。南朝·梁·宝志《志公和尚十四科颂·善恶不二》：“菩萨散诞灵通，所作常含妙觉；声闻执法坐禅，如蚕吐丝自缚。”宋·陆游《书叹》诗：“人生如春蚕，作茧自缚裹。”▷自己给自己订个作息时间表是对的，但也不要～，捆住自己的手脚。

【作如是观】zuòrúshìguān 如是：如此。观：看法。采取这样的看法。《金刚经》：“一切有为法，如梦幻泡影，如露亦如电，应作如是观。”宋·苏轼《答孔子君颂》：“应当正远，作如是观。”▷既然大家都同意他的看法，我也只能～了。

【作贼心虚】zuòzéixīnxū 虚：胆怯。形容做了坏事自己提心吊胆，总是怕被别人察觉出来。清·吴趼人《二十年目睹之怪现状》第六十回：“这个毛病，起先人家还不知道，这又是他们作贼心虚弄穿的。”▷自从出了那件事以后，他～，再也不敢去那儿活动了。☛“作”不要写作“做”。

【坐不安席】zuòbùānxí 席：席位。在席位上不能安稳地坐着。形容心绪不宁。《三国志·蜀书·张飞传》：“朕用怛然，坐不安席，食不甘味，整军诰誓，将行天罚。”▷看你那～的样子，准有什么心事，你不妨说出来听听。

【坐吃山空】zuòchīshānkōng 指只是坐着吃，不从事生产，即使有堆成山的财产，也会吃光用尽。元·秦简夫《东堂老》第一折：“自从俺父亲亡过十年光景，只在家里死丕丕的闲坐，那钱物则有出去，无有进来的，便好道坐吃山空，立吃地陷。”▷家中虽有些积蓄，但只有支出，没有进项，不久也会～的。

【坐地分赃】zuòdìfēnzāng 坐地：就地。原指就地瓜分赃物，现多指匪首、窝主坐在家里分享偷劫来的财物。明·王守仁《防制省城奸恶牌》：“远近乡村居民各安生理，毋得非为，及容隐面生可疑之人在家，通诱贼情，坐地分赃，敢有故违，仰即拿赴军门，治以军法。”▷这个流氓头子多年来一直干～的勾当，分得不少赃款赃物。

【坐而论道】zuòérlùndào 道：道理，事理。原指一些大臣，专门陪侍君王议论国事；后泛指只是空谈大道理，不见行动。《周礼·冬官·考工记》：“或坐而论道，或作而行之……坐而论道，谓之王公；作而行之，谓之士大夫。”▷大家不要只是～，最好还是深入基层调查研究一番。

【坐观成败】zuòguānchéngbài 指对他人的成败采取袖手旁观的态度。《史记·田叔列传》：“见兵事起，欲坐观成败，见胜者欲合从之，有两心。”▷青年教师挑重担，老教师不能～，而要积极支持，热情帮助。

【坐怀不乱】zuòhuáibùluàn 乱：淫乱。女人坐在男人怀里而男人无淫乱之心。形容男子与异性交往中作风正派。《荀子·大略》记载：春秋时鲁国人柳下惠夜寓郭门，有一女子求宿，柳下惠解开外衣，叫她坐在怀里，用外衣裹紧，同坐一夜，并无非礼行为。清·李渔《蜃中楼·抗姻》：“说起俺夫家姓字香，不在梅旁在柳旁，他是那坐怀不乱的宗风倡。”▷别看他把自己打扮成一个～的正人君子，实际上是个卑鄙龌龊的小人。

【坐井观天】zuòjǐngguāntiān 坐在井里看天。比喻眼界狭窄，目光短浅。《尸子·上·广》：“自井中视星，所见不过数星；自丘上以望，则见其始出也。”唐·韩愈《原道》：“坐井而观天，曰天小者，非天小也。”《西游记》第八十回：“行者笑道：‘师傅这话，也不像走长路的，却似个公子王孙，坐井观天之类。’”▷我虽然学识浅薄，但从小走南闯北，多少有点见识，也不是个～的人了。

【坐立不安】zuòlìbùān 坐着或站着都不安心。形容心情非常紧张、焦躁。《水浒传》第三十七回：“今日天使李俊在家坐立不安，棹船出来江里，赶些私盐，不想又遇着哥哥在此受难。”▷在报上看到家乡闹水灾的消息，他整天～。

【坐山观虎斗】zuòshānguānhǔdòu 比喻在一旁观看别人相斗，伺机从中取利。《战国策·秦策二》：“有两虎争人而斗者，管庄子将刺之，管与止之，曰：‘虎者，戾虫；人者，甘饵也。今两虎争人而斗，小者必死，大者必伤，子待伤虎而刺之，则是一举而兼两虎也，无刺一虎之劳，而有刺两虎之名。’”《红楼梦》第六十九回：“凤姐虽恨秋桐，且喜借她先可发脱二姐，用借刀杀人之法，坐山观虎斗，等秋桐杀了尤二姐，自己再杀秋桐。”▷他们两家总是为一点小事不是吵就是骂。你是他们的近邻，可不能～，应当尽力劝解，使邻里和睦相处。

【坐失良机】zuòshīliángjī 指由于不积极行动而失去好机会。宋·蔡杭《上殿轮对札》：“虚掷岁月，坐失事机，则天下之势惟有日趋于危亡而已。”▷应趁敌人立脚未稳，且疲惫不堪，一举消灭他们，切不可～。

【坐视不救】zuòshìbùjiù 指在别人危难之时，自己坐着旁观，不予救助。宋·洪迈《夷坚志·褚大震死》：“（褚大）凶愎不孝，乡里恶之。母尝坠水中，坐视不救，有他人援之，反加诟骂而殴之。”▷路遇抢劫，当见义勇为，怎能～？

【坐收渔利】zuòshōuyúlì 坐着不动就

可以收到渔人之利。比喻利用别人的矛盾冲突获取利益。参看“鹬蚌相争，渔翁得利”。▷他不想参与竞争，只想在别人争斗时～。

【坐收渔人之利】zuòshōuyúrénzhīlì 参看“坐收渔利”。

【坐卧不宁】zuòwòbùníng 坐着躺着都不能安静。形容心情不安，烦躁忧虑。《红楼梦》第十四回：“各事冗杂，亦难尽述。因此忙的凤姐茶饭无心，坐卧不宁。”▷这两天，哥哥神思恍惚，～，问他有什么事，他也不说。

【坐享其成】zuòxiǎngqíchéng 坐着不动而享受别人的劳动成果。《战国策·燕策一》：“夫使人坐受成事者，唯诡(tuó，欺罔)者耳。”明·王守仁《与顾惟贤书》：“闽广之役，偶幸了事，皆诸君之功，区区盖坐享其成者。”▷集体的任务应当由大家完成，我虽然身体不好，也要积极参与，不能～。

【坐以待毙】zuòyǐdàibì 待：等待。毙：死。坐着等死。指不主动排除危难而是消极等待祸难临头。宋·司马光《资治通鉴·后汉隐帝乾祐二年》：“若以此时翻然改图，朝廷必喜，自可不失富贵。孰与坐而待毙乎！”《水浒传》第一百零八回：“杨志、孙安、卞祥与一千军士，马疲人困，都在树林下，坐以待毙。”▷只要有一线希望，也要抗争，不能～。

【坐以待旦】zuòyǐdàidàn 旦：天亮。坐着等待天亮。《孟子·离娄下》：“周公思兼三王，以施四事；其有不合者，仰而思之，夜以继日；幸而得之，坐以待旦。”▷母亲入院后，一直昏迷不醒，几个子女床前守候，～，不敢离开一步。

【座无虚席】zuòwúxūxí 虚：空。席：席位。座位没有空着的。形容宾客或出席的人很多。《晋书·王浑传》：“时吴人新附，颇怀畏惧。浑抚循羁旅，虚怀绥纳，座无空席，门不停宾。于是江东之士莫不悦附。”▷元旦晚会节目非常精彩，大礼堂里～，气氛非常热烈。☛“座”不要错写作“坐”。

附 录

汉语拼音方案

（1957年11月1日国务院全体会议第60次会议通过）
（1958年2月11日第一届全国人民代表大会第五次会议批准）

一、字母表

字母	A a	B b	C c	D d	E e	F f	G g
名称	ㄚ	ㄅㄝ	ㄘㄝ	ㄉㄝ	ㄜ	ㄝㄈ	ㄍㄝ
	H h	I i	J j	K k	L l	M m	N n
	ㄏㄚ	ㄧ	ㄐㄧㄝ	ㄎㄝ	ㄝㄌ	ㄝㄇ	ㄋㄝ
	O o	P p	Q q	R r	S s	T t	
	ㄛ	ㄆㄝ	ㄑㄧㄡ	ㄚㄦ	ㄝㄙ	ㄊㄝ	
	U u	V v	W w	X x	Y y	Z z	
	ㄨ	ㄪㄝ	ㄨㄚ	ㄒㄧ	ㄧㄚ	ㄗㄝ	

v只用来拼写外来语、少数民族语言和方言。

字母的手写体依照拉丁字母的一般书写习惯。

二、声母表

b	p	m	f	d	t	n	l
ㄅ玻	ㄆ坡	ㄇ摸	ㄈ佛	ㄉ得	ㄊ特	ㄋ讷	ㄌ勒
g	k	h		j	q	x	
ㄍ哥	ㄎ科	ㄏ喝		ㄐ基	ㄑ欺	ㄒ希	
zh	ch	sh	r	z	c	s	
ㄓ知	ㄔ蚩	ㄕ诗	ㄖ日	ㄗ资	ㄘ雌	ㄙ思	

在给汉字注音的时候，为了使拼式简短，zh ch sh 可以省作 ẑ ĉ ŝ。

三、韵母表

	i ㄧ 衣	u ㄨ 乌	ü ㄩ 迂
a ㄚ 啊	ia ㄧㄚ 呀	ua ㄨㄚ 蛙	
o ㄛ 喔		uo ㄨㄛ 窝	
e ㄜ 鹅	ie ㄧㄝ 耶		üe ㄩㄝ 约
ai ㄞ 哀		uai ㄨㄞ 歪	
ei ㄟ 欸		uei ㄨㄟ 威	
ao ㄠ 熬	iao ㄧㄠ 腰		
ou ㄡ 欧	iou ㄧㄡ 忧		
an ㄢ 安	ian ㄧㄢ 烟	uan ㄨㄢ 弯	üan ㄩㄢ 冤
en ㄣ 恩	in ㄧㄣ 因	uen ㄨㄣ 温	ün ㄩㄣ 晕
ang ㄤ 昂	iang ㄧㄤ 央	uang ㄨㄤ 汪	
eng ㄥ 亨的韵母	ing ㄧㄥ 英	ueng ㄨㄥ 翁	
ong (ㄨㄥ)轰的韵母	iong ㄩㄥ 雍		

(1)"知、蚩、诗、日、资、雌、思"等七个音节的韵母用 i，即：知、蚩、诗、日、资、雌、思等字拼作 zhi，chi，shi，ri，zi，ci，si。

(2)韵母儿写成 er，用作韵尾的时候写成 r。例如："儿童"拼作 ertong，"花儿"拼作 huar。

(3)韵母ㄝ单用的时候写成 ê。

(4)i 行的韵母，前面没有声母的时候，写成 yi(衣)，ya(呀)，ye(耶)，yao(腰)，you(忧)，yan(烟)，yin(因)，yang(央)，ying(英)，yong(雍)。

u 行的韵母，前面没有声母的时候，写成 wu(乌)，wa(蛙)，wo(窝)，wai(歪)，wei(威)，wan(弯)，wen(温)，wang(汪)，weng(翁)。

ü 行的韵母，前面没有声母的时候，写成 yu(迂)，yue(约)，yuan(冤)，yun(晕)；ü 上两点省略。

ü 行的韵母跟声母 j，q，x 拼的时候，写成 ju(居)，qu(区)，xu(虚)，ü 上两点也省略；但是跟声母 n，l 拼的时候，仍然写成 nü(女)，lü(吕)。

(5)iou，uei，uen 前面加声母的时候，写成 iu，ui，un，例如：niu(牛)，gui(归)，lun(论)。

(6)在给汉字注音的时候，为了使拼式简短，ng 可以省作 ŋ。

四、声调符号

阴平	阳平	上声	去声
ˉ	ˊ	ˇ	ˋ

声调符号标在音节的主要母音上。轻声不标。例如：

妈 mā	麻 má	马 mǎ	骂 mà	吗 ma
(阴平)	(阳平)	(上声)	(去声)	(轻声)

五、隔音符号

a，o，e 开头的音节连接在其他音节后面的时候，如果音节的界限发生混淆，用隔音符号(')隔开，例如：pi'ao(皮袄)。

中华人民共和国国家标准（GB/T 15834—1995）

标点符号用法

Use of punctuation marks

1 范围

本标准规定了标点符号的名称、形式和用法。本标准对汉语书写规范有重要的辅助作用。

本标准适用于汉语书面语。外语界和科技界也可参考使用。

2 定义

本标准采用下列定义。

句子 sentence

前后都有停顿，并带有一定的句调，表示相对完整意义的语言单位。

陈述句 declarative sentence

用来说明事实的句子。

祈使句 imperative sentence

用来要求听话人做某件事情的句子。

疑问句 interrogative sentence

用来提出问题的句子。

感叹句 exclamatory sentence

用来抒发某种强烈感情的句子。

复句、分句 complex sentence, clause

意思上有密切联系的小句子组织在一起构成一个大句子。这样的大句子叫复句，复句中的每个小句子叫分句。

词语 expression

词和短语（词组）。词，即最小的能独立运用的语言单位。短语，即由两个或两个以上的词按一定的语法规则组成的表达一定意义的语言单位，也叫词组。

3 基本规则

3.1 标点符号是辅助文字记录语言的符号，是书面语的有机组成部分，用来表示停顿、语气以及词语的性质和作用。

3.2 常用的标点符号有16种，分点号和标号两大类。

点号的作用在于点断，主要表示说话时的停顿和语气。点号又分为句末点号和句内点号。句末点号用在句末，有句号、问号、叹号3种，表示句末的停顿，同时表示句子的语气。句内点号用在句内，有逗号、顿号、分号、冒号4种，表示句内的各种不同性质的停顿。

标号的作用在于标明,主要标明语句的性质和作用。常用的标号有9种,即:引号、括号、破折号、省略号、着重号、连接号、间隔号、书名号和专名号。

4　用法说明

4.1　句号

4.1.1　句号的形式为“。”。句号还有一种形式,即一个小圆点“.”,一般在科技文献中使用。

4.1.2　陈述句末尾的停顿,用句号。例如:

a)北京是中华人民共和国的首都。

b)虚心使人进步,骄傲使人落后。

c)亚洲地域广阔,跨寒、温、热三带,又因各地地形和距离海洋远近不同,气候复杂多样。

4.1.3　语气舒缓的祈使句末尾,也用句号。例如:

请您稍等一下。

4.2　问号

4.2.1　问号的形式为“?”。

4.2.2　疑问句末尾的停顿,用问号。例如:

a)你见过金丝猴吗?

b)他叫什么名字?

c)去好呢,还是不去好?

4.2.3　反问句的末尾,也用问号。例如:

a)难道你还不了解我吗?

b)你怎么能这么说呢?

4.3　叹号

4.3.1　叹号的形式为“!”。

4.3.2　感叹句末尾的停顿,用叹号。例如:

a)为祖国的繁荣昌盛而奋斗!

b)我多么想看看他老人家呀!

4.3.3　语气强烈的祈使句末尾,也用叹号。例如:

a)你给我出去!

b)停止射击!

4.3.4　语气强烈的反问句末尾,也用叹号。例如:

我哪里比得上他呀!

4.4　逗号

4.4.1　逗号的形式为“,”。

4.4.2　句子内部主语与谓语之间如需停顿,用逗号。例如:

我们看得见的星星,绝大多数是恒星。

4.4.3　句子内部动词与宾语之间如需停顿,用逗号。例如:

应该看到,科学需要一个人贡献出毕生的精力。

4.4.4 句子内部状语后边如需停顿,用逗号。例如:

对于这个城市,他并不陌生。

4.4.5 复句内各分句之间的停顿,除了有时要用分号外,都要用逗号。例如:

据说苏州园林有一百多处,我到过的不过十多处。

4.5 顿号

4.5.1 顿号的形式为"、"。

4.5.2 句子内部并列词语之间的停顿,用顿号。例如:

a)亚马孙河、尼罗河、密西西比河和长江是世界四大河流。

b)正方形是四边相等、四角均为直角的四边形。

4.6 分号

4.6.1 分号的形式为";"。

4.6.2 复句内部并列分句之间的停顿,用分号。例如:

a)语言,人们用来抒情达意;文字,人们用来记言记事。

b)在长江上游,瞿塘峡像一道闸门,峡口险阻;巫峡像一条迂回曲折的画廊,每一曲,每一折,都像一幅绝好的风景画,神奇而秀美;西陵峡水势险恶,处处是急流,处处是险滩。

4.6.3 非并列关系(如转折关系、因果关系等)的多重复句,第一层的前后两部分之间,也用分号。例如:

我国年满十八周岁的公民,不分民族、种族、性别、职业、家庭出身、宗教信仰、教育程度、财产状况、居住期限,都有选举权和被选举权;但是依照法律被剥夺政治权利的人除外。

4.6.4 分行列举的各项之间,也可以用分号。例如:

中华人民共和国的行政区域划分如下:

(一)全国分为省、自治区、直辖市;

(二)省、自治区分为自治州、县、自治县、市;

(三)县、自治县分为乡、民族乡、镇。

4.7 冒号

4.7.1 冒号的形式为":"。

4.7.2 用在称呼语后边,表示提起下文。例如:

同志们,朋友们:

现在开会了。……

4.7.3 用在"说、想、是、证明、宣布、指出、透露、例如、如下"等词语后边,表示提起下文。例如:

他十分惊讶地说:"啊,原来是你!"

4.7.4 用在总说性话语的后边,表示引起下文的分说。例如:

北京紫禁城有四座城门:午门、神武门、东华门和西华门。

4.7.5 用在需要解释的词语后边,表示引出解释或说明。例如:

外文图书展销会

日期:10月20日至11月10日

时间:上午8时至下午4时

地点:北京朝阳区工体东路16号

主办单位:中国图书进出口总公司

4.7.6　总括性话语的前边,也可以用冒号,以总结上文。例如:

张华考上了北京大学,在化学系学习;李萍进了中等技术学校,读机械制造专业;我在百货公司当售货员:我们都有光明的前途。

4.8　引号

4.8.1　引号的形式为双引号“ “” ”和单引号“ ‘’ ”。

4.8.2　行文中直接引用的话,用引号标示。例如:

a)爱因斯坦说:“想象力比知识更重要。因为知识是有限的,而想象力概括着世界上的一切,推动着进步,并且是知识进化的源泉。”

b)“满招损,谦受益”这句格言,流传到今天至少有两千年了。

c)现代画家徐悲鸿笔下的马,正如有的评论家所说的那样,“神形兼备,充满生机”。

4.8.3　需要着重论述的对象,用引号标示。例如:

古人对于写文章有个基本要求,叫做“有物有序”。“有物”就是要有内容,“有序”就是要有条理。

4.8.4　具有特殊含意的词语,也用引号标示。例如:

a)从山脚向上望,只见火把排成许多“之”字形,一直连到天上,跟星光接起来,分不出是火把还是星星。

b)这样的“聪明人”还是少一点好。

4.8.5　引号里面还要用引号时,外面一层用双引号,里面一层用单引号。例如:

他站起来问:“老师,‘有条不紊’的‘紊’是什么意思?”

4.9　括号

4.9.1　括号常用的形式是圆括号“( )”,此外还有方括号“[ ]”、六角括号“〔 〕”和方头括号“【 】”。

4.9.2　行文中注释性的文字,用括号标明。注释句子里某些词语的,括注紧贴在被注释词语之后;注释整个句子的,括注放在句末标点之后。例如:

a)中国猿人(全名为“中国猿人北京种”,或简称“北京人”)在我国的发现,是对古人类学的一个重大贡献。

b)写研究性文章跟文学创作不同,不能摊开稿纸搞“即兴”。(其实文学创作也要有素养才能有“即兴”。)

4.10　破折号

4.10.1　破折号的形式为“——”。

4.10.2　行文中解释说明的语句,用破折号标明。例如:

a)迈进金黄色的大门,穿过宽阔的风门厅和衣帽厅,就到了大会堂建筑的枢纽部分——中央大厅。

b)为了全国人民——当然也包括自己在内——的幸福,我们每一个人都要兢兢业业,努力工作。

4.10.3 话题突然转变,用破折号标明。例如:

“今天好热啊!——你什么时候去上海?”张强对刚刚进门的小王说。

4.10.4 声音延长,象声词后用破折号,例如:

“呜——”火车开动了。

4.10.5 事项列举分承,各项之前用破折号。例如:

根据研究对象的不同,环境物理学分为以下五个分支学科:

——环境声学;

——环境光学;

——环境热学;

——环境电磁学;

——环境空气动力学。

4.11 省略号

4.11.1 省略号的形式为“……”,六个小圆点,占两个字的位置。如果是整段文章或诗行的省略,可以使用十二个小圆点来表示。

4.11.2 引文的省略,用省略号标明。例如:

她轻轻地哼起了《摇篮曲》:“月儿明,风儿静,树叶儿遮窗棂啊……”

4.11.3 列举的省略,用省略号标明。例如:

在广州的花市上,牡丹、吊钟、水仙、梅花、菊花、山茶、墨兰……春秋冬三季的鲜花都挤在一起啦!

4.11.4 说话断断续续,可以用省略号标示。例如:

“我……对不起……大家,我……没有……完成……任务。”

4.12 着重号

4.12.1 着重号的形式为“.”。

4.12.2 要求读者特别注意的字、词、句,用着重号标明。例如:

事业是干出来的,不是吹出来的。

4.13 连接号

4.13.1 连接号的形式为“—”,占一个字的位置。连接号还有另外三种形式,即长横“——”(占两个字的长度)、半字线“-”(占半个字的长度)和浪纹“~”(占一个字的长度)。

4.13.2 两个相关的名词构成一个意义单位,中间用连接号。例如:

a)我国秦岭—淮河以北地区属于温带季风气候区,夏季高温多雨,冬季寒冷干燥。

b)复方氯化钠注射液,也称任-洛二氏溶液(Ringer \ GLocke solution),用于医疗和哺乳动物生理学实验。

4.13.3 相关的时间、地点或数目之间用连接号,表示起止。例如:

a)鲁迅(1881—1936)中国现代伟大的文学家、思想家和革命家。原名周树人,字豫才,浙江绍兴人。

b)“北京——广州”直达快车

c)梨园乡种植的巨峰葡萄今年已经进入了丰产期,亩产 1 000 公斤～1 500 公斤。

4.13.4　相关的字母、阿拉伯数字等之间,用连接号,表示产品型号。例如:

在太平洋地区,除了已建成投入使用的 HAW—4 和 TPC—3 海底光缆之外,又有 TPC—4 海底光缆投入运营。

4.13.5　几个相关的项目表示递进式发展,中间用连接号。例如:

人类的发展可以分为古猿—猿人—古人—新人这四个阶段。

4.14　间隔号

4.14.1　间隔号的形式为“·”。

4.14.2　外国人和某些少数民族人名内各部分的分界,用间隔号标示。例如:

列奥纳多·达·芬奇

爱新觉罗·努尔哈赤

4.14.3　书名与篇(章、卷)名之间的分界,用间隔号标示。例如:

《中国大百科全书·物理学》

《三国志·蜀志·诸葛亮传》

4.15　书名号

4.15.1　书名号的形式为双书名号“《 》”和单书名号“〈 〉”。

4.15.2　书名、篇名、报纸名、刊物名等,用书名号标示。例如:

a)《红楼梦》的作者是曹雪芹。

b)你读过鲁迅的《孔乙己》吗?

c)他的文章在《人民日报》上发表了。

d)桌上放着一本《中国语文》。

4.15.3　书名号里边还要用书名号时,外面一层用双书名号,里边一层用单书名号。例如:

《〈中国工人〉发刊词》发表于 1940 年 2 月 7 日。

4.16　专名号

4.16.1　专名号的形式为“____”。

4.16.2　人名、地名、朝代名等专名下面,用专名号标示。例如:

司马相如者,汉蜀郡成都人也,字长卿。

4.16.3　专名号只用在古籍或某些文史著作里面。为了跟专名号配合,这类著作里的书名号可以用浪线“﹏﹏”。例如:

屈原放逐,乃赋离骚,左丘失明,厥有国语。

5　标点符号的位置

5.1　句号、问号、叹号、逗号、顿号、分号和冒号一般占一个字的位置,居左偏下,不出现在一行之首。

5.2　引号、括号、书名号的前一半不出现在一行之末,后一半不出现在一行之首。

5.3 破折号和省略号都占两个字的位置，中间不能断开。连接号和间隔号一般占一个字的位置。这四种符号上下居中。

5.4 着重号、专名号和浪线式书名号标在字的下边，可以随字移行。

6 直行文稿与横行文稿使用标点符号的不同

6.1 句号、问号、叹号、逗号、顿号、分号和冒号放在字下偏右。

6.2 破折号、省略号、连接号和间隔号放在字下居中。

6.3 引号改用双引号“﹃ ﹄”和单引号“﹁ ﹂”。

6.4 着重号标在字的右侧，专名号和浪线式书名号标在字的左侧。